suhrkamp taschenbuch 12

Ernst Bloch wurde am 8. Juli 1885 in Ludwigshafen geboren, studierte Philosophie und Physik und lebte zunächst als freier Schriftsteller in München, Bern und Berlin. 1933 emigrierte er in die Tschechoslowakei und 1938 in die Vereinigten Staaten. Von 1949 bis 1957 war er Ordinarius für Philosophie an der Universität Leipzig und seit 1961 ist er Ordinarius für Philosophie an der Universität Tübingen. 1967 erhielt er den Friedenspreis des Deutschen Buchhandels. Werke: *Geist der Utopie*, *Thomas Münzer als Theologe der Revolution*, *Spuren*, *Erbschaft dieser Zeit*, *Subjekt–Objekt*, *Das Prinzip Hoffnung*, *Naturrecht und menschliche Würde*, *Verfremdungen*, *Tübinger Einleitung in die Philosophie*.

»Subjekt–Objekt« ist eine der wichtigsten, originellsten und zugänglichsten Einführungen in die Philosophie Hegels und ihre Folgen: Kierkegaard, Schelling, Feuerbach, Marx und der Sozialismus. Gleichzeitig ist »Subjekt–Objekt« aber auch ganz und gar Philosophie von Ernst Bloch, das heißt Philosophie über das ›Prinzip Hoffnung‹: Wie bei aller Tradition macht Bloch auch bei Hegel – hier gegen dessen eigenes Selbstverständnis – das utopische Denkelement sichtbar und insistiert darauf, daß nur eine zukünftige praktisch-politische Lösung die von Hegel aufgegebene Problematik wird bewältigen können. »... es gibt wenig Vergangenheit, die so problemhaltig wie seine uns noch aus der Zukunft entgegenkäme ... Hegel leugnete die Zukunft, keine Zukunft wird Hegel verleugnen.«

Ernst Bloch
Subjekt–Objekt

Erläuterungen zu Hegel

Erweiterte Ausgabe

Suhrkamp

suhrkamp taschenbuch 12
16.–25. Tausend 1972

Druck: Ebner, Ulm · Printed in Germany
Umschlag nach Entwürfen
von Willy Fleckhaus und Rolf Staudt

Meiner Frau Karola mit Dank für treue Hilfe

INHALT

DIE AUFHEBUNG

SUBJEKT – OBJEKT

Vorwort zur Ausgabe 1951

Vorliegende Schrift will einführen. Aber nicht dadurch, daß sie den Stoff erleichtert, indem sie ihn verwässert. Damit wäre keinem Leser gedient.

Vorausgesetzt ist die Lust des tätigen Lernens. Die Lust dieser Mühe ist mehr als je unumgänglich; wer auf See will, muß die Schifferknoten verstehen. Vorausgesetzt ist stofflich eine erlangte elementare Kenntnis neuerer philosophischer Gedanken. Nicht vorausgesetzt ist aber, daß die mannigfachen reaktionären Entstellungen mitbehalten werden, mit denen so viele philosophiegeschichtliche Lehrbücher diese Gedanken überliefert haben. Wo immer frisches Wasser fließt, Fortschritt gedacht wird, fällt außerdem die schematische, die unschöpferische, also zutiefst unzuständige Behandlung fort.

Vorliegende Schrift erhebt nicht den Anspruch, ein Buch über Hegel zu sein, sie ist eher eines zu ihm, mit ihm und durch ihn hindurch. Sie intendiert die durch Hegel und die Folgen bezeichnete Erhellung unseres geschichtlichen Woher, Wohin, auch Wozu. Solche Erkenntnis ist allemal eine des tendenzhaften Zusammenhangs, des werdend Ganzen. Sie stellt sich daher weder im punktuellen Aperçu noch im horizontlosen Schema dar; ihre Form ist und bleibt vielmehr eine in Fülle geordnete, eine systematische. Gerade das kann an Hegel erfahren werden, dieses intensiv Umfängliche, die Notwendigkeit der Weltansicht auch im kleinsten Detail. Ohne Bewußtsein des Totum gibt es weder konkrete Theorie noch Praxis, und das Totum, als das unserer Freiheit und ihrer Gegenstände, ist nicht fix, sondern im Prozeß. So ist es freilich mit der bisher gewordenen Welt nicht abgeschlossen; die im dialektischen Prozeß anhängige Sache steht noch offen.

Daß sie nicht enden können, das macht die großen Werke groß. Hegels Werk glaubt zwar am Ende zu sein, doch das war ideologischer Schein. Die Welt geht weiter, in Mühe und Hoffnung weiter, mit ihr auch das Hegelsche Licht. Jeder große

Gedanke blickt, indem er auf der Höhe seiner Zeit steht, auch in die nächste, ja gegebenenfalls in das ganze menschliche Zeitanliegen hinein. Er enthält ein Fortbetreffendes, ein Unerledigtes in seiner wesenhaften Frage, ein Unabgegoltenes in deren versuchter Lösung. Dieses Unabgegoltene ist das philosophische Substrat des Kulturerbes; es ist das desto mehr, je frischer neues Substrat des Kulturerbes entspringt. Solches Erbe gehört zum Geschehen der Philosophie, nicht nur zu ihrer Geschichte. Und rücksichtlich Hegels, eines Lehrers von Marx: es gibt wenig Vergangenheit, die so problemhaltig wie seine uns noch aus der Zukunft entgegenkäme. Die Scheinprobleme des Philosophen, die Ideologien und Idealismen seines sogenannten Weltgeistes sind durch Marx verschwunden; die echten Fragen, die Marxismen der Sache selbst bleiben desto unverwechselbarer. Wer beim Studium der historisch-materialistischen Dialektik Hegel ausläßt, hat keine Aussicht, den historisch-dialektischen Materialismus voll zu erobern.

Hegel ist ein Lehrer der lebendigen Bewegung im Gegensatz zum toten Sein. Sein Thema war das Selbst, das zur Erkenntnis kommt, das Subjekt, das mit dem Objekt, das Objekt, das mit dem Subjekt sich dialektisch durchdringt, das Wahre, das das Wirkliche ist. Und das Wahre ist kein stillstehendes oder ausgemachtes Faktum, so wenig wie Hegel selbst. Das Wahre als Wirkliches ist vielmehr Resultat eines Prozesses; dieser muß geklärt und gewonnen werden. Hegel ist dazu einer der wichtigsten bisherigen Zeugen, sowohl was Dialektik wie Umfang seiner Aussagen angeht. Hegelei sei ferne, sie ist ohnehin nur eine Eigenschaft von Epigonen, aber wie Engels, Richtung gebend, Richtung haltend, sagt: »Wir deutschen Sozialisten sind stolz darauf, daß wir abstammen nicht nur von Saint-Simon, Fourier und Owen, sondern auch von Kant, Fichte und Hegel.« Wer der Wahrheit nachwill, muß in diese Philosophie, auch wenn die Wahrheit: der lebendige, das Neue enthaltende Materialismus nicht dabei anhielt und anhält. Hegel leugnete die Zukunft, keine Zukunft wird Hegel verleugnen.

Cambridge, Mass., im Dezember 1947
Leipzig, im Juli 1949

Nachschrift 1962

Das Buch erscheint wieder, unverändert. Um ein Kapitel (23) wurde es vermehrt. Hegel ist immer an der Zeit, besonders wenn die Zeit teils sich verläuft, teils erstarrt. Beides findet seine Berichtigung, wo nicht sein Gericht an der Tiefe, die ja nicht immer »Idee« heißen muß, sondern Fälligkeit der wahren Tendenz heißen mag. Hegel ist im Osten derzeit nicht mehr recht beliebt, trotz des Satzes seiner Rechtsphilosophie, daß das Parlament nur die Aufgabe habe, dem Volk zu zeigen, daß es recht regiert sei. Dann wieder behandelt Hegel, bei Gelegenheit der Utopie Platons, Regierungen, die nur durch »Gewalt« gehalten sind statt durch Übereinstimmung mit der »Idee« der Zeit, und fährt, in manchem überraschend, fort: »Daß es aber an der Zeit damit ist, muß die Regierung wissen. Knüpft aber die Regierung, unwissend über das, was die Wahrheit ist, sich an zeitliche Einrichtungen, nimmt sie das unwesentlich Geltende in Schutz gegen das Wesentliche – und was dieses ist, ist in der Idee enthalten –: so wird sie selbst von dem dringenden Geiste gestürzt, und die Auflösung der Regierung löst das Volk selbst auf; es entsteht neue Regierung, – oder die Regierung und das Unwesentliche behält die Oberhand« (Werke XIV, S. 277). Im Westen wiederum ist Hegel mehr pluralistisch, erst recht positivistisch oder agnostisch nicht so angesehen, und er sagt: »So merkwürdig es ist, wenn einem Volke z. B. die Wissenschaft seines Staatsrechts, wenn ihm seine Gesinnungen, seine sittlichen Gewohnheiten und Tugenden unbrauchbar geworden sind, so merkwürdig ist es wenigstens, wenn ein Volk seine Metaphysik verliert, wenn der mit seinem reinen Wesen sich beschäftigende Geist kein wirkliches Dasein mehr in demselben hat« (III, S. 3). Das heißt, ein Halt ist hier so vermißt wie anempfohlen, und wenn auch der Hegelsche oft mehr Halt aus einem Anhalten ist, nämlich bei Gewordenem, und wenn auch der Glaube des Hegelschen Halts noch eine Menge heteronomen Aberglaubens mit sich führt: so tut einem Chronos, der oft nur im Verdienen und was damit zusammenhängt nicht irrlichteriert und der eines Ziels vor Augen ermangelt, doch der Anblick des letzten Zusammenhangs gut oder nützlich ungut, den die bürgerliche Vernunft derart hatte. Gewiß gilt auch hier, was das Fertigsein der Zusammenhänge angeht, gar den Anspruch auf »absolut« gewordene Philosophie: Es gibt ein grundsätzliches Mißtrauen gegen jedes den Menschen vergewaltigende geschlossene Weltbild, das sich selber für vollkommen hält; und wie sehr ist dies Mißtrauen gegen totalitäres Blei wahr geworden. Aber wie unübersehbar bricht gerade wieder die Methode Hegels, zum Unterschied vom Bann des Fertigseins, mit der falschen Erledigtheit, macht in ihr Sprengpulver. Denn bei aller Decke über dem Licht: immer wieder kommt Dialektik darüber her, zeigt die Stacheln wie Hilfen des Widerspruchs, unterbrechend. Derart diskontinuiert Hegel auch heutzutage, auch dort, wo er nicht auf die Füße gestellt und dort erst recht, wo das letztere zum status nascendi gehörte, mit Offenheit nach vorwärts. Darin ist der Menschheit ein ihr mehrfach Gemeinsames mitbezeichnet, nicht zuletzt die Pflicht gegen Verkrustetes überall, um das Dasein in Übergang und Flüssigkeit zu halten. Und was die Wahrheit selber betrifft, spezifisch in ihrem Osten, so lehrt dazu Hegel, bewegender als je: »Nennen wir das Wissen den Begriff, das Wesen oder das Wahre aber das Seiende oder den Gegenstand, so besteht die Prüfung darin, zuzusehen, ob der Begriff dem Gegenstande entspricht. Nennen wir aber das Wesen oder das Ansich des Gegenstandes den Begriff..., so besteht die Prüfung darin, daß wir zusehen, ob der Gegenstand seinem Begriffe entspricht« (II, S. 76 f.). Das also verbindet die mehr oder minder entsprechende Adäquation des Gedankens an seinen Gegenstand mit der mehr oder minder gelingenden oder auch mißlingenden Adäquation des Gegenstandes an das, was er selber in Wahrheit ist. Eine lehrreiche Verbindung und ein Maß für jede Realisierung; die Zukunft wird auch hier ein Hegelsches nie verleugnen. Vor allem, da es als solches Maß selber aussteht, – dem Wahren treu, das noch nicht ist.

Tübingen, im Juli 1962

DER ZUGANG

FRAGEN 1

Auch aus nichts wird etwas. Aber es muß in ihm zugleich angelegt sein. So läßt sich keinem etwas geben, was er nicht vorher hat. Mindestens als Wunsch hat, sonst wird das Gereichte nicht als Geschenk empfunden. Gefragt muß es gewesen sein, wenn auch nur in einem dunklen Gefühl. Nichts wirkt als Antwort, was nicht vorher gefragt gewesen ist. Daher bleibt soviel Helles ungesehen, als wäre es nicht da.

SELBSTDENKEN 2

Wer sich nur dem Zug des Vorstellens überläßt, kommt wenig weit. Er sitzt nach kurzem in einer allgemeinen Gruppe von Redensarten fest, die sowohl blaß wie selber unbeweglich sind. Die Katze fällt auf ihre Füße, aber der Mensch, der nicht denken gelernt hat, der aus den kurzen, den üblichen Verbindungen des Vorstellens nicht herauskommt, fällt ins ewig Gestrige. Er wiederholt, was andere wiederholt haben, er treibt im Gänsemarsch der Phrase.

Denken dagegen, zum Unterschied vom ausgemachten Verlauf der Vorstellungen, beginnt sogleich als Selbstdenken. Dieses ist bewegt wie der Mensch dahinter, der es betreibt. Es lernt, um zu wissen, wo wir uns befinden, es sammelt Wissen, um danach das Verhalten einzurichten. Geschultes Selbstdenken nimmt nichts als fix und fertig hin, weder zurechtgemachte Fakten noch totgewordene Allgemeinheiten noch gar Schlagworte voll Leichengift. Es sieht sich und das Seine vielmehr im Fluß, es befindet sich wie ein Pionier an ständig vorrückenden Grenzen. Das Lernen muß von seinem Stoff aktiv betroffen sein, denn alles Wissen muß sich dafür für tüchtig halten, daß es im

Werden lebt, die Krusten durchdringt. Was beim Lernen sich passiv verhält und nur mit dem Kopf nickt, wird bald einschlafen. Was aber bei der Sache sich befindet, indem es mit der Sache geht, auf ihren unausgetretenen Wegen, wird mündig, kann endlich Freund und Feind unterscheiden, weiß, wo das Rechte sich anbahnt. Trott am Gängelband ist bequem, aber energischer Begriff ist mutig, gehört zur Jugend und zu Männern.

Hinweis

»Das Erste, was hier gelernt werden muß, ist aufrecht stehen« (Hegel, Werke, Gesamtausgabe 1832–45, VII[2], S. 94).

Schwätze nichts nach: »Schränkte das Lernen sich auf bloßes Empfangen ein, so wäre die Wirkung nicht viel besser, als wenn wir Sätze auf das Wasser schrieben« (XVI, S. 154).

3 HEGELS SPRACHE

Vom Sanften oder Gewohnten bleibt nun keine Spur mehr übrig. Hegel ist schwer, daran besteht kein Zweifel, er ist einer der unbequemsten unter den großen Denkern. Viele seiner Sätze stehen da als Gefäße, die mit starkem und feurigem Trank gefüllt sind, aber das Gefäß hat keine Handhabe oder wenig. Auch Verstöße gegen die zivile Grammatik sind häufig, nicht bloß der Sprachpurist greift sich zuweilen an den Kopf. Doch ist der übliche Vorwurf, daß die deutschen Philosophen, mit Ausnahme Schopenhauers und Nietzsches, schlecht schreiben, schon an Kant ein Unsinn, noch mehr an Hegel. Diesem Vorwurf wurde ein verdächtiger Teil der Aufmerksamkeit gewidmet; er ist ein Mittel, sich große Denker vom Hals zu halten. So rauh und gebrochen auch häufig der Ausdruck hervorkommt, zuweilen bei Hegel mit ganz abenteuerlichen französischen, besonders lateinischen Wörtlichkeiten untermischt (»aus Herrn Hothos demnächst zu erwartender Dissertation ersehe ich« = ex dissertatione proxime apparitura): es ist noch ungereimter, sich dadurch an den großen Denkern auch linguistisch ein

X für ein U vormachen zu lassen. Kants Sprache ist von berauschender Genauigkeit; der Leser merkt ihren Wert, sobald er sie nicht in Philosophie, sondern in Dichtung wahrnimmt, so bei Kleist, dessen Prosa an der Kantischen gebildet ist. Hegels Sprache zeigt überall dort, wo der Leser die eigenwillige Terminologie durchdrungen hat, Musik aus Lutherdeutsch, versehen mit der jähesten Anschaulichkeit. Mit der Anschaulichkeit, wie sie ein Blitz, aus keineswegs wolkenleerem Himmel, verleiht, wenn er mit einem Schlag die ganze Landschaft erleuchtet, präzisiert, zusammenfaßt. Hegels Sprache bricht die übliche Grammatik nur deshalb, weil sie Unerhörtes zu sagen hat, zu dem die bisherige Grammatik keine Handhabe bietet. Ein Schüler Hegels, der Jurist Sietze, drückte das nicht übel, wenn auch etwas psychologistisch und im ganzen übertrieben folgendermaßen aus (vgl. Rosenkranz, Hegels Leben, 1844, S. 361): »Das offenbar Beschwerliche in Hegels Sprache kann ich mir nur dadurch erklären, daß er gewissermaßen in Hauptwörtern dachte, daß bei Betrachtung eines Gegenstands ihm die Bezeichnungen gleichsam wie Gestalten erschienen, die miteinander in Handlungen traten, und deren Handlungen er dann erst in Worte übersetzen müsse. Nicht als ob ihm die Regeln irgendwie gefehlt hätten, sondern weil er den Inhalt seiner Gedanken erst übersetzte, so daß ihm jede Sprache gewissermaßen als fremde erschien.« Das Wahre daran ist dieses: die Syntax der Worte wird dort gebrochen, wo sie der philosophisch einzig regelgebenden: der dialektisch-logischen Syntax nicht gemäß erscheint. Doch hebt das das eigene Sprachleben des Hegelschen Gedankens nicht auf, desto weniger, als Hegel durchaus nicht das Bewußtsein eines Sich-Übersetzens aus dem Sprachlosen hatte. Er bekundet konträr: »Das Wort gibt den Gedanken ihr würdigstes und wahrhaftestes Dasein... Wie der wahrhafte Gedanke die Sache ist, so auch das Wort, wenn es vom wahrhaften Denker gebraucht wird« (Enz. § 462 Zusatz). Es ist Blut und Mark in Hegels Sprache, ein Korpus aus süddeutschem Erbgut, und das knorrige Wesen blüht, oft gotischer Zaubergarten, oft Weltfigur, in einem einzigen winkligen Detail.

Das alles muß vom Leser dieser Bücher verstanden werden. Hegel wühlt, indem er aufwühlt und klärt, er denkt, ganz gegen die landläufige Meinung über ihn, lange im Gemüt. Der gute Leser wird sich, was unglatte Schönheit angeht, in Hegels Deutsch so wohnlich fühlen wie in einer alten Stadt, mit gebogenen Gassen, deutlichem Zentrum. Viel Schwäbisches ist in der Sprache, viel Anspielung auf Volksausdrücke, und Hegel fällt in Nachdenken darüber, so über den Menschen, dem es »wohl ist wie dem Fisch im Wasser«. Oder unheimlich stumme Sprachbilder treten auf, solche aus Traum, verbotenem Zimmer, fast Wachsfigur; so in dieser maurischen Wendung der Phänomenologie: »Es zeigt sich, daß hinter dem sogenannten Vorhang, welcher das Innere verdecken soll, nichts zu sehen ist, wenn wir nicht selbst dahinter gehen, ebensosehr damit gesehen werde, als daß etwas dahinter sei, das gesehen werden kann« (II, S. 130). Oder ein sich reibender, trügender, dämonischer Doppelsinn der Sprache wird ausgemünzt, dankbar und dialektisch. So heißt es vom Individuum, welches sich das Leben nimmt wie eine reife Frucht und zum bloß begierigen Gemüt führt: »Es erfährt den Doppelsinn, der in dem liegt, was es tat, nämlich sein Leben sich genommen zu haben; es nahm das Leben, aber vielmehr ergriff es damit den Tod« (II, S. 274). Dicht neben solchem der raunende, schwere, überfüllte Sprachraum, der aus Pindar hervorkommt, aus den Chorgesängen des Äschylos, aus der gleichsam athenischen Gotik, die Hegels Jugendfreund Hölderlin wiedergeschaffen, neugeschaffen hat. Die Schriften Hamanns, dieser merkwürdigen Aufklärung, traten früh hinzu. Das alles ist hier zu einem großen Denker gekommen, eine so weitläufige Sprachanlage; der Geist aller Zeiten, der mit allen Wassern gewaschen ist, vor allem mit denen aus der Tiefe, will in dieser Anlage sein Gespräch haben. Darum kann von der Mächtigkeit eines solchen Denkers nicht erwartet werden, daß er so komfortabel sich darstelle wie ein Locke. Oder, um ein größeres Beispiel zu geben, so glänzend bei aller Klage, so urban bei aller Bitterkeit wie Schopenhauer. Und wird dem Leser bei einiger Bemühung nicht jeder Satz klar, so bedenke er: es gibt auch undurchsichtige Edelsteine. Soll heißen: Dunkles, das exakt als solches ausgedrückt wird, ist ein ganz Anderes wie Klares, das dunkel ausgedrückt ist; das Erste ist wie Greco oder Gewitterlicht, das Zweite ist Stümperei. Das Erste ist adäquate Präzision des Auszusagenden und Aussagbaren, ist vollkommen sachliche Kostbarkeit, wie oft bei Hegel, das Zweite dilettantisch und Schwulst. In der Poesie ist dieser Unterschied allgemein bekannt: Goethes »Harzreise im Winter« oder »Wanderers Sturmlied« haben ihre Dunkelheit primär im Stoff und nur insofern in der Sprache, als diese den gärend-dämmernden Stoff genauestens wiedergibt. An sich selber ist die Sprache hier ebenso klar wie im »Heideröslein«; nur daß kein Knabe ein Röslein stehen sah, es sei denn als Lebenssymbol und Mittelpunkt, im Sturm, hinter schweren Morgenwolken. Dergleichen muß an mancher dunklen Stelle auch bei Hegel beherzigt und eingestanden werden, zumal ein Denker noch mehr als ein Dichter objektivsten Grund hat, falls er – aus Genauigkeit – verhangen spricht. Wobei Hegel gleich Goethe nirgends im sachlich noch dunkel sich Gebenden steckenbleibt; das gerade, weil er ihm abbildend gerecht wird. Hegel, der gänzlich lehrhafte, hat in Wühlendes nie anders geblickt als mit dem Willen, es zu klären, mit dem Begriff, der dahin einschlägt. Trotzdem geht dieser »Mut der Erkenntnis«, der der Aufklärung so verwandte und verpflichtete, nie »im Hausrock« der Aufklärung; sonst hätte er sich nicht diese Sprache zugezogen, sie nicht auch an Hamann gebildet. Hegels Sprache ist ihm und seiner Sache fast überall notwendig, so auch dem Leser, der die weiteste Reise erfahren will, die es bisher gibt.

Hinweis

»Es kommt der Ausdruck vor, man wisse nicht, was man sich bei einem Begriffe, der gefaßt worden, denken solle. Der Sinn jenes Ausdrucks ist eine Sehnsucht nach einer bereits bekannten, geläufigen Vorstellung; es ist dem Bewußtsein, als ob ihm mit der Weise der Vorstellung der Boden entzogen wäre, auf welchem es sonst keinen festen und heimischen Stand hat... Am verständlichsten werden daher Schriftsteller, Prediger, Redner usf. gefunden, die ihren Lesern oder Zuhörern Dinge vorsagen, welche diese bereits auswendig wissen, die ihnen geläufig sind, und die sich von selbst verstehen« (VI, S. 7).

Versuch es mit dem dunklen Ausdruck noch einmal: »Die Weltgeschichte zeigt nur, wie der Geist allmählich zum Bewußtsein und zum Wollen der Wahrheit kommt: es dämmert in ihm; er findet Hauptpunkte, am Ende gelangt er zum vollen Bewußtsein« (IX, S. 51).

4 UNGEWOHNTE KUNSTAUSDRÜCKE

1. Auf die bloße gute Absicht war Hegel all sein Lebtag schlecht zu sprechen. Was seinen eigenen Vorsatz zur Verständlichkeit angeht, mit Recht; denn dieser wurde durchaus nicht so zur Tat, wie Hegel als Lehrer es wünschte. Sonst dem gesunden Menschenverstand ziemlich abhold, gab er ihm doch das Recht zu verlangen, daß ihm mindestens nichts künstlich schwer gemacht werde. Ein selbstverständliches Recht; obwohl es noch nie einen redlichen Denker gab, der etwas künstlich, also absichtlich schwer gemacht hätte. Dazu gehört nicht nur Unredlichkeit, sondern auch eine, die weiß, warum und wozu sie eine ist. Sie muß nämlich notwendig mit Flachheit verbunden sein, mit einer solchen, die sowohl aufgedonnert wie versteckt zu sein wünscht. Hegel nannte das, in einem frühen Brief an J. H. Voß, die Mode, »der Plattheit den Schein von tiefem Reden zu geben«.

2. Im gleichen Brief, an den aufgeklärten Mann, sagt Hegel auch dem elfenbeinernen Turm ab. Er schreibt (von Jena, 1805) dem Übersetzer Homers: »Luther hat die Bibel, Sie Homer deutsch reden gemacht, das größte Geschenk, welches dem Volke geboten werden konnte ... Wenn Sie diese beiden Beispiele vergessen wollen, so will ich von meinen Bestrebungen sagen, daß ich versuchen will, die Philosophie deutsch sprechen zu lehren.« Das hatten im philosophischen Feld zwar schon die Volksfreunde Thomasius und vor allem Christian Wolff unternommen (von dem die Worte Verhältnis, Vorstellung, Bewußtsein, Stetigkeit herstammen). Aber hier waren nur abgestempelte, von anderen durchdachte Termini aus dem Lateinischen und Französischen übersetzt worden, oft ins Hausbackene. Hegel dagegen hatte das Bewußtsein, daß er, nach der Erschütterung,

die durch Kant eingetreten war, die philosophischen Wissenschaften, über die er las, eigentlich erst zu machen hätte. Da wurde das Wolffsche Sprachunternehmen schwierig, ja man kann sagen, die deutschen Kunstausdrücke Hegels wirkten lange besonders ungewohnt. »Ansichsein«, »Außersichsein«, »Anundfürsichsein« gehören hierher, sie sind die grundlegenden. Auch blieb der größte Teil der überlieferten Terminologie nicht nur unübersetzt, sondern sie wurde auch in sehr vielen Fällen aus ihrer üblichen Bedeutung verrückt. Will man einen Rebus genießen, der einige Zeit nach Hegels Tod unter den Hörern des Breslauer Halbhegelianers Braniß beliebt war, so enthält ihn die Frage: Was ist die partielle Negation des An- und Umseins der passiven Kausalität des Unendlichen? – Die Antwort heißt: ein Loch im Hemd der Mutter Gottes. Aber der Rebus gilt mehr für die Sphinxe ohne Rätsel, die unter den Hegelianern zahlreich wurden. Denn Hegel hat über das Hemd der Mutter Gottes nie gesprochen, und hätte er es getan, dann leicht und ungezwungen. Doch wäre es falsch, die Mühe zu verschweigen, die Hegel bereiten kann, wenn er selber diese Mühe auf möglichst gedrungene Formulierungen, in einem einzigen Kunstsatz, verwandt hat. Das besonders in der Enzyklopädie, in konzisen Definitionen wie etwa dieser, den Klang betreffend: »Die spezifische Einfachheit der Bestimmtheit, welche der Körper in der Dichtigkeit und dem Prinzip seiner Kohäsion hat, diese zuerst innerliche Form, hindurchgegangen durch ihr Versenktsein in das materielle Außereinander, wird frei in der Negation dieses seines Außereinanderseins ... Damit daß diese Form so im Erzittern, das ist durch die momentane ebenso Negation der Teile wie Negation dieser ihrer Negation, die aneinander gebunden eine durch die erweckt wird, und so – als ein Oszillieren des Bestehens und der Negation der spezifischen Schwere und Kohäsion – am Materiellen als dessen Idealität ist, ist die einfache Form für sich existierend und kommt als diese mechanische Seelenhaftigkeit zur Erscheinung« (Enz. § 300). Der lange Satz ist zwar ein Exemplar von Ungeheuer, wie es bei Hegel nur selten vorkommt, doch sei er deshalb nicht verschwiegen. Ihn toll zu finden, ist leicht, ist noch weit leichter als etwa über einen Goethevers wie diesen den Kopf zu schütteln: »Ein Schiff ist im

Begriffe, auf dem Kanale hier zu sein.« Überdies steht der Satz in Hegels Naturphilosophie, einer Disziplin also, deren Begriffsform selber von der der mechanischen Naturwissenschaft in sämtlichen Voraussetzungen verschieden ist. Das Ungeheuer soll damit nicht verziert werden, die Kunst, die Philosophie deutsch sprechen zu lehren, ist an dem Beispiel zweifellos schlecht gelungen. Trotzdem ist der Satz – eine komplizierte Formel oder Parallele zu engst gepackter juristischer Definition – bis auf den Grund klar; er braucht nur sprachlich zerlegt und in Kenntnis des Zusammenhangs, worin er steht, interpretiert zu werden. Nur dazu wurde er gebildet, »zum Gebrauch seiner Vorlesungen« wurde dergleichen von Hegel in der Enzyklopädie gebildet. Auf die viva vox des Dozenten wurde gewiesen, die solche Abstraktionen belebt, die Monstra der Abbreviatur erst zu ihrer königlichen Gestalt entzaubert und hinstellt. Ist diese viva vox verstummt, so klingt sie doch in Millionen anderer Sätze nach, die Hegel gedrungen und feurig hinterlassen hat. An diesen kann weder die Banalität ihren Witz üben, noch steht die Exegese vor ihnen, als wäre hier Geheimschrift. Besonders aber muß überall auf den Zusammenhang gewiesen, darauf bestanden werden. Denn macht der Vortrag des Redners Glück, so die unabreißbare Einheit in allem Gesagten das des Philosophen. Der Ariadnefaden ist hier entschieden gespannt zum Ziel; Kontext geht so auf, gerade auch im begrifflichen Dickicht, und klärt.

Ein rechter Mann verfolgt die Sache, um derentwillen er begonnen hat, darin ist Hegel einer der rechtesten. Das hindert nicht, sondern befördert, daß Hegel zuweilen eine Art Ehre darin fand, dem Durchschnittsdenken als verdreht zu erscheinen; kehrt doch dialektische Philosophie alle gewohnten Begriffe um und um. »Den Uneingeweihten«, schrieb er deshalb 1812 an einen Holländer, »den Uneingeweihten muß jene ihrem Inhalt nach ohnehin als die verkehrte Welt erscheinen, als im Widerspruch mit allen ihren angewöhnten Begriffen, und was ihnen sonst nach dem sogenannten gesunden Menschenverstand als gültig erschien.« Hegels angeführte Klangdefinition stellt von diesem dialektischen Anderssein lediglich, der »Einfachheit« halber, einen Code dar. Wobei selbst an diesem – vielleicht unangenehmsten – Beispiel Hegelscher Terminologie geringe, sonderbare Zeichen auf die wahre Gestalt deuten. Das »Erzittern«, das »Versenktsein in das materielle Auseinander«, der Klang als »mechanische Seelenhaftigkeit« gehören hierher; anschauliche Tiefe (wenn auch qualitativer, also in der Physik ganz ungewohnter Art) kommt in ein Gebilde, dessen Sinn fast unsinnig scheint. Dies zur Lösung der ungewohntesten Kunstausdrücke und ihres Amalgams, die Hegel je an einer einzigen Stelle verwendet hat. Post festum kann dergleichen zum Prüfstein der Einsicht dienen, die philosophisches Bewußtsein von Hegel erlangt hat; es ist das freilich schon ein ganz spezialistisches Anliegen und für die Kenntnis des lebendigen Hegel nicht erforderlich. Allemal aber sind Sätze wie der aus der Akustik angegebene von den wirklichen Gewitterlichtsätzen und ihrem *objektiv Schwersagbaren* zu unterscheiden. Da geschieht es Hegel – mit Grund – oft, ägyptischen Sphinxen in seinen Gedanken zu begegnen. Jenen Wesen, von denen er, wie immer unwillig, sagt: »Die Dunkelheit des Gedankens mit der Klarheit der Äußerung paarend, brechen sie in die Sprache tiefer schwerverständlicher Weisheit aus« (II, S. 526).

3. Wichtig vor allem wird, zu lernen, daß die Begriffe hier flüssig sind. Der gewöhnlichen Ansicht ist alles fest, es sei denn, daß sie, in einem Zug bewegt, aus diesem herausblickt. Doch fühlt sie dann nur sich selber fahrend, während der Baum Baum bleibt und nur jetzt ein Haus, jetzt ein Fels, jetzt leere Luft an seine Stelle rücken. Der Schatten ist schwarz, sagt die Fibel, aber im Schnee ist er blau; und wer glaubt, daß ein Abgrund immer offen ist, wird in den mit Schnee bedeckten hineinfallen. Bei Hegel, als in der Landschaft des Prozesses, ändern sich die Dinge unaufhörlich, obzwar darin selber stets gesetzmäßig. Nicht beliebig, so daß aus schwarz weiß gemacht wird wie bei Advokaten, und nicht privat, wonach das, was dem einen seine Eule dem anderen seine Nachtigall ist. Wird schwarz weiß, so nie in der Drehkunst des Schwindels, denn dieser bleibt ja beim Fixen, wenn er Dinge bloß verwechseln, nicht wechseln läßt, und sie wie Kartenblätter austauscht. Sondern die Sache selbst dreht sich in ihrem Verlauf, und nicht den verschiedenen Beschauern, sondern der verschiedenen Zeit muß eine Eule bald diese, bald eine Nachtigall sein und umgekehrt. Aus Vernunft wird Unsinn,

aus Wohltat Plage: das hat heute, weil schmerzlich erfahrbar, einen Umschlag der Nachtigall ohnehin verständlicher gemacht. Aber freilich war auch die Eule schon in der Nachtigall und umgekehrt, sonst käme die umschlagende Bewegung von der einen zur andern nicht hervor. Das heißt: der Leser Hegels muß sich mit dem öffentlichen, dem objektiven Widerspruch in allen Dingen vertraut machen, den die Begriffssprache Hegels unablässig spiegelt. Er muß wachsame Untreue gegen einen fixen Begriff lernen, damit dieser nicht zur Schablone werde, die dem Wirklichen nicht mehr gemäß ist. Weshalb der geschulte Leser, wenn er in einer bürgerlichen Zeitung von »freier Unternehmung« liest, nicht an das denkt, was vor fünfzig Jahren so hieß und so war, sondern an dasjenige, was in der Monopolwirtschaft daraus geworden ist, und was dem kleinen Geschäftsmann unter der alten Begriffsfirma betrügerisch vorgemacht wird. Die Advokatentricks, die man fälschlich dialektische nennt, sind in Wahrheit das Gegenteil: nämlich stabile.

Mit der Eule, die sich schon in der Nachtigall befindet, hängt ein noch Verblüffenderes zusammen, womit der Hegelleser sich vertraut machen muß. Es betrifft die Verbindung des scheinbar Entgegengesetzten, ja die Gleichung zwischen beiden. Das ist in kluger Literatur längst als das sogenannte Paradox bekannt, und jeder nimmt davon Belehrung entgegen. Hierher gehören bereits in sich zusammenstoßende Bezeichnungen wie: geschulte Fruchtbarkeit oder: weiche Pedanterie; Joh. V. Jensen ist darin Meister. Als eigentliche Sentenz lieferten Oscar Wilde, Bernard Shaw viele Vereinigungen des Unvereinbaren: nur ist hier das Unvereinbare oft wirklich eines, nämlich kein Widerspruch, sondern bloß ein Gegensatz oder gar ganz Disparates; wonach die Sache nur glitzert. Meister des umschlaghaltigen Paradoxes in der Literatur – eine unerwartete kleine Vorschule für Hegelleser – ist Chesterton, einer der gescheitesten Männer, die je gelebt haben. Auch kann seine Denkart für unsere Zwecke unabhängig von der Absicht des Chesterton-Witzes verstanden werden, der sich leider für die Sache des Pfaffentums einspannt. Wahres, fürs Unfixe lehrreiches Paradox ist aber dieser Satz: »Sein großer Scharfsinn ließ ihn über den Gegenstand in einer Wolke gesunden Zweifels.« Oder dieser: »Die Leute, die Leitartikel schreiben, sind immer hinter ihrer Zeit zurück, weil sie ständig in Eile sind. Sie sind gezwungen, auf ihre altmodischen Ansichten über die Dinge zurückzugreifen; alles, was in Eile geschieht, ist bestimmt überholt.« Oder dieser: »Shaw als Freund der Humanität ist wie Voltaire, der kühlste und härteste Kämpfer, auf dessen durchbohrender Spitze die elenden Verteidiger einer männlichen Brutalität sich wie Würmer wanden.« Oder dieser: »Wir nennen das zwölfte Jahrhundert asketisch und unsere Zeit erfüllt vom Willen zur Freude. Aber im asketischen Zeitalter war die Liebe zum Leben so offensichtlich und ungeheuer, daß sie eingeschränkt werden mußte. In einem hedonistischen Zeitalter ist die Freude immer tief gesunken, so daß sie ermutigt werden muß. Es ist merkwürdig, einen Festtag wie einen Fasttag auferlegen zu müssen und die Menschen mit Speeren zu einem Bankett zu treiben« (Chesterton, Bernard Shaw, S. 101, 236, 75, 239f.). Aus den Büchern Chestertons ließen sich Hunderte solcher Argumente e contrario (und oft aus dem in der Sache selbst enthaltenen Gegenteil) ziehen; ihre Methode ist allemal Gleichung des Entgegengesetzten und damit Aufhebung eines ausgemachten, selbstzufriedenen Schemas. Dergleichen stammt aus den epatierenden Scharfsinnigkeiten der Scholastik, aber das Urbild dieser Gleichsetzungen – das in nichts mehr wirkungswillige, in allem wahrheitswillige – steckt in Hegel; hier ist das Paradox (gegen die Isoliertheiten des gesunden Menschenverstands) die Stimme des Objekts selbst. Beispiele dafür sind (sie werden alle noch zu erläutern sein): »Was innerlich ist, ist auch äußerlich vorhanden und umgekehrt. Was nur ein Innerliches ist, ist auch damit ein Äußerliches, und was nur ein Äußerliches ist, ist auch nur erst ein Innerliches« (Enz. §§ 139, 140). Oder: »Die äußere Notwendigkeit ist eigentlich zufällige Notwendigkeit. Ein Ziegel fällt vom Dach und erschlägt einen Menschen, das Herunterfallen, das Zusammenkommen kann sein oder auch nicht, ist zufällig. In dieser äußeren Notwendigkeit ist nur das Resultat notwendig, die Umstände sind zufällig« (XII, S. 15). Oder: »Das Vergehen und Sichwiedererzeugen des Raums in Zeit und der Zeit in Raum, daß die Zeit sich räumlich als Ort, aber diese gleichzeitige Räumlichkeit ebenso unmittelbar zeitlich gesetzt wird, ist die

Bewegung. Ein Ziegelstein für sich erschlägt einen Menschen nicht, sondern bringt diese Wirkung nur durch die erlangte Geschwindigkeit hervor, das ist, der Mensch wird durch Raum und Zeit totgeschlagen« (Enz. § 261). Dergestalt sind also Innen und Außen, wenigstens als leeres, dasselbe, Zufall und Notwendigkeit, wenigstens als äußere, Raum und Zeit, wenigstens im Ort der Bewegung, dasselbe und identisch. Der Ort der größten Paradoxie Hegels liegt aber dort, wo überhaupt noch kein Ort und keine Bewegung statthat, sondern diese erst startet: im Anfang. An diesem findet sich die Grundbestimmung: »Sein und Nichts ist dasselbe ... Ebenso richtig als die Einheit des Seins und Nichts ist es aber auch, daß sie schlechthin verschieden sind. Allein, weil der Unterschied hier sich noch nicht bestimmt hat, denn eben Sein und Nichts sind noch das Unmittelbare, so ist er, wie er an denselben ist, das Unsagbare« (Enz. § 88). Das also sind einige »Terminologien« Hegels, die, selbst wenn sie deutsch sprechen, der Unvertrautheit entweder wie Tollhaus oder wie Abrakadabra vorgekommen sind. Daß Sein und Nichts nicht dasselbe sind, dieses mindestens scheint völlig aussagbar, indem man seinen Geldbeutel öffnet und den Inhalt feststellt, den seienden oder nicht seienden. Aber da Hegel selber in dieser Lage war und überdies bedeutend mehr Dinge in der Welt eröffnet hat als seinen Geldbeutel, so gilt für das Geldbeutelargument doch Chestertons Widerspruchssatz: »Sein großer Scharfsinn ließ ihn über diesen Gegenstand in einer Wolke gesunden Zweifels.« Eines Zweifels, der sich eben darin löst, daß Sein und Nichts ebenso dasselbe wie nicht dasselbe sind, kurz, daß hier der Ausgangspunkt für die gesamte dialektische Selbsterkenntnis, des Menschen wie der Gegenstände, vorliegt: – vom Unsagbaren zum Sagbaren. Vom Unentwickelten zur Frucht, mittels des Treibens der ineinander aufgetretenen Widersprüche.

4. Eine einfachere Umstellung des Lesers wird von den Begriffen: abstrakt-konkret erfordert. Doch auch sie ist wichtig, um Hegels gedankliche Bewegung zu verstehen. Gerade um den realistischen Sinn zu verstehen, der hier trotz des logisch-allzu logischen Ansatzes wirkt. Abstrakt im gewöhnlichen Sprachgebrauch wird ein Gegenstand genannt, der vom Sicht-

baren abgezogen ist und darüber schwebt. So ist Obst ein abstrakter Begriff, zum Unterschied von Äpfeln, Birnen, Trauben, so das Dreieck überhaupt, so die Menschheit überhaupt. Fällt das Abstrakte derart mit den Gattungsnamen zusammen, einem Höheren, Umfassenden, so kann dieses Höhere auch werthaft als solches verstanden werden. Dies ist der Fall, wenn etwa Menschheit oder Tugend sich auch als Abstrakta von den konkreten Niederungen erheben: das Ideelle wird dann ein Ideales. Konkretes dagegen liegt im üblichen Sprachgebrauch allemal mehr unten, entweder als das Sichtbare, einzeln Greifbare oder selber wertmäßig als das nicht so Erhobene, gar Erhabene. Hegel nun dreht genau diese Wertordnung um: das Abstrakte ist teils die leere allgemeine Vorstellung, teils ist es, als das Formelle des Begriffs, dessen bloß »unentwickelter Inhalt«. Das Konkrete dagegen ist das zu besonderen und einzelnen Bestimmungen Entfaltete, das durch die Einzelheit vermittelt Allgemeine. Das Abstrakte mithin ist das Unbestimmte oder das bloß an sich haltende Ansich (deshalb nennt Hegel seine ganze Logik, obwohl sie in sich voller Bestimmungen ist, als die des bloß ansichseienden Geistes abstrakt, »im Abstrakten einheimisch«). Das Konkrete freilich ist nicht die bloße beliebige sinnliche begriffslose Einzelheit, wohl aber die vernünftig durchdrungene, die in ihrem dialektischen Reichtum aufgeschlagene. Dazu verhält sich das Abstrakte nur wie der Schatten zum lebendigen Leib oder wie die Silhouette zum farbigen Gemälde. Wobei, was weiter zu beachten ist und leider den Hegelschen Idealismus, den Begriff als Prius ausmacht, nur das Abstrakte bloßer Vorstellung (also das für Hegel ganz uneigentliche, psychologisch Abstrakte) dem Einzelnen zeitlich nachfolgt. Dagegen das *logisch* Abstrakte ist dem Einzeln-Konkreten das Prius: als das unentwickelte Ansich. Überall also ist das Abstrakte vorausgesetzt, gleichsam als der logische Ansatz der Sache, aber überall muß auch von ihm fortgegangen werden. Hin zu dem, was Hegel gemeinsam mit Gottfried Keller den »goldenen Überfluß der Welt« nennen könnte. Statt daß vom Konkreten zum Abstrakten fortgegangen wird, wie die übliche, teils psychologische, teils grammatische Ordnung dieser Termini behauptet. Abstrakt also ist gerade das Unmittelbare, dies, was im gewöhnlichen

Sprachgebrauch als das Volle, Reiche, auch aus ganzem Herzen Kommende gilt. Es ist bei Hegel konträr das Ärmste, das noch unentwickelte Ansich; konkret wird das Unmittelbare erst, indem es mittelbar wird. Das heißt, indem es sich vermittelt aufschließt und wesenhaft erscheint als das, was es ist; denn eben: konkrete Vermittlung ist jene »sich bewegende Sichselbstgleichheit«, worin das Allgemeine zum Besonderen sich so aufschließt, wie das Besondere das Allgemeine konkret erscheinen läßt. Beides zusammen erst, dies fleischgeworden Universale, nennt Hegel Totalität; sie ist das vollste Zeichen für erlangte Konkretheit, ist »die Einheit des Allgemeinen und des Besonderen«. Das Totum als begriffen Umfassendstes steht also der Fülle der Erscheinungen am nächsten, ja ist sie selber: wahrer Umfang ist völlig mit sich vermittelter Einzelinhalt.

Wer denkt abstrakt?

»Denken? Abstrakt? – Sauve qui peut! So höre ich schon einen vom Feinde erkauften Verräter ausrufen ... Die Frage ist allein danach, wer es sei, der abstrakt denke. Wer denkt abstrakt? Der ungebildete Mensch, nicht der gebildete. Ich brauche für meinen Satz nur Beispiele anzuführen, von denen jedermann zugestehen wird, daß sie ihn enthalten. Es wird also ein Mörder zur Richtstätte geführt. Dem gemeinen Volk ist er nichts als ein Mörder. Damen machen vielleicht die Bemerkung, daß er ein kräftiger, schöner, interessanter Mann ist. Jenes Volk findet die Bemerkung entsetzlich; was? ein Mörder schön? Ein Menschenkenner sucht den Gang auf, den die Bildung dieses Verbrechers genommen, findet in seiner Geschichte, in seiner Erziehung schlechte Familienverhältnisse des Vaters und der Mutter, bei einem leichteren Vergehen dieses Menschen irgendeine ungeheure Härte, die ihn gegen die bürgerliche Ordnung erbitterte, eine erste Rückwirkung dagegen, die ihn daraus vertrieb, und es ihm jetzt nur durch Verbrechen sich zu erhalten möglich machte. Dies heißt abstrakt gedacht, in dem Mörder nichts als dies Abstrakte, daß er ein Mörder ist, zu sehen und durch diese einfache Qualität alles menschliche Wesen in ihm zu vertilgen.

›Alte, ihre Eier sind faul!‹ sagt die Einkäuferin zur Hökersfrau. ›Was, entgegnet diese, meine Eier faul? Sie soll mir das vor meinen Eiern sagen? Haben ihren Vater nicht die Läuse an der Landstraße aufgefressen, ist nicht ihre Mutter mit den Franzosen fortgelaufen und ihre Großmutter im Spital gestorben, – schaff sie sich für ihr Flitterhalstuch ein ganzes Hemde an; man weiß wohl, wo sie dies Halstuch und ihre Mützen her hat; wenn die Offiziere nicht wären, wär jetzt manche nicht so geputzt, flick sie sich nur die Löcher in den Strümpfen.‹ – Kurz, sie läßt keinen guten Faden an ihr, sie denkt abstrakt und subsumiert jene nach Halstuch, Mütze, Hemde wie nach den Fingern und anderen Partien, auch nach Vater und der ganzen Sippschaft, ganz allein unter das Verbrechen, daß sie die Eier faul gefunden hat. Alles an ihr ist durch und durch von diesen faulen Eiern gefärbt, da hingegen jene Offiziere, von denen die Hökersfrau sprach, – wenn anders, wie sehr zu zweifeln, etwas daran ist, – ganz andere Dinge an ihr zu sehen bekommen haben mögen.

Um von der Magd auf den Bedienten zu kommen, so ist kein Bedienter irgendwo schlechter daran als bei einem Mann von wenigem Stande und wenigem Einkommen. Der gemeine Mensch denkt wieder abstrakter, er tut vornehm gegen den Bedienten und verhält sich zu diesem nur als zu einem Bedienten; an diesem einen Prädikate hält er fest ... Im Militär kommt derselbe Unterschied vor; beim österreichischen kann der Soldat geprügelt werden, er ist also eine Kanaille. So gilt der gemeine Soldat dem Offizier für das Abstraktum eines prügelbaren Subjekts, mit dem ein Herr, der Uniform und Portepee hat, sich abgeben muß, und das ist, um sich dem Teufel zu ergeben« (XVII, S. 400 ff.).

»Allgemeine Worte«, sagt Goethe, »und großer Dünkel haben jederzeit viel Unheil angerichtet.« Sie sind erst recht für Hegel dasjenige, was vorhandenes Unheil erhält, und zwar wiederum in der Form der Abstraktheit, dieses Falls der abstrakten Verständigkeit: »Was man gesunden Menschenverstand nennt, ist selbst oft ein sehr ungesunder. Der gesunde Menschenverstand enthält die Maximen seiner Zeit. So zum Beispiel wäre es vor Kopernikus gegen allen gesunden Menschenverstand gewesen, wenn jemand behauptet hätte: die Erde drehe sich um die Sonne; oder vor der Entdeckung Amerikas: es sei da noch Land. In Indien, in China ist Republik gegen allen gesunden Menschenverstand. Diese ist die Denkweise einer Zeit, in der alle Vorurteile dieser Zeit enthalten sind: die Denkbestimmungen regieren ihn, ohne daß er ein Bewußtsein darüber hat« (XIV, S. 36).

5 DER KERNGEDANKE HEGELS

1. Mattes und wenig bedeutendes Denken faßt sich selten kurz. Es braucht viele Worte, ist insofern der Lüge verwandt. Es muß dauernd um die Sache herumgehen, weil es die Sache, zu deren Aussage es sich übernommen hat, nicht trifft, vielleicht auch nicht treffen will. Je länger das Geschwätz, desto dünner der Sinn, desto verräterischer die Kürzung. Dagegen gehört es zu einem großen Gedanken, daß er nötigenfalls größte Kürze verträgt, ja zu ihr besonders *fähig* ist. Der schlimmste Tag im Leben eines ungezielten, unnotwendigen, hin und her irrlichterierenden Denkers mag es sein, auf einer halben Seite sagen zu müssen, was er will, gar was er zustande gebracht hat. Da brechen die Verzierungen ab, da zeigt sich: zum Lakonischen gehört Mark. Worum es sich bei Denkern unzureichenden Rangs dreht, selbst bei einem von tüchtig ausgefülltem Mittelmaß, wie etwa Herbart, das ist auf einer halben Seite nicht einmal andeutend sagbar. Während bereits der einzige Satz: Erkenne dich selbst, ein wichtiges Stück Hegel kenntlich macht.

2. Daß auch im Kleinen sich der Meister zeigt, das muß freilich vorsichtig verstanden werden. Keinesfalls erscheint zunächst mehr als ein Fingerzeig; *vielsagend* wird dieser erst später, nachdem der Leser sich umgetan hat. Auch schreckt mit Recht das üble Verfahren, womit etwa Dichtungen auf einen handlichen Begriff gebracht worden sind. Dergleichen darf nicht nachgeahmt werden; denn was seit langem die Schulmeister hier als Kern ausziehen, ist komisch oder armselig. So wenig Wilhelm Tell in dem Satz zusammengefaßt werden kann: Man schießt auf Obst, so wenig ungefähr stellt Othello Eifersucht

dar oder Fidelio Gattentreue oder gar ein philosophisches großes Werk irgendeinen generellen Allerweltsgedanken. Wer glaubt, die Kantische Ethik auf einen Lebkuchenvers bringen zu können, von der Art wie: ›Was du nicht willst, das man dir tu, das füg auch keinem andern zu‹, diesem Freund der Kürze ist das weitere Studium zu widerraten. Des Pudels Kern sieht überall anders aus, auch für diesen Kern, besonders für ihn, gilt noch: Cave canem. Also ist der Lakonismus, dessen ein großer Gedanke, zuweilen auch ein großes Kunstwerk, sofern es ideenhaft ist, fähig wird, keinesfalls harmlos oder trivial. Erscheint er so, dann taugt er nicht einmal zum Fingerzeig, vielmehr, es paßt die ganze Richtung nicht.

Ein Anderes kommt hinzu, das fruchtbare Kürze von bloß enger wohl unterscheiden läßt. Es ist die Anweisung oder Nichtanweisung auf Größe und Weite, mittels kurzer Formel. Ist ein Gedanke von Natur knapp, dann kann er zuweilen vortäuschen, ebenfalls zentral, das ist, gedrängtes All zu sein. Die Täuschung verschwindet aber sogleich, sobald der Gedanke auf freies Feld gebracht wird und sein Licht dann nicht mehr leuchtet. Er war nicht stark genug dazu, er wird in der Weite und Größe blaß, indem er keine Anweisung auf Weltansicht, auf Weltdurchdringung enthält. Von dieser falschen Prägnanz ist etwa Berkeleys Credo: »Esse est percipi«, Sein ist Wahrgenommenwerden. Das klingt freilich gedrängt genug und ist doch nur ein begrenztes Schlagwort, keine welterschließende Parole; denn man bleibt damit im subjektiven Bewußtsein, als einem Gefängnis, eingesperrt. Echter Konzentriertheit ist nur ein Kerngedanke fähig, der dadurch einer ist, daß aus ihm Weite wächst und Weltbegriff. Wonach er kein Rattennest von Scheinproblemen bildet, sondern eine Baumschule voll echter und weiterwachsender Lösungsversuche. Kurz, wirkliches Vermögen zur Kleinheit ist identisch mit jener geistigen Intensität, die konzentrierbar ist, weil sie expandierbar ist, weil sie in der Enge so geladen, so trächtig ist. Mit anderen Worten: das Kriterium des großen Gedankens ist gerade deshalb und nur deshalb seine Fähigkeit zur Phiole, weil dem Gedanken, nach Hegels auch hierfür anwendbarem Wort, aus dem Kelche dieses Geisterreiches seine ganze Unendlichkeit schäumt. Sapienti sat, dem Weisen genügt das, so wie es großer Philosophie zwar nicht genügt, sie aber ihre Genugtuung daran hat, gegebenenfalls in einem einzigen Satz sich zu bedeuten. Sapienti sat, das heißt freilich auch immer wieder: der aussagbare Kerngedanke erspart als der Fingerzeig, den er zunächst gibt, dem Studium den Weg nicht. Es gibt keine via regia, keine bequeme Abkürzung zur Philosophie, wie sie jener ptolemäische Herrscher zur Geometrie für sich gewünscht hat; solche Art der Befriedigung wäre ja auch, als Ersparung des Einsatzes und der Schwierigkeiten, so wenig ehrenvoll wie die Onanie. Wie es eine Kriegsgeschichte des menschlichen Herzens gibt, und eine, die nicht mit der Schlafmütze bestanden wird, so verlangt auch der Gedanke Tapferkeit, um erfahren zu werden. Der gleiche Spinoza, der das Einfache das Zeichen der Wahrheit genannt hat, fügt aus diesem Grund hinzu, alles Erhabene sei ebenso schwierig wie selten. *Philosophie selber* beginnt und bemißt sich erst mit dem Niveau, auf dem die Probleme gestellt werden, und mit den Implikationen, die von diesem Niveau her aufgehen. Philosophie, die alte Wissenschaft des Staunens, ist so selber in ihrer Ausführung nichts als die Wissenschaft von den Implikationen. Doch eben, es ist allemal nur der mächtig-einfache Grundgedanke, der dieses Niveau in seiner Durchführung setzt und diese Implikationen, als welterschließende, verfolgt, zusammenhält. Also gibt es in jeder großen Philosophie, nach erfolgtem und bei verfolgtem Fingerzeig, eine gewaltige Verständlichkeit: sie bleibt nur der Trägheit verschlossen oder aber, wie alles Vortreffliche, dem frechen Ressentiment. Erkenne dich selbst, das ist, wenn man auf die Weiterungen begierig ist, bei Hegel der Nerv der Sache; das, obwohl dieser Satz von Sokrates stammt, ja, weit älter sein dürfte, doch erst Hegel hat ihm kosmische, gleichsam ethikokosmische Durchführung einheitlicher Art gegeben. Und Suche nach dem Einen, worauf es hier ankommt, ist bei Hegel legitim, obwohl und weil er dagegen eifert, die Wahrheit als »ausgeprägte Münze« zu betrachten, »die fertig gegeben und so eingestrichen werden kann«, statt als Prozeß, statt als Resultat. Und obwohl Hegel bereits in der Vorrede zur Phänomenologie, wenngleich in sehr anderem Zusammenhang, Weisheit, die einen formalistisch »erlernbaren Pfiff« besitzt, mit großem Spott ablehnt. »Das Instrument dieses gleichtönigen Formalismus ist nicht schwerer zu handhaben als die Palette eines Malers, auf der sich nur zwei Farben befänden, etwa Rot und Grün, um mit jener eine Fläche anzufärben, wenn ein historisches Stück, mit dieser, wenn eine Landschaft verlangt wäre« (II, S. 40). Die Farbe, auf die es hier ankommt, ist nicht Rot oder Grün, sondern die Grundfarbe *begriffener Selbsterkenntnis, begriffener Subjekt-Objektivierung, geschichtlich hindurch verfolgter Subjekt-Objekt-Beziehung,* die Hegels ganzes Werk dialektisch erfüllt und immer wieder, höchst vieltönig, höchst einheitlich, durchschlägt. Das also unterscheidet fruchtbare Kürze von enger, so wie es das simplex sigillum veri vom Schema unterscheidet.

3. Selten dauert es lange, bis die eigentümliche Farbe kenntlich wird. Ist sie in einem Denken latent vorhanden, so tritt sie meist schon in früherer Jugend vor. Bekannt daher, daß fast jedem schöpferischen Typ, und dem philosophischen am sichersten, ein Bild in der Jugend aufging, das er ausführen sollte, an das er sich zu halten hatte. Eine rührende, wenn auch unwahre Geschichte hat zum Zeichen dessen sogar den zischenden Wasserkessel der Tante aufbewahrt, an dem James Watt als Knabe die Dampfkraft erblickt und sozusagen erschaut haben soll. Es gibt viele solcher Beispiele und weit besser belegte, welche das Einmütige eines späteren Werks bereits in statu nascendi vorführen. Und bei Denkern, die vor allem zur Einmütigkeit ihrer Äußerungen verpflichtet sind, die gar ein Prinzip in die Welt gebracht haben, das diese nicht mehr verläßt, wiederholt sich auch sachlich immer wieder, was Nietzsche einmal ausdrückt, obzwar mit mehr Psychologie als Sachlichkeit: »Da plötzlich, Freundin, ward eins zu zwei. Und Zarathustra ging an mir vorbei.« Hegels Jugendschriften enthalten durchaus schon einen Kerngedanken, als dämmernd, als umkreist; sogar sein Tagebuch aus der Gymnasialzeit läßt ihn zuweilen sich abzeichnen. Das ist desto eindrucksvoller, als das Naturmaterial gerade des jungen Hegel auffallende und hemmende Züge von Musterknaben, von Ältlichkeit, Spießigkeit, ja altkluger Grämlichkeit aufweist; desto mächtiger bricht der Genius, wie von einer anderen Geburt her, in diesen Habitus ein. Da notiert der

Fünfzehnjährige: »Jedes Gute hat seine böse Seite«, also den Grundsatz seiner Dialektik; ein Reisetagebuch des Einundzwanzigjährigen aus den Berner Alpen, voll von Kriegsstimmung gegen Gletscher und Totengebirge, findet bezeichnenderweise allein am Staubbach von Lauterbrunnen ein dem Geist, ein der Flüssigkeit seiner Bestimmungen Verwandtes: »Indem man nicht eine Macht, eine große Kraft erblickt, so bleibt der Gedanke an den Zwang, an das Muß der Natur entfernt, und das Lebendige, immer sich Auflösende, Auseinanderspringende, nicht in eine Masse Vereinigte, ewig sich Fortregende und Tätige bringt vielmehr das Bild eines freien Spiels hervor.« In der Phänomenologie lehrt nachher Hegel: »Es ist aber weit schwerer, die festen Gedanken in Flüssigkeit zu bringen als das sinnliche Dasein« (II, S. 27); und das Flüssige mündet im Selberwerden alles noch Äußerlichen in Mensch und Gegenstand. »Das allein ist Gesetz, alles andere ist Auslegung«, sagte der Rabbi Hillel zu einem Griechen, nachdem er ihm die Sentenz 3. Mos. 19, 18 mitgeteilt hatte, »gehe nach Hause und denke darüber nach.« So hat auch Hegel immer wieder die Grundidee kenntlich zu machen gewußt, in der alle seine Tiefen und Weiterungen impliziert sind. Das Wesentliche, immer wieder Durchschlagende der Hegelschen Philosophie: *die dialektische Subjekt-Objekt-Vermittlung* ist hier unverfehlbar.

Es mag darum überflüssig sein, die Beispiele des so Gezielten zu vermehren. Wie bemerkt, konnte jeder spezifische Denker das Bild seiner Welt in stärkster Verkürzung zeichnen. Bei Kant sind es die drei Fragen: Was kann ich wissen? Was soll ich tun? Was darf ich hoffen? Sie allein schon konzentrieren die Themen der drei Kritiken, mit aller Feinheit des Kann, Soll, Darf vor Wissen, Tun, Hoffen. Fichte sagt: Das Ich setzt das Nicht-Ich und kommt dadurch zum Bewußtsein seiner selbst; der Inhalt der Wissenschaftslehre selber ist damit gesetzt. Schelling gab seiner ganzen Identitätslehre als ihre Losung mit: Natur ist der sichtbare Geist, Geist die unsichtbare Natur. Schopenhauer hat schon im Titel seines Hauptwerks das Relief seines Grundgedankens angegeben: Welt als Wille und Vorstellung, das ist ein konzentriert geprägtes Bild, und in der Tat machen, wie der Philosoph es in der Vorrede anzeigte, nur die einzelnen Gesichtspunkte darauf die Ausfaltung, ob der Grundgedanke erkenntnistheoretisch oder naturphilosophisch, ästhetisch oder moralisch-religiös erscheint. Oder anders wieder, wenn wahre Philosophie, in diesem Rekurs auf ihren Quell- und Hauptpunkt, lehrt: Das Wesen ist dieses, was noch nicht ist, was im nicht erscheinenden Jetzt und Hier aller Erscheinungen so treibt wie sich selbst noch verborgen ist. Oder völlig konzis (unter Verwendung der logischen Urteilsformel]: S ist noch nicht P; das heißt: das Subjekt (das materielle Daseins-Wesen) hat noch nicht sein adäquates Inhalts-Prädikat erlangt, ist noch voll nicht ausgesagt, objektiviert, manifest. Aus dem Bewußtsein der Dichte und gedrungenen Härte des Rechten stammt sogar der, wie immer übertriebene, Anfangswille aller wirklichen Philosophen, im Grunde nur ein einziges Buch zu schreiben; Spinoza kam dem am nächsten. In der Tat ist aber auch ein so weitschichtiges Werk wie das Hegelsche ein einziges, konkret ausgereiftes Buch. Ja, Hegel hatte es gleichsam am leichtesten, an seinen Stern gebunden zu sein, und zwar wegen des ihm immanenten Grundsatzes: Omnia ubique, Alles ist überall; er ist einer, der jede der zahlreichen Gruppen seiner dialektischen Subjekt-Objekt-Beziehungen erfüllt. Der Grundsatz kommt von Nikolaus Cusanus und von Leibniz, aber das darin ausgesprochene Spiegelwesen, das in jedem Teil immer wieder das Ganze widerleuchten läßt, garantiert noch allerletzt Hegels eigene Einheit in der dialektischen Mannigfaltigkeit. Von daher das gleiche Erkenne dich selbst in den immer höheren Stufen oder Spiralen in der Phänomenologie des Geistes. Von daher das Vermögen, zu dem Hegel auffordert, daß man in einer einzigen, beliebig herausgegriffenen dialektischen Gestaltgruppe alle tausend sehen kann, wenn der Blick das sich immer wieder entzweiende, immer wieder gestillte, immer wieder neu entzweite Dasein genau ansieht. Hat man beispielsweise einmal verstanden, was der dialektische Turnus: Knospe – sprengende Blüte – Frucht in der Pflanze bedeutet, so hat man auch verstanden, was der gleiche und doch so ganz andere Vorgang im Turnus: Begriff – auseinanderlegendes Urteil – Schluß und ebenso: Familie – bürgerliche (atomistische) Gesellschaft – Staat bedeutet. Immer ist bei Hegel der Sinn dieses schleifenreichen Wegs, daß das ihn Gehende, das Hegel Geist nennt, sich erkenne, für sich werde, sich mit sich zusammenschließe. Das also bleibt das Ceterum censeo seines Lehrworts, der Lakonismus in seinem Kerngedanken. Bloße sinnliche Gewißheit wird durch lauter Wendepunkte am Ende vermitteltes Wissen, bloßes Jetzt und Da am Ende die ausgebreitetete, gestaltenreich entfaltete Welt. Beides: Begreifen und Geschehen sind bei dem völlig idealistischen Denker noch eines: »Die Bewegung« (des Geistes), »die Form seines Wissens hervorzutreiben, ist die Arbeit, die er als wirkliche Geschichte vollbringt.« Und so welt-geschichtsfreudig ist diese Bewegung, daß das sich darin Bewegende seine Schleier nur abwirft, indem es sie, in der geistigen Erscheinungsgeschichte, immer genauer, immer wahrer als lebendiges Kleid um sich wirft.

4. Sich selbst erkennen also, kein Wort kann wärmer und spannender sein. Und nichts anderes wird von Hegel gedacht, gelehrt, auf unübliche, nämlich uneitle, sehr weit umfassende Weise. Das Selbst ist hier nie das einzelne Ich, doch es ist menschlich; schlechthin uns Äußeres und äußerlich Bleibendes wird bei Hegel nicht gut behandelt. Ebensowenig also das Äußere und Zufällige an Ichen, jenes mehr oder minder eitel erscheinende Sosein, das nicht mit Selbersein verwechselt sein soll. Dergleichen ist für Hegel erkenntnismäßig so gleichgültig wie die besondere Form der Nase, die ein Denker trägt. »Was in meinen Büchern von mir ist«, sagte Hegel dieser Art zu einer Tischdame, die ihn wie einen Tenor anstaunte und erhoben war, neben solch interessanter Figur zu sitzen, »was in meinen Büchern von mir ist, ist falsch.« Und das Ich, das dermaßen indigniert abgelehnt oder ausgeschieden wird, ist keineswegs der lebendige Mensch selber, wie das nachher Kierkegaard, von purer Innerlichkeit her, Hegel zum Vorwurf gemacht hat. Dafür ist in Hegels Magistertum viel zuviel Brunnenstube, ist noch in seiner Auswendigkeit zuviel Knorren, Leidenschaft, Verschlossenheit. Was Hegels gelehrte Breite offenbar möchte, ist fehlerfreie Einsamkeit des Fürsichseins – in der Welt. Hegel will also, daß das unmittelbare Subjekt verlassen werde, damit es sich als das, was der ganzen Menschheit zugeteilt ist, vermittelt aussage und objektiviere. Hierbei verschwindet bei dem objektiven Denker gewiß allerlei, auch anderes als die Art, seine zufällige Nase zu tragen;

es verschwindet das, was jedem unmittelbar auf den Nägeln brennt, was die Welt der Aktualität wie der Entscheidung ausmacht, und was aus dem noch so sehr erblühten geistigen Menschsein nicht wohl abgeleitet werden kann. Doch wie schon an Hegels Sprache sichtbar und hörbar wurde, an dem unablässigen Affekt- und Seelenton ihres Logos: Hegel steht tief in jenen Selbstentzweiungen und Hinwendungen des Gemüts, ohne welche weder dialektische Unruhe noch eben ihr Hauptanliegen, das Erkenne dich selbst, entdeckbar gewesen wäre. Nur von daher und zu dieser Wahrheit hin zieht letzthin die von Hegel pointierte Nicht-Partikularität, Nicht-Manier; sie schien ihm das Siegel alles Vortrefflichen, besonders alles Zutreffenden. Was bereits der Kunst recht ist, schien Hegel der Philosophie selbstverständlich: »So zehrt zwar die Originalität der Kunst jede zufällige Besonderheit auf, aber sie verschlingt sie nur, damit der Künstler ganz dem Zuge und Schwunge seiner von der Sache allein erfüllten Begeisterung des Genius folgen, und statt der Beliebigkeit und leeren Willkür sein wahres Selbst in der der Wahrheit nach vollbrachten Sache darstellen könne. Keine Manier zu haben, war von jeher die einzig große Manier, und in diesem Sinn allein sind Homer, Sophokles, Raffael, Shakespeare originell zu nennen« (X^1, S. 384).

Und nicht nur aus dem gewohnten Ich muß der gehaltvolle Gedanke sich heraus bewegen, auch aus dem äußerlich Gewohnten, sofern es nicht mehr als dieses ist. Sofern es nicht durchdacht ist und vor der »Vernunft« sich ausweisen kann. Hegel bleibt mit dieser Forderung dem achtzehnten Jahrhundert treu, dem Jahrhundert der Aufklärung, auch wenn er sonst dessen »Individualismus« und sein unhistorisches »Raisonnement« ablehnt. Das »abstrakte Raisonnement des bloßen Verstands« lehnt er ab, die »Vernunft« preist er als sachhaltige und konkrete. Sie ist ihm eine konkrete, weil sie nicht außerhalb des Laufs der Welt sich befindet, weil sie vielmehr im Überliefert-Wirklichen sich wiederfindet und begrüßt. Hegel wird so, in diesem Punkt, ein Denker der Restauration, das ist, des relativen Siegs der alten geschichtlichen Mächte über die Jakobiner von 1793 und über das nicht eben überlieferungsfrohe Wesen der Aufklärung. Aber er wird durch diesen geschichtlichen Sinn ebenso relativ realistisch, und er gibt das Erbe der Aufklärung: den zur »Vernunft« vorgeschrittenen »Verstand«, durchaus nicht zugunsten einer bloß hingenommenen »organischen Gewachsenheit« auf. Darin unterscheidet sich Hegel von den romantischen Reaktionären seiner Zeit, die Mondschein wollten, mit Ritterburgen darin, nicht Begriff, der das Hergekommene prüft und ihm so erst, gegebenenfalls, gerecht wird. Daher rühmt Hegel den Sokrates, daß er durch seine rücksichtslosen Fragen die überkommene Meinung in Verwirrung gesetzt habe. Philosophie überhaupt kann nicht ohne Losreißen vom Herkommen und seiner Gebundenheit beginnen, nicht ohne diesen politischen Sonnenaufgang: »In der Geschichte tritt die Philosophie nur da auf, wo und insofern freie Verfassungen sich bilden. Der Geist muß sich trennen von seinem natürlichen Wollen, Versenktsein in den Stoff. Das ist das orientalische Wesen überhaupt; die Philosophie beginnt in der griechischen Welt« (XII, S. 113). Bei alldem gehört Hegels Denken gewiß nicht zum abstrakten »Räsonnement« der Aufklärung, aber es blieb stets deren Kritik eines Geworden-Abgestandenen eingedenk. Und wenn Hegels genetisch-historisches Verfahren der Restauration verbunden ist, so teilt er doch nicht deren Lichtscheu – zurückgehend bis zum überhaupt nicht mehr Denkbaren, zum Unvordenklichen. Hegel ist kein Romantiker, er steht noch mit allen Gewitterfarben des Gemüts, ja durch sie, in Vernunft, in schwer geladener. Auch wo er die Vernunft und ihre Welt Logos nennt, ganz nach dem Anfang des Johannesevangeliums, will dieser Logos doch stets noch die ausweisbare Ratio in sich haben. Sofern der rationale Logos das Bestehende als wahr bewies, empfahl er sich zwar der Reaktion, als Mittel, um die Köpfe selber mit ihr zu versöhnen. Aber indem die Ratio ebenso behauptete, die Finsternisse hätten sie nicht begriffen und die Weltgeschichte sei das Weltgericht, geriet nun gerade die Restauration begrifflich ins Wanken einer Aufklärung – und das eben auf dem Boden der »fortwaltenden Gediegenheit der Sache«, der von Hegel gegen Beliebigkeit und Gewohnheit hochgehaltenen.

5. Das Ich gibt sich bei Hegel im Anderen der Dinge auf, damit diese aufhören, ein Anderes zu bleiben. Das zunächst psychologische Mittel hierzu ist die Aufmerksamkeit, die sich völlig

in die Sache begebende. Als solche ist sie nichts Leichtes: »Sie erfordert vielmehr eine Anstrengung, da der Mensch, wenn er den Einen Gegenstand erfassen will, von allen den tausend in seinem Kopf sich bewegenden Dingen, von seinen sonstigen Interessen, sogar von seiner eigenen Person abstrahieren und die Sache in sich walten lassen muß. Die Aufmerksamkeit enthält also die Negation des eigenen Sichgeltendmachens und das Sichhingeben an die Sache; zwei Momente, die zur Tüchtigkeit des Geistes notwendig sind (Enz. § 448 Zusatz). Dergleichen ist bei Hegel nicht nur sachlich, sondern ebenso weltfreudig, weltgenießend, weltfromm, in einem allemal Goethe verwandten Sinn. Ein entschieden nach außen gerichteter, wenn man will: katholisch-objektivistischer Zug ist bei aller Macht des Gemüts hier unverkennbar; »Aufmerksamkeit«, hatte Malebranche gesagt, »ist das natürliche Gebet der Seele«. In der Aufmerksamkeit, wie Hegel sie faßt, versenkt sich das Ich in die Sache, doch nicht minder die Sache in das Ich, sie wird ihm einverleibt; daher gebraucht Hegel von früh auf für dieses Verhältnis den Begriff, ja, die Anschauung des *Verzehrens.* »Es ist alles da zum Verzehren«, hatte der junge Hegel bei Gelegenheit eines Gastmahls in Jena ausgerufen, mit einer Doppelbedeutung, die seine damaligen Zuhörer wohl verstanden, »wir wollen ihm sein Schicksal antun.« Essen und Trinken überwinden am sinnfälligsten die sogenannte Unerfaßbarkeit des Innern der Natur, also die gesamten agnostischen Spukprobleme. Hegel zieht, mit einer robusten Wendung, gegen den angeblich unüberwindlichen Abstand zwischen Subjekt und Objekt den Appetit der Tiere heran, wenn sie frischweg aufs Objekt losgehen und es auffressen. Das Ding an sich wird von ihnen sogleich als das erfaßt, was es ist, als Ding für uns; es wird mit den Zähnen erfaßt. Und bleiben noch Knochen, die dem Zahn des Begriffs widerstehen, so werden sie vom vernunftstolzen Hegel als wertlos weggeworfen und nicht als undurchdringlich verehrt. Durchgehend bleiben bei Hegel Wissensdurst, Hunger nach Erkenntnis die Mittel, sich der Welt teilhaftig zu machen, sich über sie in all ihrem objektiven Reichtum hinzuziehen. Dergestalt daß, wie noch das feierliche Ende der »Phänomenologie« sagt, »das Selbst diesen ganzen Reichtum seiner Substanz zu durchdringen und zu verdauen hat«. Bis hinauf zu der Aufhebung auch noch des höchsten Gegenüber, einer Aufhebung, die der alte schlesische Mystiker Angelus Silesius ganz in Hegels Sinn so ausdrückt: »Freund, es ist genug. Im Fall du mehr willst lesen, / So geh und werde selbst die Schrift und selbst das Wesen.« Verzehren gibt derart das Medium der Vermittlung zwischen Ich und Sache ab, nachher zwischen Innerem und Äußerem, wodurch beide ihre Abstraktheit verlieren. Inneres und Äußeres sind beide nur »Schein des Wesens«, werden sie miteinander vermittelt, so tritt das Wirkliche hervor, denn Wirkliches ist »Einheit des Inneren und des Äußeren«. Die Tätigkeit des Geistes bei Hegel ist also als erzeugende gleichzeitig eine, die sich des erzeugten Inhalts bemächtigt, wie dieser sich des Subjekts bemächtigt. Der Zweck des erkennenden Ausgleichs ist der, »auch den Schein zu widerlegen, als ob der Gegenstand ein dem Geiste äußerlicher sei« (Enz. § 447 Zusatz). Bis alles zum Fürsichsein der Selbsterkenntnis bereitet ist, bis diese Tochter aus Elysium die Stufen des Bewußtseins, die Stufen der mit ihm vermittelten Welt heraufgeschritten kommt. Ich und Sache fallen darin zusammen, im Lakonismus des Glücks und der – theoretisch angegebenen – Versöhnung. Das ist Selbsterkenntnis als Selbstwerden bei Hegel; alle Dinge müssen ihr, wie der optimistische, auch apologetische Denker glaubt, zum Besten dienen. Diese Selbsterkenntnis ist also, dem breiten Ansatz, gar Fortgang der Sache gemäß, keine individuell-psychologische, überhaupt keine psychologische, wohl aber gibt sie sich als eine des Bewußtseins, das in uns allen, ja in der ganzen zu uns vermittelten Welt als arbeitend angegeben wird. So ist sie, wie im Titel des ersten Hegelschen Werks, Phänomenologie, Erscheinungsgeschichte des werdenden Geistes; denn das Selbst gilt hier als der Geist, der sich begreift. Das bedeutet in der Folge (auf die Füße gestellt): *das Selbst ist der arbeitende Mensch, der seine Produktion endlich begreift und sie aus der Selbstentfremdung herausführt.*

Hinweis

Über das Ich, von dem Hegel *nicht* sagt, es sei in seiner Philosophie falsch:

»Einmal lege ich den Akzent auf mein empirisches endliches Bewußtsein und stelle mich der Unendlichkeit gegenüber; das andere Mal schließe ich mich von mir aus, verdamme mich, gebe dem unendlichen Bewußtsein das Übergewicht... Es sind nicht die Säulen des Herkules, die sich hart gegenüberstehen. Ich bin, und es ist in mir für mich dieser Widerstreit und diese Einigung; ich bin mir selbst als unendlich gegen mich als endlich, und als unendliches Bewußtsein gegen mich, mein Denken, Bewußtsein als unendlich bestimmt. Ich bin das Gefühl, die Anschauung, die Vorstellung dieser Einigkeit und dieses Widerstreites und das Zusammenhalten der Widerstreitenden, die Bemühung dieses Zusammenhaltens und die Arbeit des Gemüts, dieser Entgegensetzung, die ebenso für mich ist, Meister zu werden... Ich bin der Kampf, denn der Kampf ist eben dieser Widerstreit, der nicht Gleichgültigkeit der beiden als verschiedener, sondern das Zusammengebundensein beider ist. Ich bin nicht einer der im Kampfe Begriffenen, ich bin beide Kämpfende, ich bin der Kampf selbst« (XI [Ausgabe von 1840], S. 39).

Nach dieser unerhörten Selbstbekundung des Weltkampfs (des Endlichen im Totum, des Vollendeten in der Unangemessenheit, die das Vollendete ebenso, als zu sich hinspannend, enthält), erscheint folgender Zweck, in den sich der Prozeß resümiert (ein Abgesang der Versöhnung):

»Alles, was im Himmel und auf Erden geschieht, ewig geschieht, das Leben Gottes und alles, was zeitlich getan wird, strebt nur danach hin, daß der Geist sich erkenne, sich selber gegenständlich mache, sich finde, für sich selber werde, sich mit ihm zusammenschließe« (XIII, S. 64).

Zum Vorigen verhält sich dieses als Bemühung, wie Hegel mit Hamann sagt, »die geballte Faust in eine geöffnete Hand zu entfalten«. Wobei auch diese Entfaltung eine Abbreviatur darstellt, die am Ende wiederkehrt; Hegel nennt die geöffnete Hand zwischen Menschen: Liebe, im Wissen: begriffene Geschichte, im Fürsichwerden insgesamt: Freiheit.

1. Hegel drang langsam und oft gequält voran. Dieser Meister ist am wenigsten vom Himmel gefallen. Die Suche nach dem vermittelten Selbst, die er von Anfang an meinte, hatte rauhe Wege. Das bezeugen die Schriften seiner einsamen Berner Zeit von 1793 bis 1796, noch mehr die seiner äußerlich besseren in Frankfurt von 1797 bis 1800. In welch verschiedenen Stoffen warf sich sein Geist vor Tagesanbruch herum, an wieviel breit und sorgsam erfaßten hat er sich abgearbeitet. Hegel suchte den echten Ring, in den Ketten und Kreisen um ihn her war er nicht. Das junge Subjekt rebellierte durchaus gegen die verrotteten oder elend kümmerlichen Umstände der umgebenden gesellschaftlichen Welt und suchte doch einen Halt, der objektiv lag, also nicht nur im Inneren. Nichts ist hierbei für Hegel bezeichnender als die Wahl trockener, jedenfalls männlicher und vor allem materieller Stoffe. Er kasteite sich nicht, aber er berichtigte sich und die hochfliegenden Gedanken an dem, was er die »untergeordneteren Bedürfnisse der Menschen« nannte, mit denen er angefangen habe. So befaßte sich der junge Hegel, als er das Leben Jesu schrieb, als er gegen das »positive« Christentum ein unentfremdetes anrief, gleichzeitig, auch sachlich völlig zusammenhängend mit der Steuerverfassung Berns. Er schrieb einen Kommentar zu Stewarts Buch über Staatswirtschaft, er untersuchte die Veränderung des Kriegswesens beim Übergang aus der monarchischen in die republikanische Staatsform. Freiheit und Aufklärung sind dem Berner Hauslehrer noch ganz frisch seine Sterne: »Ich glaube«, schreibt er von Bern an Schelling, »es ist kein besseres Zeichen der Zeit als dieses, daß die Menschheit vor sich selbst so achtungswert dargestellt wird. Es ist ein Beweis, daß der Nimbus um die Häupter der Unterdrücker und Götter der Erde verschwindet. Die Philosophen beweisen diese Würde, und die Völker werden sie fühlen lernen und ihre in den Staub erniedrigten Rechte nicht fordern, sondern selbst wieder annehmen und sich aneignen.« Ganz in die Berner Erbitterung reicht auch die erste gedruckte Schrift Hegels zurück, obwohl in Frankfurt, 1798, erschienen. Sie enthält Übersetzung und Erläuterung der »Vertraulichen Briefe« des Advokaten Cart zur Ver-

teidigung der Berner »Untertanenlande« Waadtland gegen die »gestrengen Herrn von Bern«. Die Berner Unterdrücker waren von den deutschen nicht verschieden, nur: die Revolutionskriege hatten die ersteren bereits gestürzt. Hohnvoll-erzieherisch ruft darum der junge Hegel seinen deutschen Oligarchen zu: »Lernt Gerechtigkeit, ihr Ermahnten, die Tauben aber wird ihr Schicksal schwer ergreifen.« Die Oligarchen nun, dies Gegenstück von menschlicher, von griechischer Freiheit, wo haben sie ihren Halt, wenn nicht in der Satzung, im entfremdeten Pflichtgebot? Wenn nicht in all diesen Abkömmlingen aus der »Positivität«, die als *Kirche* aus dem Christentum geworden ist? So gehören zu Bern die Schriften vom »Leben Jesu«, von der »Positivität der christlichen Religion«. In beiden bewährte sich der junge Hegel so, wie ihn Schelling damals angesprochen hat: als »Vertrauter Lessings«. Das Leben Jesu (1795), textgetreu, eindringend-lebendig geschrieben, zeigt Jesus als reinen Menschen, nicht als Wundertäter, gar Gott. Er predigte Liebesreligion, nicht positive, mit Geboten, Satzungen, Gesetzlichkeit, Kirche. Letztere ist das Institut der menschlichen Nullität und Entfremdung schlechthin; sie ist nicht grundlos in Rom entstanden, im Reich der juristischen Person und der Verapparatlichung. Sie ist das Siegel auf dem Untergang der freien griechischen Menschen und der Götter seinesgleichen. Zuletzt ist es, wie der junge Hegel Rousseauisch sagt, die »Ungleichheit der Stände«, wodurch solch doppelte und doch zusammenhängende Übel wie Eigentum und besonderer Priesterstand entstanden sind. Jesus lehrte statt dessen die Liebe als Gleichheit und die Gleichheit (auch mit dem göttlich Verehrten) als Bedingung der Liebe: »Liebe kann nur stattfinden gegen das Gleiche, gegen den Spiegel, gegen das Echo unseres Wesens« (Theologische Jugendschriften [Nohl], S. 377). Freilich ist Jesus selber aus der schönen natürlichen lebendigen Einheit heraus; so ist seine Liebespredigt entweder zu individuell oder zu abstrakt adressiert. Es hilft nichts, den einzelnen zu beraten, wenn das gemeinsame Wesen unverändert bleibt, ja, Hegel spricht im späteren, Frankfurter Manuskript: »Der Geist des Christentums und sein Schicksal« (1799) von der »Unnatur und Schalheit der prächtigen Idee einer allgemeinen Menschenliebe« (Nohl, S. 323). In der Suche nach dem vermittelten, dem nichtjenseitigen, aber auch nicht-innerlichen Selbst, stellte Hegel zuweilen sogar den öffentlichen Sokrates über den inwendigen Jesus, auch über dessen verlassenen Tod. Näher, noch mehr Griechenland zugewendet, pries die »Positivität der christlichen Religion« (1796) die Einheit und Geschlossenheit des Lebens, worin der Mensch früher, zur Zeit seiner Freiheit, gewandelt hat. Der Blick auf die zeitgenössische Misere rundum, auf den Druck der verrotteten »Positivität« überall ergab sich hierbei von selbst. Stammte doch der gesamte Haß gegen »tote Objektivität«, weiter gegen »geistlose Wissenschaft, mechanische Bräuche« aus dem verhinderten Willen des bürgerlichen Subjekts, sich zur Welt zu erweitern, in der vermittelten Welt sich zu finden; der verwesende Feudalismus war diese Welt nicht. Am stärksten seit der Zeit der griechischen Polis ist, wie Hegel das in Jena formulierte, »die Macht der Vereinigung aus dem Leben der Menschen verschwunden, die Gegensätze haben ihre lebendige Beziehung und Wechselwirkung verloren und haben Selbständigkeit gewonnen«. Nicht um keine Gegensätze handelt es sich also bei dem beginnenden Dialektiker, sondern um die festgefrorenen, um die vor allem, worin dem Subjekt ein tot Positives und so Objektives gegenübersteht. Wie bemerkt, schien sogar das Pflichtgebot, in seiner letzten, der Kantischen Fassung, dem jungen Hegel noch dem toten Gegenüber der »Positivität« zu entstammen. Daher: »In den Begriff der positiven Religion könnte schon dies Merkmal aufgenommen werden, daß sie das Sittengesetz den Menschen als etwas Gegebenes aufstellt« (Nohl, S. 212). So kehrte sich Hegel gegen die Kantische Entgegensetzung von Sinnlichkeit und Sittlichkeit, gegen das lebensfeindliche Postulat vom Sittlichen her als einer Art innerem Jenseits. Der junge, zur vorhandenen Welt noch so gespannt sich verhaltende Hegel verwarf die Würde des Sollens (Postuliertseins) noch nicht; aber er unterschied genau ein »lebendiges Sollen« vom toten, das ist von dem eines abgetrennten, uns nur gegenüberstehenden Ideals. Die Einheit sollte das »Leben« geben, nicht als Mischmasch oder gar, wie heute das von interessierten Hegelfälschern ausgegeben wird, als so etwas rauschhaft Verstandloses schlechthin. Sondern Leben hieß das flüssig Umgestaltende, verbunden Sichgliedernde, gegliedert

Zusammenklingende. Es war für Hegel ein griechisch helles, unzerrissen flutendes Diesseits aus unseren mit uns einigen Angelegenheiten.

Aber der Weg zu diesem Fürsichsein blieb umwölkt, bald wurde er streckenweise fast unwegsam. Die Frankfurter Zeit, nach der Bernischen, war Hegels Sturm und Drang, einer an Fausts Pult. Es war ein Sturm und Drang, der überdies auch von außen her bestürmt war, nämlich von widerstreitendsten Denkmotiven sachlicher Art. Das kam zum inneren Engpaß hinzu, vermehrte zugleich die auftauchende Finsternis zwischen Subjekt und Objekt im Subjekt selbst. Hegel hat auf diese Qualzeit und ihre Gegenden in einem Brief von 1810 noch spät angespielt (Briefe von und an Hegel I, 1887, S. 264): »Ich kenne aus eigener Erfahrung diese Stimmung des Gemüts oder vielmehr der Vernunft, wenn sie sich einmal mit Interesse und mit ihren Ahndungen in ein Chaos der Erscheinungen hineingemacht hat und... des Ziels innerlich gewiß, noch nicht zur Klarheit und Detaillierung des Ganzen gekommen ist... Jeder Mensch hat wohl überhaupt einen solchen Wendungspunkt im Leben, den nächtlichen Punkt der Konzentration seines Wesens, durch dessen Enge er hindurchgezwängt und zur Sicherheit seiner selbst befestigt und vergewissert wird, zur Sicherheit des gewöhnlichen Alltagslebens und, wenn er sich bereits unfähig gemacht hat, von demselben ausgefüllt zu werden, zur Sicherheit einer inneren edleren Existenz.« Die innere Existenz Hegels stand allerdings ständig in glücklich-unglücklicher Liebe zur Existenz des gesellschaftlich Allgemeinen, das ihn umgab und trug. Nur war das soziale Ensemble um ihn her, das der alten Reichsstadt des alten Reichs in seinen letzten Zügen, eher noch weniger als das Bernische dazu geeignet, sich ihm mit Satisfaktion zu vermitteln. So geht der Frankfurter Hegel besonders scharf vom Individuellen aus, mit den Wölfen vielleicht heulend, doch mit den Kategorien: Liebe und Leben fast exterritorial verbunden. Hegel floh von Menschen zur Natur, »um mich unter ihrer Aegide von ihrem Einfluß zu bewahren und einen Bund mit ihnen zu hintertreiben«. Er floh in die Mystik, nicht nur in die echte Eckarts und Taulers, auch in diejenige, die man mit Recht eine trübe nennen kann: in kabbalistische, und zwar der simpleren

Art. Eine Schrift wurde um 1800 verfaßt: »Über das göttliche Dreieck«; diese Dreiheit ist aber keine dialektische, sondern ihre Spekulation wurde gnostisch veranlaßt, durch Baaders Aufsatz, zwei Jahre vorher: »Über das pythagoreische Quadrat«. Und überall sonst steht während dieser Periode, als Ausweg aller Entzweiungen, Gott am Ende: in göttlicher Union soll sich der Widerspruch zwischen Subjekt und Objekt, besonders auch das Unstimmige des Objekts selbst auflösen. Überhaupt ist ein selber völlig zerrissener Wille zum Objekt ein Kennzeichen der Frankfurter Zeit. So hat Hegel die Berner Positivitätsschrift damals neu vorgenommen und umgearbeitet: das »Positive« wird nun nicht mehr als nur starr dem Subjekt entgegengesetzt gefaßt. Es entsteht der qualvolle, also von jedem »Kompromiß« außerordentlich verschiedene Versuch, es in die Subjekt-Objekt-Beziehung hineinzubringen. Mit dem wichtigen Ergebnis, daß sich in der Frankfurter Fassung der »Positivität« zum erstenmal der Keim zum späteren Hegelbegriff »Entfremdung« zeigt. Ein anderes Zeichen des neuen Ansturms zur Positivität ist die Frankfurter Schrift: »Der Geist des Christentums und sein Schicksal« (wahrscheinlich 1799). Jesus war der Versöhner, und er war es doch nicht, denn das Tote am Leben, die tote Objektswelt bleibt auch bei ihm bestehen, ja sie begrub ihn zuletzt unter sich; Jesus, eine schließlich doch »tragische Gestalt«, erlitt »mit der Erhabenheit über das Schicksal das höchste unglücklichste Schicksal«. Im wirklich einigen Leben jedoch, lehrt der Hegel der damaligen verzweifelten Union, gibt es gar kein Schicksal. Erst wenn der Individuelle und der Verbrecher aus der Einheit heraustreten, schaffen sie sich einen Feind in dem Teil des Lebens, den sie sich derart als Schicksal gegenübersetzen. »Im Schicksal erkennt der Mensch sein eigenes Leben, und sein Flehen zu demselben ist nicht das Flehen zu einem Herrn, sondern ein Wiederkehren und Nahen zu sich selbst... Weil auch das Feindliche als Leben gefühlt wird, darin liegt die Möglichkeit der Versöhnung des Schicksals« (Nohl, S. 282). Erstaunlicherweise wird so selbst das härteste Schicksal durch bloße Anschauung des Ganzen, woraus es herausgerissen, wieder ein freundliches: »Das Ganze kann in sich die Freundschaft wiederherstellen, ...die Anschauung seiner selbst ist eine andere geworden, und das Schicksal ist versöhnt« (Nohl, S. 283). Der Gewinn bei alldem war freilich für Hegel ein anderer: es gelang ihm hier zum erstenmal, innerhalb der übergreifenden »Einheit des Lebens«, ein Abstufen der Begriffe gegeneinander, ein Auflösen der Gegensätze, ein Wandeln des bisher für fest, etwa feindlich schlechthin, Gehaltenen. Die »Einheit des Lebens«, wie sie weder Sinnlichkeit und Sittlichkeit noch selbst Mensch und Schicksal sich entgegensetzen läßt, wurde für den jungen Hegel die Schulung des dialektischen Denkens. Von hier nahm Hegel die spezifisch dialektische Meisterschaft für seine nun folgenden, in Jena reifenden Schriften; es bedarf zur Erklärung dieser Jenenser Meisterschaft keiner »zweiten Jugendgeschichte Hegels«. Eben die Kategorie Leben, dasjenige, was Hegel noch ganz spät den »Puls der Lebendigkeit« nannte, gab das übergreifend Bewegte und nur so »Bacchantische« in den Bezügen Subjekt-Objekt, in den gesuchten Vermittlungen des Selbst. Von daher nun das Schöpferische des »Verhältnisses« in den drei Niederschriften des Jenenser Systems (1802, 1803, 1804/05). Von daher die »qualitative«, das heißt hier, aus dem spezifischen »Lebenszusammenhang« des Sonnensystems stammende Ausspielung Keplers gegen Newton in der Habilitationsschrift: »De Orbitis Planetarum« (1801). Die Schrift ist kurz angebunden und deklarativ, aber wichtig in ihrer Entschiedenheit, Erscheinungen zu retten – vor einem allzu allgemeinen Gesetz. Dieses Falls vor dem Newtonschen der Gravitation; Hegel sah in diesem allgemeinen Massengesetz die schon »qualifizierte Materie« der Sonne und Planeten nicht umfaßt. Ja, das quantitativ-mechanistische Denken ist überhaupt nur eines der »Abstraktionen«, zum Unterschied vom Keplerschen, das die Lebenseinheit der Sonne und der Planeten als qualifizierte Bewegung darstellt. Punkt, Linie, Ellipse, aber auch Raum und Zeit, auch Bewegung und Materie sind keine isolierten festen Größen, sondern Momente einer dialektischen Einheit. »Wie aus einem Punkt eine Linie, aus der Linie eine Fläche wird, kann nur mittels des Begriffs der Bewegung begriffen werden, das ist indem man vorher Zeit und Raum identisch gesetzt hat (antea tempore et spatio identice ponendis)« (XVI, S. 24). Und die Ellipse im Keplerschen Planetengesetz ist nicht eine »abstrakte« Kurve mit zwei Brennpunkten, sondern eine dialektische Größe; sie wird gebildet von den zwei »realen« Umkehrpunkten des umlaufenden Körpers. Gravitation selber ist kein Allgemeines, das alles Besondere vernichtet, sondern sie ist im Sonnensystem das spezifisch Ganze, das die Körper zugleich zentrifugal auseinandertreibt und zentripetal zusammenhält. Überall also ist hier noch die »Einheit des Lebens« erkennbar, worin der junge Hegel die Gegensätze als flüssig erkannte, auch das Besondere und das Allgemeine, das Allgemeine und das Besondere sich durchdringen lassen wollte. Im Zug des Selbst, das in der wahren und gewiß nicht in der toten Wirklichkeit sich empfangen wollte – als Gleiches unter Gleichem, wie in der Liebe.

2. Hegel gebraucht in seinen frühen Schriften noch nicht die gleichen Worte wie später. Oder Bezeichnungen, die auch später erhalten blieben, wie Verhältnis, Verbindung, Äther und dergleichen, sind nachher nicht mehr gleich gewichtig. Erst von der Phänomenologie des Geistes ab tritt die Terminologie der Hauptwerke auf; sie bleibt von da ab im großen ganzen dieselbe. Auch die Phänomenologie ist noch durchaus suchend, doch das Pionierhafte in ihr gibt sich bereits wesentlich als das der Sache selbst. Das wild und mächtig Durchdrungene der Phänomenologie ist für Hegel zwar noch der Ausbreitung, der genauen Raumaufteilung bedürftig, doch nicht mehr der wesentlichen Korrektur. Es sei denn, daß im System nun Kunst und Religion anders als in der Phänomenologie auseinandertraten, der dialektische Aufstieg ist entschieden. Die Berner und Frankfurter Frühschriften hatten für die Hegelianer daher mehr biographisches als philosophisches Interesse. Dagegen kam, als Hegel lange genug verschollen war, ein Zugang zu ihm vor allem von diesen Schriften her. Es war leider ein Zugang aus Mißverständnis, ja aus beginnendem Verlust der bürgerlichen Vernunft; denn die von Dilthey und seiner Schule anhebende sogenannte Lebensphilosophie fühlte sich vom häufigen Gebrauch des Wortes »Leben« in einigen der Hegelschen Frühschriften angezogen. Obwohl eine erstaunliche Kunst des Schlechtlesens dazu gehört, Hegels damalige Lebenskategorie als Gefühlschaos zu verstehen, statt, wie rechtens, als erste Formulierung dialektischer Flüssigkeit. Durch das greuliche Hineininterpretieren von Neuroman-

tik schien nun die Vernunft des wahren Hegel abgesetzt; er sah für die Neuromantik drein wie Herzensergießungen eines Bergson-Rilkeschen Klosterbruders. Immerhin wurde Hegels »Leben Jesu« 1905 entdeckt, es folgten die sogenannten »Theologischen Jugendschriften« (Nohl, 1907), die »Jenenser Logik, Metaphysik und Naturphilosophie« (Lasson, 1923), die »Jenenser Realphilosophie« (Hoffmeister, 1931) sowie die »Dokumente zu Hegels Entwicklung« (Hoffmeister, 1936). Den jungen Hegel zu überschätzen, liegt freilich nach wie vor kein Anlaß vor, auch marxistisch nicht. Seine Arbeit fiel ja später, trotz der Dämpfung politischer und religiöser Kühnheiten, fast an keinem Punkt hinter die Jugendschriften zurück; »April und Mai und Julius« waren auch dem reifen Werk nicht ferne. Eine vorzügliche, gesellschaftlich-literaturgeschichtlich orientierende Führung durch die Jugendentwicklung des Philosophen gab neuerdings Lukács (Der junge Hegel, 1948); vorzüglich auch deshalb, weil dadurch die sentimental-vitalistische Hegel-Legende Diltheys, die faschistisch-irrationalistische der Haering, Kroner und anderer vernichtet wird. Doch ist hier, im Bestreben, den Vorgänger von Marx kenntlich zu machen, sowohl Hegels unmittelbares Vorgängertum übertrieben wie das nicht so unmittelbare gern verkleinert, gar ausgelassen. Dadurch wird das immer noch Lehrreiche an Hegel verengert, werden die Implikationen in Hegel wie in dem ja keinesfalls ausgeschöpften, gar abgeschlossenen Marxismus leicht blockiert. Was in Hegels Sturm und Drang, auch in seiner Reife nicht unmittelbar zum vorliegenden, bis jetzt entwickelten Marxismus hinführt, dieses weniger Geradlinige, auch noch im Idealismus Befindliche braucht zweifellos einen eigenen Kritik-Raum, Bewährungs-Raum der Darstellung. Verworren, neblig, mystisch, metaphysisch und ähnliche, von Lukács bald zur Herabsetzung, bald zur Entschuldigung des Hegelschen Sturms und Drangs gesetzten Adjektive: es sind Bezeichnungen en bloc, die ganz Verschiedenes bezeichnen können, und die ebenso zu ganz verschiedenem Ende auf Hegel schon angewandt worden sind. Einem Positivisten dürften bereits sämtliche Auseinandersetzungen Hegels wie Lukács' mit dem Schicksalsbegriff als mystisch (im trivialsten Sinn des Worts) vorkommen; ein Marxist dagegen wird, je höher sein Niveau, desto angemessener auch zwischen den verschiedenen Problemlagen des unter Mystik Bezeichneten (Verworrenheit hier, Eckart dort) unterscheiden dürfen. Nicht alles jedenfalls an Hegel, was zum Marxismus noch nicht in einem unmittelbar-funktionierenden Verhältnis steht, kann deshalb von vornherein rechts liegengelassen werden. Und so den bürgerlichen Philosophiehistorikern überantwortet sein, damit sie aus undeutlich beleuchteten Hegelpartien weiterhin Anti-Marxismus herstellen. Mittels wirklich verrotteter Mystik, nämlich der bürgerlichen von heutzutage, mittels wirklich bedenklicher Metaphysik, nämlich derjenigen, die sich unbesetzte Problemstellungen, dem Feind überlassene Problemhöhen zunutze machen kann. Die sonst hervorragende Analyse des jungen Hegel durch Lukács macht selber in diesem Punkt, gerade durch ihre Ruhe und Gründlichkeit, auf einen Hegel aufmerksam, der durch den allzu generell verwendeten Terminus Mystik noch nicht erledigt ist. Auch rein monographisch nicht: Hegels mystische Zeit eröffnete ihm Zutritt zu vielen Problemen, zu terminologischen und nicht nur terminologischen Bestimmungen seiner späteren Philosophie. Aus seiner Leben-Jesu-Zeit stammt der Satz, Liebe sei »eine Synthese, in der das Gesetz seine Allgemeinheit und ebenso das Subjekt seine Besonderheit, beide ihre Entgegensetzung verlieren«. Mystische Hülle, gewiß, und Idealismus ist Pfaffentum, gewiß, doch die »Liebe« ließ eben das Bewußtsein von der dialektischen Einheit des Besonderen und Allgemeinen reifen, das »Leben« die Einsicht in das Strömende, in die »Flüssigkeit« der Welt. Die religiösen Auseinandersetzungen per se sind so aus der Entstehungsgeschichte, weiter aus den Implikationen der Hegelschen Philosophie nicht ohne Gewalttätigkeit eliminierbar. Obwohl der spätere Meister auch im inhaltlichen Sinn nicht vom Himmel gefallen ist und am wenigsten vom kirchlichen.

Die frühen Schriften hat Hegel, als wären sie bloß dämmernd, nicht zu seinem Werk geschlagen. Aber auch die von ihm veröffentlichten Bücher geben vom Tag und Reichtum dieser Philosophie noch nicht die volle Kenntnis. Es sind die »Phänomenologie des Geistes«, 1807, die »Wissenschaft der Logik«, 1812 und 1816, die »Enzyklopädie der philosophischen Wissenschaften«, 1817, die »Grundlinien der Philosophie des Rechts«, 1821. Die

Enzyklopädie gibt den Bau und Überblick des Ganzen, doch sind besonders Geschichte, Kunst und Religion kaum ausgeführt. Auch läßt sich sagen: es gelang Hegel in der Enzyklopädie fast allzu gut, seine Gedanken ins Trockene zu bringen. Alle übrigen Bücher des Systems, darunter die wichtigsten, sind nicht von Hegels eigener Hand herausgegeben. Seine Schüler haben sie nach dem Tod des Philosophen aus Vorlesungsheften und Nachschriften der Hörer zusammengestellt; der bestredigierte Zyklus ist der der Ästhetik. Hegel hoffte noch, ein psychologisches Kompendium in Druck geben zu können, »da sich nicht leicht eine philosophische Wissenschaft in so vernachlässigtem und schlechtem Zustande befindet als die Lehre vom Geiste, die man gewöhnlich Psychologie nennt« (Rechtsphil. § 4 Zusatz, VIII, S. 37); es kam nicht dazu. All seinen Fleiß widmete er den Vorlesungen, indem er, wie er schon 1817 von Heidelberg an Niethammer schrieb, die Wissenschaften, die er vortrage, eigentlich meist erst zu machen habe. Hegel war so der beschäftigtste Professor der Philosophie, den die Geschichte kennt, und das aus den stolzesten Gründen; zu den Druckbuchstaben blieb keine Zeit. Es bildete sich darum eine Art Werkstatt post festum, worin die Schüler dem toten Meister an die Hand gingen. Hat der Philosoph, der vor nicht druckfertigen Manuskripten kaum aus den Augen sehen konnte, diese Hilfe auch bei Lebzeiten nicht gefunden, so haben die Schüler doch nachher selbst das gesprochene Werk gerettet. Zwar gilt der Vorwurf für einige Herausgeber, besonders für Michelet (Geschichte der Philosophie): sie hätten ein leichter lesbares Buch durch subalterne Glättungen erzielen wollen, ja sie hätten frühe und späte, echte, fragliche und unechte Papiere ineinandergeschoben. Insofern hat die textkritische, auch um einige neu entdeckte Vorlagen vermehrte Ausgabe, die Lasson veranstaltet hat, einiges Verdienst; sie kann wenigstens, wenn nötig, zu Rate gezogen werden. Aber trotzdem bedarf das von »Freunden des Verewigten« Herausgegebene keines Neubaus; es ist unnötig, die alte klassische Gesamtausgabe von 1832–45 (nach der hier durchgehends zitiert wird) aufzulösen. Sie sollte philologisch gereinigt und ergänzt werden; indes auch hier dürften in dubio die zeitgenössischen Herausgeber, die unmittelbaren Freunde und Schüler Hegels, zuständiger bleiben als der späte, auch allzusehr auf Geist und Gott redigierende Pfarrer Lasson und seine Nachfolgerschaft. Es ist eine unersetzliche Kenntnis des Hegelschen Vortrags in den überlieferten Grundtexten und vor allem auch: so wie sie sind, haben sie auf Feuerbach und Marx gewirkt. Zwar viele Wiederholungen sind darin (übrigens in den agglutinierenden Neuausgaben noch mehr); aber Hegel könnte das Wort Voltaires für sich in Anspruch nehmen, mit so viel besserem Recht als dieser: er werde sich so lange wiederholen, bis die Menschen begriffen haben, worauf es ankommt. Ebenso trägt ein durch Schüler, von Band IX–XV, zusammengestelltes Gesamtwerk weithin die Spuren seiner gesprochenen, nicht geschriebenen Herkunft, samt der daraus wieder entspringenden Unausgewogenheit mancher Teile (wieder besonders in der Geschichte der Philosophie). Aber trotz dieser Geburt aus mehrfach Posthumem macht die Gesamtausgabe »die Eine Weise des Hervorgehens« kenntlich. Mit urbaner Freiheit in den Einleitungen zu den Vorlesungszyklen, besonders zu denen der Philosophie der Geschichte; mit Strenge des Lehrworts, des nach harter Jugend gewonnenen, im systematischen Zyklus. Es gibt seit Aristoteles keinen so weitläufig sich erstreckenden, so reichhaltig ausgestatteten geistigen Zusammenhang. Das Werk gibt sich von hier aus nicht nur wie alte Reichsstadt, es will sich auch der Repräsentation nach etablieren als ausgeschmückter Palast für die Königin der Wissenschaften und dem Kulturwert nach als eine ganze gedruckte Universität von Philosophie. Und diese sollte ebenso die lange *Reise* des Bewußtseins zu ihr hin enthalten wie die *Kosmosbildung* in der Welt selber. So wirkt Hegels Werk, trotz aller falsch eingetretenen Abgeschlossenheit in ihm, dauernd als das des Werdens, als unaufhaltsame Progreßanlage. Die *Abgeschlossenheit*, das ist: Hegels fertig-gerundetes System, mit der unveränderlichen Idee, *reflektiert jene eine gesellschaftliche Grundlage seines Denkens, die durch die konservative Reaktion gegen die Französische Revolution bezeichnet ist.* Doch die *dialektische Methode und die Progreßanlage* im System, die mit der Methode zusammenhängt (so besonders sichtbar in der Phänomenologie und auch in der Philosophie der Geschichte), *reflektiert immer wieder jene andere Grundlage des Hegelschen Denkens, die durch den Wider-*

spruch einer noch aufsteigenden Klasse gegen Restauration und Fixierung bezeichnet ist. Und das ist das Entscheidende: die riesige Progreßanlage in der Reichsstadt, dem Weltreich Hegelscher Philosophie, ist Hegels schöpferisch gebliebene Wahrheit. Die »Erledigung« Hegels von seiner isoliert, gar absolut gemachten Reaktionsseite her ist, wie Stalin betont hat, anarchistisch, nicht marxistisch. Die Anarchisten »wissen, daß Hegel ein konservativer Denker war, und da benutzen sie die Gelegenheit, um Hegel als Anhänger der ›Restauration‹ aus Leibeskräften zu beschimpfen und mit großem Eifer zu ›beweisen‹, daß ›Hegel der Philosoph der Restauration ist, daß er den bürokratischen Konstitutionalismus in seiner absoluten Form lobpreist, daß die Gesamtidee seiner Geschichtsphilosophie der philosophischen Richtung der Restaurationsepoche untergeordnet ist und ihr dient‹ und so weiter und dergleichen mehr... Auf diese Weise wollen die Anarchisten die dialektische Methode widerlegen. Wir erklären, daß sie auf diesem Wege nichts beweisen als ihre eigene Unwissenheit« (Stalin, Werke I, S. 264 f.). Und in der Folge, bei Revisionisten, aber auch bei sonst ehrenhaften Unterschätzern des klassischen deutschen Kulturerbes, entsprach die »Erledigung« Hegels jederzeit einem Niedergang des philosophischen Niveaus, einem glücklicherweise immer wieder selbst erledigten. Also wirkt an Hegel fort die dialektische Methode samt dem von ihr durchdrungenen Tendenzbegriff der Welt. Erbe am Lehrwort Hegels bleibt, was das Werden eröffnet, die Selbstentfremdung kritisiert, das Zusichkommen des Humanum befördert – in der ganzen Breite und Tiefe der Wirklichkeit.

Hinweis

»In meiner wissenschaftlichen Bildung, die von untergeordneteren Bedürfnissen der Menschen anfing, mußte ich zur Wissenschaft vorgetrieben werden, und das Ideal des Jünglingsalters mußte sich zur Reflexionsform, in ein System zugleich verwandeln.«
(Brief an Schelling, 2. Nov. 1800)

»Wer dem eigentümlichen Vortrage Hegels längere Zeit mit Einsicht und Liebe gefolgt ist, wird als die Vorzüge desselben, außer der Macht und Fülle der Gedanken, hauptsächlich die unsichtbar durch das Ganze hindurchleuchtende Wärme sowie die Gegenwärtigkeit der augenblicklichen Reproduktion anerkennen, aus welcher sich die schärfsten Unterschiede und vollsten Wiedervermittlungen, die grandiosesten Anschauungen, die reichsten Einzelheiten und weitesten Übersichten des in sich und seine Wahrheit vertiefenden Geistes erzeugten und zu den kernigsten, in ihrer Gewöhnlichkeit immer doch neuen, in ihren Absonderlichkeiten immer doch ehrwürdigen und altertümlichen Worten verkörperten. Am wunderbarsten aber waren jene erschütternd zündenden Blitze des Genius, zu denen sich, meist unerwartet, Hegels umfassendstes Selbst konzentrierte und nun sein Tiefstes und Bestes aus innerstem Gemüte ebenso anschauungsreich als gedankenklar für die, welche ihn ganz zu fassen befähigt waren, mit unbeschreibbarer Wirkung aussprach.«
(Vorrede H. G. Hothos zu den von ihm herausgegebenen Vorlesungen über die Ästhetik, X[1], S. XII ff.)

»Die Eine Weise des Hervorgehens, die Ableitung der Gestaltungen, die gedachte, erkannte Notwendigkeit der Bestimmungen herzustellen, ist die Aufgabe und das Geschäft der Philosophie selbst.«
(XIII, S. 42)

DIE PHILOSOPHIE

PHÄNOMENOLOGIE DES GEISTES 7

1. Das Werk, womit Hegel zuerst hervortrat, ist sein dunkelstes und tiefsinnigstes geworden. Obwohl es als besonders leicht, nämlich als erzieherisch geplant war, es sollte den Leser vors philosophische Tor führen. Das ist ihm nun freilich nicht gelungen, die Fülle der Gesichte hat es verhindert. Dennoch wendet sich das Buch, wenn auch durchaus nicht an den Anfänger, so an jenen anderen Teil des Anfangens, der geistige Jugend heißt. Denn es ist selber voll Jugend ohnegleichen, voll Überfülle und Glut, dichterisch durchaus, wissenschaftlich durchaus, in einzigartiger, morgendlicher Gärung. Ein Werk, das im philosophischen Schrifttum nicht seinesgleichen hat, vielsträhnig und zentral, dithyrambisch und streng geordnet zugleich. Nirgends kann genauer gesehen werden, was großer Gedanke im Aufgang ist, und nirgends ist sein Lauf bereits vollständiger.

2. Die Phänomenologie des Geistes will »die Darstellung des erscheinenden Wissens« sein, so eben war sie zunächst pädagogisch geplant. Das Individuum soll von seinem natürlichen Standpunkt zum wissenschaftlichen hingeführt werden, zu dem sich wissenden Geist. Auf dem Weg des werdenden Wissens selbst, das von dem unmittelbaren sinnlichen Eindruck immer begreifender, immer vermittelter zur Erkenntnis aufsteigt. Dies soll dem Leser zugleich seine *eigene* philosophische Erziehung sein, so wie der Aufstieg die Selbsterziehung des Geistes an der *Welt*, in der Entfaltung der Welt darstellt. Hier schon fällt die Ähnlichkeit des Plans zu dem in Goethes Faust auf; bei Goethe trägt ein Zaubermantel durch die Reiche, und Faust durchfährt sie lernend, erfahrend, der Welt und seiner selbst immer genauer teilhaftig; bei Hegel ist es der »Siebenmeilenstiefel des Begriffes«, der das Subjekt durch die Welt bringt und Objekt wie Subjekt aneinander belehrt, miteinander durchdringt. Die tiefsinnigste Schrift gibt sich aber bei alldem zunächst als propädeutische:

Erscheinungsweg des Weltgeistes ist Erziehungsweg des menschlichen Bewußtseins. Oder wie Hegel in der Vorrede zur Phänomenologie bemerkt: »Die Wissenschaft verlangt von ihrer Seite an das Selbstbewußtsein, daß es in diesen Äther sich zu erheben habe, um mit ihr und in ihr leben zu können und zu leben. Umgekehrt hat das Individuum das Recht zu fordern, daß die Wissenschaft ihm die Leiter wenigstens zu diesem Standpunkt reiche, ihm in ihm selbst denselben aufzeige.« Die Leiter aber wird von den Sprossen der Sache gebildet, die von der bloßen sinnlichen Gewißheit eines Hier und Jetzt zu immer reicheren Weltgestalten sich entwickelt. Dieser pädagogische Weg sieht, indem er sich als Bewußtseinsweg gibt, psychologisch aus, ist das aber durchaus nicht allein. Er ist ebenso historisch, ja naturhaft, all das verschlingt sich, nichts Materiales ist »Beispiel«, alles will zur »Galerie« der Gestaltungen gehören, in denen der Geist sich auslegt.

3. Grundsatz der Phänomenologie ist von Anfang bis Ende die Vermittlung des Denkens mit dem Sein, des Ichs mit dem Nicht-Ich. Und zwar des Ichs und Denkens mit dem Nicht-Ich und Sein von der Art, zu der beide in der Neuzeit gediehen waren. Drei Motive sozialer und ideologischer Herkunft haben sich in der Phänomenologie (erschienen 1807) vereinigt. Das Motiv des *revolutionären Ich* aus der Französischen Revolution, das sich zum Maß aller Dinge macht. Sodann das Motiv der souveränen *mathematischen Erzeugung* des Erkenntnisinhaltes; dieses hat von Galilei, Hobbes, Descartes bis Kant den Stolz strenger, methodisch reiner Wissenschaftlichkeit ausgemacht. Schließlich wirkte – beidem entgegengesetzt – das Motiv der beginnenden *historischen Schule*. Diese, der Romantik entsprungen und durchaus nicht der mathematisch-konstruktiven Aufklärung, sagte dem Räsonnement ab. Sie ehrte, wie gesehen, das Hinnehmende, nicht das Räsonierende, liebte das Gewachsene, nicht das Gemachte, das Überliefert-Gewordene, nicht das abrupt an die Stelle Gesetzte. Trotz des reaktionären Auftrags, dem diese Schule folgte, anfangs ohne, später mit Wissen, hat sie die Bedeutung, einen historischen Sinn erweckt zu haben, wie er wohl seit den Tagen des späten Ägypten nicht mehr in der Welt war. Dadurch entstand ein großer Gegensatz zum Verstandesglauben der Aufklärung, zur Wertung der Vergangenheit als Schutt.

Historischer Sinn hat zwar auch dem achtzehnten Jahrhundert nicht völlig gefehlt; das zeigen Voltaires Monographien, das erweist Gibbons Meisterwerk über den Aufstieg und Niedergang Roms. Aber das Geschichtsgefühl der Aufklärung war auch dort, wo es vorlag, mit einer feinen Zerstörungslust versehen (dem großen Gibbon kann gar nicht genug zugrunde gehen), mit einer tiefsinnigen, am Vergehen heiteren Frivolität. Völlig dazu im Gegensatz brachte die Romantik Andacht zur Geschichte, schwere Verfallenheit ans Gewesensein; sie vermittelte besonders eben jenen Sinn für historisch-konkrete Vermittlung, in dem Hegels Frühwerk bereits exzelliert.

Doch das *erste* Motiv der Phänomenologie gibt unverkennbar das *tätige Ich* ab, das bürgerlich sich setzende, sich befreiende. Es verhält sich zweifelnd zum Gegebenen, durchaus kritisch zu den vorhandenen Resten der feudalen Gesellschaft und zu ihren Überzeugungen. Dieses Ich lebte bereits im radikalen Zweifel des Descartes und im bekannten Cogito ergo sum, Ich denke, also bin ich, worin das zweifelnde Subjekt sich selbst als das einzig grundlegende Gewisse bezeichnete. Ich als Bewußtsein überhaupt schreibt Kant der Natur ihre Gesetze vor und den Menschen jenes Sittengesetz, das nichts anderes als das Gesetz ist, das die Vernunft durch sich selbst dem Willen gibt. Die schärfste Zuspitzung fand das Ich bei Fichte, wo es jedes Äußere oder Nicht-Ich erst setzt und nur dazu setzt, um an ihm, als dem Gegensatz, zum Bewußtsein seiner selbst zu gelangen. Hegel behielt nun in der Phänomenologie überall den Ausgangspunkt vom Subjekt bei: es ist das individuelle Bewußtsein wie das geschichtliche der Menschheit wie der Weltgeist zugleich. Als solches entwickelt es sich an den Gegenständen, macht sie zu seinen, entäußert und berichtigt sich an ihnen ebenso, wie es in ihnen sich äußert und wachsend aufschließt. So daß sich das Subjekt am Ende zum Gegenständlichen nicht mehr verhält als zu einem Fremden.

Das *zweite* Motiv der Hegelschen Phänomenologie schließt sich an das tätige Ich als *erzeugendes* an, an den *homo faber*. Er ist der beginnend kapitalistische, näher der kapitalistisch-rationale. Dem versuchten Kalkül des Warenumlaufs entsprach das wissenschaftliche Ziel: rein *mathematische Erzeugung* des

Erkenntnisinhalts, – bei Hegel freilich nicht mehr als mathematische. Berechnung war im siebzehnten und achtzehnten Jahrhundert dasselbe wie Konstruktion der Gegebenheit geworden. Diese setzte, als physikalische, dem mathematisch autonomen Verstand überhaupt keinen Widerstand entgegen; das Buch der Natur schien wirklich in Zahlen geschrieben, denn jeder mechanische Vorgang gehorcht seiner Formel. Und zwar so, daß es möglich war, aus den einfachsten mathematisch bestimmbaren Elementen die Gegenstände der mechanischen Erfahrung mit rationaler Notwendigkeit aufzubauen. Als solchen Aufbau hatte Galilei seine »kompositive Methode« entworfen, Descartes die analytische Geometrie, Leibniz den Differentialkalkül der Bewegung. Mathematische Erkenntnis war ununterbrochene Erzeugung ihres Inhalts, so daß sich jede durch Sinnesdaten gelieferte Gegebenheit in rationale Notwendigkeit auflöste. Erst dadurch schien aus dem bloßen Wahrnehmungsurteil ein Erfahrungsurteil zu entstehen; die Erfahrung selber, als wissenschaftliche, die Wirklichkeit selber, als methodisch reine, schien mathematisch erzeugt und nur so vorhanden. Rationalismus dieser Art triumphierte vor allem in der mathematischen Theorie der Bewegung; hier erschien völlig eine verstandesgemäß erfaßbare, vom mathematischen Verstand erzeugbare und so berechenbare, voraussehbare, beherrschbare Welt. Hobbes erklärte mit all der Herbheit und kompromißlosen Entschiedenheit, die diesem Denker eignen, daß der Mensch nur solche Gegenstände zu erkennen vermöge, die er mathematisch erzeugen und konstruieren kann; alle Philosophie wird daher Lehre von der Bewegung der Körper. Und Kant formulierte, daß in jeder Wissenschaft nur so viel Wissenschaft anzutreffen sei, als sie Mathematik enthalte; was nicht mechanisch und quantitativ, im Sinn der Newtonschen Naturwissenschaft, verstanden ist, ist nicht wissenschaftlich begriffen. Aber freilich nun: der *Inhalt selbst,* der einzelne, qualitative, konkrete der Erscheinungen, war mathematisch doch nicht erzeugt, und er meldete sich an, in einer wahren Krise des mathematisch-abstrakten Rationalismus. Derart zeigte sich die viel weitergehende Künstlichkeit der kapitalistischen, abstrakt-kalkulatorischen Wirtschaft zuerst an der reinen, das heißt eben: abstrakt-quantitativen Ratio. Um 1750 brach der dogmatische

Stolz der mathematischen Vernunft zusammen, Humes Skepsis wollte die Wahrnehmung von allen diesen rationalen Hineintragungen befreien, und wenn er Mathematik rühmte, so eben nur deshalb, weil sie sich auf nichts anderes bezöge als auf die möglichen Verhältnisse zwischen Vorstellungsinhalten, und weil sie gar nichts über deren Beziehung zu einer realen Welt behauptete. Am schärfsten wurde bei Kant die Macht der mathematisch-rationalen Erzeugung begrenzt, deshalb am schärfsten, weil die Kategorien der mathematischen Naturwissenschaft hier keineswegs, wie bei Hume, nur skeptisch aufgelöst oder auf bloße Psychologie zurückgeführt wurden. Konträr, sie sollen notwendige Geltung haben, wo immer wissenschaftliche Erfahrung auftritt, aber diese Erfahrung selber ist notwendig eine nur formale. Der materiale Inhalt ist ihr ein unbewältigter Rest, er macht sich kenntlich im Problem des *Dings an sich.* Und nicht nur in diesem, sondern – was den Übergang zu Hegel ausmacht – in dem weit weniger populär gewordenen Problem der sogenannten *Spezifikation der Natur.* Dieser Terminus findet sich in Kants Kritik der Urteilskraft, und er bezeichnet eine ganz bestimmte Grenze, ja Katastrophe der Naturerkenntnis, die nach allgemeinen Gesetzen geschieht. Denn diese lassen weder die *besonderen Naturgesetze* aus sich ableiten noch *gar die einzelnen Mannigfaltigkeiten des Inhalts,* den die mathematische Vernunft, die Vernunft der klassischen Mechanik unter sich subsumiert. So zeigt sich seit der Mitte des achtzehnten Jahrhunderts überall der gewaltige Rest, den die mathematisch abstrakte Erzeugung nicht bewältigt hat und nicht bewältigen konnte. Und es war gerade der Rest, an dem der Generation Hegels am meisten lag: es war die Jugendfülle und Buntheit eines bürgerlich-revolutionären Daseins und seiner Welt, welches sich unter das Gesetzeswesen nicht subsumieren ließ. Es war die besondere, übrigens nicht weitblickende Art bürgerlich-revolutionärer Gesinnung in Deutschland, welche dermaßen gegen das Schema aufbegehrte, gegen das aus dem vorgeschrittensten Bürgertum selbst entstandene Schema. Der Rationalismus als Lebensform und als Begreifen des Lebens nach allgemeinen Regeln und Gesetzen hatte in Frankreich die bürgerliche Revolution ideologisch gut vorbereitet; das war im ökonomisch zurückgebliebenen

Deutschland nicht der Fall. Der politische Rationalismus ist die Bürokratie; diese aber war in Deutschland durchaus auf die alte Zwangswelt, Feudalwelt aufgetragen, stärkte sie sogar. Derart erschien alles Regelgebende, mindestens das von außen Regel Setzende bei Lessing, erst recht beim Sturm und Drang als verbündet mit der alten Welt. Diese alte Welt war in Deutschland der despotische Polizeistaat oder die bürokratisch befestigte Tyrannei; mit der Tyrannei sah sich darum auch ihr scheinbarer Verbündeter: das Gesetz- und Regelwesen, verworfen. So wurde ein besonders regellos aufgefaßter Shakespeare proklamiert, im Gegensatz zur rationalen Ordnung des französischen Theaters; so wurde eben die riesige »Spezifikation der Natur«, und nicht nur der Natur, gegen den mathematischen Erzeugungsverstand ausgespielt.

Was Hegel nun in der Phänomenologie betrieb, war gleichfalls Erzeugung, doch keine mehr im Sinne der Universalmathematik. Er hatte das Problem vor sich, aus der Vernunft nicht abstrakte Gesetze zu gewinnen, die über einem Haufen von Zufällen schweben, sondern einen immanenten Zusammenhang konkreter Inhalte. Das geeignete Mittel hierzu wurde die Geschichte oder die Darstellung des konkreten Gangs und Werdens selber, woraus die Spezifikationen der Welt der Reihe nach hervorspringen. Und zwar mit ebenso großer Notwendigkeit hervorspringen, wie sie die mathematische Erzeugung für ihre Gebilde und Folgerungen in Anspruch genommen hatte. Die Ordnung und Verknüpfung der Dinge ist hierbei keine äußerliche mehr, sondern nach Hegel eine aus dem Werden des Inhalts, aus der immanenten Lebendigkeit der Sache selbst hervorwachsende. Erzeugung also wird *historische Genesis* oder Konstruktion als die der bildenden Geschichte, der sich entwickelnden Geschichts-Vernunft selbst. Hierin ist Hegel gänzlich ohne Vorläufer, es sei denn, man nehme Giambattista Vico, den so lange vergessenen italienischen Geschichtsphilosophen aus dem Barock, den Hegel aber nicht gekannt hat. Vico teilt mit Hobbes und dem von ihm gehaßten Descartes die Überzeugung, daß nur das Geschaffene (Erzeugte) erkennbar wäre; jedoch er führte diese Überzeugung von der mathematischen Natur weg und aufs Feld der Geschichte. Menschen haben die Natur nicht geschaffen, wohl aber die historische Welt, und deshalb ist diese allein adäquat, nämlich inhaltlich-real erkennbar: »Da die historische Welt ganz gewiß von den Menschen gemacht worden ist, so können in den Modifikationen unseres eigenen menschlichen Geistes ihre Prinzipien aufgefunden werden« (Vico, Die Neue Wissenschaft, deutsch 1924, S. 125). Die Ehre einer ersten Ahnung historisch-methodischer Genesis, wie sie in der Phänomenologie triumphiert, muß also Vico gegeben werden. Allerdings, so sehr Mathematik als Organ der Erkenntnis bei Hegel zurücktritt, so entwickelt sich doch auch seine Geschichts-Vernunft, in Analogie zu der mathematisch-naturwissenschaftlichen Galileis, dann des ausgeführten Kalküls, aus einfachsten Elementen, man könnte sagen, aus den Differentialien der geistigen Bewegung. Dieses einfachste Element ist in der Phänomenologie das Unmittelbare meines Sehens und Hörens oder jenes Subjekt der sinnlichen Gewißheit, dem objektiv auf dieser Stufe das Jetzt und Hier oder das bloße noch unbestimmte Dieses seines Gegenstandes entspricht. Und die weitere Bestimmung oder inhaltliche Entwicklung des Gegenstands geht auf dialektische Weise vor sich, das heißt, durch den Stachel immer neuer Widersprüche, immer neuer Lösungen und Widersprüche in ihnen. Die Art dieser dialektischen Methode wird später darzustellen sein; hier nur so viel: auch die Hegelsche Dialektik, sie vor allem, ist Theorie der Bewegung. Doch eben keiner mechanisch bleibenden wie bei Galilei und Newton, sondern einer qualitativ-produktiven, einer Bewegung wirklicher Geschichte, worin auf notwendig-vermittelte Art Neues entspringt. Auch die Differentialrechnung enthält einen dialektischen Keim: sie setzt gerade und krumm unter gewissen Umständen als gleich (bereits in der analytischen Geometrie kann die Gerade als Kurve ersten Grads mit unendlich geringer Krümmung behandelt werden); sie setzt im Unendlichkleinen die Gleichheit als einen Sonderfall der Ungleichheit, die Ruhe als unendlich kleine Bewegung. Aber vorausgesetzt ist hier allemal die Stetigkeit der Veränderungen; nur unter dieser – jeden historischen Sprung ausschließenden – Voraussetzung liefert die Differentialgleichung (mit der Zeit als der unabhängig Variablen), im Verein mit der Anfangsbedingung, eine Voraussage des Erscheinungsablaufs. Werden jedoch statt der stetigen sprunghafte Veränderungen untersucht, so müßten, um sie mathematisch zu formulieren, statt der Differentialgleichungen Differenzungleichungen eingesetzt werden, aus denen die zukünftigen Werte der Unbekannten für bestimmte diskret liegende Zeitpunkte berechnet werden könnten; – eine Modifikation, die bezeichnenderweise nur in Anfängen entwickelt ist und wohl auch in Anfängen bleibt. Es ist die *Spezifikation der Geschichte selber*, welche hier die Schranke des Kalküls bildet; es ist die historische Zeit, zum Unterschied von der mathematisch entspannten, um alles Novum gebrachten, welche dem Kalkül unzugänglich bleibt, trotz aller dialektischen Momente in ihm. Nicht aber bleibt historisches Werden der Dialektik unzugänglich, wie Hegel sie zuerst in der Phänomenologie verwendet. Will diese Methode doch nichts anderes ausdrücken als die historische Genesis selber, und zwar als sprunghafte Veränderung, niemals als stetige. Galilei-Newton kennen keine Geschichte; Hegel, zum ersten Male seit Vico, kennt nichts als diese und läßt sich von ihr belehren. Statt der Gleichungen treten nun die Nicht-Gleichungen auf (die mathematische Physik kennt nur eine einzige großen Stils: die der Entropie oder des Kältetods); die unumkehrbaren Nicht-Gleichungen oder Wachstümer des historischen Lebens werden von der Phänomenologie zum ersten Male logisch gedacht.

Hierin stand Hegel mitten in seiner, den Brunnen, statt den Rezepten zugewandten Zeit. Das *dritte* angegebene Motiv wird derart in Hegels Phänomenologie sichtbar, das der *romantisch-historischen Schule*, der Besinnung auf das geschichtlich Wachsende und Erwachsene. Diese Besinnung hatte durchaus revolutionäre Quellen, nämlich in ihrem Anfang, im bürgerlichen Sturm und Drang Deutschlands gegen Ende des achtzehnten Jahrhunderts. Sie kam, wie bemerkt, ursprünglich als Gegenschlag gegen das abstrakte Regelwesen, gegen das Gemachte und Willkürliche der gouvernementalen Eingriffe, gegen das Bündnis der Bürokratie mit dem Despotismus. Die frühe Romantik suchte in Deutschland statt dessen den Volksboden, die organisch waltenden Zusammenhänge, kurz, jene ganz besondere Art von »Natur«, welche nicht die des mathematisch-gesetzlichen Verstands ist, sondern die eines fast unbewußten, jedenfalls nicht künstlichen Lebens und Webens. Es ist folglich nicht die Natur der Aufklärung und des mathematischen Rationalismus, sondern die idyllhafte Natur Rousseaus, die schöpferische im Sinn der Weltseele Shaftesburys, die allwaltende im Sinn eines vitalistischen Mißverständnisses Spinozas. Der historische Sinn der Romantik stieg in diese Art natura naturans wie in eine Brunnenstube hinab, worin die Erzeugung bewußtlos quillt: Ursprung ist dann nirgends in des Menschen Hand. Freilich, auch völliges Tag-, höchstes Kraftbewußtsein fehlte – so bei Schelling – einem metaphysischen Historisieren nicht überall, das sich selbst am genetischen Ursprung aller Dinge als anwesend glaubte und auf den Werdeströmen der Welt mitzufahren gedachte. Indem die Erzeugung sich dermaßen qualifizierte und zum Aufbau von Qualitäten für fähig hielt, proklamierte sie von hier ab eine »Konstruktion« des Lichts oder der Pflanze oder der Tragödie. All dieses statt der vorherigen mathematisch-quantitativen Operationen, statt der Konstruktion bloß mechanischer Körperbewegung im Raum. Das ist dann historische Schule in einem Sinn, der sich nicht nur auf irrationales Raunen in heilig-dunkler Brunnenstube beschränkt, vielmehr Wissen sein will, sogar konkretestes: das Pathos des Wachsens wird logisch. Die historische Schule ist im ganzen gewiß eine reaktionäre, aber sie ist ein Rückschritt, der den Anlauf zu neuem Fortgang erneuert enthält, zur gewußten Geschichte.

Mit diesem helleren Wachstumswesen also wurde die Erzeugung der Phänomenologie in Bezug gesetzt, die neu, nämlich bunt rationale. Dergestalt daß die Genesis des Wissens dasselbe sein sollte wie die Genesis der im Wissen enthaltenen Sache oder des sich inhaltlich entfaltenden Weltgeists. Auch im alten Rationalismus waren die Methode und ihr Gegenstand identisch, oder der Gegenstand der Erkenntnis war schließlich die Erkenntnis selbst. Doch eben nur deshalb, weil ihr einziger Gegenstand: die mathematische Natur, in höchster quantitativer Reinheit gehalten wurde, unter Absehung von allen Einzelheiten, Qualitäten, Unterbrechungen und Sprüngen. Galilei fand es nicht selbstverständlich, daß die Natur in den Zahlen der mathematischen Naturwissenschaft geschrieben sei, sondern es erschien ihm fast als Wunder, daher jubelte er über diese Entsprechung.

Bei Hegel dagegen, wenn Methode und Gegenstand identisch sind, so ist ihm das kein glücklicher Zufall oder auch Wunder, sondern konkrete Notwendigkeit, und er jubelt nicht darüber, sondern spürt kosmo-logische Gewißheit (übrigens die letzte in der Geschichte der Philosophie). Die Gewißheit entsteht, weil für Hegel Methode und konkreter Gegenstand substantiell das gleiche sind, nämlich sich entwickelnder Geist, und weil beide das gleiche Organ ihres Fortschreitens haben: dialektische Geschichte. Es ist die Geschichte des Subjekts, das sich durch sein jeweiliges Objekt, des Objekts, das sich durch sein Subjekt beberichtigt, auf immer höheren Stufen, in immer höheren Geschichts- und Weltgestaltungen, bis zuletzt das Subjekt alle seine Entäußerungen und Objektivierungen durcherfahren hat, bis es sich von diesen Entäußerungen selbst entäußert und die begriffene Geschichte oder das absolute Wissen geworden ist. So kommt für Hegel, wie er bereits in der Vorrede zur Phänomenologie betont, alles darauf an, »das Wahre nicht als Substanz, sondern ebensosehr als Subjekt aufzufassen«; umgekehrt aber ist ebenso das Subjekt nichts anderes als die sich durch tausend Entäußerungen und Verinnerlichungen ausschüttende Substanz, welche durch diese Welterscheinung die Organisation ihres Reichs vollbringt. Deshalb also schlägt hier psychologische Entwicklung, logische, kosmische, welthistorische, theologische (im Sinne einer Geschichte des Bewußtwerdens Gottes oder des Weltgeistes von sich selbst) notwendig ineinander. Geschichte aber ist bei alldem das einheitliche Medium und das Organ, womit die Erzeugung des Weltinhalts als des Denkinhalts fortschreitet. Es ist eine Genesis, welche sich in die wirkliche Entwicklung der Welt ergießt, so wie diese wirkliche Entwicklung immer wieder den dialektischen Fortgang der Subjekt-Objekt-Beziehung veranschaulicht, also konkret darstellt. Statt der abstrakten Kategorien erscheinen daher verblüffend konkrete, sogar emotionale Forminhalte: Hegels historische Erzeugung bleibt nirgends in dem, was Kant reine theoretische Vernunft genannt hatte. Sondern da es ihr um Inhalte geht, erscheint das Formelle der Mathematik ihr äußerlich, wogegen die reichen Erfüllungsinhalte des Cadre: Praktische Vernunft ihr desto wichtiger werden. Es finden sich so statt des Skelettes immer stattlichere Konkreta an Kategorien: Herr und Knecht, die Natur als organisches Ganzes, Empörung der Individualität, Weib und Mann, Welt der Nützlichkeit, die schöne Seele, das Götterbild, die Tragödie, die christliche Gemeinde und so vieles mehr. Das im mathematischen Rationalismus so unlösbare Problem *qualitativ-konkreter Inhaltlichkeit* wirkt also im historisch-prozessualen Rationalismus Hegels wie überwunden. Eben durch die dialektische Selbstentwicklung des Begriffs nach dem Leitfaden der wirklich geschehenden Geschichte, durch die Identifikation des apriorischen Erkenntnisfortschritts mit dem erinnerten Werden materialer Gegenstände. Die Bewußtseinsgestalten sind die Weltgestalten und umgekehrt; Einheit beider ist der Logos, mit allem Schmerz des Widerspruchs oder der Negation in sich, aus dem die Wirklichkeit besteht. Die Selbstentwicklung des Begriffs ist bei Hegel die Selbstentwicklung des Weltgeistes; eine bewegte Erkenntnis der bewegten Wahrheit. Der Leitfaden der Geschichtsdialektik ist zugleich der Ariadnefaden, mittels dessen sich der Weltgeist aus der Nacht seines unbestimmten Anfangs oder Ansich zum Licht hindurchfindet. Er findet sich hindurch vom ersten unmittelbar-identischen Subjekt-Objekt durch dessen Entzweiungen und Entäußerungen zum letzthin vermittelt-identischen Subjekt-Objekt. Wobei das Wiedererreichen der Identität von Subjekt und Objekt bei Hegel – seiner bis zum Ende idealistischen, ja immer weltloser werdenden Dialektik gemäß – nur als völlige Zurücknahme der Entäußerungen (Gegenstände überhaupt) ins Subjekt gedacht wird. Entäußerung und ebenso wachsende Zurücknahme bleiben so das Zentralthema dieser genetisch-inhaltlichen Erscheinungsgeschichte, – als einer des für sich werdenden Geistes.

4. Hierbei wird die menschliche Geschichte, wenn auch sporadisch, dreimal behandelt. Lukács hat mit Recht auf diesen Punkt aufmerksam gemacht, auf den wohl von allen früheren Hegelforschern übersehenen. Und vor allem: der dreifache Auftritt der Geschichte entspricht den drei Grundgruppierungen der philosophischen Stufenfolge, man kann sagen: der »subjektiven«, »objektiven«, »absoluten«, wie Marx sie an der Phänomenologie kommentiert hat. Marx hat diese Hauptabschnitte, Hauptdispositionen der Phänomenologie lange bemerkt, bevor

bürgerliche Hegelphilologen (wie Hadlich, Lasson, Haering) endlich wieder darauf gestoßen sind. Die erste, »subjektive«, Gruppierung ist eröffnet mit dem unmittelbaren Bewußtsein; sie umfaßt Bewußtsein, Selbstbewußtsein, Vernunft (Kap. I–V). Die zweite, »objektive«, umfaßt Geist (Kap. VI), die dritte, »absolute«, Religion und absolutes Wissen (Kap. VII, VIII). Kap. I–V behandeln derart Geschichte als eine uns scheinbar bloß zugezogene, zugefallene; so lange, bis das Subjekt in der »Vernunft« sie als seine erkennt. Kap. VI durchläuft Geschichte als eine, woran und worin das Subjekt sich hinreichend großgezogen hat, so daß der »Geist« in ihr sich als wirklich bewegend, wirklich geschehend findet. Kap. VII und VIII endlich bekunden eine völlige Aneignung der Geschichte, durch vollzogene, rückblickend werdende Erkenntnis. Wonach die historische »Entäußerung« selbst wieder entäußert werden kann, das heißt, in die »Er-innerung«, ins »absolute Wissen« zurückgeht. Das also sind die drei Haupteinsätze, Grundgruppierungen, worin die Stufenfolge der einzelnen »Erfahrungen des Bewußtseins« jeweils abgeteilt, zusammengefaßt ist und aufsteigt.

5. Des näheren stellt sich der Fortgang der Phänomenologie folgendermaßen dar. Das Erste, was aufgeht, ist die bloße *sinnliche* Gewißheit, die unmittelbare. Ihr Gegenstand ist das Dieses als Jetzt und Hier; aber das Jetzt bleibt nicht, ebensowenig das Hier, aus dem Jetzt der Nacht wird das des Tages, aus dem Hier eines Baumes wird, sobald nur das Subjekt sich umdreht, das Hier eines Hauses. Die nächste Stufe ist die *Wahrnehmung*, welche das Gegenständliche nicht mehr als flüchtiges Dies, sondern als Ding mit Eigenschaften auffaßt. Doch auch sie bleibt nicht, auch sie widerspricht sich; das Ding ist sich selbst gleich und besteht doch aus gänzlich verschiedenen Eigenschaften. Der Widerspruch, der das Ding wiederum auflöst und auch die Wahrnehmung in die Irre schickt, ist die Täuschung.

Als neue Bildungsstufe erscheint der *Verstand*, das halbwegs begreifende Bewußtsein. Ihm erscheint sein Gegenstand als »reflektierter«, in sich selbst gespiegelter, zu Form und Inhalt gedoppelter; mit den Unterschieden von Innerem und Äußerem, Kraft und Äußerung, Wesen und Erscheinung. Und wieder ist ein Stachel oder Widerspruch in der Sache; denn das Innere oder

Wesen wird das übersinnliche Jenseits des Gegenstands und soll gleichzeitig wieder sinnlich oder Erscheinung sein. Oder aber die Erscheinung bleibt aufs Sinnliche beschränkt, dann ist die übersinnliche Welt ein Reich von ruhigen Gesetzen, mit dem Widerspruch, daß das Gesetz das stetige Bild der unstetigen Erscheinung ausdrückt. Kurz, schon am Eingang verwickelt sich jede Bewußtseinsstufe des philosophierenden Subjekts in Antithesen, wird durch diese zu neuen Bildungsstufen fortgetrieben. Nach der Stufe des Verstands gelangt das Bewußtsein zum *Selbstbewußtsein*, es entsteht der Begriff des Geistes für uns. Das Andere oder Fremde hat hier als bloß Fremdes sich bereits aufgehoben, oder wie die Phänomenologie diesen Umschlag ausdrückt: »Das Bewußtsein hat in dem Selbstbewußtsein, als dem Begriff des Geistes, seinen Wendepunkt, auf dem es aus dem farbigen Schein des sinnlichen Diesseits und aus der leeren Nacht des übersinnlichen Jenseits in den geistigen Tag der Gegenwart einschreitet.« Von hier ab wird die Phänomenologie wachsend konkreter und farbreicher, sie will erfüllen, was die Vorrede von der wahren Methode sagte: daß sie den Inhalt selber als bewegt, als sich selbstgestaltend zeigen müsse. Das erhellt sogleich an der Darstellung des selbständigen und des unselbständigen Selbstbewußtseins: es erscheinen die Momente des Herrn und des Knechts, mit dem hochbedeutenden Effekt, daß die Fortentwicklung des Selbstbewußtseins durch das Bewußtsein des arbeitenden Knechts, nicht des genießenden Herrn geschieht. Doch begreift sich noch nicht die menschliche Tätigkeit auf dieser Stufe (es ist geschichtlich die spätantike, mit Stoa, Skepsis, beginnendem Christentum). Hier findet sogar die äußerste Entzweiung statt innerhalb des sich entwickelnden Selbstbewußtseins und seiner Gegenstände. Sie kulminiert in dem ausgereiften christlichen Habitus, den Hegel »das unglückliche Bewußtsein« nennt. Dieses zerfällt in das Extrem der Beziehung auf sich als einer irdischen Bedürftigkeit und in das Extrem der Beziehung auf das Unwandelbare. Durch den Verzicht auf Eigentum, Ehe, durch Selbstabtötung sucht das Selbstbewußtsein auf dieser Stufe seine Wandelbarkeit zu vertilgen und sich mit dem Ewigen zu vermitteln. Der Geist – immer als Wanderer und Land zugleich – erreicht so auf seiner Fahrt das Land des christlichen Mittelalters oder die

Region der frommen Furcht überhaupt, die den Menschen deprimiert um Gottes willen.

Aber auch das Selbstbewußtsein wird weggearbeitet oder zum untergeordneten Moment gemacht in der jetzt erreichten Stufe des Bewußtseins, in der *Vernunft*. Denn diese ist das allgemein, das weit gewordene Selbstbewußtsein oder die Entdeckung, daß das Diesseits des Menschen und seiner Welt ein Schmuck oder Kosmos ist, nicht ein Unglück, welches im Jenseits aufgehoben werden muß. Die bestehende Welt wird dem Denken der Vernunft »seine eigene Wahrheit und Gegenwart; es ist gewiß, nur sich darin zu erfahren«. So erscheint auf dieser, gleichsam neuzeitlichen, Stufe die *beobachtende* Vernunft, bezogen auf Natur, Psychologie (Welt der Individualität) und Physiognomik. In der physischen, organischen und psychischen Natur tritt die Vernunft sich als ein äußeres Dasein entgegen, worin sie sich mit einer Fülle von Bedeutungen, daher letzthin physiognomisch, bereichert. Allerdings wieder mit einer Antithese bereichert, die weitertreibt, mit einer Unzuträglichkeit, sogar einer besonders heftigen. Das natürliche Leben enthält nach Hegel sehr viel zufällige Vernunft, mitten in der notwendigen; das Tun des Allgemeinen oder der systematisierten Gattungen wird in der Natur allenthalben unterbrochen, lückenhaft und verkümmert. Die »Spezifikation der Natur« wird also von Hegel an diesem Punkt gleichfalls nicht aus einem wie immer inhaltlich bewegten Begriff begriffen, sondern beschimpft, es kommt zu keinem »in sich gegründeten System der Gestaltungen«. Oder wie Hegel an anderer Stelle, in der »Enzyklopädie der philosophischen Wissenschaften«, § 250, anmerkt, das bloße Außersichsein der Natur betreffend: »Es ist die Ohnmacht der Natur, die Begriffsbestimmungen nur abstrakt zu erhalten und die Ausführung des Besonderen äußerer Bestimmbarkeit auszusetzen.« Das heißt: die Begriffsbestimmungen sind in der Natur noch nicht allenthalben konkret eingesenkte, die Natur bleibt ihnen nicht allenthalben getreu; wodurch freilich der behauptete Kosmos oder Logos der Welt eine höchst auffallende Lücke enthält. Und der besondere Gegensatz Hegels zur Universalphysik des siebzehnten und achtzehnten Jahrhunderts springt bereits hier hervor: während dort die Natur durch und durch Materie gewordener

Logos war, die menschliche Geschichte dagegen wie ein Haufe von Zufälligkeiten dreinsah, wird bei Hegel die Natur unfähig, den Begriff in seiner Ausführung festzuhalten, während die menschliche Geschichte ihrer geistigen Konstruktion völlig konform erscheint. Vernunft endet daher nicht als beobachtende, physisch-psychologische, sondern als vernünftiges Selbstbewußtsein in der Geschichte, im Werden der Moralität. Es ist damit eine angemessenere Gegend des Selbstbewußtseins erreicht als in der beobachteten Natur. Die Individualität hat nun die Gewißheit, alle Realität zu sein, kann aber nicht umhin, sich mit dem sittlich-welthaft Allgemeinen, noch auf unzureichende Weise, zu durchdringen. Hegel betrachtet auch freilich diese Art Individualität noch als eine weithin zufällige, gleichsam als ein sich lediglich hin und her werfendes Naturelement. Unverkennbare Abneigung eines historisch und in Ganzheiten Denkenden wendet sich hier gegen das klopfende Herz und gegen moralistischen Eigendünkel, gegen den Widerstreit der Tugend mit dem Weltlauf. Es ist statt dessen das Amt des Weltlaufs, die abstrakte Tugend zu besiegen, und es ist das Amt der Individualität dieser Tugend, »durch Aufopferung der Individualität das Gute zur Wirklichkeit zu bringen«. So lehrt der an dieser Stelle besonders objektivistische Hegel, in einer schwer unterscheidbaren Mischung von antiliberaler Reaktion und sozialem Realismus. Bis durch all solche Widersprüche und Auflösungen hindurch das Ende der Vernunft erreicht ist, das heißt, der noch mit Zufälligkeit behafteten. Ihr Ende ist dasselbe wie der Gewinn der *nächsten Grundgruppierung und ihres Einsatzes:* der objekthaft vermittelten Vernunft oder des *Geistes.*

Damit tritt das Selbst endgültig auf, als das sich mit dem Leben durchaus vermittelnde. Es beginnt mit der *Sittlichkeit,* drei Schritte legt der Geist in ihr zurück. Erst erscheint ihm die einfache unbefangene Sitte, besonders die alte Gemeinschaft mit ungeschriebenem Recht. Hier finden sich die Weiblichkeit und Männlichkeit als verschiedene rechtlich-sittliche Wesen, dargestellt an der Antigone des Sophokles. Nicht minder aber erscheint hier das schöne, natürlich Unmittelbare der antiken Welt überhaupt, doch so, daß sie sich im römischen Recht auflöst. Das Zweite ist die Welt der Bildung, des sich entfremdeten Geistes oder der Aufklärung, ihre Spitze ist die Französische Revolution. Dieses »zerrissene Bewußtsein« entfernt sich in der Bildung aus dem natürlichen sittlichen Sein und kehrt es um: sein Geist als bloß geistreicher wird »die Verkehrung aller Begriffe und Realitäten«, ja er wird die Tat Robespierres oder des Schreckens, ein Ausbruch schrankenloser, schrankenlos negierender Freiheit, eine »Furie des Verschwindens«. Als »geistiges Tierreich« wird von Hegel bereits die kapitalistische Gesellschaft bedeutet, die der betrügerisch werdenden Relativität, des Eigennutzes, jedoch ebenso, im Sinne des Adam Smith, der durch ihn bewirkten Nützlichkeit. Aber der entfremdete Geist, auf die Spitze seines Gegensatzes getrieben, schlägt um; es gelingt so das Dritte: der wirkliche allgemeine Wille, die moralische Überzeugung und ihre Welt. Das wieder Negative an dieser Welt ist die bloße Innerlichkeit, die der individuellen Tugend auf der Stufe der Vernunft entspricht und sie auf der Stufe des Geistes reproduziert. Sie erscheint als Verstellung, aber auch als tatloses Gewissen, sofern es »seine Welt und ihren Grund nicht mehr aus sich heraussetzt, sondern alles in sich verglimmen läßt«, folglich als die sogenannte schöne Seele. Letzterer Terminus und seine Gestalt stammen aus Goethes »Wilhelm Meister«; dort ist die schöne Seele edel und gut, bei dem eminent praktischen Hegel dagegen erscheint sie als dekorativ und böse. Sie ist die pharisäische Nonne der Sittlichkeit, sie ist Moralität als innerliches Kunstgewerbe und deshalb bloße äußerliche Dekoration; die bürgerliche Bildung hat in ihren höheren Gesellschaftsschichten viele solcher Typen erzeugt. Andererseits ist mit der Welt des »seiner selbst gewissen Geistes der Moralität«, dieses Dritten nach dem »zerrissenen Bewußtsein«, eine Art deutsche Reprise der antiken Unbefangenheit intendiert. Ein neues Athen schwebt vor, das sich zugleich auf Innigkeit versteht. Jedenfalls: aus der Moralität als Eitelkeit geht der Geist in die weltoffene Einheit des Selbst zurück oder in den Geist als Werkmeister. Damit begibt sich also das gegenständlich bewußte Selbst aus der Sittlichkeit und ihrer Bildung in die Frömmigkeit. Die *abschließende Grundgruppierung* tritt auf: die des Rückgangs in die vermittelte Unmittelbarkeit des Subjekt-Objekts, mit Abtun des Gegenständlichen überhaupt als eines angeblich schlechthin Fremden.

Der Geist erreicht dadurch seine vorletzte Stufe, die der *Religion* (sie schließt das Kunstwerk ein). Die Religion beginnt als natürliche, dann als orientalische, sie differenziert sich aus dieser ersten wilden oder starren Gestalt in die griechische, die Hegel Kunstreligion nennt. Sie wird geoffenbarte Religion oder Christentum, kraft der Menschwerdung Gottes: das Subjekt beginnt nun vollends Substanz zu werden, ohne in ihr zu verschwinden, die Substanz beginnt Subjekt zu werden, ohne es zu erdrücken. Und die letzte Stufe des Geistes geht schließlich auf: als die des *absoluten Wissens*, über der Religion. Das Bewußtsein hat nun jedes Nicht-Ich sich angeeignet, sich mit allen Objektivitäten vermittelt und sie zu Momenten seines eigenen Reichtums assimiliert. Die letzte Stufe, die des Fürsichseins, ist erreicht, das Selbst hat sich von sämtlichen Entfremdungen, Entäußerungen entäußert, sie zugleich aber als seine begriffene Geschichte in sich aufbewahrt. Dieser Schluß ist mystisch, dem Bewußtsein sind seine Gegenstände überhaupt aufgehoben, denn Gegenständlichkeit überhaupt ist leider für Hegel dasselbe wie Entfremdung. Das Subjekt ist nun – wenigstens in der Darstellung Hegels – wirklich Substanz geworden oder völliges Fürsichsein des Grundbestands, nach der langen, langen Reise historisch-dialektischer Vermittlungen. Zwischen den Extremen: sinnliche Gewißheit und absolutes Wissen ist die gesamte dialektische Veränderungsfolge ausgespannt, die »Erfahrungen des Bewußtseins« heißt.

6. Es muß bei der Phänomenologie länger verweilt werden als bei jeder anderen Schrift Hegels. Denn sie enthält seine Methode auf die lebendigste und feinfühligste, zugleich auf die am meisten elastische Art; keine Spur von Schema ist sichtbar. Der Leser, der den Reichtum des Werks sich zu eigen machen will, muß sich auf allegorische Weite des Anderen, symbolisch gefüllte Tiefe des Selben zugleich verstehen. Dennoch, so entlegen die Phänomenologie ihre Straße zieht, gibt es ein verhältnismäßig zugänglicheres Schwesterwerk, an dem ihre Bewegung und das Ziel ihrer Fahrt immer wieder erläutert werden kann. Dies Werk ist, wie nun verständlich, *Goethes Faust*, eine Dichtung, vielfach der gleichen geistigen Situation entsprungen wie die Phänomenologie. Beide sind Ausdruck des bürgerlichen

Bewußtseins am Beginn der weltgeschichtlichen Sendung des Bürgertums: der Entfesselung der Produktivkräfte. Beide zeigen den Menschen als Macher seiner Welt wie als ein sie werdend Durchschreitender. Faust ist das unruhige, unerfüllte Subjekt, das erfahren will, was der ganzen Menschheit zuerteilt ist. Seine Darstellung schreitet im engen Bretterhaus den ganzen Kreis der Schöpfung aus; um das Unendliche zu erreichen, geht Faust, konkret erfahrend, im Endlichen nach allen Seiten. Sein Ziel ist die Sättigung seiner gewaltigen, an sich selbst so unbestimmten Unruhe; dazu beginnt die Weltfahrt auf Mephistos Zaubermantel. Genauer bestimmt wird das Ziel in der Wette mit Mephisto; es ist negativ dieses, sich auf kein Faulbett legen zu wollen, positiv wird es dieses, zu keinem Augenblick als dem der substantiellen Erfüllung sagen zu können: Verweile doch, du bist so schön. Die Intention auf diesen Augenblick ist der Hegelschen Intention des Fürsichseins durchaus verwandt, obwohl der Inhalt der Faustwette sich bedeutend weniger im reinen Geist aufhält, bedeutend mehr auf Welt um den Menschen geht. Doch auch das Fürsichsein des Geistes erscheint bei Hegel nicht bloß als Wissen, sondern als Einschlagen in daseiende Unmittelbarkeit auf höchster Stufe, als »erfaßte unmittelbare Gleichheit mit sich selbst«, bei aller behaupteten Objektlosigkeit letzthin. Faust taumelt von Begierde zu Genuß, und im Genuß verschmachtet er nach Begierde, so verzehrt er die immer nur relativen, ja uneigentlichen Erfüllungen des Unterwegs, von Auerbachs Keller bis zu dem erlangten Vorgefühl des höchsten Augenblicks. Hier also verhält sich das Subjekt ebenso ungenügsam zu der jeweils erlangten Erfüllungsstufe, wie sich das Subjekt-Objekt in der Phänomenologie zu seiner jeweils erreichten Vermittlungsform dialektisch verhält. Wie es sich mittels des Ungenügens, was subjektiver Widerspruch ist, und des sich aufreibend Unzulänglichen der Situation, was objektiver Widerspruch ist, aus jeder relativen Lösung, damit sie kein Faulbett werde, wieder heraustreibt. Die Konsonanz enthält die Dissonanz und führt zu neuen Konsonanzen, die sich gleichfalls immer wieder entzweien, so lange, bis »das Unzulängliche Ereignis« geworden, bis, wie Hegel formuliert, »der Geist die Zeit tilgt und seinen reinen Begriff erfaßt«. Die Einleitung zur Phänomenologie erläutert derart den Faustplan fast ebenso wie den der Phänomenologie; beide sind geeint im Fahrtmotiv, in der dialektisch sich hocharbeitenden Subjekt-Objekt-, Objekt-Subjekt-Durchdringung. Die Phänomenologie ist, sagt Hebel, »der Weg der Seele, welche die Reihe ihrer Gestaltungen, als durch die Natur ihr vorgesteckter Stationen, durchwandert, daß sie sich zum Geiste läutere, indem sie durch die vollständige Erfahrung ihrer selbst zur Kenntnis desjenigen gelange, was sie an sich selbst ist« (II, S. 63). Die Phänomenologie enthält so eine Mischung von Erziehung und Enttäuschung, geeint in dem sich um die Welt bereichernden Subjekt; wie im Faust, dem Erfahrungsdrama (oder im Wilhelm Meister, dem Erziehungsroman). Die Phänomenologie enthält aber erst recht Kritik am Bestehenden oder noch Bestehenden; so in der erwähnten Darstellung des »unglücklichen Bewußtseins«, als einer Kritik an der römischen Kirche; so in der Darstellung des »geistigen Tierreichs oder Betrugs«, als einer Kritik an dem individuellen Interesse, das sich hinter geistigen Phrasen verbirgt. Solche Kritik macht den Frieden mit der Welt, zu dem die Phänomenologie im Einklang mit der historischen Schule neigt, weit weniger penetrant, als es den Anschein hat. Und es macht den Amor fati, den Hegel mit Goethe-Spinoza fühlt, weniger bedingungslos weltfromm; denn diese Liebe zum Schicksal ist keine zur äußeren, sondern einzig zur inneren, zur prozeßhaften Notwendigkeit. So kontemplativ sich auch die Phänomenologie verhält, so sehr ihr Subjekt nur der Geist ist, so lebhaft ist hinter diesem Subjekt doch der reelle Mensch mit seinem Willen, mit seiner reell umgestaltenden Arbeit erkennbar. Und so stark ist damit die reelle Dialektik angekündigt, die bisher immer wieder aus verjährter Vernunft Unsinn werden ließ und frische Vernunft ansetzte.

Erscheinungsgeschichte des werdenden Wissens wurde von Hegel nicht nur in der Phänomenologie dargestellt, sondern noch zweimal. Sehr andeutend im Kurs der »Philosophischen Propädeutik«, den Hegel in den Oberklassen des Nürnberger Gymnasiums 1808–11 abgehalten hat, sodann in der »Enzyklopädie der philosophischen Wissenschaften« von 1817 (1827, 1830). Letztere Darstellung zwängt die Phänomenologie in den Mittelteil der Lehre vom subjektiven Geist, zwischen

Anthropologie und Psychologie. Es wiederholen sich darin zwar die allgemeinen dialektischen Rubriken des Hauptwerks: Bewußtsein als solches, Selbstbewußtsein, Vernunft, doch die große Weltverschlingung, die Weltperspektive von jeder Stufe des Bewußtseins her sind ausgefallen. Sie befinden sich nun in der gesamten Enzyklopädie, im Hegelschen System selbst, zu dem die Phänomenologie des Geistes die Geburtsstätte war. Und doch ist sie weit mehr als dieses; Hegels späteres Werk macht die Phänomenologie nicht zu einem Morgen, der nun zum Mittag überging, sondern dieser Morgen enthält vieles, was am Mittag gar nicht laut wurde. Hegel hat nachher die Phänomenologie das Buch seiner Entdeckungsreisen genannt: das ist breiter als Geburtsstätte, denn die große Tour ist darin, eine Art Erwachsenentaufe durch Weltgeist. Am besten aber ist und bleibt es, die Phänomenologie mit dem Faustplan zusammenzuhalten; sowohl was die Unruhe des Bewußtseins angeht wie die durcherfahrene Welt wie das intendierte Fürsichsein zu guter Letzt. Und was den Weg der Durcherfahrung selber betrifft, diese Reihe der Entäußerungen und Vermittlungen zugleich, so ist er, wie am Faustende zuletzt, so während der ganzen Veränderungs-Veranstaltungen der Phänomenologie der Weg der Arbeit. Das heißt, der Erzeugung und Entstehung des Menschen durch Arbeit: am Subjekt wie an den Gegenständen dialektisch wechselwirkend, Entäußerungen schaffend und die Entäußerungen wieder aufhebend. Insofern ist die Phänomenologie durchaus nicht nur Erscheinungsgeschichte des werdenden Wissens; sie ist ebenso Darstellung der Erscheinungsgeschichte (Metamorphose, Manifestation) des Menschen als eines sich erst noch ergreifenden Machers seiner Geschichte. Hier hat Hegel, nach dem Satz von Marx, »den abstrakten, logischen, spekulativen Ausdruck für die Bewegung der Geschichte gefunden, die noch nicht wirkliche Geschichte des Menschen als eines vorausgesetzten Subjekts, sondern erst Erzeugungsakt, Entstehungsgeschichte des Menschen ist«. Aber freilich auch: der erfüllte Augenblick unserer selbst, das regnum hominis eines Fürsichseins und einer uns adäquaten Welt: das ist in der Phänomenologie – bei aller Spiritualität des Endes oder allzu totaler Entäußerung der Entäußerung – durchaus gleichfalls bedeutet. Es macht ihren finalen

Bezugspunkt aus; ohne ihn wäre sie das, was Hegel am meisten haßte: unendlicher Progreß, kurz, Vorgeschichte ohne Resultat.

Die Stufen

»Das Bekannte ist darum, weil es bekannt ist, noch nicht erkannt« (II, S. 25).

Auch das Falsche kann unterwegs richtig werden: »Das Wahre und Falsche gehört zu den bestimmten Gedanken, die bewegungslos für eigene Wesen gelten, deren eines drüben, das andere hüben ohne Gemeinschaft mit dem anderen isoliert und fest steht. Dagegen muß behauptet werden, daß die Wahrheit nicht eine ausgeprägte Münze ist, die fertig gegeben und so eingestrichen werden kann« (II, S. 30).

Die Gestalten des Bewußtseins entwickeln sich stufenweise aus dem inneren Ansich zum Ansichselbst oder geäußerten Fürsich: »Dies Werden der Wissenschaft überhaupt oder des Wissens ist es, was die Phänomenologie des Geistes darstellt... Als der Weg des natürlichen Bewußtseins, das zum wahren Wissen dringt, oder als der Weg der Seele, welche die Reihe ihrer Gestaltungen, als durch ihre Natur ihr vorgesteckter Stationen durchwandert, daß sie sich zum Geiste läutere, indem sie durch die vollständige Erfahrung ihrer selbst zur Kenntnis desjenigen gelange, was sie an sich selbst ist« (II, S. 22, S. 63).

Warum der Weg so das Ziel braucht wie das Ziel den Willen zum Weg: »Das Ziel ist dem Willen ebenso notwendig als die Reihe des Fortgangs gesteckt; es ist da, wo es nicht mehr über sich selbst hinauszugehen hat, wo es sich selbst findet, und der Begriff dem Gegenstande, der Gegenstand dem Begriffe entspricht. Der Fortgang zu diesem Ziel ist daher auch unaufhaltsam und auf keiner früheren Station Befriedigung zu finden« (II, S. 63).

Doch andererseits eben ist für den Hegel der erscheinungsgeschichtlich-dialektischen Methode diese Methode nicht wie ein

Werkzeug, das vom fertigen Gerät weggelassen werden kann, oder das Ziel abtrennbar von seinem Weg: »Denn die Sache ist nicht in ihrem Zwecke erschöpft, sondern in ihrer Ausführung, noch ist das Resultat das wirkliche Ganze, sondern es zusammen mit seinem Werden; der Zweck für sich ist das unlebendige Allgemeine, wie die Tendenz das bloße Treiben, das seiner Wirklichkeit noch entbehrt; und das nackte Resultat ist der Leichnam, der die Tendenz hinter sich gelassen hat« (II, S. 5).

Erfahrung insgesamt ist nichts anderes als dialektische Vermittlung, worin das Bewußtsein sich an seinem Gegenstand, der Gegenstand am Bewußtsein sich fortdauernd berichtigt: »Diese dialektische Bewegung, welche das Bewußtsein an ihm selbst, sowohl an seinem Wissen als an seinem Gegenstande ausübt, insofern ihm der neue wahre Gegenstand daraus entspringt, ist eigentlich dasjenige, was Erfahrung genannt wird« (II, S. 70).

Das Ganze entwickelt sich derart als Reise, die so lehrt wie belehrt wird. Phänomenologie des Geistes ist die fahrende Er-fahrung, die das Bewußtsein inhaltlich, nämlich gegenständlich über sich selbst macht. Zugleich aber ändert sich der Gegenstand mit der Veränderung des Bewußtseins, mit dieser Tätigkeit an ihm:

»Denn das Bewußtsein ist einerseits Bewußtsein des Gegenstands, andererseits Bewußtsein seiner selbst; Bewußtsein dessen, was ihm das Wahre ist und Bewußtsein seines Wissens davon. Indem beide für dasselbe sind, ist es selbst ihre Vergleichung; es wird für dasselbe, ob sein Wissen von diesem Gegenstande diesem entspricht oder nicht ... Entspricht sich in dieser Vergleichung beides nicht, so scheint das Bewußtsein sein Wissen ändern zu müssen, um es dem Gegenstand gemäß zu machen; aber in der Veränderung des Wissens ändert sich ihm in der Tat auch der Gegenstand selbst« (II, S. 69).

Das ist im näheren eine Veränderung durch Arbeit (»subjektive Tätigkeit«, sagt Hegel), im ganzen aber ein und derselbe subjektiv-objektive, objektiv-subjektive Vorgang: Bewußtsein der Erfahrungen, Erfahrungen des Bewußtseins. Das Bewußtsein gewinnt sich und schließt sich auf in der Beziehung zu seinem Inhalt. Als betrachtet ergibt das eine fortschreitende Untersuchung des unwahren, in Täuschungen befangenen Subjekts durch das erscheinend Wahre: das sich entwickelnd Wahre verläßt das zu ihm relativ Unwahre, das sich entwickelnd Wahre untersucht so das in ihm verschwindende Unwahre. Das gleiche aber geht, völlig mit dem Subjekt-Objekt-Verhältnis verschlungen, am Objekt vor sich. Alle Gegenstände haben ein Unwahres an sich, dies objektiv Unwahre hängt mit ihrer Endlichkeit zusammen, das heißt, mit der Unabgemessenheit zu ihrem vollen Wissen-Gewußtsein (»Begriff«). Auf dem Standpunkt der jeweiligen Vermittlungsform zeigen sich Widersprüche, der Standpunkt muß verlassen werden, der auf ihm erschienene Inhalt löst sich auf, eine neue Stufe des Subjekt-Objekts erscheint, mit neuen Widersprüchen, bis hin zum absoluten Wissen, wo die Ungleichheit der Sache mit sich selbst aufgehoben ist. Daher:

»Die Ungleichheit, die im Bewußtsein zwischen dem Ich und der Substanz, die sein Gegenstand ist, stattfindet, ist ihr Unterschied, das Negative überhaupt. Es kann als der Mangel beider angesehen werden, ist aber ihre Seele oder das Bewegende derselben; weshalb einige Alte das Leere als das Bewegende begriffen, indem sie das Bewegende zwar als das Negative, aber dieses noch nicht als das Selbst erfaßten. Wenn nun dies Negative zunächst als Ungleichheit des Ichs erscheint, so ist es *ebensosehr die Ungleichheit der Substanz zu sich selbst*. Was außer ihr vorzugehen, eine Tätigkeit gegen sie zu sein scheint, ist ihr eigenes Tun, und sie zeigt sich wesentlich Subjekt zu sein. Indem sie dies vollkommen gezeigt, hat der Geist sein Dasein seinem Wesen gleich gemacht; er ist sich Gegenstand, wie er ist, und das abstrakte Element der Unmittelbarkeit und der Trennung des Wissens und der Wahrheit ist überwunden (II, S. 29).

So zu vermitteln, dazu soll angeblich nichts Eigenes hinzugefügt werden. Indem »Begriff und Gegenstand, der Maßstab und das zu Prüfende in dem Bewußtsein selbst vorhanden sind, wird eine Zutat von uns überflüssig« (II, S. 69). Aber ein Anderes ist es in der Phänomenologie, die Veränderungen des Bewußtseins *aufzufassen* und das Auffassen der Veränderungen selber zu *begreifen:* »Diese Betrachtung der Sache ist unsere Zutat, wodurch sich die Reihe der Erfahrungen des Bewußtseins zum *wissenschaftlichen* Gange erhebt, und welche nicht für das Bewußtsein ist, das wir betrachten« (II, S. 71). Es ist das ein höchst bemerkenswertes Zugeständnis Hegels; Wissen selber (zum Unterschied vom bloßen unsachlichen Meinen) ist gegenstandsverändernd. So gehört es, sowohl als Darstellung, wie letzthin als *begriffene* Geschichte, zum Gang des Erscheinens.

Mehr noch: Wissen selber ist Tätigkeit, nämlich eine, welche die Arbeit der Vermittlungen abschließt, und als diese »subjektive Tätigkeit« eben selber Arbeit der Veränderung darstellt. In der Enzyklopädie drückt Hegel die bei ihm überraschende Auffassung, daß der Gedanke selber eine Produktivkraft sei, deutlicher aus als in der Phänomenologie. Freilich wurde diese Erkenntnis bei ihm nicht weiter verfolgt und durchgedacht; sie hätte das Kontemplative entscheidend gestört. Die Stelle lautet: »Um zu erfahren, was das Wahre in den Dingen sei, ist es mit der bloßen Aufmerksamkeit nicht abgetan, sondern es gehört dazu unsere *subjektive Tätigkeit*, welche das unmittelbar Vorhandene umgestaltet. Dies scheint nun auf den ersten Blick ganz verkehrt und dem Zweck, um den es sich beim Erkennen handelt, zuwiderlaufend zu sein. Gleichwohl kann man sagen, es sei die Überzeugung aller Zeiten gewesen, daß erst durch die vermittelst des Nachdenkens bewirkte *Umarbeitung* des Unmittelbaren das Substantielle erreicht werde« (Enz. § 22 Zusatz, VI, S. 42). – Die »subjektive Tätigkeit« bewährt sich danach als ebenso objektive am Objekt selbst, sie ist die sich ganz in die Vermittlung begebende. Denn Vermittlung läßt gerade als erkennend-erkannte Denken und Sein, Subjekt-Objekt sich nicht gegenüberstehen. Sie ist als theoretische besonders genau Überwindung dieser Unmittelbarkeit, dieses noch dualistischen Standpunkts und Stands. Und die von Hegel stets notierte Veränderung des Gegenstands mit der Veränderung des Bewußtseins kulminiert gerade in der theoretisch bewußt gewordenen, also theoretisch höchst gesteigerten Vermittlung. Selber bewußtlose Gegenstände (Naturobjekte) erfahren diese »Umarbeitung« nicht durch die theoretische, sondern durch die praktische Arbeit, aber menschliche Selbsterkenntnis gestaltet, falls sie konkret ist, ihr Objekt im selben Akt praktisch um. Ein Beispiel: die Selbsterkenntnis des Arbeiters als Ware ist die Aufhebung seines Waren-Charakters und Gewinnung eines anderen wahren. Ein anderes Beispiel: die Selbsterkenntnis einer Ideologie ist die Aufhebung ihres bloßen unmittelbaren Scheins und die Einstellung seiner in den vermittelten, wahren Prozeß, den der Schein reflektiert. Hier wird überall durch Erkenntnis der Vermittlung die Struktur des Objekts selbst verändert. Hegel hat zu solch theoretisch-praktischer Einsicht in den Subjekt-Objekt-Vermittlungen der Phänomenologie eine der ersten Handhaben gegeben. Insgesamt freilich gibt sich die Phänomenologie nicht nur als Vermittlung zwischen Subjekt und Objekt, sondern als werdende Ineinsbildung von Subjekt und Substanz. Dieses Werden findet in dem Buch sogar bereits sein Ende; was in Ansehung der Welt (der noch nicht so vermittelten Objekte) außerhalb des Buchs entsetzlich übertrieben ist. Doch der Weg ist hier dargestellt, wie er die Erreichung des Ziels produziert; und die Darstellung (Übergang des Bewußtseins in die Sache, der Sache im Bewußtsein) erklärt sich als Produktivkraft.

Die Reise ist eine aufsteigende, so geht sie in Stufen vorwärts. Wie angegeben, unterscheidet Hegel drei Grundgruppierungen, in denen das Bewußtsein sich über sich selbst gegenständlich macht. Es sind Bewußtsein, Selbstbewußtsein, Vernunft, dann Geist, dann Religion, absolutes Wissen. An Faust und die verschiedenen Bewußtseinslagen, mit denen er die verschiedenen Versuchsstationen des »Verweile doch« durcherfährt, wurde erinnert. Hier, bei der näheren Erläuterung, ist eine andere, philosophiegeschichtliche Erinnerung hinzuzufügen. Der mittelalterliche Mystiker Hugo von St. Viktor hatte als Erster das Erkenntnisvermögen selber rational gestaffelt. »Cogitatio«, »Meditatio«, »Contemplatio« sind nach Hugo die drei Stufen der intellektuellen Tätigkeit; es sind drei Augen, von denen das erste, fleischliche, die Körper, das zweite, vernünftige, die menschliche Innerlichkeit, das dritte, mystische, die Geisterwelt erkennt. Nikolaus von Cusa gliederte drei Jahrhunderte später die Stufen nach der dialektischen Fassungskraft der auf ihnen geschehenden Erkenntnis. »Sensus«, die erste Stufe, liefert nur verworrene Bilder; »Ratio« hält nach dem Prinzip des Widerspruchs die Gegensätze auseinander; »Intellectus« sieht die Gegensätze als miteinander verträglich; »Visio« sieht sie in der unendlichen Einheit (Gott als coincidentia oppositorum) zusammenfallen. Ja, Cusanus lehrt, als ein Vorläufer Hegels, die Stufen gingen ineinander über, jede nächsthöhere sei die Genauigkeit (praecisio) der nächstniederen. Ob Hegel den Cusanus studiert hat, steht dahin; seine Geschichte der Philosophie behandelt ihn nicht, aber sie erwähnt auch Eckart nicht, obwohl er ihn von frühen Jahren an erweislich kannte. Die Stufenbildung hat jedenfalls selber Geschichte, ja, sie dürfte mit ihrem nicht so rationalen Ursprung bis in die Mysterienkulte zurückreichen. Bis in die verschiedenen Grade der »Einweihung« und der jeweiligen »magischen Sphäre«, die den jeweiligen Graden sich öffnete und ihren Blickstufen gemäß war. In spätantiken Geheimkulten, sogar in der Yogi-Schulung, sollten den jeweiligen Bewußtseinslagen spezifische Merkwelten entsprechen, in beiderseits aufsteigender Weise. Hegels Stufen und Stadien halten sich von solch magischen Bezügen fern, obwohl nicht ganz so von den mystischen; es ist das Fürsichwerden des Bewußtseins und seiner Gegenständlichkeit, das mit der mystischen Union letzthin, säkularisiert, verbindet. Innerhalb der angegebenen drei Grundgruppierungen aber steigt das Fürsichwerden auf Einzelstufen zu sich hin. Vierzehn solcher können bei Hegel angegeben werden; sie sind die vierzehn *memorierten Stationen* auf der Reise des Bewußtseins durch Geschichte und Welt zur Selbsterkenntnis.

Hier, bei den Hinweisen, ist es unvermeidlich, jedoch der schweren Sache dienlich, Mehreres aus dem oben gegebenen Überblick der Stufen nochmals, nämlich mit Hegelschen Belegstellen, zu wiederholen. Ist repetitio mater studiorum, so besonders der Hegelianischen: »Die Vergangenheit durchläuft das Individuum, dessen Substanz der höherstehende Geist ist, in der Weise wie der, welcher eine höhere Wissenschaft vornimmt, die Vorbereitungskenntnisse, die er längst innehat, um sich ihren Inhalt gegenwärtig zu machen, durchgeht. Der Einzelne muß auch dem Inhalt nach die Bildungsstufen des allgemeinen Geistes durchlaufen, aber als vom Geist schon abgelegte Gestalten, als

Stufen eines Wegs, der ausgearbeitet und geebnet ist. Die Bildung in dieser Rücksicht besteht von der Seite des Individuums betrachtet darin, daß es dies Vorhandene erwerbe, seine unorganische Natur in sich zehre und für sich in Besitz nehme. Dies ist aber von der Seite des allgemeinen Geistes als der Substanz nichts anderes, als daß diese sich ihr Selbstbewußtsein gibt, ihr Werden und ihre Reflexion in sich hervorbringt« (II, S. 22 f.).

Die *erste* Stufe ist die des bloßen Jetzt und Hier, des Dieses und Einzelnen. Die *zweite* Stufe ist die der Wahrnehmung, mit vielen Täuschungen und dem widerspruchsvollen Inhalt des Dings, als einer Einheit aus vielen Eigenschaften. Die *dritte* Stufe ist die des Verstands, dem die Dinge erscheinen, und der als Inhalt der Erscheinungen lediglich das Gesetz kennt, als Ordnung des Spiels der Kräfte. Die Erscheinung verdoppelt sich, sie ist Kraft und Äußerung zugleich, und durch sie hindurch, durch das immer Andere, zieht ebenso das bestehende Gesetz. Dieses bestimmt den sinnenhaften Wechsel als ebenso unsinnlich stetig: »Die übersinnliche Welt ist hiermit ein ruhiges Reich von Gesetzen, zwar jenseits der wahrgenommenen Welt, denn diese stellt das Gesetz nur durch beständige Veränderung dar, aber in ihr ebenso gegenwärtig und ihr unmittelbares stilles Abbild« (II, S. 114).

Das fortschreitende Bewußtsein ist nicht mehr verschwiegen subjektiv und hauptsächlich gegenständlich wie das anfangende, sondern es richtet sich auf sich selbst, wird *Selbstbewußtsein.* Als dieses fällt es mit seinem Gegenstand zum ersten Male einheimisch zusammen; Wahrheit ist hier, auf dieser *vierten* Stufe, Gewißheit seiner selbst. Eine der wesentlichsten, alle bisherige Geschichte erfüllenden dialektischen Verhältnisse, in denen dieses Selbstbewußtsein in sich und zugleich am Anderen erscheint und sich hochbewegt, ist das Verhältnis von Herr und Knecht:

»Der Herr bezieht sich mittelbar durch den Knecht auf das Ding. Dem Herrn dagegen wird durch diese Vermittlung die unmittelbare Beziehung (auf das Ding) als die reine Negation desselben oder der Genuß; was der Begierde nicht gelang, gelingt ihm, damit fertig zu werden und im Genusse sich zu befriedigen. Der Begierde gelang dies nicht wegen der Selbständigkeit des Dings; der Herr aber, der den Knecht zwischen es und sich eingeschoben, schließt sich dadurch nur mit der Unselbständigkeit des Dinges zusammen und genießt es rein; die Seite der *Selbständigkeit* aber überläßt er dem Knecht, der es bearbeitet... Die Wahrheit des selbständigen Bewußtseins ist demnach das knechtische Bewußtsein. Dieses erscheint zwar zunächst außer sich und nicht als die Wahrheit des Selbstbewußtseins. Aber wie die Herrschaft zeigte, daß sie das Verkehrte dessen ist, was sie sein will, so wird auch wohl die Knechtschaft vielmehr in ihrer Vollbringung zum Gegenteil dessen werden, was sie unmittelbar ist; sie wird als in sich zurückgedrängtes Bewußtsein in sich gehen und zur wahren Selbständigkeit sich umkehren« (II, S. 146 f.). – Allerdings ist das Bewußtsein seiner selbst, wozu sich der Knecht erhebt, bei Hegel vor allem ein Bewußtsein der Zucht. Doch wie der Knecht, indem er durch sein eigenes Tun die Dinge bildet, sich selber bildet, während der Herr des arbeitslosen Einkommens nur noch im Genuß, bestenfalls im Machtgenuß vorkommt, so wird durch Arbeit, durch dieses Formieren das *Bewußtsein eigener Kraft und Tätigkeit* seiner selber inne, zunächst wenigstens als freies Denken: »Es wird also durch dies Wiederfinden seiner durch sich selbst eigener Sinn, gerade in der Arbeit, worin es nur fremder Sinn zu sein schien« (II, S. 149).

Das Selbstbewußtsein ist im Verhältnis von Herr und Knecht immer noch ein gedoppeltes, es kommt nicht anders zu sich. Die Doppelheit Herr und Knecht wird sogar ganz dualistisch in der Gestalt, die Hegel »das unglückliche Bewußtsein« nennt, diese Unvereintheit von Jenseits und Diesseits, in der Hegel, wie bemerkt, das christliche Mittelalter gesehen hat, die subjektive Eitelkeit der Askese und die objektive Leerheit des heiligen Grabs (der unmenschlichen Transzendenz). Die Einheit, die das Selbstbewußtsein mit seinem Gegenstand begann, ist derart zugleich die gestörteste; konkreter wird sie erst in der *Vernunft*. Diese läßt nun nach der vierten Stufe: der Gewißheit seiner selbst, die innerhalb des Selbstbewußtseins gelegen war, die *fünfte* Stufe erreichen: die der *beobachtenden* Vernunft, als die, worin die Vernunft ihre »ihr wesentlichen Merkmale« ebenso als »wesentliche Bestimmtheiten der Dinge« ausdrückt. Es folgt die *sechste* Stufe, auf welcher diese bloße Gleichsetzung der Vernunft mit gegebenen Dingen wieder verlassen wird (ihre reductio ad absurdum sah Hegel in der Lavaterschen Physiognomik und in der Gallschen Schädellehre: »Das Sein des Geistes ist ein Knochen«). Diese *sechste* Stufe wird von Hegel als die *Verwirklichung des vernünftigen Selbstbewußtseins durch sich selbst* gekennzeichnet, dergestalt, daß Vernunft des Selbstbewußtseins ebenso in der Welt sich zu verwirklichen sucht. Durch Weltgenuß, durch Weltverbesserung, durch Weltbekämpfung; auf alle drei ist der Hegel der individualitätslosen Sachlichkeit schlecht zu sprechen, aber alle drei bereiten schließlich die wahr gewordene Vernunft, das Reich der Sittlichkeit vor. Die individualitätslose Sachlichkeit ist in diesem Punkt das gleiche wie der Thermidor, der die Französische Revolution beendete und den Prozeß der Bourgeoisie eröffnete, den Weltlauf also, wie er nunmehr auf der Tagesordnung stand. Im puren Weltverbesserer wie Weltbekämpfer will Hegel den Jakobiner malen, den abstrakten Putschisten, den Tribunen der Aufklärung, der sich dem Weltlauf moralisch, aber nur privat-moralisch und kenntnislos entgegensetzt. »Das Herzklopfen für das Wohl der Menschheit geht darum in das Toben des verrückten Eigendünkels über, in die Wut des (individuellen) Bewußtseins, gegen seine Zerstörung sich zu erhalten, und dies dadurch, daß es die Verkehrtheit, welche es selbst ist, aus sich herauswirft und sie als ein Anderes anzusehen und auszusprechen sich anstrengt. Es spricht also die allgemeine Ordnung aus als eine von fanatischen Priestern, schwelgenden Despoten und für ihre Erniedrigung hinabwärts durch Erniedrigen und Unterdrücken sich entschädigenden Dienern derselben erfundene und zum namenlosen Elend der betrogenen Menschheit gehandhabte Verkehrung des Gesetzes des Herzens und seines Glücks« (II, S. 281 f.). Aber andererseits ist die Art »allgemeine Ordnung« ebensowenig wahr wie der »tobende Eigendünkel«, der gegen sie angeht. Beide entsprechen sich in ihrer Partikularität: »Indem die unmittelbar allgemeine Individualität das Verkehrte und

Verkehrende ist, ist nicht weniger diese allgemeine Ordnung... selbst an sich das Verkehrte, wie die tobende Verrücktheit es aussprach« (II, S. 282 f.). Hegel kritisiert damit auch den *herrschenden* Interessentenhaufen, der sich als Staats-Allgemeinheit ausgibt und doch nur das bellum omnium contra omnes von oben her, als besonders formidabel betreibt: »Was öffentliche Ordnung heißt, ist also die allgemeine Befehdung, worin jeder an sich reißt, was er kann, die Gerechtigkeit an der Einzelheit der Anderen ausübt und die seinige festsetzt, die ebenso durch andere verschwindet. Sie ist der *Weltlauf*, der Schein eines bleibenden Gangs, der nur eine gemeinte Allgemeinheit, und dessen Inhalt vielmehr das wesenlose Spiel der Festsetzung der Einzelheiten und ihrer Auflösung ist« (II, S. 283 f.). Lösung entsteht hier nur, wenn die bloß gemeinte Allgemeinheit eine wahre und substantielle wird. Es gibt nach Hegel überall in der Geschichte der Gesellschaft Stellen, an denen statt des Geistes der Partikularität (Einzelheit), zu der auch die Tugend gehört, echt Allgemeines ausgebreitet ist und vermittelte Mitbewegung, Fortbewegung ermöglicht. »Wo also Tugend den Weltlauf anfaßt, trifft sie immer auf solche Stellen, die die Existenz des Guten selbst sind, das in alle Erscheinungen des Weltlaufs... unzertrennlich verschlungen ist« (II, S. 289). Hegel denkt bei einer nicht partikulären Tugend an die antike und ebenso, was nicht partikuläre Allgemeinheit angeht, an die antike Polis; hier schien ihm das Anliegen der *sechsten* Stufe, der »Verwirklichung des vernünftigen Selbstbewußtseins durch sich selbst«, nach seiner positiven Seite am besten aufgehoben.

Als letzte Stufe der Vernunft folgt die *siebente:* die der in sich befriedigten Individuen. Es ist das die Stelle, wo der einzelne Mensch aus dem Weltgenuß ins Behagen an sich selbst und seinen Zweck übergeht, auch jede Entgegensetzung zur Welt sich beruhigt. Doch ist die Darstellung dieses Zustands durchaus nicht beruhigt, sondern bitter; die Bourgeoisgesellschaft wird bereits getroffen, die der Jakobiner frei gemacht hat. Von daher der sonderbare Titel dieser Stufe: *Das geistige Tierreich und der Betrug oder die Sache selbst.* Fast als wären schon die Ideologien durchschaut, die schön klingenden, in die sich das Interesse hüllt, wird erklärt, daß die Sache selbst, die die interessierten Individuen zu treiben vorgeben, immer nur ihre eigene Sache ist. Dadurch entsteht Betrug, zunächst untereinander, in dem sogenannten ehrlichen Bewußtsein: »Es tritt damit ein Spiel der Individualitäten miteinander ein, worin sie sowohl sich selbst als sich gegenseitig sowohl betrügen als betrogen finden« (II, S. 311). Sodann aber, damit eng verschlungen, bietet sich Ideologie an, welche das individuelle Interesse ebenso betrughaft hinter der Firma der Sache selbst verbirgt: »Es ist ebenso Betrug seiner selbst und der anderen, wenn es nur um die reine Sache zu tun sein soll; ein Bewußtsein, das eine Sache auftut, macht vielmehr die Erfahrung, daß die Anderen, wie die Fliegen zu frischaufgestellter Milch, herbeieilen und sich dabei geschäftig wissen wollen; und ebenso sie an ihm, daß ihm es ebenso nicht um die Sache als Gegenstand, sondern als um die seine zu tun ist« (II, S. 312). Trotzdem gehen das Tun und Treiben der Individuen und die allgemeine Sache selbst in einer Art verworrener Einheit zusammen. Sie erscheinen beide als dialektische Momente (als besonders kompliziert verschlungene und ebenso erstaunlich sich beistehende) derselben gesellschaftlichen Wirklichkeit, nämlich eben der kapitalistischen. Wie sie von Adam Smith, dem Hegel hier bedeutend folgt, dargestellt wurde: ein Ineinander individuellen Gewinnstrebens und der öffentlichen Nützlichkeit, der »Sache aller«. Die Einheit ist nur keine, das Recht in der Allgemeinheit kann sich vor dem moralischen Vernunftrecht (Kant, Fichte) nicht ausweisen. Den negativen Gegenschlag zum geistigen Tierreich führt derart die gesetzgebende Vernunft, aus lauter Geboten bestehend, die ebenso Verbote sind; diese Vernunft löst sich selber in die gesetzprüfende auf. Die Vernunft, indem sie ihre Vermittlung mit der Welt ebenso gewinnt wie selbst erschüttert wie als Aufgabe weitergibt, bereitet so den Boden für das nächste, moralisch-kronkrete Erfahrungsreich: für das des *Geistes*. – Mit ihm also beginnt der *zweite Hauptabschnitt, die zweite Grundgruppierung* der Gestalten: »Diese unterscheiden sich von den vorhergehenden dadurch, daß sie die realen Geister sind, eigentliche Wirklichkeiten, und statt Gestalten nur des Bewußtseins Gestalten einer Welt« (II, S. 330).

Der Geist hebt mit der *achten* Stufe im Bewußtsein an, mit der der unbefangenen Sittlichkeit. Ihr gehört vor allem das Verhältnis der Geschlechter sowie das familiäre Verhältnis. Volk und Familie, das Gemeinwesen der antiken Stadtstaaten, die ganze schöne und unmittelbare Sittlichkeit der griechischen Welt werden gefeiert. Doch ebenso erscheint darin die hier zersetzend wirkende Person, es erscheinen die dunklen Mächte Schuld und Schicksal, sich auflösend und erhellend im personhaften Rechtszustand. Letzterer ist der römische, zuletzt napoleonische, worin die formale Person zum Kaiser ausschlägt, als dem Herrn der Welt. Hegel hat in den Gestalten der ungeschriebenen, natürlichen Sittlichkeit viel mutterrechtliche Züge erkannt, ebenso wie vaterrechtliche im personhaften Rechtszustand. Mutterrechtlich gemalt ist das Bild der alten, noch durch Blutströme verbundenen Gemeinschaft: »Das Ganze ist ein ruhiges Gleichgewicht aller Teile und jeder Teil ein einheimischer Geist, der seine Befriedigung nicht jenseits seiner sucht, sondern sie in sich darum hat, weil er selbst mit diesem Gleichgewicht im Ganzen ist« (II, S. 344).

Die *neunte* Stufe ist eine besonders deutlich negativ-dialektische: die des sich entfremdeten Geistes oder der Bildung. Es ist im wesentlichen die freischwebende Bildung, das heißt eine, die sich weder von Geburt noch Reichtum noch sozialer Stellung abhängig zu fühlen glaubt. Hier wohnt das »zerrissene Bewußtsein«, das mit dem »unglücklichen Bewußtsein« auf einer früheren Stufe nicht verwechselt werden darf; denn es ist nicht dumpf und frommsehnsüchtig wie dieses, sondern *geistreich*-zerrissen und frivol. Näher mischt Hegel hier die Aufklärung als Beispiel ein; so korrespondiert diese Stufe der ebenfalls negativen des Jakobinertums in der Vernunft. Er macht der Aufklärung, als einer bloß geistig-geistreichen, den Vorwurf, daß sie in der ihr eigentümlichen Plattheit die sehr tief liegenden Wurzeln der Volksreligion überhaupt nicht erreicht, geschweige angegriffen habe. Hier findet sich auch ein sehr bemerkenswerter Satz über die religiösen Grenzen der philologisch aufklärenden Bibelkritik: »Sie dichtet dem religiösen Glauben an, daß seine Gewißheit sich auf einige historische Zeugnisse gründe, welche als historische Zeugnisse betrachtet freilich nicht den Grad von

Gewißheit über ihren Inhalt gewähren würden, den uns Zeitungsnachrichten über irgendeine Begebenheit geben; – daß seine Gewißheit ferner auf dem Zufall der Aufbewahrung dieser Zeugnisse beruhe ... und endlich auf der richtigen Auffassung des Sinns toter Worte und Buchstaben. In der Tat aber fällt es dem Glauben nicht ein, an solche Zeugnisse und Zufälligkeiten seine Gewißheit zu knüpfen; er ist in seiner Gewißheit unbefangenes Verhältnis zu seinem absoluten Gegenstande, ein reines Wissen desselben, welches nicht Buchstaben, Papier und Abschreiber in sein Bewußtsein des absoluten Wesens einmischt und nicht durch solcherlei Dinge sich damit vermittelt« (II, S. 418 f.). Indem Hegel so Anti-Aufklärung ist, ist er in diesem Punkt freilich auch Anti-Luther; denn er läßt das Bibelwort durchaus nicht stahn, er ist in Ansehung der Schrift spiritualistisch wie ein Wiedertäufer. Und von hier aus, von der Schlange des Geistes her, die so oft »eine welke Haut schmerzlos abstreift«, wertet Hegel auf dieser Stufe, als der der Bildung, die Aufklärung auch positiv. Ihr relatives Recht ist ihm die Nützlichkeit, das ist, die Beziehung aller Dinge, Gottes und der Welt, aufs menschliche Wohl; ihre relative Wahrheit ist, daß sie das Forum eines kritischen Geistes in die Geschichte gestellt hat. Die ökonomisch progressiven Kräfte werden so gänzlich über abgelaufen feudale Vornehmheit gestellt: »Der Reichtum hat an ihm selbst schon das Moment des Fürsichseins« (II, S. 388). Und die Dialektik tritt als bisher stärkste im zerrissenen Bewußtsein hervor: als Kritik, als Bewußtsein der absoluten Verkehrung. Aber diese Dialektik ist ebenso endlos ununterbrochen, ohne Halt, ohne Synthese, wie der reine, also abstrakte Gedanke der Aufklärung gerade in der Verfestigung wieder steckenblieb: »Das Denken ist Dingheit, oder Dingheit ist Denken« (II, S. 437). Übrigblieb so trotzdem nur »der reine Gedanke hier und das ebenso prädikatlose Absolute, die reine Materie dort«. Das ist das theoretische Vakuum der Aufklärung, ihr praktisches wurde durch die Guillotine hergestellt, als die »absolute Freiheit oder der Schrecken«. Doch aus der absoluten Freiheit hebt sich für Hegel das eigentlich Moralische der Aufklärung: die freie, wenn auch noch ungediegene Gestalt der freien Subjektivität. Aus dem Untergang der feudalen Privilegien hebt sich moralische

Weltanschauung: »Es ist die neue Gestalt des moralischen Geistes entstanden« (II, S. 451).

Diese Gestalt steht nun, innerhalb des Geistes, auf der *zehnten* Stufe. Die so erreichte Art Selbstgewißheit, die des *moralischen Gewissens*, ist und wirkt erhaben, steckt allerdings, da sie noch nicht ebenso gediegen ist, voller Haken und pikanter Widersprüche. Hegel wendet sich hier sowohl gegen die Kantische allgemeine und wirklichkeitslose Pflichtlehre wie gegen die moralische Persönlichkeitskultur, die romantisch entsprungen war. Das Zentrum der letzteren ist ihm, in voller moralisch scheinender Selbstbespiegelung, die sogenannte schöne Seele; Hegel haßte sie fast persönlich, trotz ihrer Goethischen Empfehlung. Er läßt die schöne Seele aus dem Gewissen entstehen, als dessen ästhetischen Clou oder als das – auch heute noch, im Salon edler Bourgeoisen – ausgedehnte moralische, auch religiöse Kunstgewerbe. Darum wird Hegel hier höchst ironisch: »Es ist die moralische Genialität, welche die innere Stimme ihres unmittelbaren Wissens als göttliche Stimme weiß... Sie ist ebenso der Gottesdienst in sich selbst; denn ihr Handeln ist das Anschauen dieser ihrer eigenen Göttlichkeit... In dieser durchsichtigen Reinheit seiner Momente eine unglückliche sogenannte schöne Seele, verglimmt sie in sich und schwindet als ein gestaltloser Dunst, der sich in der Luft auflöst« (II, S. 493, 496). In seiner Abneigung gegen den Rigorismus der bloß beurteilenden, sich am guten Willen, an inhaltlosen Grundsätzen labenden Moralität kommt Hegel sogar so weit, die großen historischen Tatmenschen von den bloß beurteilenden, also pharisäischen Grundsätzen der Pflichtmoral oder auch der kunstgewerblichen Selbstvollendung zu dispensieren. Darum der berühmte, an dieser Stelle heimische Satz: »Es gibt keinen Helden für den Kammerdiener; nicht aber, weil jener nicht ein Held, sondern weil dieser – der Kammerdiener ist... So gibt es für das Beurteilen keine Handlung, in welcher es nicht die Seite der Einzelheit der Individualität der allgemeinen Seite der Handlung entgegensetzen und gegen den Handelnden den Kammerdiener der Moralität machen könnte« (II, S. 502). In diese Ablehnung moralisierender Litanei, in diese Schätzung leidenschaftlicher Selbstzwecke, ja eines offenbar Bösen wirkt bereits die spätere Formel Hegels herein, daß nichts

Großes ohne Leidenschaft getan worden sei. Es ist das dialektische Moment, das Moment der treibenden Dissonanz, welches hier gegen die Milch der frommen Denkungsart empfindlich ist und gärend Drachengift – nicht vorzieht, aber historisch einbezieht. Der Dualismus von Pflicht und Wirklichkeit löst sich schließlich auf; denn auch die beurteilende Moralität, die im Grund Heuchelei enthält, hat der großen Handlung, die im Grund Böses enthält, nichts mehr voraus; beide Momente des sittlichen Geistes haben sich Unsittlichkeit vorzuwerfen. Sie gehört zur Stufe der Moralität, sie ist das Zeichen des Unvollendeten, des Nicht-Absoluten an dieser Stufe. Absolutes erscheint hier nur als Absolution, als Verzeihung und Versöhnung. Hegel sah in dem moralischen Selbstbewußtsein insgesamt den Grundwiderspruch, daß die vollendete Moralität sowohl ein Allgemeines wie ein Jenseits ihrer selbst sei. Indem das Individuum mit seiner einzelnen sittlichen Tat das Allgemeine wie das Jenseits verwirklichen will, arbeitet es eben dadurch an der Vernichtung der Moralität; und vorher schon ist seine abstandsreiche Sehnsucht nach Moralität, dies Gutseinwollen, notwendig, in sublimem Sinn, »Verstellung«. Andererseits jedoch kommt alles darauf an, daß eine »selbstbewußte und daseiende Ausgleichung«, eine »Versöhnung« zwischen diesem Allgemein-Jenseitigen und dem Individuell-Einzelnen stattfinde. Erst dann ist die Moralität gelöst: »Das Wort der Versöhnung ist der *daseiende* Geist, der das reine Gewissen seiner selbst als *allgemeines* Wissen in seinem Gegenteil, in dem reinen Wissen seiner als der absolut in sich seienden *Einzelheit* anschaut – ein gegenseitiges Anerkennen, welches der absolute Geist ist« (II, S. 506).

Bedeutsam ist nun, daß Hegel hier eine Leerstelle läßt, eine gleichsam wartend ausgesparte. In dem seiner selbst gewissen Geist oder der Moralität sollte gleichsam der Platz freigehalten sein für alles, was bürgerliche Freiheit sein könnte. Die athenische Polis war nicht wieder herstellbar, die jakobinische Freiheit hatte im Schrecken geendet. Aber der Polisgedanke war nicht zu Ende, auch Napoleon, der von Hegel bewunderte, der Soldat des Thermidor, war für Hegel nur der Bringer, nicht der Vollzieher der bürgerlichen Freiheit. Ein neues Athen, sagten wir oben, schwebte vor, das sich zugleich auf Innigkeit versteht. In Jenenser Fragmenten spricht Hegel über die Entstehungszeit einer neuen Religion und bestimmt die Bedingung dazu folgendermaßen: »wenn es nämlich ein freies Volk geben und die Vernunft ihre Realität als einen sittlichen Geist wiedergeboren haben wird, der die Kühnheit haben kann, auf eigenem Boden und aus eigener Majestät sich seine reine Gestalt zu nehmen« (Rosenkranz, Hegels Leben, 1844, S. 141). Hierher gehört nicht minder eine Briefstelle vom Januar 1807, aus der Zeit der Phänomenologie selber, politisch-moralische Zukunftsmusik betreffend. Hegel schreibt an den Studiosus Zellmann, einen seiner ältesten Schüler, über die Französische Revolution, und nachdem er die Kraft gerühmt hatte, die sie gegen andere erweist, fährt er fort: »Sie lastet auf der Verschlossenheit und Dumpfheit dieser, die, endlich gezwungen, ihre Trägheit gegen die Wirklichkeit aufzugeben, in diese heraustreten und vielleicht, indem die Innerlichkeit sich in der Äußerlichkeit bewahrt, ihre Lehrer übertreffen werden« (XVII, S. 628). Eine neue deutsche bürgerliche Gesellschaft war also erhofft, ohne Schrecken und wohl auch mit altbürgerlichehrbaren Zügen versehen, revolutionär reproduziert. Ideologie des Rheinbunds wirkt darin, eine, die sich bei Hegel sogar noch bis 1814 recht unpreußisch erhielt. So intendierte auch die Phänomenologie, an der vorliegenden Leerstelle, eine Welt jenseits des verrotteten Adels, doch ebenso jenseits des geistigen Tierreichs der Bourgeoisie; eine Welt, wozu freilich dem »Weltgeist« noch jede gesellschaftlich erschienene Grundlage fehlte.

Wir sagten, ein Wartendes sei an der ausgesparten Leerstelle, der deshalb auffallenden. Bereits das der Moralität vorhergehende Kapitel hatte den unvorhandenen Erfüllungsort vorbereitet. Die Ankündigung lautet: »Wie das Reich der wirklichen Welt in das Reich des Glaubens und der Einsicht übergeht, so geht die absolute Freiheit aus ihrer sich selbst zerstörenden Wirklichkeit in ein anderes Land des selbstbewußten Geistes über, worin sie in dieser Unwirklichkeit als das Wahre gilt, an dessen Gedanken er sich labt, und dieses in das Selbstbewußtsein eingeschlossene Sein als das vollkommene und vollständige Wesen weiß« (II, S. 451). Das »andere Land« sollte eben Deutschland sein, in der bei Hegel so seltenen Form eines Gesolltseins, eines

Postulats, mindestens eines Ideals, wenn auch eines, das unmittelbar zur Fleischwerdung reif schien. Lukács nennt das treffend die »napoleonische Deutschlandutopie Hegels« (Der junge Hegel, 1948, S. 640); er hat damit die oft bemerkte Unausgeführtheit des Moralitätskapitels gedeutet. Und es ist eine inhaltlose Utopie geblieben; denn da Hegel über die historisch gewordene und so vorliegende Wirklichkeit nie hinausgeht, so erhielt das Ideal keine abstrakt-, erst recht keine konkret-ausmalende Antizipationsfarbe. Das Ideal konnte freilich – als das Unding einer versöhnten, vollendeten Form der bürgerlichen Gesellschaft – auch keine Farbe erhalten; und das Nicht-Unding an der Utopie: die Moralität eines Sozialismus, lag für Hegel gänzlich hinter dem Horizont. So ist das Moralitätskapitel fast lediglich mit Kritischem und Negativem gefüllt, nämlich mit der Feststellung, daß der Gehalt der vollkommenen und vollständigen bürgerlichen Polis die dialektische Überwindung der Widersprüche sei, die in der Moral von Kant, Fichte und Jacobi gespiegelt sind. Darüber hinaus verläuft die Moralität der Phänomenologie in den »absoluten Geist«; dieser soll erst der moralischen Widersprüche wirklich Meister werden. Später, in der Berliner Antrittsvorlesung von 1818, kommt Hegel nochmals auf die Deutschlandutopie zurück; aber nun entspringt sie nicht mehr der Französischen Revolution, sondern deren Gegenteil: den sogenannten Befreiungskriegen. Und »absoluter Geist«, als Glanz deutscher Dichtung und Philosophie, hat jetzt gänzlich auszufüllen, was in der Moralität Erwartung gewesen und Resignation geworden ist. Doch auch dieser nur noch musisch seiner selbst gewisse Geist geschieht in Deutschland: »Der Weltgeist, in der Wirklichkeit so sehr beschäftigt und nach außen gerissen, war abgehalten, sich nach innen und auf sich selbst zu kehren und in seiner eigentümlichen Heimat, sich zu genießen. Nun nachdem dieser Strom der Wirklichkeit gebrochen und die deutsche Nation überhaupt ihre Nationalität, den Grund alles lebendigen Lebens, gerettet hat, so ist dann die Zeit eingetreten, daß in dem Staate, neben dem Regiment der wirklichen Welt, auch das freie Reich des Gedankens selbständig emporblühe (VI, S. XXXV f.). Und gesichert ist die deutsche Sache – wenigstens als vernünftige Mitte – in der Naturphilosophie: »Europa bildet das Bewußtsein, den vernünftigen Teil der Erde, das Gleichgewicht von Strömen und Tälern und Gebirgen, – dessen Mitte Deutschland ist« (VII², S. 442). Doch bereits in der Phänomenologie erhält der seiner selbst gewisse Geist das idealistische Amt, mit dem Nichtvorhandenen der Citoyenwelt zu versöhnen, das ist, ihm zu entführen. Auf der Stufe der Moralität und ihrer Leerstelle beginnt also der Himmel, der durch Religion zum reinen Wissen übergeht, als dem, worin bei Hegel alles gut wird: »Die Wunden des Geistes heilen, ohne daß Narben bleiben; die Tat ist nicht das Unvergängliche, sondern wird von dem Geist in sich zurückgenommen« (II, S. 505).

So versöhnt wird die vorletzte Stufe betreten, auf der das Selbst nun steht. Es hat sich dauernd entfaltet und berichtigt, aus schmerzlichen Erfahrungen gelernt, es ist als Bewußtsein, Selbstbewußtsein, Vernunft, Geist durch eine Fülle von Zuständen und Gegenständen gefahren. Die Gegenstände wurden Zustände, die Zustände Gegenstände in dauernd wechselseitiger, dauernd zunehmender dialektischer Durchdringung. Jetzt aber erscheint der *dritte Hauptabschnitt, die dritte Grundgruppierung*, als die des Endes: »Nun ordnen sich die Gestalten, die bisher auftraten, anders als sie in ihrer Reihe erschienen..., worin sie, die für sich kein Bestehen haben, ihre Substanz hatten. Diese Substanz ist aber nunmehr herausgetreten; sie ist die *Tiefe* des seiner selbst gewissen Geistes« (II, S. 514 f.). Das ist nach Hegel *Religion*, eine letzte Entäußerung und so Vermittlung des Geistes. Sie ist als die noch überwiegende Entäußerung das bloße Gewußtwerden oder die noch überwiegende Gegenstandsseite des Geistes als eines absoluten. Sie ist noch nicht das absolute Wissen, worin Subjekt und Objekt gänzlich zusammenfallen, die Substanz sich ebenso gänzlich als Subjekt weiß, sondern sie läuft dem Wissen noch relativ fremd vorher. Sie sieht das Absolute noch in abgetrennten Gestalten, nicht im völlig vermittelten Begriff.

Die hier fällige *elfte* Stufe ist zuerst die des wilden, verworrenen, noch in sich verschlossenen Aufgangs. In ihm erscheint der natürliche Gott, ein Lichtguß, ein Tiergeist und, ägyptisch, ein bauender Werkmeister. Bewußtlose Gestalten werden mit bewußten rätselhaft vermischt, so in den Sphinxen, »diesen zweideutigen, sich selbst rätselhaften Wesen«.

Dergleichen vergeht vor den klaren, menschlich schönen Gestalten; der aus dem Stein herausgegangene Geist auf dieser *zwölften* Stufe ist Künstler geworden, griechische Religion ist Kunst, griechische Kunst Religion, und zwar humane. »Das wüste Wesen und der verworrene Kampf des freien Daseins der Elemente, das unsittliche Reich der Titanen ist besiegt und an den Saum der sich klar gewordenen Wirklichkeit, an die trüben Grenzen der sich im Geiste findenden und beruhigten Welt verwiesen« (II, S. 531 f.). Was nun aufgeht, ist Menschwerdung, Volkwerdung maßvoller Götter; die Ehre Gottes ist die Ehre eines kunstreichen und großmütigen Volkes, und zwar eine gegenwärtige, keine zukünftig vertröstete. »Es empfängt auf diese Weise für seine Gaben die Erwiderung von dem dankbaren Gotte und die Beweise seiner Geneigtheit, in der es sich mit ihm durch die Arbeit verband, nicht in der Hoffnung und in einer späten Wirklichkeit, sondern hat in der Ehrenbezeigung und Darbringung der Gaben unmittelbar den Genuß seines eigenen Reichtums und Putzes« (II, S. 540); – so präsent, nämlich anthropomorph sind die Götter Griechenlands.

Aber die *dreizehnte* Stufe, die des Unglücks, zeigt das alles heruntergeworfen, damit das Selbst Platz greife. Die Götter sind vergangen, Gott selber ist gestorben, er jedoch in freiwilligem Opfertod: denn die offenbar gewordene Religion erträgt den Tod und lebt durch ihn fort. Das macht hier den wesentlichsten Unterschied zur griechischen oder Kunstreligion aus: »Den Werken der Muse fehlt die Kraft des Geistes, dem aus der Zermalmung der Götter und Menschen die Gewißheit seiner selbst hervorging« (II, S. 564). Aber auf Golgatha ist zugleich »die Geburtsstätte des als Selbstbewußtsein werdenden Geistes«, eines absoluten Geistes, in dem auch der »alles durchdringende Schmerz und Sehnsucht des unglücklichen Bewußtseins« so wiederkehrt wie aufgehoben ist. Indem Jesus stirbt, also Gott selber gestorben ist, stirbt das vom Selbst noch abgehobene Gegenständliche der Gottesvorstellung und geht in die Gemeinde ein: »Der vom Selbst ergriffene Tod des Mittlers ist das Aufheben seiner Gegenständlichkeit oder seines besonderen Fürsichseins;

dies besondere Fürsichsein ist allgemeines Selbstbewußtsein geworden... Dies Wissen also ist die Begeisterung, wodurch die Substanz Subjekt, ihre Abstraktion und Leblosigkeit gestorben, sie also wirklich und einfaches und allgemeines Selbstbewußtsein geworden ist« (II, S. 590). Das sittlich Allgemeine geht so endlich in animam meam, das Wort geht ins Fleisch des Besonderen und in diese seine selbstbewußte Einsenkung. Also fängt mit der derart bezeichneten, christologischen Stufe das Programm sich zu erfüllen an, das die gesamte Unruhe des phänomenologischen Bewußtseins getrieben hat: Substanz ist im Begriffe, Subjekt zu werden.

Sie hat nur, als bloß gläubig, diesen Begriff noch nicht, sie ist erst ihn vorstellend. Noch bleibt die Versöhnung mit einer Ferne, einer der Vergangenheit oder der Zukunft des Herrn, gleichviel, behaftet, noch besteht der Gegensatz eines Jenseits. »Der Geist der offenbaren Religion hat sein Bewußtsein als solches noch nicht überwunden oder, was dasselbe ist, sein wirkliches Selbstbewußtsein ist nicht der Gegenstand seines Bewußtseins; er selbst überhaupt und die in ihm sich unterscheidenden Momente fallen in das Vorstellen und in die Form der Gegenständlichkeit« (II, S. 594). Erst die letzte, die *vierzehnte* Stufe des erscheinenden Geistes ist folglich diejenige, auf der er auf der Türschwelle zu seinem erfüllten Selbst steht; es ist die Stufe des *absoluten Wissens.* Auf ihr steht eine Beziehungsgestalt, Erscheinungsgestalt, die ebenso keine mehr ist. Sie erscheint, indem sie, wie das hohe Alter, aus jeder Erscheinung heraustritt: am Ende aller Vermittlungen ist wieder Unmittelbarkeit. Hier endet die ganze bisher durchdialektisierte Subjekt-Objekt-Beziehung mit ihrem idealistischen Ziel: der *Aufhebung des Objekts.* »Diese Überwindung des Gegenstands des Bewußtseins ist nicht als das Einseitige zu nehmen, daß er sich als in das Selbst zurückkehrend zeigte, sondern bestimmter so, daß er sowohl als solcher sich ihm als verschwindend darstellt, als noch vielmehr, daß die Entäußerung des Selbstbewußtseins es ist, welche die Dingheit setzt... Andererseits liegt hierin zugleich dies andere Moment, daß es diese Entäußerung und Gegenständlichkeit ebensosehr auch aufgehoben und in sich zurückgenommen hat, also in seinem Anderssein als solchem bei sich ist. Dies ist die Bewegung des

Bewußtseins, und dieses ist darin die Totalität seiner Momente« (II, S. 594 f.). Ebenso weiter: »Diese Substanz aber, die der Geist ist, ist das Werden seiner zu dem, was er an sich ist; und erst als dies sich in sich reflektierende Werden ist er sich in Wahrheit der Geist. Es ist an sich Bewegung, die das Erkennen ist, – die Verwandlung jenes Ansichs in das Fürsich, der Substanz in das Subjekt, des Gegenstands des Bewußtseins in Gegenstand des Selbstbewußtseins, das heißt, in ebensosehr aufgehobenen Gegenstand oder in den Begriff« (II, S. 605). Die Substanz, die aus der unmittelbaren Subjekt-Objekt-Identität sich durch die historische Dialektik der Subjekt-Objekt-Beziehungen hindurchbegeben hat, wird nun total mit sich vermittelte Subjekt-Objekt-Identität. Jedoch eben – infolge idealistisch triumphierenden Fürsichseins – mit einem völligen Zusammenfall, ja Einsturz des Objekts ins Subjekt. Wonach dann schließlich überhaupt kein Objekt in der Substanz mehr übrigbleibt: – die Höhe scheint erreicht, der Idealismus kulminiert, Hegels Vorhaben wirkt wie erfüllt, die Substanz ist ihm Subjekt geworden.

Klar wird schon hier, daß all das nur im betrachtenden Kopf erscheint und damit als erledigt gilt. Draußen mag Unglück über Unglück weitergehen: der seiner selbst gewisse Geist ist nicht mehr bewegt. Draußen mag eine neue Welt in Anfahrt sein: das absolute Wissen hat alles erinnernd hinter sich, erinnernd in sich. Nichts mehr ist zu tun, als die Lehrjahre des Bewußtseins, als die Faustfahrten des Subjekts in der Erinnerung zu wiederholen; die »Offenbarung der Tiefe« ist perfekt. Die Dialektik des Bewußtseins scheint durchlaufen, der bewegte Bewußtseinsinhalt, die Selbstgestaltung des Weltinhalts scheint abgelaufen. Von daher der rundende Schluß des Werkes, das Geschehen als Legende; von daher das Jetzt und Hier des Anfangs als aufgeschlagene und präsente Weltfülle des Endes. Die Unruhe und weiter währende Gärung des Bewußtseins machen aber auch, daß das Ziel nicht ohne Weg da ist, und daß die zur Legende gewordene Erscheinungsgeschichte des Geistes nicht ruht, sondern braust und schäumt. Historisch und doch ekstatisch schließt daher die Phänomenologie (II, S. 611 f.): »Das Ziel, das absolute Wissen oder der sich als Geist wissende Geist, hat zu seinem Wege die

Erinnerung der Geister, wie sie an ihnen selbst sind und die Organisation ihres Reichs vollbringen. Ihre Aufbewahrung nach der Seite ihres freien, in der Form der Zufälligkeit erscheinenden Daseins ist die Geschichte, nach der Seite ihrer begriffenen Organisation aber die Wissenschaft des erscheinenden Wissens; beide zusammen, die *begriffene Geschichte*, bilden die Erinnerung und die Schädelstätte des absoluten Geistes, die Wirklichkeit, Wahrheit und Gewißheit seines Throns, ohne den er das leblose Einsame wäre; nur –

aus dem Kelche dieses Geisterreiches
schäumt ihm seine Unendlichkeit.«

Es ist das eine der berühmtesten Abschließungen in der philosophischen Literatur, dithyrambisch und verantwortlich, Apotheose und Lehrsatz. Inhaltlich wirkt das leicht veränderte Schillerzitat (aus den »Philosophischen Briefen«) als Gebet an einem panhistorischen Erntefest: der Wein ist gekeltert, die Weltgestalten sind die Kelche, die ihn fassen und seinen Geist dem absoluten darbringen. Die idealistische, zum Geist aufsteigende Hierarchie erscheint im Jubelbild des aufschäumenden Champagners, kein Erdenrest bleibt. So schließt die Phänomenologie als Spende an die Idee, die selber die Quintessenz des ihr geweihten Welttranks ist.

Aber das Schäumen, geistig, allzu geistig, braust damit ebenso seinen Stoff hinweg. Die idealistisch blühende Betrachtung endet die Geschichte nicht nur mit dem bloßen Wissen ihres Gewußtseins. Sondern damit verbindet sich die andere Kalamität des Idealismus: die Lust, aus dem Sein ausschließlich ins Bewußtsein überzutreten, statt umgekehrt. Die Selbstaufhebung der Geschichte in Geist vermehrt sich daher mit der angegebenen *Aufhebung des Objekts*. So läßt Hegels Phänomenologie auf ihren letzten Stufen immer mehr die Gegenständlichkeit selber verdampfen, in wachsender Weltlosigkeit; und dieses ganz wider den objektiv-realen Sinn, der Hegel sonst so stark auszeichnet. Eben der Idealismus, der den abstrakten Geist als Prius setzt und die Welt als seine Produktion, setzt ihn auch wieder als nichtkonkretes Ultimum, mit dem Subjekt an und für sich, ja mit dem Subjekt des bloßen Wissens vom Wissen als Substanz. Alle

Entäußerungen werden rückgängig gemacht auf wachsend geistige Weise, auf die Weise der Rückbewegung zum selbstbewußt gewordenen Geist. Der objektiv-reale Sinn Hegels ist wie vergessen, der ihn später sagen läßt: »Nichtobjektivität ist Inhaltslosigkeit« (XII, S. 156). Vergebens: die entgegenständlichte Einheit von Selbstbewußtsein und Gegenstand ist hier absolutes Wissen schlechthin und sonst nichts. Sie ist nicht etwa Inhalt dieses absoluten Begriffs, sondern durchaus er selbst, als dieses Insichgehen zu einem Cogito ergo cogito: »In dem Wissen hat also der Geist die Bewegung seines Gestaltens beschlossen, ... hat das reine Element seines Daseins, den Begriff, gewonnen« (II, S. 609). Und es war dieser stofflose Ausgang der Phänomenologie, welcher das Thema ihrer Subjekt-Objekt-Beziehung: die Selbsterkenntnis zum Zweck der Selbstergreifung, also Kern-Objektivierung, im Geistesdunst, ja im Narzißmus dieses Dunstes sich auflösen ließ. Wie Marx hierzu sagt: »Alle Wiederaneignung des entfremdeten gegenständlichen Wesens erscheint daher als eine Einverleibung in das Selbstbewußtsein; der sich seines Wesens bemächtigende Mensch ist nur das des gegenständlichen Wesens sich bemächtigende Selbstbewußtsein, Rückkehr des Gegenstands in das Selbst ist daher die Wiederaneignung des Gegenstands« (Ökon.-philos. Manuskripte, Mega I 3, S. 158). Die Aufhebung der Entfremdung – des von Hegel so richtig bezeichneten Urphänomens der kapitalistischen Gesellschaft – die Aufhebung dieses Zur-Ware-Werdens der Menschen, der Arbeit, der Objekte geschieht bei Hegel an diesem Punkt also rein im philosophischen Wissen, in seinem höchsten Äther, nicht in einer Praxis. Und die Aufhebung beschränkt sich eben nicht auf die die Menschen besonders entfremdenden Gegenständlichkeitsformen der kapitalistischen Gesellschaft, sondern geht auf das Objekt überhaupt. So, als wären Entäußerung und Objektivität, Entfremdung und Objekt schlechthin Synonyme und jede Welt schlechthin Entfremdung. Als wäre nur das Subjekt möglicher Ort des Fürsichseins, nicht aber das Subjekt mit dem *rechten* Objekt zusammen, das ist in einer mit dem zusichgekommenen Menschen homogen werdenden Welt. Statt dessen verlangt das objektlose Fürsichsein auch noch das völlige Verschwinden der *Natursphäre* in Hegels Abschlüssen überhaupt. Eben die Lust des Geistes zur schlechthinnigen Entäußerung der Entäußerung läßt die Natur im Ganzen, diese überwiegende Objektivität, nur als verlassenen Schauplatz der geschehenen Geschichte markieren. Sie reicht, dem Spiritualismus der wachsenden Er-innerung zuliebe, keineswegs dauernd in die menschlichen Häuser herein, sie fällt am Ende der erinnerten Geschichte, gleichsam bei der Krönung der Weisheit, völlig aus. Deshalb hat auch Hegels Gedanke nie ein Leiden und eine Verführung an dem ehemals durch Astralmythos Bezeichneten erfahren, an dieser mythischen Überwölbung menschlicher Geschicke durch Allnatur. Ebensowenig berührte Hegel jene selber noch naturbezogene Katastrophe des Astralmythos und seiner Gegenstände, welche als Erscheinung eines neuen Himmels, einer neuen Erde in den mannigfachen Apokalypsen gedacht worden ist. In diesem Punkt ist er seinem Zeitgenossen Franz von Baader fern, dem ersten, obzwar erzmythologischen Wiederdenker einer verklärten, einer humanisierten Natur. Gar die unmythologische Verlegung der Naturprobleme großen Stils an ein Ende der Philosophie, dergestalt daß Natur nicht nur als Schauplatz der bisherigen Geschichte, sondern als Verschlossenheit und Chiffre einer bisher überhaupt noch nicht gekommenen, einer mit dem Menschen vermittelten wirklichen *Welt*-Geschichte, *Welt*-Substanz zuletzt aufragt: dieses Problem war für Hegel, kraft letzthinniger Objektivitäts-Ablehnung, substantiell gesperrt. Er-innerung und nichts als diese am Schluß macht raumlos, umgebungslos schlechthin, sie verhindert das Problem des »Reichs«, als des rechten, nämlich als der unentfremdeten *Weltsphäre* der Freiheit. Indem Hegel aus dem Fortgang Mensch-Welt ins pure Subjekt zurückschlägt, entäußert, das heißt hier: entfunktioniert er das Subjekt selber zur letzten Entäußerung, er verdinglicht es zum letzten Fetisch. Gar was das scheinbar so insichgegangene Wissen des Wissens, das absolute Wissen angeht, so verkennt Hegel, wie entfremdet er darin noch selber ist, wie, nach Marx, dieser »philosophische Geist nichts ist als der innerhalb seiner Selbstentfremdung denkend, das heißt, abstrakt sich erfassende entfremdete Geist der Welt«. Die Epigonen erfinden nichts, sie plaudern nur aus, nämlich die Schwächen des Meisters: so entstand auch genau aus dieser Endanlage der Phänomenologie in der radikal-kontemplativen Hegelschule, bei Bruno Bauer, die sogenannte Philosophie des Selbstbewußtseins. Sie entstand als Konsequenz der objektlosen Subjektivierung: in sich kreisend, hochmütig-spirituell, alle realen Widersprüche der Welt im Kopf großer Geister auflösend, ohne daß die wirkliche Welt das mindeste davon spürt. Massenverachtung und Objektverachtung reichten und reichen sich hierbei die Hand. Das ist das selber Nichtige am Bewußtsein für sich, ohne Gegenstand, an der Verwandlung der Substanz zu diesem Dunst von Subjekt.

Doch darf deshalb freilich auch nach der anderen, nach der bloß menschenleeren Seite eines Gegenstands für sich nicht überbordet werden. Die *Menschen*, ihr Wollen wie die mögliche Tiefe ihres Seins dürfen nicht verlorengehen, man wäre sonst, ohne dieses Selbst, selber verloren. Das große Anliegen der Phänomenologie ist und bleibt die *reale Selbsterkenntnis als Erkenntnis der Erzeugung des Menschen durch seine Arbeit und Geschichte*. Das allein ist das wichtige, folglich unüberschlagbare Subjekt bei Hegel: nicht als Dunst, sondern als Tun, nicht als Geist, sondern als Kern. Indem der Mensch sich selber mit seiner gegenständlichen Arbeit erzeugt, dazu muß das Subjekt allerdings eine Prävalenz innerhalb der historisch-dialektischen Subjekt-Objekt-Beziehung besitzen. Denn sonst gäbe es gerade für die Entäußerung, für die Entfremdung in der Objektivität kein Maß, und es gäbe nicht den aktiven Widerspruch des subjektiven Faktors, welcher nach diesem Maß die inadäquaten Objektivitäten, im Bund mit den objektiven Widersprüchen in ihnen, messen und zerstören kann. Die Prävalenz des Subjekts ist derart nicht nur eine idealistische, sondern in ihr ist das Prius eines stoßenden, die Objektivität immer wieder umbrechenden Faktors. Daher sagt bereits der nicht auf die Füße gestellte Hegel: die »eigentliche Selbstbewegung, der Trieb überhaupt«, der Quell der Widersprüche also, sei nichts anderes »als daß etwas in sich selbst und der Mangel, das Negative seiner selbst in einer und derselben Rücksicht ist«. In dieser Beziehung mithin ist das Prius der Subjektivität keineswegs nur das eines Geistigen, sondern das eines Triebes, einer Intensität, eines menschlichen *Willensfaktors*. Und als solcher schließt er, wie seine eigene Autarkie und Spiritualisierung, so die Automatie einer Gegenständlichkeit für sich, eines ohnehin geschehenden Selbstlaufs des objektiven Faktors aus. Die Autarkie des subjektiven Faktors führt zur anarchistischen Propaganda der Tat, zum Abenteuer der reinen Aktion, als einer mit den objektiven Tendenzen unvermittelten. Aber die Automatie eines objektiven Faktors, eines Selbstlaufs für sich, dieses Gegenstück zur reinen Aktion, führt zum Defaitismus. Sei es in Form des laxen Glaubens: daß der Kapitalismus sein eigener Totengräber sei; sei es in Form des wirklichen, wenn auch vielfach säkularisierten, Kirchenglaubens: daß die objektive Tendenz Vorsehung in sich habe und Menschen nur als Zuschauer brauche. Reine Aktionstheorie und reine Selbstlaufstheorie, beide sind gleich falsch, aber die letztere ist, wegen des mechanistischen Charakters ihrer Subjektausschaltung, vulgärmaterialistisch verführender. Deshalb also muß der subjektive Faktor am Ende doch ausgezeichnet werden; und zwar gerade als ein mit der Objektentwicklung besonders stark wachsender, entscheidungskräftiger. Auch das Ende der Phänomenologie gibt uns, von hier aus gesehen, diese Art Prävalenz der menschlichen Arbeit zur Mahnung, obzwar eingehüllt in lauter Geist und Dunst.

Weiter aber lebt unüberhörbar in dem Selbst als Willen dasjenige der *Tiefe*, der hier zuletzt sich öffnenden. Sie geht in der welthaften Breite nicht verloren, aber sie wäre darin nicht entdeckbar, wenn wieder nicht das Menschsein, diese aufwühlend-aufgewühlte confessio, ein Maß dafür abgäbe. Das muß festgehalten werden; man steht gerade mit dieser Art Gewichtsverteilung von Subjekt-Objekt an einem der entscheidendsten Punkte der Philosophie. Innerliches und Auswendiges sind zwar Wechselbegriffe, die ohne einander gar keinen Sinn haben; dennoch wurden sie isoliert und machen so, daß einer ohne den anderen Halbheiten macht. Wonach das denkend Intravertierte wühlt und verkümmert, das denkend Extravertierte ordnet und sich verflacht. Die Spaltung Subjekt-Objekt wird bei Hegel letzthin auch um der Redressierung des besonders unphilosophischen, unkonzentrierten Objektivismus willen mit der Gleichung Substanz = Subjekt als beendet dekretiert. Die hier nun gemeinte Subjekt-Prävalenz, als die des *Tiefenfaktors*, der außer dem Willensfaktor realistische Anerkennung verlangt, hat gewiß nichts gemein mit verlorenem Introvertiertsein, Introvertiertbleiben, gar mit dem heutzutage nur noch rußenden inneren Licht. Sie hat nichts gemein mit dem faul gewordenen Psychologismus, der sich existentiell vorkommt; mit dieser ganzen Erlebnisserei ratloser Inwendigkeit. Mit Angst und Sorge, die nichts sind als die subjektivistischen Masken des Krisenphänomens, mit Seinsbegründung aus lauter Mauslöchern und ähnlicher Art Befindlichkeit. Diese Scheintiefe ist selber nur ein dekadenter Reflex von undurchschauter Auswendigkeit, das ist, der untergehenden Bürgerwelt, die die ihr Verschworenen und Ausgelieferten in den Schacht oder falschen Schutzkeller des sogenannten Existentialismus hinabtreibt. Das hier vordringliche Problem ist statt dessen das legitime des Subjekts, das mit dem Objekt sich nicht bloß ausgleicht, sondern es auch im Gegenzug der Freiheit vom inadäquaten Objekt möglicherweise zu übersteigen in der Kraft und Substanz ist. Das ergibt zweifellos einen starken Subjekt-Ton; einen sich ebenso durch die Reihe der Subjekt-Objekt-Vermittlungen hindurchziehenden wie darin wachsend unverlierbaren. Aus diesem Grund (einem wirklichen »Grund«) hat auch der mit der Phänomenologie-Anlage so verwandte Faust sein Problem des »unerfüllten Augenblicks«, das ist: des Fürsichseins; er hat es bis ans Ende und als dieses. Faust geht durch die Welt einzig auf den erfüllten Augenblick hin; das bei dem so objektiven, weltzugewandten Goethe. Die Phänomenologie wirft alle Weltgestalten ab und hebt sie auf zum Fürsichsein; das bei dem so durchaus objektivitätsbewußten Hegel. Bei dem gleichen, der sonst nie ein Subjekt ohne Gegenstand kennt und gegen alle bloßen Velleitäten wettert. Bei dem gleichen, der in der Vorrede zur Phänomenologie selber bekundet hat: »Die Kraft des Geistes ist nur so groß als ihre Äußerung, seine Tiefe nur so tief, als er in seiner Auslegung sich auszubreiten und sich zu verlieren zutraut« (II, S. 9). Hegel haßt also die leere Tiefe durchaus, diese »gehaltlose Intensität«, und seine Invektiven gegen die »schöne Seele« stammen ja gerade aus der Verwerfung der leeren Tiefe. Aber das hindert nicht, sondern fördert geradezu seine nun auch positiv zu wertende, das ist: nicht ganz mit Verdampfung und Spiritualisierung zusammenfallende Fürsichseins-Mystik. Sie ist diejenige des zu sich und seiner wahren Gegenständlichkeit gelangten Humanum, am Schluß der durcherfahrenen Entäußerung, also gerade doch wieder am Schluß der Phänomenologie. Dergestalt, »daß diese Entäußerung sich an ihr selbst entäußert und so in ihrer Ausdehnung ebenso in ihrer Tiefe, dem Selbst ist« (II, S. 611). Subjekttiefe will so ans Licht, ein deutsches Erbe von Eckart bis Bach, jenseits des Dunsts und des bloßen Wissens vom Wissen; und das gerade auf der als konkretest sich angebenden Stufe. Gewiß ist und bleibt das als Zurücktreten in Er-innerung, ohne alle Gegenständlichkeit, von Übel; der Ausgang vom Geist statt von Kraftpunkten und Stoff rächt sich besonders zuletzt. Desgleichen bleibt der damit zusammenhängende Ausfall des überwölbenden, durch die Menschengeschichte nicht abgeschafften Naturproblems von Übel. Jedoch außer diesem, daß Hegels Welt von Geist genommen und wieder zu Geist werden muß, ist eben doch noch ein anderes Wesen in diesem Endstück Idealismus, ein mit Idealismus nur bezeichnetes, nicht mit ihm sachlich totaliter zusammenfallendes; und dieses Wesen kann nicht ohne weiteres mit dem Geistdunst, Subjektdunst Er-innerung selber verdunstet werden. Sondern hier ist eben das Wesen Subjekt-Prävalenz, wie es als Tiefe ebenso die Unruhe der Tiefe gegen alle ihr bisher gewordene Ausbreitung darstellt. Hier ist die Tiefe als Intensität, wie sie bisher noch in keiner Extensität und Weltgestalt ihr Reich, ihre adäquate Daseinsweise, Daseins-Herausstellung gefunden hat. Solche Herausstellung der Subjekt-Tiefe ist gerade als adäquate Daseinsweise nicht, wie Hegels letzthin wieder subjektiv werdender Idealismus meint, der Verlust jeder Gegenständlichkeit überhaupt, sondern, wie Hegel mit bloßer Hülle von Idealismus intendiert, *einzig die Aufhebung jener Gegenständlichkeit, mit der der Mensch behaftet ist als mit einer fremden.*

Item: auch die Tiefe hat Ehre, eine, die in der bisherigen Auswendigkeit, als der zwar gewordenen, aber nicht gelungenen, sich noch nicht verlieren will. Sie bezieht sich auf das Überhaupt des Gewollten, und das ist gegenständlich noch nicht heraus. Es gibt ein Subjekt der Unruhe aus Tiefe, das das ihm bisher Gewordene, es bisher Umgreifende der Objektivität immanent übersteigt. Und dieses Übersteigen – ein Transcendere ohne alle Transzendenz – legitimiert auf lange eine in diesem Sinn verstandene Prävalenz des Subjekts, das ist, des noch nicht manifestierten Inhalts der Intensitäts-Tiefe in ihm. Schief zu diesem Tiefenfaktor steht infolgedessen lediglich wieder die einseitige, in ihrer Einseitigkeit sich als fertig setzende und verabsolutierende Gegenständlichkeit für sich. Gar als so prozeßlose wie menschenleere Objektivität, von der Art, wie der mechanische Materialismus, als Mechanik, sie darstellt. Dessen Auswendigkeit trotz ihrer Endlosigkeit so klein ist, daß nicht einmal ein menschlicher Kopf darin Platz hat, und dessen Stoffbewegung ein solcher Stillstand ist, daß Geschichte wie Dialektik aus ihr herausbleiben müssen. Der mechanische Materialismus hat seine Wahrheit durchaus als Materialismus, das ist, als Erklärung der Welt aus sich selbst, aber seine Unwahrheit ist eben das Ortlose des Subjektfaktors in ihm, des tätigen, verändernden, humanisierenden. Deshalb ist auch die Gegenständlichkeit für sich nie Realismus, obwohl sie als solcher mechanistisch sich ausspielt; denn ohne den Menschen und das konkret zu Vermenschlichende in der Welt hat der Realismus nicht einmal die halbe Wirklichkeit an sich gebracht. Subjektfaktor also und dasjenige, was ihm in den Objekten an realer Möglichkeit entspricht: beides macht erst den Realismus sichtbar; er ist so einzig im dialektischen, nicht im mechanischen Materialismus. Wegen dieser unbefreiten Freiheit in der Welt enthält auch der Schluß der Phänomenologie, wenn er selber aus dem isolierten Subjektsein entfernt wird, gar aus der Verabsolutierung zum Wissen des Wissens und sonst nichts, – durchaus noch realen Sinn. Höchster Augenblick unseres Selbst, dies Ziel der Faustwanderung; Fürsichsein des Selbst, dies Ziel der Phänomenologie, ohne alle bloße Er-innerung: beide Formeln des subjektiven Intentionsinhalts bleiben also in Kraft. Sind sie doch die Formeln des noch nicht befreiten menschlichen Freiheitsinhalts schlechthin, sowohl als der Freiheit wovon wie als der Freiheit wozu. Jedoch immer wieder: das Selbst der ins Subjekt des Intendierens und des Produzierens einschlagenden Selbsterkenntnis treibt nicht zur Aufhebung des Objekts schlechthin, sondern einzig zur Aufhebung des dem Selbst entfremdeten Objekts. Es treibt zu jener Eigentlichkeit, die auch im realistischen Sinn als »Identität des Subjekt-Objekts« bezeichnet werden kann. Als jene mithin, worin, wenn das Objekt verschwindet und »die Substanz Subjekt wird«, das Subjekt sich ebenso aus seinem Ungenügen in einer mit ihm zureichend adäquaten Objektwelt aufhebt und dadurch erst seine Substanz gewinnt. Dieses, daß das Innere auswendig und das Auswendige wie das Innere werden kann, ist zwar – rebus sic alienatis – theoretisch so utopisch, daß es selbst noch in der Möglichkeitssphäre der Utopie einen utopischen Grenzbegriff darstellt. Doch treibt solcher letzthinnig intendierbare Subjekt-Objekt-Ausgleich, indem er aus dem Gewordenen der Realität heraustreibt, keinewegs aus der ganzen, aus dem allemal noch utopischen Totum der Realität heraus. Es sei denn, man sieht, zusammen mit dem Bedenklichsten an Mechanistik, aller Tage Abend gekommen und in den Tendenzen, dem Zukunftsgehalt nach, nichts Nennenswertes. Marx, bei einer durchgängig konkreten Analyse, hat eben deshalb weder den Tendenzen ihren offenen Raum versperrt noch das Organisationsziel schlechthin unbedeutet gelassen. Nur: er brachte es gänzlich aus dem Geisterreich heraus, das den Hegelschen Fetisch einer Subjektivität an sich umgibt. Marxens Kritik der Phänomenologie, in den »Ökonomisch-philosophischen Manuskripten«, nennt die künftige Adäquation von Subjekt und Objekt »Naturalisierung des Menschen, Humanisierung der Natur«. Das zeigt am Subjekt des Produzierens, dieser Wurzel Menschsein, nun wirklich Macht und Stoff. Das zeigt auch wirklich eine letzte Stufe: zwar nicht in der Phänomenologie des Geistes, wohl aber im Reellsten daran: in der Arbeitsmetamorphose ihres Subjekt-Objekts auf Erden. In christologischer Hülle hieß einmal das objektiv gelungene Subjektive unser »aufgedecktes Angesicht«, das subjektiv gelungene Objektive »verklärte Natur«. Das erstere meint realiter das Subjekt-Objekt unserer selbst, wie es aus aller inadäquater Entäußerung siegreich hervortreten mag, das letztere aber meint das Objekt-Subjekt einer nicht mehr entäußerten Gegenstandswelt, also Heimat.

1. Es wurde erwähnt, daß Hegel auf den gesunden Menschenverstand schlecht zu sprechen war. Er erschien ihm nicht einmal als gesund, sondern als träge, leblos, verfettet. Er erschien ihm nicht einmal als Verstand, außer, im dürftigsten Sinn des Worts, als starrer, schematischer. Daher wird gesunder Menschenverstand sich zwar unaufhörlich in Widersprüche verwickeln, aber niemals Widersprüche in sich und der Welt wahrnehmen. Wird diese Denkart von kleinbürgerlichen Schichten getragen, wie meistens, so liebt sie es, alle Gegensätze abzustumpfen. Sie gelten meist als Mißverständnisse, die mit gutem Willen und mehr noch mit allgemeiner Melange des Denkens zu beheben sind. Feuer und Wasser, Kapital und Arbeit sollen sich vertragen, alle besonderen Gegensätze werden verkleistert und ungründlich zugedeckt. Kein Schritt geht über den äußeren Schein und die bald erstarrte Meinung darüber hinaus.

2. Besonders wird dies ungründliche Wesen durch eine Haltung unterstützt, die die Dinge nimmt, wie sie angeblich sind. Diese Haltung bekundet sich als Geringschätzung der Denkfunktion und als Anbetung der sogenannten Tatsachen. Jeder Begriff wird hier als sinnlos (meaningless) abgelehnt, der mehr als formell richtig, der materiell wahr sein will. Gutes Gewissen, ja einen Anschein besonderer Wissenschaftlichkeit hat sich die Froschperspektive gemacht, indem sie sich Positivismus nennt. Dieser grassiert besonders in Ländern wie Österreich, Polen, neuerdings auch Amerika, also in Gebieten ohne eigene philosophische Tradition; sein etwas solider gewesener Ursprung ist England, nämlich das Unbedeutende an Hume. Dem Positivismus dieser Art ist das Hegelsche Denken, als konkret dialektisches, auf begriffene Zusammenhänge gerichtetes, das völlig entgegengesetzte. Ebenso ist es das Marxsche, das gewiß keiner Hinterweltlerei verdächtige; Lenin hat von der Wahrheit der objektiv-materialistischen Dialektik her gegen den Positivismus, den er Empiriokritizismus nennt, ein vernichtendes Buch geschrieben. Und es ist bezeichnend, daß der Anbetung der »Facts« sehr oft eine ebenso begriffslose Leichtgläubigkeit gegenüber unverpflichtenden »Principles« entspricht. Eben weil keine Kultur in

durchgreifenden, übergreifenden Begriffen vorliegt, können die verwaschensten Allgemeinbegriffe grassieren, trotz alles Empirismus und wegen seiner. Die Froschperspektive läßt nicht erkennen, daß solche Art »Principles«, je geweihter ihre Allgemeinheit scheint, lediglich noch partikuläre Interessen ideologisiert. Der Tatsachendienst, gegen wesenhafte Allgemeinbegriffe so mißgünstig, schützt nicht davor, Opfer der heillosen zu werden; man ist hier der Wahrheit nicht gewohnt. So kann mit Positivisten kein einziger Schritt zu Hegel, aber auch keiner zum Verständnis des Dialektikers Marx getan werden. Vielmehr ist nötig, statt des Formalismus, der über A = A und diese Art von »Richtigkeit« nicht hinauskommt, der materiellen Kraft des Gedankens vertraut zu werden, der Fähigkeit, reale Zusammenhänge zu erkennen. Der Gedanke und seine Dialektik ist die höchste menschliche Produktivkraft; eine so kümmerliche Exaktheit, wie sie der Positivismus in die Philosophie bringen will, kann bei Hegel lernen, was der Wille zu wirklicher Exaktheit ist, nämlich zu konkreter, sacherfüllter. Die freiwillige Schüchternheit des Agnostizismus, als des Glaubens, daß die Erkenntnis aller wirklich wichtigen Dinge uns versagt sei, kann bei Hegel (wie bei Aristoteles, wie bei Thomas von Aquin, wie bei Leibniz) erfahren, welch ein starker Mann der Begriff ist und welch eine Weltmacht die Vernunft. Positivismus ist nicht fortgeschrittenes, sondern niedergehendes, katzenjämmerliches wissenschaftliches Bewußtsein. Wo eine Gesellschaft noch in Saft steht, wo eine neue, frische, humane Gesellschaft emporkommt, hat sie andere Parolen als die positivistische Ignoranztheorie. Hegel gab die Parole am Schluß seiner Antrittsvorlesung in Berlin: »Der Mut der Wahrheit, Glauben an die Macht des Geistes, ist die erste Bedingung des philosophischen Studiums; der Mensch soll sich selbst ehren und sich des Höchsten würdig achten. Von der Größe und Macht des Geistes kann er nicht groß genug denken. Das verschlossene Wesen des Universums hat keine Kraft in sich, welche dem Mute des Erkennens Widerstand leisten könnte, es muß sich vor ihm auftun und seinen Reichtum und seine Tiefen ihm vor Augen legen und zum Genusse bringen.« Der Positivismus dagegen ist die Anweisung auf A = A und sonst nichts, er ist die Kunst, nie dialektisch denken, nie philosophieren zu lernen. Er ist diese Anweisung, indem er die Logistik, ein abkürzendes Hilfs- und Prüfungsmittel formallogischer Richtigkeit, zur Logik macht und die bloße sinnliche Gewißheit (mit der Hegel anfängt) zu der Weisheit letztem Schluß. Die Welt selbst wird an diesem Schluß eine Unwelt, das ist, eine endlose Mannigfaltigkeit partikulärer »Gegebenheiten«. Die Reduktion aller objektiven Beziehungen zu mehr oder minder denkökonomischem Sichzurechtlegen: diese Verachtung des Verstands und kriecherische Empirie lösen den Zusammenhang der Dinge in agnostisches Chaos auf. Der scheinbaren Exaktheit des Positivismus entspricht so das Korrelat: Nichtwelt mit pluralistischem Wahnsinn als einziger Objektbestimmtheit.

3. Auch dem dialektischen Denker, der bei Hegel gelernt hat, ist es selbstverständlich, daß von Tatsachen ausgegangen werden muß. Aber nicht, um bei ihnen, als bei bloßen Empfindungsinhalten, stehenzubleiben. Auch nicht, um sie endlos weiter zu addieren, ohne Fähigkeit, den wirkenden Zusammenhang zu entdecken. Den Zusammenhang, der nun eben nicht Tatsache ist, auch nicht deren Beschreibung, sondern der erst aus jener Denkfunktion aufgeht, die *Erkenntnis* der Tatsachen heißt. Es ist wissenschaftlich hoffnungslos, die Erkenntnis als bloßes »statement« anzusehen, hinter dem nun des Pudels Kern als »facts« oder Konglomerat von »facts« zu folgen hätte; die Reihe läuft vielmehr umgekehrt. Die Tatsachen sind selber nichts als die Dünung, welche von einem Meer dialektischer Zusammenhänge an die sinnliche Oberfläche ausläuft. Dieses Meer mit seinen Strömungen ist Gegenstand der wissenschaftlichen *Erkenntnis*, nicht die bloße Unmittelbarkeit der Tatsachen; letztere sind lediglich Fingerzeige der Erkenntnis. Wobei als wichtig festzuhalten ist, daß bei Hegel »Sinnlichkeit« und »Verstand«, diese alten erkenntnistheoretischen Ladenhüter, durchaus nicht verdinglicht voneinander getrennt und abgehalten werden. Hegels »sinnliche Gewißheit« ist ab ovo bereits voll logischer Allgemeinheit, umgekehrt erscheint der Begriff ebenso anschaulich-einzeln. Hegels Begriff unterscheidet sich von dem der Abstraktionstheorie gerade dadurch, daß er die »Einheit des Allgemeinen und des Besonderen« sein will. Das erst ist bei Hegel *Totalität:* wahrer

Umfang und wahrer Inhalt eines Begriffs verhalten sich nicht umgekehrt, sondern direkt proportional. Im konkreten Urteil sind folglich Begriff und Anschauung, Allgemeines und Einzelnes geeint: »Alles Konkrete ist tatsächlich, also individuell und empirisch, sowie es auch andererseits Allgemeinheit und Begriff an sich hat. Das rein Empirisch-Individuelle ist eine bloße Fiktion, so wenig belegbar wie ein reiner Begriff.« Die sinnlichen Fingerzeige gehen so in Hegels Dialektik allemal auf die logischen Zusammenhänge, mit denen sie selber verbunden sind. Wissenschaft wird daher ein völlig anderes sein als faktisches Beschreiben oder Erzählen: »Die Philosophie soll keine Erzählung dessen sein, was geschieht, sondern eine Erkenntnis dessen, was wahr darin ist, und aus dem Wahren soll sie ferner das begreifen, was in der Erzählung als ein bloßes Geschehen erscheint« (V, S. 21). Aber die Sensualismen verlieren genau dieses zum Wahren Weiterleitende, wenn sie verdinglicht und vergötzt werden, das heißt, sie verlieren es in jener schlechten Philosophie über Wissenschaft, die bornierter Empirismus, also eben Positivismus heißt. Denn dessen sogenannte Tatsachen, fälschlich auch Gegebenheiten genannt, sind in der Tat lauter Abstrakta und künstlich durchaus. Sie stehen da als angehaltene und isolierte, als erstarrte und verdinglichte Momente dessen, was ohne Dialektik allerdings nicht gesehen wird: des Prozesses. Solche sogenannten Tatsachen sind nicht Sinnesdaten, sondern von ihnen abgezogene Schemen, die sich als real ausgeben. Sie können dabei wie Sinnesschein selber dreinsehen, sofern dieser dasselbe ist wie Gedankenlosigkeit, meistens aber dienen sie heutzutage der kapitalistischen Ideologie, der sie entspringen. Die Natur des Menschen, die sich nicht ändert, ist eine solche sogenannte Tatsache oder der Mittelstand als mäßigendes Element oder das Parlament als Ausdruck des Volkswillens. Aber betrachtet man solche Fakten einen oder mehrere Momente später, so ist ihre Wahrheit, wie Hegel sagt, schal geworden; denn der Prozeß, dessen vorübergehende Erscheinungen sie waren, hat sich fortbewegt. Was gestern noch matter of fact war, das Ein und Alles des Empirismus, ist heute zu dem geworden, als was es sich der wirklichen Erfahrungswissenschaft, der dialektisch-prozessualen, längst enthüllt hat; zum Moment oder zur Beziehungsgestalt in einer darüber hinweg gehenden, tiefer vor sich gehenden Bewegung.

Auch die noch im Schwang befindlichen Tatsachen geben niemals mehr als erste Instanzen ab. Positivisten glauben, jeder Gedanke sei eine unerlaubte Hinzufügung zum sinnlich Gegebenen. Besonders die Lehre eines realen Widerspruchs in der Welt, Hegels dialektische Lehre, erscheint ihnen in anstößiger Weise als »anthropomorph« oder als das, was der Anfänger »Metaphysik« nennt. Aber gibt es einen anthropomorpheren Ausdruck als den der Gegebenheit selbst? Enthält er nicht in sich selbst die Hinzufügung, daß ein Etwas im Hintergrund da sei, das gibt, und ein anderes Etwas, gleichfalls nicht mit den Sinnesempfindungen zusammenfallend, dem gegeben wird. Haben Empiristen, die über den realen Widerspruch schmälen, niemals den Spuk bedacht, in dem ihr Götze Gegebenheit lebt? Und ist auch wirkliche Tatsache nicht ein bloßes Stück Oberfläche, das so wenig ein Gegebenes ist, daß es sich bei jenem näheren Eindringen, das nicht Hinzufügung, sondern Wissenschaft heißt, in ein – Produkt auflöst? In ein Produkt aus weitverzweigten sozialhistorischen oder naturhistorischen Vermittlungen, von denen nun das hergestellte Sinnesdatum vor Augen tritt. Als dieser Tisch vor Augen tritt, als diese Rotverschiebung eines Sternlichts, als diese Aktiengesellschaft, als die gesamte Empirie überhaupt. Wobei das »Gegebene« nicht einmal Produkt bleibt, im Sinn einer abgehobenen Ware, sondern eben ständig auf den Produktionsvorgang zurückweist, aus dem es herkommt, in dem es vor allem sich fort und fort verwandelt. »Das Erste für den Menschen ist das Letzte der Natur nach«, sagt Aristoteles, gleich Hegel ein Prozeßdenker; und der Erkenntnisweg geht demgemäß vom bloßen an den Strand gespülten Sinnesdatum zu dem weniger sichtbaren, doch gedanklich abbildbaren Produktionsprozeß fort, der ganz eigentlich erst die Wahrheit der Sache ist. Wenn also der bornierte Empirismus Gegebenheiten als Mittel betrachtet, »to check the truth«, so übersieht er, daß die Sinnesdaten den Wahrheitsstempel selber brauchen, ja besonders nötig haben. Gegebenheit als solche kann gar nichts bewahrheiten, sie selber gibt ja erst zu Fragen und zum Vorgang der Wahrheitsfindung Anlaß. Sie ist als erste Instanz unumgänglich zur Forschung, aber sie ist das vor allem deshalb, weil sie fragwürdig ist; dieses und der Fingerzeig der Daten, den das Sensuelle liefert, machen seine wissenschaftliche Bedeutung aus. Positivisten, Empiriokritizisten dagegen, wenn sie jede Erscheinungsgeschichte des werdenden Wissens auf die sinnliche Gewißheit redressieren, setzen eine Gewißheit, die wissenschaftlich lediglich Fragwürdigkeit oder das anfangende Problem ist, als abschließende Lösung. Gerade Skeptizismus begann, bei den Griechen, mit Grund als Zweifel an den Sinneswahrnehmungen, lange bevor die Vernunft bezweifelt wurde. Nicht das Sinnesorgan, sondern die Denkfunktion erschließt naturwissenschaftlich an den Wahrnehmungen, historisch an den Urkunden die kausaldialektischen Vorgänge hinter der Oberfläche. Die Geheimgeschichte in der römischen Geschichte, sagt Marx gerade als Realist und nicht Empirist, betrifft das Grundeigentum: er hat also diese Erkenntnis nicht aus sensuell-empiristischen Additionen oder auch Induktionen gefunden, sondern aus Erforschung der Prozesse unter dieser Oberfläche. Aus einer Erforschung, die der Sache mittels konkreten Denkens auf den Grund geht und auf die dialektischen Vermittlungen, die Hegel zuerst in Weltbreite kenntlich gemacht hat. Bornierter Empirismus wird dann durchschaut als das, was er ist: als Phantasterei der Oberflächlichkeit, als wissenschaftliche Inferiorität.

4. Hegel selbst, ein Mann mit äußerst offenen Augen, war der echten Wahrnehmung durchaus vertraut. Er ehrte in ihr die Kraft des Bekanntmachens, wenn auch nicht des Erkennenlassens, des unmittelbaren Seins, wenn auch nicht des vermittelten. Hegels Philosophie hat allerdings das Eigentümliche, daß sie das Sein in der Sinnlichkeit und sinnlichen Gewißheit nicht am dicksten vorhanden sein läßt. Wie das seit Locke bei den englischen Empiristen der Fall, ja, wenn auch in einer unvergleichbar tiefsinnigeren Weise, bei den großen nominalistischen Philosophen des englischen Mittelalters. Diese hatten der sinnlichen Einzelheit alles Wirkliche gegeben, im Zusammenhang mit dem Vorrang des Individuums und seines Willens; die allgemeinen Begriffe jedoch sind nichts als »nomina«, Namen, nichts als »flatus vocis«, Lauterschütterungen. Berkeley setzte, auf einem zur Psychologie herabgeminderten Niveau, diese Lehre fort: er läßt

nur sinnliche Einzelvorstellungen bestehen, er stellt die Möglichkeit allgemeiner Vorstellungen in Abrede. Das Dreieck überhaupt, als geradlinige dreiseitige Figur, ist eine bloße Schulfiktion, ebenso der Name Mensch; wirklich vorstellbar, als Wirkliches vorstellbar sind immer nur einzelne Dreiecke, einzelne Menschen. Hume führte diese Entrealisierungen des Allgemeinen erkenntnistheoretisch fort, fügte den Charakter des Urbildlichen und des Abbildlichen hinzu: die allgemeine Idee ist das Abbild sinnlicher Impressionen, das Abbild ist schwach, das Original ist stark. Je höher also ein Begriff über die Elemente der sinnlichen Gewißheit aufsteigt, desto sicherer ist er für die englischen Sensualisten Fiktion oder irreal. Das Sein verschwindet mit der Entfernung von den unmittelbaren Gegebenheiten der Einzelheit: das ist die Lehre des Sensualismus und Empirismus. Allerdings ist dergleichen auch die Lehre einer Abart des ökonomischen Materialismus geworden, sofern er nämlich als Vulgärmaterialismus auftritt. Dieser sieht gleichfalls das Sein ausschließlich auf Greifbarkeit beschränkt; die Greifbarkeit ist hier die isoliert gefaßte, die von der Gesamtheit der menschlichen Beziehungen abgetrennte Ökonomie. Recht, Sitte, Kunst, Wissenschaft, gar Religion sind danach völlig irreal, entweder bloße Reflexe oder völliges Wischiwaschi. Der echte ökonomisch-historische Materialismus, wie ihn Marx und Engels vertreten, hat mit solcher ökonomistischer Überspannung nichts gemein; er vergötzt und isoliert die Sinnlichkeit durchaus nicht. Doch übernahm er von den Empiristen die Ablehnung eines freischwebenden Geistes und das gesunde Mißtrauen gegen den abstrakten Gegenpol zur Vergötzung der Sinnlichkeit: gegen Begriffsmythologie. Und die Realität wächst nicht mit dem sogenannten Äther des Geistes, gewiß nicht, im Gegenteil, wohl aber mit dem Übergang von der bisherigen »Vorgeschichte« klassenhafter Art zum klassenlosen Reich der Freiheit.

Hegel steht nun von Haus aus in einer ganz anderen Überlieferung als die englischen Sensualisten. Er steht erst recht nicht auf solch verkürztem Standort wie Berkeley, der nicht einmal an die selbständige Wirklichkeit der sinnlichen Außenwelt glaubte, sondern alles Sein auf subjektive Wahrnehmungsinhalte reduzierte – »the external objects do not subsist by themselves but exist in mind«. Gegen den subjektiven Idealismus errichtete Hegel seinen extrem objektiven; so bereits in der Vorrede zur Phänomenologie: »Die Kraft des Geistes ist nur so groß als ihre Äußerung.« Diese ist die Äußerlichkeit des realen Weltgeists, und, was hierbei das oft Übersehene, das Wichtigste: das Sein *wächst* parallel mit den immer höheren Objektivierungen des Geistes in seiner Stärke. Hegels Sein ist also nicht etwas, das hinter den Tatsachen der sinnlichen Gewißheit abnimmt, gar verschwindet, sondern konträr, es steigert sich mit dem Fortschritt von der Sinnlichkeit zur Welt der Wahrnehmung, des Verstands, der Vernunft. Es ist komparierbar, gleich einem Eigenschaftswort, es ist in der jeweiligen Stärke seiner Qualität (besser: Intensität) komparierbar. Sein Positiv bei Hegel ist das unmittelbar wahrgenommene Sein »an sich«, das bloß ein Sein »für uns« ist; sein Komparativ ist das Außersichsein, auch reflektierte Sein (mit den Unterschieden von Schein, Erscheinung, Wesen); sein Superlativ ist das Fürsichsein, worin der Geist im Anderen mit sich selbst identisch wird, oder worin das Gedachtsein des Gegenstands zugleich das Bewußtsein des Gegenstands über sich selbst bedeutet. Dieser letztere Seinsgrad bezeichnet das Selbstbewußtsein, so kommt er nur den menschlichen Kulturgestalten zu, nicht den außermenschlichen Naturgestalten. Sein ist also bei Hegel kein Bodensatz, sondern der schäumende Trank selbst, und kein mit dem sinnlichen Datum ein für allemal Gegebenes. Sein hat vielmehr *verschiedene, übereinanderliegende Ebenen*, ist eben ein graduierbarer Wert, der mit den Befreiungstaten, mit den Wertgewinnungen des Geistes selber ansteigt. Diese Gleichsetzung von Seinsgraden mit Wertbestimmungen besitzt eine alte Geschichte, eine intellektuell sehr vornehme dazu; der schlichte Empirismus hat sie nur verdrängt. Platon lehrt eine Stufenleiter der Wirklichkeiten, von der höchsten Idee, der des Guten, bis zu den einzelnen Körpern herab. Die mittelalterliche Scholastik kennt sie, von Anselm von Canterbury bis Thomas; von daher der Begriff Gottes als des höchsten Seins, von daher der ontologische Gottesbeweis, als die Gleichung des ens perfectissimum mit dem ens realissimum. Noch Leibniz setzte die Vollkommenheit seiner Monaden mit der Entwicklung ihres aktiven Seins gleich; so definiert er Vollkommenheit echt scholastisch, aber fast auch echt Hegelisch als »grandeur de la réalité positive«. Man kann diese Gleichsetzung von Sein und Wert (gewissermaßen von »success« und »value«), wie sie hier wider allen Augenschein geschieht, extremen Optimismus nennen; in der Tat fährt der extreme Pessimismus den Zug genau in umgekehrter Richtung. Er sieht, in seinen billigen Formen, das Ideal gerade als das dauernd Unverwirklichte, er betrachtet das Verhältnis von Sein und Wert im Lauf der Welt gerade als umgekehrt proportional. Er lehrt in seiner großen Gestalt gerade Nicht-Sein, Nirwana, als »Seinsgrad« der Vollkommenheit; so bei Buddha, so beim grimmigen Antipoden Hegels, Schopenhauer. Der Empirismus jedenfalls hat selbst in seiner nicht bornierten Gestalt die überlieferten Probleme wie die blühenden Graduierungen der Seinskategorie vergessen; bei Hegel können sie wieder gelernt werden. Und ohne Zögern können sie bei dem einzigen Erben Hegels: bei Marx gelernt werden; denn auch dieser verwendet sehr häufig abgestufte Seinsbegriffe, sowohl innerhalb der Darstellung der bürgerlichen Ökonomie wie innerhalb ihres Überbaus (falsches, wahres Bewußtsein, relative Wirklichkeit des falschen Bewußtseins). Insgesamt ist Marx davon überzeugt, daß die Entwicklungstendenzen der Geschichte eine höhere Wirklichkeit besitzen als die »verdinglichten Tatsachen« und die anderen Warenformen der bürgerlichen Empirie. Erst recht wird eben die klassenlose Gesellschaft: der befreite Reichtum der menschlichen Natur stärkere Wirklichkeit zeigen als das in der »Vorgeschichte« bloß Mögliche, bloß dazu hin Angelegte. All diese dem Empirismus so entgegengesetzten Bestimmungen eines Seins-Reliefs kommen aus Hegels Schule. Auch dort, wo die Begriffsmythologie, zu der Hegels Gleichung: Geist = Welt, Idee = Realität verführt hat, durchaus nicht mitgemacht wird.

Kenntnis, Erkenntnis

»Das sinnliche Bewußtsein erscheint als das reichste an Inhalt, ist aber das ärmste an Gedanken« (VII², S. 257).

»Worauf es bei dem Studium der Wissenschaft ankommt, ist, die Anstrengung des Begriffs auf sich zu nehmen« (II, S. 46).

Gegen die »unwissenden Hunde«, die nur an den Sohlen des Wirklichen riechen: »Von dieser Seite tut es besonders not, daß wieder ein ernsthaftes Geschäft aus dem Philosophieren gemacht werde... Es scheint gerade in den Mangel von Kenntnissen und von Studium der Besitz von Philosophie gesetzt zu werden, und diese da aufzuhören, wo jene anfangen. Sie wird häufig für ein formelles inhaltleeres Wissen gehalten, und es fehlt sehr an der Einsicht, daß... die anderen Wissenschaften, sie mögen es mit Räsonieren ohne die Philosophie versuchen, soviel sie wollen, ohne sie nicht Leben, Geist, Wahrheit in ihnen zu haben vermögen« (II, S. 53 f.).

Empiristischer Verstand, der sich gegen die philosophische Vernunft absperrt, ist zivilisierte Barbarei: »Die Verachtung des Genies und großer Naturgaben, diese Meinung, als ob die Phantasie nur etwa dem Vortrag der Philosophie Blumen der Beredsamkeit liefere, als ob die Vernunft dichte in dem Sinne, in welchem etwa Zeitungslügen erdichtet werden, oder, wenn sie über die gemeine Wirklichkeit hinaus erdichte, Hirngespinste, Schwärmereien, theosophische Grillen produziere, ... man weiß nicht, ob die Barbarei und die Naivität, mit welcher sie der Genielosigkeit applaudiert, oder die Gemeinheit der Begriffe größer ist. Wenn wir die Verachtung großer Naturgaben Barbarei nennen, so meinen wir nicht jene natürliche Barbarei, die diesseits der Kultur liegt, denn sie ehrt das Genie als etwas Göttliches und achtet es als ein Licht, das in die Dumpfheit ihres Bewußtseins eindringt, – sondern die Barbarei der Kultur, die gemachte Roheit, welche sich eine absolute Grenze schafft, ...und, wo sie erkennend sich ausspricht, Verstand ist« (XVI, S. 129 f.).

Bornierter Empirismus kann, wenn er nicht an naturwissenschaftlichen, sondern politisch-juristisch-sozialen Gegenständen auftritt (historische Rechtsschule und so weiter), als Hinnehmen des Gegebenen blindeste Reaktion sein: »Indem nun dies Sinnliche für den Empirismus ein Gegebenes ist und bleibt, so ist dies eine Lehre der Unfreiheit, denn die Freiheit besteht gerade darin, daß ich kein absolut Anderes gegen mich habe, sondern abhänge von einem Inhalt, der ich selbst bin. Weiter sind auf diesem Standpunkt Vernunft und Unvernunft nur subjektiv, das heißt, wir haben uns das Gegebene gefallen zu lassen, so wie es ist, und wir haben kein Recht danach zu fragen, ob und inwiefern dasselbe in sich vernünftig ist« (Enz. § 38 Zusatz, VI, Seite 83).

Aber Empirie, die ihren partikularen Inhalt nicht verdinglicht und verabsolutiert, ist heilsam und notwendig; dies wird an Bacon gezeigt: »Das Wissen aus Erfahrung, das Räsonieren aus derselben, steht gegenüber dem Wissen aus dem Begriff, aus dem Spekulativen; und man faßt den Gegensatz wohl gar scharf auf, daß das Wissen aus dem Begriff sich schäme der Erkenntnis aus der Erfahrung... Aber es ist für die Idee notwendig, daß die Partikularität des Inhalts ausgebildet werde... Diese Existenz kennenzulernen, das Weltwesen, wie es ist, das sinnliche Universum mit seiner erscheinenden, sinnlichen Ausbreitung ist die eine Seite... Und es ist das Verdienst neuerer Zeit, dies befördert und hervorgebracht zu haben. Die Empirie ist nicht bloßes Beobachten, Hören, Fühlen, das Einzelne Wahrnehmen, sondern geht wesentlich darauf, Gattungen, Allgemeines, Gesetze zu finden. Und indem sie diese hervorbringt, so trifft sie mit dem Boden des Begriffs zusammen, sie präpariert den empirischen Stoff für denselben, daß dieser ihn dann so zurecht aufnehmen kann... Und ohne die Ausbildung der Erfahrungswissenschaften für sich hätte die Philosophie nicht weiter kommen können als bei den Alten... Wir dürfen nicht übersehen, daß die Philosophie ohne diesen Gang nicht zur Existenz gekommen wäre; Geist ist wesentlich Verarbeitung als eines Anderen« (XV, S. 282 ff.).

Über Induktion und die von diesem Ausgangspunkt anhebende Aufzeigung dialektischer Vermittlung und Notwendigkeit im Material: »Die Erfahrungswissenschaften bringen den Reiz mit sich, die Form zu besiegen, in welcher der Reichtum ihres Inhalts als ein nur Unmittelbares und Gefundenes, übereinander gestelltes Vielfaches, daher überhaupt Zufälliges geboten wird, und diesen Inhalt zur Notwendigkeit zu erheben, – dieser Reiz reißt das Denken aus seiner Allgemeinheit und der nur an sich gewährten Befriedigung heraus und treibt es zur Entwicklung von sich aus« (Enz. § 12, VI, S. 18).

Was die Sinne liefern, muß also erst vernünftig geprüft und unsinnlich verstanden werden. Die menschliche Vernunft bei Hegel hat dazu die Macht, sie ist nicht tabula rasa, auf die alles erst geschrieben werden muß und ebenso alles geschrieben werden kann. Allerdings läuft Hegels nicht-empiristische Vernunft doch zuletzt auf idealistische Versöhnung mit einem schlechthin bereits als intelligent gedachten Wirklichen hinaus. Die Versöhnung wird fundiert durch Abtun dessen, was dem – Geist äußerlich ist; zu ergänzen ist: was den lebenden, wirklichen Menschen entfremdet und äußerlich ist: »In der Empfindung ist die ganze Vernunft, der gesamte Stoff des Geistes vorhanden... Entwicklung des Geistes aus der Empfindung pflegt aber so verstanden zu werden, als ob die Intelligenz ursprünglich durchaus leer sei und daher allen Inhalt als einen ihr gänzlich fremden von außen empfange. Dies ist ein Irrtum; denn dasjenige, was die Intelligenz von außen aufzunehmen scheint, ist in Wahrheit nichts anderes als das Vernünftige, folglich mit dem Geist identisch und ihm immanent. Die Tätigkeit des Geistes hat daher keinen anderen Zweck als den, durch Aufhebung des scheinbaren (!) Sich-selber-äußerlich-Seins des an sich vernünftigen Objekts auch den Schein (!) zu widerlegen, als ob der Gegenstand ein dem Geist äußerlicher sei« (Enz. § 447 Zusatz, VII², S. 311). Lehrreich wichtig ist bei alldem dennoch, daß die Denkfunktion das in der Sinnlichkeit, in dieser Oberfläche Implizierte greift und immer gründlicher aufschließt. Das ist die Kraft des Denkens, vorzüglich des philosophisch konkreten: das gedanklich aus der Wahrnehmung Erschlossene, Aufgeschlossene bildet so erst Erfahrung als eigentliche, nämlich volle.

1. Der Dumme merkt nie, daß alles zwei Seiten hat. Er arbeitet mit hölzernen Vorstellungen, mit einfachen, einförmigen, bei denen er verschnaufen kann, und in denen nichts geschieht. Dächte er aber einen Gedanken zu Ende, so würde er merken, daß in dem Denken ein Streit angeht, daß sich Einwände erheben, die es bereichern und inhaltlich verschieben. A ist nicht immer A, es muß auch B gesagt werden, gerade die Folgerichtigkeit gibt aber B als Gegensatz. Und über der gespannten Strecke, die so entsteht, erhebt sich C als Spitze und Einheit. Solange, bis sich auch C wieder entzweit und eine neue Einheit der Gegensätze aufgeht, in unaufhaltsamer dialektischer Entwicklung. Wirkliches Denken verläuft derart nicht geradlinig, wie das fixe Denken, in dem sich nichts ausdehnt und nichts ändert, das deshalb auch keiner Veränderung gerecht wird, sondern es bilden sich Dreiecke. Diese Dreiecke, aus Gegensatz, Einheit, neuem Gegensatz, neuer Einheit und so fort, brauchen nicht schematisch jedesmal ausgezogen sein; das wäre gerade mit elastischem Denken, mit seiner freien Beweglichkeit unvereinbar. Es müssen nicht einmal Dreiecke sein, denn auch mehr Gegensätze als nur A und B sind möglich, und sie brauchen nicht auf denselben Einheitspunkt bezogen zu sein. Aber zuverlässig geht wirkliches Denken nicht geradlinig, starr und unverändert vor sich, wie das Nicken oder Kopfschütteln der Pagoden oder wie der entsetzlich monomanische, völlig undialektische Gedanke des Irren. Ein Mensch, der sich dauernd in Widersprüche verwickelt, ist deshalb gewiß noch kein Dialektiker. Indem er sich aus den Widersprüchen nicht herausfindet, ist er vielmehr ein Fasler, ja schließlich ein vollkommenes Abbild des Chaos. Aber ein Gedanke, der in einem tüchtigen, nach Lösungen strebenden Verlauf auskommen will, ohne die dialektische Wendung mitzumachen, in der noch keine Bestimmung mit sich fertig ist, gerät von der anderen Seite ins Chaos, nämlich in ein starres. Er kann nichts Lebendiges begreifen, und auf dem Terrain der Verwandlung – es gibt kein anderes – wird er, mit seiner fixierten Plumpheit, beständig stolpern.

2. Dialektik insgesamt bei Hegel (wie schon bei Kant, erst

recht bei Fichte) hat drei Stufen: sie ist 1. unmittelbare Einheit des Begriffs, 2. Entgegensetzung des Begriffs gegen sich selbst, 3. Wiedereinheit des Begriffs mit sich durch die Aufhebung des Gegensatzes. Anders gesagt: sie ist 1. Stufe des abstrakten Verstandes oder der einfach gesetzten Thesis, 2. Stufe der negativ vernünftigen Reflexion oder der Antithesis, von Hegel auch mit krisenhaftem Ausdruck Stufe der Negation, des Konflikts, der Kollision, der Differenz genannt, 3. Stufe der positiv vernünftigen Vermittlung, das heißt, Negation der Negation oder Synthesis. Keine dieser drei Bestimmungen darf selbständig gegen die anderen gehalten werden, sie müssen sich vielmehr durchdringen und in ihrer Endlichkeit immer wieder aufheben, immer wieder im Fluß halten, worin sie sind. Es ist, wie erkannt, die *Flüssigkeit* der Begriffe, es ist dies durchaus Historische und Werdende, worin die Dialektik bei Hegel ihr Leben hat und den Inhalt des Lebens so ausdrückt wie ausmacht. Die drei dialektischen Bestimmungen bilden also nicht drei gesonderte Teile, am wenigsten drei schulbuchhaft auseinanderzuhaltende, sondern sie haben nach Hegel zu gelten als lebendiger Begriff, als begriffene Lebendigkeit in Einem. Sie sind »Momente jedes Logisch-Reellen, das ist jedes Begriffs oder jedes Wahren überhaupt«. Wird an dem Standpunkt der Thesis festgehalten, so bleibt das Denken abstrakt und dogmatisch, es »bleibt bei der festen Bestimmtheit und der Unterschiedenheit derselben gegen andere stehen«. Wird an dem Standpunkt der Antithesis festgehalten, so entsteht der Skeptizismus, »er enthält die bloße Negation als Resultat des Dialektischen«. Hegel gibt dem Skeptizismus relative Ehre: »Das Verfahren«, sagt er in der »Geschichte der Philosophie«, bei Gelegenheit der antiken Skepsis (Pyrrhon, Sextus Empiricus), »ist von der höchsten Wichtigkeit, in allem unmittelbar Angenommenen aufzuzeigen, daß es nichts Festes, nichts an und für sich ist.« Aber wird die Skepsis verdinglicht, absolut, so nennt sie Hegel genau wie den Dogmatismus »Faulheit des Denkens«. Sie sperrt sich gegen den dritten, den überlegenen, den wissenschaftlich vollendeten Standpunkt der Synthesis, der freilich selbst wieder ihren Widerspruch gebärenden. Die Dialektik bleibt so ruhelos durchdringend, bleibt Darstellung der dem Begriff durch seine Negativität immanenten Bewegung. Sie bleibt, wie Hegel in der Vorrede zur Phänomenologie (II, S. 36) mit ganz erstaunlichem Bild sagt, »der bacchantische Taumel, an dem kein Glied nicht trunken ist«, sie bleibt das Wahre und das Falsche, das Positive und das Negative, die Nacht des Widerspruchs und der Tag der Lösung in immer neuem Resultat. Woraus frisch erhellt, daß die Wahrheit nicht eine ausgeprägte Münz ist, »die fertig gegeben und so eingestrichen werden kann«, sondern die Wahrheit ist ihre dialektische Entwicklung selbst oder der Prozeß. Das ist für Hegel auch die einzige Empirie: Dialektik, indem sie immer wieder an einem neuen Gegenstand der Nichtigkeit des ersten enthält, »ist die über ihn gemachte Erfahrung«. Oder zusammenfassend: »Diese dialektische Bewegung, welche das Bewußtsein an ihm selbst, sowohl an seinem Wissen als an einem Gegenstande ausübt, insofern ihm der neue wahre Gegenstand daraus entspringt, ist eigentlich dasjenige, was Erfahrung genannt wird« (II, S. 70). Dialektik will bei Hegel also nicht im mindesten bloße Hebammenkunst des Gesprächs sein und bleiben oder gar eine rabulistische, ganz eigentlich wahrheitsfeindliche Geschicklichkeit, die Begriffe zu wenden und zu drehen. Sondern sie gilt als »der gediegen fortwaltende Gang der Sache selber«, kurz, als jenes Organ der Erfahrung, durch das der Weltinhalt sich selbst erst erfährt.

Eine Welt des Kampfes erscheint, eine in sich selbst entzweite, nirgends stockende. Es ist Märzhaftes in Hegels Dialektik, der Atem der Umwälzung des Bestehenden, von der Französischen Revolution her, geht durch sie hindurch. Das hat der junge Marx gespürt, als er in einem Brief an seinen Vater die Dialektik sogleich als eine objektive faßte, als Umsatz der Dinge: »Hier muß das Objekt selbst in seiner Entwicklung belauscht werden, die Vernunft des Dinges selbst muß als in sich widerstreitende fortrollen und in sich seine Einheit finden.« Die Welt ist feuriger Natur, voll von treibendem Widerspruch in allen ihren Gebieten, eruptiv wie Frühling. »Die Knospe«, lehrt die Vorrede zur Phänomenologie, »verschwindet in dem Hervorbrechen der Blüte, und man könnte sagen, daß jene von dieser widerlegt wird; ebenso wird durch die Frucht die Blüte für ein falsches Dasein der Pflanze erklärt, und als ihre Wahrheit tritt jene an die Stelle von dieser. Diese Formen unterscheiden sich nicht nur, sondern verdrängen sich auch als unverträglich miteinander« (II, S. 4). Und in der erreichten Gewordenheit selber reift ihr Widerspruch, reift die Negation des Gewordenen, die es aufhebt. So produziert, wie Hegel bereits klar erkennt, der Reichtum selber das Elend, jede bisherige Gesellschaft überhaupt die Elemente der nächsten, die den Widerspruch zu dieser Gesellschaft darstellen, und die die Kruste, an der keine Wahrheit und Wirklichkeit mehr ist, sprengen. Derart schließt Hegel seine Einleitung in die Philosophie der Geschichte ganz anders, als man von dem angeblich preußischen Staatsphilosophen erwartet: »Bisweilen erscheint dieser Geist nicht offenbar, sondern treibt sich, wie die Franzosen sagen, sous terre herum. Hamlet sagt vom Geiste, der ihn bald hier-, bald dorthin ruft: du bist mir ein wackerer Maulwurf, denn der Geist gräbt oft wie ein Maulwurf unter der Erde fort und vollendet sein Werk. Wo aber das Prinzip der Freiheit sich erhebt, da tritt eine Unruhe, ein Treiben nach außen, ein Erschaffen des Gegenstandes ein, an dem der Geist sich zu zerarbeiten hat« (IX, S. 74). Also stellt Hegel die Dialektik unterwühlend dar, es ist das zweite Glied in ihr, das antithetische, ja kritisch-nihilisierende, das nun doch keine »Faulheit des Denkens« wird wie die verabsolutierte Skepsis. Sondern ganz das Gegenteil von Faulheit kommt im zweiten Glied hervor: die Negation im nicht isolierten, im gesamten dialektischen Zusammenhang ist ganz außerordentlich rührig, sie läßt jede Gewordenheit über die Klinge springen. Sie ist die Erschütterung und Zerstörung, welche dem Neuen den Weg sprengt: als einen ununterbrochenen Prozeß von *Durchbrüchen* stellt Hegel die Dialektik dar. Und die Einheit oder Synthesis, die sich jeweils bildet, ist keinesfalls nur Einheit der Widersprüche, wie das allemal in der früheren Dialektik, bis Hegel, harmonistisch dargestellt worden war. Vielmehr nennt Hegel diese Einheit, mit einem absichtlich stoßenden Ausdruck, »Einheit der Einheit und der Widersprüche«, wodurch also, da Einheit der Einheit und der Widersprüche selbst widerspruchsvoll ist und nicht konsonanter Ausgleich, schon dieserhalb der explosive Gang weitergeht. Als Folge von Umschlägen und Sprüngen weitergeht, als vorbereitete und vermittelte Folge gewiß, doch als eine, welche mit der fatalen Kategorie des Allmählich oder mit friedlichem Hineinwachsen bei Hegel nichts gemein hat. Plötzliche Qualitätsveränderung greift Platz, die Welle bricht, wenn ein bestimmtes Quantum erreicht ist, sie schlägt um. Das Neue kommt im Alten herauf, doch wenn seine Stunde gekommen ist, wenn die Zeit erfüllt ist, reißt es sich mit einem Sprung vom Alten los; es avanciert dann dialektisch durchschlagend oder jäh. Hegel hat häufig diesen Triumph des Neuen dargestellt, am schönsten in der Vorrede zur Phänomenologie, »unsere Zeit der Geburt und des Übergangs zu einer neuen Periode« betreffend: »Wie beim Kinde nach langer stiller Ernährung der erste Atemzug jene Allmählichkeit des nur vermehrenden Fortgangs abbricht, – ein qualitativer Sprung, – und jetzt das Kind geboren ist, so reift der sich bildende Geist langsam und still der neuen Gestalt entgegen, löst ein Teilchen des Baus seiner vorhergehenden Welt nach dem anderen auf; ihr Wanken wird nur durch einzelne Symptome angedeutet: der Leichtsinn wie die Langeweile, die im Bestehenden einreißen, die unbestimmte Ahnung eines Unbekannten sind Vorboten, daß etwas anderes im Anzuge ist. Dies allmähliche Zerbröckeln, das die Physiognomie des Ganzen nicht veränderte, wird durch den Aufgang unterbrochen, der, ein Blitz, in einem Male das Gebilde der neuen Welt hinstellt« (II, S. 10). Freilich nicht, als würde das Alte, das Falschgewordene, Unwirklichgewordene in der neuen Epoche nun gänzlich vernichtet. Hegel ist ein Denker der Geschichte, also nicht nur ihrer als einer Umwälzung, sondern auch ihrer als des Erbes oder der lebenden Tradition. Hegel ist ein Fanatiker des substantiellen Gedächtnisses, so stark sogar, daß er am Ende seiner Geschichtsfahrt den Fortgang der Dialektik abbläst. Er machte mit den Umwälzungen der Dialektik Schluß in seiner eigenen Zeit: das wirklich Neue, nämlich das eben jetzt oder in antizipierbarer Zukunft heraufkommende, blieb außer Erwähnung und Begriff. Das neue, von dem Hegels Dialektik an jedem Wendepunkt erfüllt ist, und dem sie mit reichster Affinität zum Werden gerecht wird, bleibt dem Historiker Hegel das Neue innerhalb eines *Stillgelegten*, innerhalb der Gewordenheit und ihrer Lehren. Das ist der Tribut, den Hegels Dialektik, trotz der Französischen Revolution in ihr, auch der historischen Schule zahlt und ihrer abgeschlossenen Betrachtung. Dementsprechend ist Hegels dialektischer Prozeß, wenn er von Stufe zu Stufe in Aufhebungen fortschreitet, »Aufhebung« nicht nur im vernichtenden Sinn, in dem des Liquidierens. Er ist ebenso »Aufhebung« im Sinn des Aufbewahrens, des Konservierens; dieses macht die Seite der Treue, die rückwärts gewendete am Januskopf der Hegelschen Dialektik aus. Es ist die Seite, die vor allem ihre Synthesis betrifft, und die die Dialektik außer der Negation zum *Geschichts-Erbe* tauglich macht. Auch das gehört zur Dialektik des Prozesses: er hat nicht bloß seine eben erlangte Stufe, sondern auch alle vorhergehenden als Resultat.

3. Die formale Schullogik lehrt, daß A nicht zugleich Nicht-A sein könne. Die Dialektik bestreitet diesen Satz nicht völlig, aber sie berichtigt ihn; sie lehrt, daß A nicht zugleich Nicht-A *bleiben* könne. Es gibt zugleich seienden Widerspruch durchaus; diese so kühn erscheinende Lehre ist nicht nur höher, sondern auch älter als die formale Logik. Sie hat das Axiom des Satzes vom Widerspruch bereits aufgehoben, bevor es, als das Axiom des gesunden Menschenverstandes, formuliert war. Fortgang des Denkens durch auftretend Entgegengesetztes in Einem und Demselben beginnt bei Sokrates und bei Platon, allerdings wesentlich als Instrument einer fruchtbaren, durch den Widerspruch der Einwände voranschreitenden Unterredung. Hier lebt noch selten eine Dialektik des behandelten Inhalts selber und niemals eine des inhaltlichen Werdens, der Bewegung im Wesen. Immerhin ist der Satz des Sokrates: »Ich weiß, daß ich nichts weiß« insofern echt dialektisch, als er nicht bei sich stehenbleibt; der Widerspruch in ihm treibt zur Auflösung fort. Und Platon legt dem philosophischen Trieb insgesamt Dialektik in die Wiege: Eros, das ist der Auftrieb zur Idee, wird im »Symposion« als Sohn des Reichtums und der Armut vorgestellt, so daß er beider Natur hat, Haben und Nichthaben zugleich. Der Dialog »Kratylos« zeigt diesen Widerspruch als bereits in der Sprache wirksam: wie jeder Satz ein unbewegliches und ein bewegliches Element in sich habe, so dürfe auch die wahre Erkenntnis keines von beiden vernachlässigen. Dialektik ist für Platon die Verwandlung des sinnlichen Meinens in Denken, mithin jene Kunst des Nach-

denkens, die die begrenzten Vorstellungen der Menschen sowohl verwirrt wie auflöst: das im Sinn der Sokratischen radikalen Fragestellung und des Willens zur Definition, aber auf methodisch bewußter Stufe. Deshalb geht Platon im »Sophistes« über die bloße Wort- und Bedeutungsklärung weit hinaus: er nennt hier die Dialektik »das wahre Feuer des Prometheus, ohne das keine kunstgerechte Behandlung irgendeines Gegenstandes möglich ist«. Der Dialog »Sophistes«, in einer freilich dunklen und strittigen Stelle, will lehren, daß im Sein jedes Begriffs zugleich ein Anderssein ist, nämlich in bezug auf einen anderen Begriff: dieses Element des Andersseins, also relativen Nichtseins bringe erst die Begriffe, statt lediglich auf ihr eigenes Mitsichgleichsein beschränkt zu bleiben, in Verhältnisse zueinander. Am entschiedensten wird solche Dialektik im Dialog »Parmenides« ausgeführt, sie geht darin aufs Ganze, sie wird auf den Widerspruch und die trotzdem bestehende Verbindung des Einen und des Vielen bezogen. Hier verhält sich Platon sogar ironisch gegen das unbewegte Eine der Eleaten, dem er sonst, wie gleich zu sehen sein wird, trotz der Dialektik doch den letzthinnigen Primat gibt. Er sagt unverhohlen, das Eine sei so wenig denkbar ohne das Viele wie das Viele ohne das Eine, beide setzten sich gegenseitig voraus, konstituierten dadurch die Erscheinungswelt als eine in bestimmter Vielfalt (Mannigfaltigkeit) differenzierte Einheit. In diesem Dialog hat Platon eine durchaus an Hegel gemahnende Begriffsdialektik angebahnt; nicht nur das Eine und das Viele, auch das Ähnliche und Unähnliche, die Bewegung und die Ruhe, die Größe und die Kleinheit, das Ganze und die Teile werden in ihrem gegenseitigen dialektischen Übergang notiert. Und trotzdem ist die Platonische Art Dialektik nur erst von ferne eine des Inhalts, gar nicht eben, wie bei Hegel, die erstrebte Abbildung der objektiven Wirklichkeit selbst. Drei Quellen hatte Platon für seine Dialektik: die Sokratische Begriffsbewegung des Gesprächs, das Prinzip des Werdens bei Heraklit, das Prinzip des unbewegten Seins bei den Eleaten. Und wie bemerkt: der eleatische Seinsbegriff behielt in Platons Dialektik, unvermittelterweise, den Primat. Platon stimmt Heraklit nur in bezug auf das Sinnliche zu, dieses allerdings sei ein fortdauerndes Fließen und Werden. Doch unnachläßlich versichert er, es gebe vom

Fließenden, vom immer nur Werdenden keine Wissenschaft, folglich, da dialektische Wissenschaft Erhebung vom sinnlichen Meinen zum Denken ist, keine – Dialektik. Das Wirkliche wie das Erkennbare in den Erscheinungen sei einzig die unveränderliche Idee, an der sie teilnehmen, und deren Dialektik, als rein logisch-ontische, stehe jenseits vom Fluß-Inhalt der Erscheinungen. Erst Aristoteles lehrte durch den Begriff der immanent gewordenen, der erscheinend sich jeweils verwirklichenden Formidee (Entelechie) eine Vermittlung zwischen Erscheinung und Wesen. Hier erst ist jene Konkretheit, welche nachher Hegels Dialektik zu einer versuchten des Weltinhalts und nicht nur zu einer der Abstraktbegriffe werden ließ. Folgerichtig ist Hegel nur in seiner Logik Platons Schüler (Bestimmungen darin wie »Etwas« und »Anderes«, »Eins und Vieles« kommen deutlich vom Dialog »Parmenides« her), in seiner Realphilosophie dagegen tritt Aristoteles vor. Aristoteles ist zwar weit weniger Formaldialektiker als Platon, er hat dialektisches Verfahren großenteils aufs dargestellte Für und Wider verschiedener Annahmen reduziert, auf die Abwägung widersprechender Standpunkte oder aufgetretener Verlegenheiten (Aporien). Aber trotz der geringen Rolle, die er expressis verbis der Dialektik zuerkennt, ist Aristoteles weit mehr Inhaltsdialektiker. Denn eben, er brachte zwischen Erscheinung und Idee den eminent-dialektischen Beziehungsbegriff der sich erscheinend verwirklichenden Formidee (»geprägte Form, die lebend sich entwickelt«, wie Goethe die Aristotelische Entelechie übersetzte). Platons »Timaios« dagegen, sein tiefster und gerade dem Kosmos am nächsten zugewandter Dialog, sagt unverhohlen: »Nur das Eine, welches unveränderlich ist, wird durch Nachdenken mittels der Vernunft erfaßt, das Andere dagegen, welches wird und vergeht, wird durch die Meinung mittels sinnlicher Wahrnehmung ohne Vernunft aufgefaßt.« So hat bei Platon am Ende das Eleatische und Unbewegte über Heraklit und das Werden gesiegt; seine Dialektik ist die der selber ewigen Beziehung (Gemeinsamkeit, Koinonia) zwischen ewigen Ideen.

Aufs bewegliche Element allein kommt es aber in der inhaltlichen Dialektik an. War dieses bei Platon keineswegs das regierende, so durchaus bei Heraklit, dem Denker des Feuers. Und für Heraklit, den noch wenig abstrakt geschulten, ist der Streit der Vater der Dinge selbst, nicht nur des fortschreitenden Gesprächs. »Alles fließt, man kann nicht zweimal in denselben Fluß steigen«; ein Schüler Heraklits fügte hinzu, man könne es sogar nicht einmal. »Das Eins, sich mit sich selbst entzweiend, geht mit sich selbst zusammen wie die Harmonie des gespannten Bogens«: dieser Heraklitische Satz zeigt Weltinhalt selber als verbundenen Widerspruch. Hegel rief daher in seiner Geschichte der Philosophie bei Begegnung mit Heraklit: »Hier sehen wir Land«; wobei es nichts verschlägt, daß dieses Land Flamme war, Feuer als Substrat des widerspruchsvoll geeinten Wechsels. Die formale Schullogik setzt heute noch den Satz des Widerspruchs (das ist, die Unvereinbarkeit entgegengesetzter Prädikate des gleichen Subjekts) als Axiom, auf das richtiges Denken schlechthin gegründet sei: bei Heraklit war dieses sogenannte Axiom bereits aufgehoben, bevor es aufgestellt worden war. Ebenso hat Heraklit mit dem Panta rhei die Skepsis bereits aufgehoben, vielmehr fruchtbar und relativ gemacht, bevor sie noch als Lehre auftrat. Sehr lehrreich ist hierfür die rückdatierte, das heißt aus einer Auslegung zu einem Bericht verwandelte Bemerkung, die sich bei Diogenes Laërtius über Heraklit findet; sie könnte auch über Hegel gemacht worden sein. Danach wäre Heraklit so lange Skeptiker gewesen, als er nach einer einheitlichen Vernunft forschte; aber er hörte auf es zu sein, als er die Vernunft auf Zwist und Widerspruch begründet sah. Das Vernunftwesen als Feuermetamorphose hat die Skepsis gleichsam selber in sich aufgenommen; bei Hegel bedeutet sie – gleichfalls ganz unzweifelhaft geworden – das Negativ-Vernünftige (das Zerstörende) in den Dingen. Zugleich wies Heraklit durch den Begriff Feuer (andere, weniger glückliche Substratbestimmungen bei ihm sind der immer neu geknetete Ton, der immer neu umgerührte Mischtrank) mit großer Sicherheit auf das Wesen in Bewegung hin. Denn Bewegung, Veränderung ist in der Tat, wie Hegel sagt, der daseiende Widerspruch; er ist es, indem jeder Augenblick der Veränderung des einen Zustands in den anderen (zum Beispiel der Anfang des Tags) in sich die einander kontradiktorisch entgegengesetzten Prädikate vereinigt. Heraklit wirkt derart, was Macht des allerernstesten Paradoxes angeht, wie ein

Hegel der Antike, aus ihrer archaischen Zeit; nicht grundlos galt dieser Philosoph deshalb auch als der dunkelste. Ja, indem *Dialektik insgesamt* der erstarrten Meinung entgegengesetzt ist, trat sie selten oder niemals bei Allerweltsdenkern auf oder bei jenen, die das Ihre nicht zu Ende denken konnten oder wollten. Auch die späteren Skeptiker, die griechischen wie die englischen, haben nicht zu Ende gedacht, obwohl sie, kraft ihres Sinns für Dilemmas und Widersprüche, sich mindestens in dialektischem Vorland befanden. Der Skeptizismus hat von fixen Meinungen und Vorurteilen oft vortrefflich gereinigt, aber hierbei kam er immer nur bis zur Verzweiflung an der menschlichen Vernunft, bis zur erklärten Unfähigkeit, die aufgetretenen Widersprüche aufzulösen. Relativismus war deshalb, bei solcher Halbheit, das Ende, er wurde kein Relativismus schöpferischer *Aufhebungen* wie in der Dialektik, die eben deshalb, wie bemerkt, die Skepsis gebrauchen und auswerten konnte. Relativismus wurde hier vielmehr einer des starren Dilemmas und der Flucht daraus in Laxheit, in schlechte Unmittelbarkeit (Sensualismus) oder in volle Unvernunft. Die Dialektiker dagegen, mit Platon als Erzieher, mit Heraklit als Stammvater, blieben der Vernunft auch dort und gerade dort treu, wo sie das Gerade krumm und das Krumme gerade werden ließ. Das war so bei Platon, erst recht bei Heraklit, aber auch bei allen späteren Denkern, die das schwierige Fahrwasser des dialektischen Widerspruchs, also der wahren Welt, befahren haben. Es würde zu weit führen, all diese übrigen Teilnehmer der Dialektik zu zitieren; gemeinsam ist ihnen durchweg ein Stück Heraklitische Tiefe. Hier steht der Neuplatoniker Proklos, mit dem Dreiklang der ersten Entfaltungs-Triade: Beharren, Hervortritt, Rückkehr. Dort steht, am Ausgang des so eingeleiteten Mittelalters, Nikolaus von Cusa mit der mathematisch illustrierten Lehre der coincidentia oppositorum, der Einheit der Gegensätze im Unendlichkleinen und Unendlichgroßen. In seiner Schusterstube, die eine metaphysische Brunnenstube war, entdeckte Jakob Böhme den dialektisch notwendigen Bezug, den das Licht auf die Finsternis, die Güte auf den Zorn, das Göttliche auf das Teuflische in ihm nehmen muß, damit das Licht, an seinem »Gegenwurf«, offenbar werde. Hegel hat auch von diesen Elementen aufgenommen, am meisten von Jakob Böhme; ein Mystiker konnte hier einen Logiker lehren, nämlich einen rechten. Und nur weil sie keine rechte Logik ist, sondern Schema der Meinungen, steht die übliche Schullogik, mit dem Axiom des schlechthin verbotenen Widerspruchs, allen diesen Weiterungen fremd gegenüber; sie enthält, gleich Hühnerfleisch, nur Schwarz oder Weiß, nur Entweder-Oder. So verbietet sie schließlich, wie Hegel spottet, mehr zu sagen als Tautologien, als identische Urteile von der Art wie: Cajus ist Cajus oder: der Planet ist ein Planet. Im Grunde ist für sie schon jede Aussage einer Verschiedenheit des Prädikats vom Subjekt illegal; denn jede Verschiedenheit hebt die abstrakte Identität auf, die der Satz vom verbotenen Widerspruch verteidigt. Verschiedenheit als solche ist bereits der Anfang des Gegensatzes, so wie der Gegensatz die Vollendung der Verschiedenheit ist und abstrakte Identität selber nichts anderes als unentwickelte Verschiedenheit, unentwickelter Gegensatz. Heraklit hat Erkenntnisse dieser Art von vornherein auf das Feld getragen, von wo sie herstammen, aufs Feld der Welt; dort wirkt das Panta rhei so stark, daß selbst der Konservativismus von heute mit dem von gestern nur den Namen gemeinsam hat und oft nicht einmal diesen. Die Veränderung der Dinge ist ein einziger materieller Widerspruch, er reicht vom Differential der mechanischen Bewegung bis zur Klassenspannung in der Geschichte, bis zu den zwei oder mehr Seelen ineinander, von denen die Brust jeder Ideologie erfüllt ist. Dialektik als Logik des Prozesses reflektiert also in der ganzen Geschichte ihres Begriffs dies Aufreizende und Geschichte Machende, daß es überhaupt noch keine Identität gibt. Denn noch kein Gegenstand ist mit sich fertig geworden und ohne Anderheit an ihm selbst – Streit ist der Vater der Dinge.

4. Am wenigsten lebt der Mensch in Verhältnissen, die ihm zur Identitiät mit sich verhelfen, das ist, die sein Dasein vermenschlichen lassen. Der russische Demokrat Alexander Herzen fand daher das vortreffliche Wort, Dialektik sei die Algebra der Revolution. Sie ist es, indem sie die in der Geschichte auftretenden Widersprüche exakt begreift und ihnen mit einem theoretischen Rüstzeug gegenübersteht, das nicht einmal ein theoretisches bleibt. Aber die Dankbarkeit gebietet, sich unter den

Denkern auch desjenigen zu erinnern, ohne den die Dialektik nicht als so kraftbegabt begriffen worden wäre. Es ist Leibniz, dialektisch durchaus im Verfahren der Differentialrechnung, die er erfunden hat, dialektisch im Begriff der Ruhe als unendlich kleiner Bewegung, der Gleichheit als verschwindender Ungleichheit; sonst kein Dialektiker wegen seines Grundsatzes, daß die Natur keinen Sprung mache. Aber ohne Leibniz wäre die Dialektik, wenn auch voll Lebendigkeit, so doch schwerlich voll ihres eigentlich explosiven Begriffs: der *Tendenz.* Die letzten Einheiten bei Leibniz sind Kraftpunkte, und ihre Tätigkeit ist, von eingeengtem und passivem Zustand zu aktivem, von dunklen zu helleren Vorstellungen überzugehen. Das ist die »appetitio« der Monaden oder ihr Begehren, ein Streben nach der Entfaltung, »evolutio«, Auswicklung ihres eigenen Inhaltes. Die Monaden sind so ein Geschlecht, das aus dem Dunklen ins Helle strebt, sie sind von Leibniz großenteils im Sinn der beginnenden Aufklärung, gleichsam als Element-Bürger des Aufklärungszeitalters definiert. Aber die »appetitio« hängt zugleich mit einer vorhandenen Hemmung zusammen; Streben, Tendenz insgesamt ist bei Leibniz die Daseinsweise gehemmter Aktivität. Die Begriffe, womit Leibniz diese »inquiétude poussante« wiedergibt, sind zugleich höchst lehrreich am Verhalten der Gase orientiert, dieser schlechthin expansiven Körper. Wird nämlich ein Gas, bei gleichbleibender Temperatur, auf die Hälfte, ein Drittel, ein Viertel und so weiter seines Volumens zusammengepreßt, so steigt seine Expansionstendenz auf das Doppelte, Dreifache, das Vierfache und so weiter. Also nach dem Gesetz, das Mariotte, der Zeitgenosse des Leibniz, 1686 formuliert hat: Der Druck einer Gasmenge ist ihrem Volumen umgekehrt proportional. Leibniz nun universalierte dieses Gesetz all-energisch, er verband die Tendenz seiner Monaden geradewegs mit gehemmter Expansionskraft, noch mehr, er verband diese mit der Zukunft. Als Beispiel dafür wählt er den Widerstand, der auch festen, elastischen Körpern eignet, sobald sie Pressungen oder Deformationen ausgesetzt sind. Dieser Widerstand entspricht zwar keineswegs dem Gasdruck, weil die bewegten, inkohärenten Gasmoleküle auch ohne Pressung, auch auf relativ weite Umschließung einen Druck ausüben, wohl aber eignet ihm jene *Ver-*

mehrung durch Einengung, die an Gasen zuerst gesetzmäßig formuliert wurde. Derart sagt Leibniz, mit kühnster Gleichung von Zukunft und offenem Raum: »Wie in dem elastischen Körper, welcher eingeengt, seine größere Dimension als Streben liegt, so in der Monade ihr künftiger Zustand.« Ja, Leibniz gebraucht in einer Erwiderung an Bayle, 1702, sogar einen Ausdruck, der merkwürdig vorgreifend die Daseinsweise gehemmter Aktivität mit Geburtstendenz zusammenbringt: »Man kann sagen, daß in der Seele, wie überall sonst, die Gegenwart mit der Zukunft schwanger geht.« Folgerichtig verwandte eine Sozialutopie des achtzehnten Jahrhunderts, Merciers »L'An 2240«, diesen Leibniz-Satz als Motto. Folgerichtiger erinnert ihn Marx in dem berühmten Diktum, daß Gewalt die Geburtshelferin einer Gesellschaft sei, welche mit der künftigen schwanger geht. Leibniz war im ganzen gewiß ein höchst konzilianter Denker, doch sein Tendenzbegriff, die »inquiétude poussante«, ist gerade kraft seines Analogon zur Expansionstendenz eingeengter Körper unüberhörbar revolutionär. Er zeigt mehr an als bloßen Übergang von dunklen zu helleren Vorstellungen, er präformierte das eigentlich Expansive, das nachdem die Hegelsche Dialektik, zum Unterschied von allen früheren, aufweist. Der Zusammenhang des Leibnizschen Tendenzbegriffs mit dem eines Strebens, das bei Einengung steigt, ist daher in seinen Nachwirkungen wichtig und wurde bisher nicht genügend beachtet. Er ist desto wichtiger, als er zu seinem Teil den revolutionären Gebrauch erklärt, der später von der Hegelschen Dialektik gemacht werden konnte. Der Leibnizsche Tendenzbegriff hat dies Subversive in die Dialektik eingezahlt, so konnte es später wieder vorgefunden und verwendet werden. Hegel nennt die Dialektik sprengend und erweiternd, Leibniz gab ihr lange vorher schon eine Art Verwandtschaft zur kinetischen Gastheorie, zur Expansionstendenz, der sich auf die Dauer die alte Kesselwand nicht gewachsen zeigt. Wobei die größere Dimension die Zukunft ist; bei Hegel mindestens als nächstfällige logische Kategorie oder als nächstfällig aufgehende Geschichtsgestalt.

5. Man hat besonders der Dialektik vorgeworfen, daß sie unerlaubt vermenschliche. Niemand ist deshalb erbitterter gegen sie als ein Positivist, sie gilt ihm als schlimmste aller »Hinzufügungen«.

Aber der Positivist Ernst Mach hat sogar einmal das Atom eine Hinzufügung zum Gegebenen genannt. Er sprach verächtlich von »atomistischer Naturmythologie«, die die animistische nur abgelöst hätte, er nannte die Atome, übrigens auch Ionen und Elektronen, »Ausgeburten der Phantasie« (Erkenntnis und Irrtum, 1906, S. 106 f.). Machs Positivismus erklärte all das, samt den Strahlungstheorien, als »Hexensabbat von abenteuerlichen modernen Vorstellungen«. Da geschah das Pech, daß die Atombahn sichtbar gemacht, nämlich in einer Nebelkammer photographiert wurde. Seitdem hat mindestens das Atom Gnade gefunden, der Positivist hält es nicht mehr für ein frühgriechisches Gedankending. Jedoch so etwas wie ein realer Widerspruch, wie Widerspruch als Objektsbeschaffenheit scheint ihm nach wie vor der Phantasie angehörig, nicht der »wissenschaftlichen Philosophie«, wie der Banause sie sich vorstellt. Man sollte meinen, die ökonomische Krise, der imperialistische Zusammenstoß in zwei Weltkriegen und Ähnliches mehr reichten allmählich aus, die Wirklichkeit des Widerspruchs in der Welt zu erweisen. Die Dialektik dieser Vorgänge braucht nicht einmal, wie das Atom, eine Nebelkammer, um sichtbar zu werden, ganz im Gegenteil. Es sieht sogar aus, als ob, nach dem Ausdruck von Leibniz, die Gegenwart mit der Zukunft schwanger ginge; obwohl dieser Ausdruck der anthropomorphste ist, nämlich ein gynäkologischer. Auch das ehedem geleugnete Atom verhält sich, in Theorie wie Praxis, dialektisch. Denn die Elektronen, aus deren Bewegung es besteht, stellen nicht nur ein so Widerspruchvolles dar wie Welle und Partikel zugleich, die Zerstrahlung der Atome setzt auch gebundene Energie frei. Derart sind nicht einmal die sogenannten Bausteine der Welt, der von Menschen jetzt so schlecht verwalteten, stabil, geschweige daß es der ungeheure Komplex Leben und Gesellschaft wäre. Den Nichtwollenden zerrt die Dialektik hinter sich her, den Wollenden führt sie; an beidem kann die Meinung, daß sie nur unerlaubt vermenschliche, nichts ändern. Die Welt bewegt sich doch; nicht Dialektik ist unerlaubt anthropomorph, sondern der Positivismus, der sie vermöge seiner Beschränktheit leugnet. Und weil Kollegen sich untereinander am besten verstehen, sei allen Empiristen, wenn sie wirklich Erfahrungsfreunde sein wollen, der unerwartete Satz eines der Ihren ins Stammbuch geschrieben. Er kommt von dem bekannten Agnostiker du Bois-Reymond, demselben, der mit seinem Ignoramus-Ignorabimus sich der Ignoranztheorie so sehr empfohlen hat. Dieser allerdings hatte häufiger als seinesgleichen helle Augenblicke, und er merkte bei Gelegenheit einer noch nie beobachteten Gewebe-Veränderung an: »Ein Gedanke kann sich nie so weit von der Wirklichkeit entfernen, wie die Wirklichkeit im Lauf der Zeit sich von sich selbst entfernt.« Die Einsicht dieses Satzes, ein real Abirrendes, besser: Wandelbares betreffend, fügt der Wirklichkeit ersichtlich nur dasjenige hinzu, was sie sich selber, in eigener Sache, zufügt.

Der echte Einwand gegen die Hegelsche Art Dialektik ist nicht der, daß sie vermenschlicht, sondern daß sie verbegrifflicht. Das trotz der Flüssigkeit der Bestimmungen, trotz des »bacchantischen Taumels, an dem kein Glied nicht trunken ist«. Daher geht das Treiben des Widerspruchs bei Hegel zu buchmäßig vor sich, es wird nicht selten an den Gang der Dinge herangetragen, statt daß er aus ihm herausgehört wäre. Dies Buchmäßige, worin immer Dreitakt geschieht, auch dort, wo vier oder mehr Glieder bei Hegel selber reell arbeiten, dies Schematische ist idealistisch. Denn Idealismus ist der rein in sich fortlaufende, der auch in seinen Negationen noch ungestörte Zusammenhang; Materialismus aber ist Unterbrechung. Immer findet sich bei Hegel der schematisch durchgehaltene Dreitakt, gleichsam ein Prozeß-Walzer a priori; Dialektik aus vier Gliedern, wie in der Konstruktion der Weltgeschichte (orientalisches, griechisches, römisches, germanisches Reich), ist eine Ausnahme. Die Weltausdehnung der Begrifflichkeit insgesamt hat ihren Ursprung in Hegels Panlogismus, in der restlosen Gleichung von wahrem Denken und wirklichem Sein. Sie verführt Hegel zu Formulierungen, die zwar von seinem Standort aus völlig konsequent, aber viel zu epatant sind, um nicht übertrieben zu sein. Sie sind geradezu mit einem Justament der Übertriebenheit oder des Idealismus in seiner tollsten Laune behaftet: die punkthaften Fixsterne haben die »Pünktlichkeit, bei der abstrakten Identität des Lichts stehen zu bleiben«, aber Sonne, Planet, Mond, Komet »stellen am Himmel außereinander die Momente des Begriffs dar« (VII[1], S. 134, 120). Die Dinge urteilen und schließen, das Planetensystem, der

Staat, alles Vernünftig-Wirkliche ist ein Syllogismus. Dialektik bei Hegel verliert so allerdings die eine ihrer Wurzeln nicht völlig, die Wurzel des Sokratisch-Platonischen Gesprächs, aber gerade weil diese Wurzel sich aus dem Dialog in den Weltinhalt hineintreibt, entsteht ein Universum aus Gesprächsstoff, eine Außenwelt aus Unterredung. Hegelsche Dialektik gibt sich nach dieser Seite als Gespräch des Weltgeistes mit sich selbst, in geistigen Einwendungen fortschreitend, in Syllogismen, mit Ober-, Unter- und Schlußsatz, sich demonstrierend. Das macht die Hegelsche Begriffsmythologie aus: das Subjekt, das die Dialektik als Vehikel seiner dauernd reicheren Subjekt-Objekt-Beziehung verwendet, ist nicht das wirkliche, das bedeutend weniger geisthafte Subjekt der Geschichte. Es ist nicht der arbeitende Mensch als Produktivkraft, im technischen Bund mit den naturhaften Produktivkräften. Hegel nennt den Träger und das Subjekt der Geschichte vielmehr, mit völligem Idealismus, »Volksgeist«. Die Weltgeschichte erscheint so, ihren jeweiligen Subjekt-Trägern nach, als eine von »Volksgeistern« und ihrer Abfolge gebildete, als logisch wohlgeordnete »Völkerfuge«.

Hierbei hilft es nichts, daß Hegel den Geist in seinem jeweils zweiten Glied, in dem des Widerspruchs, scharf macht. Er führt gewiß auf die kräftigste Weise aus, daß die Schicht des Gegensatzes keine der bloßen dialogischen Einwendungen ist, keine musisch wettstreitende. Er sieht saure Mühe in den Entzweiungen und ihren immer wieder sich entzweienden Aufarbeitungen; das Leben und Selbsterkennen des Weltgeistes soll auch nach Hegel nicht zephyrleicht, kein Spielen des Logos oder auch der Liebe mit sich selber sein. »Diese Idee«, sagt die Vorrede zur Phänomenologie, »sinkt zur Erbaulichkeit und selbst zur Fadheit herab, wenn der Ernst, der Schmerz, die Geduld und Arbeit des Negativen darin fehlt.« Aber der Sauerteig der Antithese, als der stachligen und stachelnden Negation, kommt doch aus der reinen Logizität nie heraus. Auch das Außersichsein, auch der darin besonders intensive Anstoß zur Fortbewegung, soll aus dem reinen Begriff deduziert werden, aus dem sich rein in sich selbst entzweienden. Es bleibt aber dunkel, weshalb die Welt, wenn sie so reiner Logos ist, nicht doch ihr zephyrleichtes Leben führt, ja weshalb der Geist überhaupt einen Prozeß nötig hat, mit Antithesen, Differenzen, Kollisionen auf jeder Stufe. Es bleibt unbegreiflich, wenn die Welt wirklich aus nichts als Logos und aus seinem Äther besteht, weshalb das Absolute nicht gleich am Anfang fertig ist, eine Konsonanz, die nicht an Dissonanzen denken läßt, und die sie am wenigsten selber setzt. Im puren Geist wäre von vornherein Identität oder absolutes Fürsichsein; dieses Absolute könnte wirklich »aus der Pistole geschossen« sein, wie das Hegel der Mystik und ihrer sofortigen Gottfülle zum Vorwurf macht. Statt dessen »entläßt« sich die reine Idee zu »ihrem Widerschein, der Natur«, gerade zu einer, die bei Hegel streckenweise (im »angstvollen, unglücklichen Dasein der Tiere«) einer Höllenfahrt gleichsieht. Und hat die Idee das überstanden, so unterzieht sie sich allen Langwierigkeiten eines historischen Unterwegs: »Es ist von dem Absoluten zu sagen, daß es wesentlich Resultat, daß es erst am Ende das ist, was in Wahrheit ist.« All das aber kann aus Hegels Panlogismus nicht abgeleitet werden, auch nicht mittels des entspringenden Widerspruchs; denn im reinen Leben der Idee könnte kein Widerspruch entspringen. Weder der Anstoß, den dieser setzt, noch die Vielheit der Weltgestalten, zu denen es seine Entzweiung bringt, noch eben die Langwierigkeit eines Weltprozesses insgesamt könnten aus der sofortigen Zusammengeschlossenheit des reinen Geistes entspringen. Auch dann nicht, wenn Hegel den Prozeß – im Tribut an die Urgeschlossenheit des reinen Geistes – als »Kreis von Kreisen« expliziert. Es sei denn, der dialektische Prozeß wird als realer abgeleugnet, wird als ein bloß für die Betrachtung entwickelter dargestellt, wie das bei Hegel allerdings, wider die Werde-Logik, gleichfalls geschieht: »Die Erscheinung ist das Entstehen und Vergehen, das selbst nicht entsteht und vergeht, sondern an sich ist und die Wirklichkeit und Bewegung des Lebens der Wahrheit ausmacht« (II, S. 36). Wird aber der Prozeß als real genommen und der »Ernst des Negativen« wirklich als Ernst, dann ist unschwer zu sehen, daß selbst bei Hegel ein ganz anderes Element als Geist den Sauerteig der Dialektik ausmacht. Wie erst dort, wo sie ganz als *Realdialektik* auftritt, ohne Panlogismus, ohne Begriffsmythologie. Der wirkliche dialektische Antrieb ist Bedürfnis; einzig dieses gibt, als ungesättigtes, als ein durch die ihm jeweils gewordene Welt nicht erfülltes, den immer wieder entspringenden und sprengenden Widerspruch ab. Jede Halberfüllung oder unzureichend gewordene Bewegungsgestalt, Geschichtsgesellschaft zieht in ihrem Schoß die Träger weitergehenden Bedürfnisses groß, entwickelteren Vermögens, es zu erfüllen. Das Bedürfnis wie das aktive Vermögen widersprechen der alten Daseinsform, so werden sie explosiv, so enthalten sie den Beruf zur Zukunft, das ist zur nächsten, den Widerspruch relativ aufhebenden Stufe. Das ist der Ursprung von sprengender Tendenz in der Dialektik, ein Ursprung aus Bedürfnis, Produktivkraft, Hoffnung, nicht aus reinem Geist. Eben der reine Geist könnte nicht einmal die logischen Kategorien in Bewegung und Entwicklung bringen, geschweige die wirklichen Kategorien oder Daseinsformen der Geschichte und ihrer Welt. Die Füße, mit denen sich die Dialektik bewegt, sind die der arbeitenden Produzenten der Geschichte, nicht die des Geistes, des reinen Geistes, der von Hegel aus der Geschichte abstrahiert und mythologisiert worden ist. Dialektik ist keine jungfräuliche Geburt aus angeblichem Selbstleben der Begriffe und kein Perpetuum mobile. Die dialektische Vernunft der Geschichte ist die des Produktionsprozesses und seiner realen Subjekt-Objekt-Beziehung; es gibt in der Geschichte einzig eine dialektisch sich entwickelnde Beziehung des Menschen zum Menschen und zur Natur.

Hegel selber hat letzthin wohl bemerkt, daß der Begriff allein nicht laufen könne. Er sah das Problem des Anstoßes zur dialektischen Bewegung und fügte einen Faktor ein, der, wenn er nicht willenshaft, so doch auch nicht rein logisch ist. Es ist der Faktor der *Totalität;* Hegels Werk arbeitet mit ihm auf Schritt und Tritt oder läßt ihn für sich arbeiten. Totalität ist logisch »Einheit des Allgemeinen und des Besonderen«, eben deshalb ist sie realphilosophisch bei Hegel konkrete Ganzheit, sodann Allheit, das vollendet vermittelte Fürsichsein, das »Absolute«; so ist ihr Gegenteil das Stückwerk, das Unvollendete, das Endliche. Indem das Unvollendete aber vollendet werden will, das Endliche zugleich dieses ist, was immer wieder an seine Schranken anstößt, kommt von unerwarteter Seite doch Bedürfnis in den Begriff. Dieses Falls als Übersteigenwollen der gesetzten Schranke in Form des Könnens und seiner Abstraktion: des Sollens. Alle endlichen

Dinge verzehren sich, und ihre Bestimmung ist, verzehrt zu werden: »Alles Endliche ist dies, sich selbst aufzuheben. Das Dialektische macht daher die bewegende Seele des wissenschaftlichen Fortgehens aus und ist das Prinzip, wodurch allein immanenter Zusammenhang und Notwendigkeit in den Inhalt der Wissenschaft kommt, so wie in ihm überhaupt die wahrhafte, nicht äußerliche *Erhebung* über das Endliche liegt« (Enz. § 81). In die Bedürftigkeit klingt derart solch ein anders Unbegriffliches wie Religion herein, genau wegen des Bezugs des Stückwerks zur Totalität, der Endlichkeit zum Absoluten. Die dialektische Aufhebung des Endlichen wird mit der Erhebung über das Endliche gleichgesetzt, und die Unruhe des Endlichen, die es verzehrt, die es ebenso dazu bestimmt, verzehrt zu werden, erscheint als letzter Motor der dialektischen Bewegung. Es ist das ein noch mythologisch bezeichneter, aber sicher nicht begriffsmythologischer Motor, einer voll Leidenschaft, Emotionalität, Intensität; und Intensität, so sehr sie logisch gefaßt werden kann, ist von Haus aus keine logische Kategorie. Das Endliche, als diese Unruhe über sich hinaus, wird nun in der Logik eine ganz besondere Intensität des Widerspruchs, ja der Grundwiderspruch: »Etwas mit seiner immanenten Grenze gesetzt als der Widerspruch seiner selbst, durch den es über sich hinausgewiesen und getrieben wird, ist das Endliche« (III, S. 137). Das organisch Endliche trägt infolge dieser Unangemessenheit zur Allgemeinheit seiner Gattung, schließlich zur ganzen Totalität, den Keim des Todes in sich, aber auch die Produktivkraft des Triebs und Lebens. Derart sagt Hegel mit deutlichem Bezug auf Hunger, Bedürftigkeit, gewollte Überschreitung der Schranke: »Enthält eine Existenz den Begriff nicht bloß als abstraktes Ansichsein« (wie der Stein, wie die anorganische Natur schlechthin), »sondern als für sich seiende Totalität, als Trieb, als Leben, Empfindung, Vorstellen und so fort, so vollbringt sie selbst aus ihr dies, über die Schranke hinaus zu sein und hinauszugehen. Die Pflanze geht über die Schranke, als Keim zu sein, hinaus; der Keim wird entfaltete Pflanze, die Blüte verblüht und so fort. Das Empfindende in der Schranke des Hungers, Durstes und so fort ist der Trieb, über diese Schranke hinauszugehen, und vollführt dies Hinausgehen. Es empfindet Schmerz, und das Vorrecht empfindender Natur ist, Schmerz zu empfinden; es ist eine Negation in seinem Selbst, und sie ist als eine Schranke in seinem Gefühl bestimmt, eben weil das Empfindende das Gefühl seines *Selbst* hat, welches die *Totalität* ist, die über jene Bestimmtheit hinaus ist. *Wäre es nicht darüber hinaus, so empfände es dieselbe nicht als seine Negation* und hätte keinen Schmerz« (III, S. 122 f.). So setzt auch bei Hegel, streckenweise, Bedürfnis den Grundwiderspruch zu einer gewordenen Schranke; Unangemessenheit zur innewohnenden Totalität speist die Dialektik des Entstehens und Vergehens. Es ist das Zugleich von Anwesenheit und Nicht-Anwesenheit des Totum oder Alles, es ist diese gleichsam utopische Art von Anwesenheit, welche die »Endlichkeit« zur Opposition gegen ihren Zustand treibt.

6. Reiner Geist, sagten wir, wäre Einerleiheit oder bewegungslose Identität mit sich selbst. An der Heftigkeit und der Mühe des dialektischen Fortgangs bei Hegel ist zu ermessen, wie wenig diese Identität, wie wenig also reiner Geist bei ihm wirklich agiert. Hegels Ansatz kommt zwar aus der Betrachtung, nicht aus dem Willen, trotzdem ist das geistige Engelreich in seiner Dialektik Selbsttäuschung. Wo immer diese Dialektik konkret wird, zeigt sie nichts als reellen Kampf, Befreiungskampf, zeigt sie Hüllen, die zu Fesseln und Binden werden, zeigt sie eine Reihe von Durchbrüchen, als durchliefe ihr Prozeß eine Reihe von – Gefängnissen, kurz, als wäre sie durchaus nicht nur Disputation im begriffsmythologischen Palast des Weltgeistes. »Der sich als Geist wissende Geist«, sagt zwar die Phänomenologie am Schluß, »hat zu seinem Wege die Erinnerung der Geister, wie sie an ihnen selbst sind, und die Organisation ihres Reiches zu vollbringen.« Doch eben diese Organisation, wie sie die begriffene Geschichte bilden soll, »die Erinnerung und die Schädelstätte des absoluten Geistes, die Wirklichkeit, Wahrheit und Gewißheit seines Throns, ohne den er das leblose Einsame wäre«, – diese Organisation könnte aus reinem Logos weder Widersprüche enthalten noch diesen äußerst unplatonischen, barock umstandenen, umwitterten Thron. Willenlose Diener Allahs übten keine Selbstentzweiung, am wenigsten fiele Allah aus dem Wechsellosen in die Bewegung, aus der Kugel der Identität in den Fluß des Weltfeuers.

Nur in einem Bezug kommt Dialektik auch ohne Kampf bei Hegel vor. Kommt gewisse Einerleiheit, mindestens eine relativ bewegungslose Übereinstimmung vor, als wäre die Welt wirklich Geist. Es hat nämlich, wie bereits angegeben wurde (vgl. S. 37), jede der nacheinander erscheinenden dialektischen Dreiheiten nicht bloß die gleiche Struktur, sondern auch – bei allen Abwandlungen – eine bestimmte Einerleiheit des Inhalts. Die Gleichheit der Struktur zeigt sich in dem angegebenen Schematismus der Dreiheit, in dem eintönig wiederholten, bis in alle Untergliederungen fortgesetzten Rhythmus: Thesis, Antithesis, Synthesis; das ist bloß formell. Aber verschieden davon und weit bedeutender wirkt eine Art Invariable des *Inhalts*, der die Abfolge der einzelnen Dreiheiten erfüllt und zusammenhält. Jede ihrer ist auch materiell Knospe-Blüte-Frucht, das heißt: jede enthält einen Endrhythmus und eine Endgestalt, als gäbe es in der Welt gar keinen Kampf und sicher kein Durcheinander des Kampfs. Ein Identisches scheint hier nicht schematisch eingesetzt, sondern prozessual durchgehalten; was einen großen Unterschied ausmacht. Nur muß von vornherein begriffen werden: auch solch relative Einerleiheit des dialektischen *Inhalts* stammt bei Hegel, so geistig sie auftritt, keineswegs nur aus dem reinen Geist. Sie ist nicht oder nicht nur begriffsmythologisch, obwohl sie, hinsichtlich der umgehenden Endgestalt die mythologischste aller Triaden heranzieht: die göttliche Dreieinigkeit. In Wahrheit stammt auch die relative Einheit des dialektischen Inhalts bei Hegel großenteils aus *durchgehaltener Totalität*, aus einem Motiv mithin, daß als *Prozeß-Motiv* mit dem Hen kai Pan, dem Ein und Alles des alten mythologischen Idealismus, nicht zusammenfällt. Derart sind alle Reihenbildungen dieser Dialektik nur Proben aufs gleiche Exempel, nämlich auf die Dreieinigkeit des Hegelschen Weltgeistes als eines Totum; die Inhalte der einzelnen Thesen, Antithesen, Synthesen werden untereinander blutsverwandt. Nacheinander geben sie in der jeweiligen Trias eine abgewandelte, aber kommunizierende »Entsprechung« der Glieder oder Landschaften, trotz deren verschiedenem Rang. Das mag an einer kleinen Auswahl dialektischer Glieder erläutert werden, einer Auswahl, die selber für das Ganze zu stehen hat; denn jede beliebige Trias in Hegels System drückt

Dreieinigkeit des Absoluten aus (so wie diese wieder Dreieinigkeiten in der Mineralogie, in der Botanik, in der Zoologie, in der Rechtslehre, in der Ästhetik und so fort ausdrückt). Nehme man zu der Hegelschen Trias: Knospe-Blüte-Frucht solch durchlaufend weitere wie: Würmer-Insekten-Wirbeltiere oder Tastsinn-Geruch-Auge oder Bewußtsein-Selbstbewußtsein-Vernunft oder Recht-Verbrechen-Vergeltung (Gerechtigkeit), dann wird man überall eine jeweilige »Entsprechung« entdecken, oft eine »Konkordanz«, wie man den sinnverwandten Bezug einzelner Bibelstellen aufeinander nennt. Diese Konkordanzen sind nur viel mehr ein Eadem sed aliter (Gleiches, doch Anderes) als die der Bibel; erst recht unterscheiden sich die merkwürdigen »Entsprechungen« zwischen den Gliedern der Hegelschen Dialektik von den spielerischen, den ganz ungebundenen Analogien der romantischen Naturphilosophie. Bedeuten Hegels »Korrespondierungen« doch alle denselben Grundinhalt der Thesis-Antithesis-Synthesis, den Inhalt: Ansichsein, Außersichsein, Fürsichsein. Die Knospe, der Tastsinn, das Recht sind für Hegel noch unbestimmtes Ansich der jeweiligen Sache; die Blüte, der Geruch, das Verbrechen sind ausbrechendes Außersichsein; die Frucht, das Auge, das sich gegen das Unrecht wiederherstellende Recht der Gerechtigkeit sind aufgehobenes Außersichsein oder An- und Fürsichsein. Dasselbe erscheint in der Geographie: Afrika ist gleich dem Tastsinn das Dumpfe an sich; Asien ist gleich der Duftbetäubung oder der Blüte Pracht des Außersich; Europa ist gleich dem Auge oder der Frucht das Fürsichsein in der Dialektik der Kontinente. Dasselbe erscheint in der Ästhetik: die bildenden Künste sind die noch ruhende Thesis; die Musik ist die ausgebrochene Sphäre der Differenz; die Poesie, worin alle Zungen gelöst sind, gibt das Fürsichsein des künstlerischen Geistes insgesamt, sie ist das Europa der Künste. Dasselbe erscheint in der Religion: die Naturreligionen des Orients verehren Gott als Macht der Thesis, noch ohne Mensch darin; die Religionen der geistigen Individualität (Judentum, Griechen, Römer) verehren Gott als Gehör gebend, als sich zum Subjekt neigend; die christliche Religion oder Synthesis verehrt Gott als Frucht, als eine sowohl sich entäußernde (menschwerdende) wie aus dieser Entäußerung ewig in sich zurückkehrende Idee; Gott wird so Dreieinigkeit an und für sich selbst. Dasselbe erscheint schließlich sogar in Hegels Geschichte der Philosophie, es kulminiert mehr oder minder ausgesprochen in Hegels Dialektik seiner eigenen Epoche: Fichte ist noch die abstrakte, nicht ausgewickelte Thesis der Vernunft; der dithyrambische Schelling und seine Naturphilosophie ist die wild ausgebrochene Sphäre der Differenz; Hegel selbst schließt ab als die Frucht und das aufgeschlagene Auge, als die zu sich gekommene, absolute Philosophie. Einige Glieder mögen bei diesem Eadem sed aliter etwas aus der Reihe stehen, so die griechische Religion, die nur halb dionysisch oder Außersichsein ist, wie es dem dialektischen Mittelglied doch zukommt; im ganzen aber wird man eine wandernd-abgewandelte Allgegenwart des einen Dialektik-Inhalts finden. Das Ganze des Hegelschen *Systems selbst* gibt den immer wieder sich entsprechenden Triaden den Rahmen: die Logik oder das Reich des reinen Gedankens, vor Eintritt in die Welt, ist das Ansichsein der Idee; die Natur, in ihrem bloßen Ineinander von Notwendigkeit und Zufälligkeit, ist das Außersichsein, ja »der Abfall der Idee von sich selbst«, »der unaufgelöste Widerspruch«; das Kulturreich des Geistes jedoch bezeichnet die Freiheit oder das Zusichgekommensein, das Fürsichsein der Idee. Man wird zwar, wie bemerkt, diese Konkordanzen in den einzelnen Belegen zuweilen gestört finden und nicht auf der Höhe idealistischer Pedanterie; denn das Material entspricht auch bei stärkstem Panlogismus nicht der göttlichen Dreieinigkeit, und Hegel verstand sich auf den Reichtum des konkreten Aliter im Rhythmus des Eadem, doch die Grundlinien bleiben sich gleich.

Ein Letztes kommt hinzu, das blühende Einerlei in diesem Reichtum zu erklären. Es stammt nicht aus dem Inhalt, wenigstens nicht aus dem jeweils zuhandenen, aufzeigbaren, es stammt aus dem intendierten Totum der im Prozeß anhängigen Sache. Das ist: analogia entis steht gegen den tiefen Himmel einer entfernten und doch überall hereinblickenden *Inhalts-Totalität.* Auch von daher, zutiefst von daher bilden sich also korrespondierende Blicke, Züge in Hegels sonst so jagender Dialektik aus. Hat doch Hegel eben eine Tradition aufgenommen, die ihren Ursprung in der philosophischen Grundintention eines überall hin sich mitteilenden Wesens hat. Begonnen wurde diese Tradition durch das Spiegelgleichnis, also durch ein recht magisches und orientalisches: der arabische Philosoph Alkendi hat zuerst die Welt als ein Gefüge von Spiegelzimmern gedacht, die das Ganze und Gleiche reflektieren. Näher zu Hegel steht Nikolaus von Cusa mit seinem Lehrsatz: »Omnia ubique«, Alles ist in allem, und mit der Erläuterung: »In omnibus partibus relucet totem«, in allen Teilen scheint das Ganze wieder. Noch näher zu Hegel steht auch hier Leibniz, wenn er seine Monaden als Spiegel des Universums darstellt, wenn er in den »Nouveaux Essais« das Totum zum überall identischen Grund erklärt: »C'est tout comme ici, le fond est par-tout le même.« Freilich ist bei Nikolaus von Cusa wie bei Leibniz wie bei Hegel die Totalität, deren Gewissen durchgehalten wird, eine fertige und nicht etwa eine sich erst utopisch herausprozessierende. Bei Hegel ist die Totalität gar als die mythologische Fixheit von Vater-Sohn-Heiliger Geist letzthin bestimmt, mithin so, daß das Ganze, das in allen Teilen widerscheint, bereits in jedem Katechismus steht. Wonach es auch als Totalität, nicht nur als reiner Geist, keinen Prozeß braucht, es sei denn als Luxus oder als Eitelkeit millionenfach facettierter Selbstbespiegelung. Trotzdem hat Hegel ein Eingedenken des Totum in allen Teilen glänzender und unablässiger als jeder andere Philosoph eingeschärft. Statt des faulen, nämlich maß- und ziellosen Pluralismus, in dem sich die Vernunft bankrott erklärt und die Praxis überhaupt nicht mehr weiß, was sie über den nächsten Tag und das unmittelbarste Interesse hinaus will, wirkt im »Omnia ubique« der real vorhandene Zusammenhang. Das Omnia ubique als Alles ist und bleibt nicht das Vorhandene in seiner Ganzheit oder gar die Dreieinigkeit in einem als real gesetzten Über-Geist. Aber es ist die in jeder Epoche bestimmende Gesellschaftsweise und schließlich das, was Natur und Geschichte im Prozeß-Inhalt eint. Am gezielten Ende ist es das Eine Notwendige oder, mit einem altmodischen Ausdruck, das höchste Gut, das die Unruhe des Bedürfnisses und Strebens letzthin stillt, das nicht selber zu erstreben wäre, wenn es bereits vorhanden wäre. Diese Art Totalität: die des unvorhandenen Alles, nicht des vorhandenen Ganzen, ist das *zusammenhaltende Ziel* der dialektischen Bewegung, genau wie das Bedürfnis ihr *Antrieb und Motor* ist. Nur ein intentionales, ein tendenzhaftes Element dieses Endzustands, doch so viel immerhin, ist in jede Bewegung und Bewegungsgestalt eingebettet. Das aber schafft Verwandtschaften, besonders antithetischer Art, quer durch die Geschichte, das fundiert sogar manche paradoxe Windsbraut des Selben in Hegels dialektischen »Entsprechungen«. Es rechtfertigt nicht die Pedanterie ihrer Wiederholungen (die aus dem ununterbrochenen Panlogismus stammen), wohl aber die zusammenhaltende relative Einheitlichkeit in allen Abwandlungen, ja im Gestaltensturm seines Weltgeistes.

7. Hegels Dialektik hat nichts für die Bequemen übrig, das ist klar. Aber sie kann gelernt werden, es ist höchste Zeit, aus dem sturen Ja, Ja, Nein, Nein herauszukommen. Höchste Zeit, den abstrakten Glauben an feste Tatsachen und angeblich unveränderliche Gesetze über ihnen zu korrigieren. Ebensowenig wie die Lehre vom Fluß hat die darin einbegriffene Lehre von der Mündung, also die dialektische Totalität, etwas für die Bequemen übrig; sie ist deshalb nicht bloß lehrreich, sondern mahnend. Denn erstens hält sie die Augen dafür offen, daß das politische Dasein in allen seinen Akten weitverzweigt und vermittelt ist. In jedem einzelnen Moment der Geschichte, besonders der Befreiungsgeschichte, sind alle enthalten, ist die Ganzheit des zu Befreienden enthalten. Wird das Ganze, besonders das Alles ausgekreist, werden Klein- oder Teilziele verabsolutiert und nur sie betrieben, so bringt die theoretische Kurzsichtigkeit eine praktische Niederlage, selbst dann, wenn das isolierte Ziel erreicht werden sollte. Es gibt keine Trennung zwischen Weg und Endziel; dessen Totum befindet sich vielmehr in jedem Moment des Weges, sofern es überhaupt einer ist und nicht bloß eine Sackgasse. Der große Moment fand sehr oft ein kleines Geschlecht; das aber nicht nur, weil das Geschlecht so ganz allgemein klein war, sondern es war klein, war schwach, weil es die Totalität des sich Zutragenden, des zu Betreibenden nicht sah. Und zweitens befreit das Bewußtsein dialektischer Vermittlung in Totalität von dem festgefrorenen Zustand, worin der bornierte Verstand seine Gegensätze hält. Für ihn gibt es lauter isolierte Alternativen: entweder Sinnenglück oder Seelenfrieden, entweder Seifenbüchse oder elfenbeinerner Turm, entweder kriecherischen Empirismus, der immer nur an den Sohlen der

Wirklichkeit riecht, oder weltfremden Idealismus à la Don Quijote. Als müßte, wie Chesterton einmal spottet, das menschliche Hirn notwendig immer zwiespältig sein: der eine Hirnlappen wiederholt invariable Rechnungen, der andere träumt unmögliche Träume. Der Opportunismus, der sich für Realpolitik ansieht, hält sich ebenso außerhalb der geschehenden Wirklichkeit auf wie der utopische Radikalismus; der eine steht nur unterhalb ihrer, der andere greift über sie, beide sind deshalb unwahr, beide sind isolierte und übertriebene Teile. Die Dialektik des Totum löst alle diese abstrakten Dualismen auf, sie eröffnet den umfassenden Gesichtspunkt, von dem her die starre Zweiheit verschwindet, die in Wahrheit eine Einfältigkeit ist. Hegel lehrt darüber unmißverständlich: »Die Gegensätze, die sonst unter der Form von Geist und Materie, Seele und Leib, Glauben und Verstand, Freiheit und Notwendigkeit und so weiter bedeutend waren, sind im Fortgang der Bildung in die Form der Gegensätze von Vernunft und Sinnlichkeit, Intelligenz und Natur, absoluter Subjektivität und absoluter Objektivität übergegangen. Solche festgewordene Gegensätze aufzuheben, ist das einzige Interesse der Vernunft. Dies Interesse hat nicht den Schein, als ob sie sich gegen die Entgegensetzung überhaupt setzte; denn die notwendige Entzweiung ist ein Faktor des Lebens, das ewig entgegensetzend sich bildet: und die Totalität ist, in der höchsten Lebendigkeit, nur durch Wiederherstellung aus der höchsten Trennung möglich. Sondern die Vernunft setzt sich gegen das absolute Fixieren der Entzweiung durch den Verstand und um so mehr, wenn die absolut Entgegengesetzten selbst aus der Vernunft entsprungen sind« (Differenz des Fichteschen und Schellingschen Systems, I. S. 173 f.). Dialektik also ist kein Geklapper des Verstands, mit der äußerlichen Wendigkeit, jeden Begriff zu verwirren, das Weiße schwarz, das Schwarze weiß zu machen und so fort. Sondern als objektive Dialektik, wie sie Hegel meint, als Dialektik des Inhalts, ist ihr einziges Interesse die Darstellung und Praxis der werdenden Wahrheit. Die Welt bewegt sich wirklich in Gegensätzen, in jenen ihrer Flüssigkeit dazu, die, wie Heraklit sagt, nicht erlaubt, in denselben Fluß zweimal zu steigen. Und was sophistische Wendigkeit oder Betrug angeht, so besteht er nicht in der objektiven Dialektik, sondern genau in ihrer Ableugnung. Er besteht in der Vorspiegelung verfrühter oder völlig falscher Harmonie, in »Volksgemeinschaft« oder auch in dem mehr angelsächsischen Glauben, daß die Wahrheit in der Mitte liege. Er besteht aus dem trägen Kompromiß, worin der Charakter verdirbt, und worin die Bewegungskraft der Gegensätze abstumpft; kurz, er besteht aus jener Lauheit, die Jesus bekanntlich ausspeien wollte aus seinem Munde.

Hierbei zeigt sich an der Dialektik gegen die Bequemen noch ein anderer Zug. Er zeigt sich an der Art, wie bereits Hegel das Negative allein, mindestens das Negative in Bausch und Bogen nicht alles sowieso bewegen läßt. Er hat zwar die Negation, also das alte vernichtende Nichts, gänzlich zwischen Thesis und Synthesis eingespannt, durchaus in deren Mitte genommen. So daß der Geist, der stets verneint, wirklich keinen Schritt tun kann, ohne mehr oder minder der Fortbewegung, der Schaffung des Guten und Besseren zu dienen. Jedoch gibt es bei Hegel bereits hier gewisse Unterschiede, will sagen, er notiert auch untauglich Negatives. Er notiert gerade in der menschlichen Geschichte auch Nihilisierungen schlechthin verwüstender Art, ohne sichtbare dialektische Funktion. Als solche nennt Hegel den Peloponnesischen Krieg, den Dreißigjährigen Krieg und anderes fruchtlos Zerstörende, fruchtlos Ermattende mehr. Hegel wendet sich, an einer bemerkenswerten Stelle seiner Ästhetik, sogar grundsätzlich gegen das Negative als solches schlechthin. Das heißt, gegen Mephisto für sich, als den bloß kalten, inhaltlich unfruchtbaren Widerspruch. Die Stelle lautet: »Das nur Negative ist überhaupt in sich matt und platt und läßt uns deshalb entweder leer oder stößt uns zurück, mag es nun als Beweggrund einer Handlung oder bloß als Mittel gebraucht werden, um die Reaktion eines andern herbeizuführen. Das Grausame, Unglückliche, die Herbigkeit der Gewalt und Härte der Übermacht läßt sich noch in der Vorstellung zusammenhalten und ertragen, wenn es selber durch die gehaltvolle Größe des Charakters und Zwecks gehoben und getragen wird; das Böse als solches aber, Neid, Feigheit und Niederträchtigkeit sind nur widrig, der Teufel für sich ist deshalb eine schlechte, ästhetisch unbrauchbare Figur. Denn er ist nichts als die Lüge in sich selbst und deshalb eine höchst prosaische Person. Ebenso sind zwar die Furien des Hasses und so viele spätere Allegorien ähnlicher Art wohl Mächte, aber ohne affirmative Selbständigkeit und Halt« (X^1, S. 284 f.). Gewiß bezieht sich diese überraschende Invektive wesentlich aufs Negative in der Kunst, aufs Häßliche im Schönen, »in der idealen Darstellung einer Handlung«. Aber die hierbei gebrauchten Bestimmungen: »Herbigkeit der Gewalt« (mit Anklang an Jakob Böhmes Negations-Dialektik), »Härte der Übermacht«, greifen, wie beim Denker der Totalität selbstverständlich, doch weit über die ästhetische Sphäre hinaus. Ein Negatives für sich allein gilt hier nicht nur als künstlich Isoliertes, es gilt auch als in sich Isoliertes, als Sackgasse oder als Abgrund. Kein Zweifel, Mephisto für sich allein, man kann sagen: Mephisto ohne Faust, der als Reizung und Vehikel ihn gebraucht, wird hier nicht zur Dialektik gezählt. So wie – um ein näheres Beispiel zu nehmen – die Satanismen des Faschismus historisch wertlos sind und bleiben. Vom lebendigen Widerspruch her, vom revolutionären Faktor her kann mit diesen blutigen, doch ebenso toten Nihilismen nichts Beförderndes angefangen werden. Sie enthalten keinen ergreifbaren Hebel; das zum Unterschied von anderen objektiven Widersprüchen im überalterten Kapitalismus, obwohl der Faschismus von diesen, als der Krise, ein Teil ist. Ja, wie Marx lehrt, muß selbst das Vernichtende der *gehaltvollen* Krise, dieser dämonisch »wiederhergestellten Ganzheit« des Kapitalismus, vom Proletariat erst aktiv, also mit einem Gegenzug gegen das bloß Vernichtende, gebraucht werden, damit nicht das Proletariat zusammen mit der Bourgeoisie in der gleichen Barbarei untergehe. Soviel hier über das weiterhin Unbequeme, das heißt, zur Arbeit Aufrufende an der Dialektik. Mit der Algebra der Revolution muß sinngemäß auch – gerechnet, gehandelt werden, und die negativen Größen sind, gleich der Nacht, nicht unbehandelt des Menschen Freund. So ganz sich selbst überlassen, fühlt sich keineswegs jeder historisch auftretende Widerspruch (vom bloßen Unterschied oder Gegensatz zu schweigen) zum Fortschreiten gedrungen. Selbst beim bloß zusehenwollenden Hegel, wie erst beim aktiven Marx gibt es nichts unbedingt Dialektisches für sich an jedem Widerspruch. Auch dann nicht, wenn er unmittelbar durchaus negativ ist, ja dann – wie Faschismus, aber auch schon vertierendes Elend zeigen – gegebenenfalls am wenigsten. Der Widerspruch muß ergriffen werden und aktiv ergreifbar sein; und ist er letzteres nur, wenn er in weit reichenden, weiter reichenden, weit und weiter verflochtenen historisch-materiellen Zusammenhängen steht, so sind doch gerade auch diese Zusammenhänge in entscheidenden Fällen, wie besonders im heutigen Ernstfall, nur als weiterreichende verfolgbar, wenn der subjektive Widerspruch den objektiven gebraucht, sich mit ihm aktiv vermittelt. Erst dann wird der auch objektive Widerspruch gegen die Erstarrung, wird diese zur puren Vernichtung selbst widerspruchsvolle Tendenz in der objektiven Realität voll aktiviert. Gerade die Algebra der Revolution kennt keinen sich selber auskämpfenden Widerspruch sämtlicher negativer Größen für sich; sie kennt auch hier nicht diesen Automatismus. Dafür kennt sie einen Rest jener negativen Felder schlechthin, auf denen kein Gras wächst, auf denen sogar der »Dünger der Widersprüche«, die Umschlagspunkte zum möglichen Wachstum schwer oder gar nicht sichtbar sind. Was alles freilich, nachdem es ebenfalls gegen eine rein panlogisch-idealistische Dialektik bedacht worden ist, – was alles freilich die Macht, sogar die Feier der Negativität nicht hindert, im Gegenteil: ist doch die brauchbare *Vernichtung des Nichtigen*, dieses auf sich selbst Reflektierte und weiter Reflektierbare, entscheidend in ihr. So gilt: »Etwas ist lebendig, nur insofern es den Widerspruch in sich enthält, und zwar diese Kraft ist, den Widerspruch in sich zu fassen und auszuhalten« (IV, S. 67); so gilt das Gleiche, die *Negation der Negation* betreffend: »Der aufgelöste Widerspruch ist... das Wesen als Einheit des Positiven und Negativen« (IV, S. 60). Weshalb Hegel, trotz Dreißigjährigem Krieg und Abscheu vor der kalten Teufelsfaust, den Widerspruch jeder still-liegenden Identität vorziehen kann und muß. Er hält beide versuchsweise auseinander und fährt fort: »Ja, wenn von Rangordnung die Rede und beide Bestimmungen als getrennte festzuhalten waren, so wäre der Widerspruch für das Tiefere und Wesenhaftere zu nehmen« (IV, S. 66). Und genau an dieses Wesenhaftere ist bei Marx die Dialektik des historischen Materialismus direkt angeschlossen. Sie ist nicht direkt angeschlossen an die bloße Einheit der Widersprüche, an die coincidentia oppositorum der Dialektiker vor Hegel, an diese jederzeitige Prävalenz der Harmonie. Sondern Geschichte des Menschen ist vor allem der materialistischen Dialektik eine Geschichte der Dissonanz, nicht des irgendwo schon prävalenten Einklangs. Jedoch eben kommt zur Dissonanz des Geschehens, wenn es aus bloßer Vorgeschichte zur wirklichen übergehen soll, das dem Dissonanten selber Dissonierende des revolutionären Gegenzugs notwendig hinzu. Nicht einfache Negation, sondern erst Negation der Negation macht die Dialektik, nach dem wichtigen Satz von Engels, zu dem, was sie ist: zur historisch-produktiven, zu einer aus dem »insichgehenden Nachtpunkt der Negation« aufgehenden. Und der Faktor des subjektiven Widerspruchs in Verbindung mit den objektiv ausgebrochenen komplettiert erst, innerhalb der Klassenkampf-Geschichte, die materielle Dialektik. Diese subjektiv negierende Gewalt führt revolutionär über die bloße Katastrophe, die die einfache Negation bedeuten kann, hinweg: als Beförderung des produktiven Explosivcharakters der objektiven Widersprüche.

Pulsschläge und Syllogismen

»Das Beste, was die Kinder mit ihrem Spielzeug machen können ist, daß sie dasselbe zerbrechen« (Enz. § 396 Zusatz, VII², Seite 95).

Unterschied zwischen Verstand und Vernunft wird dialektisch sehr wichtig; er ist dieser:

»Vor Kant hat man bei uns keinen Unterschied zwischen Verstand und Vernunft gemacht. Will man aber nicht in das die unterschiedenen Formen des reinen Denkens plumperweise verwischende vulgäre Bewußtsein heruntersinken, so muß zwischen Verstand und Vernunft der Unterschied festgesetzt werden, daß für die letztere der Gegenstand das An-und-für-sich-Bestimmte, Identität des Inhalts und der Form, des Allgemeinen und des Besonderen ist, – für den ersteren hingegen in die Form und den Inhalt, in das Allgemeine und das Besondere, in ein leeres Ansich und in die von außen an dieses herankommende Bestimmtheit zerfällt, – daß also im verständigen Denken der Inhalt gegen seine Form gleichgültig ist, während er im vernünftigen oder begreifenden Erkennen aus sich selber seine Form hervorbringt« (Enz. VII[2], § 467, S. 355 f.).

Anders gesagt: »Das Denken als Verstand bleibt bei der festen Bestimmtheit und dem Unterschied desselben gegen andere stehen; ein solches beschränktes Abstraktes gilt ihm als für sich bestehend und seiend« (Enz. § 80, VI, S. 147). Wahr dagegen ist das nicht-schematische, nicht mechanische Vernunftdenken, das des konkreten Inhalts: »Das Spekulative oder Positiv-Vernünftige faßt die Einheit der Bestimmungen in ihren Entgegensetzungen auf, das Affirmative, das in ihrer Auflösung und in ihrem Übergehen enthalten ist« (Enz. § 82, VI, S. 157).

Macht des Denkens durch den ihm innewohnenden negativen Faktor, durch den Sturz der unwahr gewordenen, alten Positivität, durch Freilegung der neuen in Vernunft und Wirklichkeit: »Indem man fort dachte, ergab es sich, daß die höchsten Verhältnisse im Leben dadurch kompromittiert wurden. Durch das Denken war dem Positiven seine Macht genommen, Staatsverfassungen fielen dem Gedanken zum Opfer, die Religion ist vom Gedanken angegriffen, feste religiöse Vorstellungen, die schlechthin als Offenbarungen galten, sind untergraben worden, und der alte Glaube wurde in vielen Gemütern umgestürzt. Daher wurden Philosophen verbannt und getötet wegen Umsturzes der Religion und des Staats, welche beide wesentlich zusammenhingen. So machte sich das Denken in der Wirklichkeit geltend und übte die ungeheuerste Wirksamkeit« (Enz. § 19 Zusatz 3, VI, S. 33). – »Das Leben Gottes und das göttliche Erkennen mag also wohl als ein Spielen der Liebe mit sich selbst ausgesprochen werden; diese Idee sinkt zur Erbaulichkeit und selbst zur Fadheit herab, wenn der Ernst, der Schmerz, die Geduld und Arbeit der Negation darin fehlt« (II, S. 15)

J. G. Hamann, Licht des Sturms und Drangs, Feind der bloß verständigen Aufklärung, hatte geschrieben: »Optimus Maximus verlangt von uns Pulsschläge, nicht Syllogismen.« Hegel will beides als das Gleiche begriffen wissen, zusammenfallend in der dialektischen Lebendigkeit des Geistes, als welche in Thesis,

Antithesis (Widerspruch), Synthesis syllogistischen Pulsschlag hat. Hierbei allerdings hat Hegels Logik vom Widerspruch die bloße Verschiedenheit, sodann den bloßen Gegensatz unterschieden, dergestalt daß die *Verschiedenheit* nur äußerlich vergleichend da ist, der *Gegensatz* sich im Negativ-Positiven erschöpft und sich darin gegenübersteht, während erst der *Widerspruch* die bewegend-bewegte Einheit dieser Gegensätze darstellt (IV, S. 39–73). Zuweilen mag es scheinen, als ob Hegel jede Verschiedenheit, besonders jeden Gegensatz zum Rang eines objektiven Widerspruchs erhebt; im Sinn einer rein *idealistischen*, das heißt sowohl an die Welt herangetragenen wie in ihr als lückenlos fortlaufend gedachten und schließlich kreisrund stillstehenden Dialektik. Doch hängt auch das mit dem Pulsschlag zusammen, mit dem *»Idealismus der Lebendigkeit«*, wie Hegel die Dialektik nennt. Daher: »Die denkende Vernunft spitzt, sozusagen, den abgestumpften Unterschied des Verschiedenen, die bloße Mannigfaltigkeit der Vorstellung, zum wesentlichen Unterschied, zum Gegensatz, zu. Die Mannigfaltigen werden erst, auf die Spitze des Widerspruchs getrieben, regsam und lebendig gegeneinander und erhalten in ihm die Negativität, welche die inwohnende Pulsation der Selbstbewegung und Lebendigkeit ist« (IV, S. 71). – Es ist, wie Hegel intendiert, die denkende Vernunft in der *Welt*, nicht etwa oder nicht nur die im Menschen, welche dergestalt Verschiedenheit und Gegensatz zur Spitze des Widerspruchs hochtreibt, als eines den Objekten selber innewohnenden. Alles geht in der dialektischen Geistbewegung unter, alles bleibt in ihrem Allgemeinen und Gesonderten erhalten. Auch noch im Anderssein: »Es erhebt auf jede Stufe weiterer Bestimmung die ganze Masse seines vorhergehenden Inhalts und verliert durch sein dialektisches Fortgehen nicht nur nichts, noch läßt es etwas dahinter, sondern trägt alles Erworbene mit sich und bereichert und verdichtet sich in sich« (V, S. 349) – ein stürmisches Weltgedächtnis, ein Kardiogramm beständig geschehender, syllogistisch-spiraliger Baukunst.

Hegel nimmt hierbei, zum ersten Male seit Nikolaus von Cusa, den Gedanken von der Funktion des Nichts auf. Bei Cusa erschien das Nichts als die alteritas, die Anderheit, mit der die

Einheit in allen Dingen behaftet ist; was er so erklären will, »daß die Dinge entstehen, indem Gott sich in das Nichts hinein entfaltet« (De docta ignorantia II, 3). Mannigfaltigkeit, Regellosigkeit, Tod gehören alle zur Familie der uranfänglichen Nacht, zum ex nihilo, wie Augustin sagt, woraus die Welt gemacht ist. Bei Hegel kehrt dieses Nichts als Anderheit wieder, aber als Sphäre des Widerspruchs oder der Differenz in der Mitte: das Sein gebärt selber das Nichts, als seine negative Bestimmtheit, der Geist läßt in der Differenz und gerade in ihr für sich arbeiten. Auf diese Art ist das Nichts nicht nur zwischen Thesis und Synthesis eingehängt, sondern auch dauernd, in jedem dialektischen Mittelglied verschieden nuanciert; *die Folge der dialektischen Mittelglieder ist Hegels Geschichte des Nichts.* Das zur Antithese gewordene Nichts nimmt in Hegels panlogischem Gefüge die Stelle des *Kraftfaktors* ein und möchte ihn ersetzen. Das ist »die ungeheure Macht des Negativen«, als des Treibers, der die dialektische Entwicklung in Gang setzt und hält: das Negative ist hier der produktive Tod. Daher: »Nicht das Leben, das sich vor dem Tode scheut und von der Verwüstung rein bewahrt, sondern das ihn erträgt und in ihm sich erhält, ist das Leben des Geistes. Er gewinnt seine Wahrheit nur, indem er in der absoluten Zerrissenheit sich selbst findet, ... er ist diese Macht nur, indem er dem Negativen ins Angesicht schaut, bei ihm verweilt. Dieses Verweilen ist die Zauberkraft, die es (das Negative) ins Sein umkehrt« (II, S. 26) – So wird das Todesfeuer des Nichts bejaht, aber freilich auch fast gänzlich zwischen die positiven Bestimmungen: Thesis und Synthesis in die Mitte genommen. Das Negative liegt nicht etwa als *Nicht* am Anfang (da ist vielmehr stets die Thesis) oder droht als *Nichts* am Ende (da ist vielmehr stets die Synthesis). Es arbeitet nur in der Mitte, medial, als Vergänglichkeit, Vielheit und Kriegsernst, als Nacht im Licht, damit das Licht nicht zur »kraftlosen Schönheit« (des unbewegt Logischen) verkommen mag. Auf diese Weise wird das Nichts ein objektiver Mephisto, der in der Welt reizt und schafft. Es wird ein Unsicherheits-Agens gegen »das Festwerden der endlichen Bestimmtheiten«. Es wird Erkenntnis- wie Realgrund des notwendigen Untergangs alles bestehend Positiven, des immer wieder Unvernünftigwerdens des Vernünftigen. Auf diese Weise wird das Nichts bei Hegel also gänzlich in die Bewegung des Seins eingespannt: kein Tohuwabohu, sondern, wie Hegel behauptet, eine an sich automatische Triebfeder gerade der Lebendigkeit.

Sein, das in Nichts übergeht, ist Vergehen, Nichts, das in Sein übergeht, ist Entstehen; beides, auch das Vergehen, macht für Hegel das Werden aus, den sich verbrennenden, auferstehenden, sich wieder verbrennenden Phönix: »Wer verlangt, daß nichts existiere, was in sich einen Widerspruch, als Identität Entgegengesetzter, trägt, der fordert zugleich, daß nichts Lebendiges existiere. Denn die Kraft des Lebens und mehr noch die Macht des Geistes besteht eben darin, den Widerspruch in sich zu setzen, zu ertragen und zu überwinden. Dieses Setzen und Auflösen des Widerspruchs von ideeller Einheit und realem Außereinander der Glieder macht den steten Prozeß des Lebens aus, und das Leben ist nur als *Prozeß*« (X[1], S. 155 f.).

Wie stark bei Hegel das Dialektische in Passion zu schlagen vermag, erhellt aus folgendem unerhörten, erfahren-tiefsinnigen Passus aus der Rechtsphilosophie, Dialektik der Liebe betreffend: »Das erste Moment in der Liebe ist, daß ich keine selbständige Person für mich sein will, und daß, wenn ich dies wäre, ich mich mangelhaft und unvollständig fühle. Das zweite Moment ist, daß ich mich in einer anderen Person gewinne, daß ich in ihr gelte, was sie wiederum in mir erreicht. Die Liebe ist daher der ungeheuerste Widerspruch, den der Verstand nicht lösen kann, indem es nichts Härteres gibt als diese Punktualität des Selbstbewußtseins, die negiert wird, und die ich doch als affirmativ haben soll. Die Liebe ist die Hervorbringung und die Auflösung des Widerspruchs zugleich; als die Auflösung ist sie die sittliche Einigkeit (VIII § 158 Zusatz, S. 222).

1. Das Denken will hier alles sein, was wert ist, zu sein. Das erste Ansich, das zugrunde liegt, ist nach Hegel der Begriff. Er gilt ihm durchaus als lebendig, ja als das Nackte an allen Dingen. Hegels Logik ist unternommen als Darstellung des reinen stofflosen, hüllenlosen Gedankens. Dieser Gedanke besteht an sich, das ist vorausgesetzt, er findet sich zwar auch in sinnlichen Wahrnehmungen, doch noch unentwickelt. Um denken zu lernen, verlangt deshalb Hegel zunächst, daß der »Jugend Hören und Sehen vergehe«. Erst wenn sie grammatikalische, mathematische Erziehung erhalten hat, wenn sie in den Stand gesetzt ist, sich auf dem Boden des Begriffs zu bewegen, kann wieder auf die Sinne geblickt werden, kann das von ihnen Gelieferte nicht bloß wahrgenommen, sondern auch verstanden, also wirklich erfahren werden. Das Sinnliche gibt das Einzelne und sein raumzeitliches Außereinander, es »erscheint als das reichste an Inhalt, ist aber das ärmste an Gedanken«. Diese müssen nach Hegel an dem Stoff erst begreifend aufgezeigt werden, damit wirklicher Inhalt entstehe, über einen sehr erforderlichen, doch an sich nichtssagenden Haufen empirischer Kenntnisse hinaus. Kenntnisse sind vortrefflich, nachdem man Erkenntnis hat; diese geben erst Einsicht in den keineswegs sinnlich sichtbaren Zusammenhang. Hegel, einer der erfahrensten und konkretesten Denker, hat es an überreichen Kenntnissen nicht fehlen lassen. Doch er setzte Erkenntnis voraus, bis zum Vermögen, den angeblichen Gang der Begriffe an sich selbst zu fassen. Nur der sich selber entwickelnde Begriff ist scharf und notwendig, nur er macht Aussagen erweisbar, statt bloß belegbar.

2. Solch in sich webendes Denken kommt auch dort vor, wo es keineswegs so seltsam wirkt. Und gar nicht als so ganz verrufen, obwohl es ebenfalls nach Hexenküche riecht. Bekannt ist der Eindruck, der bei mathematischen Operationen zuweilen auftritt, als ob der Bleistift von selber rechne. Ein eigentümliches »Es denkt« scheint Gleichungen umzuformen, zu integrieren, immanente Spielregeln zu haben, wie ein ungeheures Schach, von einem rein gedanklich axiomatischen Grund zu rein gedanklichen konstruktiven Folgen vorschreitend. Fast ebenso

selbsttätig wirkt eine andere formelle Genauigkeit, die des rein juristischen Denkens, wie es vor allem von der romanistischen Rechtsschule entwickelt worden ist. Dergestalt, daß es Verhältnisbegriffe des Zivilrechts, wie Vertrag, Obligation, an und durch ihre Definition bestimmen will, in purer Begriffsjurisprudenz. Beide Beispiele, das mathematische wie das juristische, dienen zur vorläufigen Kenntnisnahme, daß unsinnliches, apriorisches Denken, wie fragwürdig es sein möge, doch auch in anerkannten Berufen vorkommt, nicht nur bei geistigen Spinnen und entsprechendem Spinnweb. Zur rein formellen Richtigkeit von Differentialgleichungen kommt nichts hinzu, wenn sie physikalisch, also auf Vorgänge sinnlicher Anschauung, »anwendbar« sind; sie fühlen sich dadurch nicht bestätigt. Der impliziten Definition des Vertrags ist es gleichgültig, ob Vertragspartner vorhanden sind, ja, sie wirkt, mitsamt den Folgerungen, die gezogen werden, desto apodiktischer, je luftleerer scheinbar der Raum ist, worin sie geschieht. Hierbei ist es nicht immer leicht, der juristischen, gar der mathematischen Erzeugung a priori ihren anschaulichen Quell, ihre Abhängigkeit von oft reichlich unsublimen sozialen Verhältnissen nachzuweisen. Mathematisches Denken greift jedenfalls nur bei wenigen Mathematikern auf sinnliche Erfahrung a posteriori zurück. Man kann die Zahl x bestimmen, indem man den Umfang eines wirklichen Kreises mißt; Archimedes soll die Quadratur der Parabel gefunden haben, indem er nach dem Lauf dieser Kurve zugeschnittene Plättchen abwog; doch das gilt der mathematischen Methode als fremd, gleich jeder Berufung auf Anschauung. Die Analysis deckt ständig Vorkommnisse auf, denen die Anschauung nicht zu folgen vermag: stetige Kurven, welche überall ohne Tangenten sind oder ein ganzes Quadrat erfüllen und dergleichen mehr. Kurz, alles, was den Anspruch apodiktischer Erkenntnis erhebt, befriedigt ihn in der Tat nur innerhalb eines scheinbar reinen Gedankens. Hegels Logik, als erstrebte »Darstellung der Wahrheit, wie sie ohne Hülle ist«, steht deshalb in ihrem Apriorismus nicht so allein, wie das neunzehnte Jahrhundert gemeint und inkriminiert hat. Der Ehrgeiz, der auf *logische Notwendigkeit* geht, kann überall nur mittels eines apriorischen Inzests erfüllt werden, nicht induktiv. Jedes Induzieren aus beobachteten

Fällen, selbst jede realistische Dialektik liefert immer nur einen Beweis mit mehr oder minder großer Wahrscheinlichkeit, keinen Beweis »aus der kalt fortschreitenden Notwendigkeit der Sache«, das heißt, mit zweifelsfreier, hypothesenfreier Apodiktik.

3. Also muß auch Hegels Belauschen a priori vom Beweiswillen her verstanden werden. Es stammt seinem nächsten Ursprung nach aus der Gemeinschaft der Aufklärung, nicht aus der Einsamkeit der Spinnen. Mit diesen hat das Apriori sich erst unter den Epigonen berührt, seien sie neukantianisch oder phänomenologisch. Die gesamte kontinentale Philosophie der Neuzeit, aus dem Zweifel an den bisher hingenommenen kirchlichen Mitteilungen geboren, wollte apodiktische Erkenntnis. Das heißt: vom Verstand als notwendig einzusehende, vom Verstand nachprüfbare, und im öffentlichsten wie strengsten Sinn beweisbare. Das Modell zu dieser Strenge war sinngemäß Mathematik, wie gesehen; der neuere Rationalismus, bei Descartes beginnend, ist mathematisch, nicht spekulativ geboren. Und Hegels Logik, dem reinen Gedanken verschworen, als ob er ein Selbstleben führe, setzt damit nur die apriorische Überlieferung fort, die mit Descartes beginnt. Descartes deduzierte sämtliche zweifelsfreien, das ist als notwendig einsehbaren Wahrheiten aus dem Grundsatz: »Dubito, cogito, ergo sum«, ich zweifle, denke, also bin ich. Dieser Grundsatz spricht bei Descartes nicht etwa, wie bei Augustin, eine innere Erfahrung aus, sondern, der Absicht nach, ausschließlich eine erste grundlegende rationale Wahrheit. Daher das Ergo: es ist nicht empirisch, sondern mathematisch oder im strengsten Sinn logisch: eine notwendige Folgerung zu einer notwendigen Idee. Das Bewußtsein hat sie in sich, als eingeborene Idee, als durchaus klare und bestimmte; die übrigen ebenso klar und evident bestimmten Ideen (nur diese) folgen mit neuem Ergo aus ihr. Der Gegenschlag gegen diesen apriorischen Rationalismus kam aus England, aus dem klassischen Land der Wahrscheinlichkeit, nicht der Apodiktik, der sinnlichen Folge, nicht der rationalen Folgerung. Locke bekämpfte Descartes und die eingeborenen Ideen; der Verstand war ihm eine tabula rasa, ein weißes Blatt, worauf nichts geschrieben ist. Beschrieben wird die tabula rasa einzig durch

äußere Sensationen; daraufhin setzt der Verstand gewisse zusammenfassende »faculties« in Funktion, wie Unterscheiden, Vergleichen, Verbinden. Aber was immer daraus an allgemeinen Kategorien resultiert, hat weder einen Selbstursprung noch einen Selbstwert, es bezieht sich, durch sprachliche Zeichen, einzig auf die Daten der Sensation: »Nihil est in intellectu, quod non fuerit in sensu«, nichts ist im Intellekt, was nicht in der Sinnlichkeit war. Indessen blieb gegen diesen reinen Sensualismus die gewaltige Korrektur, vom größten Denker der Zeit, nicht aus: Leibniz fügte dem Lockeschen Satz die vernichtende Ergänzung hinzu: »nisi intellectus ipse«, mit Ausnahme des Verstandes selbst. Er setzte die Eigenart der Seele, als einer selbsttätigen Monade, in die unbewußten Kategorialfunktionen, worin die Seele ihre immanente Gesetzmäßigkeit entfaltet. Ein Schritt weiter, und der ungeheuerliche Apriorismus Kants erscheint; das Wesen des Intellekts ist transzendentale Synthesis, ist Vereinheitlichung eines Mannigfaltigen durch die »Stammbegriffe des Verstands«, das heißt durch seine selbsttätigen Beziehungsformen oder Kategorien. Die Erkenntnis hebt mit Sinnesempfindungen an, aber sie hat in ihnen nicht ihren Ursprung; vielmehr schafft erst das schöpferische Apriori des Logischen die (wissenschaftliche) Erfahrung. »Der Verstand schreibt der Natur ihre Gesetze vor«: Gegenstand der (mathematisch-naturwissenschaftlichen) Erkenntnis ist also letzthin die – Erkenntnis selbst. Mit völligem erkenntnistheoretischem Idealismus setzte Fichtes »Wissenschaftslehre« (in vielem sonst ein Vorgänger der Hegelschen Phänomenologie) die Wandlung von einer »Metaphysik der Gegenstände« zu einer »Metaphysik des Wissens« fort: das Erkennen ist ein von der sinnlichen Anschauung her aufsteigender Prozeß der Selbsterkenntnis der Vernunft. Und von Schelling stammt die Hybris des berühmten oder auch berüchtigten Satzes: »Über die Natur philosophieren, heißt die Natur schaffen«; ein Satz, der die Vernunft-Spontaneität Kants weit überbietet, der das gesamte Natursein, da es selber nichts als Produzieren und Konstruieren sein soll, aus dem Leben der Vernunft konstruiert. Alle diese Apriorismen müssen mithin als die eines unbedingten Beweis- und Konstruktionswillens erinnert werden, um den Hintergrund des Hegelschen Ergo zu begreifen, als das er Dialektik apodiktisch entwickelt. Um Hegels Anspruch zu begreifen, daß die Vernunft ihren eigenen Gang, ihre sämtlichen Kategorien aus sich entspringen lassen könne, und daß aus der Sinnlichkeit nur das Einzelne der Erfahrung eingesetzt werden müsse. Gleichsam als das logisch ohnehin Erwartete oder als das, dem die Logik ante rem längst das Quartier gemacht hat. Und die Konstruktion war es auch, die die Dialektik aus der bloßen, noch weithin beliebigen Beweglichkeit des Gesprächs, worin sie bei Platon auftritt, in jene eigentümliche, freilich erst recht idealistische Strenge gebracht hat, welche ihren Fluß bei Hegel, selber widerspruchsvollerweise, fast gepanzert macht. Diese Strenge trat bezeichnenderweise erst angedeutet in der Phänomenologie hervor, sie kulminiert aber in der Logik, kontinuierlich jeden Kategorialbegriff (Etwas, Anderes, Eins, Vieles, Grund, Bedingung, Ding, Wechselwirkung und so fort) mit dem nächsten durch den Leitfaden des Widerspruchs verbindend. So wenig Hegel, der Historiker, in der Mathematik ein Organon der Philosophie sieht, so sehr hat er doch, vom Gemeinsamen der »Erzeugung« her, seine Logik zugleich als lückenlose »Ontologie«, rein aus den Tiefen der Vernunft hervor, entwickeln zu können geglaubt. Nun, die Geometrie kennt außer der Konstruktion auch noch jene sogenannte Hilfskonstruktion, die nach geschehenem Dienst wegradiert werden darf. So mag auch die Erzeugung a priori bei Hegel geehrt und abgelehnt werden: sie hat zwar ein Scheinleben von Abstraktionen begünstigt, sie ist an sich heilloser, gänzlich abgelaufener, untragbarer Idealismus, sie hat aber auch, indem sie alles Gegebene als »Aufgabe« darstellte, deren Faktizität in Notwendigkeit aufgelöst werden muß, einen eigenen Anstoß zu jener dynamischen Relativierung der Gegensätze hergestellt, die idealistische Dialektik heißt und in der Folge nicht nur eine idealistische bleibt.

4. Hegel duldet, wie zu sehen war, nichts Getrenntes, keinen Begriff, der dem anderen unverwandt wäre. Also stehen auch die Gattungsbegriffe, besser: die allgemeinen Aussageformen oder Kategorien, nicht starr nebeneinander, wie Schubladen. Sie sind auch nicht mit künstlichen Schnüren verbunden und mit äußerlichen Zetteln beklebt wie die Knochen eines Skeletts.

Denn damit wäre das lebendige Wesen der Sache ausgelassen, so wie in einem Skelett Herz, Blut, Nerven der Bewegung ausgelassen sind. Kategorien sind keine Tatsachen oder auch Gegenstände höherer Ordnung, bei denen der Prozeß der Entstehung und des Fortgangs wegdenkbar ist. Auch die Kategorien will Hegel vielmehr als Gestalten einer einheitlich zusammenhängenden dialektischen Bewegung fassen, und ihre Aufeinanderfolge wird durch die Bedeutsamkeit, durch die sich mehrende Gewichtigkeit bestimmt, welche sie in dieser Entwicklung einnehmen. Deshalb ist in Hegels Kategoriensystem die später entspringende Kategorie immer auch die höhere, immer auch die reicher bestimmende und bestimmte. Der Tag freilich, zu dem sich das erste noch unbestimmte Grauen des Begriffs auseinanderlegt, ist als Hegels Tag der Logik oder des bloßen Ansich des Geistes selber noch nicht der sonnigste. Hegel nennt seine Logik, das Reich der Begriffe, auch das »Reich der Schatten«, es ist ganz besonders, noch mehr als Grammatik und Mathematik, das Land, wo dem studierenden Subjekt Hören und Sehen vergeht. Nicht, als wären diese Schatten Abgeschiedene, wie die des griechischen Hades, der nach dem Leben kommt; dergleichen würde ja die Logik zu einer aposteriorischen machen, zu einer aus dem sinnlichen Dasein nachträglich abstrahierten. Es würde die Kategorien zu Universalia post rem machen, wie die nominalistischen, also empiristischen Scholastiker das ausgedrückt haben, zu Allgemeinbegriffen, die später als die Einzelsache auftreten. Das wäre die materialistische Auffassung und Einsicht, Hegel aber stellt sie wie alles Seinige auf den Kopf. Er macht besonders in der Logik das Prädikat zum Subjekt, das Abgezogene zum Urtümlichen. Hegel, als Apriorist, lehrt seine Kategorien als das logische Prius zur Welt, mithin als Universalia ante rem, mithin als *Hades eines Anfangs, nicht eines Endes.* Das Gefüge der Kategorien ist hier das logische Netz, ist der Stramin, wohin die Weltgestalten eingestickt sind; die Dialektik der Kategorien geht folglich der Dialektik ihrer Weltgestalten vorher. Sie wiederholt sich, erfüllt sich im Reichtum der Welt (zum Beispiel hat Hegel seine Geschichte der Religion, auch der Philosophie weitgehend parallel zu der »Geschichte« des Begriffs in der Logik behandelt). Aber fertig wird der Begriff bei Hegel bereits bei sich selber, eben als der Weltplan ante rem, der er ist und den er darstellt, aus reinen Gedankenbestimmungen darstellt. Logik gibt die Wahrheit ante rem, also außerhalb jeder komisch-stoffhaften Einkleidung; sie gibt eben deshalb »die Wahrheit, wie sie ohne Hülle ist«. Hegel hebt damit den Hades der Logik zugleich in den höchsten Himmel, und zwar mittels einer Formulierung, die wohl zu den idealistisch stolzesten, auch kühnsten gehört, die je gewagt worden sind. Er definiert in der Einleitung zur Logik: »Die Logik ist sonach als das System der reinen Vernunft, als das Reich des reinen Gedankens zu fassen. Dieses Reich ist die Wahrheit, wie sie ohne Hülle an und für sich selbst ist. Man kann sich deswegen ausdrücken, daß dieser Inhalt die Darstellung Gottes ist, wie er in seinem ewigen Wesen vor der Erschaffung der Natur und seines endlichen Geistes ist« (III, S. 35 f.). Bemerkenswert ist die Ähnlichkeit dieses Satzes mit dem Goethischen über Bachs Musik: die lasse hören, wie es im Busen Gottes vor Erschaffung der Welt aussah. Bei Goethe wie bei Hegel klingt so das Reich der Mütter an, das ist, der vorweltlich regsam-unregsamen Gedanken Gottes oder Urideen, im Sinn der Plotinischen Kategorienlehre ante rem. Dem verband sich in der christlichen Welt die spätbiblische Hypostase von der »Weisheit Gottes« (Sprüche Salomons 8, 22), jener Sophia also, die bestand, ehe Gott etwas schuf, und die er gehabt haben soll gerade am Anfang seiner Wege. Christlicher und neuplatonischer Logos klingt so in Hegels Logik zusammen; im Anfang war das Wort, nicht die Tat, und die Lehre vom Wort ist schlechthin präexistente Ontologie. Alle Platoniker sind zu dieser riesigen Umkehr des abstrakten Posterius zu einem abstrakten Prius veranlaßt, und der Logiker Hegel ist, so gesehen, der letzte Neuplatoniker der Kategorienlehre. Jedoch trotz dieser Vorgänger gibt seine Logik die ungeheuerste, auch ungeheuerlichste Theologisierung an, die das Apriori je gefunden hat: *der Mensch denkt in der Dialektik der reinen Vernunftbegriffe die fließenden Gedanken Gottes vor der Erschaffung der Welt.*

Es ist hiermit in der Hegelschen Philosophie eine Höhe erreicht, ihr Student muß anhalten. Das Studium der Logica divina ist nicht schwieriger als das der Phänomenologie, doch es verlangt mehr Ausdauer. Es verlangt eine unablässige Lust, im reinen Äther zu atmen, gar, wie verlangt wird, mit langen Zügen zu atmen. Und als auffälligstes Phänomen liegt gerade auch das Gegenteil von Äther vor: kein Gedankenwesen ist so sehr vom Himmel auf die Erde heruntergeholt worden, war so fähig dazu, heruntergeholt zu werden, wie das der Hegelschen Logik. Recht untheologisch gesinnte Männer wie Marx und Engels haben Hauptbegriffe dieser Logik übernommen und auf die Füße gestellt (so: Umschlag, Bedingung und Existenz, Vermittlung, Reflexion, Schein – Erscheinung – Wesen, Zufall – Notwendigkeit). Lenin hat darum das Studium dieser Logik zur Pflicht jedes gründlichen Marxisten gemacht, genau wie er sich selber, mit vollendetem Realismus, in die angeblichen »Gedanken Gottes vor der Erschaffung der Welt« vertieft und sie mit solch betontem dialektisch-materialistischen Gewinn studiert hat. Nicht bloß dialektische Grundzüge in Hegels Logik, auch seine Kategorien kommen zu einem beträchtlichen Teil bei Marx und Engels, bei Lenin und Stalin wieder, gewiß nicht als Himmelsfamilie a priori, wohl aber als materielle. Kategorien sind bei Marx und Engels die Daseinsformen, in denen eine jeweilige Gesellschaft die Beziehungen ihrer Menschen zueinander und zur Natur darstellt. Daraus erhellt freilich auch, zum Unterschied von Hegels Logik des Ein für allemal, daß jede geschichtlich erschienene Gesellschaft ihr eigenes herrschendes Kategoriensystem besitzt, ob dieses nun bewußt ausgeführt worden ist oder nicht. Es erhellt daraus weiter, daß die Urkategorie, welche *Relation* heißt, und zu welcher alle übrigen die Ausführungen sind, ebenso geschichtlich und sich verändernd ist, wie es nach Hegel die einzelnen Relationsglieder oder Kategorien selber sind. Wie jede Gesellschaft eine andere Struktur von Ethik oder Ästhetik aufweist, so auch eine andere Kategorienlehre insgesamt. Es gibt darum in der bisherigen Geschichte keine vom sozialen Gesamtstandort unabhängige Ontologie des »wahrhaft Seienden«; es kann noch keine geben. Eben die jeweils verschiedene Beschaffenheit der Grundrelation (von Menschen zu Menschen und zur Natur) macht die Kategorienlehren des primitiven, altorientalischen, antiken, feudalen, kapitalistischen Denkens selber so verschieden; trotz der produktiv-mißverstehenden oder erbend-fortarbeitenden Rezeptionen, die dazwischen stattgefunden haben und stattfinden. Auch Hegels Logik also stellt derart von Haus aus die mystifiziert, ebenso freilich die komplett und tendenzkundig durchgeführte Kategoriensammlung der letzterschienenen, der bürgerlichen Gesellschaft dar. So ist sie zwar keine vorweltliche Minerva, die dem Haupt des Zeus entsprungen, und keine Ur-Sophia, nach deren Wissen die Welt bis ans Ende der Tage gebildet ist. Wohl aber hat sie, gleich Hermes, dem Gott der Wege und Vermittlungen, den globus intellectualis durchmessen und aufgezeichnet; und es ist der spezifische Globus, den die europäische Welt seit fünfhundert Jahren bewohnt. So gibt diese Logik, in vielen Partien, ein Instrument ohnegleichen, um die Beziehungsformen der Gesellschaft seit der Renaissance zu begreifen, samt den Linien der von ihr aufgeschlagenen Welt. Das ist, wie gesagt, Hegels Logik von Haus aus, doch eben wegen der Größe und Höhe dieses Hauses, wegen des tendenzkundigen Standort-Überblicks zeigt sie allerdings noch ihre andere, ihre wahrhaft philosophische Qualität: mehr als nur Kategoriensammlung der bürgerlichen Vernunft zu sein. Denn indem eine Philosophie, wie Hegel sagt, ihre Zeit ist, in Gedanken gefaßt, erfaßt sie nach Maßgabe dieser Zeit auch die vorhergehenden, die in ihr »aufgehoben« sind, wie die nächstfolgende, mit der sie schwanger geht. Daher gibt Hegels Logik nicht nur unaufhörliche und überraschende Seitenblicke auf die Geschichte der Begriffe, in denen die Menschheit ihre Besinnung niedergelegt, ihre Verhältnisse präzisiert hat. Sondern auch der »Logos« künftiger Zeiten, der von der sich umwälzenden Wirklichkeit nicht mehr abgetrennt ist und deshalb kaum mehr Logos heißen wird, wird aus den »Gedanken Gottes vor der Erschaffung der Welt«, das sei hier: aus den dynamisch durcherforschten Modalitäten der Bewegung, des Seinkönnens, manche Prozeßbestimmung weiter erfahren können. Gerade weil die wirkliche Welt noch gar nicht erschaffen ist, weil der siebente Tag, an dem die Bibel ihren Gott ruhen läßt, als wäre alles Gute gut geschafft, noch sehr bemerkbar aussteht.

5. Hegels Logik hat die Denkformen ihrer Zeit in drei Teilen gedacht: im Buch vom Sein, im Buch vom Wesen, im Buch vom

Begriff. Diese drei Teile entsprechen den drei Hauptgliedern der Dialektik: dem unmittelbaren Ansich, dem Außersich (der Beziehung auf Anderes), dem Fürsich (dem im Anderen mit sich selbst Identischen). Die drei Teile sind wieder dialektisch untergegliedert, bis in die letzten Einheiten oder Verästelungen der Bestimmung. Das *Buch vom Sein* entwickelt die Qualität, die Quantität (Größenbestimmtheit, die als solche gegen die Qualität gleichgültig ist), daß Maß (qualitatives Quantum, das ist, Quantum, von welchem die Qualität abhängig ist). *Das Buch vom Wesen* reflektiert das Sein in sich selbst, so daß es ebenso außer sich ist, wie es sich in die Geschichte des Insichgehens begibt. Der Schicht des Außersich oder der Entzweiung entsprechend entwickelt sich dieser Teil der Logik als eines aus lauter Spiegel- und Reflexionsbestimmungen. Er ist gegliedert in die Lehre vom Wesen als solchem, das an Anderem erst scheint, sodann in die Lehre von der Erscheinung, das ist, des vom Wesen erfüllten, nicht mehr wesenlosen Scheins, schließlich in die Lehre von der Wirklichkeit, das ist, der ganzen und adäquaten Erscheinung des Wesens (mit den Kategorien Substanz, Kausalität, Wechselwirkung). Das Wesen einer Sache ist in Einem ihre Einheit und ihr Unterschied, aber so, daß es sich zugleich als die Einheit dieser Unterschiede, als ihre vermittelte Entfaltung bewährt. Das Buch vom Wesen ist so derjenige Teil der Hegelschen Logik, der am genauesten den Beziehungsbegriff der Entwicklung reflektiert. Er gibt mit größter Subtilität die Momente an, mittels derer eine Sache aus ihrem Grund, ihrem bestimmten Grund, ihren vollzählig vorhandenen Bedingungen in Existenz und Wirklichkeit eintritt. Das *Buch vom Begriff* läßt das Wesen, nach durchmessenem Außersich, nach geschehener Reflexion in sich selber, worin das Sein sich zusammengenommen hat, ins Fürsich gelangen. Dies logische Fürsich entwickelt sich als subjektiver oder formeller Begriff, sodann als der vom Begriff verschiedene Gegenstand oder die Objektivität, schließlich als Füllung des Begriffs mit der Idee. Im formellen Begriff bringt Hegel Elemente der bisherigen Schullogik unter (Tafel der Urteile, Schlußfiguren). In der Objektivität, das ist, in der »vollkommenen Selbständigkeit des Mannigfaltigen und ebenso großer Unselbständigkeit derselben«, erscheinen als Gedankengegenstände der mechanische, der chemische Prozeß, die Zweckmäßigkeit oder Teleologie. In der Idee, das ist, in »dem dem Objekt immanenten, zu sich absolut gekommenen Begriff«, bauen sich nacheinander auf die Ideen des Lebens, des Erkennens, des Guten. Omnia ubique auch hier; bereits die erste dialektische Dreiheit im Buch vom Sein: Sein-Nichts-Werden, enthält ja die gesamte Hegelsche Logik in nuce. Ebenso ist die absolute Idee des Endes wieder nur die vollendete Selbstbeziehung des einfachen Seins oder Anfangs, den sie, nach der Entfesselung der abstrahierten Produktivkräfte, als erfüllten wiederherstellt.

6. Der Anfang der Logik freilich wird von Hegel mit jenem völlig wild erscheinenden Satz ausgedrückt: »Sein und Nichts sind dasselbe.« Aber diese Wildheit ist gar keine, sie ist vielmehr die Lust, so leise als möglich zu beginnen, mit einem herben Pizzikato zu beginnen. Hegel meint mit dem *Sein* auf dieser seiner ersten Stufe das ganz und gar leere Ist, das wegen dieser Leere inhaltlich nichts anderes ist als das *Nichts*. Beide sind dasselbe, doch sie sind, wie das Stutzen des Denkens an dieser seiner ersten abstrakten Gestalt anzeigt, doch ebenso nicht dasselbe. Leeres Sein und leeres Nichts sind ungetrennt und unteilbar, doch so beschaffen, daß »jedes in seinem Gegenteil verschwindet«. Dieses Verschwinden des Einen in dem Andern gibt zu Sein und Nichts bei Hegel das dritte, dialektisch verbindende Moment: das Werden. Das Werden ist die Einheit vom reinen Sein und reinem Nichts, doch, da keine Einheit bleibt, und in der hier beschriebenen Urzelle der Dialektik am wenigsten, so ist auch die relative Einheit des Werdens wieder geteilt. Als Übergang vom Sein zum Nichts ist das Werden Vergehen, als Übergang vom Nichts zum Sein ist es Entstehen; die neue Einheit beider ist das Dasein, das Dritte aus Vergehen und Entstehen. Hegel versuchte in dem so entwickelten Anfang das Nichts, die völlige Leere, dies uralte Kreuz des Denkens, dennoch zu denken, indem er es mit dem ebenso leeren reinen Sein gegenerleuchtete. Mit einem Sein mithin, das nicht als Überhelle und Überfülle ins Nichts einbricht und die Nacht ein für alle Male unsichtbar macht. Sondern das »Es werde Licht« ist hier eben ein äußerst leiser Ruf, sein Pianissimo ist mit der Unhörbarkeit, Unsichtbarkeit des Nichts im Start des Anfangs geeint: »Reines

Licht und reine Finsternis sind zwei Leeren, welche dasselbe sind.« Andererseits ist das Nichts, als zweites Glied des Seins und der Dreiheit, in der gesamten Hegelschen Dialektik erhalten geblieben: »Es muß ... gesagt werden, daß es nirgends im Himmel und auf Erden etwas gebe, was nicht beides, Sein und Nichts, in sich enthielte« (III, S. 81). Dialektisch, wie bemerkt, ist das Nichts als das Negative oder der Widerspruch eingespannt, als das Anreizende, Subversive, zuweilen auch Mephistophelische, das den dynamischen Stachel zu ersetzen hat, der dem reinen Geist, dem pur Logischen fehlt.

Eine andere Bestimmung der Hegelschen Logik ist weniger auffallend als die vom Sein und Nichts, doch bekannter. Sie betrifft den *Umschlag der Quantität zur Qualität* und steht gleichfalls im Buch vom Sein, bei der Kategorie des Maßes. Wasser bleibt bei wachsender Abkühlung oder Erhitzung nicht Wasser, sondern wird mit einem Sprung zu Eis oder zu Dampf. Ein anderes Beispiel, das Napoleon beobachtete (und das Engels im Anti-Dühring zitiert): »Zwei Mamelucken waren drei Franzosen unbedingt überlegen; hundert Mamelucken standen hundert Franzosen gleich; dreihundert Franzosen waren dreihundert Mamelucken gewöhnlich überlegen; tausend Franzosen warfen jedesmal fünfzehnhundert Mamelucken.« Denn die vermehrte Quantität verwandelt den französischen Reitenhaufen mit einem Male in die neue Qualität: französische Kavallerie. Die Umschlagstelle nennt Hegel den Knotenpunkt: es bildet sich »auf solche Weise eine Knotenlinie von Maßen auf einer Skala des Mehr und Weniger«. Diese Umschlagslehre hat in der nachmaligen Theorie-Praxis des wissenschaftlichen Sozialismus klassische Bedeutung erlangt, sie macht in der »Algebra der Revolution« einen der wichtigsten Faktoren aus. Das Gesetz des quantitativen Umschlags bestimmt die Qualitätsverwandlung eines Handwerkbetriebs in eine Fabrik, einer bestimmten Wertsumme in Kapital, eines mittleren Kapitalismus, mit freier Konkurrenz, in einen monopolistischen. Dessen Quantität (Konzern, Trust) läßt gerade von der vorigen Qualität: freie Konkurrenz, offener Marktverkehr, Spielraum individuellen Lebens und anderen »unbegrenzten Möglichkeiten«, nichts mehr übrig; es beginnt die neue Qualität: Monopolkapitalismus.

Auch verheißt das Gesetz des Umschlags das Ende der Gesamtqualität einer übertriebenen Epoche überhaupt; nicht bloß, weil allzu scharf schartig macht oder Hochmut vor dem Fall kommt oder Faschismus vor dem bitteren Ende, sondern weil in einer überalterten Quantität der Widerspruch zu ihr besonders mitwächst. Weil die Negativität mitwächst, die Hegel den »Wendungspunkt der Bewegung des Begriffes« nennt. So lehrreich also führt Hegels Logik aus dem abstrakten in den lebenden Gedanken, aus dem vorweltlichen, den sie dem Programm nach hat, in den weltverändernden. Wobei die »Knotenlinie von Maßverhältnissen« nur das Bekannteste, auch gleichsam Sinnfälligste darstellt, nicht das Wichtigste in diesem Begriffsbuch. Das Wichtigste findet sich in der Lehre vom Wesen, als dem immer aufs neue brauchbaren Teil; denn er lehrt, von der Oberfläche der Erscheinungen in die dialektischen Entwicklungen einzudringen, welche sich an der Oberfläche reflektieren. Zugleich lehrt er historische Chemie oder Meteorologie der Entstehung, des »Hervorgangs der Sache in die Existenz«. Der Logos solcher Existenz- und Wirklichkeitsvermittlungen wird wichtig bleiben, auch wenn einmal Logik nur noch methodisches Diagramm der sich umwälzenden materiellen Daseinsformen sein dürfte, wenn also der Gegenstand der Logik eben nicht mehr – Logos heißt.

7. Die Bestimmungen Sein-Nichts-Werden und die des qualitativen Umschlags gehören alle noch der Lehre vom Sein an. Insofern sind sie erst Vorgebiet zur angegebenen Zentralstelle der Hegelschen Logik, zur »Lehre vom Wesen«. Die mannigfachen dialektischen Vorfälle im logischen Sein sind bei Hegel insgesamt noch Vorfälle und Beziehungen innerhalb der Unmittelbarkeit. Jede Bestimmung steht darin noch abgetrennt für sich als ein Anderes gegen die anderen da; im Wesen dagegen, als dem in sich *einheitlich* vermittelten, geschieht Selbstdifferenzierung. Deshalb gilt in der Logik des Wesens auch nicht mehr die einfache Negation, sondern die sich auf sich beziehende: die Reflexion, näher: die *Selbstvermittlung des Wesens an der Erscheinung*. An sich ist die Unterscheidung zwischen Wesen und Erscheinung eine auch dem unphilosophischen Bewußtsein längst bekannt gewordene und geläufige. Sie hub schon an, als

eine täuschende Sinneserscheinung, etwa ein gebrochener Stab im Wasser, Schein genannt wurde; »wahrhaft« oder »wesenhaft« ist der Stab nicht gebrochen. Andern, nämlich gesellschaftlichen Erscheinungen gegenüber erlangte das Wesen sehr bald einen Kampfakzent, so bei den Sophisten, den Kynikern, allerletzt, mutatis mutandis, bei Rousseau; es steht dann, als »Natur«, gegen willkürliche, von Machthabern erfundene »Satzung«. Das ganze revolutionäre Naturrecht arbeitete mit einem zur Erscheinung kontrastierenden, sie kritisierenden Wesensbegriff; wobei Erscheinung hier das geworden-herrschende Recht ist, während das Wesen die Ansprüche und Hoffnungen (Ideale) einer anderen gesellschaftlichen Gruppe umschreibt. Freilich konnte die Spannung zwischen Wesen und Erscheinung auch ganz unelektrisch bleiben, und zwar durch zu viel Dualismus, durch allzu große Zerreißung der irdischen und der wesenhaften Welt; so bei Platon. Oder die Spannung konnte harmonistisch abgeschwächt werden, im Gefolge einer allzu engen Verbindung; so teilweise bei Aristoteles, dann bei Thomas, dem zwischen Welt und Gott (»höchstem Wesen«) hierarchisch vermittelnden, und gewiß auch bei Hegel. Bei Spinoza steht gar die gesamte Erscheinungswelt, wenn sie adäquat erfaßt wird, im senkrechten Sonnenlicht des Wesens, das hier Substanz heißt. Anders freilich gibt sich das Wesenslicht in der Erscheinung, wenn es in dieser selbst erst sich zeitlich und in übereinander gelegten Stufen ausprägt. So trotz des Harmonierens bei Aristoteles, im aufsteigenden Stufenbau seiner Formideen oder Entelechien. Auch vom Standpunkt der Wesenslogik ist der Fortgang des Aristoteles über Platon also der, daß das Eigentliche oder die Formidee sich erscheinend entwickelt. Dadurch hat Aristoteles, der große Weitdenker ohne Verlust der Tiefe, der Metaphysiker einer qualitativ-morphologischen Enzyklopädie, den Bezug zwischen Erscheinung und Wesen zum ersten Male fruchtbar gemacht, nämlich genetisch fruchtbar: zwischen Erscheinung und Wesen rückt der Beziehungsbegriff konkreter *Entwicklung*. Und dieser Beziehungsbegriff eben triumphiert in der Hegelschen Logik des Wesens als einer einzigen genetischen Wechseldialektik zwischen Wesen und Manifestation. – Wesen also ist, was notwendig scheint, erscheint, sich vermittelt. Es muß zu seiner Welt kommen, ist mit ihr bei Hegel parthenogenetisch schwanger, ist nicht von ihr abgetrennt. Auf keinen Fall also darf dieses Hegelsche Wesen mit dem Ding an sich verwechselt werden, weder mit dem Kantischen noch gar mit dem gleichnamigen Terminus bei Schopenhauer. Auch bei Hegel kommt das Ding an sich vor, sogar überall, es ist aber nur das unmittelbar wahrgenommene Sein an sich, das bloß erst ein Sein für uns ist; der Unterschied zu Kants transkategorialem Grenzbegriff könnte also nicht größer sein. Die logischen Kategorien beziehen sich nach Hegel nur deshalb nicht oder lediglich nur unentwickelt aufs Ding an sich, weil dieses ein dem Denken noch so Äußerliches und ganz Abstraktes sei. Ja, Hegel nennt es die künstliche Leere, die entsteht, wenn von allen bestimmten Gedanken abstrahiert wird: »Man muß sich hiernach nur wundern, so oft wiederholt gelesen zu haben, man wisse nicht, was das Ding an sich sei; und es ist nichts leichter als dies zu wissen« (Enzkl. § 45); Wesen dagegen ist komplizierte Fülle und setzt sie heraus. So wenig hängt vor Hegels Ding an sich der Schleier der Isis, daß es in der Logik, wie bereits in der Phänomenologie, geradezu als Prototyp der Kahlheit und Uninteressantheit an verschiedensten Orten zitiert wird: »Das Subjekt ohne Prädikat ist, was in der Erscheinung das Ding ohne Eigenschaften, das Ding an sich ist, ein leerer unbestimmter Grund« (V, S. 72). Während das Wesen hintereinander den absoluten, den bestimmten Grund und die Bedingung der Erscheinung ausmacht und vor allem einen logischen Inhalt, der sich nicht genug daran tun kann, aus dem abstrakten Ansich ins manifeste Außersich zu geraten: – »Wesen ist Wahrheit der Erscheinung.«

Dieses auf eine Weise, die strenger, freilich auch schwieriger als irgendwo Bestimmungen aneinander zerbrechen und hervorgehen läßt. Logik des Wesens stellt für Hegel das *Organon dialektisch begriffener Geschichte* dar; hier sind seine wichtigsten genetischen Vermittlungsbegriffe. Das eben deshalb, weil sich das Wesen, seiner letzten Reflexionsbestimmung nach, selbst als Grund bestimmt und aufhebt; und Grund, der zugrunde geht, ist Hervorgang. Die Sache geht aus dem Grunde hervor: »Sie wird durch ihn nicht so begründet oder gesetzt, daß er noch unten bliebe; sondern das Setzen ist das Herausbewegen des

Grundes zu sich selbst und das einfache Verschwinden desselben« (IV, S. 117f.). Selbstdifferenzierung des Wesens an und zu den Erscheinungen der Wirklichkeit ist Aufhebung des Wesens bereits in der Wirklichkeit und nicht erst, wie Hegel in der nachfolgenden »Lehre vom Begriff« bestimmt, in der Freiheit oder Subjekthaftigkeit des Begriffs. Auf diese Weise freilich bleibt für Hegel weder im Wesen ein zurückgehaltener, noch nicht entwickelter Rest, noch bleibt in der Erscheinung, die dermaßen vollen Grund (vollzählige Bedingungen) hinter sich hat, letzthin Spielraum von Möglichkeiten. Als Wirklichkeit ist die Erscheinung ganz und adäquate Manifestation des Wesens; daher zeigt sie in allen wesentlichen Verhältnissen vernünftige, absolute Notwendigkeit. Damit ist allerdings bereits logisch präformiert, was bei Hegel Geschichte nicht nur hervorruft, sondern auch letzthin überflüssig macht: die Vermittlung des Grundes ist perfekt, es gibt kein Geheimnis mehr. Der Grund des Wesens ist zur Welt ausgeschöpft, ist ganz und gar zur Welt gekommen: – um diesen Preis also wurde bei Hegel die konkrete Wesens-Erscheinungsvermittlung gewonnen. Sie ist Ruhe nach glücklich getaner Arbeit; es gibt kein uneingesenktes Wesen mehr, das in Wahrheit Seiende ist erreicht, es gibt nichts Wesenhaftes mehr zu besorgen. Der Weltgeist hat seine Arbeit getan: das Glück solch behaupteter Wesensvermittlung erfüllt darum von der Logik her den ganzen Tempel der Hegelschen Philosophie. – Es sei denn, die Logik blicke auf dasjenige in der Erscheinung, was doch nicht ganz vermittelt, was für Hegel selber nicht ganz »wahrhaft« und »wesentlich« ist. Dahin gehören bei ihm alle vereinzelten, auch anekdotischen Elemente des »zufälligen Beiherspielens« in der Geschichte, erst recht allerhand Mißgeburten, erst recht »Würmer, Insekten und anderes Geschmeiß«, auf das der Logos absoluter Vermittlung die ganze Schale seines Zorns, also der Nicht-Vermittlung, ausgießt. Die erscheinenden Allotrias wohnen auch nicht etwa in Zwischenräumen der logischen Kategorien, so daß das nicht wahrgehaltene »Unwesentliche« hier wenigstens logisch untergekommen wäre; denn in diesen Zwischenräumen, wenn sich so sagen läßt, wohnt bei Hegel einzig der diskontinuierende Umschlag, der Sprung von einer Kategorie zur anderen. Die Allotrias werden ebensowenig in der »Sphäre der Differenz« notwendig gemacht, in der von Hegel ganz eigentlich als Negation ausgezeichneten; denn diese (der »Sauerteig des Schmerzes und Widerspruchs«) ist dialektisches Vehikel, nicht logischer Rückstand. Der sehr alte Wertcharakter des Wesens bricht daher bei Hegel überall durch, wider die Abrede, wo er Erscheinungen als »unwesentlich« richtet. Und deutlich dort, wo er menschliche Arbeit, das ist Konkretisierung der genetischen Wesenslogik, ausdrücklich als »Verwesentlichung« feiert; so in der Staatslehre, so besonders unverhohlen in der Kunst. Man halte zwei Sätze zusammen, den einen aus der Wesenslogik, den anderen aus der Ästhetik; beide halten den Kampfcharakter, nämlich Wertcharakter des Wesens in ihrer Art aufrecht, beide ergänzen sich darin. Der eine Satz bezieht sich auf den Unterschied zwischen erscheinend-unmittelbarer Oberfläche und logisch vermittelter Tiefe: »Wenn daher gesagt wird, alle Dinge haben ein Wesen, so wird damit ausgesprochen, daß sie wahrhaft nicht das sind, als was sie sich unmittelbar erweisen« (VI, S. 224f.). Der andere Satz macht den Künstler, als Täter des Wesens in seinem spezifischen Feld, der Naturerscheinung gegenüber relativ souverän: »Indem die Kunst das in dem sonstigen Dasein von der Zufälligkeit und Äußerlichkeit Befleckte zu dieser Harmonie mit seinem wahren Begriffe zurückführt« (der Begriff ist die Wahrheit des Wesens), »wirft sie alles, was in der Erscheinung demselben nicht entspricht, bei Seite und bringt erst durch diese Reinigung das Ideal hervor« (X^1, S. 200). Wesen zeigt also auch bei Hegel nicht überall völligen Hervortritt aus einem Grunde, es eignet ihm ein unleugbarer Charakter von Unausgetragenheit, von einer noch im Grunde steckenden Unerschienenheit. Es eignet ihm seit alters die Spannung, mit der die »Essenz« gegen die »Existenz« erkenntnistheoretisch, juristisch, nicht zuletzt religiös aufgetreten ist. Ganz gleich, wie weit die »Essenz«, von Platon bis Thomas, selbst wieder ontisch gemacht worden ist, wie weit sie also – durch Hypostasierung zu einem überweltlich-mythischen Ens realissimum – in ihrer esoterischen Unerschienenheit noch unbegriffen blieb. Auch darf nicht vergessen werden: Hegels Logik des Wesens ist lediglich das *Organon* geschehender Wesensvermittlung, sie ist das Werkzeug des ansichseienden Begriffs, nicht das Werk der außer sich und für sich seienden Weltkonkretionen. Sind diese Konkretionen in der Hegelschen Philosophie auch allemal nur wieder solche des Logos, so hinderte doch die so oft gestörte und unterbrochene Weltbildung Hegel, seine Realphilosophie völlig als Verdopplung (oder Exempelstoff) seiner Logik darzustellen. Als Organon bleibt die Wesenslogik Schule jedes gründlichen Gedankens, auch wenn die Welt, ja wenn das Wesen selber nicht Logos ist. Wenn es weniger geisthaft ist, vielmehr, worauf gerade die Härten und Schwierigkeiten seiner logisch-genetischen Entwicklung hindeuten, ein in seinem Grunde, gerade in diesem, mit sich selbst noch unvermitteltes Daß, ein noch nicht zureichend bestimmter Intensitäts-Faktor diesseits wie jenseits der logisch-historischen Bestimmungs- und Objektivierungsversuche. Das grundhaft treibende und letzthin inhaltliche Wesen der Welt ist ein Intensives, nicht ein Logisches; das Logische ist ihm nur der Schlüssel, so wie die Theorie der Schlüssel zur Praxis ist. Es ist dies Intensive, auf das sich auch bei Hegel, malgré lui, alle logischen Bestimmungskategorien beziehen, mit dem sie aber, als einem Existierenden und Materiellen, nicht zusammenfallen. Logik des Wesens zeigt trotzdem, in so vielen feinen und riesigen Lichtblicken, wie (wenn auch nicht, wo) das X des zugrunde gehenden, zu seinem Grunde gehenden Wesens den Most holt, der es ist oder sein könnte. Dieser Most oder Grund aller Dinge ist die Materie, aus der ihre Bildungen ebenso hervorgehen, wie sie selber in ihnen sich organisiert, manifestiert, immer erst noch bildet.

Ein Weltnetz, kein spanischer Stiefel

Werdendes Denken: »Der Begriff erzeugt sich im Verlaufe und kann somit nicht vorhergeschickt werden« (III, 27).

Gegen den spanischen Stiefel (die alte, erstarrte Logik):

> Da wird der Geist Euch wohl dressiert,
> In Spanische Stiefeln eingeschnürt...
> Zwar ist's mit der Gedankenfabrik
> Wie mit einem Webermeisterstück,

Wo Ein Tritt tausend Fäden regt,
Die Schifflein herüber-hinüberschießen,
Die Fäden ungesehen fließen,
Ein Schlag tausend Verbindungen schlägt.

Faust I, Studierzimmer

Analog gegen die scholastisch bleibende, nicht sich inhaltlich bewegende Logik: »Die Bestimmungen gelten in ihrer Festigkeit unverrückt und werden nur in äußerliche Beziehung miteinander gebracht. Dadurch daß bei den Urteilen und Schlüssen die Operationen vornehmlich auf das Quantitative der Bestimmungen zurückgeführt und gegründet werden, beruht alles auf einem äußerlichen Unterschied, auf bloßer Vergleichung, wird ein völlig analytisches Verfahren und begriffloses Kalkulieren« (III, S. 39).

Logik statt dessen als Weltnetz, als Kategorienlehre, als Lehre von dem webend-verwebten Weltplan: »Sie enthält den Gedanken, insofern er ebensosehr die Sache an sich selbst ist, oder die Sache an sich selbst, insofern sie ebensosehr der reine Gedanke ist... Anaxagoras wird als derjenige gepriesen, der zuerst den Gedanken ausgesprochen habe, daß der Nus, der Gedanke, das Prinzip der Welt ist. Er hat damit den Grund zu einer Intellektualansicht des *Universums* gelegt, deren reine Gestalt die Logik sein muß« (III, S. 35 f.).

Logische Methode als lebendiges Mitgehen des Vernunftwegs: »Etwas vernünftig betrachten heißt, nicht an den Gegenstand von außen her eine Vernunft hinzubringen und ihn dadurch bearbeiten, sondern der Gegenstand ist für sich selbst vernünftig; ... die Wissenschaft hat nur das Geschäft, diese eigene Arbeit der Vernunft der Sache zum Bewußtsein zu bringen« (VIII, S. 66). – »Damit daß dies tote Gebein der Logik durch den Geist zu Gehalt und Inhalt belebt werde, muß ihre Methode diejenige sein, wodurch sie allein fähig ist, reine Wissenschaft zu sein; ... denn die Methode ist das Bewußtsein über die Form der inneren Selbstbewegung ihres Inhalts« (III, S. 40 f.).

Das erste Kapitel der Hegelschen Logik als sie selber in nuce: »Das *Sein*, das unbestimmte Unmittelbare ist in der Tat Nichts und nicht mehr noch weniger als Nichts... *Nichts* ist somit dieselbe Bestimmung oder vielmehr Bestimmungslosigkeit und damit überhaupt dasselbe, was das reine Sein ist... Was die Wahrheit ist, ist weder das Sein noch das Nichts, sondern daß das Sein in Nichts und das Nichts in Sein – nicht übergeht –, sondern übergegangen ist. Aber ebensosehr ist die Wahrheit nicht ihre Ununterschiedenheit, sondern daß sie nicht dasselbe, daß sie absolut unterschieden, aber ebenso ungetrennt und untrennbar sind, und unmittelbar jedes in seinem Gegenteil verschwindet. Ihre Wahrheit ist also die Bewegung des unmittelbaren Verschwindens des Einen in dem Anderen, das Werden« (III, S. 78 f.).

Abschaffung der fatalen und unwahren Kategorie Allmählich: »Es gibt keinen Sprung in der Natur, wird gesagt; und die gewöhnliche Vorstellung, wenn sie ein Entstehen und Vergehen begreifen will, meint es damit begriffen zu haben, daß sie es als ein allmähliges Hervorgehen und Verschwinden darstellt. Es hat sich aber gezeigt, daß die Veränderungen des Seins überhaupt nicht nur das Übergehen einer Größe in eine andere Größe, sondern Übergang vom Qualitativen in das Quantitative und umgekehrt sind, ein Anderswerden, das ein Abbrechen des Allmählichen und ein Quantitativ-Anderes gegen das vorhergehende Dasein ist« (III, S. 450). – Das Allmähliche betrifft also nach dieser wichtigen und folgenreichen Bestimmung »nur das Äußerliche der Veränderung, nicht das Qualitative derselben«. Damit macht Hegel den Unterschied zwischen Evolution und Revolution, näher: zwischen Fabiern (»friedlichem Hineinwachsen«) und Marxisten logisch kenntlich.

Die Reife (Erfüllung) der Bedingungen und die Unausweichlichkeit der Folge des Erfolgs, gegebenenfalls des Auferstehungstags, wie Marx im Kommunistischen Manifest sagt, mit wörtlichem Anschluß an folgende Hegelsche Prämisse: »Wenn alle Bedingungen einer Sache vorhanden sind, tritt sie in Existenz. Die Sache ist, ehe sie existiert; und zwar ist sie erstens als Wesen oder als Unbedingtes; zweitens hat sie Dasein und ist bestimmt, einerseits in ihren Bedingungen, andererseits in ihrem Grunde... Diese durch Grund und Bedingung vermittelte und durch das Aufheben der Vermittlung mit sich identische Unmittelbarkeit ist die Existenz« (IV, S. 116 ff.).

Die Existenz nun, als wesentlich gewordene, ist *Erscheinung:* »Die Erscheinung ist das Existierende, vermittelt durch seine Negation, welche sein Bestehen ausmacht... Die Erscheinung ist zunächst die Existenz als die negative Vermittlung mit sich, so daß das Existierende durch sein eigenes Nichtbestehen, durch ein Anderes, und wieder durch das Nichtbestehen dieses Anderen mit sich vermittelt ist. Darin ist enthalten erstens das bloße Scheinen und das Verschwinden beider, die unwesentliche Erscheinung; zweitens auch das Bleiben oder das *Gesetz,* die wesentliche Erscheinung... Das Gesetz ist daher nicht jenseits der Erscheinung, sondern in ihr unmittelbar gegenwärtig; das Reich der Gesetze ist das ruhige Abbild der existierenden oder erscheinenden Welt... Das Reich der Gesetze ist der ruhige Inhalt der Erscheinung; diese ist derselbe, aber sich im unruhigen Wechsel und als die Reflexion in Anderes darstellend« (IV, S. 146 ff.). – Die *Wirklichkeit* ist die Einheit des Wesens und der Erscheinung, ihre »absoluten« Verhältnisse sind Substantialität, Kausalität und Wechselwirkung: »Der Regen ist Ursache der Feuchtigkeit, welche seine Wirkung ist; der Regen macht naß, dies ist ein analytischer Satz; dasselbe Wasser, was der Regen ist, ist die Feuchtigkeit... Wenn die Bewegung eines Körpers als Wirkung betrachtet wird, so ist die Ursache derselben eine stoßende Kraft; aber es ist dasselbe Quantum der Bewegung, das vor und nach dem Stoß vorhanden ist... Es ist in Rücksicht dieser Tautologie... noch die unstatthafte Anwendung des Kausalitätsverhältnisses auf Verhältnisse des physisch-organischen und des geistigen Lebens zu bemerken, ... weil das, was auf das Lebendige wirkt, von diesem selbständig bestimmt, verändert und verwandelt wird... In der Geschichte überhaupt sind geistige Massen und Individuen im Spiele und in der *Wechselbestimmung* miteinander, ... wodurch das in der endlichen Kausalität in den schlecht-unendlichen Progreß auslaufende Wirken umgebogen und zu einer in sich zurückkehrenden, einer unendlichen *Wechselwirkung* wird« (IV, S. 227–239).

Äußere Notwendigkeit (als dasselbe wie Zufall), innere Notwendigkeit (als Einheit von Veranlassung und Resultat), absolute Notwendigkeit (als dasselbe wie Freiheit), – dargestellt in der Religionsphilosophie:

»Die *äußere* Notwendigkeit ist eigentlich zufällige Notwendigkeit... Die Umstände, die veranlassen, sind unmittelbar, und da auf diesem Standpunkt unmittelbares Sein nur den Wert der Möglichkeit hat, so sind die Umstände solche, die sein können oder auch nicht... Ein Ziegel fällt vom Dache und erschlägt einen Menschen, das Herunterfallen, das Zusammenkommen kann sein oder auch nicht... Die bedingenden Ursachen und die Resultate sind verschieden, der fallende Ziegel, der erschlagene Mensch sind vollkommen verschiedenen Inhalts, es kommt etwas ganz Anderes heraus als das Resultat, was gesetzt ist« (XII, S. 15).

»Die *innere* Notwendigkeit ist dagegen dies, daß alles, was als Ursache, Veranlassung, Gelegenheit vorausgesetzt ist, unterschieden wird, das Resultat gehört Einem an, die Notwendigkeit macht eine Einheit zusammen aus. Was in dieser Notwendigkeit geschieht, ist so, daß nicht etwas Anderes aus Voraussetzungen resultiert, sondern der Prozeß ist nur der, daß das, was vorausgesetzt ist, auch im Resultat hervorkommt, mit sich selbst zusammengeht, sich selbst findet... Das Resultat ist die Sammlung dessen, was die Umstände enthalten, und Manifestation dessen als Gestalt« (XII, S. 16f.).

»Endlich die *absolute* Notwendigkeit ist und enthält an ihr selbst die Freiheit: denn eben sie ist das Zusammengehen ihrer mit sich selbst; sie ist schlechthin für sich, hängt nicht von Anderem ab, ihr Wirken ist das freie, nur das Zusammengehen mit sich selbst, ihr Prozeß ist nur der des Sichselbstfindens, dies aber ist die Freiheit«. – Dies ist aber nicht als Amor fati gemeint: »Die Gesinnung, sich der Notwendigkeit zu unterwerfen, wie sie bei den Griechen war und bei den Mohammedanern noch ist, hält wohl in sich die Freiheit, aber es ist nur die ansichseiende formelle Freiheit; vor der Notwendigkeit gilt kein Inhalt, kein Vorsatz, keine Bestimmtheit, und darin besteht noch ihr Mangel.« – Sondern nur als begriffene enthüllt sich Notwendigkeit als Freiheit: die äußere (blinde) wird durch ihr Begreifen durchschaut, die innere und die absolute wird durch ihr Begreifen bejaht und so der Kern der Sache: der *Zweck*, mit dem Menschen vermittelt: »Der Begriff der äußeren Notwendigkeit und der Zweckmäßigkeit stehen gegeneinander; der Zweck (in der inneren, absoluten Notwendigkeit) ist dagegen das Bleibende, Treibende, Tätige, sich Realisierende« (XII, S. 19 ff.).

Der äußere Zweck ist überhaupt keiner, sondern erst der in der Sache durch Mittel vermittelte, ausgeführte. Wobei das Mittel, gegebenenfalls, so als Pflug, ehrenvoller sein kann als der endliche Zweck, dem es dient. Auf alle Fälle jedoch: äußere (subjektiv herangebrachte) Zweckmäßigkeit ist falsch und schal, dagegen immanente, in den Dingen als Zielursache wirkende Zweckmäßigkeit ist wirklich und kann Ursachen als Mittel gebrauchen. Mechanismus und Teleologie bleiben darin keine harten, sich ausschließenden Gegensätze, sondern sind, wofern das Mechanische sich nicht isoliert, Momente der gleichen dialektischen Bewegung:

»Dies macht den Charakter des Mechanismus aus, daß, welche Beziehung zwischen den Verbundenen stattfindet, diese Beziehung ihnen eine fremde ist, welche ihre Natur nichts angeht, und wenn sie auch mit dem Schein eines Eins verknüpft ist, nichts weiter als Zusammensetzung, Vermischung, Haufe usf. bleibt. Wie der materielle Mechanismus, so besteht auch der geistige darin, daß die im Geiste bezogenen (Teile) sich einander und ihm selbst äußerlich bleiben« (V, S. 180). »Der Zweck hält sich aber nicht nur außerhalb des mechanischen Prozesses, sondern erhält sich in demselben und ist dessen Bestimmung« (V, S. 226). »Die Teleologie hat sich den Vorwurf des Läppischen deswegen so sehr zugezogen, weil ihre Zweckbeziehung so äußerlich und daher zufällig erscheint« (V, S. 212). »Der in seinem Mittel tätige Zweck muß daher nicht als ein Äußerliches das unmittelbare Objekt bestimmen, sondern dieses durch sich selbst zur Einheit des Begriffs zusammengehen; oder jene äußerliche Tätigkeit des Zwecks durch sein Mittel muß sich als Vermittlung bestimmen und selbst aufgeben« (V, S. 224 f.).

Das Omega oder Ende ist in Hegels Logik nichts als das informierte Alpha und geht in diesen Anfang zurück. »Man kann daher von der teleologischen Tätigkeit sagen, daß in ihr das Ende der Anfang, die Folge der Grund, die Wirkung die Ursache sei, daß sie ein Werden des Gewordenen sei« (V, S. 228): dieses gilt für sämtliche Kategorialfunktionen, Bestimmungstätigkeiten der Hegelschen Logik insgesamt. Sie lehrt die Macht des Sprungs und des vermittelten Novum überall, doch ebenso nirgends; denn der Sprung hat als seine Bewegungsform den Kreis. Er führt vom Ansich des Anfangs zum An- und Fürsich des Endes, welches der Anfang ist. Das Erste ist nur vergangen, indem das Letzte wieder das Erste ist, das schon ganz logisches Material war. Insgesamt gibt es keinen Sprung, keine Überraschung, keinen Einschlag des Logischen in ein ganz Anderes, nämlich in das Suchende, in das Intensive jedes »Anfangs«. Die Logik hört statt dessen bei Hegel nimmer auf: »So ist denn auch die Logik in der absoluten Idee zu dieser einfachen Einheit zurückgegangen, welche ihr Anfang ist; die reine Unmittelbarkeit des Seins, in dem zuerst alle Bestimmung als ausgelöscht oder durch die Abstraktion weggelassen erscheint, ist die durch Vermittlung, nämlich die Aufhebung der Vermittlung, zu ihrer entsprechenden Gleichheit mit sich gekommene Idee« (V, S. 352 f.). Das Ansich der Idee, als das Hegels Logik insgesamt dasteht, hat derart den Weltplan beendet, ihn im Kreislauf beschrieben und zurückgelegt. Die Kategoriensammlung der geschichtlich entwickelten menschlichen Vernunft ist damit auf das Unvordenkliche eines Welt-Alpha zurückdatiert; hierin haben sie freilich, in einem ganzen Vor-Kosmos aus Apriori, ungestörten Platz.

Möge alles, was ich noch zu leisten fähig bin, sich immer an dasjenige anschließen, was Sie gegründet haben und auferbauen.

Goethe an Hegel, Mai 1824

1. Soweit das sogenannte reine Denken an sich. Oft hat man Hegel fälschlich darauf beschränkt, als hätte er einzig im Begriff gewebt. Als hätte er mit dem Spinnetz nicht einmal ein Hineinfliegendes zu fangen und zu erwerben gewußt. Hegel hat statt dessen ein Denken, das nur um seiner selbst willen geschieht, jederzeit verspottet. Sein Begriff hatte Augen, er war von vornherein enzyklopädisch angelegt, nicht nur dem weiten Umblick, auch dem unaufhörlichen welthaften Stoff nach. Statt des angeblichen Nebelns und Schwebelns vager, atmosphärischer, unanschaulicher Art gibt es in Hegels ausgeführter Lehre ausschließlich Bestimmtes, durchgestaltetes Fresko an einer real gemeinten Wand. Und so wenig gilt hier weltfremdes Insichsein, daß der Wanderer in Hegels Lehrgebäude überall auf dem Qui vive sein muß, das der äußere Stoff verlangt, und das dem Stoff selber zukommt. Der Begriff ist Leitfaden und mehr, aber erlebte und erfahrene Fülle ohnegleichen liegt ringsum.

2. Die schwierige Höhe ist mit der Logik erreicht. Von hier ab beginnt Stellungnahme zur ausgebreiteten Welt und Aussicht. Sie reicht von Steinen, Pflanzen, Affen bis zur Polizei, vom Glimmerschiefer bis zum Parthenon. Sie steigt auf und ab von den Keplerschen Gesetzen bis zur Kritik der englischen Reformbill und der Säulenordnung des Vitruv. Sie umfaßt die Temperatur der Pflanzen und die Bhagavad-Gita, den Magnetismus und den Tod des Sokrates, das chinesische Reichsadreßbuch und den Tempel von Delphi, die Punischen Kriege und Fichtes Wissenschaftslehre, alles an seinem Ort. Hegel ist unter den Philosophen neben Aristoteles und Leibniz der gründlichste Polyhistor, und sein Wissen war up to date. Er war ein philosophierender Polyhistor, das will sagen, sein Wissen war nicht von ihm entäußert, war nicht in die Lagerräume eines pensionierten Gedächtnisses verpackt. Es steht zwar in Lagerräumen, Hegel ist, wie weiter zu sehen sein wird, kein Freund und Denker des

Geschehens, das nicht bereits Geschichte ist, aber noch innerhalb des antiquarischen Wesens geht Betroffenheit ohnegleichen um: nil humani a me alienum puto, nichts der ganzen Menschheit Zuerteiltes bleibt dem Selbst, das sich zu ihrem Selbst erweitert, fremd. Hegels ungeheures Wissen ging gegenwärtig um, stand auf dem Feuer beständiger Produktivität, beständiger dialektischer Durchdringung. Eine dem Achilles und dem Phidias, dem Zoroaster und der Göttlichen Komödie, dem Böhme und dem Aristoteles fast gleich nahe Potenz prägt deren Angelegenheiten nochmals aus, ordnet die historischen Gesichter in eine Richtung, konzentriert Weltansicht im geringsten Detail. Schopenhauer, der Antipode, bemerkt einmal, Vielwissen sei dem Schwachen eine Last, die ihn zu Boden drückt, dem Starken aber ein Harnisch, der ihn unüberwindbar macht: Hegel, in diesem Harnisch, wurde ein Universales selbst, das letzte bisher erschienene. Und das Vielwissen war nicht nur unaufhörlich verteilt, es besaß eben auch, an zahlreichen Orten, die überraschendste Anschaulichkeit. Der Abstrakt-Denker der Logik zeigt in den Zusätzen zu seiner Enzyklopädie und vor allem in den gedruckten Vorlesungen eine Konkretheit, um die ihn tausend weniger logische Realisten beneiden könnten. Besonders die ästhetischen Vorlesungen sind durchaus mit dem Kolorit gesättigt, den sie an ihrem Gegenstand behandeln. Man müßte zu Gottfried Keller gehen, um eine ähnliche Wort-Nachbildung der alten Niederländer zu finden, und zu – Schopenhauer, um selbst noch die romantische Kunstform so plastisch erfaßt zu sehen. Hier überall wirkt Anschauung, kein Brillenwischen; der Vielwissenheit werden ihre Gegenstände präsent. Was die Phänomenologie so üppig gedrängt begonnen hatte, das blüht nun – nach wohltätigem Durchgang durch die Logik – in dem System fort. In dem breit auseinandergelegten, lehrhaft durchentwickelten; in einer Musterfrucht dessen, was die Hegelianer als »Aristotelische Arbeitsseligkeit« gerühmt haben. So weitläufig und zugleich so geschlossen steht nun das Lehrgebäude da, daß, wer auf gleichem Boden sich befand, gar nicht mehr recht wußte, was noch zu tun sei. Anders als an Aladins Zauberschloß fehlte nicht ein einziges Fenster; wenigstens von der Logik des Bauplans aus gesehen.

Es ist zwar unter anderen Umständen wahr, daß Breite allein

noch nicht reich macht. Und sicher nicht tief; die Tiefe, die im beherrschten Vielwissen, und eben nur im beherrschten, sich ausdrücken kann, hat selber einen schmalen Zugang und Ausgang. Und es gab, wenn nicht Schwache, so doch Mittelmäßige, die vom Harnisch des Wissens gleichfalls nicht zu Boden gedrückt wurden; indem sie nämlich ihre Last sitzend trugen. Ja, man hat auch Hegel damit verkleinern wollen, daß er seine Lehre so sehr bis in die einzelwissenschaftlichen Stoffe hinein durchgegliedert habe; bereits der Kreis um Schlegel machte ihm das zum Vorwurf. Eine solche Tätigkeit sei das Werk sekundärer Naturen, wogegen ein Leibniz, gar ein Schelling sich mit leitenden Angaben begnügt hätten, deutlich genug, um dem Bienenfleiß seine Geschäfte zu zeigen. Wie grotesk auch diese Herabsetzung vor Hegel dreinsieht, das Eine daran ist nicht unwahr, daß ausgelernter Universalismus auch bei Nichtphilosophen, ja besonders bei diesen, die größte Breite hergegeben hat. Aristoteles wie Hegel werden hierin beschämt durch die Verfasser solch ungeheurer Sammelwerke wie etwa die eines Varro im Altertum, eines Vinzenz von Beauvais im Mittelalter. Auch bei Varro war stupender Vorrat: Landwirtschaft, Geschichte, Grammatik, Altertumskunde, Jurisprudenz, Literatur, Philosophie, alles wird zusammengetragen. Er ist ein Enzyklopädist und dennoch, er kommt nicht einmal bescheiden als Philosoph vor. Vielmehr Mommsen nennt ihn »für alles, was nicht wie Bild und Tatsache aussah, sondern wie Begriff oder gar wie System, vollständig vernagelt und vielleicht den unphilosophischsten unter den unphilosophischen Römern«. Dann gibt es im Mittelalter die andere Gestalt des Nicht-Nachzueifernden, eine, welche die philosophischen »Summisten« dieser Epoche keinesfalls beneidet haben. Vinzenz von Beauvais schrieb im dreizehnten Jahrhundert eine besonders lexikalische Enzyklopädie, ein fast zu Ende gebrachtes »Speculum« der damaligen Kenntnisse. Davon sagt Beauvais selber, es enthalte als speculum doctrinale den Spiegel der Materie und Form alles Wissens; als speculum naturale die Natur und alle ihre Eigenschaften; als speculum historiale die Ordnung aller Zeiten; als speculum morale die Beschaffenheit und die Äußerung aller Tugenden und Laster. Aber es ist keine Philosophie daraus geworden, die Quantität schlägt bei dergleichen, als bloß äußerliche, nicht in Qualität um. Oder wie auch Aristoteles sagt, der wirkliche Enzyklopädist, der weite Weltversammler zur Tiefe: Vielwisserei belehrt nicht. Wo immer sie philosophisch relevant auftrat, war nicht irgendeine Vollständigkeit die Hauptsache, sondern der Strom, der hindurchgeht und das Additionsgebilde erst zu höheren Rechnungsarten belebt. Das ist nicht zuletzt in jener Enzyklopädie so, die zwischen Information und Lehre genau die Mitte hält: in Bayles »Dictionnaire historique et critique«, am Morgen der Aufklärungszeit. Bereits ihr Stoff ist nicht zusammengetragen, sondern ausgewählt und nach einem Zielpunkt ausgerichtet; er ist kritisiert nach skeptischen Gesichtspunkten und pointiert zum Zweck der Beförderung bürgerlicher Moralität. Das ist ein Beispiel voll von Bienenfleiß und doch eben nicht nur mit diesem, sondern gefüllt mit einem Willen, der sein großes Ziel hat und daraufhin, nur daraufhin den Wissensstoff polyphoniert. Es lohnt nicht, die modernen Gegenbeispiele zu nennen oder auch nur das Muster für alle: Christian Wolff; als welcher nicht lange vor Hegel, »genau wie Hegel«, alle Einzelwissenschaften rezeptiv wieder in die Philosophie zurückverschlang. Mit großem Fleiß und bester bürgerlicher Tüchtigkeit; so zeigte auch dieser enzyklopädisch, wie man über alle Dinge (und einige andere dazu) handeln könne, ohne einen einzigen eigenen Gedanken damit durchzuführen. Der späte Schelling hat Hegel ausdrücklich durch den Vergleich mit Wolff verkleinern wollen; er hütete sich, diesen Vergleich auf Aristoteles zurückzudatieren, obwohl er an ihm genau so unwahr wäre. Also ist Hegels Breite von der der Subalternen die weitest entfernte; bereits wurde das faustische Pathos des Verzehrens erwähnt, des unersättlich durchdringenden Willens zum Material. Hinzukommt, wie an der Realphilosophie vor allem ersichtlich, sogar ein Imperatorisches: wie Beute folgen die unterworfenen Objekte dem Triumphator nach. Dergleichen ist gewiß nicht das Konstituens jeder großen Philosophie, als einer großen, aber es ist erst recht ein Anderes als der vorgeworfene sekundäre Bienenfleiß. Es ist ein Aristotelischer, Thomistischer Weg, neben dem es gewiß einen anderen gibt; wie Platon, Leibniz, Kant auf so verschiedene Art bewähren. Es gibt gewiß auch einen nicht-enzyklopädischen Weg, der nur von ausgewählten Punkten her die zentrale Aussicht zeigt: ein so großer Polyhistor wie Leibniz mußte zu diesem Zweck nicht aristotelisch werden und konnte dieserhalb ruhig sterben, auch wenn die riesigen, die systematisch völlig topographierten Lichtstellen nicht durch ausgeführtes Zusammenhangsmaterial untereinander verbunden waren. Aber den davon verschiedenen Ruhm Hegels macht es eben, daß er diese Ausführung in Breite übernommen, daß er die Tiefe hierbei am wenigsten verlor. Groß ist Leibniz, groß ist Hegel; beim Einen fällt nichts aus, wenn das Sammelwerk fehlt, beim Anderen kommt das Wichtigste hinzu, weil gerade das Sammelwerk eintritt, – eine philosophische Eroberung, eine philosophische Rettung der Phänomene zugleich. Die Phänomenologie zeigte Enzyklopädisches nur erst wie Entdeckungsreise; in ihr ist gerade des Pionierhaften, des Grenzproblemhaften im gleichsam equestrischen Sinn die Fülle. Aber völlig kommt das Enzyklopädische in der Realphilosophie hervor; als einem Terminus, womit sich Hegels Natur- und Geistesphilosophie zusammenfaßt, – in kosmischem Umfang.

3. Von Haus aus war Hegels Denken mit großer Welt geladen. Und sie war ihm, wie sehr es auch jagend darin herging, nie eine offene. Sie rundet sich vielmehr logisch, indem »das rückwärts gehende Begründen des Anfangs und das vorwärts gehende Weiterbestimmen desselben ineinanderfällt und dasselbe ist« (V, S. 350). Das Ganze der Logik und Realphilosophie zusammen bildet derart ein aus lauter Rückannäherungen bestehendes und sie haltendes, formendes System. Seine Darstellung gibt die »Enzyklopädie der philosophischen Wissenschaften im Grundriß«. Es ist eine komprimierte Darstellung, auch streckenweise allzu komprimierte: »Als Enzyklopädie wird die Wissenschaft nicht in der ausführlichen Entwicklung ihrer Besonderung dargestellt, sondern ist auf die Anfänge und Grundbegriffe der besonderen Wissenschaften zu beschränken« (Enz. § 16). Doch findet sich gleich vor diesem Paragraphen eine weit umfänglichere Bestimmung, ja eine ganz material entscheidende. Sie fällt eben mit dem Rundenden, dem ganz Umfänglichen zusammen, so daß das Enzyklopädische nun nicht nur die jeweils besonderen Anfänge versammelt, sondern vor allem auch die

Summe der jeweiligen Rückannäherungen selbst: das umfänglich Geschlossene. So entsteht eine förmliche *Anbetung des Kreises* als der Form der Wahrheit. Diese Art Umriß stimmt überdies wörtlich mit dem Terminus En-kyklo-paidia, In-Kreis-Lehre, überein: »Jeder der Teile der Philosophie ist ein philosophisches Ganzes, ein in sich selbst schließender Kreis, aber die philosophische Idee ist darin in einer besonderen Bestimmtheit der Elemente. Der einzelne Kreis durchbricht darum, weil er in sich Totalität ist, auch die Schranke seines Elements und begründet eine weitere Sphäre; das Ganze stellt sich daher als ein Kreis von Kreisen dar« (Enz. § 15). Zwar ist auch, wie von Hegel an dieser Stelle selbst betont, ein mächtig Expandierendes, also das echte Wesen der Dialektik, in diesem Kreisdenken, indem der Kreis in sich zugleich Totalität ist, die die Schranke seines Elements durchbricht; aber so stark die Dialektik der Dinge bei Hegel jagt, so jagt sie doch stets in enzyklopädisch geschlossenem Ring. Ökonomisch ist dieses Ineinander von Dynamik und letzthinniger Statik in dem damaligen deutschen Ineinander von Kapitalismus und feudalem Stillstand begründet. Davon gibt das Hegelsche – sonst nirgends in Europa möglich gewesene – Zugleich aus Prozeß und Antiquariat einen ideologischen Reflex, so schlecht auch der restaurierende Kreis zu Fluß und Fortschritt stimmt. Es war Hegels Logik, bezeichnenderweise, als die in sich zirkelnde Bewegung des abstrakten Ansich, welche den Kreis aus Kreisen an die Realphilosophie weitergab, obwohl die Kategorie Räumlichkeit, worin doch Kreise erst möglich sind, in dieser Logik noch gar nicht vorkommt. Trotzdem, was hier abstrakt sich rundete und Zirkel machte, das sollte nun auch draußen, im stürmischen Ozean der Realwelt, den Kurs bestimmen und bilden. Fichte hatte schon gesagt – aus seiner material so wenig gestörten Ich-Dialektik –, die vollendetste Form der Philosophie sei die des Kreises; Hegel macht gerade materialen Ernst damit. Hinzukam, von einer älteren: der geometrisch-werthaften Vollkommenheit des Runden her, ein griechisches Raumbild, ein dieses Falls nicht Heraklitisches, sondern – bei Hegel überraschend – Eleatisches Raumbild. Nämlich der Kreis in dritter Dimension, die Kugel, die Weltall-Kugel des Eleaten Parmenides; in ihr plastiziert sich ja der Kreis. »Hen kai Pan«,

Ein und Alles: dieses »Symbolum« hatte Hölderlin dem jungen Hegel ins Freundschaftsbuch geschrieben; es war das aber genau das Losungswort des Eleatismus oder der Sphaira des unbewegten, zur Kugelgestalt beschlossenen Alls. Ein letzter, doch starker Gruß des unveränderlichen Seins wirkt derart, wie ehemals auf Platons Dialektik, auf Hegels ganz andersartige mittels des Kreiszeichens ein, eine Plastik der runden Ruhe. Die Idee selbst gibt sich hier als Ruhe: »Nicht die allgemeine Idee«, sagt Hegel sogar in der Geschichtsphilosophie, »ist es, die sich in Gegensatz, Kampf und Gefahr begibt; sie hält sich unangegriffen und unbeschädigt im Hintergrunde« (IX, S. 33). Diese erstaunliche Ruhe freilich stellt sich, über dem Gericht der dialektischen Bewegung, letzthin doch nur wie eine beschworene dar, wie eine aus der Eleatischen Statik heraufgeholte; sie ist keine vorhandene Ruhe-Bestimmtheit der prozessualen Dialektik selbst. Prozeßunruhe und verfrühter Frieden, Nordbild einer wilden dialektischen Jagd und Azurbild einer seligen Entronnenheit: diese so verschieden geformten Denkantriebe und Attraktionen stoßen hier also, wie noch oft bei Hegel, ungemindert zusammen. Um den Feuerlauf ist Sphaira, ein Urbild statischer Vollkommenheit, so sehr auch das Feuer die Sphaira immer wieder beunruhigt und flüssig macht. Das Eleatische hat bei Hegel nicht über Heraklit gesiegt, wie das bei Platon geschehen, aber Hegel hat mit Kreis und Wölbung das Feuer zu zähmen gesucht, ja er hat das gesuchte Totale noch einmal panhaft rund umzirkelt. Wölbung eines Riesenraums, das war der aus einer versunkenen Statik nachwirkende Archetyp, mit dem die ganz andersartige Umfassendheit: die dialektisch treibende und betriebene, bei Hegel sich enzyklopädisch vorträgt. Hier aber muß schon gesagt werden: das Totum, das der *progressive* Hegel meint, dem er im Werden auf der Spur ist, ist nicht mehr *All, sondern Alles.* Ist nicht mehr Pan, sondern jenes andere Abschließende und Umschließende, von dem der Jüngling in Schillers Bild von Sais bekundet: was habe ich, wenn ich nicht Alles habe. Das Alles mag als die ganze Wahrheit im Sinn einer vorhandenen gelten, einer hinter dem Schleier der Isis perfekt konzentrierten: solange man nämlich an eine fertige Isis glaubte. Solange man, mit anderen Worten, nach Hegel, die Wahrheit ansah als »ausgeprägte

Münze, die fertig gegeben und so eingestrichen werden kann« (II, S. 30). Aber sobald das Alles als das *Erfüllende* und nicht, wie das All, als das *Füllende* verstanden wird, versteht sich auch die letzte Totalität, der es zugehört, nicht als ewig in sich zurücklaufender oder ewig um sich gedrehter Kreis. Das, was bei Hegel im einzelnen Kreis »die Schranke seines Elements durchbricht und eine weitere Sphäre begründet«, was im Omega der Synthesis das Alpha der Thesis mindestens um die reichere Bestimmung vermehrt darstellt: dieser Hinzutritt von Inhalten, die in dem Ansatzpunkt des sogenannten Kreises nicht vorhanden und im Ursprung insgesamt nicht fertig eingeschachtelt waren, hebte En-kykl-paidia als Prozeßschluß auf. So ist das Kreisrunde bei Hegel selber cum grano salis zu nehmen, es wurde auch in der Logik, das ist: in abstracto, weit komfortabler ausgeführt als in den materialen Teilen der Enzyklopädie. Das zum Kreis Geschlossene bleibt in deren Natur- und Geistesphilosophie ein idealistisch-systemhaftes Postulat, mit Geschichte als längst geschehener Legende, aber das Material fügt sich auch bei Hegel dem Kreis nicht ganz. Als Naturmaterial ist es widerspenstig und zackig, als Kulturmaterial mehr Gewitter als Regenbogen. Dazu kommt, daß selbst dann, wenn die großen Kulturgebiete (Sitte, Kunst, Religion, Wissenschaft) Sphären genannt oder mit ihnen verglichen werden können, diese Sphären doch keineswegs immer oder gar notwendig einander konzentrisch sind. Vielmehr bestand und besteht zwischen Sitte und Kunst, Kunst und Religion, Religion und Philosophie oft ein sehr unkonzentrisches Verhältnis; Hegel erwähnt das selber und hat den Streit zwischen Religion und Philosophie wohl erfahren. Wonach auch Hegel diesen Verhältnisproblemen (besonders zwischen Religion und Philosophie) weniger durch glatte Kreisumschließung gerecht zu werden versucht als durch gewisse inhaltliche Entsprechungen. Soll heißen: nicht Kreise umfassen einander, sondern ein einziger prozessualer Inhalt schlägt in den verschiedenen Kultursphären nach mehreren Seiten versucherisch oder sich ganz unabgeschlossen informierend aus. Selbst die Enzyklopädie als Kreis oder Kugel, selbst der Kreis aus Kreisen oder auch um Kreise im Ring der Hegelschen Vorlesungszyklen kann daher nicht umhin, höchst unregelmäßig zu werden. Ein Marsch, wie der dialektische Prozeß ihn darstellt, verbraucht das von seinem Anfang her Mitgenommene, erfüllt zwar in der Erreichung des Ziels die Träume, Ansich-Intentionen des Anfangs- und Ausgangspunktes, aber kehrt nicht, wie der verlorene Sohn, an den Anfang, gar in immer wiederkehrenden Schlingen, zurück. Die Wahrheit der Enzyklopädie hat daher nicht die Form der Restitution, sondern der Produktion; und die jeweils erreichte Gestaltung, obwohl sie den Rohstoff des Ausgangs formt, verhält sich diesem zugrunde liegenden Ansich gegenüber so überraschend wie sprengend immer wieder als »Aufgang«, als »Gebilde der neuen Welt«. Aus Feuer – und Hegels Prozeß besteht seinem liebsten Element nach aus Feuer – läßt sich ohnedies keine reine Kugel bilden; dafür entstehen zu viel Explosionen und Protuberanzen.

4. Hegel ging überall zäh und breit, gründlich entwickelnd, lehrhaft vor. Er war kein Denker der raschen Einfälle, sicher nicht der rasch hingesetzten; gar nichts sollte hervorkommen »wie aus der Pistole geschossen«. Dennoch ist klar: Untersuchungen kritischer Art über die Tragweite oder die Grenzen der Denkfunktion als solcher fehlen hier auffallend. Der eigentlich *erkenntnistheoretische* Stachel, der durch Hume und Kant nicht erst ausgebildete, aber außerordentlich geschärfte, war Hegel fremd. Jeder durch Hume, gar Kant geprüfte Leser wird darüber erstaunt sein, wie erst der durch die Finessen des verflossenen Neukantianismus hindurchgegangene. Wo ewig die Messer geprüft wurden, bevor man schnitt, oder damit man nicht zu schneiden braucht, wo die Glocken immerdar nur anschlugen, ohne daß es zu irgendeinem gediegenen Geläute kam. Hegel liebte trotz aller Abneigung gegen die von Kant perhorreszierten und von Schelling nachher so hoch gefeierten »Genieschwünge« in der Wissenschaft die Probierkunst (Probiersteine) ante rem durchaus nicht. Von hier aus der große Spott: »Erkennen wollen, ehe man erkenne, ist ebenso ungereimt als der weise Vorsatz jene Scholastikus, schwimmen zu lernen, ehe er sich ins Wasser wage« (Enz. § 10). Kant hatte angegeben, durch die Skepsis Humes aus seinem dogmatischen Schlummer geweckt worden zu sein; Hegel fühlte sich gar nicht eingeschlafen, er nahm die Skepsis gerade als Wünschelrute für

Widersprüche in seine Dialektik auf. Kant wollte von einer Metaphysik der Dinge auf eine transzendentale Logik des Wissens zurückführen, dergestalt, daß der »Gegenstand« nicht mehr das transsubjektive Original sein sollte, mit welchem die für wahr geltende Vorstellung übereinstimmen muß, sondern eine subjektiv-apriorisch erzeugte Regel, ein transzendental-logisches Geltungsbereich synthetischer Verstandesformen oder Kategorien, nach welcher Vorstellungen sich anzuordnen haben, damit sie in dieser Anordnung als theoretisch allgemeingültig, das ist, als wissenschaftliche Erfahrung anerkannt werden. Von all diesem »Begründen« der Erfahrung, all diesem erkenntnistheoretischen Pathos (das in der bohrenden Schwierigkeit seines Apriorismus ein wirkliches Leiden sein kann) findet sich bei Hegel keine Spur. Das bedeutet selbstverständlich nicht, daß das Verhältnis des Auffassenden zum Aufgefaßten, gar Hegels Hauptsache: das Subjekt-Objekt-Verhältnis, als Problem fehlt; im Gegenteil, von der Phänomenologie bis zur Logik bis zur Realphilosophie stellt die ganze Dialektik dieses Problem dar und den Prozeß seiner Überwindung. Aber als rein erkenntnistheoretische Schwierigkeit kommt das Verhältnis zwischen Vorstellung und Gegenstand des Bewußtseins bei Hegel über Einleitung (»Vorbegriff« in der Enzyklopädie) nicht hinaus. Was bei Kant das Zentrum der Philosophie als strenger Wissenschaft ist, das wird bei Hegel höchstens propädeutisch gestreift, ist für ihn ein bloßes »Vorurteil«, wenn nicht im abergläubischen, so doch im vorwissenschaftlichen Sinn. Der rein erkenntnistheoretische und erkenntnistheoretisch bleibende Gegensatz zwischen Subjekt und Objekt ist nach Hegel nur von außen gegeben und eben darum vorwissenschaftlich, während der wissenschaftliche Gegensatz keinen anderen Ort hat als in der Genesis des Wissens, also in dem unternommenen und extravertierten Erkenntnisvorgang selbst. Der aber ist das *System selbst*, nicht seine Propädeutik; der Gegensatz zwischen Subjekt und Objekt erscheint erst im System als wissenschaftlicher, dadurch nämlich, daß er hier eine Bestimmtheit ist, die die Subjekt-Objektivität sich selber gibt, wobei gleichzeitig, durch den sich zwischen Subjekt und Objekt vermittelnden Geist, eine Einheit vorhanden ist. Hegels Frage oder Zweifel war also gar nicht an den

Erkenntnisapparat gerichtet; dieser erschien ihm durch eine Art Selbstgarantie intakt, sofern und sobald er dialektisch notwendigen Fortgang der Begriffe liefert (zum Unterschied von einem bloßen schwachsinnigen Ergehen der Vorstellungen). Indem der Begriff gediegen fortwaltet, bewährt sich für Hegel Erkenntnis selbst, in actu, gleichsam in flagranti, – an ihren Früchten sollt ihr sie erkennen.

Kein Gegenstand mithin bleibt hier als gedachter dem Denkenden gegenüberstehen und denkfremd. Der Begriff selber hebt diesen äußerlichen Zustand auf und verzehrt ihn, Erkenntnis ist möglich, indem sie geschieht. Die Kantische Frage wird so zur Scheinfrage herabgesetzt, zu einer, die nur bei völliger Absage an den Inhalt gedeiht. Das transzendentale Verfahren betreibt, wie Jacobi später gegen Fichte spottete, das »Stricken nicht etwa des Strumpfes, sondern des Strickens«; und der welthaltige Hegel, dem Erzeugen nicht Erzeugen des Erzeugens, sondern Genesis eines Inhalts sein sollte, stimmte dem zu. Bleibt allerdings noch eine andere, nicht Kantische, nicht *subjektive*, sondern eine durch Kant unerledigte Fassung des Erkenntnisproblems: die von der *Objektseite* her. Sie wurde wenig bisher behandelt, ja in einiger Schärfe als Frage kaum gestellt, ist aber trotzdem bei Hegel, zum Unterschied vom Kantproblem, implicite vorhanden und wurde von ihm suo modo beantwortet. Die Frage lautet dann nicht: wie muß die Denkfunktion beschaffen sein, um allgemeingültige Urteile zu begründen? Sondern die Frage lautet: wie muß der Denkgegenstand beschaffen sein, damit er in die menschlichen Erfassungskategorien eingeht, damit er kongruente Erkennbarkeit gewährleistet? Beide Formulierungen sind idealistisch, aber die zweite bringt immerhin eine von uns unabhängige (wenn auch mit uns vermittelbare) Außenwelt herein. Die dahin gehende, aufs Sein bezügliche Fragestellung ist von der Kantischen völlig verschieden, ja, sie ist für die erkenntnistheoretische, die transzendentalidealistische Verabsolutierung des Bewußtseins sinnlos. Ist Sein Unabhängigkeit vom Bewußtsein, dann gibt es für den transzendentalen Idealismus kein Sein, und es gibt kein Urteil, das durch Objektivität sich auf Wirklichkeit bezieht; es bezieht sich immer wieder nur auf Bewußtseins-Objektivität. Und ist trotz allem subjektiven Inzest eine Objektseite auch transzendental-idealistisch vorhanden, wie nicht anders möglich, so nur illegitim: die »konstitutiven« Kategorien wissen gar nicht, wieso sie, zum Unterschied von der »reflexiven«, materiell anwendbar sind, wieso sie kategoriale Hüte sind, die den vielen, verschiedenartigen Erscheinungsdingen aufgesetzt werden können. Sie wissen nicht, wieso sie, statt generell Wechselwirkung, Kausalität, Substantialität und dergleichen zu bleiben, sich methodisch doch gemäß ihrer jeweiligen Objektseite differenzieren und variieren, mathematisch, physikalisch, biologisch, historisch. Kant anerkennt deshalb auch nur einen einzigen, sehr gleichförmigen kategorialen Hutladen, das ist, nur ein einziges wissenschaftliches Kategorialgebiet: die mathematische Mechanik. Die Kantischen Kategorien wissen nicht und können es nicht wissen, wieso es Wissenschaften von verschiedener Schwierigkeit und innerhalb der einzelnen Wissenschaften wieder Problemgebiete von besonderer Schwierigkeit gibt, – je nach dem gedanklich zu durchdringenden Material. Sie abstrahieren, gleich dem genannten Verstandeskalkül, den sie reflektieren, von der Materie; so sichtbar oder unangenehm diese auch allenthalben in die formal gehaltene Subjektseite der Erkenntnis hereinragt. Um der Objektseite doch einen Tribut zu geben, bleibt dann nur übrig, nach dem fast verwunderten und trotzdem so unphilosophischen Ausdruck Lotzes, die Anwendbarkeit der Kategorien (sogar bereits der axiomatischen Voraussetzungen, wie des Satzes vom Grunde) auf materiale Inhalte eine »glückliche Tatsache« zu nennen. Also muß der rein immanent-transzendentale Bewußtseinsstandpunkt doch die Objektseite anerkennen, wenn auch seinerseits ohne Fähigkeit, sie kritisch zu verstehen. Das ist die Folge, wenn die Frage nach dem Verhältnis des Gegenstands zu den menschlichen Erfassungskategorien als unkritisch ausgekreist wird; sie reicht trotzdem in jeden Erkenntnisakt hinein. Und fehlt bei Hegel der sogenannte erkenntnistheoretische Stachel, wie Hume und Kant ihn geschärft haben, so deshalb, weil bei ihm das Realproblem das stärkere ist. Das Problem, das die Phänomenologie so ausdrückt, daß das Werden des Wissens mehr noch eines ist, worin das Objekt mit dem Subjekt, als worin das Subjekt mit dem Objekt übereinstimmend wird. Es ist kein Werden, in dem der Verstand der Natur die Gesetze vorschreibt, als wäre diese nun nichts als tabula rasa, sondern es ist Stoff-Problem von der Objektseite her, wenn auch von einer, die mit dem Subjekt für Hegel letzthin identisch ist. Jedoch nur identisch nach langem, langem hartem Weg, nach einem voll realer Widersprüche. Weshalb eben das Werden des Wissens soviel saure Arbeit bedeutet, soviel Überwindung von Materialschwierigkeiten involviert, ja sich »eben darum so träge bewegt, weil das Selbst diesen ganzen Reichtum seiner Substanz *zu durchdringen und zu verdauen hat«* (II, S. 611). Also geht Hegel nicht nur vom Subjekt, sondern erkenntnistheoretisch noch entschiedener vom Objekt aus, – hin zum Subjekt. Er geht vom Objekt aus als von einem erkenntnisfähigen, zur Erkenntnis drängenden Material und nicht, wie im Transzendental-Idealismus, vom Objekt als einer innerhalb des Erkenntnissubjekts gesetzten Aufgabe.

5. Es war nicht immer so, daß das sich denkende Erkennen nicht mehr auf zwei Beinen gehen wollte. Erst das neuere, besonders dieses, hat seinen subjektiven Gang so sehr zum einzigen gemacht und alles andere fast närrisch unterschätzt. Das erst machte das Erkenntnisproblem fast synonym mit dem transzendental-idealen und ließ es von diesem her (bei Cohen, Cassirer) fast ausschließlich verstehen. Dabei war noch mitten in der Zeit des Cogito ergo sum die andere Seite nicht vergessen, ja sie dämmerte selber als nicht mehr hingenommene, sondern als eine erkenntnistheoretisch-problemhafte auf, eben als Objektsproblem. Seine Denker sind nicht zahlreich, und in größerem Stil hat sich nur einer, Malebranche, der Frage zugewandt; bezeichnend, daß seine Bemühung – außer der Hegelschen die einzige dieser Art innerhalb des objektiven Idealismus – in den auf Descartes-Kant orientierten Geschichten der neueren Philosophie kaum noch gewürdigt wird. (Eine gewisse Renaissance hatten daran Scheler versucht, aber auf ganz reaktionäre, nun wieder objektivistisch übertriebene Weise, mit Haß gegen den Erzeugungsfaktor überhaupt.) Malebranche stammt selber aus der Schule des Descartes, aber er stand auch noch dem von Platon herkommenden »Realismus« des Mittelalters nahe, der bei aller Begriffshypostase doch noch theoretische Sachlichkeiten

den sinnlichen Besonderheiten und auch, was hier wichtiger ist, der Aktivität des erkennenden Subjekts vorgeordnet hatte. Malebranche übernahm vom mittelalterlichen »Realismus« sehr viel Gott, aber ebenso war er durch das alte Gegenstück zum Cogito ergo sum, durch das: Deus est, ergo sunt mundus et ego, – dazu befähigt, das Erkenntnisproblem in einem Sinn, der nachher Hegel nicht ganz fernstand, auf die objektive Seite zu werfen. Menschliche Einsicht ist danach Teilnahme an der unendlichen Vernunft, außerhalb objektiver Teilnahme kommt, gleich der Sünde, nur Irrtum zustande: »nous voyons toutes choses en Dieu«. Wie der Raum der Ort der Körper, so ist Gott der Ort der Geister; so geht der Blick, in dieser sehr heftigen Gegenbewegung gegen die erkenntnistheoretische Subjektivität, durch die äußerste, weltumfassende Idee auf die Körper und auch auf die Subjektgeister der Welt. Die weniger theologische Konsequenz dieses – der Subjektseite so entlegenen – Wissensbegriffes wäre eben die Ausbildung des objekthaften Erkennbarkeitsproblems gewesen. Das heißt: wie das noch so gesunde Auge während der Nacht nichts erblickt, so kann auch ein noch so allgemeingültig genormter Erkenntnisapparat nichts erkennen, wenn der zu erkennende Inhalt (das Objekt) in Nacht steht. Diese »Nacht« wurde in der Tat von Kant selber mehrmals reflektiert, so, wie bemerkt, in der »Spezifikation der Natur«, das heißt, der Unmöglichkeit, die besonderen Naturgesetze aus den allgemeinen abzuleiten. In dieser Spezifikation, als einer nicht formalen, sondern materialen, ist zugleich die Differenzierung der Wissensgebiete begründet, eben die transzendental-idealistisch ganz unerklärbare. Die Nacht machte sich, wie bei einer ewigen Sonnenfinsternis, sogar absolut in der behaupteten Unerkennbarkeit des sogenannten Dings an sich. Hier zeigte sich zwar nur die Grenze des mathematisch-naturwissenschaftlichen Kalküls, sein Versagen an unformellem, methodisch »unreinem« Material, aber immerhin war, wider alle transzendental-idealistische Abrede, eine Art unbeleuchtete Objektseite notiert. Und je mehr die Krisis der bürgerlichen Wissenschaft vordrang, desto mehr wurde das sogenannte Unerkennbare im Objekt aufgetrieben; sei es im Sinn eines unfaßbaren, uneinfaßbaren Pluralismus der Welt (wie bei William James), sei es im Sinn eines intellektfremden, nur noch der »Intuition« zugänglichen Vitalismus (wie bei Bergson). Es gibt oder gab hier sogar das Paradox eines nicht bescheidenen, sondern gleichsam stolzen, ja, aggressiven Agnostizismus (von einer Art elfenbeinernem Turm der Philosophie her), dergestalt nämlich: daß die Welt zu dumm sei, um erkannt zu werden, zu armselig-nichtig, als daß die geistigen Verkehrsmittel darin laufen könnten. Aber auch eine Philosophie, die sich vom bloßen Intellekt- oder Kalkül-Standpunkt bewußt so weit entfernt hat wie die Hegelsche (und vor ihm die Schellingsche), auch eine Philosophie der historischen »Vernunft«, zum Unterschied von der des abstrakten »Verstands«, besaß ihr »Nacht«-problem sui generis, auf der erkenntnistheoretischen Objektseite. Bei Schelling trat es hervor, mit plötzlicher Verfinsterung des Philosophen, mit riesigem Ernst, als das des alogischen »Ungrunds« der Welt (dem Schopenhauerschen »Willen zum Leben« nicht so unverwandt). Bei dem panlogischen Hegel nochmals als eine Art Kantischer »Spezifikation der Natur«, hier an Mißgeburten, Regellosigkeiten erscheinend, und an der ganzen »trägen Bewegung von Geistern«, mit deren Notiz eben die Phänomenologie des Geistes schließt. Damit zeigt sich aber gerade im objektiven Idealismus das erkenntnistheoretische Objektsproblem als vorhanden, ja, Hegels System, das objektivste aller idealistischen, bestätigt dem Malebrancheschen Gottesauge, Gotteslicht in der Welt durchaus den Rang, ein Kriterium der *Erkennbarkeit* zu enthalten, wenn auch ein noch so mythologisch ausgesprochenes. Malebranche hatte sein Problem durch die sofortige theologische »Antwort« erledigt, so, daß es, isoliert, kaum sichtbar wurde. Hegel dagegen reflektiert das Erkenntnisproblem des Objekts bereits deutlich implicite, und öffentlich gibt er ihm eben die Form, in die alle Erkenntnisprobleme bei ihm eingehen: die Form des Geschichtsprozesses als des Erkenntnisprozesses zugleich. »Tanta molis erat humanam condere gentem«: das ist das harte Fahrwasser in der historischen Objektivität, bei noch so viel »Geist« in ihr oder als sie. Umgekehrt wird das Fahrwasser ganz in Malebranches Weise mythologisch gesüßt und geschmeidigt, gar als eine an und für sich hilfreiche Drift zum Ziel dargestellt und so das

Objektsproblem theologisch wieder gestillt; das in dem Satz: »Die Entwicklung des Prinzips des Geistes ist die wahrhafte Theodizee, denn sie ist die Einsicht, daß der Geist sich nur im Element des Geistes befreien kann, und daß das, was geschehen ist und alle Tage geschieht, nicht nur von Gott kommt, sondern Gottes Werk selber ist« (IX, S. 446). Die Erkennbarkeit der Welt (was dasselbe bei Hegel ist wie ihre fortschreitende Selbstoffenbarung) setzt also voraus, »daß der Geist sich nur im Element des Geistes befreien kann«. Und diese Voraussetzung – die Bedingung zur Lösung des erkenntnistheoretischen Objektproblems – sieht Hegel kraft seiner Logosidee vorhanden. Der Logos ist sowohl der Ort der Geister, wie bei Malebranche, als auch der Garant ihrer Zeit; er ist das die Offenbarung der Welt ermöglichende Substrat. Goethe pflegte den Glauben: »Isis zeigt sich ohne Schleier, nur der Mensch, er hat den Star«; Hegel ließ zwar auch der Isis ihren altüberlieferten Schleier, doch ebenso statuierte er ihre Geneigtheit, ihn in Gegenwart des Menschen, in Vermittlung mit dem Menschen Zug für Zug abzuwerfen. Bis zu Hegels Festtag, schwer überkandiertem Festsatz (nach sauren Wochen, wohlverstanden): »an Gott und der Welt ist nichts Geheimes mehr«.

Item: Die andere Seite soll hier gar keine andere sein, sondern beide Seiten wollen sich aneinander erkennend aufheben. Hegel sieht suo modo die Frage des Auffassens wie des Auffaßbaren in Wechselseitigkeit, schließlich als Dieselbigkeit gestellt und so erledigt. Ihm schien die Objektsfrage dialektisch erledigt durch die Lehre einer bereits total vorhandenen *Vermittlung* (zwischen Subjekt und Objekt). Und metaphysisch vor allem schien ihm die Frage erledigt durch die Annahme seines totalen, in Subjekt wie Objekt kommunizierenden *Panlogismus*. Die Vermittlungslehre ließ weder einen haltbaren Abstand des Subjekts vom Objekt noch einen des Objekts vom Subjekt übrig, erkenntnistheoretisch also: des Gegenstands vom Bewußtsein. Nach Hegel versperrt dieser Gegensatz geradezu den Eingang zur Philosophie, und sie muß sich zuvor von ihm befreien: »Die reine Wissenschaft setzt somit die Befreiung von dem Gegensatz des Bewußtseins voraus. Sie enthält den Gedanken, insofern er ebensosehr die Sache an sich selbst ist, oder die Sache an sich selbst, indem sie ebensosehr der reine Gedanke ist« (III, S. 35). Völlig gar ist im absoluten Wissen, als der »Wahrheit aller Weisen des Bewußtseins«, das Objekt mit dem Subjekt vermittelt, also aufgehoben, so wie das Subjekt im Objekt; es geschieht so im Erkenntnisprozeß des Geistes, der dasselbe wie der Realweg des Weltprozesses bei Hegel ist, daß die »Trennung des *Gegenstandes* von der *Gewißheit seiner selbst* vollkommen sich aufgelöst hat« (l. c., S. 35). Damit aber ist zugleich der Panlogismus involviert, das heißt, Hegels Gleichung zwischen wahrem Gedanken und realem Gegenstand, zwischen begrifflicher Gedankenentwicklung und begriffener Weltentwicklung. Die Welt ist aus gleichem Stoff wie der im Menschen erkennende Geist, also ist infolge dieser metaphysischen Einheit zwischen Objekt und Subjekt nicht nur kein Hiatus, sondern das Erkennbare leistet dem Erkennenden auch gar keinen irgendwo nur substantiellen Widerstand. Das Problem der Erkennbarkeit wird also, wie jetzt vom Panlogismus her erhellt, nicht bloß wegen der beständigen Vermittlung und Flüssigkeit von erkennendem Subjekt und zu erkennendem Objekt nicht ausgeführt, sondern wegen der substantiellen Wehrlosigkeit der Welt dem Gedanken gegenüber. Die Welt hat in sich gar keinen Standpunkt, von dem aus sie sich gegen den erkennenden Geist stellen könnte, gar kein Material, das ein Anderes wäre als »verwirklichter, manifest gewordener Begriff«. Daher eben jener allerhöchste erkenntnistheoretische Optimismus, die *Objektseite* betreffend, mit dem Hegels Berliner Antrittsvorlesung schließt, mit der seine Enzyklopädie eröffnet wird. Die Stelle kann nie genug repetiert und eingeprägt werden, im Objektproblem verstärkt sich noch ihr Licht: »Das verschlossene Wesen des Universums« (es wird immerhin verschlossen genannt) »hat keine Kraft in sich, welche dem Mute des Erkennens Widerstand leisten könnte, es muß sich vor ihm auftun und seinen Reichtum und seine Tiefen ihm vor Augen legen und zum Genusse bringen.« Solcher Optimismus erklärt letzthin, weshalb Hegel den erkenntnistheoretischen Stachel weder von der Subjektseite noch aber auch von der Objektseite her spüren konnte oder wollte. Stammte diese gesunde Anästhesie doch von einem Vertrauen auf die historisch-konkrete Vernunft her, welche damals im deutschen Bürgertum den

Verstandeskalkül des siebzehnten und achtzehnten Jahrhunderts abgelöst hatte. Und der Optimismus reflektierte – gleich demjenigen Fausts, der neunten Symphonie – den beginnenden bürgerlichen Aufstieg in Deutschland, dem gegen England, Frankreich so lang verspäteten, endlich eintretenden, ohne Skepsis. Vor einer Erzeugung, die nicht nur die Formen, sondern den Inhalt selber hervorbringt, schien kein denktranszendenter Weltrest mehr haltbar. Die Zweifel Humes, als gegen bloße Verstandesbegriffe gerichtet, schienen an der Vernunft gegenstandslos geworden. Skepsis insgesamt wurde, wie gerade die Enzyklopädie in der »Dritten Stellung des Gedankens zur Objektivität« ausführt, in die Vernunft dienend aufgenommen: »Das Dialektische vom Verstande für sich abgesondert genommen, macht insbesondere in wissenschaftlichen Begriffen aufgezeigt den Skeptizismus aus; *er* enthält die bloße Negation als Resultat des Dialektischen« (Enz. § 81). Das die Verstandeswelt des abstrakt-dogmatischen Rationalismus Zerstörende erscheint dieser Art zum Hilfsmittel der Vernunftwelt oder eines historisch-konkreten Rationalismus herabgesetzt; so wie der Teufel in der Legende St. Martin helfen muß, das Kirchlein zu bauen. Das Ding an sich-Problem, dieser von Hume herstammende Vor-Reflex der Krise, wurde im Morgenrot des eben erst aufgehenden deutschen Bürgertums sinnlos. Es wurde von der neuen Vernunft-Genesis abgeschafft – so lange wenigstens, bis auch der deutschen bürgerlichen Vernunft bange ward. Und so unhaltbar der Panlogismus geworden ist (seine Kritik und Auflösung kam von der politischen Ökonomie, nicht von der, selber noch idealistischen, Skepsis her): der Glaube, daß das Universum dem Mute des Erkennens (und Veränderns) keinen Widerstand leisten könne, ist auch ohne Panlogismus haltbar.

6. Als erzeugend, nicht hinnehmend war sich das neuere Denken bewußt geworden. In diesem Punkt, das muß bei allem festgehalten werden, ist auch der noch so gegenständliche, Welt aufnehmende Hegel kantisch gesinnt. Aber indem gerade die Erzeugung statt der mathematischen eine geschichtliche wurde, hörte sie in gleicher Weise auf, eine subjektiv-formale zu sein. Die Wurzel des Cogito ergo sum, schließlich der Kantischen syn-

thetischen Formkraft a priori blieb zwar, doch so, daß außer dem Konstruierten immer das Gegenständliche gegenwärtig blieb, ja besonders deutlich gegenwärtig wurde. Das ergibt nun, an diesem Punkt, eine äußerst wichtige Berührung der Hegelschen Realphilosophie mit einer Lehre, die weit vor Kant liegt, und die vom transzendentalen Idealismus in Grund und Boden verachtet wurde. Es ist die Lehre der Abbildtheorie, dergestalt daß ein Gedanke dann als wahr bezeichnet wird, wenn er seinen Gegenstand und das in ihm bezeichnete Objekt möglichst treu abbildet, oder, in begrifflich kultivierterer Fassung: wenn eine wissenschaftlich durchbestimmte, auf ihren Begriff geschärfte Vorstellung mit ihrem Gegenstand übereinstimmt. Thomas hatte so das Kriterium der Wahrheit als »adaequatio intellectus ad rem« bezeichnet, wobei sich zwar das Erkannte in dem Erkennenden nur nach Weise des Erkennenden befindet, also Subjektives in der Erkenntnis ist, aber doch eine Informierbarkeit des Intellekts, das ist, eine Anähnlichung an die Wesens-Formen der Dinge vollziehbar ist. Der transzendentale Idealismus hat diese wie jede andere Art Abbildlehre stets verächtlich behandelt; denn für ihn gibt es ja grundsätzlich keinen von der Erkenntnis unabhängigen Gegenstand, an dem der Erkenntniswert – dieser rein innere, vom Erkenntnissubjekt selbst erzeugte – gemessen werden könnte. Kant nannte deshalb die adaequatio intellectus ad rem eine »elende Diallele«, das ist, einen Zirkel, worin ein Satz (hier: die objektive Wahrheit einer Erkenntnis) durch das zu beweisen gesucht wird, was aus ihm erst hätte bewiesen werden sollen. Kann im Kantianismus überhaupt von Übereinstimmung gesprochen werden, so ist sie einzig eine mit der denkimmanenten Regel der notwendigen Vorstellungsverknüpfung, nirgends eine mit denktranszendenten Objekten, als den Dingen an sich. Hegel dagegen nimmt trotz seines Ausgangs von der Erzeugung die alte äußere Gegenständlichkeit durchaus ernst, so wie seinem *objektiven Idealismus* es nicht einmal im Traum möglich war, die Realität der Außenwelt zu bezweifeln. Hegels Logik restituiert das Problem der Abbildung unmißverständlich, gibt ihm gegen Kant alle Ehre: »Kant, indem er auf die alte berühmte Frage: was die Wahrheit sei? zu reden kommt, schenkt vors Erste als etwas Triviales die Namenserklärung, daß sie die Übereinstimmung der Erkenntnis mit ihrem Gegenstande sei; – eine Definition, die *von großem, ja dem höchsten Wert ist*... So zeigt sich sogleich, daß eine solche Vernunft, die sich mit ihrem Gegenstande, den Dingen an sich, nicht in Übereinstimmung zu setzen vermag, und die Dinge an sich, die nicht mit dem Vernunftbegriffe, der Begriff, der nicht mit der Realität, eine Realität, die nicht mit dem Begriffe in Übereinstimmung ist, unwahre Vorstellungen sind« (V, S. 27 f.). Und mit prononcierter Übertragung des Gleichen aus der subjektiven in die objektive Sphäre: »Wenn die Wahrheit, im subjektiven Sinn, die Übereinstimmung der Vorstellung mit dem Gegenstand ist, so heißt das Wahre im objektiven Sinn die *Übereinstimmung des Objekts, der Sache mit sich selbst,* daß ihre Realität ihrem Begriff angemessen ist« (VII[1], S. 22). Hegel konnte der alten Abbildlehre diese relative Renaissance angedeihen lassen, indem für ihn Subjekt und Objekt die übergreifende Einheit des Geistes haben, der sich in ihnen auseinanderlegt und vermittelt. Hierdurch vermeidet sich für Hegel der Zirkel oder das Hysteron Proteron, das Kant der Abbildlehre vorgeworfen hatte. Innen und außen, Erkenntnis und Gegenstand, Subjekt und Objekt sind nicht im Verhältnis des Früheren und Späteren oder des Vorn und Hinten, so daß ein Zirkelschluß möglich wäre. Sondern sie sind dialektische Hauptmomente im gleichen übergreifenden Substrat; wodurch Abbildung des Objekts im Subjekt stattfinden kann, sogar, im gleichen Akt, Abbildung des Subjekts im mit ihm vermittelten Objekt. Und ebenso gibt Hegel den Weg, um einen Grundfehler der alten Abbildlehre zu vermeiden: die starre Entgegensetzung von Subjekt hier, Objekt dort; Kant, selber so vielfach ein statischer Dualist, hatte diesen Fehler gar nicht bemerkenswert gefunden, Hegel löst diesen Dualismus überall auf, so auch in der relativ erneuerten Abbildlehre, vielmehr umfänglicher: in der Adäquationslehre, die als fortschreitende Vermittlungslehre zwischen Subjekt und Objekt sein ganzes Werk durchzieht. Anders als im transzendentalen Idealismus ist daher die Objektseite der Genesis der Wahrheit, in Hegels Sinn, ebenso immanent wie die Subjektseite; beide sind dauernd verbunden im dialektischen Prozeß. Subjekt-Objekt-Verhältnis ist selbst nichts anderes als der dialektische Prozeß, in seiner eigentlichsten Struktur und in der *Struktur seines Materials* erfaßt. Gewiß, Hegel mystifiziert die wechselseitige Abbildung von Subjekt und Objekt aneinander, indem er das ihnen Gemeinsame, gar den Träger dieses Geschehens Geist nennt. Auf diese Art werden die wirklichen Subjekte und Objekte zu bloßen Bestimmtheiten dieses mythologischen Geistes, auch zu bloßen Prädikaten eines absoluten Subjekts herabgesetzt. Doch ist gerade an diesem Punkt Hegel mehr kryptomaterialistisch als irgendwo sonst; denn unter dem Namen Geist hält er das Subjekt mit dem Objekt zusammen, als aus gleichem Stoff und als aus einem bewegend-abgebildeten, abgebildet-bewegten vor allem. Derart konnte auch Engels, dem das Weltmaterial durchaus nicht aus Geist bestand, wohl aber aus dialektischen Vorgängen zwischen Atomen und Zellen, zwischen Mensch und Natur, Erkenntnis eine »Abbildung von Prozessen« nennen; von Prozessen, wohlverstanden, nicht von fixen Dingen. Allerdings gebraucht Hegel selbst nur ungern das Wort Abbildung, er setzt dafür, wie gesehen, Übereinstimmung, sogar eine, die letzthin auf Identität tendiert. Denn eben Abbildung supponiert immer noch zwei voneinander abgehaltene Seiten, eine in diesem Gegenüber erstarrte Zweiheit; das Subjekt ist bei Hegel dagegen vom Objekt ebenso und nicht mehr verschieden, als es mit ihm identisch ist. Dialektische Erkenntnis oszilliert daher notwendig zwischen ihren Momenten, also auch zwischen ihren Hegelschen Hauptmomenten: Subjekt und Objekt; erst dies Oszillieren zwischen Selbst und Material stellt Erkenntnis- und Weltprozeß zugleich her. Das Subjekt bildet also in Hegels Philosophie das Objekt genau so ab, wie das Objekt in dieser Abbildung das Subjekt selber abbildet, das ist hier: bildet und zum immer reicheren Darinsein in den Weltgestalten aufschließt.

Wahres Denken ist darum das des Wirklichen, das sich zum Gedanken drängt. Der Gedanke kommt zu seiner Sache in derselben Bewegung, worin die Sache zu ihrem Gedanken kommt; beide reifen und berichtigen sich aneinander. Wurde darum oben gesagt, daß bei Hegel eine eigentliche Erkenntnistheorie fehle, so kann dies nun dahin ergänzt werden, daß die *Hegelsche Philosophie insgesamt das Problem Subjekt-Objekt-Beziehung, also Erkenntnistheorie betreibt* und diese daher keine eigens kultivierte Darstellung findet. Ohne Unter- noch Übertreibung kann die ganze Phänomenologie ein erkenntnistheoretisches Unternehmen genannt werden, wenn auch eines ganz eigener Art. Ist sie doch dauernd von dem Bezogensein und gleichzeitig Unterschiedensein des Bewußtseins und Gegenstands, des Gegenstands und seines Bewußtseins bewegt und durchwaltet. Dies Miteinander von Auffassendem und Aufgefaßtem macht in der Phänomenologie nicht nur den unruhigen Zauber aus und das psycho-physische Zwielicht ihrer Darstellung, sondern wesentlich eine geschehende Erkenntnistheorie Hegelscher Art. Als Geschichte des erscheinenden und sich fortdauernd berichtigenden Wissens meint sie sogar eine historisch-materiale Parallele zur *Erkenntniskritik;* dem Satz gemäß, der auch in der Phänomenologie, nicht bloß in der Enzyklopädie strapaziert wird: die Weltgeschichte ist das Weltgericht. Der jeweilige Subjekt-Objekt-Bezug wird in seiner Wahrheit immer wieder dialektisch kritisiert, er unterliegt dem »Gericht der dialektischen Bewegung«. So auch ist die Realphilosophie, in ihrer Dialektik, durchgängig vom kritischen Problem der Subjekt-Objekt-Beziehung erfüllt, als einem Materialproblem. Wonach Erkenntnistheorie überflüssig wird, indem sie im Weltprozeß materialiter enthalten ist und erledigt wird. An einem als Geist ausgegebenen, aber hart sich aneinander stoßenden realen Material. Die lange Erkenntnis, das heißt: Wegaufnahme und Wegzurücklegung bis zu der intendierten Subjekt-Objekt-, Objekt-Subjekt-Adäquation heißt also Realphilosophie. Heißt zuerst Prozeß der *Natur*, dann des *subjektiven Geistes* (Seele), des *objektiven Geistes* (Staat), des *absoluten Geistes* (Kunst, Religion, Philosophie). Freilich, wie bei einer Lehre nicht verwunderlich, die die Welt nur aus Geist bestehen läßt: der Übergang zum physisch Realen, als dem der Natur, ist bei Hegel sowohl der abenteuerlichste wie der härteste. Im selben Sinn wie danach der Übergang zum psychisch Realen (der dem mechanischen Materialismus so schwer fällt) hier wiederum der leichteste, ja wie Aufatmen wird.

Gegen das Messerschleifen, ohne schneiden zu wollen: »Es ist eine Annahme, wodurch das, was sich Furcht vor dem Irrtum nennt, sich eher als Furcht vor der Wahrheit zu erkennen gibt« (II, S. 61).

Gegen das Geschwätz, als könne man in ewiger Erkenntnistheorie oder moderner: in einem sogenannten ewigen Erfragen an sich und dem Erziehen dazu sich die Antworten ersparen: »Nach der modernen Sucht, besonders der Pädagogik, soll man nicht sowohl in dem *Inhalt* der Philosophie unterrichtet werden, als daß man ohne Inhalt philosophieren lernen soll; das heißt ungefähr: man soll reisen und immer reisen, ohne die Städte, Flüsse, Länder, Menschen und so fort kennenzulernen« (XVII, S. 342).

Gegen Philosophieren ohne reelle Ausbreitung und topographisch bestimmten Zusammenhang: »Ein Philosophieren ohne System kann nichts Wissenschaftliches sein; außerdem, daß solches Philosophieren für sich mehr eine subjektive Sinnesart ausdrückt, ist es seinem Inhalt nach zufällig. Ein Inhalt hat allein als Moment des Ganzen seine Rechtfertigung, außer demselben aber eine unbegründete Voraussetzung oder subjektive Gewißheit; viele philosophische Schriften beschränken sich darauf, auf solche Weise nur Gesinnungen und Meinungen auszusprechen« (Enz. § 14, VI, S. 22).

Zwei Übereinstimmungen unerwarteter Art, die beide einen wirklichen Totalzusammenhang systematisch-realer Art von seiner bloßen tabellarisch-subalternen Nachahmung (Numerierung, Überblickbarkeit ante rem) unterscheiden:

»Wie dieses Buch zu lesen sei, um möglicherweise verstanden zu werden, habe ich hier anzugeben mir vorgesetzt. Was durch dasselbe mitgeteilt werden soll, ist ein einziger Gedanke ... Ein einziger Gedanke muß, so umfassend er auch sein mag, die vollkommenste Einheit bewahren. Läßt er dennoch, zum Behuf seiner Mitteilung, sich in Teile zerlegen, so muß doch wieder der

Zusammenhang dieser Teile ein organischer, das heißt, ein solcher sein, wo jeder Teil ebensosehr das Ganze erhält, als er vom Ganzen gehalten wird, keiner der erste und keiner der letzte ist, der ganze Gedanke durch jeden Teil an Deutlichkeit gewinnt, und auch der kleinste Teil nicht völlig verstanden werden kann, ohne daß schon das Ganze vorher verstanden sei« (Schopenhauer, Vorrede zur ersten Auflage der »Welt als Wille und Vorstellung«).

»Wie von einer Philosophie nicht eine vorläufige allgemeine Vorstellung gegeben werden kann, denn nur das *Ganze* der Wissenschaft ist die Darstellung der Idee, so kann ihre *Einteilung* nur erst aus dieser begriffen werden; sie ist, wie diese, aus der sie zu nehmen ist, etwas Antizipiertes. Die Idee aber erweist sich als das schlechthin mit sich identische Denken und dies zugleich als die Tätigkeit, sich selbst, um für sich zu sein, sich gegenüber zu stellen und in diesem anderen nur bei sich selbst zu sein ... Eine solche Bestimmung, in der die Idee erscheint, ist zugleich ein fließendes Moment; daher ist die einzelne Wissenschaft ebensosehr dies, ihren Inhalt als *seienden* Gegenstand, als auch dies, unmittelbar daran seinen *Übergang* in seinen höheren Kreis zu erkennen. Die Vorstellung der Einteilung hat daher das Unrichtige, daß sie die besonderen Teile oder Wissenschaften nebeneinander stellt, als ob sie nur ruhende und in ihrer Unterscheidung substantielle, wie Arten, wären« (Enz. § 18, VI, S. 26f.).

»Nicht zu vergessen, daß das Recht ebensowenig eine eigene Geschichte hat wie die Religion« (Marx, Deutsche Ideologie).

ÜBERGANG VON DER LOGISCHEN IDEE ZUR PHILOSOPHIE DER NATUR 12

1. Die Dinge sollen nunmehr dort beginnen, wo das reine Denken aufhört. Wieso sie dann beginnen, warum in das feine, einsame logische Ansich plötzlich solch äußerer Lärm hereinfällt, das freilich bleibt dunkel. Der Lärm soll gar aus dem reinen Denken selber kommen, ein Schlag ohnegleichen, und dem Leser wird es an dieser kitzligen Stelle von Hegel nicht leicht gemacht. Aus dem stillen Logischen soll nun selber ein Zustand entspringen, wo Steine fallen, Mägen verdauen, Menschen sich umbringen. Hegel hat merkwürdigerweise die riesige Frage nach dem »Anstoß« zu alledem nicht verspürt. Es ist die Frage, wie das einzeln Sinnliche, wie das Stoffliche, wie schließlich das wild, sozusagen schlecht Gezogene, als das gerade Hegel die meisten Naturdinge ansieht, solch geistigen Ursprung haben kann. Denn so oft auch Hegel von einem »Anderssein« als naturhaftem Zustand spricht, es bleibt doch unerfindlich, wieso ein Flegel aus so vornehmem Elternhaus herkommt. Die naturhaften Manieren sind mindestens bemerkenswert rauher und härter als die des reinen Denkens. Sehr viel leichter ginge es vom Trieb als vom Denken in Kraft und Stoff über, mindestens in Kraft, in die intensiven Wirkungen und Gegenwirkungen der Körper. In der Tat spricht Hegel einmal von einem *Trieb* des Ansich, ja, jedes Anfangs als solchen, als eines noch Mangelhaften, Unmittelbaren. Er setzt die vermittelnde Bewegung in Gang: »so muß das Unmittelbare des Anfangs an ihm selbst das Mangelhafte und mit dem Triebe begabt sein, sich weiter zu führen« (V, S. 334). Aber diese immerhin nicht rein-logische Bezeichnung wird sogleich wieder im logischen Fortgang zugedeckt. So geht es ins äußere Dasein nur hinein, indem der vorweltliche Begriff sich selber abbricht. Es bleibt ihm nichts anderes übrig, aber jeder Körper steht nun als Fremdkörper da. Der Bruch ist offensichtlich, Kraft und Stoff können geistig nicht abgeleitet werden.

2. Daher wendet Hegel, um dennoch zu vermitteln, sehr willkürliche Bilder an. Sie müssen willkürlich sein, weil das logisch Notwendige an dieser Stelle, so kraß wie an keiner sonst, nicht statthaben kann. Willkür wird auch in die Sache selbst

gesetzt; ihr gediegen fortwaltender Gang hört auf, es wird ihm geradezu allerhöchst abgewinkt. Um die Logik in ihren Widerspruch, in den Widerspruch zu ihrem gesamten Ansich, eben zur Natur, umschlagen zu lassen, bleibt als Parallele zu diesem Vorgang nur – fürstliche Laune übrig. Hegel fällt daher an dieser Stelle, um die geschehene Willkür halbwegs in Form zu bringen, geradezu in eine Art Hofsprache. Der Akt der Naturentstehung sieht despotisch, mindestens wie ein Ukas aus; der Wille des Monarchen unterbricht die Arbeit des logischen Büros. Da gibt es ein allerhöchstes »Sichentschließen«, da gibt es »absolute Freiheit der Idee«, da wird abrupt zur Natur »entlassen«; Hegel selber sagt: es ist eigentlich gar kein Übergang. »Die reine Idee, in welcher die Bestimmtheit oder Realität des Begriffs selbst zum Begriff erhoben ist, ist vielmehr absolute Befreiung ...; in dieser Freiheit findet daher kein Übergang statt ... Das Übergehen ist hier vielmehr so zu fassen, daß die Idee sich selbst frei entläßt, ihrer absolut sicher und in sich ruhend. Um dieser Freiheit willen ist die Form ihrer Bestimmtheit ebenso schlechthin frei, – die absolut für sich selbst seiende Äußerlichkeit des Raums und der Zeit« (V, S. 353). Das Wort Freiheit an dieser Stelle, am Sprung von der Logik in Naturphilosophie, erinnert aber nicht nur an die Freiheit absolutistischer Fürsten, an ihre Handlungen supra legem. Sondern Schelling hatte 1809 eine seiner unvordenklichsten Schriften erscheinen lassen: »Philosophische Untersuchungen über das Wesen der menschlichen Freiheit«; darin wird zwar nicht die menschliche Freiheit, wohl aber eine der »Schöpfung« angeblich vorhergehende behandelt. Dasselbe Thema lag bereits einer früheren Schrift: »Religion und Philosophie«, 1804, zugrunde, mit ganz heftigem Riß zwischen Idee und Natur. Nur: der Riß wird betont und offen gehalten, nicht panlogisch zugedeckt wie nachher bei Hegel, nicht aus der Idee selber zu deduzieren versucht. Konträr: da gibt es einen alogischen Bruch im Ursprung der Dinge selbst; da entläßt nicht der Gedanke Gottes die Welt, sondern die Weltentstehung ist ein »Abfall der Ideen von Gott«, die Verwirklichung der Ideen in der Welt ist ein Sündenfall. »Mit einem Wort, vom Absoluten zum Wirklichen gibt es keinen stetigen Übergang, der Ursprung der Sinnenwelt ist nur als ein vollkommenes Abbrechen von der

Absolutheit, durch einen Sprung denkbar« (Schelling Werke VI, S. 38). Die »Abkunft endlicher Dinge vom Absoluten« ist ein »Urzufall« und stammt also solcher nicht aus logisch fortleitendem Grund, sondern aus einem alogischen »Ungrund«, aus einem »Abgrund« im weltsetzenden Prinzip. Dieser Abgrund ist Trieb durchaus, aber keiner als logisches Moment wie stets bei Hegel und so auch in der angeführten Trieb-Definition des unmittelbaren Anfangs; sondern der Trieb, der die *Setzung* der Welt herbeiführt, und der in jedem Verwirklichungsfaktor, im gesamten naturhaften Wirklichsein selber wirkt, ist vollkommen dunkel, Finsternis per se. Hier also ist das dualistische Motiv rein, das Hegel – ohne den voluntaristischen Charakter ganz vermeiden zu können – in die Bilder des »Sichentschließens«, der »absoluten Freiheit des Entlassens« aufgenommen und ebenso logisch wieder homogenisiert hat. Schelling hat mit seiner Trennung des alogischen Daß vom logischen Was oder Inhalt der Wirklichkeit gleichsam dem Unterschied auf den Ursprung zu kommen gesucht, den Leibniz zwischen zufälligen und notwendigen, zwischen faktischen und geometrischen Wahrheiten, zwischen den »vérités de fait« und den »vérités éternelles« statuiert hatte. Wobei bei ihm wie bei Leibniz die Lehre des scharfsinnigsten Scholastikers, Duns Scotus: vom Primat des Willens in Gott, von der unnachdenkbaren Freiheit im Urwesen wiederkehrte. Nur daß diese Freiheit bei Schelling völlig luziferisch wurde; während sie bei Hegel eine – Verlegenheit ist und bleibt. Der spätere Schelling hat deshalb diese Wunde des Panlogismus geradezu realistisch kenntlich gemacht (wenn auch die Abkehr vom Panlogismus bei Schelling ganz und gar nicht realistisch, sondern erst recht mythologisch geriet). Er sagt: »Dieser Ausdruck ›Entlassen‹ – die Idee entläßt die Natur – gehört zu den seltsamsten, zweideutigsten und darum auch zaghaftesten Ausdrücken, hinter die sich diese Philosophie bei schwierigen Punkten zurückzieht« (Schelling Werke X, S. 153). Und weiter, nicht ganz mit Unrecht: »Dieser Versuch«, nämlich, daß »das vorn abgewiesene Empirische durch die Hintertür des Anders- oder Sich-untreu-Werden der Idee wieder eingeführt wurde, ... hat gedient aufs Neue zu zeigen, daß es unmöglich ist, mit dem rein Rationalen an die Wirklichkeit heranzukommen« (l. c. S. 213).

Der Katechismus sagt: Gott hat die Welt erschaffen, Hegel übersetzt das in die Worte: die absolute Idee hat sich in ihr Anderssein entlassen; der Katechismus ist wenigstens handfester, er sublimiert seinen Urgötzen nicht. Hegels Jenenser Realphilosophie hatte übrigens einen, bei aller Phantastik, keineswegs so theologischen Ausgangsort; denn für Urgeist setzte sie das ebenfalls recht verdünnte, doch noch stoffhafte Wesen »Äther«. Aus diesem konnte nun die materielle Welt ohne solchen Stilbruch beginnen; denn das Ansich des Weltgeistes, das noch kein Außersich oder Negatives in sich zeigt, heißt hier so: »Der absolute Grund und Wesen aller Dinge ist der Äther oder die absolute Materie, das absolut Elastische, jede Form Verschmähende, sowie ebendarum das absolut Weiche und jede Form sich Gebende und Ausdrückende, ... – vollkommen durchsichtig, klar sich nur auf sich selbst beziehend, ohne den in sich gehenden Nachtpunkt der negativen Einheit« (Jenenser Logik, Metaphysik und Naturphilosophie, Meiner, S. 196 f.). Der absolute Grund zeigt derart sowohl Verwandtschaft mit dem Urnebel der Kant-Laplaceschen Schöpfungshypothese wie mit der unbestimmten, aber zu allem bestimmbaren materia prima des Aristotelismus. Selbst eine so ungeheure Phantasterei wie »das Sprechen des Äthers mit sich selbst« verhüllt die Herkunft vom Urnebel (statt Urgötzen) nicht. Auf jeden Fall war der Übergang in die Welt von diesem Äthergeist weit homogener als vom Ansich des absoluten Begriffs; dem Geist Gottes zu Ehren (der hier nicht einmal über Wassern schwebt) hat Hegel das Ätherwesen in der Enzyklopädie aufgegeben. Statt einer materia prima wurden eben die Willkür eines Gottes nötig, der sich selbst entläßt, das »Sich-entlassen, Sich-entschließen der Idee zur Welt«. Das war die Folge dieser verabsolutierten Logik, war die Folge davon, daß Hegel nicht bei dem elementaren Anfang: Sein = Nichts blieb, sondern Gottes Geist entwickelte und nun ohne Sturz keinen Weg aus der höchsten Idee zu einem fallenden Ziegelstein oder einem Schwertfisch fand.

3. Der heutige Leser hat insgesamt Mühe, das Hegelsche Naturbild zu verstehen. Doch liegt die Schwierigkeit, worauf es ankommt, und die mächtig lohnt, auf einem andern Blatt als der undeduzierte Anstoß zur Welt. Sie liegt zum Teil dem Leser

selbst zur Last, nämlich seiner *quantitativ-mechanischen* Denkgewohnheit, und nicht den allzu hohen Höhepunkten einer vorweltlich angesetzten Idee. Es ist gewiß unmöglich, die Natur, die dem Geist seine Basis ist, von der Spitze her aufzubauen und das Dach zur Basis zu machen. Aber es ist ebenso unmöglich, bei einer mechanischen Basis mechanistisch-undialektisch zu verharren, so daß man Haus, aufsteigende Treppen, Dach überhaupt nicht mehr sehen will noch begreift. Solche aufsteigende Baubewegung gibt es auch in der Natur, es ist nicht wahr, daß sie ohne qualifizierende Verwandlung und ohne Bildwerk steht. Die mechanistisch-quantitative Erstarrung, woran die Natur bei den undialektischen Materialisten leidet, findet also in Hegels Naturphilosophie einen Feind und eine Sonne. Wenn auch eine höchst ungewohnt gewordene und eine, die um den Preis unhaltbarer Skurrilitäten – nicht nur derer eines vorweltlichen Logos – scheint. Wo aber Hegel noch so ungehalten vom Anderssein der Natur spricht, als dem »unaufgelösten Widerspruch«, sieht er noch diesen Widerspruch, gerade diesen, voll Blut: »Die Natur ist ein bacchantischer Gott, der sich selbst nicht zügelt noch faßt.« Auch ist sie »Proteus, der in tausend Gestalten sich wandelt und versteckt«, – ein höchst unruhiges Maskenreich. Andererseits ehrt Hegel in dieser seiner Naturidee den Proteus, der bei allem Gestaltenwandel sich zum Licht hin bewegt, zum Licht als dem ersten »allgemeinen Selbst der Materie«. Die Natur bleibt nicht Anderssein der Idee, als versteinertes, »sondern die Steine schreien und heben sich zum Geiste auf«, die Wahrheit der Natur ist ihre dialektische Entwicklungsgeschichte zum Menschen. Letztere Wendung klingt dem heutigen, zwar durch eine völlig wertfreie Physik, aber auch durch Darwin hindurchgegangenen Leser bereits weniger fremdartig als die mythischen Bestimmungen Hegels. Wichtig ist vor allem: um Hegels Naturphilosophie, minus der romantischen Exzesse, nicht völlig mißzuverstehen, muß der Student die gebliebene Möglichkeit einer breiteren Physik ins Auge fassen als der, die von Galilei und Newton bis noch zu Einstein aufgebaut worden ist. Gewiß, es ist kein Zweifel: gerade die neueste Physik enthält eine Fülle ungewußter Dialektik; und es liegt nur an der Klassenschranke der Physiker, nicht an der Qualitätsfremdheit ihrer Sache, wenn ein so deutlich dialektisches Wesen wie die Quantentheorie nicht auch als solches gewußt gemacht wird. Trotzdem finden die eigentlichen Qualifikationsbestimmungen, an denen gerade Hegels Naturdialektik so reich ist, in dieser Welt – sei sie subatomar, sei sie makrokosmisch – sinngemäß keinen Platz; der Durchstoß zur Anschauung, zu einem konkret auftretenden »Bild«, einem spezifischen Quale bahnt sich hier erst an. Vor allem ist die seit dreihundert Jahren aufgebaute Physik eine, welche nicht nur von Wertungen, sondern auch von Farben, Tönen, kurz von allen Qualitäten abstrahiert. Farbe ist Schwingung, 1 Kalorie Wärme ist gleich 427 Meterkilogramm Arbeit und sonst nichts. Die Nervenleitung zeigt ein Verhalten, das dem eines mit Selbstinduktion begabten Leiters entspricht: mithin, alles qualitative Sein wäre danach quantitativ, alles Leben mechanisch. Hier vollendet sich der Triumph Demokrits, er hatte zuerst Physik als solche Zurückführung von qualitativen Bestimmungen auf rein quantitative gedacht: Galilei ging ganz auf Demokrit zurück. Wogegen freilich Aristoteles (also nicht erst Hegel) es als unmöglich erklärt hatte, Qualitäten aus Quantitätsverhältnissen abzuleiten, da Qualität ein jeweils Neues sei, das die Quantitätsverhältnisse nur als notwendige Grundlage voraussetze, sich aber nicht in sie wieder auflösen lasse. Tatsächlich baute bereits Aristoteles, wie nach ihm Thomas von Aquin, seinen Naturbegriff als einen aus qualitativen Stufen, ja aus Wertstufen auf. Mechanisches, chemisches, organisches, psychisches Geschehen liegen hier übereinander, bilden eine quantitativ uneinebbare Hierarchie der Natur. Das eben war eine andere theoretische Möglichkeit von Physik, sie ist nur so beschaffen, daß sie sich dem mathematischen Kalkül, wenigstens dem bisher ausgebildeten, verschließt. Ebenso ist diese andere Möglichkeit mit dem kapitalistischen Interesse an einer Art Betriebskalkulation der Natur unverträglich: wie an der Ware nur der Preis wichtig ist, so an der Natur nur die quantitative Berechenbarkeit, nicht der qualitative Inhalt. Aber es ist kein Zufall, daß das kapitalistisch zurückgebliebene Deutschland, das mit vorkapitalistischen Denkweisen noch verbundene, in der alten Qualitätsnatur ein Problem aufgegriffen hat, das vielleicht noch nicht erledigt ist. Die romantische Naturphilosophie trieb zwar sehr heillose Phantasterei, doch ebenso trieb und eröffnete sie Stufen-, also Entwicklungsgeschichte. Und sie hatte immerhin einen anderen Sektor zum hypothetischen Gegenstand als den ausschließlich quantitativ-mechanischen; sie suchte Qualität, ja Alleben in der Natur. Nicht anders wie Aristoteles Qualität, wie Leonardo da Vinci, selbst Kepler noch Alleben in ihr gesucht hatten. Wurde doch erst im siebzehnten Jahrhundert das Weltall völlig einheitlich mechanisch nivelliert, den Anforderungen des Kalküls, der Generalität, gewissermaßen Bürokratie des Gesetzes gemäß; weit schwieriger also, sogar weit unausgemachter als der heutigen Denkgewohnheit bewußt ist, hat das Weltbild des Mechanismus über das der Formen und Entwicklungsstufen gesiegt. Noch Leibniz berichtet in spätem Alter (Brief an Montmort, 1714), wie er als Student in Leipzig immer wieder widerstreitend überdacht habe, ob er die Lehre von den »substantiellen Formen« in der Natur beibehalten solle oder nicht; »endlich siegte die mechanische Theorie und brachte mich dazu, die mathematischen Wissenschaften zu studieren«. Jedoch selbst Leibniz, der der mechanischen Naturerklärung ihr großartigstes Werkzeug beistellte, die Differentialrechnung, hat seine Monadenwelt zuletzt wieder in einer Stufenreihe aufgebaut, in Gradunterschieden der Aktivität, die trotzdem zugleich, in Aristotelischer Weise, qualitative Unterschiede darstellen, »Formunterschiede« zwischen mechanischer Bewegung, vegetativer Lebenskraft, animalischer Seele, menschlichem Geist. Solche Qualifizierung der Natur war also nie ganz abgerissen; das Entwicklungssystem selbst wirkte dem allgemeinen, quantitativ-mechanischen Nivellement entgegen. So haben qualitative Daseinsformen der Natur selbst dort noch einen Platz gefunden, wo der andere Sektor der Natur: der von schaffender Natur, von Gestalttrieben und Qualitäten erfüllte, gänzlich zugeschlossen oder erledigt worden war.

Wie erst, als dieses nicht-mechanische Wesen neu anzudringen oder aufzugehen schien. Anschaulich, poetisch dazu, mit neu erwachtem Naturgefühl, mit Sinn fürs Quellende unten, für Farben oben. Von hier aus Goethes Abneigung gegen pure Zerlegung, gegen Hebel und Schrauben als Werkzeuge des Experiments, gegen die Leichenbank, welche diese Werkzeuge von der Natur übrigzulassen schienen. Von hier aus aber auch die romantische Naturphilosophie, die vom jungen Schelling entfesselte, dieser Exzeß an Qualitäten, Wertinhalten, gewiß auch an tollen Phantastereien. Von hier aus der Kampf Hegels, zugleich – methodisch nicht unverwandt – Goethes gegen Newton, als den Heros quantitativer Naturtheorie. Von hier aus Goethes Farbenlehre, der Versuch, Farbenqualität, Licht überhaupt real zu nehmen, statt es ohne Rest in Ätherschwingungen, also Nacht, auflösen zu lassen; Hegel wie Schopenhauer haben Goethes Farbenlehre mitgemacht. Die Nacht, welche die Mechanik vom großen Pan übrigließ, erschien dieser Zeit viel grotesker als ihre eigenen Beseelungen. Qualitative Naturphilosophie hört also auf, bloß absurd zu erscheinen, sobald sie nicht ausschließlich vom Gegenstandpunkt des Mechanismus, vom noch so siegreich gewordenen, gewertet wird. Und es bleibt bedenkenswert, daß ein nicht eben romantischer Denker, nämlich Friedrich Engels, an Hegels Naturphilosophie so vielfach sich angeschlossen hat. Sein »Anti-Dühring« wie erst recht seine »Dialektik der Natur« machten aus dem dialektischen Umschlag der Quantität zu Qualität auch in der Natur Ernst; und das bedeutet: qualitative Analyse höchst unmechanischer oder übermechanischer Art wird in der Natur anerkannt. Akzeptierter Umschlag der Quantität in Qualität verträgt sich überhaupt nicht mit totaler Zurückführung der Qualität auf Quantität; und Engels zieht die Konsequenzen. Er wählt genau den Naturphilosophen Hegel als Lehrer im Kampf gegen den beschränkten Mechanismus: Daher: »Diese mechanische Bewegung erschöpft die Bewegung überhaupt nicht, Bewegung ist nicht bloß Ortsveränderung, sie ist auf den übermechanischen Gebieten auch Qualitätsänderung« (Anti-Dühring, Gesamtausgabe, 1935, S. 471). Das Vorwort zum Anti-Dühring bekundet: »Es ist viel leichter, ... über die alte Naturphilosophie herzufallen, als ihre geschichtliche Bedeutung zu würdigen. Sie enthält viel Unsinn und Phantasterei, aber nicht mehr als die gleichzeitigen unphilosophischen Theorien der empirischen Naturforscher, und daß sie auch viel Sinn und Verstand enthält, fängt man seit der Verbreitung der Entwicklungstheorie an einzusehen... Die Naturphilosophen verhalten sich zur bewußt-dialektischen Naturwissenschaft wie die Utopisten zum modernen Kommunismus.« Weiter: »Die des Mystizismus entkleidete Dialektik wird eine absolute Notwendigkeit für die Naturwissenschaft, die das Gebiet verlassen hat, wo die festen Kategorien, gleichsam die niedere Mathematik der Logik, ihr Hausgebrauch, ausreichten« (Dialektik der Natur, Gesamtausgabe, 1935, S. 602). Es war für Engels ausgemacht, daß die Natur mit Umschlag in Qualität »ebenso verfährt wie der alte Hegel«, und daß »es doch wohl Zeit sei, die Sache etwas näher zu untersuchen«, also den einseitig übertriebenen Mechanismus zu revidieren. Jenen, der nicht mit Demokrit, Epikur, Lukrez zusammenfällt, diesen unauslaßbaren ersten Erklärern der Welt aus sich selbst, wohl aber mit den Stationären und Verabsolutierten eines Demokritismus. Die Probleme der qualitativen Naturphilosophie, die Hegel dialektisiert hat, sind mithin noch nicht aus der Welt, am wenigsten aus der des zusammenbrechenden Mechanismus. Die Natur ist nicht das »Anderssein, Außersichsein der Idee«, aber sie ist auch nicht das ausgemachte Anderssein im Verhältnis zur menschlichen Geschichte. Sie liegt nicht als ausgemachte Nacht um die menschlichen Qualitätsempfindungen, Lebens- und Geschichtstage herum, gebunden an mechanische Kausalität, worin nie etwas Neues geschieht. Sie steht nicht in so ausgemachter Zusammenhanglosigkeit mit dem menschlichen Geschichtsprozeß und Geschichtsinhalt, wie eine abstrakte Mechanik das behauptet hat, Mensch und Universum völlig entzweischneidend. Es gibt dialektische Bewegung in der Natur, es gibt die theoretische Möglichkeit, daß eine konkretere Beziehung zur Natur, als diejenige, welche dem bürgerlichen Kalkül gemäß ist, Intensitäten und Qualitäten, vor allem auch solche der Farbigkeit, der Ausdruckshaftigkeit wieder auffaßt. Diese Qualitäten waren ja niemals verschwunden, sie wurden von der mechanischen Methode nur auf die subjektiven Empfindungsorgane begrenzt, äußerstenfalls wurden sie in die künstlerische Darstellung abgeschoben. In Landschaftsmalerei, worin Farben, Gewitterschwüle, Sonnenaufgang und andere naturwissenschaftlich heimatlose Gegenstände behandelt werden, in Pastorale-Musik, in die Naturschilderungen großer Poesie, die auch ein Physiker als sachlich anerkennen muß, ohne sich hierbei seiner doppelten Buchführung bewußt zu werden. Durch diese doppelte Buchführung aber (Qualitäten für die Naturbeschreibung, Quantitäten für die Mechanik) ist nicht bloß die gesamte Erlebniswirklichkeit Natur, sondern eben der alte, immer wieder andrängende Quell-, Qualitäts- und Bedeutungs-Sektor Natur wissenschaftlich ausgekreist worden, ohne Willen, ihm auf eigene, nicht künstlerisch abgedrängte, sondern erkennende Weise gerecht zu werden. Die einzigen anorganischen Naturwissenschaften, die Qualitäten gerettet haben und mit ihnen arbeiten, sind *Geologie* und – als Wissenschaft von Landschaftstypen – *Geographie;* daher spielten beide, zusammen mit dem sogenannten, noch völlig phantastisch interpretierten *Chemismus,* in der romantischen Naturphilosophie eine führende Rolle. Auf der empirischen Seite standen damals der Geograph Forster, der ein ebenso großer und anschaulicher Schriftsteller ist, der Allnatur-Forscher Alexander von Humboldt, der den Kosmos wörtlich als Schmuck sah: sie kamen nirgends ohne Qualitätsbestimmung aus, sie hätten sonst ihren Gegenstand verloren. Gar die gesamte Goethe-Welt gab sich als Rettung der qualitativen Phänomene; zum Unterschied von Newton und dem verabsolutierten Analyse-Prinzip des Dissecare naturam, der anatomisierten Naturleiche. Auch Hegel wollte derart, der Absicht nach, den quantitativen Verstand mittels sinnlicher Konkreta zur Vernunft bringen. Auch seine Naturphilosophie glaubte, in Farbe, Feuer, Gewitter, Frühling, Vulkanen, klimatischen Zonen und dergleichen Qualitäten noch ein Anderes zu sehen als mechanische Vorgänge, die mit der erscheinenden Qualität nicht das mindeste gemein haben. Selbst der skurrilste Einschlag von Mythologie hinderte also nicht, daß die Qualitäts- und Stufenlehre des Aristoteles damals wieder rezipiert worden ist. Wobei auch eine Berührung mit Paracelsus nicht schadete, dem oft sehr konkreten; alles zum Zweck der Adäquation des Naturbegreifens an Naturqualitäten.

Das muß beherzigt werden, wenn hier sogar der besonnene Hegel mit Vernunft zunächst zu rasen beginnt. Und eben nicht wegen der Qualitäten, sondern auf Grund der gleichen Analogie-Phantastik, die er selber an Schellings Schule verdammt hat. In der Vorrede zur Phänomenologie hatte Hegel über die ebenso große Bequemlichkeit wie Wildheit des bloßen Analogisierens sich so ausgesprochen: »Dieser Formalismus meint die Natur und das Leben der Natur begriffen und ausgesprochen zu haben, wenn er von ihr... ausgesagt, es sei die Subjektivität oder Objektivität oder auch der Magnetismus, die Elektrizität und so fort, die Kontraktion oder Expansion, der Osten oder Westen und dergleichen; – ein Zirkel von Gegenseitigkeit, wodurch man nicht erfährt, was die Sache selbst, weder die eine noch die andere ist« (II, S. 39). Was aber derart Hegel den Oken, Steffens und anderen aus Schellings naturphilosophischer Welt, nicht zuletzt Novalis, vorgerückt, das hat er selber nicht immer zu vermeiden gewußt. Am stärksten freilich blüht das Analogisieren in der frühen Jenenser Realphilosophie, doch auch die späteren Vorlesungen über Naturphilosophie machen das Außersichsein der Natur wirklich zu einem, das sich nicht zügelt noch faßt. Sie enthalten die Stellen, wo die – so wahre – Metamorphose der Natur der des Nachttraums oder des prälogischen Afrika durchaus nahekommt, ja sie beide überbietet. Wo die Natur als »unaufgelöster Widerspruch« gänzlich dem Mythos verfällt, statt daß ihr Begriff den durch Mythos, zuletzt durch Poesie bezeichneten Bedeutungen gerecht würde. So finden sich Bestimmungen wie diese: »Die Luft ist ein schlafendes Feuer; um es zur Erscheinung zu bringen, braucht man nur ihre Existenz zu ändern« (Enz. § 282 Zusatz). Oder mit allzu frenetischem Glauben an die alte, nicht erledigte, aber so auch nicht erneuerte Lehre von den vier Elementen: »Das Feuer ist different gesetzte Luft, negierte Einheit, Gegensatz, der aber ebenso zur Neutralität reduziert wird. Die Neutralität, worin das Feuer versinkt, das erloschene Feuer ist Wasser. Das Nichtseiende ist im Feuer als seiend gesetzt und umgekehrt; so ist das Feuer die Zeit« (l. c. § 283 Zusatz). Oder mit einer Phantastik, die gewiß eher an Salamander- und Drachenmysterien erinnert als an Aristoteles und Leibniz: »Das in den Kristall (der Erde) versenkte Feuer ist ein Schmelzen desselben, eine Selbstentzündung, in welcher der Kristall zum Vulkan wird. Die Vulkane sind also nicht mechanisch zu fassen, sondern als ein unterirdisches Gewitter mit Erdbeben; das Gewitter ist umgekehrt ein Vulkan in der Wolke« (l. c. § 288 Zusatz). Oder im gleichen überanimistischen Stil:

»Der Mond ist der wasserlose Kristall, der sich an unserem Meere gleichsam zu integrieren, den Durst seiner Starrheit zu löschen sucht und daher (!) Ebbe und Flut bewirkt. Das Meer erhöht sich, stets im Begriff, zum Monde zu fliehen, und der Mond, es an sich zu reißen. Laplace findet aus den Beobachtungen und aus der Theorie, daß die Mondflut dreimal so stark ist als die Sonnenflut, die Flut aber am stärksten ist, wenn beide zusammenfallen. So ist die Stellung des Mondes in den Syzygien und Quadraturen, als qualitativ, dabei von der wichtigsten Bestimmung« (l. c., § 279 Zusatz). Dergleichen Vitalisierungen sind, was das Feuer angeht, vom mechanischen Äquivalent der Wärme gewiß weit entfernt, und was die Flut angeht, weiter noch von Newtons Gravitationsformel, gar von der völlig unanschaulichen »geodätischen Linie« in Einsteins Gravitationstheorie. Sie lassen auf groteske Weise Demokrit und Mechanik aus; sie erneuern einen Animismus (Durst des Mondes, schlafendes Feuer), welcher nicht nur keine Zahl und Rechnung, sondern auch kein Maß und Ziel kennt. Die Natur ist hier wirklich »ein bacchantischer Gott, der sich selbst nicht zügelt und faßt; in der Natur verbirgt sich die Einheit des Begriffs«. Doch wie gesagt: die stumme, lichtlose Nacht, mit nichts als Druck und Stoß, welche die Mechanik vom großen Pan übrigließ, erschien dieser Zeit und ihrer Naturphilosophie noch viel grotesker als ihre eigenen Animismen; sie erschien ihr vor allem als unvereinbar mit der Geburt des Menschen und den langen Gestaltenreihen der Natur. Totale Mechanik erschien als unvereinbar mit der Dialektik der Natur, worin sich Qualitäten in Freiheit setzen und Augen aufschlagen, worin sogar noch verborgene Qualitäten vorhanden sind. Und vor allem eben: die angeführten, durchaus nicht verschweigbaren Zitate sind bei aller Phantasterei Schattenseiten einer sehr wenig phantastischen, nämlich phantasievollen Tugend: derjenigen, die den Naturinhalt – im uns Feindlichen wie zu uns Gleichgültigen wie uns Guten – mit einem Maschinenmodell, mit einer Nachtmaschine nicht erschöpft sieht. Es wäre sonst weder organisch-psychische Entwicklung aus der physischen Natur möglich noch gar die riesige Chiffrenwelt, die die physische Natur den Landschaftserfahrungen, der Kunst, dem Naturmythos, den chiliastischen Hoffnungen und Ängsten bereit hält oder gehalten hat. Dergleichen Qualifiziertheiten sind mit Lockescher Abschiebung auf »sekundäre Qualitäten«, selbst mit Spinozistischer Abschiebung auf »inadäquate Ideen« nicht erledigt; zu sichtbar wirkt hier, selbst noch in Aberglauben und entstellendem Irrtum, ein materialer Faktor herein. Ein Hegelsatz wie dieser klingt durchaus nicht mehr phantastisch, sondern – dialektisch, nämlich als Umschlag von Quantität in Qualität: »Das Meer ist ein lebendiger Prozeß, der immer auf dem Sprung steht, in Leben auszubrechen... Die ganze Oberfläche des Meers ist teils ein unendliches Scheinen, teils ein unermeßliches, unübersehbares Lichtmeer, das aus lauter lebendigen Punkten besteht, die sich nicht weiter organisieren. Nimmt man Wasser davon, so erstirbt diese Lebendigkeit sogleich; und es bleibt ein gallertartiger Schleim, womit das Meer von oben bis unten erfüllt ist... So fruchtbar die feste Erde ist, ebenso ist es das Meer, und dieses noch in einem höheren Grade. Die allgemeine Weise der Belebung, welche Meer und Land zeigen, ist die generatio aequivoca, während die eigentliche Lebendigkeit zur Existenz eines Individuums ein anderes seiner Gattung voraussetzt« (Enz. § 341 Zusatz). Das ist Dialektik der Natur und so allerdings keine stationär gehaltene Mechanik, als der ewig gleiche Vorgang von Druck und Stoß. Das tolle Außersichsein der Hegelschen Natur faßt sich in diesen zwei Grundgestalten eines äußeren Fürsichseins: in *Licht* und *Leben.* Auch Dialektik der Natur beginnt mechanisch, aber sie friert diesen Beginn nicht ein, sie verabsolutiert ihn nicht; auch Dialektik setzt keine qualitativen Naturbestimmungen voraus, aber nur deshalb nicht, weil sie diese Bestimmungen in ihrem Fortgang selber setzt und sich den qualitativen Natursektor durch totale Betriebsmechanik nicht versperren läßt. Insgesamt also fällt Hegels dialektisch-qualitative Naturphilosophie in ihren skurrilen Ausführungen ebenso weit hinter den Gewinn der Mechanik: die großartige Partialität der bisherigen mathematischen Naturwissenschaft, zurück, wie sie in ihrem Prinzip über diese hinausgeht. Der neue, der nicht nur Demokritisch-Galileische Bezug zur Natur ist noch nicht offen, doch er wird zuverlässig dem Problem der Naturqualitäten weniger fern, ja feindlich gegenüberstehen als bisher. Goethes Verwandtschaftsrelation zur Natur, zu ihrem problematischen »Subjekt«, zu ihren qualitativen Objektivierungen: diese theoretische Möglichkeit ist durch den Mechanismus noch nicht aus der Welt geschafft; die qualitative Naturphilosophie hat immerhin den Weg dazu offen gehalten. Natur ist der riesige Inbegriff von Vor-Mensch (Mensch-Basis) und von Mensch-Hintergrund, eine Summe halb steckengebliebener, halb erzutopischer Inhalte; von daher Dialektik auch hier. Von daher die Natur als Ilias und, obwohl Hegel das nicht wahrhaben wollte und konnte, humanisierte Natur als möglicher *Schauplatz* für ein Ithaka, an dem die historische Odyssee landet.

Der nicht zufriedengestellte Proteus

»Dadurch, daß wir die Dinge denken, machen wir sie zu etwas Allgemeinem, die Dinge sind aber einzelne« (VII[1], S. 13).

»Erst wenn man dem Proteus Gewalt antut, das heißt, sich an die sinnliche Erscheinung nicht kehrt, wird er gezwungen, die Wahrheit zu sagen« (VII[1], S. 171).

Die Dinge denken nicht, also müssen sie gedacht werden: »Dies ist nun die Bestimmung und der Zweck der Naturphilosophie, daß der Geist sein eigenes Wesen, das ist, den Begriff, in der Natur, sein Gegenbild in ihr finde... Es ist dies ebenso die Befreiung der Natur; sie ist an sich die Vernunft, aber erst durch den Geist tritt diese als solche aus ihr heraus in die Existenz. Der Geist hat die Gewißheit, die Adam hatte, als er Eva erblickte: ›Dies ist Fleisch von meinem Fleisch; dies ist Gebein von meinem Gebein.‹ So ist die Natur die Braut, mit der der Geist sich vermählt« (Enz. § 246 Zusatz, VII[1], S. 22).

Aber sowohl die Einzelheiten wie die unendliche Mannigfaltigkeit der Formen wie »vollends ganz unvernünftigerweise die Zufälligkeit, die in die äußerliche Anordnung der Naturgebilde sich einmischt (Mißgeburten, Mischförmigkeiten)«: all das macht die Natur, diese bloß äußere Notwendigkeit, wieder schwierig. Ist sie eine Braut, so eine kapriziöse; öfter wird sie bei Hegel als Sorgenkind (problemchild) der hochintelligenten Idee dargestellt; so wie ja auch bei Mißgeburten das kerngesunde Elternpaar oft erwähnt wird: »Es ist die Ohnmacht der Natur, die Begriffsbestimmungen nur abstrakt zu erhalten und die Ausführung des Besonderen äußerer Bestimmbarkeit auszusetzen ... Jene Ohnmacht der Natur setzt der Philosophie Grenzen, und das Ungehörigste ist, von dem Begriff zu verlangen, er solle dergleichen Zufälligkeiten begreifen – und wie es genannt worden, konstruieren, deduzieren« (VII[1], S. 37).

Sofern die Natur Proteus ist, ist sie für Hegel noch unwahre Maske. Sie ist wesentlich nur Außersichsein, das bedeutet hier: zufallsüberfüllte Entäußerung des Geistes. Derart hat sie zwar Geschichte, aber nur äußerlich, mithin so, als hätte sie sie nicht; sie hat sie nur als äußere, dem Zufall gleichstehende Notwendigkeit: »In dieser Äußerlichkeit haben die Begriffsbestimmungen den Schein eines gleichgültigen Bestehens und der Vereinzelung gegeneinander; der Begriff ist deswegen als Innerliches. Die Natur zeigt daher in ihrem Dasein keine Freiheit, sondern Notwendigkeit und Zufälligkeit« (Enz. § 248, l. c. S. 28). – Hegel dreht mit alldem den Spieß um, er beklagt nicht etwa eine Ohnmacht des Begriffs oder kritisiert seinen eigenen, wenn er die Vereinzelung (»Spezifikation der Natur« bei Kant) nicht begreift. Sondern das Alogische (zur Erkennbarkeit nicht oder nicht ganz Zureichende) wird von Hegel, dem echten Erkenntnistheoretiker von der Objektseite her, der Objektbeschaffenheit selbst zur Last gelegt; erst in der Geschichte, als einer überwiegend »inneren Notwendigkeit«, nimmt ihm die Zufälligkeit ab. Hegel hat auch im »Kritischen« (der Natur gegenüber) eine viel mehr mittelalterliche als Galileisch-Newtonsche Auffassung; das heißt, er betont mehr das einbrechend »Kometarische« als Keplers Planetengesetze (obwohl er sie doch auszeichnet). Auch Aristoteles freilich arbeitete mit »störenden Nebenursachen«, aus denen das Zufällige, das Gesetz- und Zwecklose in seiner sonst völlig kausal-teleologisch bestimmten Natur stammen soll. Es bleibt eine schwere Frage, ob und an welchem Punkt hier jeweils die Methode oder aber wirklich die geschlossene Erkennbarkeit (der logische Zusammenhang) der Objektivität »unzulänglich« wird. Hegel nennt dieses »Unzulängliche« in der Natur »Unangemessenheit ihrer selbst mit sich«. Das Problem gilt auch dann, wenn die Methode materieller ist, ja, nicht einmal paradoxerweise, gerade dann; denn lückenloser logischer Zusammenhang, das ist einzig ein Postulat des Idealismus. Materialismus dagegen ist Unterbrechung, ist Abbildung einer noch durchaus störungsreichen »Vorgeschichte« unseres Weltseins. Wenn auch einer, in ihren Diskontinuitäten, wesenhaft, das ist, durch betonte Dialektik des »Wesens« vermittelten.

Auflösende Wege nach unten in der Natur: »Viele sagen, weiter könne das Erkennen überhaupt nichts tun als die gegebenen konkreten Gegenstände in ihre abstrakten Elemente zu zerlegen und diese dann in ihrer Isolierung zu betrachten. Es erhellt indes sogleich, daß dies ein Verkehren der Dinge ist, und daß das Erkennen, welches die Dinge nehmen will, wie sie sind, hierbei mit sich selbst in Widerspruch gerät. So zum Beispiel bringt der Chemiker ein Stück Fleisch in seine Retorte, martert dasselbe auf vielfache Weise und sagt dann, er habe gefunden, daß dasselbe aus Stickstoff, Kohlenstoff, Wasserstoff usw. bestehe. Diese abstrakten Stoffe sind dann aber kein Fleisch mehr. Ebenso verhält es sich, wenn der empirische Psycholog eine Handlung in die verschiedenen Seiten, die dieselbe der Betrachtung darbietet, zerlegt und diese dann in ihrer Trennung festhält. Der analytisch behandelte Gegenstand wird hierbei gleichsam als eine Zwiebel betrachtet, der man eine Haut nach der anderen abzieht« (Enz. § 227 Zusatz, VI, S. 399).

Anders dagegen der mit dem Prozeß *aufsteigende* und ihn so verstehenwollende, wesentlich mitbildende Erkenntnisweg. Hier erscheinen Stufen aufsteigender relativer Wahrheit in der Natur: »Beweisen heißt in der Philosophie soviel als aufzeigen, wie der Gegenstand durch und aus sich selbst sich zu dem macht, was er ist« (Enz. § 83 Zusatz, VI, S. 161). »Vors Erste bestimmt sich dies Fortgehen darin, daß es von einfachen Bestimmtheiten beginnt und die folgenden immer reicher und konkreter werden ... Es erhebt auf jede Stufe weiterer Bestimmung die ganze Masse seines vorhergehenden Inhalts und verliert durch sein dialektisches Fortgehen nicht nur nichts noch läßt es etwas dahinten, sondern trägt alles Erworbene mit sich und bereichert und verdichtet sich in sich« (V, S. 349). »Die tierische Natur ist die Wahrheit der vegetabilischen, diese der mineralischen; die Erde ist die Wahrheit des Sonnensystems« (Enz. § 249 Zusatz, VII[1], S. 34).

Die Zeit ist keine Form der Anschauung, ebensowenig wie der Raum, sondern sie ist das objektive Werden selbst. Die Zeit hat bei dem Philosophen der Bewegung den Primat vor dem Raum; auch bei ankommender Bewegung gilt nicht, wie es im Parsifal und vor Gralsburgen heißt: zum Raum ward hier die Zeit, sondern stets geht der Raum dialektisch in die Zeit über:

»In der Zeit, sagt man, entsteht und vergeht alles; wenn von allem, nämlich der Erfüllung der Zeit, ebenso von der Erfüllung des Raums, abstrahiert wird, so bleibt die leere Zeit, wie der leere Raum übrig: das ist, es sind dann diese Abstraktionen der Äußerlichkeit gesetzt und vorgestellt, als ob sie für sich wären. Aber nicht in der Zeit entsteht und vergeht alles, sondern die Zeit selbst ist dies Werden, Entstehen und Vergehen, das seiende Abstrahieren, der alles gebärende und seine Geburten zerstörende Chronos« (Enz. § 258, VII[1], S. 53 f.).

»Der Raum ist die unmittelbar da seiende Quantität, worin alles bestehen bleibt, selbst die Grenze die Weise eines Bestehens hat; das ist der Mangel des Raums. Da der Raum also nur diese innere Negation seiner selbst ist, so ist das Sich-Aufheben seiner Momente seine Wahrheit; die Zeit ist nun aber das Dasein dieses beständigen Sich-Aufhebens; ... sie ist die Negation der Negation, die sich auf sich beziehende Negation ... Die Wahrheit des Raums ist die Zeit, so wird der Raum zur Zeit, ... der Raum selbst geht über« (Enz. § 257, VII[1], S. 52 f.).

»Entstehung« der Materie aus dem raumzeitlich übergehenden und so bewegten Außersichsein:

»Dies Vergehen und Sichwiedererzeugen des Raums in Zeit und der Zeit in Raum ... ist die Bewegung. Dies Werden ist aber selbst ebensosehr das in sich Zusammenfallen seines Widerspruchs, die unmittelbar identische daseiende Einheit beider, die *Materie*« (Enz. § 261, VII[1], S. 62). »Ist diese Beziehung nicht äußerlich, so haben wir die absolute Einheit der Materie und

Bewegung, die sich selbst bewegende Materie« (Enz. § 253, VII¹, S. 44).

»Der Übergang von der Idealität zur Realität, von der Abstraktion zum konkreten Dasein, hier von Raum und Zeit zu der Realität, welche als Materie erscheint, ist für den Verstand« (nicht aber für die dialektische Vernunft) »unbegreiflich, und macht sich daher für ihn immer äußerlich und als ein Gegebenes« (Enz. § 261, VII¹, S. 62 f.).

Da die Bewegung das Übergehen von Zeit in Raum und umgekehrt ist, und die Materie die Identität dieser Raum-Zeit-Beziehung, so gibt es keine Bewegung ohne Materie, keine Materie ohne Bewegung. Aber auch keine ohne *Schwere*, sie ist »das Streben der Materie nach dem – noch außer ihr fallenden Mittelpunkt«. Oder: »Die Schwere ist sozusagen (!) das Bekenntnis der Nichtigkeit des Außersichseins der Materie, ihrer Unselbständigkeit ... Man kann auch sagen, die Schwere ist das Insichsein der Materie, in diesem Sinne, daß eben sofern sie noch nicht Mittelpunkt, Subjektivität ihrer selbst ist, sie noch unbestimmt, unentwickelt, unaufgeschlossen ist« (Enz. § 262, VII¹, S. 69).

Aber die Materie, die erstmals zu ihrem allgemeinen Selbst kommt, die ihr Außereinander erstmals qualifiziert, schlägt damit aus der Schwere zum *Licht* um, zu dieser abstrakten Identität mit sich: »Das Licht ist unkörperlich, ja immaterielle Materie ... die Materie ist schwer, insofern sie die Einheit erst sucht; das Licht aber ist Materie, die sich gefunden hat.«

An folgendem, dieser Bestimmung angeschlossenen Satz wird Hegels methodische Verschlingung von poetisch und mythisch bezeichneten oder »aufgegangenen« Bedeutungen mit qualitativ-physischen Kategorien besonders sichtbar: »Das Licht war einer der ersten Gegenstände der Verehrung, weil (!) darin das Moment der Einigkeit mit sich enthalten, und der Zwist, die Endlichkeit daraus verschwunden ist; das Licht ist also als das angesehen worden, worin der Mensch das Bewußtsein des Absoluten gehabt habe« (Enz. § 276 Zusatz, VII¹, S. 139 f.).

Dagegen Materie, wie sie der mechanisch-allgemeine Materialismus denkt, ist eine, die in sich alles nivelliert und zerschlägt, sich nicht qualifiziert und so nicht entwickelt:

»Als Materie, als leere Gegenständlichkeit ist das absolute Wesen bestimmt durch den Begriff, der allen Inhalt und alle Bestimmung zerstört und nur dies Allgemeine zu seinem Gegenstand hat. Es ist der Begriff« (sc. derjenige bloß analytisch-ungenetischer, bloß mechanistischer Auflösung), »der sich nur zerschlagend verhält, nicht wieder sich ausbildet aus dieser Materie oder reinem Denken oder reiner Substanzialität heraus« (XV, S. 509).

»Dennoch muß man in dem Materialismus das begeisterungsvolle Streben anerkennen, über den, zweierlei Welten als gleich substantiell und wahr annehmenden, Dualismus hinauszugehen, diese Zerreißung des ursprünglich Einen aufzuheben« (Enz. § 389 Zusatz, VII², S. 54).

Hegel lehnte zwar die Atomistik ab, weil mit ihr nur Zusammensetzung (mechanische Einigung äußerlicher Art), nicht Verbindung begriffen werden könne: »Alles Lebendige, Geistige usf. ist so nur zusammengesetzt, und die Veränderung, Erzeugung, Schaffung ist daher bloß Vereinigung ..., die Vereinigten bleiben einander äußerlich, das Band ist äußerlich.« Aber er preist die Atomistik insofern, als sie die *Entstehung der Welt aus der Welt selbst* habe ergreifen lassen und nicht aus einem der Welt fremden Wesen. (Seine vorweltliche Idee rechnet also Hegel selber zu einem der Welt zugehörenden, ihr immanenten; der Begriff ist das Ansich der Natur, wie die Natur das Außersich des Begriffs oder die verendlichte Idee.) In diesem immanenten, der Katechismus-Grundlage seiner Weltursprungs-Lehre nicht mehr entsprechenden Sinn fährt Hegel in der Darstellung der Atomistik (bei Leukippos-Demokrit) fort:

»Gerade dies ist die befriedigende Seite, welche die Naturforschung in solchen Gedanken gefunden, daß darin das Seiende als an und für sich Seiendes ist. Die Atomistik stellt sich daher überhaupt der Vorstellung von einer Schöpfung und Erhaltung der Welt durch ein fremdes Wesen gegenüber. Die Naturforschung fühlt in der Atomistik zuerst sich davon befreit, keinen Grund für die Welt zu haben. Denn wenn die Natur von einem anderen als erschaffen und erhalten vorgestellt wird, so wird sie vorgestellt, als nicht an sich seiend, ihren Begriff außer ihr zu haben; das heißt, sie hat einen ihr fremden Grund, sie als solche hat keinen Grund ... In der Vorstellung der Atomistik aber ist die Vorstellung des Ansich der Natur überhaupt, das heißt, der Gedanke findet sich selbst in ihr; und dies ist das Erfreuliche für den Begriff, eben sie zu begreifen« (XIII, S. 372 f.).

Auch die zur Erde qualifizierte Materie, ja diese besonders, ist voll gliedernder Bewegung, voll Neubildung, die einmal lauter Umsturz war: »Nicht nur die Reste der organischen Welt, ebenso der geognostische Bau der Erde ... zeigt den Charakter von gewaltsamer Revolution. Es gibt ganze Gebilde in den Gebirgszügen, die aus Geschieben, Trümmerstücken zusammengesetzt und zusammengebacken sind. Die Nagelfluhe in der Schweiz ist eine Felsart, die aus gerollten Steinen, durch Sand- und Kalkstein wieder zusammengekittet, besteht ... Endlich tragen alle Urgebirge die gräßlichen Spuren einer furchtbaren Zerreißung und Zerstörung an sich, sind von unzähligen stufenweise übereinanderliegenden Längen- und Quertälern und Klüften durchschnitten ... Ein Leben, das in sich selbst gärend, die Zeit an ihm selber hatte« (Enz. § 339 Zusatz, VII[1], S. 436 f.).

Was das *Licht* im Verhältnis zur Schwere begonnen, vollendet das *Leben* im Verhältnis zu Land und Meer: es ist die, obzwar immer noch mit dem Zufall äußerer Notwendigkeit (Bedürftigkeit, naturhafter Abhängigkeit, Krankheitsstörung) durchsetzte, Konzentrierung zu Subjektivität oder die Materie, die sich zusammennimmt:

»Die Subjektivität, nach welcher das Organische als Einzelnes ist, entwickelt sich in einen objektiven Organismus, die Gestalt, als einen Leib, welcher sich in Teile gliedert, die voneinander unterschieden sind« (Enz. § 343, VII[1], S. 470).

»Die Pflanze hat ein wesentliches Verhältnis zum Licht; aber sie ist ein Suchen dieses Selbsts, wie die schwere Materie« (Enz. § 344 Zusatz l. c. S. 474). »Im Tier hat das Licht sich selbst gefunden, denn das Tier hemmt seine Beziehung auf Anderes; es ist das Selbst, das für das Selbst ist... So existiert im Tier die wahrhaft subjektive Einheit, eine einfache Seele, die Unendlichkeit der Form in sich selbst, die in die Äußerlichkeit des Leibes ausgelegt ist (Enz. § 350 Zusatz, VII[1], S. 550).

Das Leben ist nicht nach Analogie einer Maschine denkbar; denn es hebt an als Selbstbewegung und partielle Selbstbestimmung. Blut ist »das Subjekt, das, so gut als der Wille, eine Bewegung anfängt«. Die Ursache dazu ist im Leben selbst, in seinem besonderen Saft: »Das Blut, als die achsendrehende, sich um sich selbst jagende Bewegung, dies absolute In-sich-Erzittern, ist das individuelle Leben des Ganzen, – die animalische Zeit... Dies ist der große innere Kreislauf der Individualität, dessen Mitte das Blut ist, das irritable Zusammenfassen von allem in die innere Einheit... Dies Pulsieren des Bluts bleibt die Hauptbestimmung; dieser Kreislauf ist der Lebenspunkt, wo keine mechanischen Erklärungen des Verstands helfen« (Enz. § 354 Zusatz, VII[1], S. 573, 575 f.).

Die Krankheit wird fast neurologisch: als Kampf mit einem verselbständigten Komplex betrachtet; der Sieg darüber ist die Heilung, doch wider den dem Leben immanenten Tod gibt es kein Kraut und auch keine individuelle Unsterblichkeit: »Krankheit entsteht, wenn ein organischer Teil sich für sich festsetzt und in seiner besonderen Tätigkeit des Ganzen beharrt« (Enz. § 371, VII[1], S. 671). »Die Heilung ist so vorzustellen wie die Verdauung: der Organismus will nicht ein Äußerliches bezwingen, sondern die Heilung ist, daß der Organismus seine Verwicklung mit einem Partikularen, die er unter seiner Würde ansehen muß, verläßt und zu sich selbst kommt« (Enz. § 373, Zusatz l.c. S. 685). »Der Tod des Individuums aus ihm selbst: Seine Unangemessenheit zur Allgemeinheit ist seine ursprüngliche Krankheit und der angeborene Keim des Todes... In dieser allgemeinen Unangemessenheit liegt die Trennbarkeit der Seele und des Leibs, während der Geist ewig, unsterblich ist; – das Allgemeine, das sich selbst als Allgemeines darstellt« (Enz. § 375 und Zusatz, VII[1], S. 691 f.).

Der Tod wird so bei Hegel überhaupt nicht geschmeckt, es sei denn ganz metaphorisch, als eine Art Übergang aus der Biologie in die Psychologie, worin der Proteus Natur vor dem Geist abdankt: »Das Ziel der Natur ist, sich selbst zu töten und ihre Rinde des Unmittelbaren, Sinnlichen zu durchbrechen, sich als Phönix zu verbrennen, um aus dieser Äußerlichkeit verjüngt als Geist hervorzutreten« (Enz. § 376 Zusatz, VII[1], S. 695).

Aber Hegels Begriff bleibt mit dem Proteus unzufrieden, auch wenn dieser das Ziel hat, in sich zu gehen, ja sich aus der Welt zu schaffen, mindestens sich als ein Vorbei erklären zu lassen. Der Proteus selbst scheint nicht zufriedengestellt; denn es gibt noch durchaus Natur, und sie ragt mächtig in den »Geist« herein. Sowohl als Materie des ökonomisch-technischen, auch künstlerischen Stoffwechsels mit der Außenwelt, wie als riesenhafte, kaum noch zu Brennholz herabgesetzte Natur-Umgebung des menschlichen Hauses. Aber Hegel freilich will, daß in der Psychologie und ihren bisherigen kulturellen Weiterungen schon der ganze wesentliche Naturinhalt laut geworden ist; so reißt sich das beginnende Fürsichsein vom Puppenstand des bloßen Außersich, ohne daß in diesem, als der Natur, ein wesentlich Keimkräftiges, Keimwürdiges bliebe:

»Die Natur als solche kommt in ihrer Selbstverinnerlichung nicht zu diesem Fürsichsein, zum Bewußtsein ihrer selbst... Was der Natur als solcher angehört, liegt hinter dem Geiste; er hat zwar in sich selbst den ganzen Gehalt der Natur, aber die Naturbestimmungen sind am Geiste auf eine durchaus andere Weise als in der äußeren Natur« (Enz. § 381 Zusatz, VII[2], S. 24).

»Der Geist ist als die Wahrheit der Natur geworden... Der gewordene Geist hat daher den Sinn, daß die Natur an ihr selbst als das Unwahre sich aufhebt... Der Geist ist die existierende Wahrheit der Materie, daß die Materie selbst keine Wahrheit hat« (Enz. §§ 388, 389, VII[2], S. 46f.). – Und doch hat Hegel seine ganze Naturphilosophie objektiv-logisch zu entwickeln versucht, als die des dialektisch-qualifizierenden Übergangs von einer Daseinsweise der Materie zur anderen.

Hegel will, wie alle verfestigten Gegensätze, so auch die zwischen Leib und Seele aufheben. Mit Aristoteles, dem er in der Psychologie überhaupt eng nachfolgt, ist ihm die Seele die Entelechie des Leibs. Besonders die noch unbewußte, die vegetative und auch animalische Seele; sie ist ihm einfache psychische Ganzheit des Leibs. Als solche ist sie alle leiblichen Funktionen übergreifend: »Das Auseinander-Bestehen der Räumlichkeit hat für die Seele keine Wahrheit; sie ist einfach, feiner als ein Punkt. Man hat sich Mühe gegeben, die Seele zu finden; dies ist aber ein Widerspruch. Es sind Millionen Punkte, in denen überall die Seele gegenwärtig ist; aber doch ist sie nicht an einem Punkte, weil das Auseinander des Raums eben keine Wahrheit für sie hat. Dieser Punkt der Subjektivität ist festzuhalten; die anderen sind nur Prädikate des Lebens« (Enz. § 350 Zusatz, VII[1], S. 551).

Erst das Ich ist ein gediehenes psychisches Subjekt, ist »der durch die Naturseele schlagende und ihre Natürlichkeit verzehrende Blitz«. Der Durchgang von der Seele zum »freien Geist« geschieht durch das Bewußtsein des Ich, durch Selbstbewußtsein; der Geist ist die Einheit der Seele und des Bewußtseins. Er markiert sich als »theoretischer Geist« (Anschauung, Vorstellung, Denken), als »praktischer Geist« (Gefühl, Triebwille, Glückseligkeit) und schließlich, synthetisch, als »freier Geist«. Das ist, als sich wissender Wille, als Wille, der sich denkt und weiß und das, was er weiß und insofern er es weiß, vollführt. Seele, Selbstbewußtsein, Geist bezeichnen die letzten Stadien, in denen die Natur ihre Äußerlichkeit aufhebt: »Auf der höchsten Stufe dieser Aufhebung des Außereinander kommt der in der Natur gefangen gehaltene an sich seiende Geist zum Beginn des Fürsichseins und damit der Freiheit« (Enz. § 381 Zusatz, VII[2], S. 23).

»Die Momente, die die Idee im Kleide der Natur durchläuft, sind eine Reihe selbständiger Gestalten. Die nähere Weise ihres Fortgangs ist aber die, daß der in ihr verschlossene Begriff durchbricht, die Rinde des Außersichseins in sich zieht, idealisiert, und indem er die Schale des Kristalls durchsichtig macht, selbst in die Erscheinung tritt. Der innerliche Begriff wird äußerlich oder umgekehrt: die Natur vertieft sich in sich, und das Äußerliche macht sich zur Weise des Begriffs. Dies ist die Wahrheit der

Natur, das Bewußtsein« (XII, S. 64). – Kurz, der äußere Tag vergeht nun völlig vor dem, den der Geist scheinen läßt. Es geschieht an diesem Ende der Hegelschen Naturphilosophie das Ende und die Berichtigung, der Ausgang und die Aufhebung der gesamten Natur, toto coelo, ohne weiter bemerkenswerten Stoffwechsel mit dem Menschen. Überall macht sich hier die Eile kenntlich, mit der Hegel als Idealist die Naturbasis verläßt; gar das riesige, die Geschichte fort und fort umgebende Weltwesen Natur findet nun nicht mehr den mindesten Blick. Hegels Natur ist sowohl im Sinn des Durchlaufs durch sie wie im Sinn der Vergangenheit »passiert«, ein totliegendes Parterre für die menschliche Geschichte; aus ihm selber ist jede Geschichte heraus. Die Organismen entwickeln sich nicht, und in diesem zeitlosen Naturraum befinden sich Sonne, Mond und Sterne dauernd am unteren Rand. Indem die Natur sich in sich vertieft hat, indem der Erdgeist, wie Hegel das nennt, im Menschen erwacht und zum Bewußtsein kommt, beginnt nun höhere Kunde – post nubila Phoebus, nach Proteus die historische Offenbarung.

13 HEGELS PHILOSOPHIE DER GESCHICHTE

1. Werden war von Anfang an das Paßwort, das Hegel gebrauchte. Es öffnete ihm den Weg durch das starr erscheinende Gefüge der Dinge, so wie dieses Gefüge selber ein Weg war, einer, der sich selbst bewegt: ein Fluß. Der bricht nun ganz lebendig vor in der menschlichen Geschichte, in diesem Tauwind. Das Geheimnis jeder Erscheinung löst sich für Hegel in ihrer Geschichte, so erst recht in der von Menschen gemachten. Man sah, sie ist ihm das Fürsichwerden, durch das sich der Geist von den Banden des bloß natürlichen Daseins losreißt. Aber im Jahre 1830 oder darum herum hört für Hegel Geschichte auf, er ist auf das Kommende so wenig neugierig, daß er es nicht einmal geboren werden läßt. Der Weg, worauf sich der zeithafte Geist zu sich selbst bewegt, der »Fortschritt im Bewußtsein der Freiheit« kommt im Berlin der Hegelzeit an. Hiermit endet das geschichtliche Werden, mindestens im Buch, das es beschreibt.

2. Dieses Enden ist an Hegel stets aufgefallen, seine Unzuträglichkeit liegt auf der Hand. Ein Fluß kann nicht plötzlich angehalten werden, die Geschichte dankt mit der gerade vorliegenden Gegenwart nicht einmal in jämmerlichen Zeiten ab. Sie tut das auch dann nicht, wenn sich die Gegenwart zur Barriere macht, die den Fluß sperren will; desto sicherer sprengt er, nach Hegels eigensten dialektischen Angaben, die Schranke. Daß das Leben auch in der Zukunft weiterläuft, daß die Weltzeit um 1830 nicht in Pension geht, so klug oder aufgeklärt, das zu wissen, war auch Hegel selbst. Aber wie sich neu zeigt und immer wieder zeigen wird: das Leben als *betrachtet* gewußtes, als kreishaft gedachtes läuft allerdings nicht weiter, diese Art von Begriff erlaubt nur, den Fortgang zu meinen, nicht ihn zu denken. So hat die betrachtete Geschichte, als *betrachtete*, in der jeweiligen Gegenwart allerdings ein Ende, freilich gewiß nicht als geschehende, und auch als betrachtete nur dann, wenn der Blick auf sie aus dem Werden heraus geraten ist. Hier liegt eine Unzuträglichkeit vor, die in Wahrheit eine Unverträglichkeit ist: nämlich die zwischen Hegel als Freund und Denker des *Geschehens* und Hegel als Reichsverwalter der *Geschichte.* Der erstere denkt dialektisch das Werden auch im Vergangenen, der letztere kreist das Werden der Zukunft aus, weil sie nicht gleich dem Vergangenen erinnerbar und betrachtend wißbar ist. Hegel als dialektischer Denker ist ein Anderer wie Hegel als forschender Antiquar; letzterer statuiert, indem ihm Patina die Zeit überzieht und verschönt, das Erreichte auch als das Gelungene. Hegel als dialektischer Denker kreist die Zukunft nicht aus, er hat sie im Begriff des Flusses selbst, der ohne das Merkmal der Offenheit nach vornhin nicht gedacht werden kann. Aber Hegel als forschender Antiquar, in diesem unprogressiven Punkt auch als Zeitgenosse der Romantiker, der der Vergangenheit Verfallenen, setzt das Wissen immer wieder als eines um die stille Gewordenheit, um diese der ebenso stillen Betrachtung zugemessenen, zugeordneten. Gleichen Sinnes hatte Schelling seine Vorlesungen »Die Weltalter« eröffnet: »Das Vergangene wird gewußt, das Gegenwärtige wird erkannt, das Zukünftige wird geahndet«; wobei für Hegel, als politisch höchst Interessierten, zwar noch das Erkannte der Gegenwart Bedeutung haben mochte,

zum Zweck einer Entscheidung, nicht aber das Geahnte der Zukunft. Das Liegen und Besitzen einer saturierten Klasse (die im Deutschland der Hegelzeit das Saturiertsein freilich nur implicite haben konnte), dies alte: Nach uns die Sintflut – verband sich mit der gesellschaftlichen Schranke der Hegelschen Philosophie und mit der Verabsolutierung dieser Schranke. Das machte zwar gewordenheitsgesättigt im bedenklichen, geschichtsgesättigt im bedenkenswerten Sinn, depossedierte aber die Zukunft, mit abgebrochener Dialektik, zu Spreu, Nacht und Wind. Der soziale Auftrag bloßer Kontemplation, der damals besonders allen Gelehrten erteilte, tat methodisch das Entscheidende zum utopischen Moratorium. Es erhellt aus alldem, daß bei Fehlen eines nicht-kontemplativen Wissensbegriffs, eines erst bei Marx eintretenden, und bei der Schwierigkeit der Kategorie des Neuen (als einer logisch, nicht nur »intuitiv« erfaßbaren) die Gleichung Gewußtsein = Gewordensein für Hegel evident erscheinen mochte. Doch eben der Dialektiker der Vermittlung fiel hiermit auffallend hinter den Standpunkt zurück, den Leibniz, wie oben bei der Dialektik gesehen, bereits eingenommen hatte, als er die Tendenz eine eingeengte Zukunft nannte, ja, in genauem Anklang an ein späteres Marxwort, erklärte, »daß überall die Gegenwart mit der Zukunft schwanger geht« (Brief an Bayle, 1702). Und das nicht trotz, sondern wegen der Vergangenheit, wegen einer solchen, die nach dem Gesetz der Kontinuität ebenso in der gegenwärtigen Entwicklungsstufe enthalten ist, wie diese wiederum die Zukunft präpariert. Bei Hegel aber erscheint das Geahnte, selbst der bloße Versuch einer durchdachten Bestimmung eines bevorstehend Möglichen allemal nur als Schwärmen oder als gegenstandslose Abstraktion eines leeren Sollens. Desto lieber erschien ihm das so, als er in diesem Sollen rebus sic stantibus nur Umsturz des Vorhandenen fürchtete, ohne alle Bande der Vergangenheit. Derart sperrt der wissende Antiquar Hegel das Neue, dessen Sprung in die Welt der Dialektiker Hegel so großartig dargestellt hat, immer wieder ins Gewordene ein, er beschränkt es auf das Neue, *das einmal in der Vergangenheit war*. Geschichte wird so insgesamt ein werdendes Gewordensein; das ist ein Widerspruch, und der Dialektiker-Antiquar hat ihn nicht aufgelöst. Das macht immer wieder: in der Hegelschen Geschichte erscheint ein Rückwärts- und Vorwärts-Gesicht aus Zeit, ein Januskopf, der sich überdies dreht, so daß beide Gesichter ineinandergehen.

Wonach man schwer weiß, ob das Gesicht auf uns zukommt oder sich entfernt. Nichts ist lehrreicher als dieses Ineinander von Werden und Gewordenheit in der ersten wirklich prozessualen und letzten statischen Philosophie. In einer Philosophie, deren Werde-Bild fast die kapitalistisch beschleunigte Entfesselung der Produktivkräfte reflektiert, während der Vergangenheits-Rahmen die stationäre vorkapitalistische Welt einsetzt. Wonach die Betrachtung Vergangenes nicht nur als Stillgelegtes nachdenkt, sondern im Vergangenen ein darin selber Stilliegendes überdies noch heraufbannt, herauffixiert. Dieses Heraufgebannte ist der bis an die Schwelle der Neuzeit, ja weithin bis 1789 bestehende Glaube an einen ordo sempiternus rerum, an eine vorgeordnet ewige Ordnung der Dinge. Insofern zeigt Hegels so wohlgefügte Vergangenheits- oder geschichtliche Kosmosphilosophie förmliche Beschwörung, desto mehr, je dämonischer die wirkliche Zeit sich meldete, der »alles gebärende und seine Geburten zerstörende Chronos«. So daß am Ende die Zeit als Vergangenheit sogar ihre höchste Bestimmung darin findet, ein Epitheton der Ewigkeit selber zu sein. Diese Zeit wird dann situationslos wie das Leben der Götter, das ist, des Weltgeistes selbst: Geschichte in dieser Ewigkeit geschieht erst recht nicht wirklich, und Ewigkeit insgesamt ist so beschaffen, daß nichts mehr sie angeht. Die historische Zeit nach dieser Seite wird also erst recht ein Fixum, in dem die wirkliche Zeit keine Wirklichkeit hat, und worin die Geschichte ewig geschieht, folglich, wider die Abrede, fast so wie das bloß logische Nacheinander in Hegels Naturphilosophie, auch in ihrem bisherigen Verlauf kein real-rechtes Geschehen aufweist. Der Prozeß ist dann ausgemacht, bevor er begonnen hat, unter der absoluten Sonne, worunter er steht, entspringt nichts wirklich Neues und kann nicht entspringen. Die Geschichte ist von hier aus, vom beschworen-betrachteten Antiquarium aus, lediglich »Explikation Gottes (des Absoluten) in der Zeit«; ein Absolutum erfährt aber nichts ihm Unbekanntes. Was in der wirklichen Zeit geschieht, wird dann lediglich zur Nachbewegung für den nachträglich

Betrachtenden; sie ist der von Blatt zu Blatt schreitenden Lektüre eines längst beendeten Manuskripts vergleichbar. Oder: die Entwicklung ist nur eine pädagogische, ungefähr so, wie der Lehrer an der Tafel einen Lehrsatz auseinanderlegt und »entwickelt«. Oder mit genauem restaurativ-idealistischem Zusammenhang: Hegels paradoxe Mumifizierung des Feuers ist das letzte große Produkt aus dem Geist der Platonischen »Anamnesis«, das ist, aus der Lehre, daß alles Wissen lediglich Wiedererinnerung sei an die vorweltlich, außerhalb alles Werdens geschauten Ideen. Das ist das Tote, ja der Tod selber in Hegels so ungeheuer sonst der Lebendigkeit und Dialektik verschworenen Geschichts- und Genesis-Gedanken. Hegel spricht einmal vom »Siebenmeilenstiefel des Begriffs«, wodurch die Gedankenreise besonders rasch vorankomme, zum Unterschied von der Reise der Wirklichkeit: »Wozu der Weltgeist hundert und tausend Jahre braucht, das machen wir schneller, weil wir den Vorteil haben, daß es eine Vergangenheit und in der Abstraktion geschieht« (XV, S. 96). Mit erhabener Eile, mit einer, die völlig verwandt an Cäsars Gewaltmärsche und Eroberungen erinnert, wird in Hegels Geschichtsphilosophie der Weg von China, Indien, Persien, Ägypten zur griechischen Welt, zum Römerreich, zu den germanisch-europäischen Staaten des Mittelalters und der Neuzeit durchfahren, der Lauf der Geschichtssonne von Ost nach West. Aber der so mächtig hier in Bewegung gesehene Weltgeist braucht eben nicht nur wegen des Cäsar, sondern auch wegen des Platon in Hegel keine hundert und tausend wirklichen Jahre: »Länge der Zeit ist etwas durchaus Relatives, und der Geist gehört der Ewigkeit an, eine eigentliche Länge gibt es für ihn nicht« (IX, S. 107). Sein Prozeß ist bei Hegel von Ewigkeit zu Ewigkeit geschehen, eine blutige, gefährliche, dialektische, kochende Genesis, dem jeweiligen Ausgang nach scheinbar unentschieden wie am Morgen vor einer Schlacht, und im Ganzen doch ebenso längst erklungen, heilig geordnet, eine kosmische Legende. Und in der Legende, in der Abgehobenheit und Ewigkeit der Betrachtung arbeiten denn auch die mythologischen Vollzieher dieses Weltgeistes, die Hegel zu Trägern der Geschichte macht: die sogenannten *Volksgeister*. Hegel erhebt auch mit ihnen ein völlig Romantisch-Mythisches zum geschichtlichen

Subjekt, zum Subjekt einer ebenso geschehenden wie ewig nichtgeschehenden Geschichte. Folgerichtig vergleicht daher Hegel seine nacheinander in den Tag der Geschichte eintretenden Volksgeister, die orientalischen, griechischen, römischen, germanischen, mit den nacheinander sich entwickelnden Stimmen einer Fuge. Die Fuge will freilich gar keine Geschichte sein, ihr Wert ist es gerade, Spannung und Ungeduld zu vermeiden. Die Stimmen einer Fuge legen das ein für allemal gesetzte Thema auseinander; zum Unterschied von der Sonate und Symphonie geschieht in der Fuge nichts Neues, ihr Wesen ist nicht Dynamik (wie in der Sonate Beethovens), sondern Gelassenheit. Ebendeshalb definiert Hegel die Weltgeschichte, nach Seite ihrer Geschlossenheit, ewigen Abgeschlossenheit, als »Völkerfuge«. Einige Neuplatoniker, so Jamblichos, vor allem Damaskios, hatten ebenfalls eine Zeit gelehrt, die als Ganzes zugleich sei, oder die die selber bleibende Grundlage der Veränderung sei, und sie haben diese unbewegte Zeit von der verfließenden unterschieden, die aus ihr emaniert (vgl. Zeller, Philos. d. Griechen III², S. 908). Vielleicht hat Hegel deshalb dem Damaskios »sehr interessante Schriften« zugeschrieben (XV, S. 93); sicher hat er die Zeit des Werdens insgeheim mit der Zeit des himmlischen Unbewegtheit-Flusses verbunden, worin nichts geschieht, weil es ewig geschieht. Hierher gehört auch ein Satz Augustins, als er den biblischen Ausdruck »saecula saeculorum« platonisch deutete und schrieb (De civ. Dei XII, 19): »Ob vielleicht die saecula saeculorum deshalb so genannt werden, damit darunter die saecula verstanden werden sollen, die in der Weisheit Gottes in unerschütterter Unbeweglichkeit verharren, gleichsam die efficienta, die wirkenden Ursachen derselben saecula, die mit der Zeit dahingehen?« Hegels Historie blieb jedenfalls, als eine des Absolutum, solch hypostasierter Überzeit in der Zeit verhaftet. Chronos ist der alles Gebärende und seine Geburten Zerstörende, doch der historische Stundenschlag zeigt wesentlich nur, wieviel Uhr es in der Ewigkeit ist, das heißt, er verkündet für Hegel ein Ganzes der Zeit, das als solches keine mehr sein soll. Die Stimmen der jeweils bestimmenden Völker arbeiten sich nacheinander in der Geschichte ab, doch bleiben wesentlich Explikation.

3. Hegel bringt seine Geschichte ohnehin nicht auf dem

eigenen, völlig frischen Feld unter, wo man sie erwartet. Statt der losbrechenden Bewegung, die am Ende der Naturphilosophie vorhergesagt war, kommt sogleich ein Fertiges: das Recht; und Geschichte wird diesem systematisch angehängt. Sie sitzt bei Hegel auf dem Staatsrecht auf, als bloßes Schlußglied nach dem entwickelten inneren und äußeren »objektiven Geist«. Das überrascht; denn an sich wie außer sich wie selbst noch an und für sich könnte alles bei Hegel Geschichtsphilosophie sein. Doch wie er die Phänomenologie, die auch alles ist, nämlich eben Geschichte, in der Enzyklopädie in einen bloßen Teil des subjektiven Geistes eingesperrt hat, so fügt er Geschichtsphilosophie dem Rechtswesen als Ende an. Allerdings mit Pathos: auf Grund der umkehrbaren Gleichung Weltgeschichte = Weltgericht. Geschichte wird Lesung der über die jeweiligen Staaten bereits ergangenen Gerichtsurteile, vollzogen in Niederlage oder Sieg, Untergang oder Aufgang. Sie ist so der Entscheid, gegen den es keine Berufung gibt, sowohl aus Gründen der fehlenden, höheren Gewaltinstanz wie auf Grund seiner absoluten Richtigkeit: »Das Verhältnis von Staaten zu Staaten ist schwankend; es ist kein Prätor vorhanden, der schlichtet: der höhere Prätor ist allein der allgemeine an und für sich seiende Geist, der Weltgeist« (Rechtsphil. § 339 Zusatz).

Zwei Motive nun haben Hegel dazu bestimmt, seine Geschichtsphilosophie so eng mit der des Rechts zu verbinden. Das eine *leitet* die Geschichte nur zum Staat hin und verlangt noch nicht, daß sie in dessen Darstellung eingeschlossen werde; dies Motiv kommt von Kant her. Indem Hegel die Geschichte am politischen Leitfaden, am Begriff des Staates abwandelt, folgt er Kant nach, der in seiner »Idee zu einer allgemeinen Geschichte in weltbürgerlicher Absicht«, 1784, dieses Programm angegeben hatte. Der achte Lehrsatz der Kantischen Schrift lautet: »Man kann die Geschichte der Menschengattung im Großen als die Vollziehung eines verborgenen Plans der Natur ansehen, um eine innerliche und zu diesem Zweck auch äußerlich vollkommene Staatsverfassung zustande zu bringen, als den einzigen Zustand, in welchem sie alle ihre Anlagen in der Menschheit völlig entwickeln kann.« Diesem Ziel gemäß ordnet Hegel seine Geschichte so dicht mit Staatengestaltung zusammen, daß Kunstgeschichte, Religionsgeschichte als solche kaum schon in ihr vorkommen. Zwar gehen, wie für Hegel erwünscht und unvermeidlich, Geschichtsbestimmungen auch durch die eigentlichen Kulturgebiete fortlaufend hindurch, doch nicht mit Gefahr, nicht mit Schlacht und Schicksal wie in der politischen Geschichte. Die Zeitwoge schäumt gänzlich durchs Politische, aber sie steigt bei Hegel nur mit Maß an der Treppe des unpolitischen, des Kulturschlosses hoch, worin die Kategorien des Schönen und Heiligen sich im Überbau entfalten. So hat politische Geschichte bei Hegel den unbestrittenen Primat, übrigens ganz nach antiker Weise, von Thukydides bis Polybios und Livius. Aber sie hat nicht nur den Primat, sondern ist hier fast eben das ganze zur Geschichte Gehörige; denn wenn Geschichte als »der Fortschritt im Bewußtsein der Freiheit« abläuft, muß sie am Staatsleben orientiert sein, in dem nach Hegel die Freiheit zur objektiven Bestimmtheit gelangt. – Das zweite Motiv, das die Geschichte an die Staatslehre nicht nur hinleitet, sondern sie auch *beendet*, ist wiederum das antiquarische. Die Geschichte fällt selber das letzte Urteil über die Staaten, als deren »höherer Praetor«, wie Hegel sagt, aber dieses Urteil ist ebenso längst ergangen, es steht nicht etwa aus. So kann Geschichte, als die dialektische Synthesis des inneren und äußeren Staatsrechts, die Rechtsphilosophie abschließen, sie füllt den Raum, der der Disposition nach vom Völkerrecht oder Staatenbund bewohnt sein sollte, das nach Hegel selber nichts als ein machtloses Sollen ist. Eine künftige Geschichte, als wahrhaft »höherer Praetor«, ein noch unverwirklichtes Weltgericht kommt deshalb nicht vor; wie denn das gesamte historische Antiquarium kein Rechts- und Staatsideal kennt und kennen kann. Das eben nicht aus Realismus schlechthin, sondern aus dem spezifischen Realismus, besser: juristischen Positivismus des Gewordenseins; der Praetor Weltgeschichte findet lauter res judicata und ist sie selbst. Daraus folgt letzthin, daß Hegel zwar vier Weltreiche aufzählt, das orientalische, griechische, römische, germanische, in offenbarem Anklang an die Vierzahl, welche zuerst in der Weissagung Daniels (Dan. 7, 17) vorkommt und den gesamten Ketzerchiliasmus erfüllt. Aber das fünfte Reich, das bei Daniel und den Ketzern in der Zukunft steht (englische »Millenarier«, »Quintomonarchisten«), wird nicht einmal als Schwärmerei erwähnt, wie doch bei Kant. Denn das mit diesem Reich Gemeinte steht – von seinem nicht eben preußisch-monarchistischen Inhalt noch ganz abgesehen – auch methodisch nur in der Geschichte als einer offenen Prozeß-Möglichkeit, nicht als einer gebannten Abgeschlossenheit. Hegels offizielle oder Staaten-Geschichte ist keine, bei der noch etwas »im Schwange steht«, und doch ist sie inoffiziell, an jedem Punkt, ein dialektisch fortlaufender Prozeß. Indem sie ein solcher ist, kann sie freilich auch nicht als Partialität in die Rechtsphilosophie eingesperrt werden und in deren Volksgeister; sie ist vielmehr, entgegen Hegels Disposition, die Flußlandschaft mitten in der angeblichen res finita des ganzen Systems.

4. Das sind die großen Eigenheiten in diesem Geschichtsdenken, sein Student muß sich auf sie gefaßt, mit ihnen vertraut machen. Doch viel vertrauter als diese ihre tote Zeit ist die fortwirkend lebendige, und an ihr fehlt es beim Denker des Werdens gewiß nicht. Viel dialektischer, also auch folgenreicher als die Volksgeister ist ein anderer Grundbegriff der Hegelschen Geschichte, obzwar er ebenfalls vom »Weltgeist« herkommt: die *List der Vernunft*. Unter ihr versteht Hegel, daß die großen, das heißt, geschichtsbildenden Individuen zwar jeweils ihre eigenen Absichten zu verfolgen scheinen, in Wahrheit aber weit allgemeinere durchführen. Individuelle Leidenschaft ist unumgänglich, »nichts Großes in der Welt ist ohne Leidenschaft vollbracht worden«, sagt Hegel mit Diderot, doch diese Leidenschaft führt mit ihren besonderen Zwecken nur durch, was jeweils auf der Tagesordnung der Geschichte steht: »Die Individuen holen dem Weltgeist die Kastanien aus dem Feuer.« Die historische Vernunft erhält sich während dieser stürmischen Aktionen nicht nur unbeschädigt, sondern bringt sich in ihnen und durch sie hervor. So im Aberglauben Sullas und im Ehrgeiz Cäsars, im Fanatismus der Kreuzzüge und im Gewissenskampf Luthers, im Terreur der Französischen Revolution und im Carolus-Magnus-Traum Napoleons. Der Begriff List der Vernunft steckte schon implicite in der Gesellschaftslehre von Hobbes und vor allem in der »Bienenfabel« Mandevilles, wonach aus dem Getriebe der selbstsüchtigen, sogar lasterhaften Leidenschaften das Gleichgewicht, wo nicht die Segnungen der kapitalistischen Gesellschaft

entstehen. Die Adam Smithsche Ökonomie, mit der Hegel früh vertraut war, gab Mandevilles halb satirischen Verkopplungen die erforschte Grundlage: es erschien die begrenzte, aber immerhin merkwürdige Harmonie von selfish system und progress of the whole. Überdies nimmt in Hegels Fassung der Begriff List der Vernunft eine Form auf, die direkt aus der Französischen Revolution entstanden ist, wenn auch mit höchst literarischem Reflex. Das Subjekt Sansculotte hatte sich reell umstürzend zu seinem Objekt verhalten, und ein Nachklang ging davon nach Deutschland, er nannte sich romantische Ironie. Das Subjekt des deutschen Romantikers (Schlegel vor allem) stürzte gar nichts um, aber es verhielt sich zum Objekt ironisch, es spielte mit ihm. In dem Maß jedoch, wie das Objekt in der Restaurationszeit erstarkte, das heißt, wie der Staat mit allen Mächten der Tradition sich dem liberalen Individuum so reaktionär wie realistisch entgegensetzte, im gleichen Maß drehte sich die romantische Ironie um. Und Hegel gab dieser Umkehr die Formel List der Vernunft, dergestalt daß sich in dieser List nicht mehr das Subjekt zum Objekt, sondern das Objekt zum Subjekt ironisch verhält. Hegel selbst verwendet das – von ihm wenig geliebte – Wort Ironie in dieser umgekehrten Beziehung nicht, wohl aber, in einer von Hegel anerkannten Weise, sein Freund, der Ästhetiker Solger: nämlich als »Ironie der Idee gegenüber ihren einzelnen Erscheinungen«. Auch trug der altüberlieferte antike Begriff der Ironie des Schicksals sehr viel zu dieser Bewegungsumkehr des romantischen Ironiegedankens bei, im Zusammenhang mit der gesamten Erstarkung der dem Individuum und seiner Partikularität entgegengeltenden Objektseite in der Hegelzeit. Hegel steht mit dieser Umkehr in so verbreiteter Überzeugung seiner Zeit, daß sich selbst bei seinem Widerpart Schopenhauer die gleiche Formel findet. Das Spielen des Allgemeinen mit den Individuen heißt hier nicht nur List, sondern Mystifikation oder Prellerei, und das Weltwesen, dem die Individuen die Kastanien aus dem Feuer holen, ist nicht die Vernunft, die große Naturen erwählt, um ihr Reich zu stiften, sondern der Wille zum Leben, der die private Liebesaffäre benutzt, um die jämmerliche Gattung fortzupflanzen. Es ist das ein Ausklang des kapitalistischen List-Komplexes, worauf nicht ohne Grund, nämlich in Deckung mit allem reaktionären Betrug, der Faschist Carl Schmitt zuerst hingewiesen hat, sofern eben von Anfang an der List-Komplex der Bourgeoisie und ihrem heteronomen Betriebe nahelag. Schopenhauers Wille zum Leben war das metaphysisch dämonisierte Dasein der Bourgeoisie, Hegels Weltgeist war, soweit er seine Zeit ist, in Gedanken gefaßt, das metaphysisch idealisierte: derart ist der Zusammenklang, in diesem Punkt, zwischen so völlig unvergleichbaren Denkern verständlich. Desto auffallender jedoch, daß Hegels Lehre von der List der Vernunft nicht nur auf die Bourgeoisie beschränkt blieb. Sie blieb das durchaus nicht: Marx nahm sie mutatis mutandis auf, stellte sie, gleich der Dialektik, auf materielle Füße. Die List der Vernunft wird hier konkret als die sich immer wieder durchsetzende Macht des *Produktionsprozesses*: dieser ist der materialistischen Dialektik der wirkliche Drahtzieher der bisherigen Geschichte, ist das bisher undurchschaute historische »Schicksal«. Die Menschen wußten in Zeiten großer Umwälzungen gar nicht oder nur stückweise, um was es sich handelt, sie agierten mit »falschem Bewußtsein«, mit romantischer Leidenschaft und meist mit viel zu hohen Ideen. Aber die Tagesordnung des Produktionsprozesses setzte sich darin doch durch: »Camille Desmoulins, Danton, Robespierre, St.-Just, Napoleon, die Heroen wie die Parteien und die Masse der alten Französischen Revolution vollbrachten in dem römischen Kostüm und mit römischen Phrasen die Aufgabe ihrer Zeit, die Entfesselung und Herstellung der modernen bürgerlichen Gesellschaft« (Marx, Der achtzehnte Brumaire). In dieser Dialektik, hinter dem Rücken der Individuen und ihres unmittelbaren Bewußtseins, lebt nun das Lebendig-Wirkliche der Hegelschen Geschichtsphilosophie fort.

Sowohl in Ansehung der List der Vernunft wie besonders der Freiheit, die sich darin schließlich durchsetzt. Das wahre Thema von Hegels historischer Flußlehre steckt nicht in dem »Glanze der Idee, die sich in der Weltgeschichte spiegelt«; ist doch die wirkliche Geschichte, auch die wirkliche bei Hegel, viel zu kataraktisch, um Spiegelbilder zu gewähren, und viel zu interessehaft für eine Geschichte von reinen Ideen. Es sei denn, daß die eine Idee hindurchgehe, die zugleich das menschenähnlichste Interesse ist, und die Hegel eben zum Leitgedanken seiner geschichtlichen Dialektik macht: »Fortschritt im Bewußtsein der Freiheit.« Hegel ist hierbei in den Partien, wo seine Geschichtsphilosophie das Werden denkt und nicht die Erinnerung oder bloße Gewordenheit des Werdens, selber der erste Philosoph (mit Vico und Herder als Vorläufern), dem Geschichte sein Organ und nicht eine Verlegenheit ist. So gab sein »Fortschritt im Bewußtsein der Freiheit« die historische Handhabe gegen das Nichtbewußtsein der vorhandenen Unfreiheit oder Selbstentfremdung. Dergestalt daß Geschichte als Dialektik doch um 1830 nicht anhält, vielmehr nach Hegels Tod, in der Marxschen Dialektik erst praktisch wird und statt des Endes der Geschichte wirklichen Anfang mit ihr macht. Der *»Fortschritt«* ist auch für Hegel nicht Weitergleiten, sondern vermittelter Abbruch und Sprung. »Fortschritt im *Bewußtsein*« ist das wachsende Dabeisein des Menschen bei der Erzeugung der Geschichte als seiner von ihm gemachten, begriffenen und eigenen. »Fortschritt im Bewußtsein der *Freiheit«* ist der des substantiellen menschlichen Willens, der sich nicht atomisiert und als homo homini lupus individualisiert, sondern der in der Polis, ohne Selbstentfremdung, sich gemeinsam entwickelt. Der geschichtliche Vernunft-Kosmos freilich, den Hegel so verfrüht in der Gewordenheit, Vergangenheit als solcher sah, ist nicht vorhanden, falls nicht ein unbetrachtendes, ein das Werdende leitendes und die Welt veränderndes Wissen ihn erst produziert. Die geschichtliche Essenz ist kein Öl auf den Wogen, keine antiquarische Lösung der gesellschaftlich-geschichtlichen Widersprüche, wohl aber das Produkt einer gewußten Tendenz und Zukunft, das endlich Ordnung der endlich beginnenden Freiheit heißt.

Der Fortschritt

»Wenn die Menschen sich für etwas interessieren sollen, so müssen sie sich selbst darin haben und ihr eigenes Selbstgefühl darin befriedigt finden« (IX, S. 27).

»So sagen wir also, daß überhaupt nichts ohne das Interesse derer, welche durch ihre Tätigkeit mitwirkten, zustande gekommen ist. So müssen wir überhaupt sagen, daß nichts Großes in der Welt ohne Leidenschaft vollbracht worden ist« (IX, S. 27f.)

List der Vernunft oder der fälligen wirtschaftlichen Tendenz: »Werfen wir einen Blick auf das Schicksal dieser welthistorischen Individuen, so haben sie das Glück gehabt, die Geschäftsführer eines Zwecks zu sein, der eine Stufe in dem Fortschreiten des allgemeinen Geistes war. Indem sich die Vernunft dieser Werkzeuge bedient, können wir es eine List derselben nennen, denn sie läßt sie mit aller Wut der Leidenschaft ihre eigenen Zwecke vollführen und erhält sich nicht nur unbeschädigt, sondern bringt sich selbst hervor« (IX, S. 32).

Es folgt eine Stelle, wo Hegel, der sonst so zyklische Denker, überraschend den Kreis als der Geschichte unwürdig ablehnt; es ist eine Stelle voll des echtesten historischen (nicht antiquarischen) Bewußtseins: »Die Veränderungen in der Natur, so unendlich mannigfaltig sie sind, zeigen nur einen Kreislauf, der sich immer wiederholt; in der Natur geschieht nichts Neues unter der Sonne... Nur in den Veränderungen, die auf dem geistigen Boden vorgehen, kommt Neues hervor. Diese Erscheinungen am Geistigen ließen in dem Menschen eine andere Bestimmung überhaupt sehen,... eine Bestimmung, die die Veränderungsfähigkeit, den Trieb der Perfektibilität einschließt. Dieses Prinzip, welches die Veränderung selbst zu einer gesetzlichen macht, ist von den Religionen wie der katholischen, ingleichen von den Staaten, als welche statarisch oder wenigstens stabil zu sein als ihr wehrhaftes Recht behaupten, übel aufgenommen worden« (IX, 51 f.).

Gegen leeren Fortschritt, gegen das bloße Mehrwerden von »Leben« oder unbestimmtem »Elan vital«, gegen das Progressieren, das angeblich von selbst kommt und derart phrasenhaft ist: »Die Entwicklung ist nicht das harm- und kampflose bloße Hervorgehen ...und ferner ist sie nicht das bloß Formelle des sich Entwickelns überhaupt, sondern das Hervorbringen *eines Zwecks von bestimmtem Inhalt* ... Die Weltgeschichte stellt nun den Stufengang der Entwicklung des Prinzips, dessen Gehalt das Bewußtsein der Freiheit ist, dar... Das Unvollkommene so als das Gegenteil seiner in ihm selbst ist der Widerspruch, der wohl existiert, aber ebensosehr aufgehoben und gelöst wird, der Trieb, der Impuls des geistigen Lebens in sich selbst, die Rinde... der Fremdheit seiner selbst zu durchbrechen und zum Licht des Bewußtseins, das ist zu sich selbst zu kommen« (IX, S. 53 ff.). »Die Weltgeschichte ist der Fortschritt im Bewußtsein der Freiheit, – ein Fortschritt, den wir in seiner Notwendigkeit zu erkennen haben« (IX, S. 22). »Es gilt in solchem Verfahren des wissenschaftlichen Verstandes, daß das Wesentliche von dem sogenannten Unwesentlichen geschieden und herausgehoben werden müsse. Um dies aber zu vermögen, muß man das Wesentliche kennen und dieses, wenn die Weltgeschichte im Ganzen betrachtet werden soll, ist, wie früher angegeben worden, das Bewußtsein der Freiheit und in den Entwicklungen desselben die Bestimmtheiten dieses Bewußtseins. Die Richtung auf diese Kategorie ist die Richtung auf das wahrhaft Wesentliche« (IX, S. 64 f.).

Hegel nahm sein Freiheits-Ideal von der athenischen Polis; hierin ist noch die Citoyen-Seite (nicht die spätere Bourgeois-Seite) der Französischen Revolution erhalten. Auch kulturell ist die *jünglinghafte* Verklärung Griechenlands, wie sie Hegels Jugendfreund Hölderlin in seinem »Hyperion« gegeben hat, bei Hegel lebhafter als die eigentliche klassizistische Gräkomanie, die – besonders im Bürgertum des neunzehnten Jahrhunderts – auf Marmor und Würde gestellte. Hegels Griechenland bleibt das der verlorenen Jugend, des Citoyen, des apollinischen Vormittags:

»Bei den Griechen fühlen wir uns sogleich heimatlich... Hier ist das Jünglingsalter der Geschichte, das griechische Leben ist eine wahre Jünglingstat, von einem Jüngling eröffnet, von einem anderen beschlossen worden. Achilles, der poetische Jüngling, hat das griechische Leben aufgeschlossen, und Alexander der Große, der wirkliche Jüngling, hat es zu Ende geführt« (IX, S. 232). »Wenn es erlaubt wäre, eine Sehnsucht zu haben, so wäre es nach solchem Lande, solchem Zustande« (XIII, S. 173).

»Lassen wir es aber gelten, daß überhaupt vom Vortrefflichen auszugehen ist, so hat für das höhere Studium die Literatur der Griechen vornehmlich, und dann die der Römer, die Grundlage zu sein und zu bleiben. Die Vollendung und Herrlichkeit dieser

Meisterwerke muß das geistige Bad, die profane Taufe sein, welche der Seele den ersten und unverlierbaren Ton und Tinktur für Geschmack und Wissenschaft gibt. Und zu dieser Einweihung ist nicht eine allgemeine, äußere Bekanntschaft mit den Alten hinreichend, sondern wir müssen uns ihnen in Kost und Wohnung geben, um ihre Luft, ihre Vorstellungen, ihre Sitten, selbst, wenn man will, ihre Irrtümer und Vorurteile einzusaugen und in dieser Welt einheimisch zu werden, – der schönsten, die gewesen ist. Wenn das erste Paradies das der Menschennatur war, so ist dies das zweite, das höhere, das Paradies des Menschengeistes, der in seiner schöneren Natürlichkeit, Freiheit, Tiefe und Heiterkeit, wie die Braut aus ihrer Kammer, hervortritt. Die erste wilde Pracht seines Aufgangs im Morgenlande ist durch die Herrlichkeit der Form umschrieben und zur Schönheit gemildert; seine Herrlichkeit ist nicht ein kindisches Spielen, sondern über die Wehmut hergebreitet, welche die Härte des Schicksals kennt, aber durch sie nicht aus der Freiheit über sie und aus dem Maße getrieben wird. Ich glaube nicht zu viel zu behaupten, wenn ich sage, daß, wer die Werke der Alten nicht gekannt hat, gelebt hat, ohne die Schönheit zu kennen« (Diese herrliche, von Hölderlin durchleuchtete Stelle ist aus einer Gymnasialrektorats-Rede 1809; XVI, S. 138 f.).

Die Unterdrückung kommt aus der Klassengesellschaft selbst, sie ist nicht erst (wie noch die Anarchisten meinen) durch ein fremdes Erobervolk hereingetragen: »Die Unterscheidung« (zwischen Patriziern und Plebejern) »hängt mit einem religiösen Moment zusammen; es ist aber zuvorderst die Frage, wie sich dieser Unterschied gemacht habe, zu beantworten ... Die Schwächeren, Ärmeren, die später Hinzugekommenen sind notwendig im Verhältnis der Geringschätzung und Abhängigkeit gegen diese, welche ursprünglich den Staat begründet hatten, und die, welche sich durch Tapferkeit und auch durch Reichtum auszeichneten. Man hat also nicht nötig, zu einer in neuerer Zeit« (in Niebuhrs Römischer Geschichte) »beliebten Hypothese seine Zuflucht zu nehmen, daß die Patrizier ein eigenes Volk gewesen seien« (IX, S. 296).

Seltsame, doch lehrreiche Beziehung des abstrakten Fanatismus zum Islam, der – abstrakten Freiheit (unhistorisches, generalisierendes Jakobinertum) zur indischen Weise der Innerlichkeit:

»Das höchste Verdienst« (im Islam) »ist, für den Glauben zu sterben, und wer in der Schlacht dafür umkommt, ist des Paradieses gewiß ... Nie hat die subjektive Begeisterung größere Werke als im Islam vollbracht; sie erscheint hier in ihrer reinsten Gestalt, bedarf nichts und wird durch nichts aufgehalten« (IX, S. 362, 365).

»Bei den Indern wird es für das höchste gehalten, bloß in dem Wissen seiner einfachen Identität mit sich zu verharren ... jede Differenz ist in dieser Allgemeinheit verschwunden. Konkreter erscheint die Form im tätigen Fanatismus des politischen wie des religiösen Lebens. Dahin gehört z. B. die Schreckenszeit der Französischen Revolution ...; denn der Fanatismus will ein Abstraktes, keine Gliederung: wo sich Unterschiede hervortun, findet er dieses seiner Unbestimmtheit zuwider und hebt sie auf« (Rechtsphilos. § 5 Zusatz, VIII, S. 39).

Christentum und Grausamkeit; der erste Kreuzzug als Erklärung dafür, warum immer der weiße Terror (gerne mit Pogrom verbunden) sich einen Kreuzzug nannte: »Die Kreuzzüge fingen sogleich unmittelbar im Abendland selbst an, viele Tausende von Juden wurden getötet und geplündert, – und nach diesem fürchterlichen Anfang zog das Christenvolk aus. Der Mönch, Peter der Einsiedler aus Amiens, schritt mit einem ungeheuren Haufen von Gesindel voran ... Noch triefend vom Blut der gemordeten Einwohnerschaft Jerusalems fielen die Christen am Grab des Erlösers auf ihr Angesicht und richteten inbrünstige Gebete an ihn. – So kam die Christenheit in den Besitz des höchsten Guts« (IX, S. 397).

Hegel, der sogenannte königlich preußische Staatsphilosoph, und die Französische Revolution: »Der Gedanke, der Begriff des Rechts machte sich nun aber mit einem Male geltend, und dagegen konnte das alte Gerüste des Unrechts keinen Widerstand leisten. Im Gedanken des Rechts ist also jetzt eine Verfassung errichtet worden, und auf diesem Grunde sollte nunmehr alles basiert sein. Solange die Sonne am Firmament steht und die Planeten um sie herum kreisen, war das nicht gesehen worden, daß der Mensch sich auf den Kopf, das ist, auf den Gedanken stellt und die Wirklichkeit nach diesem erbaut. Anaxagoras hatte zuerst gesagt, daß der Nus die Welt regiert; nun aber erst ist der Mensch dazu gekommen, daß der Gedanke die geistige Wirklichkeit regieren solle. Es war dieses somit ein herrlicher Sonnenaufgang. Eine erhabene Rührung hat in jener Zeit geherrscht, ein Enthusiasmus des Geistes hat die Welt durchschauert, als sei es zur wirklichen Versöhnung des Göttlichen mit der Welt nun erst gekommen« (IX, S. 441).

Deutschland und dieser französische Geist; Hegels frühere Hoffnung (1807) auf ein revolutionäres Deutschland:

»Das große Menschenrecht der subjektiven Erkenntnis, Einsicht, Überzeugung haben jene Männer« (die Führer der Französischen Revolution) »mit ihrem großen Genie, Wärme, Feuer, Geist, Mut erkämpft... Wir Deutschen sind passiv, erstens gegen das Bestehende, haben es ertragen; zweitens, ist es umgeworfen worden, so sind wir ebenso passiv: durch andere ist es umgeworfen worden« (XV, S. 517).

»Die französische Nation ist durchs Bad ihrer Revolution nicht nur von vielen Einrichtungen befreit worden, über die der Menschengeist als über Kinderschuhe hinaus war, und die darum auf ihr, wie noch auf den anderen, als geistlose Fesseln lasteten, sondern auch das Individuum hat die Furcht des Todes und das Gewohnheitsleben, das bei Veränderung der Kulissen keinen Halt mehr in sich hat, ausgezogen; dies gibt ihr die große Kraft, die sie gegen andere beweist. Sie lastet auf der Verschlossenheit und Dumpfheit dieser, die, endlich gezwungen, ihre Trägheit gegen die Wirklichkeit aufzugeben, in diese heraustreten und vielleicht, indem die Innerlichkeit sich in der Äußerlichkeit bewährt, ihre Lehrer übertreffen werden« (Brief an den Studiosus Zellmann, 1807, XVII, S. 628). – Freilich auch: »Der Deutsche, je knechtischer auf der einen Seite, desto zügelloser ist er auf der anderen; Beschränktheit und Maßloses ist der Satansengel, der uns mit Fäusten schlägt« (XV, S. 328).

Hegels Prophetie über Nordamerika; Weiträumigkeit als revolutionäres Ventil; verblüffende Durchschauung und Kritik von Freedom and Liberty:

»Was nun das Politische in Nordamerika betrifft«, so entsteht es nur, »wenn Reichtum und Armut sehr groß werden, und ein solches Verhältnis eintritt, daß eine große Menge ihre Bedürfnisse nicht mehr auf eine Weise, wie sie es gewohnt ist, befriedigen kann. Aber Amerika geht dieser Spannung noch nicht entgegen, denn es hat unaufhörlich den Ausweg der Kolonisation in hohem Grade offen, und es strömen beständig eine Menge Menschen in die Ebenen des Mississippi. Durch dieses Mittel ist die Hauptquelle der Unzufriedenheit geschwunden, und das Fortbestehen des jetzigen bürgerlichen Zustands wird verbürgt ... Hätten die Wälder Germaniens noch existiert, so wäre die Französische Revolution nicht ins Leben getreten (!). Mit Europa könnte Nordamerika erst verglichen werden, wenn der unermeßliche Raum, den dieser Staat darbietet, ausgefüllt und die bürgerliche Gesellschaft in sich zurückgedrängt wäre ... Amerika ist somit ... in der Perspektive zu zeigen und aufzunehmen, aber, was bis jetzt sich hier ereignet, ist nur der Widerhall, der alten Welt und der Ausdruck fremder Lebendigkeit« (IX, S. 81 ff.).

»Man muß, wenn von Freiheit gesprochen wird, immer wohl achtgeben, ob es nicht eigentlich Privatinteressen sind, von denen gesprochen wird« (IX, S. 430).

Für vermitteltes Handeln, aber ohne historische Maskerade des Neuen: »Was die Erfahrung und die Geschichte lehren, ist dieses, daß Völker und Regierungen niemals etwas aus der Geschichte gelernt und nach Lehren, die aus derselben zu ziehen gewesen wären, gehandelt hätten. Jede Zeit hat so eigentümliche Umstände, ist ein so individueller Zustand, daß in ihm aus ihm allein entschieden werden kann. Im Gedränge der Weltbegebenheiten hilft nicht ein allgemeiner Grundsatz, nicht das Erinnern an ähnliche Verhältnisse, denn so etwas wie eine fahle Erinnerung hat keine Kraft gegen die Lebendigkeit und Freiheit der Gegenwart« (IX, S. 9). Sehr treffend belehren diese Sätze auch über die Notwendigkeit des Fortgangs:

Marxismus-Leninismus-Stalinismus und weiterhin über die Notwendigkeit unschematischer, regional-variierter Entwicklungen der Revolution.

Das Wissen, das über die Stockungen in der Geschichte hinaussieht: »Nur der Unwissende ist beschränkt, denn er weiß nicht von seiner Schranke; wer dagegen von der Schranke weiß, der weiß von ihr nicht als von einer Schranke seines Wissens, sondern als von einem Gewußten, als von einem zu seinem Wissen Gehörenden ...; von seiner Schranke wissen heißt daher, von seiner Unbeschränktheit wissen« (Enz. § 386 Zusatz, VII[2], S. 38). – Die Schranke in der Geschichte (Fortschritt im Bewußtsein der Freiheit) ist vor allem die Klassenschranke und die ihr entsprechende Ideologie. In Übergangszeiten von einer Gesellschaft zur anderen ist diese Schranke in jenem Teil der Gesellschaft, der beendet ist und von dem übergegangen wird, formidabel und borniert zugleich. »Aber der Verstand«, fährt Hegel bei Gelegenheit der Schranke wahrhaft historisch, wahrhaft prozeßhaft fort, »der Verstand hat Unrecht, diese Endlichkeit als eine starre zu betrachten.«

14 PHILOSOPHIE DES RECHTS

1. Hegel hält zwar die Geschichte um 1830 an, als geschehende, aber nicht als gesammelte. Er stellt gewisse Schalen auf, in die sie sich ergießt, ja in denen sie aus Most Wein zu werden hat. Den ersten, freilich saueren oder herben Wein geben die Bildungen von Recht und Staat, sie machen die Ordnung des Willens aus. Durch das Recht und seinen sittlichen Bau werden »die Triebe von ihrer subjektiven Willkür befreit«, es entsteht »das vernünftige System der Willensbestimmung«. Der Wille erscheint zuerst als ein individueller an sich oder als noch völlig unbestimmtes Können. Sodann erscheint er als einer der Besonderung, dem ein Anderes auffordernd gegenübertritt, wodurch Neigung, Zweck, Grundsatz entstehen. Sodann erscheint er in der Einheit jener beiden Momente, als bestimmtes Können oder

als Entschluß. Dem entspricht der Bau der rechtlich-sittlichen Ordnung, sie entfaltet sich wieder in drei Momenten. Das erste ist das abstrakte *Recht*, in ihm bringt Hegel das Privatrecht unter, also Eigentum und Vertrag. Das zweite Moment ist die *Moralität*, das ist, das Ganze der moralischen Anforderungen an den einzelnen Menschen oder das Leben der an Anderen reflektierten und beschränkten Privatheit; es ist das Reich der moralischen Handlung. Das dritte Moment ist die Einheit beider oder die *Sittlichkeit*, das Dasein in Amt, Ehe, Polis. Hierunter versteht Hegel die substantiell gewordene Freiheit des Willens, die konkreten Institute der menschlichen Gemeinschaft: Familie, bürgerliche Gesellschaft, Staat und den gesetzmäßigen Gang der Weltgeschichte. Der Staat darf nicht mit der bürgerlichen Gesellschaft verwechselt werden, das ist, mit den bloßen Anstalten zum Schutz des Eigentums und der persönlichen Freiheit. Sondern als die Wirklichkeit des substantiell, des allgemein gewordenen Willens erhebt er sich über das laissez faire, laissez aller, worin das losgelassene bürgerliche Individuum seine Geschäfte betreibt. Er wird definiert als »objektiver Geist«; darin verhält sich das Selbstbewußtsein zum Anderen nicht mehr negativ selbstisch, sondern wird allgemeines oder vernünftiges Selbstbewußtsein. So kommt Hegel zu der reichhaltigst einpackenden Definition: »Der Staat ist als die Wirklichkeit des substantiellen Willens, die er in dem zu seiner Allgemeinheit erhobenen besonderen Selbstbewußtsein hat, das an und für sich Vernünftige« (VIII, S. 313). Das staatshaft Vernünftige ist zugleich dasselbe wie die höchste politische Freiheit, in Hegels Auffassung. Es ist dasselbe wie die nicht mehr freche, nicht mehr einsame, wie die substantiell gewordene Freiheit: »Darin, daß es Bürger eines guten (!) Staates ist, kommt erst das Individuum zu seinem Recht« (VIII, S. 219).

2. Hierbei freilich geht es nicht weich her, über allem steht das Amt da. Hegel läßt nicht vom Staat, er malt den vorhandenen klassisch an, bejaht ihn als so dargebotenen. Teils treffende, teils unzutreffende Einwände sind gegen dies vergoldete Staatsbild erhoben worden. Hegel hat von ihm her den Ruf des preußischen Staatsphilosophen erlangt; in der Tat ist die Rechtsphilosophie seine reaktionärste Schrift. Besonders der außerdeutsche

Leser sah Hegel nicht als Hellenen, der den preußischen Staat nach der Polis modellieren mochte, sondern einzig als Pickelhaube mit Lorbeer. Der Jüngling Hegel, der einen Maibaum pflanzte, das Sympathiezeichen mit der Französischen Revolution, der zeitlebens eine gewisse Verehrung für sie empfunden, entsetzt sich als Mann in vorgerückten Jahren über die Julirevolution. Er findet einen notwendigen Stand in den blauen Husaren, er gibt dem Krieg die Ehre, daß durch ihn »die sittliche Gesundheit der Völker gegen das Festhalten der endlichen Bestimmtheiten erhalten wird, wie die Bewegung der Winde die See vor der Fäulnis bewahrt« (VIII, S. 418). Er rechnet so dem Säbel zu, was nur die Freiheitslosung verdient, er verteidigt den Grund- und Majoratsadel in Preußen, nennt das Volk »denjenigen Teil des Staats, der nicht weiß, was er will«. Er lehnt das politische »Besserwissenwollen des Subjekts« ab, sofern es ihm, gleich den Forderungen des Ideals, aus bloßem »Brei des Herzens« zu kommen scheint, aus privat-abstraktem »Herzklopfen für das Wohl der Menschheit«. Das Mädchen, wie es sein soll, der Staat, wie er sein soll, all das findet beim gleichen Hegel, der sonst alle endlichen Bestimmungen wankend zu machen und zu überschreiten weiß, keine Gnade. Überdies kommt der Begriff selber, nicht bloß das private Räsonieren, nach Hegel immer zu spät, die Welt zu verbessern. Von daher die abendliche Definition der Philosophie: »Als der *Gedanke* der Welt erscheint sie erst in der Zeit, nachdem die Wirklichkeit ihren Bildungsprozeß vollendet und sich fertiggemacht hat. Wenn die Philosophie ihr Grau in Grau malt, dann ist eine Gestalt des Lebens alt geworden, und mit Grau in Grau läßt sie sich nicht verjüngen, sondern nur erkennen: die Eule der Minerva beginnt erst mit der einbrechenden Dämmerung ihren Flug« (Vorrede zur Rechtsphilosophie, VIII, S. 20 f.). Das Gleichnis ist prachtvoll, eines der ganz großen der Literatur, eines, das Shakespeares würdig wäre: dennoch steckt dahinter Hegel, der Antiquar, mit der Betrachtung nach ihrer am meisten defätistischen Seite. Die postume Minerva reimt sich nicht mit der tätig-frischen, die die Ägis, ihren Schild, ergreift, mit der wachen Taggöttin. Die Entstehung von Hegels eigener Philosophie widerspricht der Spät-Eule, um vom prozeßlustigen Inhalt zu schweigen. Ihre Anfänge fallen in die

Stürme der Französischen Revolution, die Phänomenologie wurde kurz vor den Donnern der Schlacht bei Jena beendet, die Lehre selbst macht den Thermidor mit, der die frische Bourgeoisie einsetzte, und mit Napoleon, der »Weltidee zu Pferde«, fühlte sie sich, in eminentem Sinn, gleichzeitig. Wäre die Philosophie wirklich auf Dämmerung angewiesen, dann wäre die Hegelsche zu ihrer Zeit überhaupt nicht möglich gewesen, sondern sozusagen erst nach 1850. Auch hat Hegel an anderen Philosophien, so der Sophistik, so der Französischen Revolution, die Tageszeit des Gedankens ganz anders eingeschätzt; damals galt ihm nicht Abenddämmerung, sondern scharfer Morgen. Trotzdem reduziert Hegel für sich selber den Anteil des Philosophen an der politischen Welt zu einem Post festum, geradezu mit einer Art ruhmrediger Bescheidenheit. Franz Mehring hat die Minervastelle zwar anders zu deuten versucht: »Indem Hegel den absoluten Geist als schöpferischen Weltgeist immer erst nachträglich im Philosophen zum Bewußtsein kommen ließ, sagte er im Grunde nur, daß der absolute Geist nur zum Schein in der Einbildung die Geschichte mache« (Karl Marx, 1918, S. 102). Aber solche Deutung ist »im Grunde« so wenig hegelisch wie möglich und auch marxistisch nicht in Ordnung, sofern nach Marx die Idee sich zwar allemal blamiert, wenn sie mit dem Interesse in Konflikt kommt, jedoch geschichtsbildend mitwirkt, sobald sie mit dem Interesse, als Ideologie, konfliktlos verbunden ist. Hegels Satz bleibt reaktionär, mindestens entsprach er dem starken Ruhebedürfnis seiner späten Jahre (auch die Vorrede zur zweiten Auflage seiner Logik gibt mit ihrem unmutigen Schluß davon Kunde); das vereinigte sich mit dem gewohnten antiquarischen Zug. Schließlich erschien auch noch, in der Vorrede zur gleichen Rechtsphilosophie, die berühmte Formel, worin der Reaktionär sich selbst übertroffen zu haben scheint. Sie spricht sich als kategorisches Urteil mit sofortiger Umkehrung aus: »Was vernünftig ist, das ist wirklich, und was wirklich ist, das ist vernünftig.« Wird dieser Satz unmittelbar, also im Sinn und Verstand der Umgangssprache genommen, so erscheint er zweifellos als stockreaktionärer schlechthin. An sich modifiziert die Umkehrung eines kategorischen Urteils, wie sie in diesem Satz geschieht, dessen logische Quantität; das Urteil

»Alle Löwen sind Raubtiere« lautet in gültiger Umkehrung lediglich: »Einige Raubtiere sind Löwen.« Nur wenn Umfang und Inhalt des Subjekts und Prädikats sich völlig decken, gelingt die Umkehrung ohne solche Modifikation: und die *unmodifizierte* Umkehrung von Subjekt und Prädikat in Hegels Satz, also die Deckung von Vernünftigem und Wirklichem, scheint hier komplett reaktionär.

Aber nun hat jede Sache zwei Seiten, bei keinem sicherer als bei Hegel selbst. Und das Leben der anderen Seite, hier das der bürgerlichen Rechte, ließ sich als vernünftig, aber nicht als wirklich vorhanden darstellen. Es gab einen freisinnigen Hegel, er hat den Maibaum nicht so ganz umgehauen, auch Rousseau nicht ganz vergessen. Die politischen Frühschriften sind, wie gesehen, noch rein von Menschenliebe und Freiheitsdurst erfüllt, und nicht nur von abstraktem. Als Hegel 1798 die Briefe eines Waadtländers gegen die gestrengen Herren in Bern mit zustimmenden und verschärfenden Anmerkungen versehen hatte, wollte er weit mehr treffen als die Zustände der armseligen Schweiz, er behielt diesen Anschlag im Sinn. Ja wie ein Nachklang aus den Artikeln des deutschen Bauernkriegs wirkt folgender Passus aus »Erster Entwurf zur Verfassung des deutschen Reichs«, 1798/99 (Hoffmeister, Dokumente zu Hegels Entwicklung, 1936, S. 284): »Es ist die Sage von der deutschen Freiheit auf uns gekommen, von der Zeit, wie wohl wenige Länder eine hatten, da in Deutschland der Einzelne, ungebeugt von einem Allgemeinen, für sich stand und seine Ehre und sein Schicksal auf ihm selbst beruhend hatte; in seinem eigenen Sinn und Charakter seine Kraft an der Welt zerschlug oder sie sich zu seinem Genuß ausbildete, – da der Einzelne durch Charakter zum Ganzen gehörte, aber in seiner Betriebsamkeit und Tat, in seiner Gegenwirkung gegen seine Welt vom Ganzen nichts litt, sondern ohne Furcht und ohne Zweifel an sich, durch seinen Sinn sich begrenzte; wohl hieß dieser Zustand, worin nicht Gesetze, sondern Sitten eine Menge zu einem Volk verbanden, gleiches Interesse, nicht ein allgemeiner Befehl das Volk als Staat darstellte, die deutsche Freiheit.« Hier ist Mark und Boden, mitten in jener noch jungfräulichen, noch naiven Ideologie, welche bürgerliche Emanzipation gegen feudale Unterdrückung ansetzt. Und der spätere Hegel, an den sich zu halten hier ausreicht, hat eine noch fortschrittliche Seite in einigen Anomalien seiner Rechtsphilosophie vorgezeigt, die allerhand subjektiv öffentliche Rechte aufweisen und aus denen erhellt: der preußische Staatsphilosoph, der Hegel war, ist auch als dieser nicht so unschillernd, wie er von den Zeiten des Turnvaters Jahn bis zu den englisch-amerikanischen Vereinfachungen verstanden worden ist. Preußen besaß zu Hegels Zeit keine öffentlich-mündliche Rechtspflege, keine Pressefreiheit, keine Gleichheit der Bürger vor dem Gesetz, keinen Anteil des Volkes an der Gesetzgebung, an der Steuerbewilligung, – und all das lehrte Hegel. Er war im Begriff, das Genossenschaftsrecht philosophisch zu entwickeln, in dem Sinn, wie das nachher sein Schüler, der Linkshegelianer Michelet ausgeführt hat. Hegels Rechtsphilosophie doziert neben ihrer Reaktion, mitten im bejahten Fideikommiß Preußen, die Öffentlichkeit der Rechtspflege und das Schwurgericht, die Emanzipation der Juden, die Gleichberechtigung aller Staatsbürger, die administrative Selbständigkeit der Gemeinde, die Volksvertretung. All das ist herausgearbeitete und bejahte Tendenz der bürgerlichen Entwicklung, im Sinn und Weiterungs-Sinn des Thermidor, nicht im Unsinn der reaktionären Ständestaats-Romantik. Und die Staatsform selber, die Hegel imponiert, ist nicht der preußische Absolutismus, sondern eine konstitutionelle Monarchie nach englischem Muster. Der Monarchist Hegel definiert den König sogar bedeutend substanzloser als die gleichzeitigen englischen Kronjuristen: »Es ist bei einer vollendeten Organisation nur um die Spitze formellen Entscheidens zu tun, und man braucht zu einem Monarchen nur einen Menschen, der ja sagt und den Punkt auf das I setzt« (VIII, S. 373). Gottesgnadentum sieht anders drein; in der Tat haben sich auch alle wirklichen Staats- und Königspfaffen seiner Zeit gegen Hegels »Rationalismus« gewandt. Ein schlesischer Konservativer hat nach Hegels Tod dessen Lehre sogar des Hochverrats gegen den preußischen Staat angeklagt, – eine politische Parallele zu der Gotteslästerungsklage, die in Gestalt eines Romanpamphlets: »Eritis sicut Deus« von der protestantischen Orthodoxie erhoben wurde. Hegel hat so wenig totale Obrigkeit gelehrt, daß er gegen denjenigen, der sie wirklich gelehrt hat, sich besonders scharf gewandt hat, gegen den Schweizer Haller, den würdigen Eidgenossen der gestrengen Herren von Bern, und seine »Restauration der Staatswissenschaften«. Haller, nicht Hegel hatte die fürstliche Gewalt aus dem Recht des Stärkeren über den Schwächeren begründet, hatte Volk, Land, Staat als Privateigentum des Fürsten erklärt, mit dem er schalten könne nach Belieben. Es ist Hegel selber, der gegen solch zeitgenössischen Neufeudalismus die kapitalistische Magna Charta: die Bill of Rights ausdrücklich verteidigt. Er fügt gegen diesen Anbeter von Macht und autoritärer Willkür wie in Voraussehung einer noch ganz anderen Tyrannei und Rechtsaufhebung hinzu: »Es ist das Härteste, was den Menschen widerfahren kann, vom Denken und der Vernünftigkeit, von der Verehrung der Gesetze und von der Erkenntnis, wie unendlich wichtig es ist, daß die Pflichten des Staats und die Rechte der Bürger gesetzlich bestimmt sind, so weit abgekommen zu sein, daß sich ihm das Absurde für das Wort Gottes unterschiebt« (VIII, S. 319). Und ein echter preußischer Reaktionär, Friedrich Julius Stahl, der Gründer der Konservativen Partei, haßte eben deshalb den Vernunftjuristen Hegel tödlich; der Engländer Burke, diese Leuchte der Tories, dieser, wie Stahl sagt, »mächtigste und gediegenste Schriftsteller der Konterrevolution«, steht dem Reaktionär Stahl weit höher, und er hat ihn gegen Hegels »Göttin Vernunft« ausgespielt. So also war das Ansehen der sogenannten preußischen Staatsphilosophie unter echten preußischen Staatspfaffen; es wurde im Nazismus, der Hegel haßte, nicht anders und kann allein schon von hierher über die andere Seite der Hegelschen Rechtsphilosophie nachdenklich machen. Steht sie doch vor allem als Glied im Weltaufbau der Dialektik, dieses schlechthin überleitenden Wesens, an dem kein Moment, außer dem absoluten Fürsichsein, eine Allmacht erhält.

3. Also ist diese Staatslehre seltsam gemischt, es hängt das ebenso mit Ort und Weise ihres Vortrags zusammen. Der Auftrag, der an Hegel erging, und den er selbst bejahte, war: eine unruhige bürgerliche Jugend mit dem Vorhandenen auszusöhnen. Statt sturer Verfolgung der liberalen Bewegung, gefährlicher Unterbindung des Denkens selbst sollte gerade der Gedanke, gar der des größten Denkers der Zeit, den Staat als ver-

nünftig, besser: das Vernünftige im Staat darstellen. In seinem besonderen Fall aber war für Hegel der Staat auch derjenige der Stein-Hardenbergschen Reformen, die Preußen aus einem ganzen Feudalstaat in einen halben verwandelt hatten. Gewiß, nach den sogenannten Befreiungskriegen hörten die Reformen sogleich auf; nur die alten angestammten Mächte waren auch wieder die gottgewollten. Indem jedoch die Vernunft, dies Instrument der Aufklärung, dazu verwandt wurde, ein nicht eben von ihr Gemachtes auszusprechen, gar mit ihm zu versöhnen, entstand ein so merkwürdiges Doppelgebilde wie »konservatives Denken«. Bisher war diese Verbindung nicht vorgekommen: gehörte es doch zum Wesen des angestammten Brauchs, daß er nicht bewußt wurde, mindestens daß über ihn nicht räsoniert wurde. Anders hielt es zwar das Naturrecht Monarchen gegenüber, ja sogar Gott wurde in mehreren Gottesbeweisen der Vernunft vordemonstriert, aber beides ging für die angestammte Obrigkeit wie für das Dasein Gottes nicht wünschenswert aus. Gewagt war infolgedessen das Beweisenwollen im Dienst des Konservatismus selber, war die durch die Macht des dritten Stands erzwungene Notwendigkeit, Überkommenes zu räsonieren. Die historische Rechtsschule, ebenfalls der gelehrten Restauration zugehörig, hatte sich diese Art Apologetik erspart; das räsonierende Bewußtsein war ihr, von 1789 her, schlechthin des Teufels. Sie feierte den bewußtlosen Brauch als solchen; eine Größe der historischen Rechtsschule wie Savigny kam so gänzlich von der vernunftfeindlichen Romantik her, daß er seiner Zeit, als einer nicht mehr instinkthaften, sogar den Beruf zur Gesetzgebung absprach. Aber fast so scharf wie gegen Haller hat sich Hegel gegen diesen Vernunfthaß gewendet. »Einer gebildeten Nation oder dem juristischen Stand in derselben die Fähigkeit abzusprechen, ein Gesetzbuch zu machen, ... wäre einer der größten Schimpfe, der einer Nation oder jenem Stande angetan werden könnte« (VIII, S. 273). Freilich fügt Hegel, um mit dem so bewehrten Vernunftstolz nicht ins Naturrecht der Französischen Revolution zu geraten, die Einschränkung hinzu: »da es ja nicht darum zu tun sein kann, ein System ihrem *Inhalt* nach *neuer* Gesetze zu machen, sondern den vorhandenen gesetzlichen Inhalt in seiner bestimmten Allgemeinheit zu erkennen, das heißt, ihn denkend zu erfassen«. Zu diesem Zweck bot sich Hegel erneut seine Unterscheidung zwischen abstraktem Verstand und konkreter Vernunft an; der Verstand gehört zum Jahrhundert der Revolution, aber die Vernunft soll eben das Instrument des überzeugt-überzeugenden Konservatismus selber sein. Und hier nun traten all die Brüche hervor, die dem Amalgam »konservatives Denken« unvermeidlich sind. Denn ob Verstand oder Vernunft: beide sind, in politischem Gebrauche, innerhalb des Bürgertums groß geworden, nicht in der Feudalwelt. Hegels Vernunft ist nur als »Geist« insgesamt theologisch-metaphysisch, vorbürgerlich, ja letzthin dem johanneischen Logosbegriff verpflichtet. Historisch-politisch aber wurde dieser Geist durchaus dem »Kopf« der Aufklärung nahegerückt, in ihn eingesetzt. Und so entschieden abstrakter Verstand (Aufklärung), konkrete Vernunft von Hegel logisch unterschieden werden, so ist die Grenze zwischen beiden politisch fließend; denn solange das empirisch Konkrete dem inhaltlich konkreten Inhalt der Vernunftwelt nicht völlig entspricht (und Hegel ist bekanntlich kein Empirist), konnte selbst die inhaltliche Vernunft, nicht nur der abstrakte Verstand, Oppositionsinstrument sein, obgleich ein gedämpfteres. Auch war der räsonierende Verstand als politischer nicht so ganz abstrakt, nicht so ganz ohne Inhalte; dafür hatte er, vom revolutionären Bürgertum her, viel zu deutlichen sozialen Auftrag. Also gingen die revolutionären Inhalte (Gleichberechtigung, öffentliche Rechtspflege, Teilung der Gewalten, nach der Bestimmung Montesquieus, und so fort) auch in die Vernunft ein, die die Wirklichkeit apologisieren wollte. In diejenige nämlich, welche die Stein-Hardenbergschen Reformen auch in der reaktionärsten Apologetik nicht vergaß und gründlichere, nach 1848 drängende im Leibe hatte. Das sind die Stoßpunkte im »konservativen Denken«, indem und sofern es ein Denken ist, also ein Rationalismus; nicht ohne Nachteil für das Angestammte oder historisch Gewachsene ließ sich dieser Bock zum Gärtner machen. Das hat die Hegelsche Linke nachher bewiesen, trotz all der heillosen Feudal-Partien bei Hegel; wogegen die Apologeten des total reaktionären Status je länger, je nötiger auf Nicht-Vernunft oder Irratio zu setzen hatten.

4. Bleibt der Satz, alles Vernünftige sei wirklich, alles Wirkliche vernünftig. Besonders auf ihn fällt nun neues Licht vom »konservativen Denken« her, aber nicht nur von ihm. Das Nachdenken läßt der Väter Zucht und Sitte nicht mehr als einzig Wirkliches bestehen, und mehr noch: es bestimmt, daß nur *Vernünftiges* wirklich sei. Darum ist der erste Teil des Satzes ebenso revolutionär, wie der zweite konservativ sein mag, und der erste Teil ist grundlegend. Aber auch die Wirklichkeit im zweiten Teil darf nicht in einer stur-unmittelbaren Weise verstanden werden, als ob alles, was nun einmal ist, bei Hegel dasselbe wie wirklich sei. Vielmehr: Wirklichkeit, das ist bei Hegel, laut seiner ausführlichen Erörterung in der »Logik des Wesens«, ein ganz Anderes als das gleichnamige Wald-, Feld und Wiesenwort der Empiristen. Er unterscheidet bereits außerhalb und unterhalb dieser Bestimmung Sein, Dasein, Existenz vom Wirklichen. Wirklichkeit selber ist eine Auszeichnung, eine späte, werthaltige, die durchaus nicht allem Existierenden zukommt. Existierend ist alles aus dem Grund hervorgegangene, historisch begründete Sein, aber wirklich ist nur das notwendige Sein oder die Erscheinung als ganze und angemessene Manifestation des Wesens. Hegel erläuterte später den nicht konformistischen Sinn seines Satzes ausdrücklich dahin, daß »das Dasein zum Teil Erscheinung und *nur zum Teil Wirklichkeit ist«* (Enz. § 6, VI, S. 10). Das bloß empirische Dasein ist das noch mit dem Schlechten und Nichtseinsollenden gemischte, während Wirklichkeit nur die mit Vernunft identische Existenz darstellt. Also involviert Hegels Satz keine schiere Versöhnung mit dem gerade gegebenen Dasein eines vorhandenen Staats, im Sinn des politischen Quietismus. Oder im Sinn eines politischen Empirismus, der auch hier seine Erkenntnisse an dem verifizieren müßte, »was der Fall ist«, und daran weder Prozesse noch gar Seins-Graduierungen erkennt. Ablehnung oder Unkenntnis letzterer beiden ist bei Hegel das Gleiche wie undurchschaute und bejahte Entfremdung, wie Kotau vor der subjektlosen Faktizität. Auch dem Staat gegenüber hat Hegel den Empirismus, der als politischer bei wirklichen Reaktionären wie Burke auftrat, als »Lehre der Unfreiheit« bezeichnet; »denn die Freiheit besteht gerade darin, daß ich kein absolut Anderes gegen mich habe,

sondern daß es unabhängig von einem Inhalt, der ich selbst bin« (Enz. § 38 Zusatz, VI, S. 83). Die Fassung des Vernünftigen als des Wirklichen, unter Ansehung der komparierbaren Wirklichkeitsstufen (vgl. oben S. 115 f.), macht also Hegels Rechtsphilosophie auch von dieser Seite nicht nur zur Apologie des jeweiligen Status quo. So sehr sie sich einem bloß subjektiv-idealen Sollen und seinen Forderungen entgegensetzt, einem abstrakten Utopisieren, »womit die Reflexion sich aufbläht und gegen die Wirklichkeit und Gegenwart mit einem Jenseits verächtlich tut, welches nur in dem subjektiven Verstande seinen Sitz und Dasein haben soll«. Marx, nicht eben ein Justifizierer des status quo, hat diese letztere Wendung Hegels sich insoweit zu eigen gemacht, als sie gegen Putsch, anarchistisches Jakobinertum, abstraktes Utopisieren am Platz ist. Das Vernünftige ist das Wirkliche: das heißt nun, es kommt darauf an, im Wirklichen selber den Fahrplan zu sehen, den dialektisch-objektiven, um die Forderungen des Herzens damit zu verbünden.

Und vor allem zuletzt, gerade was den Fahrplan und das Ganze angeht: Hegels Staat ist mit sich nicht allein auf der Welt. Es werden vor ihm und außer ihm die »Familie«, als die vermeintliche soziale Zelle, es wird vor allem die »bürgerliche Gesellschaft« ausgezeichnet. Letztere ist die seit 1789 durchgesetzte der Bourgeoisie, es ist die Gesellschaft von Adam Smith, in der sich, wie es damals schien, die selbstsüchtigen Zwecke der Einzelnen per saldo als eine Gemeinschaft der Interessen herausstellen. Davon ist nach Hegel der Staat verschieden, so wie der Mensch als idealer Staatsbürger (Citoyen) vom realen egoistischen Menschen der bürgerlichen Gesellschaft verschieden ist. Wieder wird dieser Hegelsche Unterschied bei Marx wichtig (»Zur Judenfrage«), besonders in der Beurteilung der Französischen Revolution und der Menschenrechte. Die Darstellung der bürgerlichen Gesellschaft hat bei Hegel bereits die Tendenz, den ihr aufliegenden Staat aus ökonomischen, nicht nur juristischen Kategorien zu entwickeln. Aus Bedürfnis, Arbeit, Arbeitsteilung und Tausch, aus diesem entwickelten »System der Bedürfnisse«. Die gegensätzliche Struktur der Klassengesellschaft ist zwar nicht erkannt, die Gegensätze, die bei Hegel den Gang der Weltgeschichte bestimmen, sind solche zwischen den Völkern, nicht innerhalb der Völker selbst. Trotzdem wird die ungehinderte Entwicklung der bürgerlichen Gesellschaft, die freie Bewegung der Privatinteressen durchaus als Grundlage des modernen Staats erkannt, und dieser wird durch diesen Bezug relativiert. Sei es auch nur auf Grund der Illusion, daß es gelingen mag, die atomisierende Macht des »erwerbenden Standes« durch die Einheit und Notwendigkeit des Staats zu zähmen. Immerhin ist Hegels Staat, in dieser ideologischen Verdopplung des Menschen zu Bourgeois und Citoyen, zu »geistigem Tierreich« und substantieller Allgemeinheit, nur ein Teilstück in seiner sozialen Welt; dies System ruht auf dem heftigen »System der Bedürfnisse«. Weiter aber ist der Staat bei Hegel auch noch nach oben hin relativiert, indem er als bloß »objektiver« Geist den »absoluten« Geist: Kunst, Religion, Philosophie schlechthin über sich hat. Hegels Dialektik treibt zu diesen Sphären weiter, zu denen des ausgereifteren Fürsichseins und seiner Ganzheit, setzt den Staat zu ihrer Basis herab. Gerade also das Vernünftig-Wirkliche empfängt im »objektiven Geist« nicht den »wirklichen Gott«; es gibt vielmehr noch andere Baukunst, andere Tempel, andere Reiche der Kommunikation, und sie bleiben, auch wenn das mannigfache Rom des Staats seinen Lohn längst dahin hat. Weder hat Hegel die Klage seiner Jugend über den Untergang des griechischen Subjekts in der juristischen Person Roms vergessen noch den späteren Jubel über die Aufhebung Roms in der christlichen Gemeinde, wenigstens in dieser. Der Staat stirbt zwar als solcher bei Hegel nicht ab, durchaus nicht, doch er lebt nur als Form dessen, was Hegel unter »allgemeiner und substantieller Freiheit« versteht. Diese Art Freiheit ist nach Seite des isolierten Einzelwillens hin Zwang, doch steht sie Rousseaus »volonté générale« lehrreich näher als dem autoritären Staatsbegriff, den Hegel nicht absolut vergötzt hat. Hegels Staat wollte letzthin die Polis des Perikles sein, gesehen durch ein vielfach geschontes, hoch idealisiertes, jedoch nicht absolut gemachtes Preußen.

5. Die Rechtsphilosophie steht bei Hegel dort, wo bei anderen Philosophen sich die Ethik befindet. Sie ist trotzdem nicht sonderlich bestrebt, auf ihre Weise Fragen des Verhaltens aufzuwerfen. Hegels Begriff pflügt auf diesem Feld nicht oder wenig,

ja ein gewisser Unwille, sich auf Gewissenssorgen einzulassen, gar auf solche, die zu Feinheiten geworden sind, ist unverkennbar. Man hat deshalb gesagt, Hegels sonst so vollzähliges, allverzehrendes System enthalte keine Ethik. Das ist in diesem Umfang unrichtig: die Hauptteile nach dem abstrakten Recht, dem bloßen Personen- und Sachenrecht, sind »Moralität« und »Sittlichkeit« überschrieben, wobei mindestens das Buch »Moralität« sehr große normative Gegenstände (das Gute und das Gewissen, Formen des Bösen) enthält. Trotzdem läßt sich sagen, gerade das Buch »Moralität« zeigt, daß Hegel für das, was er von frühauf »reine und ekle Höhe der Moralität« nannte, aber auch für den Nährboden subjekthaft-sittlicher Fragen: für Gewissen und Gesinnung wenig Interesse hatte. Denn die gesamte Innerlichkeit ist ihm fremd, sogar verdächtig; er blickt auf Handlungen und sittliche Früchte, er liebt vor allem nicht, wie vom Gleichnis Kammerdiener–Held erinnerlich, die moralisierende Beurteilung, als Aufdeckung, Kritik und Kriterien der »Herzensfalten«. Er spricht von »psychologischen Kammerdienern«, er schätzt auch die Triebfedern einer Handlung, die bei Kant allein moralisch entscheidenden, gering ein, erst recht individuelle Wohlgemeintheit. Nie kann eine schlechte Tat durch ein gutes Herz gerechtfertigt werden, dagegen kann eine objektiv gute, besonders eine große Tat aus bloßem Ehrgeiz, Ruhmsucht und anderen moralisch nur wenig anerkannten Motiven entspringen. Ob eine Handlung moralisch sei, das hängt nicht, wie bei Kant, von formalen Kriterien der Gesinnung ab, sondern vom *Inhalt* des gewählten und betriebenen Gegenstands. So erst entsteht ein »lebendiges Band der Tugenden«, das heißt, ein von der sozialen Polis geknüpftes und den ganzen Menschen, sinnlich-sittlich, subjektiv-objektiv, vereinendes. Auch können die Folgen einer Tat über die Schuld der Handlung weit hinausgehen, viel schlimmer und verderblicher sein als diese, ja Böses fortzeugen, wo gar keine Schuld vorliegt (Ödipus). Kurz, Hegels hier besonders eifernder Sachsinn entwickelt kein eigentlich moralisches Organ; das »innerliche Verhalten des Willens zu sich selbst« gibt ihm keinen bedeutenden Stoff. Deshalb wird die »Moralität« substantiell weit überboten von der »Sittlichkeit«: doch auch hier findet sich nun nicht etwa eine reine Reihe moralischer Werte, von der Art, wie sie doch auch im moralischen Objektivismus (so in der mittelalterlichen Güterethik) möglich sind. Sondern gleich nach einem gewiß warmen, gediegenen, großartigen Wertbild von Haus und Familie kommen Bedürfnis, Vermögen, Grundbesitz, die Gerichtshöfe, die – Polizei, die Korporationen, vor allem der Staat zum Begriff, Gegenstände mithin, die auch einer materialen Ethik bisher nicht wesentlich zugehört haben. Auch das Buch »Sittlichkeit« stellt so ein Bauwerk aus menschlich-objektiven Beziehungen dar, worin außer individuellen Flausen nicht minder Schwierigkeiten von echt moralischem Gehalt fast gleichmäßig verschwunden sind. Hegel anerkennt solche Schwierigkeiten oder Ambivalenzen durchaus, so in Ansehung der Staatssittlichkeit besonders das Antigone-Problem, das ihm so nahe wie wenig andere am Herzen lag. Aber er hat es wesentlich als *tragischen* Konfliktstoff erfahren, also ästhetisch, vielleicht noch rechtshistorisch: als Kampf des alten Rechts mit dem neuen, indes primär nicht moralisch. Überall regiert eine Wertung nach Handlungen, nicht nach Gesinnungen, nach öffentlich heilsamer Praxis, nicht nach abstrakten Grundsätzen aus innerer Gesinnung und auch nicht nach dem Hierarchieproblem eines christförmigen Reichs der Tugenden. Soviel hier über Hegels sittliche Auswendigkeit, über seine großartige, selbst in der Antike unerhörte Verschlingung von menschlicher und öffentlicher Existenz. Aus den Fragen des Verhaltens werden solche des Sich-danach-Verhaltens im bestimmten Gliedbau sittlicher Ordnung.

Bei alldem kehrt etwas wieder, was von Anfang an diesen Denker abhielt, in sich innewohnend zu sein. So überwiegend er vom Menschen spricht, so sehr er dessen Angelegenheiten alles andere nachordnet, er spricht von ihm am liebsten als einem geäußerten, als einem vor die Tür gegangenen. Es ist die Agora, der Markt, es ist Res publica, die öffentliche Sache, an denen Hegels – nicht fehlende, doch sozusagen einfache – Ethik erst lebhaft wird. Insofern wird eine eigentümliche Reprise sichtbar, und eine aus verwandten Gründen: wie Hegels Logik der erkenntnistheoretische Stachel fehlt, so dem Werk vom »objektiven Geist« der eigens moralische. Die kitzligen Verhältnisfragen, schweren Abstandssorgen, die die neuere Erkenntnistheorie zeigt, und die nicht die Hegels sind, bekümmern auch seine ethische Willenslehre nicht oder wenig. Sie fallen aus, indem sie als sublime Heuchelei denunziert werden, das ist, als jene immer nur fragmentarische Tugendspiegelei, die Hegel jeder approximativen Morallehre vorwirft. Es fehlt bei Hegel weiter die Spannung zwischen sinnlichem Diesseits, sittlichem Jenseits, jene Gebrochenheit, welche die Phänomenologie als »dieses unglückliche, in sich entzweite Bewußtsein« bezeichnet und mittelalterlich illustriert hatte. Es fehlt weiterhin die davon unterschiedene, doch ebenfalls in sich noch gedoppelte Zuständlichkeit, welche die Phänomenologie auf späterer Stufe das »zerrissene, geistreiche Bewußtsein« genannt und mit der Aufklärung, mit der Sprache der entfremdeten Bildung illustriert hatte. Alle diese Stufen liegen hinter dem Subjekt der Rechtsphilosophie, sie gehören einzig zu den sich dialektisch entwickelnden Erfahrungen, welche das Bewußtsein über sich selber macht, nicht mehr zum freien Willen als dem Ausgangspunkt des Rechten, Guten, Sittlichen. Das hat aber zur Folge, daß außer den Verhältnisfragen zwischen voluntas und bonum (entsprechend denen zwischen intellectus und verum) der emotionale Grund unsichtbar geworden ist, auf dem die ethische Bewegung entweder lebt oder von dem sie sich abhebt. Hegels Lehre vom objektiven Geist bestreitet so das Ihre gänzlich ohne die Spannungen, welche, wenn auch in verschiedener Weise, die anderen großen Willenslehren erfüllen, die Tugendsorge der Stoa, die Erschütterungen Augustins, die unvermittelte Härte Kants. Beabsichtigt sprachlos bleiben die Selbstentzweiung, der Selbsthaß, die innere Kasuistik, die gewissensüberfüllte Skrupelhaftigkeit. Unausgetragen bleiben aber auch die Verführungen des Trotzes, die (doch erzdialektischen) Konflikte der Pflichten, nicht zuletzt Ambivalenzen wie die des tätigen oder des betrachtenden Lebens und ähnliche Probleme der Wertwägung; all das kommt in Hegels Ehrbarkeiten kaum zur Frage. Der spezifische Stachel in der *adaequatio* voluntatis ad bonum, in den überlieferten Problemen der Willens-Vollkommenheit fehlt; er fehlt überlegt. Mit einer einzigen, jedoch allerdings entscheidenden Ausnahme: was in der großen Ethik sonst die Selbstentzweiung, der ihr entsprechende Abstand des Sollens, das ist hier die dialektische Unruhe *mitten in jeder Adäquation selbst*, ja als die nahegerückte Adäquation. Die *Vernunft als das Wirkliche stört das Wirkliche als behauptete Vernunft immer wieder*, stört es aus der Ruhe auf. So besitzt zwar die Hegelsche Lehre vom objektiven Geist nach Seite des Wirklichen als Vernünftigem zwar lauter Apologetisches, jedoch nach Seite des Vernünftigen als Wirklichem kommt immer wieder Zunder in die Apologie, ins ganze hochgebaute Philisterium. Eine Schlußzeile, mit der Schelling das Vorwort seiner Schrift »Philosophie und Religion« abschloß, diese Schlußzeile: »Rühre nicht, Bock! denn es brennt« gilt weitaus schärfer für Hegels oft reaktionäre, doch nie in Unvernunft ersterbende Rechtsphilosophie. Sie ist durchsetzt mit kritischen Einschüssen, sie erinnert auch Volonté générale, mitten in der »reichen Gliederung des Sittlichen in sich, welche der Staat ist«. Mitten in der – wie die Vorrede zum Werk fortfährt – »Architektonik seiner Vernünftigkeit, die durch die bestimmte Unterscheidung der Kreise des öffentlichen Lebens und ihrer Berechtigungen und durch die Strenge des Maßes, in dem sich jeder Pfeiler, Bogen und Strebung hält, die Stärke des Ganzen aus der Harmonie seiner Glieder hervorgehen macht« (VIII, S. 11). Wenig später nennt Hegel die gleiche Architektonik das »Kreuz der Gegenwart«, wenn auch mit der Vernunft als Rose daran. Hegels Rechtsstaat oder Vernunftrecht wächst aus dem Atomismus der Interessen, der hier Kreuz der Gegenwart genannt wird, als Gegensatz, als dialektische Rose; Recht will bei Hegel, weit übers Strafrecht hinaus, Negation der individuellen Negation sein. Dieser Gegensatz zum individualistischen Liberalismus ist ein konservativer und doch auch in die Zukunft weisender; wobei immer wieder festzuhalten ist, sobald die Staatsvergötzung Hegels auftaucht, daß dieser Philosoph dem Staat nie absolute, immer nur objektive Würde zugeschrieben hat. Absolute Würde besitzen Kunst, Religion, Philosophie; der Staat Hegels bleibt auf den objektiven Geist reduziert und konzentriert, auf diesen Werktag trocken-sittlicher Sachlichkeit.

Gefühl gehört nicht hierher: »Es ist ein schlimmer Ersatz, die eigene Brust und die Begeisterung zur Quelle des Rechts zu machen« (Rechtsphilosophie § 2 Zusatz, VIII, S. 25).

Aber auch Überlieferung allein zeigt nicht, was rechtens. Hegel wendet sich, mit scharfem Blick aufs Bedingte und Vergängliche, gegen die historisch-romantische Rechtsschule (Hugo, vor allem Savigny):

»Ob das, was altes Recht und Verfassung heißt, recht oder schlecht ist, kann nicht aufs Alter ankommen ... Man hat oft wiederholt, daß hundert Jahre Unrecht kein Recht machen können, – man hätte hinzusetzen sollen: wenn auch das hundertjährige Unrecht diese hundert Jahre lang Recht geheißen hätte. Ferner, daß hundertjähriges und wirkliches positives Recht mit Recht zugrunde geht, wenn die Basis wegfällt, welche die Bedingung seiner Existenz ist« (Über die Verhandlungen der württembergischen Landstände, 1815/16, XVI, S. 266 f.).

»Das in der Zeit erscheinende Hervortreten und Entwickeln von Rechtsbestimmungen zu betrachten, diese rein geschichtliche Bemühung hat ... in ihrer eigenen Sphäre ihr Verdienst und ihre Würdigung, ... insofern nämlich die geschichtliche Erklärung und Rechtfertigung nicht zur Bedeutung einer an und für sich gültigen Rechtfertigung ausgedehnt wird« (Rph. § 3, VIII, S. 27).

Keine naturrechtliche, aber doch noch eine vernunftrechtliche Bestimmung wird festgehalten: »Der Boden des Rechts ist überhaupt das Geistige und seine nähere Stelle und Ausgangspunkt der Wille, welcher frei ist, so daß die Freiheit seine Substanz und Bestimmung ausmacht, und das Rechtssystem das Reich der verwirklichten Freiheit ... ist. – Die Freiheit ist nämlich ebenso eine Grundbestimmung des Willens, wie die Schwere eine Grundbestimmung der Körper ist« (Rph. § 4 und Zusatz, VIII, S. 34).

Was die nähere Entwicklung des die freie *Allgemeinheit* (Polis) enthaltenden Willens angeht, so ist dieser:

»A. unmittelbar; sein Begriff daher abstrakt, – die Persönlichkeit, – und sein Dasein eine unmittelbare äußerliche Sache; – die Sphäre des abstrakten oder *formellen Rechts.*

B. der Wille aus dem äußeren Dasein in sich reflektiert, als subjektive Einzelheit bestimmt gegen das Allgemeine, – dasselbe, teils als Inneres, das Gute, teils als Äußeres, eine vorhandene Welt, und diese beiden Seiten der Idee als nur durcheinander vermittelt ...; – die Sphäre der *Moralität.*

C. die Einheit und Wahrheit dieser beiden abstrakten Momente, – die gedachte Idee des Guten realisiert in dem in sich reflektierten Willen und in äußerlicher Welt; – so daß die Freiheit als die Substanz ebensosehr als Wirklichkeit und Notwendigkeit existiert wie als subjektiver Wille; – die Idee in ihrer an und für sich allgemeinen Existenz; die *Sittlichkeit*« (Rph. § 33, VIII, S. 68).

ad A

Eine an sich bittere Setzung: »In der Abwesenheit eines sittlichen Zustandes ist nichts übrig als das Recht« (IX, S. 327).

Ergreifen des ursprünglich Herrenlosen, darum Privateigentum als Kern des bürgerlichen Rechts: »Die Person hat das Recht, in jede Sache ihren Willen zu legen, welche dadurch die Meinige wird, ... absolutes Zueignungsrecht der Menschen auf alle Sachen« (Rph. § 44, VIII, S. 81).

Daß das abstrakte Recht Zwang enthält, wird von Hegel auf dem Umweg über das Unrecht entwickelt. Daß infolge des Privateigentums die einzelnen Willen weitgehend auseinanderstreben und infolgedessen ein abstrakt-allgemeines Recht Gewalt sein muß: dieser Zwangscharakter erscheint bei Hegel nur als vom Unrecht (Vergehen, Verbrechen) aufgezwungen. In der Strafe, der »Negation der Negation«, stellt das Recht sich dialektisch wieder her; sogar nun erst als – wirkliches:

»Das abstrakte Recht ist Zwangsrecht, weil das Unrecht gegen dasselbe eine Gewalt gegen das Dasein meiner Freiheit in einer äußerlichen Sache ist« (Rph. § 94, VIII, S. 133).

»Die geschehene Verletzung des Rechts als Rechts ist zwar eine positive äußerliche Existenz, die aber in sich nichtig ist. Die Manifestation (Bestrafung) dieser ihrer Nichtigkeit ist die ebenso in Existenz tretende Vernichtung jener Verletzung, – die Wirklichkeit des Rechts, als seine mit sich durch Aufhebung seiner Verletzung vermittelnde Notwendigkeit« (Rph. § 97, VIII, S. 135 f.).

»So ist die Strafe Wiederherstellung der Freiheit, und der Verbrecher sowohl ist frei geblieben oder vielmehr frei gemacht, als der Strafende vernünftig und frei gehandelt hat ... Wenn hingegen die Strafe (nur) als Zwang vorgestellt wird, so ist sie bloß als eine Bestimmtheit und als etwas schlechthin Endliches, keine Vernünftigkeit in sich Führendes gesetzt, und fällt ganz unter den gemeinen Begriff eines bestimmten Dinges, gegen ein anderes, oder einer Ware, für die etwas Anderes, nämlich das Verbrechen, zu erkaufen ist. Der Staat hält, als richterliche Gewalt, einen Markt mit Bestimmtheiten, die Verbrechen heißen, und die ihm gegen andere Bestimmtheiten feil sind, und das Gesetzbuch ist der Preiskurant« (I, S. 371).

ad B

Das nunmehr nach innen schlagende Rechte ist das Gute, die Moralität; die juristische Person geht ins moralische Subjekt über. So kann kein äußerer Zwang mehr gegen sie stattfinden, aber auch moralistische Beurteilung (Kammerdiener und Held, Gesinnungsschnüffelei) ist unzuständig:

»Die *Selbstbestimmung* des Willens ist zugleich Moment seines Begriffs, und die Subjektivität nicht nur die Seite seines Daseins, sondern seine eigene Bestimmung. Der moralische Standpunkt ist daher in seiner Gestalt das Recht des subjektiven Willens. Nach diesem Recht anerkennt und ist der Wille nur etwas, insofern es das Seinige, er darin sich als Subjektives ist« (Rph. § 107, VIII, S. 149 f.).

»Was das Subjekt ist, ist die *Reihe seiner Handlungen.* Sind diese eine Reihe wertloser Produktionen, so ist die Subjektivität des Wollens ebenso eine wertlose; ist dagegen die Reihe seiner Taten substantieller Natur, so ist es auch der innere Wille des Individuums« (Rph. § 124, VIII, S. 166).

Mit diesem Satz will Hegel von der bloßen Moralität zugleich die Vergötzung abziehen, die sich darin gefunden hat. Das pure

Innen und sein dolus (Vorsatz, Absicht, Gewissen) hat bei Hegel selbst strafrechtlich nur beschränkte Bedeutung, wie sehr erst dort, wo Moralität sich zu bewähren hat. Die Abneigung Hegels gegen die »schöne Seele« erschien uns bereits in der Phänomenologie; und ebendort steht in der Vorrede bereits: »Die Kraft des Geistes ist nur so groß als ihre Äußerung, seine Tiefe nur so tief, als er in seiner Auslegung sich auszubreiten und sich zu verlieren getraut« (II, S. 9). Oben wurde das Fehlen des eigens ethischen Stachels bei Hegel notiert, des in der in sich wühlenden, besonders protestantischen Seele befindlichen. Es erscheint eine – bei dem überzeugten Protestanten Hegel doppelt bemerkenswerte – Abneigung gegen Gesinnungsethik, gegen die zuletzt bei Kant kulminierende. Kants berühmter Satz: »Es ist überall nichts in der Welt, ja überhaupt auch außer dieser zu denken möglich, was ohne Einschränkung für gut könnte gehalten werden, als allein ein guter Wille«: diese Grundlegung von Kants Metaphysik der Sitten ist keineswegs Hegels Grundlegung, ganz im Gegenteil. Sondern die Gesinnungsethik (mit so viel möglicher Schwäche und Ausrede des guten Vorsatzes, ja des Lippendienstes und der Heuchelei) ist für Hegel sekundär gegen die (öffentliche) Werkethik. Das trotz der Selbsterkenntnis als einzigem Ziel, trotz der Umsetzung der Subjektivität und doch ebendeshalb: die Subjektivität soll manifestiert, nicht inneres, wenn auch noch so festes Gewebe sein oder bleiben. So Hegels harte Werk-Objektivität, der prononcierte Übergang von der Moralität zur wirklichen Sittlichkeit, zur Wirklichkeit überhaupt. Velleität reicht nirgends aus:

»In magnis voluisse sat est hat den richtigen Sinn, daß man etwas Großes wollen solle, aber man muß auch das Große ausführen können: sonst ist es ein nichtiges Wollen. *Die Lorbeeren des bloßen Wollens sind trockene Blätter, die niemals gegrünt haben«* (Rph. § 124 Zusatz, VIII, S. 168).

»Im Moralischen verhält sich der Wille noch zu dem, was an sich ist ... Das Sollen, welches daher noch in der Moralität ist, ist daher erst in der Sittlichkeit erreicht ... Wenn das Gute auch im subjektiven Willen gesetzt wäre, so wäre es damit noch nicht ausgeführt. – Die Subjektivität, welche den Boden der Existenz für den Freiheitsbegriff ausmacht und auf dem moralischen

Standpunkt noch im Unterschiede von diesem ihrem Begriff ist, ist im Sittlichen die ihm adäquate Existenz desselben« (Rph. §§ 108 Zusatz, 152, VIII, S. 151, 219).

ad C

Damit ist über der Moralität deren öffentliche Gestalt erreicht, der Bau der Familie, der bürgerlichen Gesellschaft, des Staats, als welche Hegel die *Sittlichkeit* nennt, und in die hier so die Moral verläuft, wie sie in der Phänomenologie in die Religion verlaufen war. Volonté générale, im Unterschied von der volonté de tous, den schon Rousseau gemacht hatte, ist hier die Synthese des Rechten und des Guten: »Das Rechtliche und das Moralische kann nicht für sich existieren, und sie müssen das Sittliche zum Träger und zur Grundlage haben, denn dem Recht fehlt das Moment der Subjektivität, das die Moral wiederum für sich allein hat, und so haben beide Momente für sich keine Wirklichkeit« (Rph. § 141 Zusatz, VIII, S. 209).

Folglich bereits: das Konstituens der Ehe ist nicht die Leidenschaft, der Erziehung nicht das Laissez faire, laissez aller:

»Als subjektiver Ausgangspunkt der Ehe kann mehr die besondere Neigung der beiden Personen, die in dies Verhältnis treten, ... erscheinen; der objektive Ausgangspunkt aber ist die freie Einwilligung der Personen, und zwar dazu, eine Person auszumachen, ihre natürliche und einzelne Persönlichkeit in jener Einheit aufzugeben, welche nach dieser Rücksicht eine Selbstbeschränkung, aber eben, indem sie in ihr substantielles Selbstbewußtsein gewinnen, ihre Befreiung ist« (Rph. § 162, VIII, S. 224).

»Ein Hauptmoment der Erziehung ist die Zucht, welche den Sinn hat, den Eigenwillen des Kindes zu brechen, damit das bloß Sinnliche und Natürliche ausgereutet werde... Die Notwendigkeit, erzogen zu werden, ist in den Kindern als das eigene Gefühl, in sich, wie sie sind, unbefriedigt zu sein, – als der Trieb, der Welt der Erwachsenen, die sie als ein Höheres ahnen, anzugehören, der Wunsch, groß zu werden. Die spielende Pädagogik nimmt das Kindische schon selbst als etwas, das an sich gelte, gibt es den Kindern so und setzt ihnen das Ernsthafte und sich selbst in kindische, von den Kindern selbst gering geachtete Form herab« (Rph. §§ 174, 175 Zusätze, VIII, S. 326 f.).

»Die pädagogischen Versuche, den Menschen dem allgemeinen Leben der Gegenwart zu entziehen und auf dem Lande heraufzubilden, sind vergeblich gewesen, weil es nicht gelingen kann, den Menschen den Gesetzen der Welt zu entfremden. Wenn auch die Bildung der Jugend in Einsamkeit geschehen muß, so darf man ja nicht glauben, daß der Duft der Geisterwelt nicht endlich durch die Einsamkeit wehe, und daß die Gewalt des Weltgeistes zu schwach sei, um sich dieser entlegenen Teile zu bemächtigen. Darin, daß es Bürger eines guten Staats ist, kommt erst das Individuum zu seinem Recht« (Rph. § 153 Zusatz, VIII, S. 219).

Aber die bürgerliche Gesellschaft selber (Hegel trennt sie, als die Bourgeois-Gesellschaft, in folgenreicher Weise von seinem idealen Staat, als der Citoyen-Polis) ist das »System der Atomistik« (der freien Konkurrenz): »In der bürgerlichen Gesellschaft ist jeder sich Zweck, alles Andere ist ihm nichts. Aber ohne Beziehung auf andere kann er den Umfang seiner Zwecke nicht erreichen: diese Anderen sind daher Mittel zum Zweck des Besonderen. Aber der besondere Zweck gibt sich durch die Beziehung auf andere die Form der Allgemeinheit und befriedigt sich, indem er zugleich das Wohl des Anderen mitbefriedigt ... Die Besonderheit, beschränkt durch die Allgemeinheit, ist allein das Maß, wodurch jede Besonderheit ihr Wohl befördert« (Rph. § 182 Zusatz, VIII, S. 247).

Die kapitalistische Wirtschaft als abstrakte, ihre Form daher der Verstand (einer bloß äußeren Notwendigkeit), Nationalökonomie (Smith, Ricardo) daher Wissenschaft über Zufällen:

»Die Besonderheit ist (hier) subjektives Bedürfnis, welches seine Objektivität, d. i. Befriedigung durch das Mittel a) äußerer Dinge, die nun ebenso das Eigentum und Produkt anderer Bedürfnisse und Willen sind, und b) durch die Tätigkeit und Arbeit, als das die beiden Seiten Vermittelnde, erlangt. Indem sein Zweck die Befriedigung der subjektiven Besonderheit ist« (selfish system, individuelles Wirtschaften), »aber in der Beziehung auf die Bedürfnisse und die freie Willkür Anderer die Allgemeinheit« (Mechanismus von Angebot und Nachfrage usw.)

»sich geltend macht, so ist dies Scheinen in diese Sphäre der Endlichkeit der Verstand.« – »Dieses *Wimmeln von Willkür* erzeugt aus sich allgemeine Bestimmungen, und dieses anscheinend Zerstreute und Gedankenlose wird von einer Notwendigkeit gehalten, die von selbst eintritt. Dieses Notwendige hier aufzufinden, ist Gegenstand der Staatsökonomie, einer Wissenschaft, die dem Gedanken Ehre macht, weil sie zu einer *Masse von Zufälligkeiten die Gesetze findet«* (Rph. § 189 und Zusatz, VIII, S. 254f.).

Der Reichtum produziert die Armut; »durch diese ihre Dialektik wird die bürgerliche Gesellschaft über sich hinausgetrieben«, – zunächst zu fremden Märkten und Kolonialimperialismus:

»Das Herabsinken einer großen Masse unter das Maß einer gewissen Subsistenzweise, die sich von selbst als die für ein Mitglied der Gesellschaft notwendige reguliert, – und damit zum Verlust des Gefühls des Rechts, der Rechtlichkeit und der Ehre, durch eigene Tätigkeit und Arbeit zu bestehen, – bringt die Erzeugung des Pöbels hervor, die hinwiederum zugleich die größere Leichtigkeit, unverhältnismäßige Reichtümer in wenige Hände zu konzentrieren, mit sich führt ... Gegen die Natur kann kein Mensch ein Recht behaupten, aber im Zustand der Gesellschaft gewinnt *der Mangel sogleich die Form eines Unrechts*, was dieser und jener Klasse angetan wird« (Rph. § 244 und Zusatz, VIII, S. 302f.).

»Würde die Subsistenz der Bedürftigen ... durch Arbeit (durch Gelegenheit dazu) vermittelt, so würde die Menge der Produktionen vermehrt, in deren *Überfluß* und dem Mangel der verhältnismäßigen selbst produktiven Konsumenten gerade das Übel besteht ... Es kommt hiermit zum Vorschein, daß *bei dem Übermaße des Reichtums die bürgerliche Gesellschaft nicht reich genug* ist, das heißt, an dem ihr eigentümlichen Vermögen nicht genug besitzt, dem Übermaße der Armut und der Erzeugung des Pöbels zu steuern« (Rph. § 245, VIII, S. 303).

»Durch die Dialektik wird die bürgerliche Gesellschaft über sich hinausgetrieben, zunächst diese bestimmte Gesellschaft, um außer ihr in anderen Völkern, die ihr an den Mitteln, woran sie Überfluß hat, oder überhaupt an Kunstfleiß usf. nachstehen,

Konsumenten und damit die nötigen Subsistenzmittel zu suchen« (Rph. § 246, VIII, S. 304).

Zum Unterschied von der bürgerlichen Gesellschaft wird der *Staat* von Hegel dargestellt als »die Wirklichkeit des *substantiellen* Willens, die er in dem zu seiner *Allgemeinheit* erhobenen besonderen Selbstbewußtsein hat« (Rph. § 258). Sozusagen Träger des Staats ist der aus der höchsten Spitze der Hegelschen Psychologie (VII², S. 373 ff.) bekannte »freie Geist«, aber als einer, der gänzlich weiß, was er will, folglich aus dem subjektiven zum objektiven Geist übergegangen ist. Und nicht »das Interesse der Einzelnen als solcher« ist der Staatszweck, folglich auch nicht »die Sicherheit und der Schutz des Eigentums und der persönlichen Freiheit« (Rph. § 258). Sondern die Bestimmung (bei Hegel definitio wie destinatio) des Staates ist das »allgemeine Interesse als solches« (Rph. § 270), folglich:

»Diese substantielle Einheit ist absoluter unbewegter Endzweck, in welchem die Freiheit zu ihrem höchsten Recht kommt, sowie dieser Endzweck das höchste Recht gegen die Einzelnen hat, deren höchste Pflicht es ist, Mitglieder des Staats zu sein. – Bei der Freiheit muß man nicht von der Einzelheit, vom einzelnen Selbstbewußtsein ausgehen, sondern nur vom Wesen des Selbstbewußtseins; denn der Mensch mag es wissen oder nicht, dies Wesen realisiert sich als selbständige Gestalt, in der die einzelnen Individuen nur Momente sind ... Sein Grund ist die Gewalt der sich als Wille verwirklichenden Vernunft« (Rph. § 258 und Zusatz, VIII, S. 313, 320).

Hiermit ist die äußerste Stelle der Hegelschen Staatsfeierlichkeit erreicht. Daneben hat der konservative und mehr noch konkretionsfreudige Philosoph die Volonté générale immer mehr mit den preußischen Landesfarben versehen. Aber, wie bemerkt, die Gleichung zwischen dem Wirklichen und dem Vernünftigen wird durch die ihr angeschlossene, scheinbar bloße Umkehrung, daß das Vernünftige das Wirkliche sei, empfindlich gestört. Es gibt für Hegel nicht nur eine »Ohnmacht der Natur, den Begriff in seiner Ausführung festzuhalten«, sondern auch eine Macht des vorhandenen Staats, im Verhältnis zur Vernunft (der Polis) fehlerhaft zu sein. Trotz der Idolatrie des Staats als »dem

Göttlichen auf Erden« (eine Hegelsche Kopie der päpstlichen Statthalterschaft Christi und ein Hieb gegen sie), ja wegen des riesigen Anspruchs dieser Idolatrie.

So muß Hegel erstens seinen Lobpreis einschränken: »Der Staat ist kein Kunstwerk, er steht in der Welt, somit in der Sphäre der Willkür, des Zerfalls und des Irrtums, übles Benehmen kann ihn nach vielen Seiten defigurieren. Aber der häßlichste Mensch, der Verbrecher, ein Kranker, ein Krüppel, ist immer noch ein lebender Mensch; das Affirmative, das Leben, besteht trotz des Mangels, und um dieses Affirmative ist es hier zu tun« (Rph. § 258 Zusatz, VIII, S. 320). – Und was eine besondere »Wirklichkeit« des preußischen Staats, bis 1918, angeht, das Gottesgnadentum, so ist Hegel nicht eben vergötternd schlechthin, sondern: »Wenn man die Idee des Monarchen erfassen will, so kann man sich nicht damit begnügen zu sagen, daß Gott die Könige eingesetzt habe, denn Gott hat alles, auch das Schlechteste gemacht« (Rph. § 281 Zusatz, VIII, S. 375).

Zweitens muß immer wieder festgehalten werden, daß bei Hegel, von seiner Hölderlinzeit her, die Idee des Staats sich mit der »griechischen Staatsidee« berührt. Diese hatte die hauptsächliche Ideologie für die bürgerliche Emanzipation von 1789, für den Citoyen, abgegeben; sie machte sich unter der deutschen reaktionären Decke, auch unter der Hegels, weiter geltend. Die Polis des Aristides und des Perikles war also Hegels letzthinniges Vorbild, mit der Deckung von Mensch-Sein und Bürger-Sein, von privater und öffentlicher Existenz: »Nur die demokratische Verfassung war für diesen Geist und diesen Staat geeignet. Wir haben den Despotismus im Orient in glänzender Ausbildung als eine dem Morgenland entsprechende Gestaltung gesehen; nicht minder aber ist die demokratische Form in Griechenland die welthistorische Bestimmung. In Griechenland ist nämlich die Freiheit des Subjekts, die Freiheit des Geistes vorhanden, aber sie ist noch nicht zu der Abstraktion gekommen, daß das Subjekt schlechthin vom Substantiellen abhängt, sondern in ihr ist der subjektive Wille in seiner ganzen Lebendigkeit vorhanden, und die Subjektivität ist die Betätigung des Substantiellen. In Rom werden wir dagegen die schroffe Herrschaft über Individuen sehen sowie im germanischen Reich die Monarchie, in welcher das Individuum nicht nur am Monarchen, sondern an der ganzen monarchistischen Organisation teilnimmt« (IX, S. 260). – Und mitten in der monarchistischen Staatslehre gehen noch die griechischen Hausgötter in der Familie, geht die Göttin der öffentlichen Individualität im Staat um; mehr als Gleichnis, erst recht mehr als klassizistische Spielerei: »Die Penaten sind die inneren, unteren Götter, der Volksgeist (Athene) das sich wissende und wollende Göttliche – die politische Tugend« (Rph. § 257, VIII, S. 312). Wogegen die königlich preußische Staatsphilosophie über Rom befinden muß: »Der Geist der römischen Welt ist die Herrschaft der Abstraktion, des toten Gesetzes, die Zertrümmerung der Schönheit und heiteren Sitte, das Zurückdrängen der Familie als der unmittelbaren, natürlichen Sittlichkeit, überhaupt die Aufopferung der Individualität, welche sich an den Staat hingibt und im Gehorsam gegen das abstrakte Gesetz ihre kaltblütige Würde und verständige Befriedigung findet« (X^2, S. 116).

Marx hat in seiner Schrift »Zur Judenfrage«, 1843, die Trennung zwischen bürgerlicher Gesellschaft und politischem Staat von Hegel aufgenommen, als exakten Ausdruck des Widerspruchs, »in welchem sich der Bourgeois mit dem Citoyen, in welchem sich das Mitglied der bürgerlichen Gesellschaft mit seiner politischen Löwenhaut befindet« (vgl. Mega I 1^1, S. 585). Das ist, nach dieser Interpretation, die Verdopplung des Menschen zu Citoyen und Bourgeois, die Spaltung zwischen dem allgemeinen Staatsinteresse und dem wolfshaften, konkurrierenden Privatinteresse. Und nach Marx haben sich lediglich edle Träume in den Citoyen-Staat geflüchtet, um gleichzeitig als Ideologie für die sich emanzipierende bürgerliche Gesellschaft zu dienen (mit ihrem »Not- und Verstandesstaat«, wie Marx aus Hegel zitiert, das heißt mit dem Staat als bloß geschäftsführendem Ausschuß der bürgerlichen Wirtschaftsinteressen). Hegel hat nach Marx in der Trennung zwischen bürgerlicher Gesellschaft und Staat, besonders in den romantischen Polis-Vorbildern, die Spaltung zwischen dem politischen Diesseits und Jenseits der sich emanzipierenden Bourgeoisie gekennzeichnet. »Endlich«, sagt Marx, »gilt der Mensch, wie er Mitglied der bürgerlichen

Gesellschaft ist, für den *eigentlichen* Menschen, für den Homme im Unterschied zum Citoyen, weil er der Mensch in seiner sinnlichen individuellen nächsten Existenz ist, während der *politische* Mensch nur der abstrahierte, künstliche Mensch ist, der Mensch als eine allegorische, moralische Person. Der wirkliche Mensch ist erst in der Gestalt des egoistischen Individuums, der wahre Mensch erst in der Gestalt des abstrakten Citoyen anerkannt« (l. c. S. 598). Und wenn in Hegel ein Traumbild von Polis als der Einheit von privater und politischer Existenz wirkte, so synthetisiert Marx nicht dieses Private und Politisch-Ideale, nicht dieses bürgerliche Diesseits und Jenseits, sondern sieht die mögliche Einheit einzig als eine *gesellschaftliche*, das ist, als eine, die beide Momente erkennend-praktisch aufhebt. Zuvor ist Trennung, befördert durch Jenseiterei überhaupt: »die bürgerliche Gesellschaft vollendet sich erst in der christlichen Welt. Nur unter der Herrschaft des Christentums, welche alle nationalen, natürlichen, sittlichen, theoretischen Verhältnisse dem Menschen äußerlich macht, konnte die bürgerliche Gesellschaft sich vollständig vom Staatsleben trennen, alle Gattungsbande des Menschen zerreißen, den Egoismus, das eigennützige Bedürfnis an die Stelle dieser Gattungsbande setzen, die Menschenwelt in eine Welt atomistischer, feindlich sich gegenüberstehender Individuen auflösen« (l. c. S. 604). Letzteres sind Bestimmungen Hegels, die bürgerliche Gesellschaft betreffend, wie erinnerlich. Daher schließt Marx, Hegels antikes Einheitsideal von Mensch-Sein und Bürger-Sein nun wirklich betreffend: »Erst wenn der wirkliche individuelle Mensch den abstrakten Staatsbürger in sich zurücknimmt und als individueller Mensch in seinem empirischen Leben, in seiner individuellen Arbeit, in seinen individuellen Verhältnissen, Gattungswesen geworden ist, erst wenn der Mensch seine ›forces propres‹ als *gesellschaftliche* Kräfte erkannt und organisiert hat und daher die gesellschaftliche Kraft nicht mehr in der Gestalt der *politischen* Kraft von sich trennt, erst dann ist die menschliche Emanzipation vollbracht« (l. c. S. 599).

Wieder Hegel, bürgerlich-ideologisch, aber nicht mit dem Staat schlechthin, als dem »präsenten Gott auf Erden«, sondern im politischen (Polis-) Sinn: »Worauf es ankommt, ist, daß sich das Gesetz der Vernunft und der besonderen Freiheit durchdringe, und mein besonderer Zweck identisch mit dem Allgemeinen werde, sonst steht der Staat in der Luft. Das Selbstgefühl der Individuen macht seine Wirklichkeit aus, und seine Festigkeit ist die Identität jener beiden Seiten. Man hat oft gesagt, der Zweck des Staates sei das Glück der Bürger; dies ist allerdings wahr: ist ihnen nicht wohl, ist ihr subjektiver Zweck nicht befriedigt, finden sie nicht, daß die Vermittlung dieser Befriedigung der Staat als solcher ist, so steht derselbe auf schwachen Füßen« (Rph. § 265 Zusatz, VIII, S. 328).

Hegels Annäherung von Staat und Kirche (Reformation-Polis): »Indem das Geistliche die Existenz seines Himmels zum irdischen Diesseits ... degradiert, das Weltliche dagegen zur Vernünftigkeit des Rechts und Gesetzes sich hinaufbildet, ist *an sich* der Gegensatz zur marklosen Gestalt geschwunden. Die Gegenwart hat ihre Barbarei und unrechtliche Willkür, und die Wahrheit hat ihr Jenseits und ihre zufällige Gestalt abgestreift, so daß die wahrhafte Versöhnung objektiv geworden, welche den Staat zum Bild und zur Wirklichkeit der Vernunft entfaltet« (Rph. § 360, VIII, S. 439 f.).

Nochmals das Wirkliche und Vernünftige, dann die Rose im Kreuz (vgl. oben S. 259):

»Was wirklich ist, ist vernünftig, man muß aber wissen zu unterscheiden, was in der Tat wirklich ist. Im gemeinen Leben ist alles wirklich, aber es ist ein Unterschied zwischen Erscheinungswelt und Wirklichkeit. Das Wirkliche hat auch äußerliches Dasein; das bietet Willkür, Zufälligkeit dar, wie in der Natur Baum, Haus, Pflanze zusammenkommen. Die Oberfläche im Sittlichen, das Handeln der Menschen hat Schlimmes, da könnte vieles besser sein. Erkennt man die Substanz, da muß man durch die Oberfläche hindurchsehen, ... an der Oberfläche balgen sich die Leidenschaften herum; das ist nicht die Wirklichkeit der Substanz« (XIV, S. 275). – Das Gleiche umgekehrt oder was mit dem Vernünftigen als Wirklichem im Wirklichen anzufangen ist: »Die Vernunft hat immer existiert, nur nicht immer in der vernünftigen Form. Der Kritiker kann also an jede Form des theoretischen und praktischen Bewußtseins anknüpfen und aus den *eigenen* Formen der existierenden Wirklichkeit die wahre Wirklichkeit als ihr Sollen und ihren Endzweck entwickeln« (Marx an Ruge, Sept. 1843).

Bei Hegel findet sich, im Zusammenhang mit Vernünftigem-Wirklichem, auch ein merkwürdiges, äußerlich an eine hermetische Sekte erinnerndes Wort: das von der Rose im Kreuz. Es kommt zweimal vor, zunächst in der Vorrede zur Rechtsphilosophie: »Die Vernunft als die Rose im Kreuz der Gegenwart zu erkennen und damit dieser sich zu erfreuen, diese vernünftige Einsicht ist die Versöhnung mit der Wirklichkeit« (VIII, S. 19). Sodann blüht das barocke Emblem in der Religionsphilosophie: »Das, wodurch das Ideal bestimmt ist, kann vorhanden sein, aber es ist noch nicht erkannt, daß die Idee in der Tat vorhanden ist, weil diese nur betrachtet wird mit dem endlichen Bewußtsein. Es ist schon durch diese Rinde der substantielle Kern der Wirklichkeit zu erkennen, aber dazu bedarf es auch einer harten Arbeit; um die Rose im Kreuz der Gegenwart zu pflücken, dazu muß man das Kreuz selbst auf sich nehmen« (XI, S. 200 f.). – Das Kreuz also ist ein Zeichen der Gegenwart, das soll hier heißen: der gerade vorhandenen unzureichenden oder auch der nur erst endlich, auf der Stufe des Verstands, vermittelten Wirklichkeit. Die Rose ist die Vernunft (»Hier ist die Rose, hier tanze«, so variiert die rechtsphilosophische Vorrede den Spruch »Hic Rhodus, hic salta«), oder was bei Hegel dasselbe bedeutet, der »substantielle Kern der Wirklichkeit«. Aber man muß auch »das Kreuz selbst auf sich nehmen«, wenn anders es gelingen soll, »die Rose im Kreuz der Gegenwart zu pflücken«. Damit tritt zu der Bedeutung der Wirklichkeit als einer unzureichenden, schmerzlich-endlichen die andere des Ernstes, Harten, des Stoffs für saure Arbeit, ohne die kein Preis. Freilich ist dieses gerade ein Motiv der Dialektik, näher des Negativen oder Differenzierenden im Mittelglied der Hegelschen Dialektik, gehört also ebenso zur Rose der Vernunft, ist bei Hegel gleichsam das Kreuz selber in der Vernunft. Und andererseits, wenn, wie Hegel an der religionsphilosophischen Stelle weiter sagt, »die Idee in der Tat vorhanden ist« und sie nur als unvorhanden erscheint, weil sie »betrachtet wird mit dem endlichen Bewußtsein«, dann ist die Vernunft selber schon die ganze Wirklichkeit, und die saure Arbeit des Prozesses am Bauplatz der Welt ist überflüssig. Denn eben: in der Hegelschen Philosophie ist die Welt bereits fertiggebaut, und die »Entwicklung« ist nur fürs auffassende Bewußtsein. So fallen an diesen Punkten (Kreuz in der Rose selbst, ewige Wirklichkeit der Idee) Vernünftiges und Wirkliches allerdings zusammen. Jedoch es läßt sich ebenso die Spannung zwischen Kreuz und Rose nicht aus der Welt schaffen, aus der von Hegel selbst bezeichneten Welt des Prozesses; trotz der angeblich voll vorhandenen, metaphysisch ausrealisierten Rose. Gewiß sind Prozeß und Inhalt des Prozesses dasselbe, aber diejenige Art »Wirklichkeit«, die Hegel selber »Rinde« nennt, und aus der das stockend Vorhandene besteht, ist auch bei Hegel vom substantiellen Kern der Wirklichkeit verschieden. So verschieden, daß die Prozeß-Substanz ja durch die Rinde bricht und seine Vernunft darin hat. Wonach selbst ein als vollkommen behaupteter »objektiver Geist« noch einen vollkommeneren über sich hat: die Kunst, die Religion, die Philosophie des »absoluten Geistes«. Das ist gerade bei Hegel das Land, worin eine viel schönere, viel geheimnisvollere, viel hellere Rose blühen mag als am Staatskreuz; sei es mit, sei es ohne Eichenlaub und Schwerter.

Die richtige Völkerfuge, aus innerem, nicht aus äußerem »Staatsrecht«, folglich aus dem Wandel der *Konstitution:* »Jedes Volk muß mit dem Fortgang der Zeit solche Veränderungen mit seiner vorhandenen Konstitution machen, welche sie der wahren immer näherbringen. Sein Geist tritt selbst seine Kinderschuhe aus, und die Konstitution ist das Bewußtsein über das, was er an sich ist, – die Form der Wahrheit, des Wissens von sich. Ist ihm das Ansich nicht mehr wahr, was ihm seine Konstitution noch als das Wahre ausspricht, sind sein Bewußtsein oder Begriff und seine Realität verschieden, so ist der Volksgeist ein zerrissenes, geteiltes Wesen. Es treten zwei Fälle ein: Das Volk zerschlägt durch einen inneren gewaltsameren Ausbruch dies Recht, das noch gelten soll, oder es ändert auch ruhiger, langsamer dasjenige, was noch als Recht gilt, das Gesetz, das nicht mehr wahre Sitte ist, worüber der Geist hinaus ist. Oder hat er den Verstand und die Kraft nicht dazu, sondern bleibt bei dem niedrigeren Gesetze stehen; oder ein anderes Volk hat seine höhere Konstitution erreicht, es ist hierdurch ein vortrefflicheres Volk, – und jenes hört gegen es auf, ein Volk zu sein und muß ihm unterliegen« (XIV, S. 276 f.).

15 PHILOSOPHIE DER KUNST

1. Das Sein fängt hier anschauend damit an, für sich zu werden. Leben jenseits der Arbeit heißt Muße. In ihr wohnen die Musen, die ersten Trösterinnen des bei Hegel nun beginnenden Fürsichsein des Geistes. Das Tor zum »absoluten Geist«, das der Heimkehrende zuerst erreicht, führt die Aufschrift: Schönheit. Das Schöne ist die Idee in der Schicht der Anschauung, das Scheinen der Idee durch ein sinnliches Medium (Stein, Farbe, Ton, Wort), in der Form begrenzter Erscheinung.

2. Hegel nimmt die Kunst damit weit weniger formal, auch weit weniger illusionär als Kant und selbst Schiller. Kant hatte das Gefühl des Schönen als »interesseloses Wohlgefallen« definiert. Es ist interesselos, indem es sich nicht auf einen wirklichen Gegenstand, sondern einzig auf die Vorstellungsform eines Gegenstandes bezieht. Denn der wirkliche Gegenstand steht immer in Beziehung zum Interesse des Subjekts, auch erhebt sich an ihm unausweichlich die Frage, ob er objektiv vorhanden ist oder nicht, ob er objektiv erkannt ist oder nicht; was alles nach Kant den Künstler nichts angeht. Schiller, mit Kant weitgehend übereinstimmend, definiert die Schönheit als »Freiheit in der Erscheinung«, das heißt, das schöne Objekt wird unabhängig von den Bedingungen angeschaut, die es in anderen Erscheinungen hat. Aus den realen Weltbeziehungen ist es herausgehoben, es wird ästhetisch aufgefaßt, als ob es nicht bedingt, also frei wäre. Solch interesselose Betrachtung verleitet letzthin dahin, die Schönheit rein formal zu fassen, als ein wenn auch gesetzmäßiges Spiel wohlgefälliger Formen, die gleichgültig gegen den dargestellten Inhalt sind. Die Kunst wird so schließlich eine Illusion, ohne Kontakt mit dem lebendig vorhandenen, real interesse-

haften Subjekt, ohne Stellung im realen Weltganzen. Besonders verpönt sind dem formal Wohlgefälligen dargestellte Tendenzen in der Welt: »Tendenz« gilt hier von vornherein als außerkünstlerisch. Merkwürdigerweise, bedeutsamerweise teilt Hegel, sonst ein Freund der interesselosen Minerva, weder den formalistischen Standpunkt noch den der Illusion; die Kunst ist ihm kein erkenntnisloses Als-Ob. Der konkrete Denker, der von Anschauung, nicht bloß von Form der Anschauung bestimmte, sucht in der Schönheit durchaus Weltinhalt, sogar besonders vollen, unter spezifischem Gesichtspunkt. Die »Erhebung« über die bedingten und beschränkten Verhältnisse bleibt, aber es ist wirklich eine, mit Veränderung des Niveaus und der realen Aussicht, nicht bloß eine des Spieles. Das »reine Weltauge«, dieses kontemplative Schönheitsorgan während der ganzen klassizistischen Periode Deutschlands, von Winckelmann bis Schopenhauer, funktioniert zwar auch bei Hegel. Es kommt auch bei ihm aus der Betrachtung nicht heraus und aus der Ungeneigtheit, sich in ihr durch Elendsmalerei oder selbst Kriegsmusik, kurz, durch »Tendenzen« eines Willens und einer Welt außerhalb des spezifischen Kunst-Sabbats stören zu lassen. Jedoch das Weltauge zeigt bei Hegel trotzdem keine Illusionen, sondern, wie man mit Aristotelischem Ausdruck sagen könnte, es zeigt »Entelechien«, das heißt, das sich verwirklichende jeweilige Wesen einer Sache. Deshalb geht solch ein Aufatmen durch Hegels Ästhetik; es ist in seinem sachlichen Ernst vom Leervergnügen der Illusion höchst verschieden. Hierbei wird statt der Kantischen Vorstellungsform gerade der Gegenstand selbst behandelt, immanent zu Ende getrieben, herausgemeißelt. Die Kunst löst nach Hegel die »Ohnmacht der Natur«, die ihre Gebilde nur unvollkommen ausführt: Phidias gab den vollendeten menschlichen Leib. Sie behebt das Durcheinander, das in der geschehenden menschlichen Geschichte nebenher spielt und keinen Charakter aus seinem Zentrum her handeln läßt; Shakespeare gab statt dessen charakteristisch sichtbare Figur. Seine Menschen sind nun, in der Freiheit der Bühne, unfragmentarisch, sie betreiben wirklich das Metier ihres Charakters, sie haben das Schicksal, das ihnen zukommt.

So lehrt Hegel keine Form-, sondern eine Inhalts-Ästhetik;

erst heute geht wieder der Sinn für dies Materiale auf. Die formale Kunstwissenschaft trieb einzig Formanalyse, der dargestellte Stoff zählte für sie nicht mit. Ein Bild erschöpfte sich für sie in Farbenverhältnissen und in Raumteilung, ein Musikstück in der Bewegungsform seiner Themen und im Gewebe ihrer Verflechtung. Kunst glänzte also gerade durch Abwesenheit des Inhalts, durch Gleichgültigkeit gegen den dargestellten oder ausgesprochenen Inhalt. Gleich als erschöpfte sich die Malerei in den Valeurs von Farbflecken, ohne Bezug zum dargestellten Gegenstand, als wäre die Musik eine Klangtapete, ohne Liebeslied oder Passion oder Pastorale sui generis dahinter. Die Inhalts-Ästhetik dagegen analysiert und wertet Kunstwerke nicht nur nach ihrer Formhaftigkeit (wie das an Bach ehemals Spitta, an der Renaissance- und Barockkunst, äußerlich-formenanalytisch, Wölfflin ausgeführt hat). Sondern sie untersucht und wertet Kunstwerke vor allem nach dem Sujet, das ist, nach Maßgabe seines durchgearbeiteten und erschöpfenden Erscheinens. Das aber ist mehr in Hegels als in Kants Sinn, mehr im Sinn des »Scheins, der dem Wesen wesentlich ist«, als im Sinn des »interesselosen Wohlgefallens an den reinen Verhältnissen der Darstellung«. Allerdings bleibt, wie gesagt, auch Hegels Ästhetik eine letzthin interesselose oder rein kontemplative, sie bleibt in der Muse. Sie verherrlicht das Abreagieren der Willensgefühle im sogenannten wunschlosen Genuß, den die Kunst gewähren soll; in dem, was das spätere Bürgertum so unerträglich wie verräterisch »Kunstgenuß« genannt hat. Doch eben: es ist bei Hegel noch ein Gegenstand darin; am wenigsten achtet Hegel Kunst insgesamt für ein Geschäft der Illusion. Hier weilt »nicht das Scheinen im Allgemeinen« (Täuschung, Spielerei), »sondern die besondere Art und Weise des Scheins, in welchem die Kunst dem in sich selbst Wahrhaftigen Wirklichkeit gibt« (X^1, S. 12). Das Scheinen der Idee läßt etwas erscheinen, und ist es auch ein Ideal, so hat es für Hegel doch spezifische Wirklichkeit, nämlich in und durch Schönheit durchkonzentrierte. Hegels Ästhetik gibt einen systematischen Aufbau der künstlerischen Ideale, aber »im Zusammenstimmen mit ihrer äußerlichen Realität«. Sie erstrebt mithin einen zeitlich entspringenden, gesellschaftlich orientierten, geschichtsphilosophisch geordneten Aufbau der künstlerischen Ideale als vollendet ausgedrückter und charakteristisch vollendeter Dinge, Menschen, Handlungen.

3. Die sinnliche Anschauung ist aufs Endliche bezogen. Also hat die durch diese Anschauung gesehene Idee für Hegel nur in Endlichkeiten ihren Boden. Sie ist nicht mehr ins Endliche verstrickt, wie Recht, Familie, bürgerliche Gesellschaft, Staat, aber sie ist des Endlichen auch nicht ledig. Die Schönheit erscheint vielmehr nur in ihm, das geformt Sinnliche ist für das geistige Licht durchlässig. Dieser dem farbigen Abglanz, Durchglanz zugewandte Bezug verbindet Hegel mit dem Neuplatoniker Plotin, bei dem der Terminus sinnliches Scheinen der Idee zuerst Platz griff. In der Ästhetik wurde Plotin und nicht der die sinnliche Erscheinung verachtende Platon Hegels Lehrer. Das sowohl gemäß dem Plotinischen Auffassungssatz: »Nie hätte das Auge jemals die Sonne gesehen, wenn es nicht selbst sonnenhaft wäre«, wie gemäß dem Lehrsatz: »Der sinnlich schöne Körper entsteht dadurch, daß er Anteil hat an der vom Göttlichen kommenden Vernunft« (1. Enneade, Buch 6). Jedoch ist Hegel darin von Plotin getrennt, daß seine Ästhetik wesenhaft in der irdischen Anschauung bleibt, das Ihre also nicht von transzendenten Gnaden trägt. Zum Unterschied von Plotin ist sie nicht andächtig, nicht übergleitend religiös; ihr Gegenstand ist nicht ewiges Licht, vielmehr durchstrahlte, idealistisch ausgeprägte Welt. Daher steigen auch alle drei Hauptteile dieser Ästhetik, statt von oben herab zu emanieren, dialektisch in und durch Erscheinungen auf. Das Aufsteigende will dem Auge des Schönen, wenn auch als eines Ideals, selber ins Auge blicken, will seine Welt darin nochmals lesen, wachsend und gesammelt lesen. Der *erste Hauptteil* handelt derart über die *Idee des Kunstschönen an sich*, der *zweite* über die gesellschaftlich-historisch ausgeformte *Entwicklung des Ideals zu den besonderen Gestalten des Kunstschönen*, der *dritte*, allemal konkret exemplifizierte, über das *System der einzelnen Künste*.

Bereits der erste Hauptteil berührt, trotz seines üblichen Ansich, Stoff, der faßbar ist. Freilich noch in keinem allzu freundlichen Sinn: das nicht von Menschen geformte Schöne, das Naturschöne ist dahin untergebracht. Als unbearbeitetes steht es bei Hegel negativ genug da, es bewohnt die Schicht des Außersich selbst hier. So ist die Naturschwärmerei des achtzehnten Jahrhunderts vorüber, Hegel zeigt sich auch an diesem Punkt als Lokalpatriot der Kultur. Ästhetisch liegt ihm das Naturschöne sehr oft als nur läppisch, noch öfter als unheimlich da; der bacchantische Gott, der vor den Toren der Stadt haust, ängstigt den Sucher Apollos verstärkt. So sieht Hegel weite Strecken ums Naturschöne, ja auch in ihm mehr, wie es Hieronymus Bosch als wie es Raffael sah; und auch das Häßliche wird erstaunlicherweise erst bei einem Hegelianer wie Rosenkranz, nicht bei dem Meister selbst eine ästhetische, sich gerade durch Dissonanz empfehlende Kategorie. Weiter ist das Naturschöne bei Hegel nicht symbolisch, wie bei Novalis, nicht eine Chiffre für ein auch in der Kultur noch nicht Hellgewordenes. Symbolisch ist für Hegel einzig die Architektur, und in den Kunstwerken der Kultur ist ihm jeder Kristall, jede Pflanze, jeder weibliche Leib bereits völlig hell geworden, besser als an der natürlichen Stelle. In der Naturphilosophie hatte Hegel den Sternen das sehr Herabsetzende nachgesagt, sie seien nur eine Art »Licht-Ausschlag, so wenig bewunderungswürdig als einer am Menschen oder als die Menge von Fliegen« (VII^{1}, S. 92). In der Ästhetik läßt er das Naturschöne, das noch bei Kant ein ästhetisches Maß und Ziel war, nur als Annäherung an oder als Vorstufe für das Kunstschöne zu; es selber ist notwendig mangelhaft. Hegel stimmt in diesem Punkt fast seinem Freund Solger zu, der sogar so weit ging zu sagen: wie das Naturrecht eine Schimäre, also Recht nur im Staat, geschaffen durch das Bewußtsein, vorhanden sei, so bestehe überhaupt kein Naturschönes. Und Hegel trennt sich an diesem Punkt entschieden von Schelling, bei dem zwar nicht die vorhandene Natur, jedoch eine vollendet gesehene, eine »Natur in Gott« als ästhetisch vorbildlich gilt. Davon ist bei Hegel keine Rede und kein Begriff: Kunst gehört zum Fürsichsein, auf die Anspielungen des Schönen innerhalb des naturhaften Außersichseins wirft sie nur von oben herab einen Blick. Einzig dem *Kunstschönen* gewidmet wird darum der *zweite Hauptteil*, die besonderen Formen oder die *systematischen Grundbegriffe* der Schönheit betreffend. Sie sind das »Symbolische«, das »Klassische«, das »Romantische« (wobei das »Klassische« in dieser Dreiheit freilich keineswegs eine Antithesis bildet). In der Symbolik überwiegt der Stoff (immer als Material, nicht etwa als Sujet verstanden) über die Form, so daß die Idee hier brütet und ringt, sich nur andeutend zur Anschauung bringt. In der Klassik sind Stoff und Form im Gleichgewicht, in der Romantik überwiegt die Form (immer als Forminhalt der Idee) über den Stoff, so daß die Idee durchbricht und den Stoff besiegt, wie in den gotischen Domen. Das Beispiel der Gotik zeigt bereits, daß das Romantische bei Hegel nicht auf die gleichnamige Literaturrichtung seiner Zeit beschränkt ist, sondern sich wesentlich auf die Idealbildung des Mittelalters bezieht (wenn auch gesehen durch die Geistesfreuden der Romantik). Ja, das Verbrausen des Stoffs in der Form bedeutet für Hegel das stärkste Fürsichsein des Geistes überhaupt. Daher diese seine Definition: »Der wahre *Inhalt* des Romantischen ist die absolute Innerlichkeit, die entsprechende *Form* die geistige Subjektivität, als Erfassen ihrer Selbständigkeit und Freiheit« (X^2, S. 122f.). In so gestalteter Form: als *Baulichkeiten* des zu sich kommenden Geistes läßt Hegel also die Innerlichkeit zu, auf die er politisch-moralisch, als Herzensergießung, schlecht zu sprechen war; im Kunstwerk (wie nachher im Christentum der Gemeinde) ist sie ihm keine »reine Innerlichkeit« mehr. Wenn die Subjektivität aus Marienbildern oder aus dem spirituellen Überschuß gotischer Dome entgegenblickt, dann entspricht sie hier dem beginnenden Selbst, das in schöner Anschauung und ihren Konkretheiten sich faßt und befreit.

Der *dritte Hauptteil*, als das System der einzelnen Künste, geht völlig in die jeweiligen Bilder des schönen Erscheinens hinein. Wie nirgends zeigt sich an diesen Partien die reiche Anschaulichkeit Hegels. Derselbe Philosoph, der als Logiker zäh und bleich das Schattenleben der Begriffe mitmachte, gibt sich in seiner Ästhetik als die konkreteste künstlerische Erfahrung, als lauter Vermählung mit diesem Inhalt. Hier spricht kein Denker, der nebenbei für Bilder, Statuen, Schauspiele empfänglich ist; er spricht nicht, von diesem Parkettsitz oder auch Kanapee her, *über* Kunst. Sondern nahezu ein latenter Maler, Plastiker, Dramatiker tritt selber unter seinesgleichen auf, *mitten in der Kunst*, in ihr vorhanden und lebendig. Spricht ihre Sprache, spricht Kunst im Medium des Begriffs, aber, wohlverstanden, Kunst als

Erscheinung, nicht als Begriff. Daß das Kunstwerk sinnliches Scheinen ist, ist für Hegel ebenso wichtig wie die spezifische Idee, die darin erscheint. Jede Trennung dieser beiden Momente macht beide zu einer Äußerlichkeit: »Denn das Kunstwerk soll einen Inhalt nicht in seiner Allgemeinheit als solcher, sondern diese Allgemeinheit schlechthin individualisiert, sinnlich vereinzelt vor die Anschauung stellen. Geht das Kunstwerk nicht aus diesem Prinzip hervor, sondern stellt es die Allgemeinheit mit dem Zweck abstrakter Lehre heraus, dann ist das Bildliche und Sinnliche nur ein äußerlicher und überflüssiger Schmuck, und das Kunstwerk ein in ihm selbst gebrochenes, in welchem Form und Inhalt nicht mehr ineinander verwachsen erscheinen« (X^{I}, S. 68). Das *System der einzelnen Künste* nun treibt, dies Sinnliche vorausgesetzt, bei Hegel zu immer geistigerem Inhalt des ästhetischen Fürsichseins fort. Es geht vom Werk der Räumlichkeit (Architektur, Skulptur, Malerei) über das der Zeitlichkeit (Musik) zum zusammenfassenden Opus magnum (Poesie). In der Architektur *überwiegen* noch Stoff, Schwere, Stein über die Form, die sich darin nur andeuten kann; diese Kunst ist daher von Haus aus (Ägypten) symbolisch. In der Skulptur kommen Stoff und ihm eingebildete Ideen *ins Gleichgewicht*, sie ist deshalb von Haus aus (Griechenland) klassisch. In der Malerei beginnt das Materielle sich deutlich zu *lichten*, der Raum wird zur Fläche reduziert, der Stoff kommt nur mehr als aufgetragene Farbe vor, als »Zauberschein des Kolorits«. Malerei steht daher an der Grenze zum Romantischen, sie löst die Schwere zum Licht und die aus Farbe modellierten Gegenstände zu Gestalten im Licht. Die Musik schließlich (die einzige Kunst, zu der Hegel kein näheres Verhältnis hatte, dennoch gab der Sachliche ihr die zweithöchste Stelle im System), die Musik läßt als Geistform oder als die in sich selbst webende Seele den Stoff völlig *verschweben*. Sie ist deshalb nicht nur von Haus aus, sondern in allen ihren Gestaltungen romantisch, »sie treibt die Subjektivität an die Spitze, nach Seiten des Innern wie der Äußerung«. Das Auseinander des Materials, vom Stein bis zum Farbpartikel der Malerei wird völlig getilgt, mit ihm die Räumlichkeit; der Stoff gerät ins Zittern, »das Resultat dieses schwingenden Zitterns ist der Ton, das Material der Musik«. Der Ton selbst ist »das negativ gesetzte Sinnliche«, so bildet Musik gegenüber dem relativen Ansich der Raumkünste ein Negatives der Differenz, sie bildet den dialektischen »Durchgangspunkt« zur Kunst des Worts. Tag unter den Künsten, Tag als Synthesis aller Künste, *Mitteilung* aller Gegenstände, die je in Liedern verloren, gesucht, gefunden worden sind, ist aber einzig die Poesie. Das Ton-Material wird in ihr *artikuliert* zum Wort: »Die Dichtkunst ist die allgemeine Kunst des in sich freigewordenen, nicht in das äußerlich sinnliche Material gebundenen Geistes, der nur im inneren Raume und der inneren Zeit der Vorstellungen und Empfindungen sich ergeht« (X[1], S. 115).

4. Hegels Ästhetik ist derart wesentlich nach der Poesie hin ausgerichtet, während bei Winckelmann die bildende Kunst, bei Schopenhauer die Musik den Vorrang hat. Alle anderen Künste haben hier gleichsam noch eine schwere Zunge, zuviel Stoff hängt ihnen an. Erst im Wort bricht diese Rinde, das Scheinen des Geistes wird vernehmbar-vernünftig, Form-Inhalt triumphiert über den Stoff. Poesie ist deshalb die reinste romantische Kunst, vielmehr sie wäre es, hätte sie sich nicht ingesamt von den Stoff-Form-Beziehungen: Symbolisch-Klassisch-Romantisch befreit. Sie konnte das desto eher, als ja die anderen Künste in ihrer geschichtlichen Abfolge die Grundbegriffe bereits durchschneiden. Auch die anderen Künste sind nur von Haus aus, das ist, in ihrem Wesen an sich, nicht aber auf ihrem geschichtlichen Weg, von diesen Grundbegriffen bestimmt. Es gibt vielmehr, wie Hegel zugeben muß, »Abzweigungen« der Baukunst, Plastik, Malerei, die nicht den angegebenen Grundbegriffen dieser Künste entsprechen. So gibt es keineswegs nur symbolische Baukunst (Pyramiden), keineswegs nur klassische Plastik, sondern auch die symbolische Ägyptens und die romantische des Mittelalters, keineswegs nur romantische Malerei und Musik, sondern auch die klassische der Renaissance. Aber, sagt Hegel (übrigens nicht ohne die Verlegenheit und Schwierigkeit zu sehen, wohin hier große Epochen einer Kunst im Verhältnis zu ihrem angegebenen, auch angeblichen, Grund- und Wesensbegriff geraten), – »diese Abzweigungen waren teils nur vorbereitende Versuche untergeordneter Anfänge, oder sie zeigten ein beginnendes Überschreiten einer Kunst, in welchem dieselbe einen Inhalt und

eine Behandlungsweise des Materials ergriff, deren Typus vollständig auszubilden erst einer weiteren Kunst erlaubt war« (X^3, S. 230). Freiheit den Kunstformen gegenüber hat erst die Poesie; so ist sie malerisch im Epos, musikalisch in der Lyrik, Einheit beider, zugleich auf ein höheres Gebiet (die Religion) hinausweisend, im Drama. Das Drama zeigt als Komödie die bloß aufgeblasene Subjektivität (Partikularität), welche ebendeshalb alles durch sich und in sich zerstört; ihre Wirkung ist das Gelächter. Als Tragödie zeigt das Drama die gehaltvolle Subjektivität, welche handelt, wie sie handeln muß, mit »notwendig kollisionsvollem Pathos«. Ihre Wirkung ist daher nicht Furcht, gar Mitleid, wie Aristoteles das bestimmt hat, sondern Bewunderung: »Es ist die Ehre großer Charaktere, schuldig zu sein.« Zugleich allerdings gibt Hegel als Apologet des »objektiven Geistes« den allgemeinen Mächten die höhere Ehre, wenn sie im Konflikt mit dem heroisch-tragischen Menschen diesen zu Fall bringen. Es sei denn, nicht Individuen und allgemeine Mächte, sondern allgemeine Mächte selber stoßen zusammen, wie in der »Antigone« des Sophokles. Wo die alte Gemeinschaft des Bluts, lebendig in Antigone, mit der neueren des Staats, repräsentiert durch den König Kreon, in Konflikt gerät. Dann wird auch Hegel, die Macht des Mutterrechts ahnend, ambivalent; vielmehr: seine Tragödientheorie gibt Antigone, jedoch ebenso Kreon das Recht des Untergangs. In der neueren Welt dagegen, etwa in der des Goetheschen »Tasso«, behält »das Recht des idealen Lebens, welches Tasso im Konflikt mit der Wirklichkeit, Schicklichkeit, dem Anstand festgehalten hatte, vornehmlich nur subjektiv im Zuschauer Recht« (X^3, S. 539). Wogegen die allgemeine Ordnung, die durch die Prinzessin und Antonio, den Staatssekretär, vertreten wird, das Substantielle für sich hat. So dialektisch also auch Hegel die Tragödie durchdringt, dieses seit jeher dialektischste aller Kunstgebilde (nur die Beethovensche Sonatenform, mit den zwei entgegengesetzten Themen, dem Durchführungsteil und der Reprise des ersten Themas, kann sich an dialektischer Form damit vergleichen), – so still wird es freilich um die Tragödie, bei Hegel, am Ende: sie mündet in »Versöhnung mit der ewigen Gerechtigkeit«. Nicht anders wie die Schönheit insgesamt mündet: in der »Präsenz und

Versöhnung des Absoluten im Sinnlichen«. Dafür jedoch behält bei Hegel am Ende all dieses tragischen Kultur- und Gottesfriedens, die Komödie wieder ihr auflösendes, ihr zutiefst umschlagendes dialektisches Recht. Es gibt noch in keiner Epoche die tragische Versöhnung, es sei denn in der seltsam heiteren Auflösung ihres Scheinens, die Humor heißt.

5. Für wen und von woher wird gesprochen, wenn Kunst zu denken versucht wird? Meistens wird der Ausgang von den *Zuschauern* her gewählt, notgedrungen, weil der Betrachtende selber zu ihnen gehört. Er ist »empfänglich«; versteht er seine Empfänglichkeit, so ist er Kenner, Kritiker, Kunstdenker vom Parkett her. Es gibt auch Kritiker, die verhinderte Künstler sind, diese aber sind die schlechtesten. Sehr viel seltener ist der Fall, daß vom Künstler, von der *Produktion* her Kunst gedacht wird. Dazu gehört eine in der Kunst selbst befindliche, den Künstlern brüderlich verbundene Weise; solche ist nur bei eigener Produktivität möglich. Hegel nun war einesteils ein sehr eifriger Zuschauer, dann stand auch er draußen, er genoß. Dort am liebsten, wo ihm die Darbietung fremd und reizend war; so schwelgte er in italienischen Stimmen und in Rossinis Arien. Aber spricht er *Philosophie* der Kunst, dann eben in anderer Weise, in zugehöriger. Diese Weise findet sich unter Kunstgelehrten so selten, daß fast nur Winckelmann sie zuweilen verspüren läßt; weshalb er sagen konnte: »Die Beschreibung des Apollo wird mir fast die Mühe machen, die ein Heldengedicht erfordert.« Aber auch hier ist nur die verwandtschaftliche Mühe angedeutet, nicht das Heldengedicht im neuen, im ästhetischen Medium. Die produktive Weise dieses Mediums teilen mit Hegel unter den Neueren einzig Schelling und Schopenhauer, und sie ist die einzige zu philosophischer Ästhetik berufene. Sie hat ersichtlich nichts mit sogenannten Dichterphilosophen gemein, mit einer Mischbegabung also, die zwischen zwei Stühlen sitzt. Die philosophische Begabung und ihre Technik ist an sich nirgends die der Kunst; scharfes Denken, durchgehender Zusammenhang, zentraler Wesensbezug, diese sind keine künstlerischen Eigenschaften und Voraussetzungen, sie sind philosophisch autochthon. Wohl aber zeigt gerade Hegel – und am konzentriertesten in seiner Ästhetik –, daß eine noch gemeinsame bildschaffende Wurzel mit

künstlerischer Produktion vorhanden ist und blüht. Und sie wird desto selbstverständlicher weiterblühen, je mehr mit der Klassengesellschaft auch die isolierende Arbeitsteilung zurückgehen wird. Hegel betreibt und verdeutlicht, wie zu sehen war, im Medium des Begriffs den gleichen Sachgehalt, der die Künstler belebt und beschäftigt. Diese Zugehörigkeit ist auch der Grund, weshalb Hegel auch bei gegebenenfalls einläßlichen Formanalysen doch von Formalästhetik so weit wie möglich entfernt ist. Denn letztere ist die Selbstbefriedigung des rezeptiven Kenners und nicht das Alpha und Omega der Subjekte, denen ein Gott zu sagen gab, was sie als Inhalt leiden. Eben vom Inhalt her wird von Hegel die Ideologie bedacht, worin die jeweilige Kunstepoche steht, ja sogar ihr sozialer Auftrag wird von daher bereits bedacht (Polis in der griechischen Kunst, Rittertum und religiöse Gemeinde in der mittelalterlichen). Ebenso vom Inhalt her erscheint die jeweilige Mythologie als eine jeweilige Grundlage der Kunst (Kampf der chthonischen und der olympischen Götter in Griechenland, Madonna und Erlösungsgeschichte Christi); es gab keine Kunst ohne mythologischen Boden, und es wird keine ohne Glauben geben. All das konnte nur auf Grund der mächtigen Kollegialität mit dem Künstler gesehen werden, die Hegel – nicht als einziger, aber am ausführlichsten – hergestellt hat. Der Ausgang vom bloßen verabsolutierten *Kenner* statt vom *Künstler*, von dem mit möglichst präziser Inhalts-Artikulierung Beschäftigten, hat allemal nur Formästhetik gebracht, eben jene vom Sujet und vom Korrelat der ästhetischen Bedeutungen entleerte, in der jede Schönheit auf »wohlgefällige Urverhältnisse des Mannigfaltigen« reduziert wird, nach einem Ausdruck Herbarts, des mittelmäßigen Gegners Hegels. Diese Mediokrität läuft völlig verkleidet, ohne Kenntnis dieses ihres trockenen Gründers, bis in den modernsten Formalismus. Bis in jede Anti-Ausdrucks-, also Anti-Inhalts-Ästhetik, mit dem Motto: Abstraktes Spiel, Klangtapete mit Verstand, ohne Sinn.

Vielleicht sind die Künste alle zugleich erschienen, aber ausgebildet wurden die einen früher, die anderen später. Und anders nacheinander stehen sie je nach der Eindringlichkeit, womit sie das Ihre aussagen, sollte es selbst zuletzt das Gleiche sein. Hegel ordnet seine Musen besonders deutlich nach einem *Rang*, und diesen wieder gemäß dem Inhalt, dem symbolischen, klassischen, romantischen, und seiner Welt. Da die Architektur wegen der dicken Steinhülle für Hegel wesentlich symbolisch ist, auch als nichtägyptische, muß sie bei ihm die sozusagen anfangende Kunst sein. Wegen des Übergewichts des Aussage-Inhalts über das materiale Mittel muß die Poesie umgekehrt am hohen Ende stehen, und die anderen Künste sind dazwischengespannt. So entwickelt Hegel die *Klassifikation der Künste*, und er entwickelt sie nicht so sehr als einen Musenreigen, sondern streng abgeteilt und hierarchisch. Es könnte allerdings gefragt werden, ob die Künste so bestimmt überhaupt auseinanderzuhalten sind, gerade inhaltlich. Mit Steinen wird gebaut, mit Farbe gemalt, mit Worten gedichtet, aber ihre Zeit eint trotzdem die so verschieden gebildeten Werke. Orientalische, antike, mittelalterliche Bauten, Bilder, Poesien stehen sich je untereinander viel näher als eine ägyptische Pyramide und ein gotischer Dom, als ein Fresko Polygnots und eines Giottos, als ein Sophokleisches Drama und eines Shakespeares. Sind also die Generalgruppen Architektur, Plastik, Malerei, Musik, Dichtung nicht mannigfach durch historische Querschnitte unterbrochen? Und weiter, wenn die Gruppen trotzdem haltbar sind, wegen der weitgehenden Gemeinsamkeit von Material und Technik: ist dann die Reihenfolge ihrer bei Hegel nicht eine klassizistisch bedingte? Es gehörte zu Hegels Zeit, daß man die seit der Renaissance verselbständigte Bild- und Figurenkunst nochmals museal isolierte. Haben aber nicht große Bauzeiten das Gemälde der Wand, die Plastik der Nische eingeordnet, mithin Malerei und Plastik der Architektur unter-, statt übergeordnet? Ja, es gab sogar Epochen, in denen die Architektur schlechthin als höchste Kunst galt, indem sie die irdische Wohnung des Gottes bildete und ihren Kanon darin besaß, die himmlische nachzubilden (Pantheon, Salomonischer Tempel, sogar himmlisches Jerusalem als Vorbild). Derart hätte die Reihe der Künste mit einem Blick auf die Großzeiten der Architektur zuverlässig eine anders besetzte Klimax dargeboten als die Hegelsche. Und stimmt die Klimax für die Neuzeit, mit ihrer von der Baukunst emanzipierten Malerei und Plastik, so bringt diese Neuzeit nun ihrerseits wieder eigene Schwierigkeiten in die Tafel der Künste. Es ist die *Musik*, die so störend wirkt, ein erhabenes

Problemkind der ästhetischen Disposition. Die Musik ruft nicht nur Rangstreitigkeiten hervor, gleich der Architektur, sondern sie widersetzt sich der gesamten allgemeinen, altüberlieferten Einteilung der Künste in bildende und redende. Sie widersetzt sich ihrer einfachen Existenz nach, indem sie weder bildend noch redend ist. Pfitzner bemerkte einmal, die Geschichte der musikalischen Formen sei die Geschichte der chronischen Verlegenheit, Einfallsmaterial unterzubringen; das ist zwar den musikalischen Formen (Kanon, Fuge, Sonate) gegenüber Unsinn, sofern jeder tüchtige Einfall auf seine musikalische Ausarbeitungsform hinbezogen ist, aber dem *System der Künste* schafft die Musik allerdings genau diese chronische Verlegenheit. Sie ist auf das überlieferte System durchaus nicht hinbezogen; als mehrstimmige ist sie die jüngste aller Künste, widerspenstig zur sichtbaren wie zur verstehbaren Gruppe. Entweder wurde sie daher von den ästhetischen Systematikern seit Herder, Kant, Schiller als »Spiel der Empfindung« überhaupt nicht eingeordnet. Oder sie wurde in der Romantik, besonders bei Schopenhauer, umgekehrt als höchste, ja als unvergleichlich überlegene Kunst angesetzt; was die methodische Verlegenheit ihrer Einreihung von der anderen Seite ausspricht. Im einen Fall läßt man Musik draußen vor dem Tor oder auf der Brücke zur Kunstburg schallen, im anderen, bei Schopenhauer, ist sie der Zentralzauber in der Burg selbst; denn sie setzt zu den Erscheinungen, auf die die anderen Künste begrenzt sind, das Ding an sich. Hegel will nun das wenig geheure Wesen dennoch homogenisieren, und zwar vom Stoff-Form-Verhältnis her, von dem mit Malerei und Poesie verwandten. So läßt er Musik dem Material nach aus der Malerei entspringen, aus dem zum Partikel gewordenen Stoff, der nun auch noch anfängt zu schwingen und »in seinem Entstehen und Dasein selbst schon wieder verschwindet«. Dialektisch entspringt sie aus der bildenden Kunst insgesamt, als »Tilgen nicht nur der einen Raumdimension (wie in der Malerei), sondern der totalen Räumlichkeit überhaupt«. Als diese Negation ist Musik für Hegel der Poesie vorgelagert, am nächsten der Lyrik, deren subjektiven Boden die Musik in Leere darstellt: »Für den Musikausdruck eignet sich nur das ganz objektlose Innere, die abstrakte Subjektivität als solche. Diese ist unser ganz leeres Ich, das Selbst ohne weiteren Inhalt. Die Hauptaufgabe der Musik wird deshalb darin bestehen, nicht die Gegenständlichkeit selbst, sondern im Gegenteil die Art und Weise widerklingen zu lassen, in welcher das innerste Selbst seiner Subjektivität und ideellen Seele nach in sich bewegt ist« (X^3, S. 129). Man hört auch diesen Worten das Unbehagen an, das die Musik der Disposition bereitet, gar einer mit dem Anspruch auf notwendige Folge der wohlgefügten Glieder; die Bestimmung einer Kunst als gegenstandslos und leer stimmt schlecht zu einer so dedizierten Inhaltsästhetik. Und wegen dieses luftigen Charakters war die Musik in Hegels Kunstsystem auch leicht von ihrem Platz verrückbar; damit änderten sich die Valeurs der gesamten Folge selbst. Der Hegelianer Weiße etwa setzte Musik nicht knapp unter die Spitze, sondern an den gärenden Anfang, danach erst entwickelt sich die bildende, dann die redende Kunst. Diese veränderte Wertreihe wird sogar nach einem besonders getreuen Schema der dialektischen Trias Hegels gebildet. Dergestalt, lehrt der Hegelianer Weiße, daß Schönheit in der Tonwelt noch gestaltlos in sich selber webe, daß sie sich in den plastischen Naturgestalten mannigfach ausbreite, daß diese Vielheit in der Poesie von der konkreten Einheit des Gedankens umfaßt würde. Musik wird hier also von Poesie losgelöst und den bildenden Künsten und ihrer »Natur« zugeordnet; womit sich freilich auch eine heillose Erinnerung an die alte Sphärenharmonie oder an die astronomisch orientierte Musiktheorie des Mittelalters verband. So verschieden also kann die Hierarchie der Künste auch vom wachsenden Form-Inhalt her geordnet werden, so frei beweglich stehen die Musen um ihren Apollo. Zwar die Loslösung der Musikästhetik von Architektur, wie Hegel sie vollzog, ist wahr, sie entspricht der musikalischen Wirklichkeit seit mehreren Jahrhunderten. Und die damit implizierte Loslösung von Weltarchitektur selber, wenn sich so sagen läßt, nämlich von astronomisch orientierter Musiktheorie, wie sie vom Mythos der Sphärenharmonie bis zu Kepler, ja bis zu Schelling sich hinzieht, ist verdienstvoll. Sie entspricht dem fast völlig fehlenden Naturvorkommen der Musik, zum Unterschied von malerisch und tektonisch Naturschönem. Aber nicht so ausgemacht ist Hegels Beugung der Musik unter die Poesie, und zwar in Ansehung der

Instrumentalmusik. Die Beugung oder besser: Zuordnung stimmt für die Formen Lied, Oratorium, Oper und auch hier nur, weil Oratorium und das Problem Oper die menschliche Stimme als Instrument (als leider oft ridikül agierendes) verwenden lassen. Also nicht etwa deshalb, weil die Musik in der Opernpoesie, die Libretto heißt, die Zunge gelöst bekommt; auch das sogenannte Musikdrama hat dieses Ziel bekanntlich nicht erreicht. Selbst in einem der Beethovenschen Musik so völlig zugeborenen Textbuch, wie es das des Fidelio darstellt, ja hier am allereindringlichsten und tiefsten, setzt einzig Musik den Handlungsraum, die Spannungen, Lösungen und Archetypen in ihm; die gesehene und gesprochene Handlung streckt nur den Finger auf die namenlos-befreite dieser Musik aus. Es ist ein Überholend-Unabgeschlossenes in der Musik, dem noch keine Poesie genug tut, es sei denn diejenige, welche die Musik, möglicherweise, aus sich selbst entwickelt. Die Offenheit dieser Kunst zeigt zugleich, auf besonders eindringliche Art, daß auch für die Inhaltsbeziehung der anderen Künste noch nicht aller Tage Abend gekommen ist. Und nur mit Einbezug dieser Offenheit und Unabgeschlossenheit läßt sich sagen: Hegel hat das System der einzelnen Künste mit Recht hierarchisch entwickelt. Das läßt sich dann allerdings mit dem gleichen Recht sagen, mit dem währende Fluktuation Ordnung und System nicht aufheben: es gibt auch Marschordnung, gerade diese. Hierarchie der Künste also gilt, auch wenn die Emanzipation der Malerei und Plastik von der Architektur nicht so verabsolutierbar ist, auch wenn Musik in der Poesie, in der weithin bereits definierbaren, nicht landet oder ihren artikulierten Gegenstands-Inhalt besitzt. Hegel gab eine *sich durchsetzende Inhalts-Ästhetik;* das ist der Gewinn, der als philosophische Antwort auf den künstlerischen Eros und seine Angelegenheit selbst entstandene. Dieser Gewinn bleibt auch bei noch so starkem Bewußtsein, daß Kunstwerke scharfe oder leuchtende Versprechungen sind, also genau ihrem Inhalt nach sich nicht am Ziel befinden. Am Ziel realen Fürsichseins, als des Grenzinhalts in Hegels Ästhetik selbst.

6. Bedeutend mehr als der Staat wird die Schönheit bei Hegel fix und fertig. Ihre wesentlichen Bestimmungen sind aus der Arbeit heraus, werden »zu einem Kranze geordnet«. Mit dem

Gefühl der Ernte, nach Ablauf einer literarisch großen Zeit, im Dasein bürgerlich-höchstgebildeter Muße. Vor allem aber ist es das »reine Weltauge«, das in Hegels Ästhetik, an diesem Ende, trotz Humor, doch die Kunst fixiert. Nicht im Jahre 1830, wie die Geschichtsphilosophie und die des Rechts, aber an einem seligen Versöhnungsziel, als wäre es – gerade in der Wirklichkeit des Schönen, nicht in seiner Illusion – bereits da. Infolge der Kontemplation (»das Sein ist schrecklich, das Sehen ist selig«) hatte auch der Antipode Schopenhauer gelehrt, die Kunst sei überall am Ziel. Der Prozeßdenker Hegel behauptet das, in solcher Absolutheit, zwar nicht, aber ein irdisches Pantheon, ein in sich unbedürftiges, ist die Schönheit bei ihm doch. Das sprechende Götterbild Poesie steht in der Mitte, eine Allheit wesenhafter Anschauung. Kunst erscheint bei Hegel zwar nirgends als interesselose Betrachtung, bezogen auf die pure Vorstellungsform ihrer Gegenstände, aber sie erscheint an ihrem Ende als Erfüllungs-Inhalt, worin der Mensch, der ihn betrachtet, während dieser Betrachtung keine Unruhe des Interesses mehr braucht. Das ist die Polis, die Hegel in der Kunst gefunden hat, ein wunderbares Athen aller Zeiten und Zonen. Eine gerettete Rettung, worin das Symbolische, Klassische, Romantische sich gleichmäßig als Kultur erfassen und die Barbarei unterwerfen. Die Fragen gehen gewiß weiter, Hegel schließt nicht mit der Schönheit, im Tempel steht das Götterbild, das als solches aus der Religion stammt, nicht aus der Poesie. Doch Kunst geht bei Hegel nicht in sich selber weiter, als »Vor-Schein«, etwa im Sinn Schillers (trotz der interesselosen Betrachtung): »Was wir als Schönheit hier empfunden, wird uns als Wahrheit einst entgegengehen.« Dieses Einst ist in Hegels Philosophie grundsätzlich nirgends ausgespart, auch nicht in den Vollendungs-Idealen, denen er das Schöne zuordnet. Hoffnungsvolles in den Kunst-Lösungen wird zwar, kraft der Dialektik, anerkannt, doch nicht derart, daß es innerhalb und an der Schönheit selbst den Betrachtenden bewegt. Eben das Hoffnungsvolle wird der Religion übergeben, die aber diesem ungeduldigen, ja ungebärdigen Wesen erst recht Versöhnung anlegt. Allerdings eine, in der der Mensch selbst recht behält, nicht nur, wie in der Tragödie, die allgemeinen Mächte. Der Friede der Kunst ist bei Hegel

Wohlgefallen am Fürsich, der Friede in der Religion *Andacht* am Fürsich: »Diesen Fortschritt von der Kunst zur Religion kann man so bezeichnen, daß man sagt, die Kunst sei für das religiöse Bewußtsein nur die eine Seite. Wenn nämlich das Kunstwerk die Wahrheit, den Geist, als Objekt in sinnlicher Weise hinstellt und diese Form des Absoluten als die gemäße ergreift, so bringt die Religion die Andacht des zu dem absoluten Gegenstande sich verhaltenden Innern hinzu« (X^1, S. 135). Diese Andacht ist für Hegel das Mehr als Kunst; und wirklich war Religion, indem sie vom sinnlichen Gefallen abberief, oft ein Bildersturm, einer von oben nach unten. Ein Bildersturm von unten jedoch: um es auch so gut zu haben, so voll seines Wesens zu sein, wie es die Kunstbilder sind, diese kunstbejahende Verzehrung der Kunst hat im bloßen Harfenklang des Zwecks, im bloßen Zweck des Harfenklangs sinngemäß keinen Platz. Dafür ist Hegels Kunstbegriff, obwohl er nirgends Opium, überall »Entfaltung der Wahrheit« sein will, zu selig eingefügt in scheinend gutgewordener Sphäre.

Innerhalb ihrer aber ist und bleibt die sinnliche Anschauung auf den Überfluß der schönen Welt bezogen. In diesem Punkt, wie gesehen, ist Hegel heidnisch-griechischer als sein Lehrer Plotin, gar als der Kunst und Erscheinung hassende Platon. Kunst ist wie bei Plotin das Geistige, das in dem Sinnenbild durchstrahlend erscheint, aber sie bleibt bei Hegel immanent, sie gleitet und verschießt nicht am Ende ins ewige Licht. Plotin warnt: »Denn wenn man die Körperschönheit erblickt, muß man nicht in ihr aufgehen wollen, sondern im Bewußtsein, daß sie nur Bilder, Spuren und Schatten zeigt, zu dem fliehen, dessen Scheinbild sie ist«, und er erinnert an Odysseus als Vorbild, »der von der Zauberin Kirke oder von der Kalypso wegeilte und am Bleiben nicht Gefallen fand, obgleich sein Auge im Anblick der Lust schwelgte und er sinnliche Schönheit vollauf genoß« (I. Enneade, Buch 6). Hegel nimmt nirgends das ästhetisch offene Auge als einen Übergang zum mystisch geschlossenen, um so erst die wahrhafte Idee des Schönen zu erblicken, die auf heiligem Grund, in weltlosem Überlicht wandelt. Die Schönheit Hegels ist zwar in ihrer Schicht der Anschauung ebenso voll Fürsichsein wie die Heiligkeit in ihrer Schicht der Vorstellung (und die volle Wahrheit in der Schicht des zum Begriff gewordenen

Geistes). Jedoch diese Schönheit gleicht eher Narzissus, der das Spiegelbild seiner im See der Anschauung umfaßt, als Odysseus mit Fluchttrieb und fernem Vaterland im Sinn. Und schlägt auch die Schönheit, wie alles bei Hegel, zuletzt um, in die ihr nächstfolgende, die religiöse Gestalt, so ist sie vorher doch fest, wohl in sich vergafft, nicht gleitend, auch nicht Heiliges zu geringerem Preis, säkularisiertes. Der substantielle Halt der Schönheit ist in der Hegelschen Lehre und Hineinpassung das anschauliche Weltgefüge selbst, das Unendliche in diesen plastischen Grenzen als Gestalten; Kunst ist absolut Endlichkeit, auch dort, wo sie, wie in allen ihren bedeutenden Äußerungen, transparent ist. Die Inhalts-Ästhetik Hegels ist eine des weltlichen Inhalts, wenn auch idealisch vergoldet, so wie die Sonne Wolken vergoldet oder mit einem Lichtreif umgibt. Aus dieser Inhaltlichkeit fällt, wie zu sehen war, einzig die Musik heraus; denn sie hat bei Hegel keinen Gegenstand, an dem das Scheinen der Idee sich konkretisiert. Eben deshalb muß der Musikausdruck hier einer des Leeren sein, des ganz objektlosen Inneren, der abstrakten Subjektivität, sie transzendiert jedoch für Hegel aus dem »Wohllaut« nicht, und er preist deshalb Palestrina, Durante, Lotti, Pergolese, Gluck, Haydn, Mozart (Beethoven kommt nicht vor). Die homogene oder homogenisierte Reihe der Künste wird folglich auch in Ansehung der gegenstandslosen Musik nicht gebrochen; dieser Fremdling ist hier einzig das Vorspiel zur Poesie und nicht etwa, wie bei Augustin, ein praeludium vitae aeternae oder sonst einer Diskontinuierlichkeit. So bleibt Hegels Kriterium der Schönheit überall ein immanentes, dem farbigen Lebens-Abglanz des Schönen entsprechend. Ganz in dem antiken, auf Goethe bezogenen Sinn, womit Schiller in der Abhandlung über naive und sentimentalische Dichtung den künstlerischen Realisten bezeichnet hat, ist Hegels Kunstbegriff der der Welterweiterung, ohne über die Welt hinauszugehen. Großartig stimmt so Hegels Immanenzlehre für die Griechen (minus Tragödie), für die Renaissance (minus Michelangelo), für die klassische deutsche Dichtung und das Goethereich (minus seiner späteren Entelechie-Ränder).

7. An einem überraschenden Punkt bricht Hegels diesseitiger Blick, und zwar ohne pfäffisch zu werden. Der Bruch kommt

bei ihm zwar nur in der christlichen Kunst vor, doch hier heiter durchaus; denn sein Name ist *Humor*. Hegel gibt ihm, durch die Komik vermittelt, den Platz an der Spitze, und das heißt bei ihm allemal den am meisten berechtigten, wahren. Es ist nicht der »subjektive Humor«, den er dermaßen auszeichnet, weder bei Jean Paul noch bei dem von Hegel höher bewerteten Sterne. Erst recht meint Hegel nicht die romantische Ironie, am wenigsten in der schlechthin verwirrenden, kalt-geistreichen Gestalt, die Friedrich Schlegel ihr verliehen hat. Hegel liebt beide Subjektivitäten nicht, weder »die Hin- und Herzüge des Humors, der jeden Inhalt nur gebraucht, um seinen subjektiven Witz daran geltend zu machen«, noch »die ironische Virtuosität, für welche alles und jedes nur ein wesenloses Geschöpf ist, an das der freie Schöpfer, der von allem sich los und ledig weiß, sich nicht bindet, indem er dasselbe vernichten wie schaffen kann«. Aber diese Reaktionen stammen aus der höchsten Verehrung des Humors selber, aus dem Willen, diese Flüssigkeit vor fälschendem Zusatz zu retten. Auch der bloß »subjektive Humor« (das »kunterbunteste Durcheinanderwürfeln von Gegenständen«, das »barocke Zusammenbringen des objektiv Entferntesten«) hört bei Hegel sofort auf, nur innerlich, also nur äußerlich zu sein, wo dergleichen, wie ihm bei Sterne erscheint, ein objektiv Befreiendes, ein Licht des tieferen Zusammenhangs hervortreibt. Hegel notiert dergleichen als ein »ganz unbefangenes, leichtes, unscheinbares Fortschlendern, das in seiner Unbedeutendheit gerade (!) den höchsten Begriff von Tiefe gibt, und da es eben Einzelheiten sind, die ordnungslos emporstrudeln, muß der innere Zusammenhang um so tiefer liegen und in dem Vereinzelten als solchem den Lichtpunkt des Geistes hervortreiben (X^2, S. 228). Ebenso hat Hegel an Stelle der bloß »subjektiven Ironie« eine objektive mehr als anerkannt, nämlich in der dialektischen Methode selbst; diese »objektive Ironie« begrüßte er, im Gegensatz zu Friedrich Schlegel, bei Solger. Dieser Ästhetiker hatte aus der Ironie, wie Hegel in der Würdigung von Solgers nachgelassenen Schriften betont, die »kecke und glänzende Schiefheit« entfernt, »die kometarische Welt aus Duft und Klang ohne Kern«, das »Spiel in wirklichkeitslosen Tönen des hohlen Geistes«; statt dessen führte er sie, als »Vernichtung des vor der Idee Nichtigen«, gerade in die Dialektik ein. Oben, im Kapitel über Hegels Philosophie der Geschichte, bei der »List der Vernunft« (vgl. S. 235), wurde bereits Solgers »Ironie der Idee gegenüber den einzelnen Erscheinungen« in ihrer objektiven Funktion erwähnt. Sie wirkt in Hegels Dialektik insgesamt, ist das die jeweiligen Erscheinungen vom Wesen her Lösende. Und als Humor wird die objektive Ironie in der Ästhetik völlig bei Namen genannt, als Gewißheit, daß in sachgemäßer Auflösung doch nichts Wichtiges verlorengeht. Er wird das Gleiche wie Vermittlung der Substanz mit der *Freiheit* des Subjekts, wie »Freiheit einer objektiven Subjektivität«. Aus der Kraft des Humors stammt, wie Marx einmal diese Hegellehre umschreibt, das komische zu Tode Tragen einer abgetanen Gestalt, »damit die Menschheit heiter von ihrer Vergangenheit scheide«. Oder wie Hegel den gleichen Beruf der Komik, im Hinblick der Auflösung, ästhetisch wiedergibt: »Hat die Kunst die wesentlichen Weltanschauungen, die in ihrem Begriffe liegen, sowie den Kreis des Inhalts, welcher diesen Weltanschauungen angehört, nach allen Seiten hin offenbar gemacht, so ist sie diesen jedesmal für ein besonderes Volk, eine besondere Zeit bestimmten Gehalt losgeworden, und das wahrhafte Bedürfnis, ihn wieder aufzunehmen, erwacht nur mit dem Bedürfnis, sich gegen den bisher allein gültigen Gehalt zu kehren, wie in Griechenland Aristophanes zum Beispiel sich gegen seine Gegenwart und Lukian sich gegen die gesamte griechische Vergangenheit erhob und in Italien und Spanien, beim scheidenden Mittelalter, Ariosto und Cervantes sich gegen das Rittertum zu wenden anfingen« (X^2, S. 231 f.). Die symbolische Kunstform verschwindet im Epigramm, die klassische in der Satire, die romantische in jener Heiterkeit, welche die Komödie wahrer macht als die Tragödie. Und an ihren bedeutendsten Erscheinungen tiefer: der ironische Humor hat einen doppelten und dreifachen Boden, der überwindende Humor wirkt auf die echteste Weise metaphysisch, nämlich unfeierlich und leicht. Deutlich wirkt auf Hegels Erhebung der Komik übers Tragische Cervantes ein, nach Seite seiner hintergründigen Ironie, und der späte Shakespeare, nach Seite seiner märchenhaften Romanze. Also nicht bloß der »Sommernachtstraum« und die »Lustigen

Weiber von Windsor«, sondern Ariel selber, diese bedeutsamste leichte Gestalt, der Geist der Phantasie, im »Sturm«. Tragisches behält so nicht das letzte Wort: »In der Tragödie zerstören die Individuen sich durch die Einseitigkeit ihres gediegenen Wollens und Charakters...; in der Komödie kommt uns in dem Gelächter der alles durch sich und in sich auflösenden Individuen der Sieg ihrer dennoch sicher in sich dastehenden Subjektivität zur Anschauung« (X^3, S. 533). Durch solches Zitat wird der *eigentliche Zielpunkt der Hegelschen Ästhetik* kenntlich gemacht: die aus der harten, aber auch noch aus der schönen Welt entlassene Menschlichkeit. Dieser Zielpunkt, mit dem Humor, der sich dort befindet, liegt ersichtlich über dem sonstigen Überfluß der ästhetischen Immanenz in etwas hinaus. Das immanente Wesen reibt sich aber, wie bemerkt, nicht pfäffisch, nicht auf brechend-weltzerbrechend-jenseitige Weise auf; für diese ist gerade der Humor viel zu leicht. Indes ein feines Blitzen und Leuchten aus ganz anderem Frieden als dem, der mit der Welt gemacht wird, oder auch aus dem, der von einer als real hypostasierten Überwelt herkommen mag, ist allerdings im Humor vorhanden, ja bereits in der Möglichkeit, daß Humor da zu sein vermag. Er ist ein geheimnisvoller Liquor und ein völlig menschlicher; je höher hinauf im Menschlichen, desto seltener, aber auch desto kostbarer wird er. Und trotz, besonders wegen seines besonderen Geheimnisses, als eines unaufdringlichen, findet sich dieses Wesen im Feierlich-Geweihten, im Religiös-Garantierten gerade nicht. Hegel ging hier, in seiner Art, den Weg zur hellsten Mystik, die es gibt. Übrigens ist objektiver Humor seit je die Essenz der Weisheit gewesen und der Äther, worin sie lebt.

Die Unendlichkeit in Grenzen

»Der Mensch kann sich Dinge, welche nicht wirklich sind, vorstellen, als wenn sie wirklich wären« (X^1, S. 62).

»Wahrhafte Zwecke aber, wird man leicht erkennen, müssen nicht durch Täuschung bewirkt werden... In diesen Beziehungen kann es den Anschein nehmen, als sei die schöne Kunst einer wissenschaftlichen Betrachtung unwert« (X^1, S. 7 f.).

Aber ein gemalter Fisch täuscht gar nicht vor, eßbar zu sein: »Mit bloßen Gemälden des Holzes, das sie gebrauchen, der Tiere, die sie aufzehren möchte, wäre der Begierde nicht gedient... Denn ihr Trieb drängt dahin, diese Selbständigkeit und Freiheit der Außendinge aufzuheben und zu zeigen, daß dieselben nur da seien, um zerstört und verbraucht zu werden... In solchem Verhältnis nun der Begierde steht der Mensch zum Kunstwerk nicht« (X^{1}, S. 48 f.).

Ebensowenig sind gemalte Fische, gedichtete Liebesszenen dazu da, in ihrer sinnlichen Gestaltung übersehen zu werden, um zoologisch oder moralwissenschaftlich zu belehren: »Die theoretische Betrachtung der Dinge hat das Interesse, ... sie in ihrer Allgemeinheit kennenzulernen, ihr inneres Wesen und Gesetz zu finden und sie ihrem Begriff nach zu begreifen... Dies tut das Kunstinteresse in seinem Unterschied von der Wissenschaft nicht. Wie das Kunstwerk als äußeres Objekt in unmittelbarer Bestimmtheit und sinnlicher Einzelheit nach Seiten der Farbe, Gestalt, Klangs oder als einzelne Anschauung usf. sich kundgibt, so ist es auch für die Kunstbetrachtung« (X^{1}, S. 49 f.).

Das Kunstwerk, da es weder sinnlich verzehrt noch geistig verdampft werden mag, aber auch weder von seinem Sinnlichen noch von seinem Geistigen isoliert werden darf, hat die Einheit dieser beiden Momente im Schein, der keine bloße Täuschung ist, der die Sinnlichkeit durchgeistigt, den Gedanken verleiblicht macht:

»Deshalb ist das Sinnliche im Kunstwerk im Vergleich mit dem unmittelbaren Dasein der Naturdinge zum bloßen Schein erhoben, und das Kunstwerk« (nicht mehr materielles Dasein, noch nicht reiner Gedanke) »steht in der Mitte zwischen der unmittelbaren Sinnlichkeit einerseits und dem ideellen Gedanken andererseits« (X^{1}, S. 51).

»Was aber die Unwürdigkeit des Kunstelements im Allgemeinen, des Scheines nämlich und seiner Täuschungen angeht, so hätte es mit diesem Einwand allerdings seine Richtigkeit, wenn der Schein als das Nichtseinsollende dürfte angesprochen werden. Doch der Schein selbst ist dem Wesen wesentlich« (zu erinnern ist diese Reflexionsbestimmung des Wesens in der Logik, IV, S. 7–26), »die Wahrheit wäre nicht, wenn sie nicht schiene und erschiene, wenn sie nicht *für* Eines wäre, für sich selbst sowohl als auch für den Geist überhaupt... Im Vergleich mit dem Schein der sinnlichen unmittelbaren Existenz und dem der Geschichtsschreibung hat der Schein der Kunst den Vorzug, daß er selbst sich hindurchdeutet durch und auf ein Geistiges, welches durch ihn soll zur Vorstellung kommen, hinweist... Die harte Rinde der Natur und gewöhnlichen Welt machen es dem Geiste saurer, zur Idee durchzudringen, als die Werke der Kunst« (X^1, S. 12 ff.).

Der Stoff wird so als künstlerisch erblickter bereit, uns und sich seines Wortes zu würdigen. Indem das Schöne sinnliches Scheinen der Idee ist oder die Unendlichkeit in Grenzen, ist es durchaus symbolisch. Diese nicht bloß in der Kunstform, die Hegel eigens als symbolische bezeichnet, in der orientalisch-ägyptischen, sondern für ihn auch in der klassischen, erst recht wieder in der romantischen. Denn das Symbolische dieses weiteren Sinns besteht weniger aus einem »Überwiegen des Stoffs über die Form«, so daß die Form-Idee nur als verhüllt sich ausprägen kann. Sondern für Stoff-Form können die großen durchgehenden Momente der Hegelschen Philosophie: Objekt-Subjekt gesetzt werden, dergestalt daß Objekt und Subjekt, Subjekt und Objekt, All und Menschenantlitz, Mensch und Sonnenlicht rätselhaft sich durchdringen, sich ineinander schlichten. Von dieser Durchdringung, als einer, die gerade nicht den Stoff über die Form, das Objekt über das Subjekt in der Sache überwiegen läßt, sondern beide als dialektisch verwobene Momente einer analogia entis zeigt, das ist, eines noch nicht ganz manifestierten, erst symbolisch (aber real-symbolisch) erscheinenden Seins: von dieser Durchdringung geben alle – mit Grund »bedeutenden« – Gleichnisse großer Dichtung Zeugnis. So, mit überflüssig gewordenem Wie, beim späten Hölderlin, so vorzüglich im Westöstlichen Diwan, so auch – und gerade weil er Realist ist, aber ein gründlicher – in den reich-tiefen Austausch-Metaphern bei Gottfried Keller. Ist alles Vergängliche nur ein Gleichnis, dann für Goethe wie für Hegel bereits innerhalb der sinnlichen Anschauung, nicht erst in religiöser Vorstellung. Sinnliches Scheinen der Idee ist voll Überfluß der Welt als ein gerade zu mehr Welt überfließender und sich manifestierender Überfluß. Das Schöne lebt im anbrechenden, durch Kunst anbrechenden Augenlicht der Welt selbst:

»Wie von dem Äußeren des menschlichen Körpers gesagt ist, daß an der Oberfläche desselben, im Gegensatz des tierischen, sich überall das pulsierende Herz zeigt, in demselben Sinn kann von der Kunst behauptet werden, daß sie das Erscheinende an allen Punkten seiner Oberfläche zum Auge umzuwandeln habe, welches der Sitz der Seele ist und den Geist zur Erscheinung bringt. Oder wie Platon in jenem bekannten Distichon an den Aster ausruft:

Wenn du zu den Sternen blickst, mein Stern, o wär ich der Himmel, / Tausendäugig sodann auf dich hernieder zu schaun!

So läßt sich umgekehrt von der Kunst sagen, sie mache jede ihrer Gestalten zum tausendäugigen Argus, damit die innere Seele und Geistigkeit an allen Punkten der Erscheinung gesehen werde. Und nicht nur die leibliche Gestalt, die Miene des Gesichts, die Gebärde und Stellung, sondern ebenso auch die Handlungen und Begebnisse, Reden und Töne und die Reihe ihres Verlaufs durch alle Bedingungen des Erscheinens hindurch hat sie allenthalben zum Auge werden lassen, in welchem sich die freie Seele in ihrer inneren Unendlichkeit zu erkennen gibt« (X[1], S. 197 f.).

Das an dieser herrlichen Stelle Bezeichnete ist idealistisch, es geht auf ein Ideales, doch nicht so, daß dieses für Hegel kein Reelles wäre. Kunst sieht vielmehr durch den bloßen unmittelbaren Oberflächenzusammenhang hindurch, um die Bewegungen des Wesens zu erfassen, das Realität ist, weil es – Ideal ist, und zwar stärkere, nämlich vernünftige Realität: Selbst. So wird die künstlerische Arbeit hier erstens als verändernde gedacht, zweitens als besonders produktive, nämlich als die des Genies, drittens kaschiert die Kunst die Spannung Vernunft-Wirklichkeit nicht, sondern drückt sie aus:

»Der Mensch hat den Trieb, in demjenigen, was für ihn

äußerlich vorhanden ist, sich selbst hervorzubringen. Diesen Zweck vollführt er durch Veränderung der Außendinge, welchen er das Siegel seines Inneren aufdrückt, und in ihnen nun seine eigene Bestimmung findet... Schon der erste Trieb des Kindes trägt diese praktische Veränderung der Außendinge in sich; der Knabe wirft Steine in den Strom und bewundert nun die Kreise, die im Wasser sich ziehen, als ein Werk, worin er die Anschauung des Seinigen gewinnt. Dieses Bedürfnis geht durch die vielgestaltigsten Erscheinungen durch bis zu der Weise der Produktion seiner selbst in den Außendingen, wie sie im Kunstwerk vorhanden ist« (X^{1}, S. 42).

»Diese Tätigkeit hat geistigen Inhalt, den sie aber sinnlich gestaltet, weil sie nur in dieser sinnlichen Weise desselben bewußt zu werden vermag... Als Naturanlage kündigt sich solches Talent schon in früherer Jugend an und äußert sich in der treibenden Unruhe, lebhaft und rührig zugleich in einem bestimmten sinnlichen Material zu gestalten und diese Art der Äußerung und Mitteilung als die einzige oder hauptsächlichste und gemäßeste zu ergreifen... Dem Bildhauer verwandelt sich alles zu Gestalten, und von früh an schon ergreift er Ton, um ihn zu formieren, und was überhaupt solche Talente in der Vorstellung haben, was sie innerlich erregt und bewegt, wird sogleich zur Figur, Zeichnung, Melodie oder Gedicht« (X^{1}, S. 55) ... »Durch diese Empfindung nämlich, die das Ganze durchdringt und beseelt, hat der Künstler seinen Stoff und dessen Gestaltung als sein eigenstes Selbst, als innerstes Eigentum seiner als Subjekt« (X^{1}, S. 364) ... »Wenn nun aber der Künstler in dieser Weise den Gegenstand ganz zu dem seinigen hat werden lassen, muß er umgekehrt seine subjektive Besonderheit und deren zufällige Partikularität zu vergessen wissen und sich seinerseits ganz in den Stoff versenken, so daß er als Subjekt nur gleichsam die Form ist für das Formieren und Gestalten des Inhalts, der ihn ergriffen hat« (X^{1}, S. 371 f.)... »In dieser Beziehung können wir, dem Begriff des Ideals gemäß, auch hier von Seite der subjektiven Äußerung die wahre Objektivität dahin feststellen, daß von dem echten Gehalt des Gegenstands, der den Künstler begeistert, nichts in dem subjektiven Inneren zurückbehalten, sondern alles vollständig und zwar in einer Weise entfaltet werden muß, in welcher die allgemeine Seele und Substanz des erwählten Gehalts ebensosehr hervorgehoben, als die individuelle Gestaltung desselben in sich vollendet abgerundet und der ganzen Darstellung nach von jener Seele und Substanz durchdrungen erscheint. Denn das Höchste und Vortrefflichste ist nicht etwa das Unaussprechbare, so daß der Dichter in sich noch von größerer Tiefe wäre, als das Werk dartut« (vgl. die strenge moralische Parallele der »Lorbeeren des bloßen Wollens« als der »trockenen Blätter, die niemals gegrünt haben«) – »sondern seine Werke sind das Beste des Künstlers und das Wahre, was er ist; was aber nur im Inneren bleibt, das ist er nicht« (X^1, S. 374)... »So zehrt zwar die Originalität der Kunst jede zufällige Besonderheit auf, aber sie verschlingt sie nur, damit der Künstler ganz dem Zug und Schwunge seiner von der Sache allein erfüllten Begeisterung des Genius folgen und, statt der Beliebigkeit und Willkür, *sein wahres Selbst in seiner der Wahrheit nach vollbrachten Sache* darstellen könne. Keine Manier zu haben, war von jeher die einzige große Manier, und in diesem Sinne allein sind Homer, Sophokles, Raffael, Shakespeare originell zu nennen« (X^1, S. 384).

»Wahrhaft wirklich ist nur das An- und Fürsichseiende, das Substantielle der Natur und des Geistes. Das Walten dieser allgemeinen Mächte ist es gerade, was die Kunst hervorhebt und erscheinen läßt. In der gewöhnlichen äußeren Welt erscheint die Wesenheit wohl auch, jedoch in der Gestalt eines Chaos von Zufälligkeiten, verkümmert durch die Unmittelbarkeit des Sinnlichen und durch die Willkür in Zuständen, Begebenheiten, Charakteren usf. Den Schein und die Täuschung dieser schlechten, verfänglichen Welt nimmt die Kunst von jenem wahrhaften Gehalt der Erscheinungen fort und gibt ihnen eine höhere geistgeborene Wirklichkeit. Weit entfernt also bloßer Schein zu sein, ist den Erscheinungen der Kunst, der gewöhnlichen Wirklichkeit gegenüber, die höhere Realität und das wahrhaftigere Dasein zuzuschreiben« (X^1, S. 12 f.). – So wird dialektische Beziehung zwischen der »gewöhnlichen Wirklichkeit« und dem »wahrhaften Gehalt der Erscheinungen«, zwischen der unmittelbaren Oberfläche und den selber erzdialektischen Wesensbeziehungen dahinter von Hegel als Amt des künstlerischen

Augenlichts, des Argus angegeben. Und das Ideal, als das hier das ästhetische Wesen bezeichnet wird, verläuft nicht in unfundierten Schein, nicht in abstrakte Illusion, sondern konträr: Hegel betritt in der Ästhetik aufs neue die Gradstufen der Wirklichkeit, die er in der Logik (besonders in der Logik des Wesens) ausgezeichnet hat. Er stellt das ästhetisch Ideale – bei allem Dualismus zwischen »Ideal und Leben« – mit seinen zulänglichen Erscheinungen in eine dialektisch vermittelte Klimax von Wirklichkeit.

Erinnerlich ist, daß Hegel ganz besonders die Natur als Gebiet der nur äußeren Notwendigkeit, also Zufälligkeit dargestellt hat. Der Lokalpatriotismus der menschlichen Arbeit, Geschichte und Kultur, den er dagegen aufbot, kulminiert im unbedingten Primat des Kunstschönen über das Naturschöne. Hierbei schlägt Hegel die mannigfachen Verschlingungen ästhetischer (nicht nur religiöser) Erfahrungen und Kategorien nicht an, welche gerade in seiner Naturphilosophie, als einer qualitativen, sich vorfinden. Sie wurden oben bei Gelegenheit des »Lichts« erwähnt, wie sich denn ja auch die ganze naturphilosophische Reihenfolge Schwere-Licht-Leben (Wort) in der ästhetischen Reihe Hegels: Baukunst-Malerei-Poesie dem Material nach wiederholt. Hegel spricht weiter, bei Gelegenheit der Farbenlehre, auch der Kristalle, von einer »inneren Damastweberei der Natur«: – er setzt also mitten in Physisches, ja darunter, ein Kunstgleichnis, das Naturschönes nicht eben als bloßen Rohstoff angibt. Trotzdem läßt Hegels Ästhetik, wie gesehen, das Naturschöne und was es etwa an schweigenden Bedeutungen zu raten aufgibt, weit hinter sich. Der Kunst ist hier keine Nachahmung der Natur vorgeordnet, auch keine wesentliche Einschmiegung in Naturschönheit oder wesentliche Belehrung durch sie. Kunst als Menschenwerk, lehrt Hegel, ist demgegenüber schlechthin überbietend, ist durch jenen unzersplitterten Wesensbezug, zu dem es die Naturschönheit nie bringt, aus dieser herausgetreten. Immerhin sind, was naturhafte Regelmäßigkeit, Symmetrie, Harmonie angeht, Dürer und die italienische Renaissance daraus nicht so leichten Herzens herausgetreten, um Goethe, Hegels sonstigen gewaltigen Kronzeugen, nicht erst zu nennen. Natur ist für Hegel nicht einmal eine Bühne des ästhetischen Idee-Stückes noch gar diesem Stück ein möglicher Hintergrund, Bedeutungsraum, mit dem es sich vermitteln muß, in den es eindringt. Gar nicht erwähnt Hegel eine ganz radikal »kosmomorphe« Fragwürdigkeit sehr alter Art: nämlich die Wertung des (jeweils verschieden vorgestellten) »Weltbaus« als eines kanonischen Vor- und Urbilds von Architektur (Pyramiden, Pantheon, Hagia Sophia). Vieles daran ist rein historisch eine Fragwürdigkeit, aber ästhetisch doch ein Problem; freilich nur, wenn die Natur nicht als gänzlich durchpassiertes Vorbei erscheint, was bei Hegel durchgehends der Fall ist. An gotischen Kirchen sieht er zwar das bekannte Bild eines Walds, doch das Suchen nach jedem weiteren äußeren Bezug, etwa in Form von hineinspielenden »Zahlenverhältnissen« kosmisch geglaubter Art, bedeutet nichts oder fast nichts, »indem die noch trübere Ahnung des Vernünftigen leicht auf diese Äußerlichkeiten fällt« (X^2, S. 341). Hegel will aber vor allem der vorschreitenden Subjektivität, wie am Schluß der Phänomenologie, so auch im System, das sich zur Ernte des Fürsichseins neigt, keinen Außenbau übriglassen. All das bleibt vielmehr auch hier bloße Entäußerung, sonst nichts, und keine, welche gerade der Er-innerung anstünde, möglicherweise noch bevor-, gar voranstünde. Hegels Kunstideal will Natur weder nachbilden noch, nach ihrer Bewältigung, sie auch nur als Eigenes übriglassen, daher:

»Es ist zu sagen, daß bei bloßer Nachahmung die Kunst im Wettstreit mit der Natur nicht wird bestehen können und das Ansehen eines Wurms erhält, der es unternimmt, einem Elefanten nachzukriechen ... Denn die Kunst ist beschränkt in ihren Darstellungsmitteln und kann nur einseitige Täuschungen, zum Beispiel nur für *einen* Sinn den Schein der Wirklichkeit hervorbringen und gibt in der Tat, wenn sie nur den formellen Zweck bloßer Nachahmung hat, statt wirklicher Lebendigkeit überhaupt nur die Heuchelei des Lebens« (X^1, S. 56).

»Dagegen hat zum Beispiel die holländische Malerei die vorhandenen flüchtigen Scheine der Natur als vom Menschen neuerzeugte zu tausend und abertausend Effekten umzuschaffen gewußt. Samt, Metallglanz, Licht, Pferde, Knechte, alte Weiber, Bauern, aus Pfeifenstummeln den Rauch herausblasend, das

Blinken des Weins im durchsichtigen Glase, Kerle in schmutzigen Jacken mit alten Karten spielend, solche und hunderterlei andere Gegenstände, um welche wir uns im alltäglichen Leben kaum bekümmern, werden uns in diesen Gemälden vors Auge gebracht. Was uns nun aber bei dergleichen Inhalt, insofern ihn die Kunst uns darbietet, sogleich in Anspruch nimmt, ist eben dies Scheinen und Erscheinen der Gegenstände als durch den Geist produziert, welcher das Äußere und Sinnliche der ganzen Materiatur im Innersten verwandelt ... Gegen die vorhandene prosaische Realität ist daher dieser durch den Geist produzierte Schein das Wunder der Idealität, ein Spott, wenn man will, und eine Ironie über das äußere natürliche Dasein ... Der Mensch als künstlerisch schaffend ist eine ganze Welt von Inhalt, den er der Natur entwendet und in dem umfassenden Bereich der Vorstellung und Anschauung zu einem Schatze zusammengehäuft hat, welchen er nun auf einfache Weise ohne die weitläufigen Bedingungen und Veranstaltungen der Realität frei aus sich herausgibt« (X^{1}, S. 208 f.).

Was *Geschichte der Kunst* selber, im näheren angeht, so ist der Fortschrittsgedanke, gar der geradlinige, gleichförmige, formal unentwegte, bei Hegel zuweilen merkwürdig unterbrochen. Zuweilen taucht etwas wie die Bestimmung eines eigenen Kunstwollens auf, das für sich selbst, nicht nach einem ganz anderen Nachher gewertet werden muß. Es fehlen zwar Klagen über »Geschmack- und Geistlosigkeit« der archaischen, auch der asiatischen Kunst nicht, doch es fehlt ihnen der kenntnislose Hochmut. Ägypten wird zwar noch überwiegend als Vorstufe zur griechischen Kunst angesehen, aber das italienische Quattrocento nicht mehr als eine im Verhältnis zur Renaissance. Schließlich wird, bei Gelegenheit sogenannter »Vorübungen«, jenes der Werkgestalt fremde, alles nach einem gerade »erreichten Zielpunkt« ausrichtende und homogenisierende Fortschrittsphilisterium insgesamt kritisiert, das bis in den Anfang dieses Jahrhunderts ästhetisierte. Es hat die Primitiven als – primitiv, die chinesische Malerei als der Perspektive ermangelnd, Don Giovanni als ein noch recht mäßiges Musikdrama bezeichnet. Lehrreich, daß Hegel, der Absolutist des echten Entwicklungsgedankens, sich diesen nicht bloß dialektisch, auch gestalthaft erschwert hat:

»Es ist so, daß Raffael gewiß im Kolorit, im Landschaftlichen usf. von den holländischen Meistern übertroffen wird. Mehr noch ist dies bei früheren italienischen Heroen der Kunst der Fall, gegen welche schon Raffael ebensosehr in Tiefe, Macht und Innigkeit des Ausdrucks zurücksteht, als er sie in Kunst des Malens, in Schönheit lebendiger Gruppierung, in Zeichnung usf. überflügelt hat« (X^{3}, S. 28 f.).

Unterschied der großen gotischen Malerei (etwa Grünewalds) zur klassischen Schönheit; eigener, sowohl häßlicher wie idealer Wert der ersteren: »Hier ist also jene ideale Schönheit verschwunden, welche die äußere Anschauung über die Zeitlichkeit und die Spuren der Vergänglichkeit weghebt, um die blühende Schönheit der Existenz an die Stelle ihrer sonstigen verkümmerten Erscheinung zu setzen. Die romantische Kunst hat die freie Lebendigkeit des Daseins ..., sie hat dies Leben als solches in seinem eigensten Begriff nicht mehr zu ihrem Ziel, sondern wendet diesem Gipfel der Schönheit den Rücken; sie verwebt ihr Inneres auch mit der Zufälligkeit der äußeren Bildung und gönnt den markierten Zügen des Unschönen einen ungeschmälerten Spielraum« (X^{2}, S. 133).

Hegel über die primitiven Verzeichnungen, etwa der Negerplastik (die er nicht kennen konnte), über ostasiatische Kunst; das in einer Umgebung, wo Kunst und Antike fast identische Begriffe waren: »Auf gewissen Stufen des Kunstbewußtseins und der Darstellung ist das Verlassen und Verzerren der Naturgebilde nicht unabsichtliche technische Übungslosigkeit und Ungeschicklichkeit, sondern absichtliches Verändern, welches vom Inhalt, der im Bewußtsein ist, ausgeht und von demselben gefordert ist« (X^{1}, S. 97).

Gegen schematischen, von der Technik hergeholten Fortschrittsglauben in der Kunst überhaupt: »So wenig des Apelles und Sophokles Werke, wenn Raffael und Shakespeare sie gekannt hätten, diese als bloße Vorübungen für sich hätten erscheinen können, sondern als eine verwandte Kraft des Geistes, so wenig kann die Vernunft in früheren Gestaltungen ihrer selbst nur nützliche Vorübungen für sich erblicken. Und wenn Vergil den Homer für eine solche Vorübung für sich und sein verfeinertes Zeitalter betrachtet hat, so ist sein Werk dafür eine Nachübung geblieben« (I, S. 172).

Die *einzelnen Kunstwerke selbst und ihre Gruppen*, die Säulen, Tempel, Figuren, die Bilder und das Musikstück, das lyrische und das epische Gedicht, Komödie, Tragödie: sie führen allesamt wieder auf die Sinnlichkeit, Sinnfälligkeit zurück, in der Hegel das Scheinen der Idee vor sich gehen läßt. So ist die bildende Kunst aufs Gesicht und Licht, die Musik auf Gehör und Ton, die Dichtung auf die sinnlichen Vorstellungen und den Ton als Sprachlaut bezogen. Doch von der erscheinenden Idee her gesehen sind die Künste, auf dem angegebenen sinnlichen Boden, als Teile eines Gotteshauses gegliedert, gleichsam eines profanen: bildende Kunst ist der Tempel mit Bildsäulen, Musik und Poesie sind die darin versammelte Gemeinde. In diesen einzelnen Künsten entwickeln und verwirklichen sich die Kunstformen (die symbolische, klassische, romantische), wie in den Kunstformen sich das allgemeine ästhetische Ideal entwickelt und verwirklicht hat.

Aber die Einheit des Schönen bleibt als die beglückende, wie bei Frauen: »Das Schöne ist also als die Ineinsbildung des Vernünftigen und Sinnlichen und diese Ineinsbildung als das wahrhaft Wirkliche ausgesprochen. Im Allgemeinen ist diese Schillersche Ansicht darin zu erkennen, daß er das Lob der Frauen besonders zu seinem Gegenstand macht, als er in deren Charakter eben die von selbst vorhandene Vereinigung des Geistigen und Natürlichen erkannte und hervorhob« (X[1], S. 62).

Und die Einheit des Schönen bleibt als die des wachsenden Sonnenaufgangs, Selbstaufgangs in seiner für die Anschauung sich herausarbeitenden Gestalt: »In dieser Weise *sucht* die symbolische Kunst« (besonders ägyptische Architektur) »jene vollendete Einheit der inneren Bedeutung und äußeren Gestalt, welche die klassische« (besonders griechische Plastik) »in der Darstellung der substantiellen Individualität für die sinnliche Anschauung *findet*, und die romantische« (neuere Malerei, Musik, Poesie) »in ihrer hervorragenden Geistigkeit *überschreitet«* (X[1], S. 390).

Das indische Aquarell: »Seine Schönheit ist mit der zarten einer Frau zu vergleichen, deren Wangen mit einer feinen Röte, gleichsam einem geistigen Anhauch von innen heraus überzogen sind, und deren Gesichtszüge wie die Haltung des Mundes weich und angespannt bleiben. Diese eigentümliche Schönheit, welche sich bei Frauen einen Tag nach ihrer Niederkunft zeigt, ... oder im Somnambulismus, wenn sie in Gefühlen einer anderen Welt als in der ihres Daseins schwelgen, dieser schöne Ausdruck ... ist der eigentliche Typus, den wir in Indien erblicken. Es ist allerdings das Reich der Träume und der weichen Empfindung, jener molluskenartigen, die uns gar sehr bestechen kann« (IX, S. 145).

Alle Ornamente wollen wie lebend-anorganisch sein: »Sie sind dann vornehmlich verzogene Pflanzengestalten und aus Pflanzen erwachsende und damit verschlungene Tier- und Menschenformen oder in Pflanzen übergehende Tiergebilde ... Für dergleichen architektonischen Zierat, dessen Erfindung in die mannigfaltigsten Einfassungen aller Art, auch an Gerätschaften und Kleidung, in Holz, Stein usf. übergehen kann, ist die Hauptbestimmung und Grundform, daß die Pflanzen, Blätter, Blumen, Tiere dem Anorganischen nähergebracht werden. Daher findet man die Arabesken oft steif und dem Organischen untreu geworden ..., doch ist diese Art der Naturwidrigkeit nicht nur ein Recht der Kunst überhaupt, sondern sogar eine Pflicht der Architektur« (X^2, S. 301 f.).

Das Innere der gotischen Kathedrale und der andere Tag: »Da das Aufstreben sich als der Hauptcharakter bekunden soll, so übersteigt die Höhe der Pfeiler die Breite ihrer Basis in einer fürs Auge nicht mehr berechenbaren Weise: die Pfeiler werden mager, schlank und ragen so hinauf, daß der Blick die ganze Form nicht mit einem Male überschauen kann, sondern umherzuschweifen, emporzufliegen getrieben wird, bis er bei der sanft geneigten Wölbung der zusammentreffenden Bogen beruhigt anlangt, wie das Gemüt bei seiner Andacht, unruhig bewegt, vom Boden der Endlichkeit ab sich erhebt und in Gott allein Ruhe findet ... Außerdem sind die Scheiben der Fenster durch die Glasmalereien nur halb durchsichtig. Teils stellen sie heilige

Geschichten dar, teils sind sie nur überhaupt farbig, um Dämmerung zu verbreiten und den Glanz der Kerzen leuchten zu lassen. Denn hier soll ein anderer Tag Licht geben als der der äußeren Natur« (X^2, S. 339 f.).

Dantes Göttliche Komödie, in *ihrer tiefsten Formulierung:* »Hier verschwindet alles Einzelne und Besondere menschlicher Interessen und Zwecke vor der absoluten Größe des Endzwecks und Ziels aller Dinge, zugleich aber steht das sonst Vergänglichste und Flüchtigste der lebendigen Welt, objektiv in seinem Innersten ergründet, in seinem Wert und Unwert durch den höchsten Begriff, durch Gott gerichtet, vollständig episch da. Denn wie die Individuen in ihrem Treiben und Leiden, ihren Absichten und ihrem Vollbringen waren, so sind sie hier, für immer, als eherne Bilder versteinert hingestellt. In dieser Weise umfaßt das Gedicht die Totalität des objektivsten Lebens: den ewigen Zustand der Hölle, der Läuterung, des Paradieses, und auf diesen unzerstörbaren Grundlagen bewegen sich die Figuren der wirklichen Welt oder vielmehr, sie *haben* sich bewegt, und sind nun mit ihrem Handeln und Sein in der ewigen Gerechtigkeit erstarrt und selber ewig. Wie die homerischen Helden für *unsere* Erinnerung durch die Muse dauernd sind, so haben diese Charaktere ihren Zustand für *sich*, für ihre Individualität hervorgebracht und sind nicht in unserer Vorstellung, sondern an *sich selber* ewig. Die Verewigung durch die Memnosyne des Dichters gilt hier objektiv als das eigene Urteil Gottes, in dessen Namen der kühnste Geist seiner Zeit die ganze Gegenwart und Vergangenheit verdammt oder selig spricht« (X^3, S. 409 f.).

Der antike Chor als gebliebene Form einer noch unmittelbar in der Gemeinschaft lebendig gewesenen und ungeschriebenen Sittlichkeit. Daher sein begründetes Verschwinden in der neueren, von diesem Volksgrund abgehobenen, individualistischen Tragödie, sofern hier »der Entschluß und die Tat auf der bloßen Subjektivität des Interesses und Charakters, auf Herrschsucht, Verliebtheit, Ehre oder sonst auf Leidenschaften beruht, deren Recht allein in der besonderen Neigung der Persönlichkeit wurzeln kann« (X^3, S. 550). Der Chor hat dort keine Stelle, »wo es sich um partikulare Leidenschaften, Zwecke und Charaktere handelt oder die Intrige ihr Spiel zu spielen hat«. Das ist ein Einwand Hegels gegen Schillers Wiederverwendung der Chorform in der »Braut von Messina«. Dagegen ist durch Hegels Definition der echten, antiken Chorform die erneute, freilich völlig umfunktionierte Möglichkeit eines Chors impliziert, der nicht individualistischen, sondern sozialistischen Handlungen gegenüber (mit ihren Scheidewegen, experimentellen Möglichkeiten, dialektischen Kollisionen) ein kontrollierendes »Parteibewußtsein«, überhaupt kollektives Bewußtsein ausspricht (so in Versuchen des Dramatikers Brecht): »Es ist in neuerer Zeit viel über die Bedeutung des griechischen Chors gesprochen worden und dabei die Frage aufgeworfen worden, ob er auch in die moderne Tragödie eingeführt werden könne und solle... Einerseits nämlich hat man den Chor wohl insofern anerkannt, als man gesagt hat, daß ihm die ruhige Reflexion über das Ganze zukomme, während die handelnden Personen in ihren besonderen Zwecken und Situationen befangen blieben, und nun am Chor und seinen Betrachtungen ganz ebenso den Maßstab des Werts ihrer Charaktere und Handlungen erhielten, als das Publikum an ihm in dem Kunstwerk einen objektiven Repräsentanten seines eigenen Urteils über das fände, was vor sich geht. Mit dieser Ansicht ist teilweise der rechte Punkt in der Rücksicht getroffen, daß der Chor in der Tat als das substantiell höhere, von falschen Konflikten abmahnende, den Ausgang bedenkende Bewußtsein darstellt. Dessenungeachtet ist er doch nicht etwa eine bloß äußerlich und müßig wie der Zuschauer (!) reflektierende moralische Person, die, für sich uninteressant und langweilig, nur um dieser Reflexion wegen hinzugefügt wäre, sondern er ist die wirkliche Substanz des sittlichen und heroischen Lebens selbst, *den einzelnen Heroen gegenüber das Volk* als das fruchtbare Erdreich, aus welchem die Individuen – wie die Blumen und hervorragenden Bäume aus ihrem eigenen heimischen Boden – emporgewachsen und *durch die Existenz desselben bedingt sind*. So gehört der Chor wesentlich dem Standpunkt an, wo sich den sittlichen Verwicklungen noch nicht bestimmte rechtsgültige Staatsgesetze und feste religiöse Dogmen entgegenhalten lassen, sondern wo das Sittliche nur erst in seiner unmittelbar lebendigen Wirklichkeit erscheint und nur das Gleichmaß unbeweglichen Lebens gesichert gegen die furchtbaren Kollisionen bleibt, zu welchen die entgegengesetzte Energie des individuellen Handelns führen muß... Diese Stellung des Chors in der griechischen Tragödie ist wesentlich herauszuheben. Wie das Theater selbst seinen äußeren Boden, seine Szene und Umgebung hat, so ist der Chor, das Volk, gleichsam die geistige Szene, man kann ihn dem Tempel der Architektur vergleichen, welcher das Götterbild, das hier zum handelnden Helden wird, umgibt. Bei uns dagegen stehen die Statuen unter freiem Himmel, ohne solch einen Hintergrund, den auch die moderne Tragik nicht braucht, da ihre Handlungen nicht auf diesem substantiellen Grund, sondern auf dem subjektiven Willen und Charakter sowie auf dem scheinbar äußerlichen Zufall der Begebenheiten und Umstände beruhen« (X^3, S. 547 ff.).

Das Interesse am sozialen, nicht nur individuellen oder selbst charakterhaft-wesentlichen Inhalt des dramatischen Konflikts läßt Hegel als »vortrefflichstes Kunstwerk« die Sophokleische »Antigone« werten. Gesellschaftlich-rechtlicher Konfliktstoff, an und zwischen Personen auftretend, wird damit als tragische Hauptsache pointiert. Wobei das alte Recht zwar vergangen, aber noch nicht abgegolten, das neue Recht zwar erschienen, aber noch nicht als allein wesenhaft substantiiert ist. Bei Sophokles vertritt Antigone den Zusammenhang des Bluts (das heißt, das alte Mutterrecht), Kreon den Zusammenhang der Staatsräson (das heißt, das neue Vaterrecht); beide aber sind zugleich mit der ihnen entgegengesetzten Welt verflochten: »Vollständigste Art dieser (der dramatischen) Entwicklung ist dann möglich, wenn die streitenden Individuen, ihrem konkreten Dasein nach, an sich selbst jedes als Totalität auftreten, so daß sie an sich selber in der Gewalt dessen stehen, wogegen sie ankämpfen, und daher das verletzen, was sie ihrer eigenen Existenz gemäß ehren sollten. So lebt Antigone in der Staatsgewalt Kreons; sie selbst ist Königstochter und Braut des Haemon, so daß sie dem Gebot des Fürsten Gehorsam zollen sollte. Doch auch Kreon, der seinerseits Vater und Gatte ist, müßte die Heiligkeit des Bluts respektieren und nicht das befehlen, was dieser Pietät zuwiderläuft. So ist beiden an ihnen selbst das immanent, wogegen sie sich wechselweise erheben, und sie werden an dem selber ergriffen und gebrochen, was zum Kreise ihres eigenen Daseins gehört. Antigone erleidet den Tod, ehe sie sich des bräutlichen Reigens erfreut, aber auch Kreon wird an seinem Sohn und seiner Gattin gestraft, die sich den Tod geben, der eine um Antigones, die andere um Haemons Tod. Von allem Herrlichen der alten und modernen Welt erscheint mir nach dieser Seite die Antigone als das vortrefflichste, befriedigendste Kunstwerk« (X[3], S. 556).

Eine aus der Ablehnung des Moralisierens (Kammerdiener und Held), vor allem aber aus der Erkenntnis der gesellschaftlich-rechtlichen Konfliktstoffe, aus den »Objektivitäten« des archaischen, legalen, revolutionären Rechts stammende Ablehnung des individuellen Schuldmoments in der Tragödie (wobei die »Schuld« des Prometheus überdies nur diese ist, daß er besser ist als Zeus): »Bei allen diesen tragischen Konflikten müssen wir vornehmlich die falsche Vorstellung von Schuld und Unschuld beiseite lassen. Gilt die Vorstellung, der Mensch sei schuldig nur in *dem* Falle, daß ihm eine Wahl offen stand, und er sich mit Willkür zu dem entschloß, was er ausführt, so sind die alten plastischen Figuren unschuldig; sie handeln aus diesem Charakter, diesem Pathos, weil sie gerade dieser Charakter, dieses Pathos sind; da ist keine Unentschlossenheit und keine Wahl... Was sie zu ihrer Tat treibt, ist eben das sittlich berechtigte Pathos, welches sie nun auch in pathetischer Beredsamkeit gegeneinander nicht in der subjektiven Rhetorik des Herzens und Sophistik der Leidenschaft geltend machen, sondern in jener Objektivität, in deren Tiefe, Maß und plastisch lebendigen Schönheit vor allem Sophokles Meister war. Zugleich aber führt ihr kollisionsvolles Pathos sie zu verletzenden schuldvollen Taten. An diesen nun wollen sie nicht etwa unschuldig sein, im Gegenteil, was sie getan, wirklich getan haben, ist ihr Ruhm. Solch einem Helden könnte man nichts Schlimmeres nachsagen, als daß er unschuldig gehandelt habe: es ist die Ehre der großen Charaktere, schuldig zu sein... Ihr fester starrer Charakter ist Eins mit seinem wesentlichen Pathos, und dieser unscheidbare Einklang flößt Bewunderung ein, nicht Rührung, zu der auch Euripides erst übergegangen ist« (X[3], S. 552 f.).

Bei alldem erscheint die moderne oder reine Charaktertragödie, mit »Statuen unter freiem Himmel«, vom Chor losgelöst, ohne kanonisch verfochtenen Inhalt, für Hegel nicht gleichen Werts wie die antike. Wohl aber gleichen Rangs, sofern, wie allerhöchst bei Shakespeare, die Einsamkeit des Individuums einmal einen einzigen Affekt (Macbeth, Othello) oder eine einzige Idee (Hamlet, Prospero) ausdrückt, sodann aber diese Affekte oder Ideen nicht als »verkörpert« erscheinen (wie zuweilen bei Racine, besonders bei Schiller), sondern gänzlich den substantiellen Charakter der dramatischen Person ausmachen. Was im antiken Drama die Ganzheit der Sache, ist so im modernen die ausgerundete Plastik der Charaktere:

»Im allgemeinen ist es in der modernen Tragödie nicht das Substantielle ihres Zwecks, um dessentwillen die Individuen handeln, und was sich als das Treibende ihrer Leidenschaft bewährt, sondern die Subjektivität ihres Herzens und Gemüts oder die Besonderheit ihres Charakters dringen auf Befriedigung« (X³, S. 565).

»Als Meister in Darstellung menschlich voller Individuen und Charaktere steht vor allen Anderen Shakespeare fast unerreichbar da. Denn selbst wenn irgendeine bloß formelle Leidenschaft, wie zum Beispiel im Macbeth die Herrschsucht, im Othello die Eifersucht, das ganze Pathos seiner tragischen Helden in Anspruch nimmt, verzehrt dennoch eine solche Abstraktion nicht etwa die weiterreichende Individualität, sondern in dieser Bestimmtheit bleiben die Individuen immer noch ganze Menschen... Von ähnlicher Art ist auch die Äußerungsweise seiner tragischen Charaktere; individuell, real, unmittelbar lebendig, höchst mannigfaltig und doch (!) von einer Erhabenheit und schlagenden Gewalt des Ausdrucks, von einer Innigkeit und Erfindungsgabe in augenblicklich sich erzeugenden Bildern und Gleichnissen, von einer Rhetorik – nicht der Schule, sondern der wirklichen Empfindung und Durchgängigkeit des Charakters, daß ihm, in Rücksicht auf diesen Verein unmittelbarer Lebendigkeit und innerer Größe, nicht leicht ein anderer dramatischer Dichter unter den neueren kann zur Seite gestellt werden. Denn Goethe hat zwar in seiner Jugend einer ähnlichen Naturtreue und Partikularität, doch ohne die innere Gewalt und Höhe der Leidenschaft, nachgestrebt, und Schiller wieder ist in eine Gewaltsamkeit verfallen, für deren hinausstürmende Expansion es an dem eigentlichen Kern fehlt« (X³, S. 568 f.).

Antikes »Gnadendrama« und christliches; Grenze der Kunst (Wohlgefallen am Fürsichsein) gegen die Religion (Andacht zum Fürsichsein) und Übergang zu ihr:

»Das vollendetste antike Beispiel hierfür haben wir in dem ewig zu bewundernden Ödipus auf Kolonos vor uns. Er hat seinen Vater unwissend erschlagen, den Thron Thebens, das Bett der eigenen Mutter bestiegen; diese bewußtlosen Verbrechen machen ihn nicht unglücklich, aber der alte Rätsellöser zwingt das Wissen über sein eigenes dunkles Schicksal heraus und erhält nun das furchtbare Bewußtsein, daß er dies in sich geworden. Mit dieser Auflösung des Rätsels an ihm selber hat er wie Adam, als er zum Bewußtsein des Guten und Bösen kam, sein Glück verloren. Nun macht er, der Seher, sich blind, nun verbannt er sich vom Thron und scheidet von Theben, wie Adam und Eva aus dem Paradies getrieben werden, und irrt, ein hilfloser Greis, umher. Doch den Schwerbelasteten, ... der allen Zwiespalt in sich auslöscht und sich in sich selber reinigt, ruft ein Gott zu sich; sein blindes Auge wird verklärt und hell, seine Gebeine werden zum Heil, zum Hort der Stadt, die ihn gastfrei aufnahm.

Diese Verklärung im Tod ist seine und unsere erscheinende Versöhnung in seiner Individualität und Persönlichkeit selber. Man hat einen christlichen Ton darin finden wollen, die Anschauung eines Sünders, den Gott zu Gnaden annimmt, und das Schicksal, das an seiner Endlichkeit sich ausließ, im Tode durch Seligkeit vergütet. Die christliche religiöse Versöhnung aber ist eine Verklärung der Seele, die, im Quell des ewigen Heils gebadet, sich über ihre Wirklichkeit und Taten erhebt, indem sie das Herz selbst, denn dies vermag der Geist, zum Grab des Herzens macht, die Anklagen der eigenen irdischen Schuld mit ihrer eigenen irdischen Individualität bezahlt und sich nun in der Gewißheit des ewigen rein geistigen Seligseins in sich selbst gegen jene Anklagen festhält. Die Verklärung des Ödipus dagegen bleibt immer noch die antike Herstellung« (scilicet: die kunsthaft-weltimmanente) »des Bewußtseins aus dem Streit sittlicher Mächte und

Verletzungen zur Einheit und Harmonie dieses sittlichen Gehalts selber« (X^3, S. 557 f.).

Ganz ohnegleichen, wie bemerkt, geht Hegels Doppelblick auf das *Komische* und seine höchste Stufe – den *Humor*. Das Komische zeigt einmal das leere Aufspreizen einer in sich nichtigen, sich übernehmenden Subjektivität und läßt diese in ihrem Nichts zugrunde gehen; über dies Aufspreizen wie dies Verpuffen (es ist eigentlich dasselbe) lacht man. Aber das Komische enthält nicht bloß dieses Lachen als bloßes Auslachen, mit Eitelkeit und Bosheit darin, sondern echte, tiefe Heiterkeit – aus dem Bewußtsein echter, unzerstörbarer Subjektivität. Die aufgespreizte war gar keine, also ist auch dem komischen Helden in seinem Kern gar nichts geschehen. Hegel hat als erster Philosoph dem Humor nicht den Rang eines Heftpflasters, sondern eines Souveräns gegeben; er gab ihm metaphysische Schönheit und Gewalt:

»Komisch ist überhaupt die Subjektivität, die ihr Handeln durch sich selber in Widerspruch bringt und auflöst, dabei aber ebenso ruhig und ihrer selbst gewiß bleibt. Die Komödie hat daher das zu ihrer Grundlage, *womit die Tragödie schließen kann*, das in sich absolut versöhnte heitere Gemüt, das, wenn es auch sein Wollen durch seine eigenen Mittel zerstört und an sich selber zuschanden wird, weil es aus sich selbst das Gegenteil seines Zwecks hervorgebracht hat, darum doch nicht seine Wohlgemutheit verliert... Es ist die lachende Seligkeit der olympischen Götter, ihr unbekümmerter Gleichmut, der in die Menschen heimgekehrt und mit allem fertig ist« (X^3, S. 559, 561).

»Das Verwachsensein mit spezifischer Beschränkung des Inhalts hob der *Humor*, der alle Bestimmtheit wankend zu machen und zu lösen wußte, wieder auf und ließ die Kunst dadurch über sich selbst hinausgehen. In diesem Hinausgehen jedoch der Kunst über sich selber ist sie ebensosehr ein Zurückgehen des Menschen in sich selbst, wodurch die Kunst alle feste Beschränkung auf einen bestimmten Kreis des Inhalts und der Auffassung von sich abstreift und zu ihrem neuen Heiligen den *Humanus* macht« (X^2, S. 235).

Wendung gegen das Publikum (ad spectatores): »So erzählt zum Beispiel Marmontel von der Aufführung seines ›Denis, le

Tyran‹ folgende Anekdote. Der entscheidende Moment war eine Frage an den Tyrannen. Die Clairon nun, welche die Frage zu tun hatte, macht, als der wichtige Augenblick herannaht, indem sie den Dionysius anredet, zugleich einen Schritt vorwärts gegen die Zuschauer, die sie damit apostrophiert, – und durch diese Aktion war der Beifall des ganzen Stücks entschieden« (X^{2}, S. 252).

Wendung des Publikums selbst gegen das Licht zu (ad quidditatem), um das die Erde mit ihren Werken, und nicht nur von Schlaf umgeben, sich bewegt: »Et laus illa, quae a Cicerone Socrati tribuitur, quod philosophiam de coelo detraxerit et in vitam domosque hominum introduxerit, vel parvi habenda vel ita interpretanda erit, ut philosophiam de vita et domibus hominum bene mereri non posse dicamus, nisi a coelo descendat, omnemque operam in eo ponendam esse, ut in coelum evehatur« (Dissertatio de orbitis planetarum, 1801, XVI, S. 3). – »Das Lob, das Cicero dem Sokrates erteilt, daß er die Philosophie vom Himmel herabgezogen und in das Leben, in die Häuser der Menschen eingeführt hätte, ist entweder nichtig oder so zu deuten, daß die Philosophie sich um das Leben und die Wohnungen der Menschen nicht gut verdient machen kann, wenn sie nicht vom Himmel heruntersteigt, um mit ihrem ganzen Werk dahin hinaufzudringen.«

PHILOSOPHIE DER RELIGION 16

1. Das Sein fährt vorstellend damit fort, für sich zu werden. Leben jenseits der Muße heißt Glaube. Er enthält nicht Musen, Schönheit, sondern Sünde, Reue, Aufblick, sie beleben ihn und ganz ohne mögliches Spiel. Er ist als Glaube, welcher glaubt, Andacht, als Glaube, welcher geglaubt wird, Versöhnung, doch beide sind zunächst entsagend. »Das unmittelbare Herz ist das, dem entsagt werden muß, weil dies Moment den Geist nicht frei läßt« (XI, S. 167): der natürliche Mensch ist der dunkle Grund, auf den der Glaube gezogen ist. Die romantische Kunstform hatte bei Hegel schon überall zu solchem Sprung vorbereitet.

Zum Sprung im doppelten Sinn: zu dem durchs natürliche Material hindurch und zu dem ins geistliche Wesen hinein. Aber Kunst blieb stets in der sinnlichen Anschauung, und diese ist endlich, kann sich eines Unendlichen nicht bemächtigen. Wo das geschieht, wie in Miltons »Lost Paradise«, mehr noch in Klopstocks »Messias«, sieht Hegel epischen Bruch, doch keinen produktiven Sprung. Religion dagegen läßt auf fruchtbare Weise das sinnliche Element verschwinden zugunsten einer höheren Gestalt des Bewußtseins. Sie lebt im Gefühl, aber wesentlicher ist die religiöse Vorstellung, die sich von selber, bei genügender Vertiefung, zu religiösem Wissen steigert. Anschauung (wie im Götzendienst), Gefühl (wie in der Schwärmerei) fehlen dem religiösen Bewußtsein nicht. Doch sein Eigentliches ist nach Hegel gedankenreicher: Religion ist Gegenwart der absoluten Idee in der Form der Vorstellung.

2. Gerade die Andacht ist danach etwas, das von »Denken und Gedachtem herkommt«. Hegel fürchtet nicht, daß der Glaube verschwindet, wenn er begriffen wird. Das heißt, wenn er in sich, als sich selber nicht zweifelhafte Sache begriffen wird; alles bloß Angenommene oder Vorgefabelte muß dann weg. Wie Rechts- und Kunstphilosophie hat auch die der Religion bei Hegel drei dialektisch gebaute Teile. Einen abstrakt allgemeinen, einen unterscheidend bestimmten, schließlich, was das Christentum angeht, einen absolut triumphierenden. Der *erste Hauptteil* behandelt Religion in ihrem Begriff, denn sie hat einen, die intellektuelle Leidenschaft Hegels ist nirgends stärker als hier. Glaube ist nicht wesentlich Gefühl, auch nicht moralisches, wie heute liberale Protestanten das darstellen, denen Jesus ein guter Mann ist. Zum moralischen Gefühl braucht man keinen Glauben, mindestens muß er dem rechtschaffenen Mann nicht immer gegenwärtig sein. Glaube ist nach Hegel erst recht nicht Gefühl im Sinn schmelzender Hingebung an ein Höheres, heiße es Allnatur oder Jesuknäblein oder Gott; dies ist der Vagheit des Gefühls alles gleich. Dem Gefühl nach, sagt Hegel, war auch der Apisdienst wahr; es ist dem wahren Glauben aber wichtig, »daß der Inhalt sich legitimiere, sich als wahr zu erkennen gebe« (XI, S. 85), und das kann das Herz nicht. Hegels Zeitgenosse Schleiermacher, der große Prediger, hatte trotz oder wegen seines sen-

timentalen Rationalismus das Wesen der Religion ausschließlich ins Gefühl gesetzt, gar noch ins Gefühl einer »schlechthinnigen Abhängigkeit«, nämlich vom unausdenkbaren Weltgrund. Gegen beides, gegen das Gefühl und mehr noch gegen die Knechtseligkeit darin, trat Hegel auf. Und zwar mit einer gut stilisierten Beleidigung, die denen, welche Hegel einzig als preußischen Autoritätsphilosophen sehen, auch an dieser Stelle zu denken geben mag. Er sagt gegen Schleiermacher, wie erst recht gegen alles Patriarchalische in der Religion: »Gründet sich die Religion im Menschen nur auf ein Gefühl, so hat solches richtig keine weitere Bestimmung, als das Gefühl seiner Abhängigkeit zu sein, und so wäre der Hund der beste Christ, denn er trägt dieses am stärksten in sich und lebt vornehmlich in diesem Gefühl. Auch Erlösungsgefühle hat der Hund, wenn seinem Hunger durch einen Knochen Befriedigung wird. Der Geist hat aber in der Religion vielmehr seine Befreiung und das Gefühl seiner göttlichen Freiheit; nur der freie Geist hat Religion und kann sie haben« (XVII, S. 295 f.). Dieser Hunde-Vergleich hat gegen den alten, Bewußtsein und Rechenschaft fordernden Hegel sehr erbittert, aber man hätte den gleichen Willen zum Argument – an Stelle von bloßem Gefühl, schließlich von Blut oder Natur – bereits in der Phänomenologie finden können. Gefühl (als die Brust des Kleinbürgers) rückt hier sogar mit gesundem Menschenverstand zusammen, auch in Beziehung auf Religion: »Indem jener sich auf das Gefühl, sein inwendiges Orakel, beruft, ist er gegen den, der nicht übereinstimmt, fertig; er muß erklären, daß er dem weiter nichts zu sagen habe, der nicht dasselbe in sich finde und fühle; – mit anderen Worten, er tritt die Wurzel der Humanität mit Füßen. Denn die Natur dieser ist, auf die Übereinkunft mit anderen zu dringen und ihre Existenz nur in der zustande gebrachten Gemeinsamkeit der Bewußtseine. Das Widermenschliche, das Tierische besteht darin, im Gefühl stehenzubleiben und nur durch dieses sich mitteilen zu können« (II, S. 55). Trivialität und Gefühl, das sich nicht hell macht, flaches Räsonnement und irrationale Hundereligion haben so für Hegel ein Gemeinsames: die Unzulänglichkeit, Unzuständigkeit zur Sache. Näher erklärt Hegel, mit spitzer Verwendung eines Wortspiels: »Die Aufklärung und das Obskurantentum haben das

Verwandte, daß sie von Gott nichts *wissen* wollen«; die Aufklärung freilich machte aus dem Menschen wenigstens keinen dunklen Hund. Der Glaube, wie ihn Hegel faßt, befreit durch Entsagung, Ausziehen des natürlichen Adam und so fort den Menschen von der Last seiner selbst, aber »er befreit auch von dem Wahn, in Gott ein ihm fremdes Wesen sich gegenüber zu haben«. Glaube ist Gewißheit, Gewißheit aber definiert Hegel in seiner Religionsphilosophie als »unmittelbare Beziehung des Inhalts und meiner«, Gewißheit ist die Subjektivität, die alle Äußerlichkeit mit sich vermittelt hat. Sämtliche Religionen, behauptet Hegel, suchten eine solche Vermittlung, suchten die Einheit des Göttlichen und des Menschlichen; am höchsten fand das Christentum diese Vermittlung in seinem Mittler oder Gottmenschen selbst. Ja, Religionsgeschichte wird die Geschichte der Entstehung Gottes für die religiöse Vorstellung. Und noch mehr vom Himmel zum Menschen gebracht: Religion wird definiert als »Wissen des göttlichen Geistes von sich durch Vermittlung des endlichen Geistes«.

Hier kennt der Mensch kein Oben, wo er nicht vorkommt. Wo er nicht selber aufsteigt und in dieser Höhe gemeint ist, wenn das unter Gott Gedachte gemeint ist. Es gibt gegenwärtig eine autoritäre protestantische Theologie, die von Deutschland her weite Verbreitung gefunden hat; sie wurde einmal besonders kräftig von Karl Barth vertreten. Sie ist sinngemäß die Hegel fernste, denn Barth setzte gegen alle Humanisierung des Glaubens, gegen alle »Sprech- und Denkbewegung der Kreatur« das schlechthin theonome, das den Menschengeist schlechthin negierende Wort Gottes. (Wobei freilich selber nicht klar wird, wie Maritain beißend bemerkt, ob dieses Negierende eigentlich das Wort Barths oder das Wort Gottes ist.) Hegel steht dem entgegen, wie er den gesamten frommen Irrationalismus ablehnt. Er steht daher auch, trotz seines Kokettierens mit der Lutherischen Orthodoxie, Luther entgegen, dem völlig autoritären, dem Feind der »Närrin Vernunft«. Luthers Kommentar zum Galaterbrief strotzt von Beschimpfungen der menschlichen Vernunft; ihm sind alle christlichen Philosophen, von Origenes bis Thomas von Aquin, »Sophisten« und des Teufels. Hegel dagegen rühmt die Scholastiker, die den Begriff bis auf die Mysterien ausgedehnt hatten, die ihren Gott in der *Wahrheit* anbeten wollten. Es ist diese Art Wahrheit und auch die Wahrheit Hegels, soweit sie sich am Katechismus entlang bewegt, gewiß keine Aufhebung des mythologischen Scheins, der so weithin das Weltbild der Religionsstifter füllt. Hegel selber hat die Vernunft reichlich dazu benutzt, um in seiner Religionsphilosophie die bloße Kirchenlehre zu legitimieren, ganz so, wie es der früheste Scholastiker, Scotus Erigena, verlangt hat: das Amt der Philosophie sei, »verae religionis regulas exprimere«, also der Vernunft die vorhandene Religion klarzumachen. Aber die Vernunft ist bei Hegel doch stärker: er löst mittels des *Humanum* seiner Vernunft immerhin jeden überweltlich thronenden Inhalt des Gottesbegriffs auf. Seine Religionsphilosophie betrachtet ihren Gott nicht als Geist jenseits der Sterne, von außen stoßend, gar als Furchtgötzen aus der Barbarei. Sondern sie deklariert ihn als Geist in den Geistern, in der Tiefe der menschlich erlangten Subjektivität wohnhaft, statt in einer äußerlichen Höhe. Selbst der Kultus, der dem konkreten Hegel sehr wichtige, wird derart humanisiert: »So geschieht, daß hier im Subjekt erscheinen kann und muß der Geist, wie er wahrhaft an und für sich ist und seinem Inhalt gemäß; daß ferner dieser Inhalt kein jenseitiger, sondern die freie Subjektivität darin ihr Wesen zum Gegenstand hat; und der Kultus ist hier das Erkennen, das Wissen des Inhalts, der den absoluten Geist ausmacht, wodurch denn die Geschichte des Inhalts Gottes wesentlich auch Geschichte der Menschheit ist, die Bewegung Gottes zu dem Menschen und des Menschen zu Gott« (XI, S. 167). Merkwürdigerweise wurde diese Religionsphilosophie, wegen des Hegelschen »Weltgeistes« überhaupt, für pantheistisch angesehen, während sie doch bedeutend mehr mit der *Menschwerdung* Gottes Ernst macht, mit dem, was Feuerbach nachher als »Anthropologisierung der Religion« vorgetragen hat. Trotzdem war Pantheismus der Vorwurf, womit das Pfaffentum der ganzen Welt, nicht nur Preußens, gegen Hegels Philosophie Krieg führte. Der damalige päpstliche Kardinalstaatssekretär erklärte sie sofort für unchristlich, die anglikanischen Bischöfe bewiesen gar, in spinösen Büchern, daß sie eine gefährliche Erneuerung des – Brahma-Glaubens wäre. In der Tat aber erneuerte Hegel bedeutend mehr den Glauben des christlichen Mystikers Eckart, der die Gottheit »im Gemüte« suchte und die Erkenntnis des Menschen von Gott mit der Selbsterkenntnis Gottes sich verschlingen ließ. Hegel war also nicht der irrationalen Meinung, daß ein begriffener Gott so wenig mehr ein Gott sei, wie ein begriffenes Gespenst ein Gespenst. Allerdings war er auch nicht der aufgeklärten Meinung, daß ein begriffener Gott, gleich den Gespenstern, gänzlich verschwinde. Er gab ihm sein Asyl in der Subjektivität, worin der Weltgeist zu sich kommt, wie der Mensch in ihr zum Fürsichsein des Weltgeistes kommt. Die Tiefe dieser Subjektivität ist freilich, wie überall bei Hegel, so auch an diesem entscheidenden Punkt, eine bei sich angelangte, eine offenbare, eine keines Wunderbaren gewärtige: mit der Kirchengemeinde ist der gottmenschliche Inhalt erschöpft.

3. Desto reicher der Weg, bis es bei Hegel zu dieser Gemeinde kommt. Er wird dadurch gangbar gemacht, daß eine intentionale Einheit in den verschiedenen Religionen festgehalten wird. Sie alle eben sollen Suche nach der Einheit des Göttlichen und Menschlichen darstellen, mit dialektisch fortschreitendem Vermittlungsprozeß. Der *zweite Hauptteil*, als historisch bestimmender, behandelt derart die Folge der bis zum Christentum hervorgetretenen Gottesvorstellungen. Die Kategorien, die Hegel aus den einzelnen Vermittlungen herausliest, sind aufregend formuliert; Aufschriften aus dem gärenden Helldunkel der Phänomenologie melden sich wieder an. Sie zeigen eine Religion der Zauberei, des Maßes (die chinesische), der Phantasie (die brahmanische), des Insichseins (die buddhistische). Dann eine Religion des Schmerzes (syrischer Adoniskult), das Rätsels (die ägyptische), der Erhabenheit, der Schönheit, der Zweckmäßigkeit. Letztere drei Kategorien bedeuten die Religionen des Judentums, Griechenlands, Roms; in ihnen verschwindet der Mensch nicht als ein Nichtiges vor Gott, wie in den orientalisch-ägyptischen Religionen, die ihren Gott nur als Naturmacht kennen, sondern der Gott beginnt als Subjekt vorgestellt zu werden. Als Macht und Weisheit im Judentum, als plastische Schönheit bei den Griechen, als regierende Zweckmäßigkeit bei den Römern. Alle diese Kategorien, so geheimnisvoll und selber mysterienhaft sie zum Teil klingen (Religion des Insichseins, des Schmerzes,

des Rätsels), erinnern aber nicht bloß an das Kirchenfensterdeutsch der Phänomenologie. Sie reproduzieren, auf hoher Stufe der Realphilosophie, auch wichtige Bestimmungen der Hegelschen Logik; so das Maß, das Insichsein, die Zweckmäßigkeit. Hegels Weltgeist, seinem Fürsichsein immer näher kommend, prägt seine Planbestimmungen »vor Erschaffung der Welt«, also die der Hegelschen Logik, in der Religion erkennbarer aus als im Recht, gar in der Natur. Die Religionsgeschichte wird für solche Auferstehung der rechte Ort: glaubte doch gerade in der Logik Hegel ganz in dem zu weilen, was des Vaters und Schöpfers ist. Der Logos, als angeblich genetischer Urgrund der Wirklichkeit, erinnert sein Ansich in der Folge seines religiösen Fürsich. So laufen logische und religiöse Kategorien parallel, wenigstens bis hin zum Christentum: Zweckmäßigkeit, die römische Religion, ist die letzte dieser Relationen; wie in Hegels Logik, so in Hegels Geschichte des Glaubens. Mit der römischen Religion endet mithin das Gebiet der *relativen* religiösen Wahrheiten (ein höchst unorthodoxer Begriff, aus der Toleranzidee des achtzehnten Jahrhunderts entnommen). Seltsam wirkt hierbei, an der Religionsreihe dieses außerchristlichen Hauptteils, die Prävalenz der griechischen und römischen Religion über die jüdische. Zeus und Jupiter folgen in Hegels Ordnung Jahwe nach, was im hierarchischen Nacheinander des Systems allemal bedeutet: sie stehen entwickelt darüber. Wonach Hegel auch nicht aus Galiläa und Jerusalem, sondern mehr aus Griechenland und Rom das – Christentum entspringen läßt. Hier wirkt eine vom jungen Hegel her anhaltende, auch mystisch genährte Abneigung gegen die rabbinische Gesetzesreligion, besonders eine unhistorische Rückdatierung ihrer ins alte Israel selbst, ohne Ansehung der Propheten. Weiter aber sind es die Götter Griechenlands, in früher, mit Hölderlin und Schiller gemeinsamer Sehnsucht, die wenigstens gegen das Alte Testament, das fernere und entstellbarere, ausgespielt werden, nachdem sich Hegel gegen das näher gegenwärtige Christentum Paganismus nicht erlaubt hat. Doch greift Hegel notgedrungen, beim Ende und Untergang des antiken Pantheon, aufs Judentum zurück, worin Jesus geboren wurde. Die antiken Götter starben, weil sie noch nicht anthropomorph genug waren; mit Christus hören jene

Religionen auf, welche nach Hegel noch die der bloßen geistigen Individualität sind: – der menschlich inkarnierte Gott beginnt.

Die Glocken läuten, es ist, als ob eine Schlacht gewonnen oder schon gewonnen wäre. Dem Christentum ist der *dritte Hauptteil* gewidmet, der triumphierende, überschrieben: Absolute Religion. Hegel behandelt sie nicht als Urchristentum (wie das in seiner kühnen Jugendschrift, dem »Leben Jesu«, geschehen) ist. Er nimmt die Erlösung als Realität der Gemeinde, repräsentiert durch die sichtbare Kirche, so wie diese wieder durch die Glaubenslehre geformt ist, die innerhalb der Gemeindekirche ein eigener Lehrstand vermittelt. An den Vatikanismus als Christentum darf allerdings bei Hegel nicht einmal gedacht werden. Er nennt ihn die Stütze »solcher Regierungen, welche mit Institutionen zusammenhängen, die sich auf die Unfreiheit des rechtlich und sittlich frei sein sollenden Geistes, das heißt, auf Institutionen des Unrechts und einen Zustand sittlicher Verkommenheit und Barbarei gründen« (Enz. § 552). Das klingt der damaligen Reaktion gegenüber unverhohlen, es klingt prophetisch im Hinblick auf den späteren Kleriko-Faschismus. Hegel erwartet offenbar auch vom Kirchenchristentum, dem er die Ehre gibt, konkret zu sein, Einigung von Gott und Mensch, nicht von Klerus und Mammon. So wenig Religion in diesem System mit Moralität und Sittlichkeit zusammenfällt (sie ist durch die eigene Sphäre des »absoluten Geistes« getrennt), so wenig kann sie der Sittlichkeit doch widersprechen: »Rechtes Leben ohne alle Religion ist jederzeit möglich, obwohl es dann keine Tiefen hat, aber Christentum ohne rechtes Leben ist die tönende Schelle.« Hegel feiert also Christentum nicht zuletzt deshalb als absolute Religion, weil es die Liebe als Kultus hat und keine Höhe kennt, in der der Menschensohn nicht vorkommt. Das bedeutet bei Hegel absolute Religion als die des zu sich gekommenen Geistes, das ist, des johanneischen Logos. Er ist hier Menschenseele, höchster Rationalismus, Gotteswort zugleich – eine andere Welt und doch eine aus Menschenliebe und Menschenvernunft bestehende.

4. Daher soll der Sohn nicht nur frei machen, sondern hell. Das im Namen des Herrn je Gesuchte kommt im christlichen

Sohn nach Hause. Hegel nennt das Christentum die offenbare Religion, was ihm aber nicht das gleiche ist wie die geoffenbarte. Er unterscheidet beides sofort am Eingang des dritten Hauptteils, auf eine Art, woran weder Luther noch auch Calvin viel Freude gehabt hätten. Denn mit dieser Unterscheidung nimmt Hegel, dem Bibelwort gegenüber, einen fast täuferisch-spirituellen, näher einen Lessingschen Standpunkt ein. Die Täufer hatten gelehrt, die Schrift sei eine tote Katze, wenn der Mensch sie mit dem Odem Gottes nicht auf die Beine jage, sie sei eine tonlose Pfeife, wenn der Geist nicht darauf spiele. Lessing hatte in der »Erziehung des Menschengeschlechts« die Offenbarung mit der vorläufigen Angabe des Resultats verglichen, die gegeben wird, um dem Knaben die Rechnung zu erleichtern; aber das Ziel sei, die Offenbarungswahrheit kritisch in Vernunftwahrheit zu verwandeln. Diesen Rationalismus nimmt Hegel auf, er tut damit der Religion, auf stärkere Weise, die gleiche Vernunft an, die er dem Staat angetan hatte, nämlich die Pflicht, sich vor dem anwesenden konkreten Begriff zu legitimieren. Damit offenbar werde, was die Religion in der Religion, die wahre, sei. Von daher also der Unterschied zwischen Offenbar und Offenbart: offenbar ist das dem Geist Einleuchtende, offenbart dagegen ist ein ihm von oben her Gesetztes, das sogenannte Positive an der Religion. Das Offenbarte ist danach gerade das Nicht-Offenbare, denn es tritt als Fremdes an das Bewußtsein heran, mitsamt den Zumutungen der biblischen Schöpfungsfabel, Adams und Evas, aller Mythen, die im positiven Christentum keine mehr sein wollen, sondern Lückenbüßer der Erkenntnis. Hegel läßt solche Mythen nur als bildliche zu, als Metaphern oder Gleichnisse (ungefähr wie die arabischen Scholastiker, die ja weit rationalistischer waren als die christlichen). Auch macht er nicht viel Unterschied zwischen heidnischen und biblischen Mythen, zwischen der Büchse der Pandora und dem Baum der Erkenntnis; fast nur der Wandel Christi gilt ihm »nicht bloß für einen Mythos nach Weise der Bilder, sondern als etwas vollkommen Geschichtliches«. Aber überall nennt Hegel das Geoffenbarte das Unwesentliche an der Religion, da es ja nicht ein Gesetztes bleiben, sondern durch das Zeugnis des Geistes in ein Vernünftiges verwandelt werden soll. Das

Vernünftige auf dieser Stufe ist nach Hegel gewiß nicht der bloße Verstand der Aufklärung, der Religion zu bloßem Priesterbetrug gemacht und es Moses übel angerechnet hatte, daß er nicht bereits die Weisheit Voltaires besaß, oder auch, daß er sie verschwieg. Das Vernünftige auf dieser Stufe ist nach Hegel vielmehr das Vernünftige der *Tiefen in Subjektivität und Freiheit*, des substantiellen Fürsichseins und Beisichseins. Hegel rekurriert damit in der Religion auf den Grundsatz der Phänomenologie den immerhin auch unverdinglichten, dem *fremden* Gegenstand fremden: »Es kommt alles darauf an, das Wahre nicht als Substanz, sondern ebensosehr als Subjekt aufzufassen und auszudrücken« (II, S. 14). Er geht vom Verstand der Aufklärung auf den mystischen Rationalismus Meister Eckarts zurück, der die Erkenntnis des Menschen von Gott mit der Selbsterkenntnis Gottes sich verschlingen ließ, der diese Selbsterkenntnis vor allem humanisierte. »Den aller Himmel Himmel nicht umschloß, der liegt nun in Mariä Schoß«, hatte Meister Eckart vom Christentum gesagt. Hegel kannte diesen Satz, zitierte ihn in seinem ersten System-Fragment, machte danach den anthropozentrischen Gebrauch davon. Den im Kultus freilich auch objektiv zugeordneten und wenn subjekthaften, so jedenfalls nicht subjektivistischen; wovon in dieser Darstellung weiter herab. Es ist die Humanisierung Gottes und die erkannte Vermehrung des Menschen um seinen Gott, die Hegel im Christentum vor allem realisiert sieht: »Daß der Mensch von Gott weiß, ist nach der wesentlichen Gemeinschaft ein gemeinschaftliches Wissen, insofern Gott im Menschen von sich selber weiß.« Oder: »In dieser ganzen Geschichte ist dem Menschen zum Bewußtsein gekommen, daß der Mensch unmittelbarer, präsenter Gott ist, und zwar so, daß in dieser Geschichte, wie sie der Geist auffaßt, selbst die Darstellung des Prozesses ist dessen, was der Mensch, der Geist ist« (XII, S. 253). Nur der Mensch also, nicht der Staat tritt hier auf als »präsenter Gott auf Erden«; solche Präsenz vernichtet den jenseitigen Himmel, indem sie ihn für die Information des freien Geistes über seine eigene Tiefe plündert. Welche unerloschenen Antriebe diese religiöse Humanisierung hinter sich hat, zeigt auf überraschendste Weise ein frühes Pronunciamento Hegels, eines das bereits den vollen

Feuerbach enthält, die volle Rückforderung des Himmels für den Menschen, der ihn gemacht und ausgestattet hat. Der Philosoph schreibt 1800 in der Frühschrift »Die Positivität der christlichen Religion« folgenden Himmelssturm: »So hatte der Despotismus der römischen Fürsten den Geist des Menschen vom Erdboden verjagt, der Raub der Freiheit hatte ihn gezwungen, sein Ewiges, sein Absolutes in die Gottheit zu flüchten, – Glückseligkeit im Himmel zu suchen und zu erwarten. Die *Objektivität der Gottheit* ist mit der Verdorbenheit und Sklaverei des Menschen in gleichem Schritt gegangen, und jene ist eigentlich nur eine Offenbarung, nur eine Erscheinung des Geistes dieser Zeiten... Der Geist der Zeit offenbarte sich in der Objektivität seines Gottes, als er... in eine neue, uns fremde Welt gesetzt wurde, an deren Gebiet wir keinen Anteil haben, wo wir durch unser Tun uns nicht anbauen, sondern höchstens hineinbetteln oder hineinzaubern können, als der Mensch selbst ein Nicht-Ich und seine Gottheit ein anderes Nicht-Ich war« (Hegels Theologische Jugendschriften, 1907, S. 227f.). Und weiter: »Außer früheren Versuchen blieb es unseren Tagen vorzüglich vorbehalten, die Schätze, die an den Himmel verschleudert worden sind, als Eigentum des Menschen wenigstens in der Theorie zu vindizieren – aber welches Zeitalter wird die Kraft haben, dieses Recht geltend zu machen und sich in den Besitz zu setzen?« Die Prometheuslust dieser Sätze kann nicht überboten werden, auch ist ihr Tenor bei Hegel nie ganz vergangen. Er klingt noch spät an allen Orten nach, wo sich Raum für seine Subjekthaftigkeit bietet, so in der Ästhetik bei der Auflösung der antiken Götter. Die Hybris ist gedämpft, doch die Anthropologisierung stets die gleiche: »Der Untergang dieser schönen Götter der Kunst ist notwendig, indem das Bewußtsein sich zuletzt nicht mehr bei ihnen zu beruhigen vermag und sich deshalb aus ihnen in sich zurückwendet« (X^{2}, S. 102). Das Cur Deus homo, die Frage, die das Christentum ist und beantwortet, ist die Reanthropologisierung, – bei Hegel nur aus einer Forderung der Zukunft zur geschehenen Tat Christi verwandelt. Mehrere der zentralst gelegenen Andachtsstätten dieser Philosophie zelebrieren daher so sehr Religion des Gottmenschen Jesus, daß an ihnen fast Religion ohne Gott erscheint, zentriert im

Menschensohn. Das, obwohl Hegel behauptet hat und gerade weil er behauptet hat: »Auch die Philosophie hat keinen anderen Gegenstand als Gott und ist so wesentlich rationelle Theologie und, als im Dienste der Wahrheit, fortdauernder Gottesdienst« (XI, S. 131 f.). Der Gott Hegels aber ist der Humanus, das Humanum, wie es in seiner Weite und Tiefe offenbar zu werden vermag; dies Reich Christi enthält auch in seiner Transzendenz kein unaufgelöstes Gott-Unding oder Gott-Ding. Feuerbach also, mit seiner nachmaligen ausdrücklichen Anthropologisierung der Religion, brauchte an diesem Punkt Hegel kaum zu verändern. Keine Analyse des Christentums, die auf ein Erbe aus ist und nicht nur auf eine dürre, abstrakte, ahnungslose Negation, wird einen Schritt tun können, auch nicht den zum begriffenen Atheismus, ohne vorher Hegels Religionsphilosophie bedacht zu haben.

5. Daß jeder Wert sich auf Menschliches bezieht, ist leicht zu fühlen, schwerer zu denken. Die Aufklärung behauptete nichts anderes, doch so, daß sie den Lichtteil, der nach drüben verlegt worden war, gänzlich wegließ. Aber sie schärfte den Sinn für menschliche Würde, sie verachtete den Bodenkuß, wie vor Fürsten, so vor himmlischen Gespenstern. Auch der frühe Hegel verdankt der Aufklärung und nicht nur der christlichen Menschwerdung seine Unlust, sich ins Jenseits hineinzubetteln, seine Lust, den geliehenen Glanz herüberzuholen. Was aus Hegel bei Feuerbach wieder hervortrat, war so als bestes achtzehntes Jahrhundert schon vorher in Hegel vorhanden. Namentlich könnte eine der liebenswertesten und verehrungswürdigsten Gestalten dieser Zeit auf Hegels Zurückforderung des himmlischen Eigentums eingewirkt haben: der Revolutionär und Naturforscher Georg Forster. Diese Einwirkung wäre eine besonders angemessene, sie ist nicht unwahrscheinlich, indem Hegel in der Zeit der Abfassung seines zitierten Passus vom Hineinbetteln in den Himmel und von der Objektivierung Gottes, die mit der menschlichen Schwäche wächst, sich folgende Sätze aus Forsters »Ansichten vom Niederrhein« (1790) exzerpierte: »Wir darben unaufhörlich und trotzen nie auf eigene Kräfte. Einen Vertrauten zu finden, dem wir unsere Not mit uns selbst klagen, dem wir unser Herz mit allem Anliegen ausschütten, dem wir durch

anhaltendes Bitten und Tränenvergießen... Beistand und Mitleid ablocken können: dies ist das Hauptbedürfnis unseres Lebens, und dazu schaffen wir Götter nach unserem Bilde.« Anders, nach dem Bild einer kräftigeren Menschheit, aber gleichfalls von ihr entliehen, standen die antiken Götter da. Sie waren unserem besten Teil verwandter und nicht so zum Kontrast unserer Schwäche objektiviert: »Es mag seine Richtigkeit haben mit der göttlichen Vollkommenheit der beiden Meisterwerke des Phidias, seiner Minerva und seines Jupiters; aber je majestätischer sie da säßen oder ständen, das hehre Haupt für unseren Blick angrenzend an den Himmel, desto furchtbarer unsere Phantasie; je vollkommenere Ideale des Erhabenen, desto befremdlicher unsere Schwachheit. Menschen, die für sich allein stehen konnten, hatten keckes Bewußtsein genug, um jenen Riesengottheiten ins Auge zu sehen, sich verwandt mit ihnen zu fühlen und sich um dieser Verwandtschaft willen ihren Beistand im Notfall zu versprechen« (vgl. Hoffmeister, Dokumente zu Hegels Entwicklung, 1936, S. 218). Die Hegelsche Konsequenz aus diesen Forster-Sätzen wurde eben diese: das Nicht-Ich aufzugeben, zu dem Gott in der Zeit der Schwäche geworden ist; das Ich gleich einem neuen Phidias zu halten, um mit der Verwandtschaft, die nicht mehr Griechenland, wohl aber die christliche Mystik versichert, den Götterglanz als Eigentum des Menschen zu vindizieren.

Es muß freilich bedacht werden, daß Hegel niemals ein Ich ohne ein Gegenüber kennt. Es gibt bei ihm kein Subjekt ohne Gegenstand, letzterer bleibt nur kein äußerlicher, undurchdrungener. Es sei denn, daß Ich und Gegenüber zusammen im reinen Selbst aufgelöst werden, was auf eine lange Strecke religiös nicht der Fall ist und erst am Ende des Systems, ganz erst in der Philosophie der Philosophie, zur spirituellen Objektlosigkeit führt. Die Idee im Stand der Vorstellung ist bei Hegel zwar wachsende Er-innerung, aber als religiöse noch durchaus im Du-Verhältnis, im spezifischen Subjekt-Objekt-Verhältnis. So muß Hegels starke religiöse Subjektivierung nicht subjektivistisch verstanden werden. Ja, sie kehrt zuweilen zu besonders vermehrter Betonung der religiösen Objektseite zurück; das im Gegensatz zu der Auflösung des Glaubens in bloße Stimmung. Wie diese bereits Hegel als religiös angewärmte Leere entgegentrat, wenn sie es auch noch nicht zum Salongeschwätz der »spirituellen Werte« gebracht hatte. Hegel braucht überall Inhaltlichkeit, und diese wird am sichersten von Gegenständen getragen, in der Religionsphilosophie vom höchsten Gegenstand: Gott. So eben entspricht hier der christlichen Gottwerdung des Menschen die Vermehrung des Menschen um seinen Gott. Hegels Gottinhalt wird zwar viel intensiver ins menschliche Bewußtsein aufgelöst als dieses wieder in Gott aufgelöst wird, aber letztere Auflösung, die objektiv-mystische, gibt doch der anthropologisch-mystischen den Schatz, den nicht Rost und Motten noch Psychologismen fressen. Bereits der frühe Hegel zeigt derart außer der betonten Subjektmagie zugleich einen Sinn für die Objektmagie, das ist, für die dem sich hinbewegenden Subjekt sich einflößende heilige Tinktur. Das Berührtwerden von ihr, das Umflossen- und Aufgenommenwerden von objektiv Unendlichem erscheint ihm mit Hölderlin naturmystisch, im panhaften Vergessen. Es erscheint ihm christlich, im Unendlichkeitsbad der Johannestaufe: »Es gibt kein Gefühl, das dem Verlangen nach dem Unendlichen, dem Sehnen, in das Unendliche überzufließen, so homogen wäre als das Verlangen, sich in einer Wasserfülle zu begraben; der Hineinstürzende hat ein Fremdes vor sich, das ihn sogleich ganz umfließt, an jedem Punkt seines Körpers sich zu fühlen gibt; er ist der Welt genommen, sie ihm; er ist nur gefühltes Wasser, das ihn berührt, wo er ist, und er ist nur, wo er es fühlt; es ist in der Wasserfülle keine Lücke, keine Beschränkung, keine Mannigfaltigkeit oder Bestimmung; das Gefühl derselben ist das unzerstreuteste, einfachste; der Untergetauchte steigt wieder in die Luft empor, trennt sich vom Wasserkörper, ist von ihm schon geschieden, aber trieft noch allenthalben von ihm; sowie es ihn verläßt, nimmt die Welt um ihn wieder Bestimmtheit an, und er tritt gestärkt in die Mannigfaltigkeit des Bewußtseins zurück ... Im Untergetauchten ist nur Ein Gefühl und die Vergessenheit der Welt, eine Einsamkeit, die alles von sich geworfen, allem sich entwunden hat. Als ein solches Entnehmen alles Bisherigen, als eine begeisternde Weihe in eine neue Welt erscheint die Taufe Jesus« (Theol. Jugendschriften, S. 319). Die Einsamkeit ist hier dargestellt als eine in der Wasserfülle, in der Substanz ohne Lücke und Beschränkung; so umfließt diese Substanz das Subjekt als ein Fremdes, so entladet sich aber auch das Subjekt in der Beschäftigung mit ihr seiner Isoliertheit, es erfährt in einer Tiefe, die größer als der Umfang seiner Isoliertheit ist, die religiöse Wiedergeburt. Die zwei dialektischen Momente Subjekt-Objekt oder Objekt-Subjekt sehen daher auch in Hegels religiöser Dialektik nicht so aus, als ob das Subjekt den religiösen Prozeß ohne den Gegenbezug der Objektivität bestritte. Oben wurde bereits auf den Kultus gewiesen, worin Hegel die Subjekthaftigkeit des Christentums vor bloßem Subjektivismus bewahrt sehen wollte. Der Gegenbezug der Objektivität auf die Innerlichkeit wird auch hier zu einem Wechselbezug, zu einem Subjekt und Objekt aneinander bestimmenden: »Wie das Bewußtsein bestimmt ist, so ist auch das Verhältnis des Subjekts zu ihm oder so ist auch das Selbstbewußtsein im Kultus bestimmt; das eine Moment ist immer der Abdruck des anderen, eines weist auf das andere hin. Beide Weisen, von denen die eine Weise nur das objektive Bewußtsein festhält, die andere das reine Selbstbewußtsein, sind eindeutig und heben sich jede an sich selber auf« (XI, 1840, S. 41). Hegels Objektbetonung, im Sinn des Vaters und höchsten Objekts, mehrte sich überdies in späteren Jahren; so hielt er Vorlesungen über die Beweise vom Dasein Gottes, die kaum mehr Transponierung der Substanz zum Subjekt betonen, desto mehr die Aseität, das ist, ein nur von sich abhängiges Sein Gottes. Die Akzentuierung des Gegenüber ist hier die stärkste: »So viel soll die Religion doch sein, daß sie ein Ankommen des Geistes bei diesem Inhalte, unseres Bewußtseins bei diesem Gegenstand sei, nicht bloß ein Ziehen von Linien der Sehnsucht ins Leere hinaus, ein Anschauen, welches nichts anschaue, nichts sich gegenüberfinde... Wenn in der Tat in der Religion nur ein Verhältnis von uns aus zu Gott verstanden werden sollte, so würde nicht ein selbständiges Sein Gottes zugelassen, Gott wäre nur in der Religion, ein von uns Gesetztes, Erzeugtes. Der soeben gebrauchte und getadelte Ausdruck, daß Gott nur in der Religion sei, hat aber auch den großen und wahrhaften Sinn, daß es zur Natur Gottes in dessen vollkommener, an und für sich seiender Selbständigkeit gehöre, für den Geist des Menschen zu sein, sich demselben mitzuteilen«

(XII, S. 328). Der kosmologische Beweis wird hier der Naturreligion, der teleologische den Religionen der geistigen Individualität, der ontologische dem Christentum, als dem absoluten Begriff der Religion, zugeordnet, aber überall arbeitet Gottprimat. Von daher auch in späterer Zeit eine gewisse konservative Beziehung Hegels zu Franz von Baader, der von der Gleichung: Wissen des Menschen von Gott = Wissen Gottes von sich selbst am weitesten entfernt war. Und zwar bezieht sich die Berührung mit Baader nicht nur auf dessen Willen, die Religion, wie Hegel, spekulativ zu behandeln, sondern eben auch auf den Ausgang von Gott: Cogitor ergo sum, ich werde von Gott gedacht, also bin ich, hat Baader gelehrt; Selbstbewußtsein ist von Gott Gewußtsein. Das ist extremer Gottprimat, und dieser bot dem isolierten Subjektivismus in gleicher Isoliertheit die Parole. Also ist eine Scheu unverkennbar, das unter Gott Gedachte nun doch in die humane Atmosphäre völlig einzubeziehen. Wichtige Partien der Hegelschen Religionsphilosophie zwingen, von dieser Scheu, einem Anti-Feuerbach gleichsam, mitten in der religiösen Selbsterkenntnis selber Kenntnis zu nehmen. Es ist eine Anomalie; wäre sie umfänglicher, so rückte sie Hegel von der Seite des Menschensohns auf die des Gottes, der von außen stößt. Es ist zwar keine Anomalie in Hegels durchgehender Abneigung gegen Subjektivismus, erst recht keine in der Betonung der zu Hegels Dialektik überall wesentlichen Objektseite, doch wirkte allerdings die verstärkte religiöse Objekt-Betonung, gar Gott-der-Herr-Betonung dem »Reich Gottes« im Humanum und seiner Ausbreitung entgegen. Nicht grundlos konnte die rechtsstehende Hegelschule auf diesen Gottprimat sich berufen; er ließ Gottes Thron von Prometheus unerschüttert und den Vatermythos hors de concours.

6. Indessen kommt bei Hegel, auch von hier aus, doch kein thronender Inhalt des Gottesbegriffs zustande. Die subjekthafte Auflösung des Gottinhalts bleibt zuletzt intensiver als dessen Auflösung ins objektive Bewußtsein, gar als ein mythischer Außengott. Vor allem werden Subjekt und Objekt zusammen gerade religiös wachsend übergriffen von jener *Einheit des Selbst*, dessen Momente sie bei Hegel sind. So beginnt doch auch die Religion, gerade sie, mit jener Art von schlechtem Gewissen

am Objekt, das – als wäre alles Objekthafte notwendig ein Fremdes – zur gegenstandslosen Spiritualisierung führt. Zur gleichen eben, der der Schluß der Phänomenologie das Programm gegeben hat, zur gleichen, die noch den objektiven Idealismus, qua Idealismus, dazu bestimmt, raumlos, naturlos, ohne *Umgebung* des triumphierenden Wir und Selbst zu schließen. Auch Hegels fast mittelalterliche Verachtung der Natur (zuletzt sichtbar geworden an seiner Herabsetzung der Naturschönheit) verdeckte den Platz, besser: das Problem einer Humanisierung der Natur selbst, als des weitesten Objekts. Die Religion ist zwar erst auf dem Weg zur wechselseitigen Aufhebung des Ich und seines Gegenüber im reinen Selbst, doch bereits in ihr beginnt, was im absoluten Wissen und Geist kulminiert: »Die Momente seiner Bewegung stellen sich nicht mehr als bestimmte Gestalten des Bewußtseins dar, sondern der Unterschied desselben (ist) in das Selbst zurückgegangen« (II, S. 609). Oder der Geist in Wahrheit ist: »die Verwandlung des Gegenstands des Bewußtseins in Gegenstand des Selbstbewußtseins, das heißt, in ebensosehr aufgehobenen Gegenstand« (II, S. 605). Dieses Selbst des gewußten Selbstbewußtseins, worin »Selbstbewußtsein« ebenso wie »objektives Bewußtsein« sich aneinander letzthin aufheben und verschwinden, ist und bleibt freilich das des Humanum, trotz wie wegen der göttlichen Enthobenheit, Erhabenheit. Es ist, wohlverstanden, ein Humanum ohne unmittelbare Gegebenheit, das ist, ohne allen Psychologismus; es ist bei Hegel dasjenige Humanum, das nicht durch Geburt in die Welt tritt, sondern allein durch den religiösen Prozeß der Wiedergeburt. Darin erst triumphiert für Hegel die dem Selbst zugehörende religiöse Wahrheit, und das Selbst der Religion ist bei Hegel nicht der transzendente, in radikal fremdgesetzlichem Geheimnis starrende Gott, sondern der Gottmensch Christus. Er gilt als der helle, das Humanum begründende Abgrund im Menschen. Die spiritualistisch einsetzende Raumlosigkeit des Fürsichseins ist somit religionsphilosophisch nicht zu seiner Gesichtslosigkeit geworden; wogegen das Ansich Gott, das unvermittelt-transzendente, im Mittler allerdings versinkt. In Christus ist der transzendente Gott gestorben, was aufersteht, läßt nicht nur das Menschliche als Kreatur hinter sich, sondern auch den an sich seienden Vater: »An sich Gott und tot – diese Vermittlung, wodurch das Menschliche abgestreift wird, andererseits das Ansichseiende zu sich zurückkommt und so erst Geist ist« (XII, S. 253).

Der Abgrund bleibt dabei, doch eben als ein die mögliche Tiefe begründender. Oben wurde die extreme Theonomie von schlechthinnigen oder schlechthinnig gewesenen Kreaturfeinden wie Karl Barth erwähnt, die dem Subjekt (das ihnen nur als kreatürlich-psychologischer Anthropos vorliegt) überhaupt nichts als Sünde und Irrtum zubilligen. Und die Gotteswirklichkeit steht hier als solche außerhalb jeder Korrespondenz mit menschlicher Möglichkeit. Von solchem Riß zwischen Subjekt und Substanz ist Hegel am weitesten entfernt, sowohl wegen seiner durchgehends zweiseitigen Vermittlungsdialektik wie auch wegen seiner Todfeindschaft gegen allen Hund- und Sklaven-Irrationalismus. Wohl aber lebt in Hegel ein Gefühl, das ihm mit allen religiösen Naturen gemeinsam ist: das allemal undeutlich gelagerte Tiefengefühl eines Deus absconditus. Und diese Tiefe, genau diese, wird, der Hegelschen Intention nach, aus der transzendenten Objektivität, wohin sie der frühe Hegel verschleudert und hypostasiert sah, in die Subjekthaftigkeit zurückgeholt. In die Subjekthaftigkeit eines *Humanum absconditum*, wie es bei Hegel die Selbstheit bedeutet, zum Unterschied vom Menschlich-Allzumenschlichen des Psychologismus und Subjektivismus. Hier ist nicht, wie Hegel dem Subjektivismus vorwirft, ein Linienziehen ins Leere, denn Humanum absconditum, *das Erbe vom Deus absconditus*, ist nicht leer. Vielmehr: das ganze Reich des Vaters wird bei Hegel in das des Sohnes und des Geistes aufgehoben, mitsamt dem Geheimnis, nur nicht mehr als einem starrenden, fremdgesetzlichen. So sieht sich die Idee des Deus absconditus, statt das Absolutum einer ewig-unmenschlichen Schimäre, einer allerheiligst-hohen Entfremdung zu sein, gerade in die Tiefe des Humanum eingeschlagen – als das Gewissen, als die Mächtigkeit dieser Tiefe. Ehre sei Gott in der Höhe, aber als den Menschen ein Wohlgefallen; wonach der Gott der Höhe sich neigt zum Untergang in die Menschen, und die Menschen sich neigen zu ihrem Aufgang. Da dieses Neigen ebenso ein Aufbegehren gegen die Gotthypostase droben und drüben ist, ist sie lauter Schlange, Prometheus, Hybris. Da sie aber im gleichen Zug ein Ernten der re-anthropologisierten Himmelsfülle ist, ist diese Hybris die frömmste oder das konkrete Sursum corda der Religion. Das also ist letzthin auch in Hegels Religions-Objektivität bedeutet: sie will – mit Recht oder Unrecht – das Salz sein, welches die Erde nicht dumm macht, sondern scharf. Da will nirgends Objektivismus sein, das ist *entfremdete* Objektivität; der Mystiker Hegel haßt Götzen. Hierin wirkt die Tiefe eines christlichen *Eritis sicut Deus*, des Anlasses zu der Antwort auf die Frage *Cur Deus homo*.

7. Daß es mit dem Menschen nicht weit her sei, das wird biblisch recht durcheinander behauptet. Oder, was aufs Gleiche hinausläuft, auf so widerspruchsvolle Weise begründet, daß das eben wieder beunruhigt und sich aufhebt. Indem nämlich das faustische Verlangen, das also, was doch wieder als des Menschen bester Teil erscheint, uns verkürzen soll. Es gibt eine Stelle in der Bibel, an der sich seit alters ketzerische Lichtfreunde zu erkennen geglaubt haben. Die Textstelle befindet sich am gleichen Ort wie der Baum der Erkenntnis; und der Mensch soll von ihm nicht essen. Dies Verbot ist das erste reaktionäre, ist der Wille, das Volk dumm zu halten, aber die Schlange verführt zu dem Essen der Früchte mit den Worten: »So werden eure Augen aufgetan und werdet sein wie Gott und wissen, was gut und böse ist.« Stünde dieser Satz nun an einer anderen Stelle, etwa bei den Propheten, bei Jesus, dann fiele er aus dem Duktus ihrer Predigt keineswegs heraus. Jesus hat durchaus das Wissen des Guten und Bösen gelehrt und das Werden des Seins wie Gott. Unter den christlichen Mystikern zielten auch die orthodoxen auf Vergottung des Menschen, ja, der römische Katechismus sagt, daß die geistlich Entrückten, »obgleich sie ihre eigene Substanz behalten, doch eine gewisse wunderbare und fast göttliche Gestalt anziehen, so daß sie eher Götter als Menschen zu sein scheinen (ut dii potius quam homines videantur)«. Der Unterschied ist allerdings der, daß hier die *Propheten*, *Jesus* und so fort sprechen, und daß es Gott sein soll, der durch seinen Genuß das Sein wie Gott bringt. Während im Paradies die als teuflisch angegebene Schlange spricht und die Frucht des Eritis sicut Deus mit Jahwe nur so viel zu tun hat, daß er sie verboten hat. Trotzdem behauptet die Bibel, die von den Priestern nachher so orthodox

zusammenredigierte, nirgends, daß die Frucht Blendwerk gewesen sei. Der Baum heißt der der Erkenntnis, nicht des Irrtums, auch hat die Schlange, die die Bibel vom Vater der Lüge geschickt sein läßt, mit ihrem Versprechen nicht gelogen: denn Jahwe sagt gleich nachher: »Siehe, Adam ist worden wie unsereiner, denn er weiß, was gut und böse ist.« Hegel macht auf diese Worte besonders und in den verschiedensten Zusammenhängen aufmerksam, er ehrt an der alten Geschichte überhaupt nicht die schlechthin negative, die Sündenfall-Deutung. Er ist mit der herkömmlichen Deutung des merkwürdigen Mythos nur so weit einig, daß er die Frechheit, den Abfall, den Trotz, also das für Hegel Moralisch-Böse (auf das Real-Böse in der Welt geht der geistige Optimist nicht ein), dem Schlangen-Luzifer zuschiebt. Doch darüber hinaus, was Freiheit als Menschwerdung angeht, steht Hegel auf der Schlangenseite, nicht auf Seite der Blindheit, der bequemen Unschuld, worin der Bibel-Jahwe die Menschen halten wollte. Luzifer-Schlange hätte selber diesen Hegelsatz sprechen können: »Der Zustand der Unschuld, dieser paradiesische Zustand ist der tierische. Das Paradies ist ein Park, wo nur die Tiere und nicht die Menschen bleiben können« (IX, S. 333). Die Geschichte von der Vertreibung aus dem Paradies, mitsamt dem Schweiß des Angesichts, wertet Hegel zwar nur aus protestantischem Arbeitsethos um, aber was die Erkenntnis des Guten und Bösen angeht, auf die hin ein eifernder, wo nicht eifersüchtiger Gott aus seinem Paradies vertreibt, so geschieht Hegels Umwertung ziemlich links auf der Ketzerseite, nämlich auf der des Subjekt-Vernunft-Glaubens: »Das Schwierige ist, daß gesagt wird, Gott habe den Menschen verboten, zu dieser Erkenntnis zu gelangen; denn die Erkenntnis ist gerade das, was den Charakter des Geistes ausmacht; der Geist ist nur Geist durch das Bewußtsein, und das höchste Bewußtsein liegt gerade in jener Erkenntnis« (XII, S. 64). Bezeichnenderweise hat Hegel auch keinerlei Beziehung des Sündenfall-Kapitels (1. Mos. 3) zu dem großen Wiedergeburt-Kapitel der Bibel (Röm. 7) zugelassen; trotz der dahingehenden Mahnung des von ihm geschätzten Erweckungstheologen Tholuck (Guido und Julius, 1823). Denn, wenn Paulus (Röm. 7) die Wiedergeburt das Fleisch der Sünde abtun läßt, als das durch die paradiesische Verführung entstandene, so hat die Schlange ja gerade nicht das Fleisch verführt, sondern konträr aus der Kreatur hinweg zum Geist gerufen. Also steht die Schlange, soll heißen: *das durch ihren Mythos bezeichnete Aufruhr- und Aufklärungswesen* bei Hegel ganz anders da wie in der Verteufelung, die dieses Wesen – nicht bloß in seiner Bibelerscheinung – seitens der herrschenden Orthodoxie gefunden hat. Das Schlangenbild selber war unter den reaktionären Zeitgenossen Hegels nicht ohne Grund en vogue; nur eben wurde dieser Archetyp ausnahmslos zum Drachen des Abgrunds geworfen. Als einer seiner Ausbrüche erschien die Französische Revolution, als sein Besieger St. Michael, der Schutzpatron der jeweils herrschenden Klasse und ihres Gottes. Die Hegelsche Parteinahme für die Ursache des im Sündenfall Gedachten erweist sich in diesem Punkt als anthropologisch-religiöse Parteinahme, ja als eine für den Archetyp der Subjektrevolte überhaupt, in mythischer Kleidung. Um zuletzt einen Gegensatz zu haben, an dem Hegels Dämonen-Helle besonders deutlich wird, vergleiche man die schlechthin reaktionäre Theonomie in Schellings später Religionsphilosophie. Diese selbst besitzt zwar große prälogisch-existentielle Tiefen und ist in diesem Bezug ein Gegenschlag gegen Hegels Panlogismen, der nicht so leicht oder, wie öfter bei Schematikern und zugleich Hegelomanen, so verächtlich zu nehmen ist, jedoch in der Religionskonzeption selber, mit Schlange, Sündenfall, Gottesschlacht in der Mitte, ist Schellings Gegenschlag gegen Hegels Eritis sicut Deus ebendeshalb der des Throngötzen gegen den Menschen. Und wieder ist das alte Bibelsymbol das Zeichen, an dem die Mystik der Freiheit vom Mystizismus der Reaktion sich scheidet; beim späten Schelling wird das überdeutlich.

Hier, kurz vor 1848, ist die Schlange schlechthin böse wie jede Empörung, sie hat die Welt nur verwirrt und gottentfremdet. So muß Gott mit den Seinen gegen die Welt in Krieg ziehen, der wachsend siegreiche Hervortritt des Herrn spiegelt sich in der Abfolge der religiösen Vorstellungen. Die Schlange, Kain, die Rotte Korah, Judas gehören alle auf die Seite der Revolution, als des Erzbösen. Ein antiker Empörer, Prometheus, findet bei Schelling, fast Hegelianisch, zwar noch Bejahung, denn dieser Empörer steht innerhalb der Heidengötter als der bloß naturhaften »Potenzen« Gottes: »Prometheus ist der Gedanke, in dem das Menschengeschlecht, nachdem es die ganze Götterwelt aus seinem Inneren hervorgebracht, auf sich selbst zurückkehrend, seiner selbst und des eigenen Schicksals bewußt wurde, das Unselige des Götterglaubens gefühlt hat« (Schelling, Werke I², S. 482). Indes, sobald die Spannung eine zum Bibelgott wird, sobald die Empörung der Schlange erscheint, ist das Prometheus-Prinzip schlechthin das der Sünde, der Verfluchtheit von Anfang an, Satans. Die Schlange ist die Versuchung zum Wissen, das keinen Inhalt hat außer dem der Vergaffung ins eigene Nichts. Satan-Luzifer ist die Versuchung, die lockend beginnt und mit Entsetzen endet: »In dieser Beziehung heißt er (der Satan) die alte Schlange, denn wie es eine leise, dem Menschen unmerkliche Bewegung ist, mit der sich die Schlange ihm nähert, um ihn tödlich zu verwunden, so ist auch die Bewegung des ihn verleitenden Prinzip, wenn es, aus der Tiefe sich erhebend, dem Menschen sich darstellt, ihn gleichsam überfällt und den nichts Ahnenden überrascht, eine leise, für den Menschen unmerkliche Bewegung... Der Satan heißt die alte Schlange, die seit unvordenklicher Zeit den Menschen verleitet hat und den ganzen Erdkreis verwirrt, in Irrtum führt; – für uns, die wir diesen großen Irrweg des Menschengeschlechts durch alle seine Windungen hindurch verfolgt haben, bedarf dieses Prädikat keiner besonderen Erklärung« (Schelling IV², S. 262 f.). Der Mensch darf seine Freiheit nicht probieren: »Denn er ist zwar Gott gleich, inwiefern er sich nicht bewegt, inwiefern er sich's nicht anzieht, aber nicht, um als Gott zu sein... Dieses als Gott sein wollen ist eben der Anlaß zum Umsturz« (Schelling III², S. 357). Die Welt wird so eine zerbrochene Einheit, eine durch menschliche Freiheit zerrüttete, verderbte, abgefallene. Dieser Abfall aber ist bei Schelling eben der, gegen den der tätige, lebendige, persönliche Gott ankämpft, so lange ankämpft, bis die abgefallene Menschheit, das abgefallene Universum insgesamt wieder unterworfen und in ihm aufgenommen sind, bis er sich wieder zum Herrn alles Seins gemacht hat. Gott ist vom Sündenfall bis zur Erscheinung Christi nur mit seinem Unwillen in der Welt, mit dem Nein des weißen Kriegs. Schelling gab damit also die militanteste Anti-Anthropologie der Religion oder lauter St. Michael des Herrn.

Und genau der Gegensatz zu Hegels Vernunftphilosophie (Eritis sicut Deus) wird von Schelling so bezeichnet, daß diese Gott lediglich zum Ziel habe, darum alles ohne Gott, rein logisch-rational, betrachte, während Schellings Theogonie Gott als Prinzip und herrschende Substanz erfahre. Auch Schellings Christus, der Sohn, führt nicht etwa in gottgleicher Selbständigkeit die Weltherrschaft, die einzig dem Vater gebührt, sondern er entäußert sich seines Gottseins, er führt die Welt Gott zurück und erlangt erst durch diese Bescheidung Gottgleichheit. Erneut ist an dieser reaktionären Phantastik oder phantastischen Reaktion erkennbar, wie extremer Objektivismus, wie Herr- und Vater-Hypostase dreinsehen, und wie weit Hegel von solchen Ideologien entfernt ist. Sobald das Problem *religiöses Erbe* einmal spruchreif wird, ist die Wertung des Schlangenmythos auch hier ein sicheres Zeichen, um Ketzerchristentum von den kirchlichen Fortsetzungen der alten Baal-Religionen zu unterscheiden. Was Prometheus im philosophischen Kalender, ist Eritis sicut Deus in dem der revolutionären Ketzergeschichte. Der antimythische Rat: Wage zu wissen, hat hier seinen mythischen Archetyp: – *die Paradiesschlange ist gleichsam die Raupe der Göttin Vernunft.*

Ob der alten Erzählung ein wirklicher Aufruhr entsprach und er rückverlegt wurde, steht dahin. Ein ideeller Widerschein von dergleichen setzt sich jedenfalls in der merkwürdig doppelsinnigen Geschichte von Kain fort, auch in der merkwürdig pointierten Heilschlange während der Wüstenwanderung (4. Mos. 21,9). Die Vergleichung, die Jesus selber zwischen sich und dieser Heilschlange setzt (Joh. 3,14), ist von Sekten durchaus auf ihr eigenes Subjekt bezogen worden. Und eine sehr alte Spur schmiegt sich theologisch bis zu Hegels relativer Rettung des Schlangenworts herauf, die Spur der spätantiken Ketzersekte der Ophiten. Diese hatten zuerst den biblischen Schlangenmythos vollkommen umgewertet und die Paradiesverführung mit der durch Jesus gleichgesetzt: Christus ist die Wiederkunft der Schlange; Christus vollendet das Eritis sicut Deus. Der Mensch bleibt nicht das unter den Schöpfer dieser schlechten Welt Gebundene, er wird das nach der Errettung aus der Welt Befreite, von dem die Schlange wie Jesus, Jesus wie die Schlange gesprochen hat. Die Spur dieser unerhörten Parallele zieht geschwächt weiter im Subjektpathos des Täufertums, in der frommen Hybris, mittels des eigenen Dabeiseins Gott zu überkommen, damit er als Fremder aufhöre; es war die Wendung gegen alles Oben, worin der Mensch nicht vorkommt. Und völlig säkularisiert zieht sich die autonome Spur in das Ereignis, das ja unterirdisch noch durchaus mit den mittelalterlichen Ketzerbewegungen zusammenhängt: in die Französische Revolution. In jene Hybris also, die Hegel nicht müde ward, als die Macht zu bezeichnen, die die Welt auf den Kopf, das ist, auf den Gedanken gestellt hat. Weg von der Leibeigenschaft in jeder Form, auch in ihrer transzendenten Widerspiegelung, hin zu den Befreiern, zum Genius der Freiheit. Der junge Hegel entnahm dem Ruf: »in Tyrannos« fast einen neuen Heiligenkalender, er war an den athenischen Tyrannenmördern Harmodius und Aristogeiton orientiert, an Brutus, dessen Büste vor Beethoven stand. Von daher der Schlangensatz: »Man lehrt unsere Kinder Tischgebete, Morgen- und Abendsegen. – Es ist kein Harmodius, kein Aristogeiton, die ewiger Ruhm bekleidete, da sie den Tyrannen schlugen und gleiche Rechte und Gesetze gaben ihren Bürgern, die in dem Munde unseres Volkes, in seinen Gesängen lebten« (Theol. Jugendschriften, S. 359). Überall laufen hier andere Verehrungen als die der Knechtseligkeit, und sie stehen in einer Beziehung zum Schlangenmythos, die von Hegel nicht unwahrgenommen bleibt. Glaube ist für Hegel Gewißheit, doch »Gewißheit ist Subjektivität überhaupt« (XI, S. 79), »Gewißheit ist unmittelbare Beziehung des Inhalts und meiner« (XI, S. 63); so wird sie in der Religion eines äußeren Gotts, eines heteronom gedachten Objekts nicht gewonnen. Desto näher bleibt der Archetyp der gefährlich-lehrenden Schlange; sie, nicht mehr die Eule der Minerva, gibt in diesem Betracht das Emblem dieser Religionsphilosophie ab.

8. Hierbei ist freilich festzuhalten: auch Hegels in sich gehender Aufblick macht sich in sich fertig. Der ganze frühere Himmel wird einem menschlichen Fürsichsein zugewendet und dieses in ihn gehoben, doch zugleich liegt es völlig ausgemessen vor. Das Menschensubjekt hat Tiefe, zum Unterschied von der nur verständig-moralisierend gefaßten Kreatur, doch die Tiefe ent-

hält nichts Offenes, Unerwartetes. Insofern sind sogar un-verständige Gegenschläge gegen das Hegelsche, wie zuletzt Karl Barths, lehrreich und heilsam; gerade weil sie das Leben des Himmels *teuer* verkaufen. Weil sie, obzwar auf reaktionäre und gänzlich mythologisch-transzendente Weise, ein noch Unaufgehelltes in den religiös bezeichneten oder bedeuteten Inhalten kenntlich machen, das nicht ohne weiteres auf die *bisher präsent gewordene* Menschenart zurückbezogen, also dahin aufgelöst werden kann. Hegel hat, wie bemerkt, die rein moralische Humanisierung der Aufklärungs-Theologie nicht mitgemacht, jedoch sein Christenmensch ist – wie der vorhandene Staat, wie der Kunstgeist der Menschheit – manifestiert und mit sich abgezirkelt. Hegel ist letzthin auch mit dieser Subjektivität (dem Fürsichsein) im reinen, es gibt vor ihr weder einen Abgrund möglichen Schreckens noch einen Stern möglicher Hoffnung. Anhalten beim und am Gegenwärtig-Vorhandenen, Positivität, die sich als Realismus gibt, ist zwar mit subjekthafter Gegenwärtigkeit, vielleicht auch noch Gewärtigkeit, aber nicht mit ebensolcher Hoffnung versehen. Das muß bei Hegel so sein, die Abgeschlossenheit des Prozesses, trotz der Dialektik, duldet kein Nicht-Manifestiertes. Deshalb trat auch notwendig ein historisch Gewordenes, nämlich ein Stück Kirchenmythologie, in die humane Ausschüttung des Himmels ein: die Lehre von der Dreieinigkeit. Ist sie es doch zugleich, in der die Hegelsche Dialektik, wie erinnerlich, ihr Urmodell hat; desto vorbestimmter rundet sie die Dialektik theologisch ab. Das Reich des Vaters, des Sohnes, des Geistes tritt dann nicht als fortschreitende Menschwerdung, sondern als ruhend-gegenständliche, als »Einteilung« Gottes hervor, eines Gottes, der nun, wider die Abrede, ganz wieder äußeres, mythologisch thronendes Objekt wird, und Dreieinigkeits-Einteilung ist seine Anatomie. An dieser Stelle hebt Hegels Religionsphilosophie, wider ihr Programm, durchaus nicht Schöpfungsfabeln und Mythen auf, konträr, er rammt sie ein. Und wenn er den Vater im Sohn, im Geist aufhebt, so macht er im Ganzen doch ebenso die heilige Anatomie-Dreieinigkeit wieder statisch. Alle diese Hypostasen sind von der Lebendigkeit des Fürsichseins verschieden, sie stehen reichlich fremd in einer Religionsphilosophie der Nicht-Entfremdung,

Selbstvermittlung. Ist es doch bei Hegel gerade die Religion, welche seinen Kategorien Wahrheit und Freiheit die größte Kühnheit und zugleich den Halt mitzuteilen hat. Diese Mitteilung macht ihm erst das Christentum absolut: »Die absolute Religion ist so die Religion der Wahrheit und Freiheit. *Denn die Wahrheit ist, sich im Gegenständlichen nicht zu verhalten als zu einem Fremden. Die Freiheit drückt dasselbe, was die Wahrheit ist, mit einer Bestimmung der Negation aus«* (XI, S. 167). Diese Wahrheits-Freiheitsbestimmung meint an Ort und Stelle nur das spezifisch Theologische, daß sich das unter Gott Gedachte wachsend herunterneigt, »wodurch denn die Geschichte des Inhalts Gottes wesentlich auch Geschichte der Menschheit ist, die Bewegung Gottes zu dem Menschen und des Menschen zu Gott«. Hegels angegebene höchste Wahrheitsbestimmung meint aber überdies, ja universal, daß nichts an irgendeiner Objektivität, gar an einer Schein-Objektivität (Verdinglichung, transzendente Hypostasierung) übrigbleibt, das nicht im Menschenreich aufgeht und untergeht. Dies wurde wieder übertrieben, wie bekannt: Hegel spiritualisiert gegen Ende des Systems das Fürsichsein wachsend. Er übersteigert den Kampf gegen *entfremdete* Objektivität, das ist gegen Objektivismus, zu einem gegen *Objektivität überhaupt*, gegen nicht mehr entfremdete und so gerade real aufgehende. Erst ohne diese Übertreibung wird aber der Ruf zum Selbst und unentfremdeten Gegenstand auch irreligiös, metareligiös wichtig und folgenreich. Er dringt auf Aufhebung aller Verhältnisse, in denen das Objektive, gar Verdinglichte groß, der Mensch klein, gedrückt, verächtlich, verschollen ist. Diese Freiheit, mitsamt der Ordnung, in der sie steht, könnte man erst das nennen, was Hegel im Christentum idealisch als »Realisierung des Begriffs der Religion« verehrt. Wobei, wie bei jeder Realisierung eines Begriffs, das Abstrakte des vormaligen Begriffs zurückgelassen wird. Sicher vergeht, in diesem Fall, seine Mythologie und am sichersten diejenige Art Objektivität, zu der es das Christentum seit zweitausend Jahren gebracht hat. Im Bund mit der jeweils herrschenden Klasse, im Bund mit einer Gotteshypostase, die vergessen hat, daß sie im Alten Testament als Aufforderung eines Auszugs aus der Knechtschaft, im Neuen als Frohbotschaft an die Mühseligen und Beladenen zuerst angetreten ist.

»Die religiöse Empfindung hat ihre erhabene Seite darin, daß sie an keiner vergänglichen Anschauung noch Genusse hängenbleibt, sondern nach ewiger Schönheit und Seligkeit sich sehnt« (I, S. 7).

Eine gleiche Flut läßt erinnern und vergessen: »Die Völker haben dies religiöse Bewußtsein als ihre wahrhafte Würde, als den Sonntag des Lebens angesehen, ... es sei im gegenwärtigen Gefühl der Andacht oder in der Hoffnung. In dieser Region des Geistes strömen die Lethefluten, aus denen Psyche trinkt, worin sie allen Schmerz versenkt, alle Härten, Dunkelheiten der Zeit zu einem Traumbild gestaltet und zum Lichtglanz des Ewigen verklärt« (XI, S. 4).

Glaube und Wissen haben den gleichen Inhalt. Es wurde allerdings vorgehalten, daß, wenn dem so sei, eine von beiden Formen überflüssig sei: »In der Tat ist die Behauptung zu machen, daß der Inhalt, das Bedürfnis, das Interesse der Philosophie mit der Theologie ein gemeinschaftliches sei... Die Philosophie expliziert nur sich, indem sie die Religion expliziert, und indem sie sich expliziert, expliziert sie die Religion« (XI, S. 5).

Hegel wird in diesem Punkt akosmisch; Beziehung zum »Atheisten« Spinoza: »Die Philosophie hat Gott zum Gegenstand und eigentlich zum einzigen Gegenstand. Philosophie ist keine Weltweisheit, wie man sie genannt hat, im Gegensatz zum Glauben. Sie ist keine Weisheit der Welt, sondern eine Erkenntnis des Nichtweltlichen, keine Erkenntnis der äußerlichen Masse, des empirischen Daseins und Lebens, sondern sie ist Erkenntnis dessen, was ewig ist, was Gott ist und was aus seiner Natur fließt« (– »sequi ex« bei Spinoza), »und diese Natur muß sich manifestieren und entwickeln« (XI, S. 15 f.)

Aber das Wissen Gottes von sich selbst ist einzig Wissen des Menschen von Gott, und dieses Wissen entwickelt sich, völlig unspinozistisch, in Vielheit und geschichtlicher Abfolge (wenn auch einer, die ebenso wieder »ewig geschieht«, also gar nicht – geschieht):

»Religion ist Bewußtsein, Wissen für das Wissen, Geist für den Geist; das menschliche Bewußtsein ist das Material, worin sich der Begriff Gottes realisiert; der Begriff ist der Zweck, und das Material, ihn auszuführen, ist das menschliche Bewußtsein.«

»Um die endlichen (geschichtlichen) Religionen in ihrer Wahrheit aufzufassen, muß man sie nach den zwei Seiten betrachten: einerseits, wie Gott gewußt wird, wie er bestimmt wird, und andererseits, wie das Subjekt sich damit selbst weiß. Durch die objektive und die subjektive Seite geht dieselbe Bestimmtheit hindurch, beide Seiten gehen in derselben Bestimmtheit miteinander fort« (das heißt, es gibt auch eine Geschichtsphilosophie Gottes, sie ist mystisch identisch mit der der subjektiv-historischen Gottesvorstellung). »Die Vorstellung, welche der Mensch von Gott hat, entspricht der, welche er von sich selbst, von seiner Freiheit hat. Indem er sich in Gott weiß, weiß er damit sein unvergängliches Leben in Gott, er weiß von der Wahrheit seines Seins... Gott ist zunächst etwas ganz Unbestimmtes; in dem Gang der Entwicklung bildet sich das Bewußtsein dessen, was Gott ist, allmählich weiter aus und verliert immer mehr die *anfängliche Unbestimmtheit«* (XI, S. 42 f.).

Hier ist der angezeigte Punkt nochmals, wo Hegel auf den Rat der Schlange hört. Denn wie das logische, so ist das religiöse reine Sein, wovon Welt und Mensch herkommen, nicht Überfülle, sondern »anfängliche Unbestimmtheit«. Hegel ist als Geschichts-, großenteils auch als Rechtsphilosoph romantisch-antiquarisch einer Vergangenheit zugetan, aber auch dann nicht einer Urvergangenheit, einem unvordenklich Vollkommenen des sich herab-ergießenden, herab-verschlechternden Anfangs. Sondern indem Hegel das Pathos der Entwicklung zeigt (einer wie immer auch antiquarisch-stehenden) und nicht das Pathos der Emanation (vom Vollkommenen zum Unvollkommenen), stehen ihm weder der rechte Himmel noch das rechte Paradies am Anfang. Auch aus diesem Grund hört Hegel auf den Lichtträger im Menschen, der den bloßen »Park der Tiere« dumm findet, auf den Phosphoros oder Luzifer, der zur Erkenntnis und Freiheit verführt:

»Wir finden eine bekannte Vorstellung in der Bibel, abstrakt der Sündenfall genannt, eine Vorstellung, die sehr tief, nicht nur eine zufällige Geschichte, sondern die ewige, notwendige Geschichte der Menschen ist, in äußerlicher, mythischer Weise ausgedrückt.

Das Bewußtsein enthält das Gedoppelte in sich, ... daß die Reflexion das Böse in sich enthält, aber ebenso das Prinzip, die Quelle der Heilung, die Freiheit; beides ist in dieser Geschichte enthalten. Der Hochmut der Freiheit ist der Standpunkt darin, der nicht sein soll. Die andere Seite, daß er sein soll, insofern er den Quell seiner Heilung enthält, ist ausgedrückt in den Worten Gottes: Siehe, Adam ist worden wie unsereiner ... Wir können also sagen: das ist die ewige Geschichte der Freiheit des Menschen, daß er aus dieser Dumpfheit herausgeht, zum Licht des Bewußtseins kommt überhaupt, näher, daß das Gute für ihn ist und das Böse« (XI, S. 194 f.).

»In der christlichen Religion liegt dies Prinzip ..., daß der Mensch absolut unendlichen Wert hat. Näher liegt dies Prinzip darin, daß im Christentum das durch Christus den Menschen geoffenbarte Dogma von der Einheit der göttlichen und menschlichen Natur enthalten ist: Mensch und Gott, die objektive und die subjektive Idee sind hier Eins. In anderer Gestalt findet sich dies in der alten Erzählung vom Sündenfall, *die Schlange hat den Menschen danach nicht betrogen«* (XIII, S. 124).

Übergang zu den einzelnen Religionen, das heißt, in den immer genauer mit einem Bewußtsein vermittelten religiösen Gegenstand: »Wir haben damit angefangen, den Begriff der Religion, die Religion an sich zu betrachten, ein Anderes ist sie, wie sie zu Bewußtsein kommt ... So ist der Mensch zwar an sich frei, die Afrikaner, Asiaten sind es aber nicht, weil sie nicht das Bewußtsein dessen haben, was den Begriff des Menschen ausmacht. Die Religion ist nun in ihrer Bestimmtheit zu betrachten; das Höchste, das erreicht wird und werden kann, ist, daß die Bestimmtheit der Begriff (die Idee der Sache) selbst ist« (XI, S. 183 f.). Der religiöse Geist beginnt dämonisch, als eine noch selber naturhaft versenkte Macht über die Natur.

Bereits der Versuch, Regen zu machen, ist darum fromm:

»Die ganz erste Form der Religion, wofür wir den Namen Zauberei haben, ist diese, daß das Geistige die Macht über die Natur ist« (XI, S. 220). »Insofern hier eine Wirkung von Lebendigem auf Lebendiges und noch mehr vom Geistigen auf Körperliches stattfindet, sind da Zusammenhänge, die nicht geleugnet werden« (XI, S. 232).

Altindisches Ineinander von wilder Fülle und leerem Ich, das zusieht, sich herauszieht: »Die erste konkrete Weise der Freiheit ist menschliches Sein oder tierische Lebendigkeit. Das Sein hat hier die Form menschlicher Gestaltung, und es ist das Reich der Phantasie, daß die Gegenstände ganz zufällig als menschliche oder tierische Gestalten vorgestellt werden, ganz verschwenderisch mit dieser Gestaltung umgegangen wird« (XI, S. 281). »Die ungeheuere Inkonsequenz ist vorhanden, geht durch die Selbständigkeit der Götter so, daß sie das Eine sind, wodurch ihre besondere Gestalt, Natur wieder verschwindet. Zugleich hat dieses Eine... wesentliche Existenz als der Mensch, der sich zu dieser Abstraktion erhebt« (XI, S. 289). »Der Mensch in dieser Gedankenlosigkeit, Leerheit in sich selbst sich zusammenhaltend, diese reine Ichheit, dies reine Beisichsein ist Brahma. Das ist nun die höchste Weise des Kultus, daß der Inder diese Abstraktion vollkommen zu seiner Gewohnheit macht« (XI, S. 306).

Auch in der ägyptischen Religion »ist der Gott noch immer Natur«, nicht wilde oder abstrakt ausgeleerte, wohl aber brütende, überall symbolische, sich als Rätsel aus sich herausringende, kurz, Naturgeist als Wüste und Sphinx zugleich. Die hervorbrechende Bedeutung hat es hart: »Daher nun dieser Kampf der Bedeutung mit dem Material der äußerlichen Gestalt überhaupt... Die Pyramide ist ein Kristall für sich, worin ein Toter haust; im Kunstwerk, das zur Schönheit dringt, wird die innere Seele der Äußerlichkeit der Gestaltung eingebildet... In diesem Ringen selbst wird Gott angeschaut; was dadurch erreicht werden soll, ist die Erhebung des Geistes aus der Natürlichkeit« (XI, S. 374 f.).

Die Juden sind aus der Knechtschaft ausgezogen, der Mensch selbst sieht sich nun als heilig. Die Naturgötter danken ab, es beginnen die »Religionen der geistigen Individualität«. Hegel ordnete bereits den bisherigen Naturglauben auf menschliche Götter hin; der Übergang geschieht vom Härtesten, also von den starren ägyptischen Göttern her. Macht über die Natur, die schon in der Zauberei erstrebt war, soll nun als nicht mehr oder nicht mehr nur dämonischer Geist erscheinen. Hegel sieht die Naturbestimmtheiten in den beginnenden Menschreligionen an den Saum verwiesen: Jahwe, Zeus, Jupiter haben den Blitz nur noch als Attribut. Der Astralmythos ist nicht verschwunden, Karyatiden mit ihrem Steingerüste tragen ein schweres Stück vom äußeren Weltbau, Sphinxe haben Platz genommen: aber sie werden gestürzt. So gebraucht Hegel den Mythos von der Sphinx und Ödipus: »Es wird berichtet, daß die Sphinx in Theben erschienen sei, und zwar mit den Worten: Was ist das, was morgens auf vier Beinen geht, mittags auf zweien und abends auf dreien? Ödipus mit der Lösung, daß dies der Mensch sei, stürzte die Sphinx vom Felsen; denn was der Mensch sei, haben die Ägypter nicht gewußt« (IX, S. 229). Die darin enthaltene Deutung, daß Griechenland Ägypten aufgelöst und erfüllt habe, ist von der Kunst her gesehen unhaltbar geworden; das ist Klassizismus, der Spielbein, Stehbein, Kontrapost der griechischen Plastik überschätzte und den höheren Rang der ägyptischen Blockeinheit, dieser Steinvollkommenheit, noch nicht verstand. Aber von der Religion her gesehen, in Hegels anthropozentrischem Sinn, konnte die ägyptische Sphinx allerdings gewogen und zu leicht befunden werden, »und das Rätsel ist so gelöst worden: der Inhalt sei der Mensch, der freie, sich wissende Geist« (XI, S. 376). Doch freilich: von welcher Religion her, von welcher Art Gottvorstellung innerhalb der geistigen Individualität (Mensch-Ebenbildlichkeit Gottes), die nun aufzieht? Hegel gibt der griechischen, der »Religion der Schönheit« diese Kraft; sie wird von der jüdischen (»Religion der Erhabenheit«) und der römischen (»Religion der Zweckmäßigkeit«) nur flankiert. Diese lediglich einleitende Stellung des Judentums ist bereits formal-systematisch darum merkwürdig, weil das Alte Testament dadurch vom Neuen völlig abgetrennt wird. Das Christentum, als die »absolute Religion« nach denen der geistigen Individualität, schließt sich nun dialektisch an die römischen

Götter an, nicht an Moses und die Propheten. Parthenon und Kapitol liegen wie ganze Erdteile zwischen dem Alten und dem Neuen Testament; gleich als ob Jesus nicht aus dem spätjüdischen Messianismus stammte. Und als ob das Kirchenlied hieße: Es ist ein Reis entsprungen, von Pilatus kam die Art. Hegel stellt die jüdische Religion insgesamt als Reduktion auf das Mosesgesetz und die bloße »Furcht des Herrn« dar; ja, sein Blick aufs Alte Testament ist durchs Schacherjudentum seiner Tage getrübt und durch den sehr epigonalen gesetzestreuen Rabbinismus vom Original abgelenkt. Das Verhältnis zu Jahwe wird nur als sklavisch dargestellt, es fehlt jeder Bezug zu dem *Exodusgott*, jeder zum *Zukunftsgott* der Propheten. Das ist desto merkwürdiger, als die Zukunftsorientierungen der Religion, die Gleichgültigkeit gegen die Schöpfungsgeschichte und eben gegen das Pathos des menschenleeren Anfangs (statt des menschenerfüllten Endes) von Hegel durchaus aus dem Prophetismus erfahren sind und zweifellos nicht aus Hesiod oder aus den Zwiegesprächen der Nymphe Egeria mit dem König Numa Pompilius. Es ist unrichtig, daß das Christentum eine bloße etwas kränkliche Version des Judentums sei, aber es schlägt der Wahrheit ins Gesicht, das Christentum Christi aus Rom, statt aus dem Prophetismus folgen zu lassen. War doch das Christentum den Heiden nur eine Torheit, den Juden aber ein Ärgernis, das heißt, ein auf ihrem eigenen Boden einheimisches Paradox. Trotzdem, Hegel gibt nicht dem Prophetismus, sondern bereits der griechischen Religion die Kraft, dem Astralmythos die Stirn zu bieten. Sofern »der griechische Geist nicht bei der Furcht stehengeblieben ist, sondern das Verhältnis der Natur zu einem Verhältnis der Freiheit und Heiterkeit gemacht hat« (IX, S. 298). Das ist zwar wahr, trotz dem bedeutenden Wort Chestertons, das hier zur Ergänzung dienen kann: »Die Freude, die die kleine Publizität der Heiden war, ist das große Geheimnis der Christen geworden.« Jedoch die Idee von einem neuen regnum hominum, die bei den Propheten anhebt, gibt dem Apollinischen wie auch dem ver sacrum erst den Grund, nicht nur den Hintergrund. Daher kann auch Hegel nur mit Gegenerleuchtung durch den biblischen Begriff der Gottebenbildlichkeit des Menschen dem Anthropomorphen, ja Anthropopathischen der griechischen

Religion sein Licht geben, sein freilich nun nicht mehr flach oder blaß gesehenes: »Die Gestalt, in der das Sinnliche auf unserer (der griechischen) Stufe das Göttliche ausdrückt, ist die menschliche Gestalt. Es gibt keine andere leibliche Gestalt, die die Versinnlichung des Geistigen wäre, aber sie ist nicht die eines empirischen Menschen, die zugleich der Zufälligkeit des Daseins angehört... Die Gestalt in diesem sinnlichen Stoff ist die menschliche, denn der Gott ist durch den Menschen gesetzt. Aber dies Gesetztsein ist durch die Aufgebung des einzelnen Selbstes vermittelt, die Gestalt daher die allgemeine, wesentliche, schöne und in dieser Weise Ausdruck des geistigen Charakters. Die griechischen Götter sind anthropopathisch, das heißt, sie haben die Bestimmungen der Endlichkeit überhaupt an ihnen, selbst als Unmoralisches, welches etwa in höheren Mythen seinen Ursprung haben mag: der Hauptfehler ist aber nicht der, daß zuviel Anthropopathisches in den griechischen Göttern wäre, sondern einerseits ist noch zuwenig darin; es ist noch zuwenig Menschliches in Gott. Das jüdische Gebot: Du sollst dir kein Bild machen von Gott, bezieht sich darauf, daß Gott wesentlich für den Gedanken ist; das andere Moment des göttlichen Lebens ist aber die Entäußerung seiner zur menschlichen Gestalt, so daß diese darin ist als Manifestation« (XII, 1832, S. 105 f.). – »In dieser Religion ist nichts unverständlich, nichts unbegreiflich, es ist kein Inhalt in dem Gott, der dem Menschen nicht bekannt ist, den er in sich selbst nicht finde, nicht wisse. Pallas, die die Ausbrüche des Zorns bei Achill zurückhält, ist seine eigene Gewohnheit. Athene ist der Geist dieses Volks, nicht ein äußerlicher Geist, Schutzgeist, sondern der lebendige, gegenwärtige, wirklich im Volk lebende... Das Subjekt ist in diesem Kultus frei, und das macht seine Heiterkeit aus. In diesem Kultus wird dem Gott die Ehre angetan, aber diese Ehre wird zur eigenen, daß der Mensch eben das Bewußtsein seines affirmativen Verhältnisses, seiner Einheit mit dem Göttlichen an ihm selbst zeigt, daß es sich im Menschen geltend macht; der Mensch feiert da seine eigene Subjektivität« (XII, S. 109 f.).

Rom wird als Religion nicht so gefeiert, der römische Glaube mit seinen vielen merkwürdigen Zweck-, Funktions-, auch

Abstraktionsgöttern (Jupiter Pistor, Juno Moneta, die Göttinnen Pax, Occasio, Tranquillitas und so fort) – diese eigentümliche mythologische Prosa-Phantasie wird von Hegel eher unterschätzt. Trotzdem soll die religiöse Vorstellung ebenfalls von hier und nicht von Jerusalem zur christlichen, auch schon urchristlichen, umschlagen. Sofern das durch Juno Moneta, selbst durch Jupiter Capitolinus nicht möglich ist, pointiert Hegel einmal das römische Imperium (als Boden für die Ökumene, für die spätere allgemeine Kirche), sodann aber, statt der römischen Religion selbst, gerade die *Katastrophe*, welche ihre abstrakte Zweckmäßigkeit über das schöne Leben und Bewußtsein gebracht hat. Hegel verwendet hierbei viel Mythologie von Fatum, wobei Politik das Schicksal wird, genau wie Napoleon es definiert hat. Aber wie Hegel in jedes Fatum, sofern es keine äußere, sondern innere Notwendigkeit zu sein scheint, Gottes Mühlen hineinimaginiert, so besonders ins römische: das Mehl Christi soll darin gemahlen werden. Oder wenigstens über eine Einheitswelt aus spätrömischem Nihilismus verbreitet und in die Risse aus dessen Umschlag ausgesät:

»Wir haben den Olymp, diesen Götterhimmel, einen Kreis der schönsten Gestaltungen, die je von der Phantasie aufgefaßt worden sind, betrachtet. Der Kreis dieser schönen Wesen hat sich uns zugleich gezeigt als freier, aber noch beschränkter Volksgeist; das griechische Leben ist beschränkt auf diese Sterne, die selbst nur beschränkte Lichtpunkte sind. Die freie Geistigkeit kann allein dadurch erreicht werden, daß diese Beschränktheit aufgehoben wird, und das Fatum, welches über der griechischen Götterwelt in der Ferne schwebt, an dem griechischen Staatsleben sich geltend macht, so, daß diese freien Völker zugrunde gehen... Dieses Fatum ist die römische Welt und die römische Religion gewesen. In dieser Religion wurde der Gott auch als das Zweckmäßige gewußt; aber der Zweck ist hier kein anderer als der römische Staat allein, so daß dieser die abstrakte Macht über die anderen Volksgeister ist; im römischen Pantheon werden die Götter aller Völker versammelt und vernichten einander gegenseitig dadurch, daß sie vereinigt werden sollen. Der römische Geist vollbringt dieses Unglück der Vernichtung des schönen Lebens und Bewußtseins. Das Fatum als jener Geist ist es gewesen, das jenes Glück und jene Heiterkeit der vorhergehenden Religion vernichtet hat; diese abstrakte Macht war es, die ungeheures Unglück und einen allgemeinen Schmerz hervorgebracht hat, einen Schmerz, der die Geburtswehe der Religion der Wahrheit sein sollte. Die Beschränktheit und Endlichkeit ist dadurch auch in der Religion des schönen Geistes negiert worden... ›Als die Zeit erfüllt war, sandte Gott seinen Sohn‹, heißt es; die Zeit war erfüllt, als im Geiste diese Verzweiflung überhand genommen, in der Zeitlichkeit und Endlichkeit Befriedigung zu finden« (XII, S. 147 f.).

Revolutionäre Seite des Urchristentums, als des Ansich-Christentums, sie verschwindet mit ihm; Kritik und Begrenzung der Predigt Christi: »Dieses Reich Gottes, die neue Religion hat *an sich* die Bestimmung der Negation gegen das Vorhandene, das ist die revolutionäre Seite der Lehre, die alles Bestehende teils auf die Seite wirft, teils vernichtet, umstößt... Das Vorhergehende verändert sich, das vorige Verhältnis, der Zustand der Religion, der Welt kann nicht bleiben wie vorher; es ist darum zu tun, den Menschen, dem das Bewußtsein der Versöhnung« (scilicet: nicht mit der vorhandenen Welt) »werden soll, daraus herauszuziehen, zu verlangen diese Abstraktion von der vorhandenen Wirklichkeit. Diese neue Religion ist selbst noch konzentriert, nicht als Gemeinde vorhanden, sondern in dieser Energie, welche das einzige Interesse des Menschen ausmacht, der zu kämpfen, zu ringen hat, sich dies zu erhalten, weil es noch nicht (!) in Übereinstimmung ist mit dem Weltzustand (!), noch nicht im Zusammenhang mit dem Weltbewußtsein... Das alles sind Lehren, Bestimmungen, die dem ersten Auftreten angehören, wo die neue Religion nur das einzige Interesse ausmacht, was der Mensch noch zu verlieren sich in Gefahr glauben muß. Dieses Aufgeben, diese Zurücksetzung alles wesentlichen Interesses und der sittlichen Bande ist im konzentrierten Erscheinen der Wahrheit eine wesentliche Bestimmung, die in der Folge, wenn die Wahrheit sichere Existenz hat (!), von ihrer Wichtigkeit verliert. Es ist die Verkündigung des Reiches Gottes: in dieses, als das Reich der Liebe zu Gott, hat sich der Mensch zu versetzen, so, daß er sich *unmittelbar* in diese Wahrheit werfe« (XII, S. 242 ff.). – Von Paulus bis zu Dostojewskis Großinquisitor haben alle Korrekturen der Bergpredigt den behaupteten Unterschied zwischen dem Ansich-Richtigen oder dem Fundament und dem darüber errichteten, in Existenz getretenen Bauwerk in Ordnung gefunden. Und da dieses Bauwerk nicht eben nach den Maßen der Bergpredigt, gar des Liebes-Kommunismus errichtet worden ist, so ist der Unterschied zwischen einer Frohbotschaft an sich und dem Staat aus Kerkern und Bel-Etagen in der Tat augenscheinlich.

Warum Gott Mensch geworden ist, das wird kirchlich so beantwortet, daß er die Menschen, indem er ihre Schuld auf sich nahm, von dieser erlöste. Eine Art römisches Obligationenrecht kommt derart in die Christologie: der Mensch als Schuldner, Gott als Gläubiger; der Gläubiger, der die Schuld nicht etwa erläßt, erklärt sich durch die Leistung, die er selbst vollbringt, für befriedigt. Aber außer dieser Konstruktion der Kreuzeskatastrophe auf eine stellvertretende Bezahlung oder Genugtuung, Opfertod genannt, wurde das Cur Deus homo ketzerisch auch so gedeutet, daß damit das Reich des transzendenten Gotts (des Vaters) aufgehört habe. Joachim von Floris, im zwölften Jahrhundert, hatte derart das Reich des Vaters (der Furcht) durch die Ankunft des Sohnes (der Liebe) für gestürzt erklärt, und dem Reich des Sohnes sollte, durch dessen völlige Auflösung unter die Menschen, das Reich des Heiligen Geistes oder der Gemeinde nachfolgen. Diese Lehre war durch Lessing in der »Erziehung des Menschengeschlechts« wieder erinnert worden; stärker war sie an Hegel durch den ihm von der deutschen Mystik vermittelten »Spiritualismus« herangetreten und in ihn eingetreten (Substanz als Subjekt). So findet sich bei Hegel zwar auch die stellvertretende Genugtuung durch den Opfertod, dergestalt, daß dadurch die »menschliche Endlichkeit« aufgehoben worden sei. Doch das »harte Wort, daß Gott gestorben ist«, enthält bei Hegel auch den ketzerischen Jubel, daß es der äußere Gott sei, der gestorben ist, und daß das, was aufersteht, Geist der christlichen Gemeinde heiße:

»In dem wahrhaften Verstehen des Tods tritt auf diese Weise die Beziehung des Subjekts als solchen ein. Das Betrachten hört hier auf; das Subjekt selbst wird in den Verlauf hineingezogen; es fühlt seine eigene Entfremdung, welche Christus auf sich genommen, indem er die Menschlichkeit angezogen, aber durch seinen Tod vernichtet hat. Und hierin fängt die Entstehung der Gemeinde an: es ist dieser Inhalt dasselbe, was die Ausgießung des Heiligen Geistes genannt worden« (XII, S. 251 f.).

»In dieser ganzen Geschichte ist den Menschen zu Bewußtsein gekommen, und das ist die Wahrheit, zu der sie gelangt sind: daß die Idee Gottes für sie Gewißheit hat, daß der Mensch unmittelbarer, präsenter Gott ist, und zwar so, daß in dieser Geschichte, wie sie der Geist auffaßt, selbst die Darstellung des Prozesses ist dessen, was *der Mensch, der Geist ist«* (XII, S. 253).

Verschiedenes, doch überall anthropologisches Bauzeug des Heidentums und des Bibelglaubens; zugleich ein Beispiel für das der Vernunft (sui generis) Verschworene in Hegels Mystik: »Aus deinen Leidenschaften, o Mensch, sagte ein Alter, hast du den Stoff deiner Götter genommen; – aus den Gedanken, kann man hinzusetzen, nimmst du das Element und den Stoff zu Gott« (XIII, S. 176).

PHILOSOPHIEGESCHICHTE UND ABSCHLUSS DES HEGELSCHEN SYSTEMS 17

1. Hegel sagt einmal, es könne überall mit dem Denken angefangen werden. Das, woran das Wissen anhebt, brauche nicht das reine leer unbestimmte Sein zu sein. Der Anfang überhaupt habe nur eine Beziehung auf den Menschen, der sich entschließt zu philosophieren, nicht auf die Wissenschaft als solche. Denn diese ist ein Kreis, und Kreise fangen in sich überall und nirgends an. Aber in der Darstellung freilich macht Hegel, wie sich von selbst versteht, einen bestimmten Beginn und ebenso, dem entsprechend, ein noch bestimmteres Ende. Es ist ein Ende der Fülle oder der völlig ausgeschüttete Inhalt des nicht mehr unbestimmten Seins. Die lange Reihe der Subjekt-Objekt-

Vermittlungen, die von Schwere und Licht, von Erde und Staat bis zur Kunst und Religion geführt hatte, schließt sich zusammen in der Philosophie. Nach der Form der Vorstellung, womit der Glaube sich des Wahren vergewissert hatte, erscheint die höchste Form, die des Begriffs. In dieser entwickeltsten Form hat sich nun das Fürsichsein zu vergegenwärtigen, der edelste Duft des Geisterreiches geht an.

2. Er weht bei Hegel durch die Geschichte der Philosophie, also zum äußeren Teil durch Bücher. Die Vernunft zieht darin ihre letzte Straße, zur höchsten Stelle, wo der Geist tagt und beschließt. Die Philosophen haben fast immer ihre Beschäftigung (das heißt, ihre rein idealistische) der des obersten Wesens gleichgesetzt; so tragen sie Gottes Rock. Hegel gab dem eine besonders glänzende und hohe Formulierung, eine bezeichnenderweise nicht nur geistesaristokratische, sondern ministerielle. »Die Philosophen«, ruft Hegel aus, »sind dabei dem Herrn näher, als die sich nähren von den Brosamen des Geistes; sie lesen und schreiben die Kabinettsordres gleich im Original, sie sind gehalten, diese mitzuschreiben. Die Philosophen sind die Mysten, die bei jedem Ruck im innersten Heiligtum mit und dabei gewesen; die anderen haben ihr besonderes Interesse: diese Herrschaft, dieser Reichtum, dies Mädchen« (XV, S. 96). So besternt, mit diesem hochamtlichen Titel erscheint bei Hegel der Denker, weit davon entfernt, nur Professor und Schriftsteller zu heißen; und wäre die Stelle nicht so feierlich, nicht so sehr in Enthusiasmus konzentriert, so würfe sie, wie alles Erhabene, einen komischen Schatten: der Philosoph ist der Wirkliche Geheime Rat des Weltgeistes. Starke Regierungswünsche werden dieses Orts sichtbar: »Solches Zeug, sagt man, die Abstraktionen, die wir betrachten, wenn wir in unserem Kabinett die Philosophen sich zanken und streiten lassen und es so oder so ausmachen, sind Wort-Abstraktionen. – Nein! Nein! Es sind Taten des Weltgeists und darum des Schicksals.« So hatte Sulla sich mit dem Schicksal verbündet, ja mit ihm eins geglaubt, so erst recht Cäsar und Napoleon; so waren Propheten, selbst Reformatoren, in höherem Auftrag aufgetreten. Bei Hegel führte eine ähnlich tiefe Besessenheit zu einem – allen großen Denkern gemeinsamen – Absolutglauben an sein Werk, aber sie blieb streng im

kontemplativen Gebiet des »absoluten Wissens«, der »absoluten Philosophie«. Darum kommen die Regierungswünsche nicht durch, darum ist schließlich der Geheime Rat der Weltidee das Gleiche wie ihr Sekretariat, gehalten, die Ordres lediglich mitzuschreiben. Dazu in jener Abstraktion, deren Abkürzung eine Wiederholung des Geschehenen ist, nicht eine Befehlsausgabe des Geschehens, gar des zu Geschehenden: »Wozu«, so schließt die Stelle, das Kabinett der Weltidee betreffend, »wozu der Weltgeist hundert und tausend Jahre braucht, das machen wir schneller, weil wir den Vorteil haben, daß es eine *Vergangenheit*, und in der Abstraktion geschieht.« Also landet die Geschichte der Welt doch in Folianten und zuhöchst in denen, die in ihrer Abfolge die Geschichte der Philosophie bilden. Hatte das Bild von den Kabinettsordres vielfach an das Gouvernement eines Barockhofes erinnert, so wirkt erst recht die Verabsolutierung des Buchs als ein Nachklang aus dem Barock. Wie damals geht bei Hegel die Welt letzthin in Buchform ein, in ein Buch der Natur, in ein Buch der Geschichte, mit dem homo philosophicus als Titelbild. Die Buch-Idolatrie des Barock sah den Weltraum schließlich in der Bibliothek kondensiert, den Weltinhalt, nach seiner dauernden und der Dauer würdigen Seite, in Bibliotheken eingeheimst: da stand er nun, hinter einer Mauer ewiger Buchstaben. So weit freilich geht Hegel, trotz des Kuppelbaus aus Philosophie, nicht und nirgends. Seine Dokumentenfülle göttlicher Verfügungen ist kein äußeres Archiv, sie exzelliert, wenn auch an Büchern, so einzig in deren unsichtbarem Gehalt, im *Logos* der Schrift. Aber indem die Welt in Hegels Philosophie mit dem Weltgedanken identisch ist, muß sie notwendig sich am höchsten in einer Gedankenwelt ausprägen.

Zugleich werden Namen darin wichtig, menschliche, in denen die Sache laut wurde. Nur diese wird laut, der Geist leuchtet in den jeweiligen Denkern auf, und sie sind lediglich sein Beiname. Daß so die Denker nicht von sich sprechen, wenn sie von sich sprechen, daß sie Gottes Rock tragen, dieser Satz ist alt. Er hat seit je das Gefühl des gesellschaftlichen Zusammenhangs erschwert, aber auch den Gedanken, statt daß er nebenher oder frei schwebte, an einen höchst real geglaubten Ort gesetzt. »Theos arithmetizei«, Gott zählt, hatte Platon gesagt; er ist

»Noesis Noeseos«, Denken des Denkens, hatte Aristoteles erklärt. Hegel schloß seine Enzyklopädie mit einem Zitat aus Aristoteles ab, worin der Hauptsatz lautet: »Sich selbst denkt der Geist durch Ergreifen des göttlichen Geistes«; der Zitierende aber übertrifft Aristoteles, indem göttlicher Geist und Philosophie nun völlig wechselseitig, wo nicht ein und dasselbe geworden sind. Im ganzen wirkt bei alldem der mythische Glaube nach, daß das Genie ein Mundstück höherer Gewalten sei; dieser Glaube ist mit der Gleichung von philosophischer und göttlicher Beschäftigung, ja Kundgebung sowohl auf die höchste Spitze gebracht wie sozusagen rationalisiert. Immerhin hat diese Hypostase bei Hegel als Hilfskonstruktion gedient, um die Namen der einzelnen Philosophen, das heißt, das Platonische, Aristotelische, Kantische und so fort, zum ersten Male unprivat und unzufällig, nämlich als Inhaltsbestimmungen der Wahrheit (des Logos) zu bringen. Die großen Denker lassen hier jeweils die wichtigen Begriffe selbst nacheinander im geschichtlichen Bewußtsein entspringen; indem Hegel an solche Ordres des Weltgeistes glaubt, gelangt bei ihm Geschichte der Philosophie zum ersten Male ins System der Philosophie selbst, an dessen Spitze. Freilich kam infolge des göttlichen Idealismus, infolge der erwähnten Abhebung vom gesellschaftlichen Zusammenhang, gleich wieder zuviel System in diese Philosophiegeschichte, nämlich völlig autarkes. Wie Minerva dem Haupt des Zeus entsprungen, so mutterlos und nur mit ihresgleichen zusammenhängend sollten nun auch die philosophischen Gedanken entsprungen sein. Hegel lehrt zwar, jede große Philosophie sei ihre Zeit in Gedanken gefaßt, doch die Fassung selber kommt hier nicht aus der Zeit, sie kommt aus der angeblichen Autarkie der für sich werdenden Gedanken selbst. Es fehlt die dargestellte Abhängigkeit von Wirtschafts- und Gesellschaftsgeschichte, von den gleichzeitigen sozialen Bedingungen ringsum; nur Aperçus (am bewußtesten bei den Sophisten, bei der französischen Aufklärung) geben darauf Hinweis. Als wären die Denker in jedem Betracht Hagestolze gewesen, als hätten sie lediglich untereinander Kommunikation gehabt, die Kommunikation: nacheinander Preisfragen einer himmlisch-unsichtbaren Akademie im elfenbeinernen Turm beantwortet zu haben. Sieht man davon ab, daß die Philosophiegeschichte das von Hegel am wenigsten buchgerecht Hinterlassene ist, mit großen Lücken in der neueren, gar der mittelalterlichen Philosophie, so zeigt sie doch mehr idealistisch abgehobene Systematik als jeder andere Band vorher, die Logik ausgenommen. Und doch kam eben dadurch in die Philosophiegeschichte, als in die Geschichte repräsentativer Namen, eine Repräsentation ganz eigener, extrem unzufälliger Art, die teilweise dauerhafter ist als Hegels Sekretariat des Weltgeistes oder die Einkleidung in Gottes Rock. Hegel hat schließlich jeden *wichtigen Philosophen mit einer logischen Kategorie verbunden*, wonach sein Name für diese steht und seine Lehre sie erläutert. Das also, was im neunzehnten Jahrhundert der Philosophie zum Vorwurf gemacht worden war: daß sie nicht eine Wissenschaft ohne Beinamen sei, gleich der Mathematik und Naturwissenschaft, wird bei Hegel die philosophische Ehre. Parmenides steht für die Kategorie Sein, Heraklit für das Werden, die Atomistik für das noch ausschließende Fürsichsein. Die Sophisten repräsentieren die Kategorie Schein, Sokrates die des Guten, Aristoteles die des Zwecks (Teleologie), Spinoza die der Substanz, Kant die der Subjektivität (wenngleich in beiden Fällen auf weniger dezidiert behauptende Weise). Auch im Garten des Wissens gibt es derart eine Blumenuhr: im Fortgang der Jahreszeiten blühen immer neue Arten, und in der Aufeinanderfolge dieser Arten, dem Turnus der Denkformen kommt zugleich Hegels Logik, wie Proserpina, aus dem Schattenreich an die Oberwelt hervor. Wobei die Hegelsche Philosophie sich als die absolute angibt, in der alle bisherigen aufgehoben und zu relativ berechtigten Manifestationen der Wahrheit so herabgesetzt wie gerettet sind.

3. Auf diese Art wurde das Nacheinander der Gedanken und derer, die sie vertraten, geordnet. Geschichte der Philosophie erschien nun nicht mehr als ein Wirrsal grüblerischer Einfälle. Der ärgste Feind der Philosophie war nun nicht mehr diese ihre eigene Geschichte, das scheinbare Chaos sich widersprechender Meinungen. Es blieb allerdings die selber bezeichnende Rolle, die der Name der einzelnen Philosophen spielt, zum Unterschied von dem der einzelwissenschaftlichen Forscher. Denn auch dort, wo die Einzelwissenschaft ihre Lehren biographisch-geschichtlich

numeriert, geschieht das, besonders während des neunzehnten Jahrhunderts, fast nur noch mnemotechnisch oder zum Zweck kürzerer Angabe. Und beliebt war eben, solch unpersönliche Wissenschaftlichkeit gegen die bloße Abfolge von philosophischen Biographien auszuspielen. Gerade je solider die Sache dasteht, das heißt hier, je mehr Naturwissenschaft sie enthält, desto gleichgültiger wurde der Name ihres Entdeckers für die Sache; oft steht er nur noch aus Pietät daneben. So gibt es die Grafschen Follikel im Eierstock, den Enckeschen Kometen, die Brightsche Nierenkrankheit; so ist Harvey wissenschaftsgeschichtlich mit der Entdeckung des Blutkreislaufs verbunden, Euklid mit der nach ihm benannten Geometrie, Kopernikus mit dem nach ihm benannten System. Aber mit großem Stolz hatte die Einzelwissenschaft auf die Äußerlichkeit dieser Bezeichnungen hingewiesen und den Unterschied ihrer von dem beständigen Wechsel der Philosophennamen, also der Philosophie: auf den Schultern der Vorgänger baue sich wirkliche Wissenschaft auf, nicht auf der totschlägerischen Novität philosophischer Systeme. Doch freilich hielt dieser Stolz nur so lange, bis sich herausstellte, daß er mit bloßer Epigonen-, mindestens mit bloßer Schulbuchwissenschaft (und ihren »gesicherten Ergebnissen«) auf gleichem Holz wuchs. Je mehr wieder Bewegung und Forschung kamen, desto lebhafter hörte auch das arrondierte Wissen auf der ganzen Linie auf. Es kam die nicht-euklidische Geometrie, sie stand durchaus nicht auf den Schultern Euklids; dieser wurde vielmehr ein Name für eine begrenzte Axiomengruppe. Der Name wurde folglich, als Euklidisch, selber eine Kategorie für eine bestimmte Art Geometrie; außer ihr sind, je nach dem Wechsel der axiomatischen Voraussetzungen, besser, materialistisch verstanden: je nach den reicheren mathematischen Abbild-Erfassungen des Wirklichen, andere Geometrien entstanden. Ebenso nahm die Wissenschaft ohne Beinamen ein Ende, als Newtons Mechanik außerhalb des dreidimensionalen Anschauungsraums ihren Erklärungswert verlor. Newton wird ein Name für einen Spezialfall von Mechanik innerhalb des Anschauungsraums; darin ist diese Mechanik begrenzt richtig, aber sie ist unzuständig und antiquiert in der Einsteinwelt. Ja es scheint jetzt sogar, daß Philosophen schwerer relativiert werden als Mathematiker und Naturforscher (um von Ökonomen zu schweigen); die Geschichte der Philosophie zeigt, ganz in Hegels Sinn, einen viel verwandteren Sachzusammenhang. Dieser eben kommt von der weniger äußerlichen Beziehung der Philosophen zu der mit ihnen artikulierten Kategorie her, gewiß auch von dem weniger antiquierbaren Charakter der philosophischen Kategorien als solcher. Im Gegensatz zu der Annahme, daß Philosophen sich hintereinander umbringen, ist Platon also viel lebendiger geblieben als Euklid und Leibniz bedeutend weniger relativiert als Newton. Wirklich sind die Theorien großer Philosophen ein Teil der fortbewegten Sache selbst, während Euklid zur elementaren Geometrie herabgesunken ist und Newtons Welt innerhalb des vierdimensionalen Zeit-Raum-Union kaum mehr gehört wird. Das also ist das relativ Dauerhafte an Hegels Gleichung zwischen dem Sokratischen, Platonischen, Aristotelischen und so fort mit entsprechenden Sachbezügen im »Pantheon des Gedankens«. Was Thomas von den Engeln behauptet, gilt bei Hegel mutatis mutandis von den großen Philosophen: das Individuum ist hier Kategorie geworden. Seine Einzelheit steht einmalig für eine Allgemeinheit, der sogenannte Zauber der Persönlichkeit steht bei Hegel stellvertretend für eine notwendige Denkform, und das scheinbare Chaos sich widersprechender Meinungen in der Geschichte der Philosophie weicht der Dialektik des gehaltvollen Widerspruchs, wonach ein neues System aus dem vorher herrschenden antithetisch-synthetisch sich herleitet.

Erkauft wurde allerdings die Ableitung durch erneute Rückkehr aus der Zeit zu der aufgeblätterten Denkrose vor aller Zeit. Sieht doch Hegel in der Abfolge der Philosophie eine besonders zwingende Wiederkehr der Abfolge jener Gedanken Gottes, die er als vorweltliche Logik entwickelt hat. Mit stiller Gewalttätigkeit verfolgt er dies Vorhaben, ein fast noch seltsameres als die Einkleidung der Philosophen in Gottes Rock, obwohl es damit zusammenhängt. Die *formale* Ontologie der Hegelschen Logik, die Wiedergabe der Grundstruktur alles Seienden überhaupt, diese abstrakte Sophia (Weisheit Gottes) wird eben als *philosophiegeschichtliche* Ontologie fruktifiziert. Bereits in der Religionsphilosophie begegneten wir historisch bewußt werdenden Kategorien aus der Logik; so der Kategorie des Maßes in der chinesischen Religion, der Zweckmäßigkeit in der römischen. Was der Religion, innerhalb ihres Mediums bloßer Vorstellung, nicht durchgehends gelang, das sollte nun im völlig freien Medium des Gedankens triumphieren. Doch nur am Anfang war dieser extrem-idealistische Plan einhaltbar: Parmenides, Heraklit, die Atomistiker folgen zwar einander noch wie Sein, Werden, ausschließendes Fürsichsein. Gleich danach jedoch hört die logisch-kategoriale Reihenfolge auf: Anaxagoras oder die zweckmäßig handelnde Vernunft betrifft bereits eine sehr viel spätere Kategorie. Nach den Atomistikern hätte Pythagoras oder die Kategorie der Quantität folgen müssen und so fort und so fort; kurz, das Ergebnis wäre eine völlig ruinierte Chronologie gewesen. Indes bleibt auch hier der gar nicht seltsame Gedanke erkennbar: alle philosophischen Standpunkte von Rang als relativ berechtigt darzustellen. Sowohl als Ausdruck des höchsten Bewußtseins ihrer jeweiligen Zeit und Gesellschaft wie als oft noch unabgegoltene Lesarten des jeweils zugänglich gewesenen, variiert aufgeschlagenen Weltbilds. Genau was die Physik als Wissenschaft sich wünscht: einheitliche Sachentwicklung zu sein, das hat nach Hegel die Philosophiegeschichte erreicht; und dieses *nicht obwohl, sondern weil Philosophie eine Wissenschaft mit Beinamen ist*. Philosophen von Rang sind Hauptkategorien mit Teilnahme an der Totalität; so wollte Hegel jede Philosophie aus diesem ihrem Zentrum erkennen, so wollte er sie einordnen. Indem es – bei zureichendem Rang der Philosophen – überhaupt nichts unbedingt Falsches gibt, sondern nur Einseitiges, in seiner Einseitigkeit Übertriebenes und Verabsolutiertes, hat für Hegel jeder Standpunkt an Ort und Stelle seine begriffene Ehre. Das relativ Falsche bewährt sich nicht als isoliertes, wohl aber als dialektisches, es bewährt sich als negatives Durchgangsmoment in der Geschichte der Philosophie; gerade deshalb ist es dasselbe wie das relativ Wahre. »Daß an jedem Falschen etwas Wahres sei, – in diesem Ausdruck gelten beide (noch) wie Öl und Wasser, die unmischbar nur äußerlich verbunden sind. Gerade um der Bedeutung willen, das Moment des vollkommenen Anderssein zu bezeichnen, ... ist das Falsche nicht mehr als Falsches ein Moment der

Wahrheit« (II, S. 31). Auch für die Philosophiegeschichte gilt derart, was für die politische: wo kein Negatives, kein Irrtum von Format, wo nichts als subalterne Korrektheit, dort zeigt die Geschichte weiße Blätter. Es gibt bei alldem »nur Eine Philosophie in der Entwicklung; wo mehrere, sind es unterschiedene Seiten, einseitige Prinzipien, die eine Totalität ausmachen, welche ihnen zugrunde liegt; wir sehen Widerlegung der einen durch die andere« (XV, S. 686). Sonst pflegte nur der Eklektizismus so gönnerhaft zu sein, aus eigener Unfruchtbarkeit und Unentschiedenheit. Hier dagegen ist es höchste Produktivität, welche als solche Gesandte, Freunde, Brüder empfängt – am Hof der eigenen Philosophie. Selbst bisher Verachtete oder rätselhaft Verschollene wurden hierbei zum ersten Male wieder angerufen, ans Licht gebracht. So die Sophisten, das harte Urteil Platons über sie wird teilweise revidiert; so – in ganz anderem Bereich – Plotin, der bis zu Hegel, eine kurze florentinische Renaissance abgerechnet, unter der Rubrik »neuplatonische Schwärmerei« untergebracht worden war. Ebenso energisch hat Hegel den anderen großen Neuplatoniker Proklos, den Dialektiker, neu entdeckt – Gleiches wird durch Gleiches erkannt. Auch wenn dazu nicht vorausgesetzt wird, daß erst ein Exzellenzen-Stab des Weltgeistes diese Kollegialität verleiht. Oder daß der allzu panlogisch-konzentrische Satz gilt: »Die letzte Philosophie enthält daher die vorhergehenden, faßt alle Stufen in sich, ist Produkt und Resultat aller vorhergehenden« (XV, S. 690 f.).

4. Ist ein Gegenstand begriffen worden, so ist mindestens in unserem Bezug zu ihm etwas verändert. Nach Hegel auch am Gegenstand selbst; dieser ändert als bearbeitet, als begriffen ebensosehr seine eigene Entfremdung, wie das Bewußtsein seine Entfremdung zum Gegenstand verändert. Der Philosoph ist bei Hegel zwar nicht immer als Produktivkraft betont, sondern ist lediglich betrachtend, doch seine Betrachtung hat doch ein Weiterführendes, subjektiv-objektiv kenntlich Machendes. Philosophie des Rechts soll nicht Recht von außen sein oder auch aus der sogenannten Vogelperspektive angesehen, sondern Recht noch einmal, vernünftig gedacht. Ebenso ist philosophische Ästhetik das Kunstwesen noch einmal, auf sein Wesen gebracht, in der Sprache des Begriffs; es gibt kein bloßes Sprechen *über*

einen Gegenstand darin, wie in der sogenannten allgemeinen Kunstwissenschaft. Ebenso ist Religionsphilosophie die Materie Religion noch einmal, sie ist das auch dann, wenn keinerlei Literatenersatzprodukt einer sogenannten philosophischen Religion vorliegt und auch keine gnostische Intellektualisierung. Deshalb eben gibt es keinen wirklichen Gesellschaftsphilosophen, der nicht einen Staatsmann in sich hätte, keinen wirklichen Ästhetiker, der nicht auch Künstler sui generis wäre, keinen wirklichen Religionsphilosophen, der es sein könnte, ohne homo religiosus zu sein. Während doch die Tüchtigkeit eines einzelwissenschaftlichen Forschers auf diesen Gebieten, die Herrschaft über ihre Stoffe durchaus ohne diese Affinität auskommt, ja am besten auskommt. Subjekt und Methode großer Philosophien dagegen enthalten ein ganzes Orchester der politischen, der künstlerischen, der religiösen Instrumente, geeint und homogenisiert im fortführend produktiven Gedanken. Wie aber nun in der begriffenen Geschichte der Philosophie, womit das System schließt? Was hat durch den Begriff der Sache sich darin verändert, was hat vor allem an – *Hegels Philosophie selbst* sich verändert, wenn sie sich auf sich selber richtet? Es muß sogleich gesagt werden: bei Hegel nichts; seine Geschichtsphilosophie der Philosophie schließt, wenn sie bei Hegel ankommt, mit dem Hinweis auf das gesamte soeben geschlossene System, folglich mit einer Tautologie. In der Phänomenologie ist das Dasein des insichgehenden Wissens »das vorige, aber aus dem Wissen neugeborene« (II, S. 611). Am Ende der Geschichte der Philosophie sieht die prozessual erreichte Theorie des Hegelthemas erst recht nicht anders aus als das Thema selbst: »In der Einheit den Gegensatz und in dem Gegensatz die Einheit zu wissen« (XV, S. 689). Kunst, Religion sind nicht die gleichen geblieben, nachdem die Welten der ästhetischen Anschauung, der religiösen Vorstellung durch den Gedanken bearbeitet, erhellt, auf ihre Entelechie berichtigt worden sind. Aber indem das Thema Philosophie am Ende seiner durchdachten Geschichte unverändert wiederkehrt, hat es während dieser Geschichte nichts erlebt. Und das angegebene Resultat selbst, die Hegelsche Philosophie, wird dadurch, daß ihre Spektralfarbe nicht mit allgemeinem Licht, sondern mit der eigenen Spektralfarbe am Ende beleuchtet wird, nicht intensiviert. Nur bei Hegel freilich kann ein solches Problem auftreten, das der Veränderung durch eigene Intensivierung; nur bei Hegel aber auch war eine Veränderung prinzipiell ausgeschlossen; denn es ist in der von Konkretionen (Gewordenheiten, behaupteten Gelungenheiten) über und über gefüllten Ganzheit des Systems gar kein Platz mehr am Ende für eine Selbstveränderung der sich selbst begreifenden Philosophie. Es gibt auch am Ende nichts Neues außer innerhalb der soeben zurückgelegten Gewordenheit, und es gibt kein unerledigtes, schlechthin unkonkretisiertes Sollen. Wo eine Art Idealstaat auftrat, wie nicht übersehbar in der sonst völlig »konkreten« Rechtsphilosophie, ist er schon lange verkörpert in der griechischen Polis; wo Ideale ganz legitim auftreten, wie in der Ästhetik, sind sie doch durch vorhandene Kunstwerke fertig gestaltete, in ihnen, wie immer entelechetisch, eingewohnte. Und eben, wie gerade am Schluß wieder deutlich wird: das System schlingt sich, nach so langem wetterleuchtendem Gang, in sich selbst zurück, als der »Kreis von Kreisen«. Das Resultat resultiert überlegterweise immer wieder nur genau sich selbst; das ist, die Philosophie betreffend, in Hegels beibehaltener *Betrachtung rein theoretischer Art* freilich unaufhebbar. Rein theoretisch ist hier die Gegend, wo nur Sophismen philosophischer Selbstanwendung oder totaler Rückblicks-Beziehung möglich sind, Sophismen nach diesem Typ: so wenig das Ganze der Materie schwer ist, so wenig braucht das Ganze der Philosophie wahr zu sein. In dieser Form geht hier ersichtlich nichts weiter; Hegels Tautologie, mit Philosophie als unaufhebbarem »Innersten der Weltgeschichte«, steht als der Ernst selber gegen die windige Spintisiererei, die bei rein theoretisch abgespielter Lösung des angegebenen Problems allein möglich scheint. Das Problem einer Philosophie der Philosophie, der Wahrheit der Wahrheit, mit Veränderung des Gegenstands, kann nicht – mit Parallele zur agnostischen Erkenntnistheorie – im Nihilismus enden. Ebensowenig allerdings kann es, wie das bei Hegel auch am Schluß der Philosophiegeschichte geschieht, in der gegenstandslosen Spiritualisierung enden, in der Selbstdurchkreisung des reinen gewußten Wissens. Nicht zwecklos heißt es im Jakobusbrief 4,17, noch im Geist der Propheten: »Wer da weiß

Gutes zu tun und tut es nicht, dem ist es Sünde.« Nicht grundlos hat die Bourgeoisie, wie die Kunst auf Lust, so die Erkenntnis auf folgenlose Theorie abgewertet. Einziger *Zugang* zum Problem der intensivierten Wahrheit besteht darum auf ganz anderem Boden als dem der beibehaltenen, der ununterbrochenen Theorie: er ist auf dem Boden *konkreter Praxis*. Dieser wurde von Hegel, trotz aller Regierungswünsche, nicht betreten, der Begriff wurde nicht auf diese Füße gestellt. Die sich selbst erfassende Philosophie konnte, indem sie ihren Ernst doch nicht völlig ernst nahm, das heißt, sich zu ihm entschied, nicht zur Entscheidung umschlagen. Hegel konnte diesen Boden nicht betreten, weil dieses, statt der fertigen Welt, eine veränderungsfähige, unabgeschlossene voraussetzt, eine planbare. Rein theoretisch gehaltene und darin als finit erklärte Selbsterkenntnis muß Tautologie bleiben, Philosophie als Fürsichsein ihrer selbst schlägt nicht um. Hegels Philosophie konnte an ihrem Schluß nicht die Aufhebung der Philosophie enthalten, gerade weil diese dialektisch ihre Verwirklichung wäre. Und weil diese Verwirklichung in lauter Spiritualisierung selbst keinen Gegenstand mehr hätte, auch nicht im unentfremdeten Menschen, erst recht nicht in einer unentfremdeten Natur. Und weil Hegels System sich als geschlossenes selber verdinglicht, nicht ein prozeßhaftoffenes im Sinn einer Marschordnung wird: zu dem unspirituellen Ziel hin, das Marx nennt »Aneignung des gegenständlichen Wesens durch die Aufhebung seiner Entfremdung«, also sowohl des entfremdeten menschlichen wie des welthaft-gegenständlichen Wesens. Die Idee der Idee, die Selbsterkenntnis der Selbsterkenntnis ist bei Hegel immer wieder eine Ätherisierung dessen, was gar kein Äther bleiben will, und es ist die gleiche Idee – von nun an bis in Ewigkeit.

Keinerlei spitzfindiges Bedürfnis treibt dazu an, an diesem Ende noch etwas zu verweilen. Denn bereits formal ist Hegels Wiederholung des Ganzen durch und in dem letzten Teil nicht haltbar. Es darf an ein sehr verwandtes Problem aus der Mengenlehre erinnert werden: keine Gesamtheit darf hier Glieder enthalten, die nur mittels der Ganzheit selbst definierbar sind. Wird ein Begriff, der einer Gesamtheit als Glied angehört, derart gekennzeichnet, daß in seine Definition eben jene Gesamtheit als Ganzes eingeht, so gilt dieser Begriff als unzulässig. Hat jedoch – und dies ist nun auch inhaltlich, nicht nur formal entscheidend – ein Teil, der das Ganze enthalten will, sich selbst erfaßt, und zwar als Enthalten des Ganzen, so ist eben dadurch zu dem Ganzen etwas hinzugekommen, das vorher in ihm nicht war. Eine Menge, die sich selbst enthält, dieser ihr eigener Behälter kann nicht mehr ohne weiteres durch die unumfaßten Beziehungen der alten Elemente oder Punkte definiert werden. Dementsprechend sind in einer begriffenen Sache immerhin der Begriff, die Formel hinzugetreten und haben die vorige Sache, mittels ihrer Kenntlichkeit, wieder um eine relative Unkenntlichkeit vermehrt. Ein Exempel für dieses andere, inhaltliche, doch den Definitionsschwierigkeiten der Mengenlehre verwandte Paradox gibt die berühmte Laplacesche Weltformel (auch Hegels Selbsterkenntnis der Selbsterkenntnis tritt ja als alles enthaltende Weltformel auf). Laplace, im Zusammenhang mit seiner analytischen Theorie der Wahrscheinlichkeitsrechnung, hatte behauptet, daß ein Geist, der für einen gegebenen sehr kleinen Zeitabschnitt die Lage und Bewegung aller Atome im Universum wüßte, auch imstande wäre, nach den Regeln der Mechanik die ganze Zukunft und Vergangenheit der Welt daraus abzuleiten. Es handelt sich hier nicht um das physikalisch etwas Veraltete des Laplace-Geistes, gemäß dem Bruch in der kausalen Sicherheitsrelation, den gerade die Atom-Mechanik unterdessen erfahren hat. Es handelt sich auch nicht um die Unwirklichkeit eines total mechanistischen Denkens, dem von vornherein nichts Sprunghaftes, also nichts Neues in seiner Welt geschieht. Es handelt sich bei diesem Beispiel vielmehr darum, daß die Laplacesche Weltformel, selbst wenn sie erschöpfend möglich wäre, im gleichen Augenblick falsch würde, wo sie gefunden ist. Denn sie selbst ist nicht in der von ihr berechneten Welt enthalten; diese Welt in ihr ist also nicht die gleiche wie die Welt mit ihr. Die Belehrung aus allen solchen Schwierigkeiten, aus Schwierigkeiten, die von totaler Systematik unabtrennbar sind, ist und bleibt: Philosophie der Philosophie kann bereits aus formalen Gründen nicht nur eine ihren bisherigen Inhalt reproduzierende und sich durch dessen Gesamtheit unverändert definierende sein. Der *Begriff* der Welt ist durch das pure Dasein des Begriffs dieses Begriffs (Hegelisch: der Idee der Idee) verändert; ob daraus freilich auch eine Veränderung der *Welt selbst* resultiert, das hängt ersichtlich nicht vom Verweilen im Begriff ab, nicht von solchen mit ihm gesetzten Schulfragen, sondern von *Entscheidungen*, zu denen der Begriff der Welt, gegebenenfalls, erst leitet. Immerhin ist er auch für Entscheidungen vorausgesetzt; das Problem (Inhalts-Problem) des Begriffs präformiert gerade das Ende der bloßen Begrifflichkeit, die sich nicht endlos reproduzieren kann, am systematischen Ende der Philosophie selber. Die theoretisch-praktische Veränderung des Gegenstands durch Arbeit, wie das gerade in Hegels Phänomenologie vorgedacht ist, legt die letzthinnige Aufhebung der Philosophie durch Verwirklichung ihrer, also durch philosophische Praxis, besonders nahe. Aber die ebenso besonders kreisförmig werdende Nabelbeschauung der kontemplierten Kontemplation verhinderte das; Hegels Begriff des Begriffs verändert seine Begrifflichkeit und seinen Gegenstand nicht. Die Dialektik wird dadurch allerletzt noch aus einer Sprungbewegung ins Neue gänzlich zu einer Kreisbewegung in den Anfang gebracht, wobei außer der Explikation des im Anfang an sich Vorhandenen im ganzen selbst nichts Neues geschieht. Also auch dort nicht, wo das Ganze des Ganzen als Ende geschieht, eben in der Philosophie der zu Ende entwickelten und nun tautologisch bleibenden Philosophie.

5. Der Kreis ist so das Mittel, um aus dem in sich zurückkehrenden Begriff nicht herauszukommen. Er ist aber auch ein Mittel, um die angegebene inhaltliche »Lösung« des Weltproblems insgesamt zu *runden*, in sich selbst festzumachen. Auch dort, wo Philosophen in der Philosophie ihrer Philosophie, gleichsam im Stolz und Schlüsselwort ihrer Philosophie, formal nicht zyklisch sind, wird vom Kreis doch das Überwölbende und Einwölbende verwendet. Es entsteht auf diese Weise der Schluß: das Wesen der Welt ist, wenn nicht als Erscheinung, so doch als Begriff, mindestens als Bezeichnung herausgebracht worden, es läuft im absehbaren oder auch unabsehbaren Kreis dieses Begriffs. Der Begriff und sein Zentralinhalt sind verschieden: bei Plato heißt er Idee, bei Aristoteles Entelechie, bei Spinoza Substanz, bei Leibniz Monade, bei Hegel absoluter Geist, bei Schopenhauer Wille zum

Leben. Einheitlich aber ist die Abgeschlossenheit, daß es so ist, und daß der Kern der Welt (als wäre er nicht Kern, sondern völlige Bestimmtheit, Erwachsenheit) so ist. Alle bisherigen Philosophien haben seit Thales dieses Beendete oder Fixum des Wesens, auch Kants Ding an sich unterliegt dieser Kategorie, trotz seiner sonstigen Unerkennbarkeit. Hegels Philosophie kulminiert im Fixum: das »Offenbare« ohne Rest, ohne Gärung im Schoß künftiger Zeiten und Ungekommenheiten, gibt ihr das uneigentlich Präsente und Geschlossene. Die ausgemachte Lösung des Weltproblems ist bezogen auf einen Grundinhalt, bei dem, da er in so heftiger Geschichte begriffen ist und soviel Front und Novum aufwirft, keineswegs feststeht, ob er an und für sich selber bereits ausgemacht und erledigt ist. Stellt aber der Grundinhalt *ein nicht nur für die menschliche Vernunft, sondern ein an und für sich selbst noch Ungelöstes dar, mithin ein Realproblem in eigener Sache*, dann kann keine fertige Bestimmung dieser Sache gegenüber angemessen sein. Was in sich selber noch Gärung, Prozeß und Inkognito ist, wird durch definitive Termini nicht kenntlich gemacht. Was in sich selber noch nicht identifiziert ist, kann durch kein abgeschlossenes »Prinzip« einer Philosophie kenntlich gemacht, gar identifiziert werden. Freilich: die Linie des Erkennens, die notwendig kühne und in nichts agnostische, zieht sich, ohne verfrühte Abgeschlossenheit, einzig in Richtung eines erstrebten *Identifizierens.* Aber gerade dieses bedeutet nicht notwendig Abgeschlossenheit, wie das in der gesamten statischen Metaphysik der Fall war.

Vielmehr muß das offene Daß im Sein, das selbst noch keineswegs eröffnet ist, bewußt bleiben. Dies offene Daß ist das erzeugend Treibende in allen Dingen, ohne daß es sich selber bereits völlig aus sich herausgemacht, herausgetrieben hätte. Das Daß und sein Erzeugen ist der herstellende, der intensive, der realisierende Faktor in der Welt. In der Gesellschaft ist er der arbeitende Mensch, aber was er insgesamt, das heißt in der gesamten Natur und als Sache selbst darstellt, das liegt noch in einem Erwartungsdämmer des Inkognito, das zu lichten uns aufgegeben ist. Unsere Aufgabe ist, die im Weltprozeß anhängige Sache, statt sie mit einem als vorhanden angegebenen »Prinzip« oder gar »Absolutum« abzubrechen und falsch zu fixieren, in ihrer bisherigen Noch-Nicht-Bestimmtheit zu begreifen und zu ihrer noch bevorstehenden, real-möglichen Gelungenheit *fortzubetreiben.* Was also die Intention dieser Intensität und des von ihr in Gang gesetzten, in Gang gehaltenen Prozesses inhaltlich meint, das ist nicht nur für uns, sondern im Prozeß selber noch nicht ans Licht gebracht und identifiziert. Und das Intendierende dieses Prozesses meint allemal nichts anderes als seine eigene Identifizierung: zum Ziel, endlich in den Inhalt des treibenden Daßgrunds, Bewegungsgrunds direkt einzuschlagen. Echte Identifizierung dieses Täters hat mithin, wenn ihre Aufgabe richtig gestellt ist, den treibenden Daßgrund des Prozeßseins selber zu prädizieren. Ihr Problem ist der solchergestalt *radikale Tendenz-Impetus der Materie,* der bewegten, sich verändernden, dialektisch-zukunftshaltigen, in realer Möglichkeit unabgeschlossenen. Und dieser noch ausstehende Zusammenschluß mit dem Anstoß ist ersichtlich ein völlig anderer als der des Kreises. Hegels Kreis bringt zum Alpha des Ansich und Anstoßes nichts anderes hinzu als das Omega der vermittelten Rückkehr; er bringt nichts inhaltlich Neues hinzu. Aber echte Identifizierung – eine einzig durch die Nova der Geschichte gewinnbare, ein höchstes Inhalts-Novum selber – verhält sich zum Alpha des Ansich und Anstoßes nicht als Rückkehr, sondern als schlechthinnige Vermehrung, Erfüllung. Folgerichtig vollzieht sich diese nicht auf dem Horizont der Vergangenheit, sondern der Zukunft, nicht der Anamnesis, sondern der Antizipation, nicht der antiquarischen Betrachtung, sondern der prozeßkundigen Tat. Und Identität ist, an diesem Ende, am wenigsten mehr ein logischer Grundsatz eines pur Logischen, sondern zusammenfassend: sie bezeichnet das Daß oder Intensive im materiellen Dasein, sofern es dereinst durch Theorie-Praxis seinen tendenziellen Zielinhalt radikal gefunden haben sollte und der Daßgrund alles Treibens und Realisierens sich endlich selber im Ziel heraustreibt und realisiert. Gerade keine Idee ist zu realisieren, sondern der Kern der Materie, der Quell, Trieb, Gebärungsgrund ihres Tendenz-Impetus. Identität ist derart auch nur Selbsterkenntnis, indem sie materielle Selbstverwirklichung ist, folglich Realisierung des Realisierenden. Nur als dies Intensive klingt sie letzthin sogar, kryptomaterialistisch, aus Hegels Fürsichsein, aus dieser ebenso negativen (Ledigsein) wie affirmativen Freiheit heraus. Sie ist eine Freiheit des Intensiven, nicht des Gedachten: »Die höchste Form des Nichts für sich wäre die Freiheit, aber sie ist die Negativität, indem sie sich zur *höchsten Intensität in sich vertieft* und selbst, und zwar absolute, Affirmation ist« (Enz. § 87). Das kann aber einzig jene Praxis der Theorie besorgen, die die Welt nicht bloß begreifen, sondern sie bis zu dieser Negation, dieser Affirmation vertiefen, also – durch Vermittlung mit ihren Produktivkräften – verändern will. Danach lautet die antizipiert-konkrete Realdefinition der Identität (als der verwirklichten Philosophie): Ende des Objekts am befreiten Subjekt, Ende des Subjekts am unentfremdeten Objekt.

Die Uhr der Philosophien

»Der Geist arbeitet sich nur solange in den Gegenständen herum, so lange noch ein Geheimes, Nichtoffenbares darin ist« (X², S. 231).

Gegen die Oberflächlichkeit: »Das Leichteste ist, was Gehalt und Gediegenheit hat, zu beurteilen, schwerer, es zu fassen« (II, S. 5).

Gegen eine Gelehrsamkeit, die nur passiv ist und es bleiben will:

»Die Gelehrsamkeit besteht vorzüglich darin, eine Menge unnützer Sachen zu wissen, das heißt, solche, die sonst keinen Gehalt und kein Interesse in ihnen selbst haben als dies, die Kenntnis derselben zu haben« (XIII, S. 23 f.).

»Die Erwerbe des Denkens, als dem Geiste eingebildet, machen das Sein des Geistes selbst aus. Diese Erkenntnisse sind eben deswegen nicht eine Gelehrsamkeit, – die Kenntnis des Erstorbenen, Begrabenen, Verwesten; die Geschichte der Philosophie hat es mit dem nicht Alternden, gegenwärtig Lebendigen zu tun« (XIII, S. 53).

Laßt die Toten die Toten begraben oder gegen den Historismus:

»Der lebendige Geist, der in einer Philosophie wohnt, verlangt, um sich zu enthüllen, durch einen verwandten Geist geboren zu werden. Er streift vor dem geschichtlichen Benehmen, das aus irgendeinem Interesse auf Kenntnisse von Meinungen auszieht, als ein fremdes Phänomen vorüber und offenbart sein Inneres nicht. Es kann ihm gleichgültig sein, daß er dazu dienen muß, die übrige Kollektion von Mumien und den allgemeinen Haufen der Zufälligkeiten zu vergrößern; denn er selbst ist dem neugierigen Sammeln von Kenntnissen unter den Händen entflohen« (I, S. 168).

»Die Verfasser solcher Geschichten (der Philosophie) lassen sich mit Tieren vergleichen, welche alle Töne einer Musik mit durchgehört haben, an deren Sinn aber das Eine, die Harmonie dieser Töne, nicht gekommen ist« (XIII, S. 9).

Von Historismus völlig verschieden ist das Bewußtsein des Erbes. Dieses ist der produktiv erfaßte gegenwärtige Standort, mit großer Tradition zur Seite. Historismus ist Erbbegräbnis, wirklicher Rückgriff aufs Erbe ist dasselbe wie Erneuerung des Volkes. Unaufgearbeitete, unabgegoltene Probleme der Vergangenheit liegen hier ebenso vor wie die große, befreundete Hilfe aus der Vergangenheit: beides aber kommt dann wie aus der Zukunft entgegen, nicht aus irgendeiner Gewesenheit. Es kann deshalb auch keine Hegelianer mehr geben, gerade weil Hegel nur in einer Philosophie, die nicht mehr die seine ist und sein kann, fortlebt. Die Uhr der Philosophien, die bei Hegel dieselbe wie die des Weltgeistes ist, schlägt nicht zweimal dieselbe Stunde:

»Wenn also der Geist seine Bildung, von sich nur auszugehen scheinend, wieder von vorn anfängt, so ist es zugleich auf einer höheren Stufe, daß er anfängt. Das Geisterreich, das auf diese Weise sich in dem Dasein gebildet, macht eine Aufeinanderfolge aus, worin einer den anderen ablöste, und jeder das Reich der Welt von dem vorhergehenden übernahm« (II, S. 611).

»Diese Tradition ist nicht ein unbewegtes Steinbild, sondern lebendig und schwillt als ein mächtiger Strom, der sich vergrößert, je weiter er von seinem Ursprung aus vorgedrungen ist... Was so jede Generation an Wissenschaft, an geistiger Produktion vor sich gebracht hat, ist ein Erbstück, woran die ganze Vorwelt zusammengespart hat, ein Heiligtum, worein alle Geschlechter der Menschen, was ihnen durchs Leben geholfen, was sie der Tiefe der Natur und des Geistes abgewonnen, dankbar und froh aufhingen. Dies Erben ist zugleich Empfangen und Antreten der Erbschaft« (XIII, S. 13 f.).

»Deswegen leben wohl die Platonische, Aristotelische usf. Philosophie, alle Philosophien zwar immer und gegenwärtig noch in ihren Prinzipien; aber in dieser Gestalt und Stufe, auf der die Platonische und Aristotelische Philosophie war, ist die Philosophie nicht mehr. Wir können nicht bei ihnen stehenbleiben, sie können nicht wiedererweckt werden. Es kann deswegen heutigen Tages keine Platoniker, Aristoteliker, Stoiker, Epikuräer mehr geben« (XIII, S. 60).

»Das wahre Eigentümliche einer Philosophie ist die interessante Individualität, in welcher die Vernunft aus dem Bauzeug eines besonderen Zeitalters sich eine Gestalt organisiert hat; die besondere spekulative Vernunft findet darin Geist von ihrem Geist, Fleisch von ihrem Fleisch, sie schaut sich in ihm *als ein und dasselbe und als ein anderes lebendiges Wesen an«* (I, S. 171 f.).

Freiheit des Denkens als Bedingung des Anfangs der Philosophie: »In der Geschichte tritt die Philosophie nur da auf, wo und insofern freie Verfassungen sich bilden. Der Geist muß sich trennen von seinem natürlichen Wollen, Versenktsein in den Stoff. Die Gestalt, die der Stufe jener Trennung vorausgeht, ist die Stufe der Einheit des Geistes mit der Natur, welche, als unmittelbar, nicht das Wahrhafte ist« (XIII, S. 113).

Unrecht und Recht des Sokrates; die Uhr hat dem Weltgeist ein höheres Bewußtsein geschlagen: »Das Prinzip der griechischen Welt konnte noch nicht das Prinzip der subjektiven Reflexion ertragen; so ist es als feindlich zerstörend aufgetreten. Das athenische Volk war so nicht nur berechtigt, sondern verpflichtet, dagegen zu reagieren nach den Gesetzen; es sah dies Prinzip also als Verbrechen an. Das ist die Stellung der Heroen in der Weltgeschichte überhaupt; durch sie geht neue Welt auf. Dieses neue Prinzip ist im Widerspruch mit dem bisherigen, erscheint als auflösend; die Heroen erscheinen also als gewaltsam, die Gesetze verletzend. Sie finden individuell ihren Untergang; aber dies Prinzip dringt selbst, wenngleich in anderer Gestalt, durch und untergräbt das vorhandene« (XIV, S. 120).

Die Dialoge Platons sind gemengt aus Zufall und innerer (sachlicher) Notwendigkeit; ihre unwiederholbare Meisterschaft ist die Bewegung auf diesem schmalen Grat dazwischen: »Der Einleitung nach haben die Dialoge zuweilen die Weise der Unterhaltung, die Gestalt zufälligen Fortgangs; aber später werden sie Entwicklung der Sache, das Subjektive der Konversation verschwindet... Der Dialog hat den Nachteil, daß der Fortgang von der Willkür herzukommen scheint; das Gefühl am Ende des Dialogs ist, daß die Sache auch anders hätte werden können. Bei den Platonischen Dialogen ist scheinbar auch diese Willkür vorhanden; dann ist sie entfernt, weil die Entwicklung nur Entwicklung der Sache ist – schöner, konsequenter dialektischer Fortgang« (XIV, S. 184 f.).

»Die Dialektik, um das Besondere aufzulösen und so das Allgemeine zu produzieren, ist noch nicht die wahrhafte Dialektik, noch nicht in ihrer wahrhaften Richtung; es ist eine Dialektik, die Platon gemeinschaftlich hat mit den Sophisten, die es sehr gut verstanden haben, das Besondere aufzulösen« (XIV, S. 225).

Aristoteles, der erste Hegel ebenbürtige enzyklopädische Denker, und die spekulative Empirie:

»Aristoteles ist in die ganze Masse und alle Seiten des realen Universums eingedrungen und hat ihren Reichtum und Zerstreuung dem Begriff unterjocht; die meisten philosophischen Wissenschaften haben ihm ihre Unterscheidung, ihren Anfang zu verdanken« (XIV, S. 298).

»Er nimmt alle Umstände in einem Gegenstand, und dies wird nicht anders als spekulativ, gleichsam ein Zusammenfassen der Momente. Und indem er alle diese Bestimmungen verknüpft, verbunden hält, so bildet er den Begriff, ist im höchsten Grad spekulativ, indem er empirisch zu sein scheint. Seine Empirie ist eben *total*, das heißt, er läßt nicht Bestimmtheiten weg, er hält nicht eine Bestimmung fest und nachher wieder eine andere, – wie es die verständige Reflexion macht... Das Empirische in seiner Synthetis aufgefaßt, ist der spekulative Begriff« (XIV, S. 340 f.).

Aufhebung von Subjekt und Objekt bei Plotin: »Der Skeptizismus und Dogmatismus, als Bewußtsein, Erkennen, setzt den Gegensatz von Subjektivität und Objektivität. Plotin hat ihn weggeworfen, sich in die höchste Region geschwungen, in das Aristotelische Denken des Denkens; er hat viel mehr von diesem als von Platon« (XV, S. 67).

Turnier und scholastisches *Dialektisieren* werden von Hegel lehrreich zusammengebracht. Trotzdem reichte selbst Hegels Universalität noch nicht aus, den vom achtzehnten Jahrhundert überkommenen Mißblick auf die Scholastik zu überwinden. Die scholastische Subtilität, ohne die kein Kant, aber auch keine Hegelsche Logik wäre, findet keinen Dank:

»Wie Europa allgemein das Schauspiel von Ritterkämpfen, Fehden und Turnieren darbot, so war es auch jetzt der Schauplatz des Turnierens der Gedanken« (IX, S. 403).

»Hier war nur die scholastische Philosophie der endlosen Beweglichkeit der bestimmten Begriffe preisgegeben. Möglichkeit, Wirklichkeit, Freiheit, Notwendigkeit, Beschaffenheit und Substanz usf., diese Kategorien sind eben von dieser Natur, nichts Festes, sondern reine Bewegungen zu sein... Die Scholastiker sind berüchtigt wegen ihres endlosen Distinguierens« (XV, S. 153).

»Es ist Form, leerer Verstand, der sich in grundlosen Verbindungen von Kategorien, Verstandesbestimmungen herumtreibt. Das intellektuelle Reich ist droben, ausstaffiert mit sinnlichen Verhältnissen (schon Vater, Sohn), Engeln, Heiligen, Märtyrern, statt der Gedanken... Die Scholastik ist die gänzliche Verwirrung des Verstands in dem Knorren der nordisch-germanischen Natur« (XV, S. 199).

Und doch arbeitet in dieser Kritik, soweit sie sich auf das Transzendente (»schon Vater, Sohn«) der theologischen Scholastik bezieht, nicht nur Unkenntnis, sondern ein unleugbarer Krypto-Materialismus in Hegel. Ein solcher zudem, der sich bei Gelegenheit Scholastik sogar gegen die eigene Begriffshypostase kehren mag. So daß der Philosoph nicht nur, wie in der Religionsphilosophie, Feuerbachs anthropologische Kritik der Religion in etwas vorwegnimmt, sondern, in der Beurteilung der Scholastik, fast wörtlich Feuerbachs Kritik an – Hegel selbst. Feuerbach hatte Hegel vorgeworfen, daß er, indem er die Geisteskategorien, die abstrahiert-allgemeinen, zum Träger der Welt und des Weltgeschehens erhebe, »die Prädikate zu Subjekten machte«, also das wirkliche Verhältnis umkehre. Hegel bemerkt gegen die Scholastiker höchst erstaunlich:

»Man kann von den Scholastikern sagen« (er meint dabei die Begriffsrealisten wie Albertus Magnus, Thomas), »sie haben ohne Vorstellung philosophiert, das ist, ohne Konkretes; esse reale, esse formale, esse objectivum, quidditas *haben sie zu Subjekten gemacht«* (XV, S. 205). Und, bei dem aufatmenden Übergang zur Renaissance, ganz Feuerbachisch: »Diese Umkehrung hat der Geist der Zeiten genommen; er verläßt die Intellektualwelt und sieht sich jetzt auch seine gegenwärtige Welt, sein Diesseits an. Mit diesem Umschwung sinkt und verliert sich die scholastische Philosophie, – sie, deren Gedanken jenseits der Wirklichkeit sind... Die Stelle, wohin der Mensch gewiesen wurde, ist er selbst, sein Inneres, und die äußerliche Natur; bei der Naturbeobachtung ahnt sich der Geist in ihr überhaupt gegenwärtig« (XV, S. 210, 212).

Andere Kritik des Idealismus, sobald dieser, wie bei Berkeley, das Dasein völlig verdunstet. Sofern er die Welt als unsere Vorstellung erklärt (Esse = percipi) und die Vorstellungen von dem hervorgerufen werden, in dem sie urbildlich existieren, von Gott. Hegel bemerkt dagegen, vom Arbeitsprozeß seines dialektischen Idealismus her, daß bei Berkeley nur die unmittelbare Empirie verhimmelt und spiritualisiert worden sei. Sie bleibt Oberflächenansicht, das Unmittelbare wird dadurch nur in der Idee, sensualistisch-mythologisch wiederholt, nicht im Wesen, dialektisch-konkret, erkannt: »Kurz, bei diesem Idealismus behält das ganze empirische Dasein, die Vereinzelung der Wirklichkeit vollkommen dieselbe Ansicht, die sie sonst hat... Es ändert sich schlechthin nichts an dem Inhalt als jene abstrakte Form, daß alles nur Wahrnehmungen sind. Es ist von diesem Inhalt nichts sonst erkannt und begriffen; oder in diesem formalen Idealismus hat die Vernunft keinen eigentümlichen Inhalt« (XV, S. 492).

Stellung gegen den Kantischen Idealismus, sofern dieser zwar transzendental, aber gleichfalls formal ist. Kant hatte das Transzendentale als den Ort der wissenschaftlichen Erzeugung angegeben, mithin als das, was allen notwendigen »Erfahrungsurteilen«, zum Unterschied von den individuellen und zufälligen (bei Hegel: unmittelbaren) »Wahrnehmungsurteilen«, a priori vorhergeht. Hegel übernahm von daher den Begriff der Erzeugung als einer logischen Genesis, und er nennt selber seine Logik das »System der reinen Vernunft« (III, S. 35). Aber nach Hegel ist die Vernunft bei Kant nur Verstand geblieben, im formalistischen, von allem Inhalt abstrahierenden Sinn des Verstandskalküls. Vernunft dagegen ist zum konkreten Inhalt so wenig fremd und gleichgültig, daß sie ihn als ihre Bestimmung selbst erzeugt und entfaltet. Vernunft kann daher der Erkenntnis des Weltinhalts gar nicht entsagen, außer wenn sie ihrer selbst entsagt. Und ebenso kann sie, nach Hegel, das moralisch Wahre, das Sittliche, nicht außerhalb ihrer, als des Weltinhalts, stehenlassen, in einem unendlich entfernten Ziel. Während der Verstand allerdings zum Inhalt stets äußerlich bleibt; der Inhalt bleibt der Logik des bloßen Verstands denkfremd und unerkennbar, der Ethik des bloßen (formalistischen) Verstands unerreichbar. Hegel wirft Kant diesen Dualismus vor; Subjekt und Objekt, Objektivität und Ideal haben darin keine Vermittlung. Zuviel Welt in Hegels Selbsterkenntnis wendet sich gegen zuwenig Welt in Kants transzendentalem Selbstbewußtsein:

»In der Kritik der reinen Vernunft sehen wir Beschreibung der Stufen: Ich als Vernunft, Vorstellung, und draußen die Dinge; beide sind schlechthin andere gegeneinander, und das ist der letzte Standpunkt« (XV, S. 587).

»Die Vernunft kommt in diesem Erkennen nicht zur Selbständigkeit, selbständig in sich ist sie dagegen als praktische

Vernunft; als moralisches Wesen ist der Mensch frei, über alles Naturgesetz und Erscheinung erhaben. Das ist das Befriedigende an der Kantischen Philosophie, es ist wenigstens ans Gemüt gelegt... Es ist dies hoher Standpunkt, aber es wird nicht bis zur Wahrheit fortgegangen. Das höchste Gut bleibt Sollen ohne Objektivität, und dabei soll es bleiben« (XV, S. 589, 596).

Für die Tiefen Kants hielt Hegel die Augen geschlossen. Er beurteilte ihn doch wesentlich nach so höchst unkantischen Nachwirkungen des autonomen Willens wie der »schönen Seele«, gar der Schlegelschen »Freigeisterei der Leidenschaft«. Weiter wurde ihm Kant durch den liberalen Psychologisten Fries verstellt, weiter durch den skeptischen Agnostizismus, der sich damals schon wichtig machte (»Die Dinge an sich«, sagte selbst Herbart gegen solche Leute, »lassen sich nicht durch Vorwürfe verscheuchen«), weiter durch die skeptisch-mystelnde Gefühlsseligkeit Jacobis. Auch das aber hat mit Kantischer Philosophie wenig gemein, kaum etwas mit dem »Intelligiblen«, nichts mit der merkwürdig neuen, schwierigen Ortsangabe, Realitäts-Graduierung des »Postulats«, der »Ideen des Unbedingten« und so fort. Dagegen treffen Hegels Ablehnungen großartig jenen Agnostizismus, der ja nicht nur auf – Idealismus beschränkt ist:

»Bei Kant ist also das Resultat: Wir erkennen nur Erscheinungen; bei Jacobi dagegen: Wir erkennen nur Endliches und Bedingtes. – Über beide Resultate ist nun eitel Freude unter den Menschen gewesen, weil die Faulheit der Vernunft, gottlob, von allen Anforderungen des Nachdenkens sich entbunden, der Freiheit ein vollkommenes Recht eingeräumt meinte und, da das Insichgehen, das Steigen in die Tiefe der Natur und des Geistes erspart war, es sich wohl sein lassen konnte. – Das weitere Resultat ist dabei die Autokratie der subjektiven Vernunft, welche, da sie abstrakt ist und nicht erkennt, nur subjektive Gewißheit hat, keine objektive Wahrheit. – Die dritte Freude fügte Jacobi hinzu, daß, weil das Unendliche dadurch nur verendlicht werde, es sogar ein Frevel sei, das Wahre erkennen zu wollen. Trostlose Zeit der Wahrheit, wo vorbei ist alle Metaphysik, Philosophie, – nur Philosophie gilt, die keine ist« (XV, S. 609).

Hegels Philosophie hält dafür, daß sie die absolute sei, und daß sie sich auf allen bis zu ihr durchlaufenen Standpunkten zugleich befinde. Auf ihrem eigenen sieht sie sich eben als Doppelgänger oder tautologisch:

»In der eigentümlichen Gestalt äußerlicher Geschichte wird die Entstehung und Entwicklung der Philosophie als Geschichte dieser Wissenschaft vorgestellt... Die Geschichte der Philosophie zeigt an den verschieden erscheinenden Philosophien teils nur Eine Philosophie auf verschiedenen Ausbildungs-Stufen auf, teils daß die besonderen Prinzipien, deren eines einem System zugrunde lag, nur Zweige eines und desselben Ganzen sind. Die der Zeit nach letzte Philosophie ist das Resultat aller vorhergehenden Philosophien und muß daher die Prinzipien aller enthalten; sie ist darum, wenn sie anders Philosophie ist, die entfaltetste, reichste und konkreteste« (Enz. § 13, VI, S. 21).

»Das reine Denken ist fortgegangen zum Gegensatz des Subjektiven und Objektiven; und die wahrhafte Versöhnung des Gegensatzes ist die Einsicht, daß dieser Gegensatz, auf seine absolute Spitze getrieben, sich selbst auflöst, an sich, wie Schelling sagt, die Entgegengesetzten identisch sind, und nicht nur an sich, sondern daß das *ewige Leben* dieses ist, den Gegensatz ewig zu produzieren und ewig zu versöhnen. In der Einheit den Gegensatz und in dem Gegensatz die Einheit zu wissen, dies ist das absolute Wissen; und die Wissenschaft ist dies, diese Einheit in ihrer ganzen Entwicklung durch sich selbst zu wissen (XV, S. 689).

So scheint das Wissen seiner selbst nichts anderes als sich selbst einheitlich umfassend zu enthalten. Der Übergang in die *Praxis*, in die Dialektik einer kritisch (negativ) aufhebenden, synthetisch (positiv) aufbauenden Praxis – ist hier durch die kontemplative Wiederholung des kontemplativ Ganzen verstellt. Hegel sagt einmal: »Man macht der Philosophie zum Vorwurf, sie sei nicht imstande, einen Hund hinter dem Ofen hervorzulocken; das ist zwar vollkommen richtig, aber das ist auch nicht ihre Aufgabe.« Vielleicht ist es doch ihre Aufgabe, und gesetzt den Fall, daß es ihre sei, so hat Hegel gerade am Ende seiner Philosophiegeschichte, außer allem Preis des reinen und rein geschlossenen

Geisterzugs, noch an ein weit Aktiveres als Hervorlocken erinnert, nämlich an Drängen und Wühlen. Das *kritisch-negative Mittelglied* der Dialektik erscheint hier ganz unverklausuliert, ganz unabgeschlossen; es erscheint auch an dieser Stelle unter dem Bild des – Maulwurfs. Drängen und Wühlen ist die kritische Funktion der Hegelschen Antithesis schlechthin; sie ist aufsässig. Sie ist Kritik, ist jene Waffe der Kritik, die gar nicht umhin kann, Kritik der Waffe, also praktisch zu werden. Das alle Kruste Nihilierende, der Kampf und Ruf gegen jede verfrühte Seßhaftigkeit hinterm Ofen, gegen Philisterium, inadäquate Gewordenheit – dieser Sinn der dialektischen Antithese schweigt auch auf Hegels Höhe der Kontemplation nicht ganz. So ist in Hegels Theorie doch eine Art Krypto-Praxis latent; wie wäre auch sonst die Umwandlung der Hegelschen in die Marxsche Dialektik möglich gewesen? Wie bei Hegel selbst das riesige Maulwurf-Wesen in der Phänomenologie: die theoretisch-praktische Veränderung des Gegenstands und dadurch des Menschen durch Arbeit? Das alles ist gewiß illegitim, mindestens verdeckt in einer Kontemplationslehre des Kreises, der Geschlossenheit, im Begriff einer zu allen Gestaltungen sich bereits fertig herausgemachten Welt. Es ist darum bloß erst Kroypto-Praxis, im Begriff einer Philosophie selber, die – als deklariert theoretische – keine Veränderung durch Selbstanwendung erfährt. Trotzdem dringen bei Hegel das Interesse und die Arbeit an allen entscheidenden Punkten, unter theoretischer Hülle, wieder vor, ja: als »praktischer Geist«, als »Idee des Guten« alarmieren sie noch die reine Psychologie, die höchste Idee. Daher also auf einer Seite der stille Äther, aber nun doch wieder, *gegen die Kontemplation*, auch der ungestillte Puls im Ätherwesen zuletzt, – von Hegel als »Fortgang« deklariert, nicht fortgeführt:

»Indem es (das Bewußtsein) an seinem Gegenstand sein Wissen diesem nicht entsprechend findet, hält auch der Gegenstand selbst nicht aus; oder der Maßstab der Prüfung ändert sich, wenn dasjenige, dessen Maßstab er sein sollte, in der Prüfung nicht besteht, und die Prüfung ist nicht nur eine Prüfung des Wissens, sondern auch des Maßstabs« (II, S. 69 f.).

»Diese Reihe« (der Zug der Philosophien) »ist das wahrhafte Geisterreich, das einzige Geisterreich, das es gibt; – eine Reihe, die nicht eine Vielheit noch auch eine Reihe bleibt, sondern eben im Sichselbsterkennen, sich zu Momenten des einen Geistes, zu einem und demselben gegenwärtigen Geiste macht. Und dieser lange Zug von Geistern sind die einzelnen Pulse, die er in seinem Leben verwendet; sie sind der Organismus unserer Substanz. Auf sein Drängen – wenn der Maulwurf im Innern fortwühlt – haben wir zu hören und ihm Wirklichkeit zu verschaffen; – sie sind ein schlechthin notwendiger Fortgang, der nichts als die Natur des Geistes selbst ausspricht und in uns allen lebt« (XV, S. 691).

Das Maulwurf-Gleichnis kam bereits in der Geschichtsphilosophie vor (IX, S. 74), dort auf den Geist von Hamlets Vater bezogen, der bald hierhin, bald dorthin ruft, aber auch auf die Franzosen, auf das Prinzip der Freiheit, das, bis es offenbar wird, sous terre sich herumtreibt. Es ist auch in diesem Gleichnis, einem chthonischen, das Zugeständnis, als wäre reine Philosophie doch nicht das Ende der Welt. Als landete die Natur des Geistes, in dem Philosophie aus dem Inneren hervorbricht, in einer »wirklichen Gestaltung«, die – wie vom Intensiven, gar Subversiven erwartbar – nicht nur Geist wäre oder bliebe. So in Hegels Abschied an seine Zuhörer (der Hörer im Vormärz dachte sich gewiß manch Anderes dabei):

»Ich wünsche, daß diese Geschichte der Philosophie eine Aufforderung für Sie enthalten möge, den Geist der Zeit, der in uns natürlich ist, zu ergreifen und aus seiner Natürlichkeit, das heißt Verschlossenheit, Leblosigkeit hervor an den Tag zu ziehen und – jeder an seinem Ort – mit Bewußtsein an den Tag zu bringen« (XV, S. 691).

Weiter arbeitet das Maulwurfs-Gleichnis in der Einleitung zur Philosophiegeschichte insgesamt (wenn auch durch den Satz blockiert, daß die neuen Formen »nur Weisen des Wissens« sind):

»Durch das Wissen setzt der Geist einen Unterschied zwischen das Wissen und das, was ist; dies enthält wieder einen neuen Unterschied, und so kommt eine neue Philosophie hervor. Die Philosophie ist also schon ein weiterer Charakter des Geistes; sie ist die innere Geburtsstätte des Geistes, der später zur wirklichen Gestaltung hervortreten wird. Wir werden so sehen, daß das, was die griechische *Philosophie* gewesen ist, in der christlichen *Welt* in die Wirklichkeit getreten ist« (XIII, S. 70). – Es mag fraglich sein, ob die christliche Welt die Wirklichkeit der griechischen Philosophie war, aber der Gedanke fliegt jedenfalls, an dieser hellen Hegelstelle, nicht als Eule der Minerva, post festum. Als umwälzende, als Sprache eines Heraufkommenden kann Philosophie vielmehr, ohne abstrakt zu werden, ante rem stehen, nämlich so, als stünde sie, wie Hannibal, ante portas. Spricht eine große Philosophie den Gedanken ihrer Zeit aus, so spricht sie ebenso aus, was dieser Zeit fehlt und was in der kommenden fällig ist. So erst wühlt und leuchtet sie dem latent Neuen entgegen, nämlich der besseren Gesellschaft, wahreren Welt.

DIE AUFHEBUNG

HEGELS TOD UND LEBEN 18

(Kierkegaard, Schelling, Feuerbach)

1. Hegel, geboren 1770, starb 1831, es läßt sich, rein äußerlich, sagen, er starb rechtzeitig. Denn er erlebte so nicht mehr die geistige Entspannung, die bald nach seinem Tod in Deutschland Platz griff. Dieses Land trat als letztes westeuropäisches in die kapitalistische Entwicklung ein, es wollte nun ebenfalls praktisch werden, das heißt, Geld verdienen. Die Zeiten hörten auf, wo man im Ausland sagen konnte: die Deutschen sind brave Leute, sie lesen Bücher und trinken Kaffee, und ihre großen Männer schreiben die Bücher, die dann beim Kaffee gelesen werden. Solche Belustigungen unter der Hirnschale ließen nach, doch auch die starken und glänzenden geistigen Werke; es wurde Herbst. Ein wesentlicher Teil des alten, des unvergeßlichen Deutschland wurde mit Hegel selber zu Grab getragen.

2. Ein Menschenalter nach seinem Tod war Hegel in der bürgerlichen Schicht vergessen. Die Aufregung, welche die Trennung seiner Schule in einen linken und rechten Flügel, in einen revolutionären und konservativen, gebracht hatte, erlosch in allgemeiner Gleichgültigkeit. Das Feuer, das vom linken Flügel über David Friedrich Strauß und Feuerbach zu dem jungen Marx überging, fand am deutschen Bürgertum nicht lange seinen Hüter, verständlicherweise. Der gute Stern, der der aufsteigenden Klasse geleuchtet hatte, leuchtete der absteigenden nicht mehr. Es gab keine Kabinettsordres des Weltgeistes mehr im Original zu schreiben; dem entsprach, daß die sogenannten Philosophen dieser Zeit so kleinmütig wurden, auch dann, wenn sie mit der großen Überlieferung noch genealogisch zusammenhingen. Für diesen Typus ist ein anständiger Epigone wie Lotze bezeichnend, der einiger Hauptpunkte seiner Lehre höchstens, wie er sagt, »sicher zu sein glaubt«, – welch eine Veränderung gegen das gebietende Lehrwort Hegels. Im gekommenen

Aschenhaufen der Philosophie glimmten bestenfalls noch »persönliche Überzeugungen«, also überhaupt keine; freilich verdiente das Produkt auch keine anderen. Es waren die einzelnen Kulturwissenschaften, nicht die Philosophie, in denen Hegel fortwirkte; übrigens auch hier meist verschwiegen oder ohne Dank. Die Geschichtsschreibung, Kunstwissenschaft, Völkerkunde, Religionswissenschaft und so fort folgten weithin den Linien, die Hegels Entwicklungsgedanke und Sachkenntnis gezogen hatten. Ein Universalhistoriker wie Ranke ist als dieser ohne Hegel undenkbar, trotz der unphilosophischen Abstriche, die er an ihm vorgenommen hat. Hegels Einfluß reicht nicht minder in die Kriegskunst: der General Clausewitz, Autor des klassischen Buchs »Vom Kriege«, war ein Schüler Hegels, so daß er »die Wechselwirkung zwischen zwei Staaten«, die der Krieg darstellt, dialektisch behandelte.

Bald jedoch fielen, in dem allgemein werdenden geistigen Herbst, auch diese Blätter ab. Die dialektische Methode wurde nur noch im Zusammenhang mit Worten wie »Verirrung« oder auch »hohler Flitter« zitiert. Auch das Wort »Ausmerzung« fehlte nicht, so bei sozialdemokratischen Revisionisten wie Bernstein, denen die Dialektik ein Schandfleck an Marx war. Hegel insgesamt wurde, besonders von der deutschen Bourgeoisie, traktiert wie hundert Jahre vorher Spinoza, nämlich als toter Hund. Und ein selber großer Philosoph, Schopenhauer, der nicht einmal so traktiert worden war, sondern gar nicht, nämlich totgeschwiegen, gab dem geistigen Pöbel, den er sonst so abgrundtief verachtete, Stichworte voll Saft und Roheit gegen Hegel. Nun wurde Hegel der »Unsinnschmierer«, die »Ministerkreatur«, der »Kopfverderber«, und unter den »drei Windbeuteln« Fichte, Schelling, Hegel war letzterer der ärgste. Schopenhauer ist ein Gegner, den seine eigene Metaphysik blind gegen die Hegels machte, eine Metaphysik mit nicht unwichtig entgegengesetztem Prinzip. So daß man die Invektiven, die überall außer Rand und Band geratenen, hören mag, als ob hier ein homerischer Großheld den anderen beschimpfe (der leider gar nichts von ihm wußte). Auch auf der weiteren Linie: Schopenhauer-Wagner-Nietzsche, der nicht eben heilvollen »Parallellinie« zu Hegel-Feuerbach-Marx, konnte Hegel nur umgangen werden. Wagalaweia und blonde Bestie, um das Schlechteste zu nehmen, vertragen sich rechtens nicht mit Hegels Logik. Immerhin war da noch Format, gar der Grimm Schopenhauers, diese seine Monomanie, focht für eine Sache. Doch sonst, in der eigentlichen Katheder-welt nach Hegel, kamen keine Ajaxe, sondern Zwerge aus dem Geschlecht des Thersites. Es kamen die stets zahlreichen Auch-philosophen, die keine anderen Eigenschaften besaßen als die des Esels in der Fabel; wonach sie folgerichtig dem toten Löwen einen Tritt versetzten. Der Typ ist heute noch nicht ganz ausgestorben, ja, er hat sich unter Positivisten erneuert, die nicht bis drei zählen können, obwohl sie mathematische Logik treiben. Sind das Tatsachen, so gilt für sie Hegels wohlfundierter Satz: »Um so schlimmer für die Tatsachen«, ein Satz, der so vielen, die Hegel nicht kannten und ihn deshalb beurteilten, Gelegenheit bot, ihren gesunden Menschenverstand zu zeigen. Aber auch die Nicht-Positivisten der Zwergzeit, die »spintisierenden eklektischen Flohknacker«, wie Friedrich Engels Neukantianer und dergleichen nannte, sprachen über Hegel mit jenem Ernst, den keine Mühe bleicht. Es sei denn die Mühe, die man sich machte – wodurch zur Subalternität ein wichtiges ideologisches Motiv hinzutritt –, den Unzuträglichkeiten, die aus der Hegelschen Linken gekommen waren, auszuweichen. Es waren Unzuträglichkeiten à la Feuerbach, Marx, Engels, und sie hatten gezeigt, wieviel unerwünschter Sinn in Hegels »Unsinn« gelegen hatte. Der Hegelhaß der deutschen Epigonenphilosophie hatte also einen sozialen Auftrag; positiv wurde er am besten erfüllt durch den Ruf: Zurück zu Kant. Soll heißen: durch den neukantianischen Formalismus, durch die doppelte Buchführung von »Wissenschaft« und »Ideal«, durch jenen unvermittelten, prozeßlosen Dualismus zwischen beiden, der bei Kant abstrakter Radikalismus gewesen war und bei den Neukantianern Feigheit wurde. Diese Art Neukantianismus ermöglichte die Kunst, über die Welt nachzudenken, ohne mit ihr in Konflikt zu geraten; wogegen Hegels Kategorien, wie seine linke Schule gezeigt hatte, gerade in diesen Konflikt hineintrieben. Friedrich Wilhelm IV. von Preußen hatte Schelling gerufen, um »die Drachensaat zu zerstören«, die aus Hegel aufgegangen; der Neukantianismus besorgte das Geschäft billiger. Indem er Hegel nicht als Drachen, sondern als Narren darstellte, brauchte man zur Bekämpfung keinen Jason; es reichte schon der Bildungsphilister aus, besonnen und doch ideal. So entsagte man »den hohlen Früchten der Dialektik«, so stand der Baum, der solch angeblich hohle Früchte trug, einzig noch im Gebiet des dialektischen Materialismus. Lehrreich ist bei alldem, daß England, Frankreich, Italien Hegel nie so völlig verdrängt haben wie Deutschland nach 1850. Es fehlten dort die wahrhaft barbarischen Widersacher, freilich fehlte auch der Affront einer Hegelschen Linken; das zahme Absolute, das die Stirling, Green, Taggart dort enthüllten, blieb im Schatten der Hörsäle. Auch »Lebendiges und Totes in Hegels Philosophie«, von Benedetto Croce in seinem gleichnamigen Buch 1907 getrennt, ließ das Lebende ganz auf Seite eines liberal-historischen, nicht-materialistischen Bewußtseins fallen. Croce gestattet sich, Hegel »mit vielen Gebärden der Verwunderung« einen Vorläufer zu nennen, findet aber auch in seinem Bewußtsein, Hegel gegenüber, eine hübsche Erinnerung an die Lage des römischen Dichters gegen sein Weib: nec tecum vivere possum, nec sine te. Selbst in Amerika gab es noch eine Erinnerung an Hegel, und war sie hier wie in England wässerig genug, so war sie doch verschieden von der deutschen Hegelpfütze und ihrer Toteninsel. Erst in neuester Zeit eben ist ein angelsächsischer Positivismus gegen Hegel streitbar geworden, und wieder, noch mehr als in Deutschland nach 1850, aus Subalternität und sozialem Auftrag zugleich. So zeigen jetzt USA-England, worin sich, trotz aller »philosophy«, so lange ein Gedächtnis an den »Philosophen des historischen Geistes« gehalten hat, zum Teil sogar eine besondere Hegelphobie. Der Schock vor dem Kreml hat den Schock vor der Hegelschen Linken mehr als aufgeholt; Dialektik ist, statt einer vergessenen Torheit, zu einem lebendigen Ärgernis geworden. Auch verhüllt sich diese parteiisch-»exakte« Ablehnung sehr oft mit der ideologisch ihr scheinbar entgegengesetzten: mit dem abgedroschenen Vorwurf, daß Hegel der Philosoph der Reaktion sei. Immerhin ist Hegel nicht mehr vergessen, trotz der flotten Unwissenheit des aufgeklärten Positivismus. Und in der Sowjetunion gilt der sogenannte Philosoph der Reaktion als einer der geistigen Gründer der neuen Gesellschaft, wie bekannt. Lenin erneuerte den echten Marxismus nicht zuletzt durch Rekurs auf den »Kern«

der Hegelschen Dialektik (»Widerspruch als Wurzel aller Bewegung und Lebendigkeit«) und auf die Hegelsche Logik selber. Lenin, 1914 mit dem gründlichen Studium dieses Werkes beschäftigt, hämmert bekanntlich ein: »Man kann das ›Kapital‹ von Marx und besonders das erste Kapitel nicht vollkommen begreifen, wenn man nicht die *ganze* Logik Hegels durchstudiert und begriffen hat. Folglich hat nach einem halben Jahrhundert keiner von den Marxisten Marx begriffen« (Aus dem philosophischen Nachlaß, Berlin, 1949, S. 99). Gerade der orthodoxe Marxismus also, der von Lenin wiederhergestellte, setzt diese Hegelkenntnis voraus; zum Unterschied von einem vulgären und einem traditionslos-schematischen, der freilich, indem er Marx – wie aus der Pistole geschossen – isolierte, nur sich selber von Marx isolierte. Die Sowjetunion betreibt keine Hegelei, wohl aber Hegelforschung um des Marxismus willen, damit er nach Lenins Weisung verstanden werde. Der Philosoph der Dialektik, mit dem die Bourgeoisie des neunzehnten Jahrhunderts Schindluder oder Allotria getrieben hatte, lebt nun im Zentrum des beherrschten Prozesses. Und das Kriterium fürs Lebendige oder Tote in seiner Philosophie besteht nicht mehr aus einer so oder so beschaffenen liberalen Meinung darüber, sondern aus revolutionärer Fruchtbarkeit.

3. Deutschland, das besonders vergeßliche Mutterland, erfuhr eine bürgerliche Hegelrenaissance nach 1900, eine erstaunte. Es war damals eine Zeit, die fälschlich neuen Saft in den Adern zu fühlen glaubte. Der langsame und zynische Verfall, der wachsend die zweite Hälfte des neunzehnten Jahrhunderts ausgemacht hatte, schien unterbrochen. Die deutsche Wiederbegegnung mit Hegel geschah im Zusammenhang mit neuromantischer und sonstiger neuer Erregung und Affinität, mit vagen Bedürfnissen, aus der Mechanei herauszukommen. Ökonomisch lag dem der geschehene Übergang zum Imperialismus zugrunde; so wurde die Provinzphilosophie des Neukantianismus unzureichend. Der riesige Welteroberungszug der Hegelei, der systematisch aufgezogene, sprach an, zusammen mit den illiberalen Elementen darin. Doch war desgleichen – mindestens bis zur deutlich präfaschistischen Zeit – subjektiv lange nicht so bewußt wie der empfundene Buntzauber einer nicht-mechanistischen

Weltanschauung, wie die Begierde eines späten, von sich selber angeödeten Bürgertums nach spekulativen Frissons. Die Stimmung der Zeit fühlte sich jener verwandt, die Hegel in der Vorrede zur Phänomenologie notiert hatte, übers Irgendwie und Simili: »Der Geist zeigt sich so arm, daß er sich, wie in der Sandwüste der Wanderer nach einem einfachen Trunk Wasser, nur nach dem dürftigen Gefühle des Göttlichen überhaupt für seine Erquickung zu sehnen scheint. An diesem, woran dem Geiste genügt, ist die Größe seines Verlustes zu ermessen« (II, S. 9). Wobei dieser Satz den Vorzug hat, immer wahrer geworden zu sein, weit wahrer als in der immerhin gestaltenden, durchaus nicht dürftigen Romantik, von der Hegel seine Strenge und Gegenständlichkeit abgehoben hatte. Jetzt erst war die Zeit der verblasenen, der unverpflichtenden und gegenstandslosen Vermissungsgefühle, Groß- und Mischgefühle gekommen. Die Zeit, in der die Blümlein des heiligen Franziskus nicht gepflückt, aber berochen wurden; in der Simmel rein stimmungsmäßiges, »religiös durchtränktes« Erleben des Erlebens oder Lebens an sich verabstrahierte; in der Alfred Weber, eine der größten Konfusionen des deutschen Vorkriegs, teils über »Lebenseinschmelzung«, teils über »letztliche Kultursynthese« Waschzettel sprach. Solcher und anderer Art wurde ein geistiger Ästhetizismus präpariert, der der Plumpheit und metaphysischen Impotenz der bürgerlichen Mechanismuszeit sich entgegenzusetzen versprach. Auf impressionistisch-neuromantisch-vitalistischem Boden also wurde auch Hegel wieder interessant und geltend gemacht; dessenungeachtet, daß er gar nicht zur Romantik gehört hat und ganz gewiß nicht zum Impressionismus oder Vitalismus gehört. Die so geschehene Pardonierung Hegels blieb notwendig unfruchtbar, trotz dem mehr akademisch-erzieherischen Vorteil, daß sie das Epigonentum der Neukantianer beendet hat. Rein theoretisch sozusagen schritt, durch Neuromantik genährt, der Begriff hier lediglich durch Konsequenzzwang vom Neukantianismus über einen Neu-Fichte zu einem Neu-Hegel fort. So etwas hatte bereits der englische Späthegelianer Stirling prophezeit, als er in seinem Buch »The secret of Hegel« 1865 meinte, das Geheimnis wäre »at shortest« dieses, daß Hegel »made explicit the concrete universal, that was implicit in Kant«. Das ist zwar sachlich Nonsens, doch für die Neukantianer führte allerdings Kants transzendentaler Idealismus von selber zu dem genetisch-konstruktiven Fichtes und Hegels; die »transzendentale Synthesis der Apperzeption« führte, wenn unverhindert, von selber zu einer werdenden, nicht fertigen »Einheit in der Mannigfaltigkeit«, zu einer historischen, nicht statischen Theorie der Erfahrung.

Indem die Neu-Fichteaner und Neu-Hegelianer das bemerkt haben, kam nur nichts Rechtes mehr heraus. Dergleichen ist ja auch bei zurückgebliebenen Schülern unerwartbar, die mit Ach und Krach den Kurs repetieren müssen, noch wurde gar ein phrasenhaft gewordener Idealismus verlassen. Verlassen wurde nur die ehemals revolutionäre Kraft des klassischen deutschen Idealismus, nämlich die Dialektik. So heftig auch das »größte System der Entwicklung« gefeiert wurde, so überlegt wurde doch das Organon dieser Entwicklung unterschlagen oder abgemattet – fast wie zur Zeit der Hegelverdrängung von 1850. Es gab einige abstrakte Reprisen von Bruchstücken dialektischer Methode, so bei Natorp aus der Cohenschule, so bei Jonas Cohn aus der Rickertschule und anderen mehr. Der übrige Neuidealismus brachte es nicht einmal so weit: denkt er Hegel, so meint er einen theologischen Popanz, sicher nicht, oder nur mit Lippendienst, den Dialektiker. Der Talmi-Ontologe N. Hartmann hat ihn auf eine Art Scheler hin banalisiert, Luthermänner erklärten den Lobpreiser der Schlange zum Pastor der menschlichen Nullität und der Gottesknechtschaft schlechthin, R. Kroner nannte Hegel den »größten Irrationalisten aller Zeiten«. Diese Epigonen fühlen sich durch Hegel peinlich über ihren intellektuellen Horizont hinausgespannt; so stellen sie den Meister so verstiegen und gleichzeitig so hanebüchen dar, wie er sich im Kopf der Hegelfeinde des vorigen Jahrhunderts gemalt hat; nur statt des negativen mit positivem Vorzeichen, was sachlich keinen großen Unterschied macht. Einer dieser Feinde, der liberale R. Haym, hatte in seinem Buch »Hegel und seine Zeit« schon während der sechziger Jahre die Dummheit aufgebracht, die Phänomenologie sei nichts als »eine durch die Geschichte in Verwirrung und Unordnung gebrachte Psychologie und eine durch die Psychologie in Zerrüttung gebrachte Geschichte«; – liest man die

Exegesen der Neuhegelianer, so könnte man beinahe glauben, es wäre so. Entscheidend aber wirkt in der gesamten bürgerlichen Hegelrenaissance der reaktionäre Auftrag, den Übergang von Hegel zu Marx unpassierbar zu machen. Es erhellt: der Bourgeois-Gedanke liebt auch außerhalb der Positivisten Dialektik nicht; er liebt den Wurm im Apfel nicht, und vom Umschlag erwartet er nichts Gutes. Die Zeit der Unterschlagung ist für Hegel zwar zu Ende, statt dessen wird er entspannt und verfälscht. Der Dialektiker des Gewitters wird vergessen, er erscheint entweder mit frechstem Zerrbild, ein Obskurant des geschichtslosen Abgrunds oder ein Harmonist des Äthers, der über den Dingen schwebt. Solches Ende nahm die bürgerliche Hegelrenaissance (a non rinascimento); sie hat gegen die Wahrheit aufgekreuzt, fast war die vorige Vergessenheit vorziehbar.

4. Ein ganz anderes als Vergessen ist es, Abschied zu nehmen. Kierkegaard und solche mit weniger abgewandtem Blick nahmen ihn von Hegel schon zu seiner Zeit. Ein gründlich erfahrener Grund lag hier vor, nicht der »Realismus« jener, die Engels »Induktionsesel« nennt. Der gründliche erfahrene Grund steckte im *Existieren selbst*, in dem keineswegs begrifflichen Zustand oder Boden, den der Panlogiker Hegel verlassen hat. Heutzutage wird freilich auch dort von einem Existieren geredet, wo es gar keines mehr gibt, es sei denn als bloß niedergehendes oder scheiterndes. So wurde Existieren ein Modewort, in der sogenannten Existentialphilosophie zweiter und dritter Hand. Diese ist aber überwiegend nur soziologisch bemerkenswert und sollte besser Desperationsphilosophie heißen. Denn sie spiegelt großenteils nur die Aussichtslosigkeit der bürgerlichen Klasse; – als ein anderer »Untergang des Abendlandes« und mit ähnlichem Effekt in ähnlichen Schichten. Sie entspricht einer spätbürgerlichen »Befindlichkeit«, die nichts mehr übrigbehält als Angst, Nichtigkeit, Haltlosigkeit, Verlorenheit. Der Mensch als zufälliges Ungefähr, als ein unbeschütztes und jedem Verderben preisgegebenes Hineingeworfensein in die Welt und mit dieser lediglich ins Nichts überhängend: das ist zwar eine zeitgemäße Beschreibung all der begriffslosen Marionetten des Kapitals und ihrer jetzigen Situation, aber es enthüllt sich als faule Apologetik jedem, der die Situation durchschaut hat und danach handelt.

Wobei selbst der schmale Ertrag, den die Desperation an ihrem Nichts zutage fördert, in dieser Gegend nicht ausgewertet werden kann. Denn hier ist keine Implikation über den bürgerlichen Untergang hinaus, hier bleibt bloße Maske des bürgerlichen Krisenphänomens. Heidegger und neuerdings Sartre, sein nihilistischer Strohmann, reflektieren lediglich eine bürgerliche Existenz, die auf den Hund gekommen ist, eine Objektlosigkeit und Subjektlehre zugleich, die schon morgen nicht mehr erfahren wird. Der Existentialismus a non existere macht folglich, trotz der Anleihen bei Kierkegaard, gegen Hegel keinen Boden kenntlich. Zum einleuchtenden Unterschied von den echten Denkern des Existierens, in neuerer Zeit mit Kierkegaard und Realeren beginnend.

So lasse man die Toten ihre Toten begraben, das Wichtige trägt sich woanders zu. Und anderes Existieren trat bei den jetzt zu erwähnenden Kritikern Hegels auf, gegen die Anmaßung des Begriffs. Es trat entweder auf als das, was im Kopf keinen Platz finden mag, geisterhaft unableitbar ist, oder aber – und hier erst ist Ernstfall – als das, was im Kopf nur seinen Widerschein, nicht seinen Grund besitzt. Das Sein bedingt nach letzterer Wendung das Bewußtsein, nicht das Bewußtsein das Sein, Geist ist nicht der Erzeuger, sondern (wenn auch mit Wechselwirkung) der Reflex materieller Verhältnisse. Diese Kritiken Hegels sind also zweifach, trotz dem nicht ungemeinsamen Ausgangspunkt: Existieren; sie zeigen eine selber noch abstrakte oder aber eine materielle Seite. Zur selber noch abstrakten Seite gehört die Hegelkritik *Kierkegaards* und des späten *Schelling*, zur materiellen Seite die *Feuerbachs* und vor allem die dialektisch-materialistische von *Marx*. Einzig letztere Kritik ging von einem wirklichen Erben Hegels aus; Marx hat bei aller Aufhebung der »Hirnweberei« die dialektische Methode ins Reelle hinübergerettet. So konkret Hegel war und so verblüffend sein Wirklichkeitssinn sehr oft den Nagel auf den Kopf traf, so machte doch sein reiner Begriffsgrund überall das abstrakt Abgeleitete zum logisch erzeugenden Prius. Dagegen richtet sich die Kritik Feuerbachs und des jungen Marx, sie warf Hegel vor, »daß er das Prädikat (die logischen Aussagebestimmungen) zum Subjekt (dem Träger), das Subjekt dagegen zum Prädikat gemacht habe«. Oft wurde in diesen Blättern die Doppelgestalt der Hegelschen Dialektik kenntlich gemacht: der bacchantische Geisterzug hier, ohne Rast, ohne Ruh, und das kreisrund gewölbte Antiquarium dort, mit dem Wesen als Ge-wesenheit. Beide Bestimmungen aber hängen, wie durch Marx völlig einsichtig wurde, letzthin mit dem *absoluten Idealismus* der Hegelschen Dialektik zusammen, mit dem Begriff als Demiurgen, als dialektischem Substrat. Selbstbewegung des Begriffs, also Idealismus in der Bewegung, macht den dialektischen Wolkenzug über den Dingen; Wesen als Begriff, also Idealismus im Bewegungssubstrat, macht den Wolken- oder Geisterzug zur bloßen pädagogischen Explikation einer an und für sich unentstehbaren, unvergehbaren, ewig-absoluten Idee. Marx lehnte beides ab, als aus dem gleichen idealistischen Prinzip stammend, aus einem Prinzip, das »im Kopfe alle Schranken auflöste, wodurch sie natürlich für die schlechte Sinnlichkeit, für den wirklichen Menschen bestehen bleiben«. Der Geisterzug Hegels hatte die Schranken in idealistischer Hetze und Luftigkeit aufgelöst, die Sphaira der ewig-absoluten Idee hatte den Geisterzug wiederum zu einem statischen Zyklus absolviert, in dessen Gewesenheit Entstehen wie Vergehen selber ruhen. Dem dialektischen Materialismus aber war diese Statik noch weit unhaltbarer als der Geisterzug oder – bei aller Spukform – die eine bewegte Bewegung spiegelnde Selbstbewegung des Begriffs. Denn Selbstbewegung des Begriffs war immerhin die bisher schärfste – wenn auch selber inner-idealistische – Kritik des Platonismus oder der Unwandelbarkeit im Wesen. Sie war Kritik des Platonismus, indem sie gerade das Unwandelbare an den Ideen aufhob und das Anderswerden in sie einführte, das Zeithafte statt des Zeitlosen. Die Selbstbewegung des Begriffs konnte auf die Erde gebracht werden, konnte aus dem Wolkengeschiebe der Prädikate auf die Bewegung ihrer Subjekte (Dinge) rektifiziert werden. Die letzthinnige Statik dagegen, als ob nicht nur der Geisterzug, sondern auch der Prozeß gar nicht wahr wäre, ist für Marx heillos. Sie erneuert alle Nachteile des Platonismus, weiterhin des Spinozismus, ohne die Vorteile eines nichtgeistigen Substrats, die der statische, doch materielle Spinozismus enthält. Marx nahm von Hegel den dialektischen Prozeß auf, ohne die Selbstbewegung des Begriffs;

diese wurde in Grund und Boden kritisiert. Die letzthinnige Statik eines ewigen An- und Fürsichseins (auf dem Horizont der Vergangenheit) nahm Marx, wie sich das beim Praktiker der Zukunft von selbst versteht, an keinem Punkt auf; sie wurde nicht einmal in Grund und Boden kritisiert, denn sie hat keinen Grund und Boden. Dieser oder das dialektische Substrat ist für Marx nicht doppelt logisierter, nämlich erinnerter Logos, sondern sich dialektisch entwickelnde Materie, die so tragend wie umfassend ist. Die dialektische Materie gilt auch als Substrat für so wenig unwandelbar, daß sie lauter Unterbrechung ist, ja daß sie Ungekommenes oder utopische Ränder zeigt.

5. Das sind die Rückschläge, dann die fruchtbaren Überwindungen, die Hegel vom Sein her erfahren hat. Vom Sein, das nicht mehr, als Gedachtes, gleich dem Nichts ist, sondern das jedem auf den Nägeln brennt. Zwar Kierkegaard und der späte Schelling, die selber idealistischen, obzwar »existenziell« sein wollenden Kritiker, haben mit materieller Existenz kaum von ferne etwas gemein. Kierkegaard spricht dafür zu sehr aus der isolierten Innerlichkeit des Kleinrentners, an ihr unendlich interessiert. Er lehrt das Existentielle als das intensive Subjektive, mit keiner anderen Dialektik als der »des auf der Stelle Tretens«. Und der späte Schelling nahm die Wendung zum nicht-geistigen Erdenrest, indem er gleichzeitig das Mythologie-Amt einer immer vernunftfeindlicheren Reaktion bekleidete. Er lehrt das Existentielle als den unvordenklichen »Anstoß«, als das »dunkle Quod« der Welt, das zwar das Drängende, Tätige, Setzende in ihr ausmacht, doch als ewig Regelloses dem Verstand auch ewig undurchdringbar bleibt. Hierbei trat erfahrener Tiefsinn vor, indes nicht eben einer, der aus der Mythologie herausfinden wollte, im Gegenteil. Auch der von Schelling beeinflußte Anti-Logismus Kierkegaards hat einen ganz anderen Gegenstand als der Anti-Idealismus Feuerbachs, trotz des gemeinsamen Nichtwollens der Hegelschen »Abstraktion«. Kierkegaards, Feuerbachs Nicht-Hegel sind voneinander so verschieden wie die in sich wühlende Seele von der in sich spielenden gesunden Leiblichkeit, wie der »christliche Mensch in steter Krise« vom »wirklichen Menschen auf der Grundlage der Natur«. Gar gänzlich ist es überflüssig, die Unterschiede der humanen »Existenz«

in Kierkegaards Individuum und in Marxens »Ensemble der gesellschaftlichen Verhältnisse« zu pointieren. Trotzdem freilich ist mit den Verschiedenheiten, den auf der Hand liegenden, zwischen den Anti-Panlogisten um 1840 deren Verhältnis noch nicht ganz erschöpft; es besteht außerdem noch eine Art zeitgenössischer Bezug der Kierkegaard-Schelling zum gekommenen Auf-den Füßen-stehen-Wollen. Beginnende »Realpolitik«, Lob der »Empirie« machen sich von 1840 ab in jedem Abschied von Hegel kenntlich; beide sind Reflexe des nun auch in Mitteleuropa hochreifenden, zu Ende reifenden Kapitalismus. Deshalb kokettiert selbst der späte Schelling mit dem Wort Empirie, und er setzt es, wie immer dunkelmännisch, ein. Deshalb macht Kierkegaard seinen Solipsismus zu einer solchen Sinnfälligkeit heraus, contra Hegels vermittelten Geist, als wäre da, wie immer subjektivistisch, ein Seitenstück zu Feuerbachs »Anthropologisierung«. Das ungeachtet des reaktionären Auftrags bei Kierkegaard-Schelling, des revolutionären bei Feuerbach. Formal leisteten die ersteren einen unleugbaren Tribut des transzendenten Lasters an die antäische Tugend, das ist, an den Berührungswillen des Bewußtseins mit dem Sein. Hierfür gibt es keinen geringeren Tatzeugen als den jungen Engels; dieser, Hörer von Schellings Berliner Vorlesungen, veröffentlichte nämlich 1842 pseudonym die Schrift: »Schelling und die Offenbarung«. Darin springt der geistgläubige Hegelianer, der Engels damals noch teilweise war, gewiß nicht glimpflich mit dem alten Hegeltöter um. Er kritisiert seine mystagogische Alogisierung des Seienden schlechthin, er erwähnt gegen sie mit Recht, daß es Hegel nicht eingefallen, »die Existenz irgendeines Dinges ohne empirische Prämissen beweisen zu wollen; er beweise bloß die Notwendigkeit des Existierenden«. Auch gibt sich der junge Engels noch als davon überzeugt aus, »daß die Existenz allerdings in den Gedanken fällt, daß das Sein dem Geiste immanent ist«; dies in Polemik gegen Schellings Satz: »Das Sein ist das im Denken Nichtimmanente«. So hat Schellings »metaphysischer Empirismus« den jungen Engels zweifellos abgestoßen: trotzdem aber berührt es ihn eigentümlich, daß Hegel »gerade jetzt von zwei Seiten angefeindet wird, von seinem Vorgänger Schelling und seinem jüngsten Nachfolger Feuerbach«, und er wittert eben darin –

qua Existenzbetonung, Aposteriori, Empirismus – einen Zusammenhang. Ja der junge Engels resümiert Schellings eigene Darstellung an einer Stelle, die von Feuerbach sein könnte, wenn sie nicht von dem mythologischen Hegelfeind – Schelling herrührte. Danach sagte Schelling: »Die abstrakten Begriffe der Hegelschen Logik gehören eben nicht an den Anfang der Philosophie, sie können erst dann eintreten, wenn das Bewußtsein die ganze Natur in sich aufgenommen hat, denn sie sind erst die Abstraktionen aus der Natur« (Schelling und die Offenbarung, Mega I 2, 1930, S. 203). Der junge Engels beschwert sich noch über das »Verkehrte dieser Darstellung«, und er meint damit den mystagogischen Grund, auf dem sie ruht oder zu dem sie bei Schelling führt; jedoch es erhellt: der baldige Mitbegründer der nichtidealistischen Geschichtsauffassung war von Schellings zitiertem antilogischem Satz doch sichtbar betroffen. Trotz dessen heillosmythologischem weiterem Zusammenhang und trotz der Hegelschen Idee, in der der junge Engels damals noch recht befangen war. Er hat den Anti-Hegel, Anti-Panlogismus der Schellingschen Reaktion kaum ganz ohne paradoxen Nutzen für die eigene spätere Panlogismus-Kritik von links wahrgenommen. Die gesamte Intelligenz um 1840, bei so verschiedenartigen sozialen Aufträgen, litt unter dem exaltierten Geistwesen des Hegelianismus, pflanzte des Lebens mehr oder weniger goldenen Baum dagegen oder daneben auf. Wobei Engels und Marx, als die einzigen, die die Dialektik verstanden haben, als die einzig Realen unter den Verabschiedern und Bekämpfern Hegels, eben deshalb dem bekämpften Hegel am gerechtesten geworden sind.

Der sympathische Althegelianer Karl Rosenkranz gab 1870, zum hundertsten Geburtstag seines Meisters, eine Jubiläumsschrift heraus: »Hegel als deutscher Nationalphilosoph«. Das klang damals lächerlich, vorausgesetzt, daß der Gruß überhaupt bemerkt wurde. Der zu Feiernde war fast verschollen, er schien im Volk der Denker nur gelebt zu haben, um Witze über ihn reißen zu können. Das Bekenntnis zum Geburtstagskind fiel demgemäß recht melancholisch aus und jedenfalls defensiv. Trotzdem glaubte Rosenkranz von Hegels System prophezeien zu können: »Es wird eine produktive Fortbildung haben, wie dies im Altertum mit Plato und Aristoteles in ihren Kommentatoren auch der Fall gewesen« (Seite 318). Nun, diese produktive Fortbildung ist gekommen, doch ganz anders, als es sich der letzte Hegel-Ritter gedacht hat. Bereits waren die wahren »Kommentatoren« Hegels keine Hegelianer im selben Sinn, wie die des Aristoteles Aristoteliker gewesen sind. Eher hat die Dialektik sich an ihm selbst bewährt: der Panlogismus des Gewordenen schlug in die Kritik seiner und des Gewordenen um. In die fundierteste, die dem Panlogismus und dem Gewordenen, das er ideologisiert, je geblüht hat, und dieses eben auf Grund der »fortgebildeten« dialektischen Methode. Nicht Vergessenheit, aber auch nicht Scholastik ist so die Zukunft Hegels geworden. Anders als Platon und Aristoteles hat Hegel nach seinem Tod sofort Feinde gefunden, darunter den Jugendgenossen Schelling, aber auch anders als die beiden hat er statt Jubiläum und Scholastik sofort einen souveränen Erben gefunden, den Marxismus. Dessen Feld ist gewiß nicht mehr die »Wissenschaft vom Weltgedanken und der Gedankenwelt«, nach dem abgedroschenen Idealismus der Althegelianer und dem ausgekochten der bürgerlichen Hegelrenaissance. Doch das philosophische Feld ist durch die gekommene Veränderung nicht geringer geworden, sondern fruchtbarer. Denn in die Gedankenwelt drang die der Entscheidung ein und in den Weltgedanken, mit seiner idealistischen Geschlossenheit, die dialektische Materie. Das ist ein nicht ganz so ätherisches Wesen, doch ein wirklich zugrundeliegendes, es ist ein wirkliches Substrat der wirklichen dialektischen Subjekt-Objekt-Beziehungen, also der Bewegungs- und Arbeits-Beziehungen. Aber Abtun des Ideen-Aberglaubens war zu dieser materiellen Erkenntnis nötig, gegen das bloß theoretische Prinzip. Hegel selber war diesem Prinzip, wenn er auf die »deutsche Geistigkeit« sah, nicht immer verschworen: »Wir haben allerhand Rumor im Kopfe und auf dem Kopfe; dabei läßt der deutsche Kopf eher seine Schlafmütze ganz ruhig sitzen und operiert innerhalb seiner« (XV, S. 553). Auch Kierkegaard operiert noch innerhalb des Kopfes, mit Reu- und Bußtränken dazu, obzwar auf eine Weise, die Bewährung verlangt. Das echte Ende der Schlafmütze, mitsamt dem gedruckten Lorbeer, den die Bourgeoisie zum Jubiläum des ihr nicht mehr Zugehörigen verwendet, heißt dialektischer Materialismus. Als ein solcher, der sich auf sein Subjekt-Objekt versteht und die Materie an der Wurzel packt: der hungrigen Existenz.

1. Kierkegaard und das Allgemeine. – Ein Inneres wendet sich hier gegen das Äußere, worin es nicht vorkommt. Gegen das Begriffene, worin es sich selbst durchaus nicht begriffen fühlt. Das Innere ist nach Kierkegaard das unmittelbare Menschsein, es braucht nicht einmal so sehr oder immer seelisch zu sein. Es ist der Existierende schlechthin, wie er »schläft, ißt, sich die Nase putzt«, wie er »eine Frau liebt, in Unruhe und Leidenschaft steht«.

Das ist dieses, was den Menschen allein angeht. Was uns außerordentlich interessiert, ja, wenn es mit rechten Dingen zugeht, allein interessiert. So steigert sich das Menschsein zu dem, was es wirklich ist, zum zerrissenen, zum christlichen, zum völlig Subjektiven. Hegel aber wird kritisiert, weil er sich aus diesem Lebendigen, Unmittelbaren, Augenblicklichen völlig herausprozessiert. Statt der brennenden Sorge des Augenblicklichen erscheint bei ihm das Vergangene als eines, das uns nichts mehr angeht. Statt der Angst und Verzweiflung, worin der christliche Mensch lebt, erscheint der geglättete Verlauf objektiver Betrachtung. Statt der moralischen Sorge erscheint der prunkvoll-abgehobene, abgetane Aufzug der historischen Bildung. Auch Hegels Fürsichsein ist keines, sondern heißt nur so, es ist Äußerlichkeit wie alles andere bei ihm auch. Der äußere oder objektive Denker schafft sich jede Betroffenheit vom Hals, er entspricht nach Kierkegaard dem, »was man heutzutage einen Christen nennt«. Der Lehrstuhl entspricht der Kanzel, die aus den Leiden Christi eine objektive Erzählung und so dem Pfarrer eine Pfründe macht. Statt zum Christentum einzuladen, wie Hegel und alle anderen, will Kierkegaard vor ihm warnen; es bleibt ein Ärgernis. Es sticht und prüft, es kann nicht zum klugen Balsam der Versöhnung gemacht werden. Wo Christentum lindernd ist und nicht ängstigend, wo es geschichtlich-gefahrlos auftritt und nicht gegenwärtig-angreifend, dort ist es für Kierkegaard Geschwätz. Alle Pfaffen sind Münchhausens, die nicht selbst erfahren haben, was sie erzählen. Anempfohlen wird darum der Gegenwart, genau dieser, sich unmittelbarst in

Selbstprüfung zu verhalten. Weder Sand noch Meer noch gar die hingemalte Riesenkarte Weltprozeß verhelfen zu dieser Innerlichkeit, konträr, sie führen davon ab. Einsicht, die eine ist, schneidet mitten durch den Menschen hindurch, Erkenntnis heißt, »sich selbst in Existenz verstehen«, und das einzig wichtige Verhältnis ist jenes, das sich zu sich selbst verhält. Man erinnert sich, wie Hegel einer Tischdame gesagt haben soll: »Was in meinen Büchern von mir ist, ist falsch.« Kierkegaard hätte ebenso entschieden, mit schärfster Gegenstellung, geantwortet: »Alles, was in meinen Büchern nicht von mir ist, ist falsch.« Gewiß, er hat unter mehreren Namen geschrieben, also mindestens ohne behauptete Einheit des Ichs. Aber die verschiedenen Namen sind nur verschiedene Gesichtspunkte auf das Ich und seine Sache. Diese als eine ethische ist für Kierkegaard die einzige Wirklichkeit; es die eigene des Menschen, von aller anderen weiß er es nur. Wahr ist einzig das Subjektive, das von seiner Existenz nicht abstrahiert, sobald es denkt. Das »im Augenblick steht, wo unmittelbar das Unendliche und das Endliche sich schneiden«. Kurz, der Wirkliche ist selber der Sprung, ist der Widerspruch, der auf der Stelle tritt, ist ein subjektiver, nicht objektiver Denker. Und ist er das, so verändert er, im höchst unbequemen Fürsichsein, sich selbst, nicht, wie Kierkegaard an Hegel zu sehen glaubt, bloß den Gedankenort. Freilich ist das Selbst, das Kierkegaard so gegen das Allgemeine und gebildet Abstrakte erinnert, bei ihm nicht minder ein abstraktes. Denn es entläuft in ein wie immer untrautes Heim, es schließt und hebt sich von den sozialen Beziehungen ab. Ohne daß es doch aufhörte, zu ihnen zu gehören: auch die Innerlichkeit, auch die Privatheit ist ein gesellschaftliches Verhältnis. Und was das Subjekt bei Hegel angeht, so hat es sich zwar aus dem Lebend-Unmittelbaren, worin es sich befindet und befindlich ist, oft übermäßig herausgezogen. Aber, wie zu sehen war, nicht so aus seiner Unruhe, nicht aus seiner lebenden Selbstentzweiung, nicht aus der Leidenschaft, ohne die nichts Großes geschieht. Auch will gerade auch Hegels Subjekt durch seine objektiven Bestimmungen durchaus sich selber verändern und nicht nur den äußeren Ort, worin es steht. Aus solch wechselseitiger Veränderung besteht doch gerade das ganze Verfahren der Phänomenologie. Nur: es ist richtig, daß all diese Veränderungen rein geistig sind, daß sie wesentlich solche eines Betrachteten und Vergangenen sind.

Hinweis

»Was ist abstraktes Denken? Es ist das Denken, bei dem es keinen Denkenden gibt. Es sieht von allem anderen als dem Gedanken ab, und nur der Gedanke befindet sich in seinem eigenen Medium. Die Existenz ist nicht gedankenlos, aber in der Existenz befindet sich der Gedanke in einem fremden Medium. Was ist konkretes Denken? Das ist das Denken, bei dem es einen Denkenden gibt und ein bestimmtes Etwas (in Bedeutung von etwas Einzelnem), das gedacht wird, wo die Existenz dem existierenden Denker den Gedanken, Zeit und Raum gibt.«
(Abschließende unwissenschaftliche Nachschrift II, Werke, Diederichs, VII, S. 30)

»Unter Leitung des reinen Denkens existieren zu wollen, ist, wie wenn man in Dänemark nach einer kleinen Karte von ganz Europa reisen soll, auf der Dänemark nicht größer als eine Stahlfeder ist, ja, es ist noch unmöglicher.«
(Ebenda, VII, S. 10)

»Alles, was bei Hegel von Prozeß und Werden geredet wird, ist illusorisch. Darum fehlt dem System eine Ethik, darum weiß das System nichts, wenn die lebende Generation und das lebende Individuum im Ernst nach dem Werden fragt, nämlich um zu handeln. Die Weltgeschichte versteht daher Hegel, trotz allem Reden von Prozeß, nicht im Werden, sondern mit Hilfe des Sinnesbetrugs der Vergangenheit, versteht sie in Abgeschlossenheit, wo alles Werden ausgeschlossen ist. Daher kann sich ein Hegelianer mit Hilfe seiner Philosophie unmöglich selbst verstehen, denn er kann nur verstehen, was vorbei und fertig ist, aber ein noch Lebender ist doch kein Verstorbener.«
(Ebenda, VII, S. 6)

2. *Schelling und das Panlogische.* – Das Innere, das sich selbst mit der Nase berührt, die Selbstprüfung insgesamt ist auf

Kierkegaards Boden gewachsen. Nicht so der Begriff »Existenz« selber, als einer, der logisch-objektivem Denken entgleitet; die darin enthaltene Kriegserklärung an Hegel kam von dessen Jugendfreund, von dem vielfachen Initiator Hegels, von dem großen Philosophen Schelling. Daß etwas ist, so lehrt der spätere Schelling, dies einzelne und wirkliche Dasein ist aus Denken und Vernunft nicht ableitbar. Die Vernunft mit ihren notwendigen Wahrheiten erfaßt nur das Quid, das Was, das Wesen, den essentiellen Begriff einer Sache, doch nie ihr Quod, ihr Daß, ihr reelles Existieren. Schon in einer Schrift, die kurz nach der Hegelschen Phänomenologie erschienen war, in den »Untersuchungen über das Wesen der menschlichen Freiheit«, 1809, hatte Schelling ein alogisches Element im Sein notiert, einen »dunklen Grund« im Anfang dessen, daß überhaupt etwas ist. Er nannte diesen Grund mit Jakob Böhme »Drang, Willen, Hunger nach Existenz«; dieser Grund ist ein so wenig zu denkender, daß ihn Schelling in der tief bohrenden Schrift ebenso »Ungrund« nennt; er ist, vom rational-notwendigen Fortgang der Idee her gesehen, einzig Willkür, schlechte Freiheit, Sichlosreißen des Einzelwillens. Das ist das Böse an der Freiheit; Schelling definiert es von der Vernunft her nicht bloß als das Undenkbare, sondern als das Nichtseinsollende; daher geht der Prozeß an ihm wie eine Heilung voran, wie eine Überwindung. Zwietracht und Regellosigkeit, Mißgeburt, Krankheit und Tod, alles Schreckenerregende stammt aus diesem dunklen Grund, auch »der Schleier der Schwermut, der über die ganze Natur ausgebreitet ist, die tiefe unzerstörbare Melancholie alles Lebens«. Diese regellosen Elemente sind also nicht, wie bei Hegel, als dienende, antithetische Mittelglieder in die »Selbstbewegung des Begriffs« eingespannt. Die Welt ist nicht schiere Idee, das Panlogische betrifft nur, wie Schelling mit scholastischem Ausdruck wiederholt, das »Quid sit«, das Was, die Essenz, den denkbaren Inhalt des Erscheinenden, nicht sein »Quod sit«, die Existenz, das unvordenkliche Daß des Existierens selber.

Nach Hegels Tod trat Schelling offen gegen den riesigen Panlogisten auf. Er erklärt, Hegels System der apriorischen Vernunft mit seinen Ausspinnungen des nicht Nichtzudenkenden oder logisch Notwendigen bilde nur den ersten oder negativen

Teil der Philosophie. Das Denken des logisch Notwendigen sei die negative conditio sine qua non der Erkenntnis, aber nicht des lebendigen, wirklichen Inhalts. Diesen eröffne erst die »positive Philosophie« oder der »höhere Empirismus«, als welchen Schelling nun, nachdem sein eigener früherer Rationalismus von Hegel ausgeführt oder breitgetreten worden sei, zu liefern verspricht. Der »Empirismus«, der so das letzte Wort sprechen sollte, nach Hegel und gegen ihn, war allerdings nicht der übliche, von dem die Zeit nach Hegel voll war, und der die schlechte Philosophie ihrer so vortrefflich und großartig aufsteigenden Naturwissenschaft ausmachte, sondern er war ein unerwarteter und uneigentlich abseitiger: der der *religiösen* Erfahrung. Das heißt, der Religionsgeschichte, in der sich nach Schelling der lebendig-tätige Gott, nicht der ausgedacht-idealhafte des Panlogismus kenntlich machen soll. Der »Empirismus« ist hier also so hoch geworden, daß er es nur noch mit der Erfahrung von Göttern zu tun hat, und das »Positive« ist eines im gleichen Sinn, wie man von positivem Christentum spricht, zum Unterschied von liberalem. Die »Existentialphilosophie«, die der spätere Schelling so gegen Hegel aufruft, hat mit wirklicher Existenz mithin überhaupt nichts mehr gemein; immerhin hat sie das Willensmotiv im »Quod sit« oder Existieren nicht vergessen. Sie macht so ein Nicht-Nur-Logisches kenntlich, das Hegels System wohl angezeigt (»Ohnmacht der Natur«, »Mißhelligkeiten der Geschichte«), doch im durchgängigen Panlogismus ebenso bagatellisiert hat. Dies Nicht-Nur-Logische hat Schelling gewiß abenteuerlich mythologisiert, ja, ein Nutznießer des letzten Schelling, Eduard von Hartmann, ging in seiner »Philosophie des Unbewußten« so weit, ganze Bettgeheimnisse des Absoluten, des in Urwille und Uridee schellingisch aufgeteilten, vor dem Publikum auszubreiten und zu verraten. Der geile Urwille vergewaltigt in der Neu-Schellingiade Hartmanns die Uridee, setzte dadurch den Weltprozeß in Gang, mit dem Ende, daß die Idee den Willen aus der Aktualität, die er in der Welt besitzt, wieder in den ursprünglichen Potenzzustand versetzt, wonach der »Fauxpas der Weltentstehung« wiedergutgemacht, das Absolute wieder in sein vorweltliches Nirwana zurückversetzt wird. Das ist tolle Phantasterei, eine, welche überdies noch

Schopenhauers Wille und Vorstellung, ja die Erzfeinde Schopenhauer (Wille) und Hegel (Idee) im Absoluten miteinander verheiratete: und doch, die kräftige Hegelkritik Schellings wirkt ebenfalls darin, sie zeigte, wie sich später herausstellte, gerade an dem von Schelling gegen Hegel ausgespielten Existenzmotiv eine nachdenklich machende Fruchtbarkeit. Das wurde sichtbar in der bemerkenswerten »Kategorienlehre« Eduard von Hartmanns; denn diese entnahm eben aus Schellings dunklem Urgrund das kategoriale Entwicklungsprinzip, wonach kein Logisches sich in Kategorien entfalten könne, wenn ihm nicht ein Alogisches (ein Intensives, Willenshaftes) den Anstoß dazu gäbe. Es ist hier nicht der Ort, auf diese merkwürdige, durchaus wissenschaftlich gereifte Spätfrucht aus so viel Phantasterei einzugehen, obwohl sie Schellings Hegelkritik gleichsam zur Ergänzung Hegels verwendet. Doch so viel steht fest: Schelling und mit ihm sein Epigone Eduard von Hartmann haben, wenn auch auf höchst metaphysische, gar mythologische Weise, ihrerseits gezeigt, daß ein Weltprozeß, wie ihn Hegel lehrt, aus reiner Idee sich nicht fortbewegen, sich nicht einmal bewegen kann. »Selbstbewegung des Begriffs« ist auch nach Schelling genau so unmöglich wie ein Perpetuum mobile; der Begriff als Weltwesen käme ohne Nichtbegriffliches, Nichtlogisches, das reizt und anstößt, über ein dürres A=A keinen Schritt hinaus. Er entwickelte aus sich, mit reiner Parthenogenesis, nicht einmal die allgemeinsten logischen Beziehungsformen oder abstrakten Kategorien (wie Etwas, Anderes, Quantum, Kausalität), die Hegel als »Gedanken Gottes vor Erschaffung der Welt« in seiner Logik hinstellt. Geschweige daß er dazu imstande wäre, gesellschaftlich-materielle Verhältnisse und Daseinsformen, also reale Kategorien (wie Bedürfnis, Vertrag, Griechenland, Barockmalerei, Hinduismus und dergleichen mehr) aus sich zu entlassen. Das ist in der Kritik enthalten, die Schelling an Hegel anstellte: das Rationale darf nicht mit dem Realen, der logische Faktor nicht mit dem subjekthaft-intensiven verwechselt werden.

Hinweis

»Wir reden von dem Wesen der Sehnsucht an und für sich betrachtet, das wohl ins Auge gefaßt werden muß. Nach der ewigen Tat der Selbstoffenbarung ist nämlich in der Welt, wie wir sie jetzt erblicken, alles Regel, Ordnung und Form; aber immer liegt noch im Grunde das Regellose, als könnte es einmal wieder durchbrechen, und nirgends scheint es, als wären Ordnung und Form das Ursprüngliche, sondern als wäre ein anfänglich Regelloses zur Ordnung gebracht worden. Dieses ist an den Dingen die unergreifliche Basis der Realität, der nie aufgehende Rest, das, was sich mit der größten Anstrengung nicht in Verstand auflösen läßt, sondern ewig im Grunde bleibt.«
(Untersuchungen über das Wesen der menschlichen Freiheit, 1809, Werke VII[1], S. 359 f.)

»Dieses Empirische hat ein später Gekommener dadurch hinweggeschafft, daß er an die Stelle des Lebendigen, Wirklichen den logischen Begriff setzte, dem er durch die seltsamste Fiktion oder Hypostasierung eine notwendige Selbstbewegung zuschrieb. Indes die logische Selbstbewegung des Begriffs hielt so lange vor, als das System innerhalb des bloß Logischen fortging; sowie es den schweren Schritt in die Wirklichkeit zu tun hat, reißt der Faden der dialektischen Bewegung gänzlich ab; eine zweite Hypothese wird nötig, nämlich daß der Idee, man weiß nicht, warum?, wenn es nicht ist, um die Langeweile ihres bloß logischen Seins zu unterbrechen, einfällt, sich in ihre Momente auseinanderfallen zu lassen, womit die Natur entstehen soll. Diese Episode in der Geschichte der neueren Philosophie hat gedient, aufs neue zu zeigen, daß es unmöglich ist, mit dem rein Rationalen an die Wirklichkeit heranzukommen.«
(Zu einer Schrift des Herrn Victor Cousin, 1834, X[1], S. 212 f.)

»Im Jahre 1801 geschah es, daß zu Paris zwei berühmte deutsche Gelehrte bei einer allgemeinen Audienz des damaligen ersten Konsuls zusammentrafen. An den Philosophen richtete der gewaltige Mann ohne weitere Bevorwortung die Frage: Qu'est ce que la matière? Daß der Philosoph von der Frage

einigermaßen verblüfft war, wird niemand besonders merkwürdig finden, daß aber die Frage so genau den Punkt traf, den man das Skandalon, nämlich die Falle der Philosophie nennen konnte, kann auch nicht wundernehmen an dem Mann, dem die Reden und vermeintlichen Untersuchungen der damaligen französischen Ideologen so verächtlich und gering vorkamen.«
(Philosophie der Mythologie, 1856, I², S. 424)

»Alle Kategorialfunktionen sind logische Determinationen ... Die logische Determination kann sich aber in dieser Isolierung gar nicht betätigen. Denn sie selbst ist eine leere Form und kann sich den Inhalt, den sie in sich nicht findet, auch nicht geben; sie kann sich nicht auf sich selbst anwenden, sondern muß etwas anderes vorfinden, worauf sie sich anwenden kann, und kann nur auf diesem Wege zu einer Entfaltung der in ihr schlummernden Möglichkeiten gelangen.

Dieses Andere nun muß etwas sein, was der logischen Determination als solcher fehlt ... Negativ läßt es sich im Vergleich mit der logischen Determination dahin bestimmen, daß es an sich einerseits alogisch, vernunftlos, andererseits indeterminiert, unbestimmt sein muß. Um Motiv der logischen Determination auf dasselbe zu werden, muß es antilogisch, vernunftwidrig sein, und um aus dieser Anwendung eine metaphysische Tätigkeit hervorgehen zu lassen, muß es seinem Inhalt nach determinabel, bestimmbar sein ... Sehen wir nun zu, wie die Tätigkeit als solch doppelseitige sich zu den wichtigeren Kategorien verhält, so kommt die Intensität nur ihrer einen (alogischen) Seite zu, der anderen aber gar nicht, da die logische Determination als solche intensitätslos ist, und wo sie den Schein einer intensiven Energie erweckt, dies nur der mit ihr verbundenen anderen Seite verdankt.«
(Eduard von Hartmann, Grundriß der Metaphysik, 1908, S. 24 ff.)

3. Feuerbach und der Hegelgott. – Der reine Geist, der sich selber bläst und treibt, hielt sogar bei sich zu Hause nicht vor. Bald nach Hegels Tod zerfiel seine Schule in einen linken und einen rechten Flügel, politisch wie religiös. Den äußeren Anlaß zum Zerfall gab die Auslegung (und sehr verschiedene Auslegbarkeit) der Hegelschen Religionsphilosophie. Der rechte Flügel nahm den Weltgeist persönlich, als wirklichen Vater, der linke Flügel (D. F. Strauß, Bruno Bauer) hielt sich an Hegels »Vermittlung des Göttlichen mit dem Menschlichen«, wonach bei ihnen von einem Göttlichen an sich nicht mehr viel übrigblieb. Gänzlich zum Atheismus, aber auch zu einer Art von religiösem Humanismus weitergetrieben hat sich Ludwig Feuerbach, auch er ist ohne Hegel nicht denkbar. Doch ebensowenig, noch weniger ohne den Zug zum Existierenden, der bei Feuerbach sinnlich-sinnfälliges Gold wollte statt metaphysisch ungedeckter Schecks. Schellings »dunkler Grund« ist nun gar nicht dunkel, sondern das Sein ist das unmittelbar Sonnenklare, und er ist gar nicht verteufelt, sondern Existenz ist das Fleisch der Liebe, der Lust und das fröhlich zu machende Diesseits. Das sogenannte Existentielle wurde bei Feuerbach der Leib selbst, der Mensch als wahres, wirkliches sinnliches Wesen: »Mein erster Gedanke«, so schildert Feuerbach seinen Entwicklungsgang, »war Gott, mein zweiter die Vernunft, mein dritter und letzter der Mensch. Das Subjekt der Gottheit ist die Vernunft, aber das Subjekt der Vernunft der Mensch.« Damit will Feuerbach Hegel, dessen leidenschaftlicher Schüler er war, zu Ende konkretisieren. Die neue – anthropologische – Philosophie soll sich zur Hegelschen Vernunftphilosophie verhalten wie diese zur Theologie. Die Religion entsteht daraus, daß der Mensch sich mit sich selbst entzweit, er setzt sich doppelt, einmal als Beschränktes (Individuum), sodann als Unbeschränktes, ins Unendliche Gesteigertes (Gott), und dies vergöttlichte Selbst betet er an. Hegel hatte gesagt, im Menschen wisse Gott sich selbst; Feuerbach dreht diesen Satz um: der Mensch weiß in seinem Gott nur sich. Also müssen die herrlichen göttlichen Eigenschaften, die der Mensch seiner Entäußerung im Jenseits gegeben hat, auf den wahren Ursprung: das menschliche Herz, die menschliche Liebe, den menschlichen Vollkommenheitstrieb wieder zurückgeführt werden. Das klingt in der Tat völlig anders als die »Selbstbewegung des Begriffs« oder die »List der Vernunft« oder die »absolute Idee«, selbst wenn sie im Menschen zum Selbstbewußtsein kommt. Aber es ist merkwürdig, und es zeigt, wie sehr in Hegel zwar nicht Kierkegaard oder der späte Schelling, wohl aber selbst ein Stück seiner am weitesten links stehenden Schule steckte: der frühe Hegel schrieb Sätze, die nur durch die gedankenvolle Gewalt der Sprache sich von Feuerbachs eingänglicheren Anthropologisierungen unterscheiden. Es sei an die Stelle in seinen Jugendschriften erinnert, wo der Untergang der antiken Diesseitigkeit und ihrer Götter erscheint, mitsamt dem »Raub der Freiheit, der den Geist des Menschen gezwungen, sein Absolutes in die Gottheit zu flüchten«. Wo Hegel es der gekommenen besseren Zeit zur Aufgabe macht, die »Schätze, die an den Himmel verschleudert worden sind, als Eigentum der Menschen zu vindizieren«. Dergestalt daß der erstaunlichste Befehl zur Himmelsplünderung ergeht, das ist, zur Anthropologisierung des unverrotteten Religionsinhalts, lange vor Feuerbach. Und auch der spätere, zwischen Menschensubjekt und Gottobjekt dialektisch oszillierende Hegel löste, wie an seiner Religionsphilosophie sichtbar geworden, den Gottinhalt mindestens so sehr – anthropologisch-mystisch – ins menschliche Bewußtsein auf, wie er dieses – objektiv-mystisch – in Gott aufgelöst hat. Feuerbach hat die mystische Auflösung gestrichen, die anthropologische desto konsequenter ausgeführt. Die Götter werden in aufklärerischer Weise zu Riesenschatten der Unwissenheit, aber vor allem eben stehen sie als der bessere Teil des entzweiten Menschen selber da. Zuletzt werden sie sogar als die transzendent gemachten *Wunschinhalte* des Menschen erklärt; die Götter Feuerbachs sind die in wirkliche Wesen verwandelten Herzenswünsche. Dies Letztere allerdings ist nicht einmal angedeutet bei Hegel, höchstens gelegentlich bei Epikur; sonst ist es Feuerbach eigen. Ein Vater, den man selbst gezeugt hat, ist kein Vater mehr, ein Gott, der dem Subjekt alles verdankt (statt umgekehrt), ist kein Gott mehr: also landet Feuerbach erst recht, mit einer Konsequenz, die Hegel nicht gezogen hatte, auch dieserseits im Atheismus. Freilich hat die vom Wunsch her ausgehende Erzeugungstheorie der Religion Tiefen in sich, die vom genormten Menschen Feuerbachs her noch nicht ausgehen konnten. Sofern dieser Mensch, im damals präsenten Umfang wie im Fernblick des ihm zugänglichen Wunschwesens, wesentlich ein Emanzipationsphilister blieb. Trotzdem stellt Feuerbachs Anthropologisierung der Religion, nach dieser letzten und Wunschseite, einen an Hegel geschulten, also religionsphilosophisch noch bewanderten Versuch dar, den Atheismus nicht nur im Sinn der Emanzipationsphilister zu verstehen. Also nicht nur im Sinn des leeren und ganz langweiligen Nein, zu dem er, bei verschwundener sozialer Kampffunktion, im westeuropäischen Kleinbürgertum des neunzehnten und zwanzigsten Jahrhunderts geworden ist. Die Religion hat viele Sünden auf dem Gewissen, aber selten die eine, welche Trivialität heißt; Credo quia absurdum ist antitrivial. Religion hat keineswegs vor der Dummheit bewahrt, im Gegenteil, aber meistens vor der Trivialität. Erst recht hatte der wirkliche Kampf gegen Religion, bei Epikur, Lukrez, gar bei Giordano Bruno und noch bei Diderot, vor Trivialität bewahrt; denn er hatte nicht nur allen Enthusiasmus der Empörung für sich, sondern fand auf dem Feld vorhergehender Zweifel und Glaubenskrisen statt, mithin noch vorhandener Beziehungen zur Religion. Es ist leicht, über Religion nur zu spotten, wenn man Tatarin gleicht, der keine Furcht empfindet, solange er glaubt, daß die Gletscherspalten gefälscht sind. Es ist leicht, Religion bis auf den Rest zu bagatellisieren, wenn man Sancho Pansa gleicht, der keine Gehobenheit empfindet, solange er glaubt, daß die Gipfel der Sierra Nevada nur aus Wolken bestehen. Feuerbach wie Marx standen beiden Illusionen (illusionären Kontra-Illusionen) fern; statt dessen wollten sie die religiöse Schwierigkeit wirklich nehmen (im Doppelsinn dieses Worts). Und die Gleichgültigkeit, die sofort nach Hegel auf diesem Feld anging, war im Grund gar kein Atheismus, sowenig wie ein amusischer Mensch ein Bilderstürmer ist; sie war schlechthinnige Beziehungslosigkeit zur religiösen Sphäre und dem dadurch Bezeichneten. Sie war außerhalb Feuerbachs diejenige Ahnungslosigkeit, religiöse Inhalte betreffend, die der Froschperspektive des damaligen mechanischen Materialismus ohnehin gemäß war, wie sie allemal einer Froschperspektive gemäß sein dürfte. Gegen ihre Trivialität setzte aber gerade der Atheist Feuerbach seine Anthropologisierung der Religion ein, armiert durch die Wunschtheorie. Wonach immerhin Nachdenklichkeit nicht verschwindet und Atheismus, statt einer bloßen Ausfallserscheinung, inhaltlich wird. Ja wonach zum ersten Male, mit Hegels Religionsprozeß und seinem Gegenstand vertraut, das *Problem* eines religiösen Erbes aufging, eines Erbes, das sich nicht auf bloße Moralität beschränkt. Feuerbach machte durch die Anthropologisierung der Religion auch die Tugend der Aufklärung sich halbwegs wieder interessant. Gar dem Subjekt gab er, mitten im Stoffbrei der damaligen Diesseitigkeit, Farbe und einen von Hegel herkommenden Rang.

Zwar auch der so betonte Mensch blieb hier nur betrachtend, nicht befreiend. Marx hat Feuerbach zum Vorwurf gemacht, daß sein Fleisch und Bein so wenig übers Anschauen hinauskomme wie die innere Seele vorher, ja weniger. Desgleichen merkt Marx an: Feuerbachs Mensch bleibe ganz allgemein, sei ein immer noch abstraktes bloßes Gattungswesen. Das Humane werde nicht in seinen geschichtlich sich wandelnden, seinen gesellschaftlich-konkreten Verhältnissen gefaßt, sondern »als innere, stumme, die vielen Individuen nur *natürlich* verbindende Allgemeinheit«. Das ist nicht materialistisch, denn es verdinglicht einen Gattungsbegriff, statt praktisch, an den einzelnen Erscheinungen, zu sehen, was es mit Menschen jeweils auf sich hat. Aber noch ein anderes, freilich ganz positiv zu Wertendes und gerade dem jungen Marx Entscheidendes, trennt Feuerbachs Menschpathos vom bisherigen Materialismus ab: das Menschpathos als Methodisches selbst. Als Existenz, sofern sie in dem Menschen vor allem eine menschliche ist. Diesfalls so, daß Feuerbach nicht, wie mit dem Gattungswesen, zu abstrakt blieb, hinter der gesellschaftlichen-materialistischen Analyse des jeweils Humanen zurückblieb. Sondern so, daß das Menschpathos genau den fälligen Fortschritt setzte über den bisherigen bloß *mechanischen* Materialismus hinaus. Einen Fortschritt, ohne den der *historische* Materialismus, wie ihn Marx gelehrt hat, unmöglich gewesen wäre, das heißt, keine *eigene Basis* besessen hätte. Denn die Basis des historischen Materialismus ist nicht die physische Materie oder die auf ganz allgemeinen, qualitätslosen Stoff reduzierte mechanische Natur. Basis ist hier vielmehr das Ensemble der gesellschaftlichen Verhältnisse; diese setzen zwar mechanische, vor allem physiologische Natur voraus, fallen aber mit ihr nicht zusammen. Wenn Marx sagt: »Die Wurzel für den Menschen ist der Mensch selbst« (Einleitung zur Kritik der Hegelschen

Rechtsphilosophie), so betont dieser Grund-Satz eben den anthropologischen Startpunkt, den Feuerbach bezeichnet und in den Materialismus eingeführt hat. Das also macht den Fortschritt der methodischen Anthropologisierung über den bisherigen mechanischen Materialismus aus. Der Mensch als Gattungswesen ist abstrakt, jedoch die materialistische Aufhebung dieser Abstraktion hob nicht auch die Menschen, ihre Bedürfnisse, ihre Verhältnisse als eigene ökonomisch-historische Basis auf, im Gegenteil. Jedes geschichtliche Vorkommnis wird auf Grund des durch Feuerbach betretenen nichtmechanischen Materialismus ökonomisch analysiert, aber es bleibt damit innerhalb der Menschengeschichte. Es wird nicht, aus ihr herausgehend, auf schlechthin Unter- und Außermenschliches fortanalysiert, etwa auf einen Tanz der Atome schlechthin. Woraus das Vorkommnis zwar gleichfalls besteht, worin jedoch alle wesentlichen Unterschiede zwischen den jeweils auftretenden »Kombinationen der Atome« untergehen. So daß ein Lächeln, der Pfiff einer Lokomotive, die Russische Revolution, die Schlacht bei Marathon, ein Promenadenkonzert, ein Liebesakt, ein Börsenmanöver und ein Schneefall an der »Basis« ein und dasselbe sind: mechanische Bewegungen. Diese verheerende Art materialistischer »Analyse« hat Feuerbachs Anthropologisierung des Materialismus konsequent verhindert; mechanische Materialisten hatten sie höchstens inkonsequent abgebrochen, im Widerspruch zu ihrem allmechanischen Nivellement. Gewiß, sie hatten den Egoismus oder, positiv, die Lust als historische, als moralische Wurzel ausgezeichnet, doch diese Wurzel, diese Basis war bei ihnen im Grunde gar keine analytisch haltbare, konnte keine sein. Die Physiologie, die organische Chemie, zuletzt die Mechanik machten mit ihr ein Ende, ließen dem eigenen Triebwerk menschlicher Interessen und Verhältnisse nur noch einen unwissenschaftlichen Schein von Selbständigkeit. Der historische Materialismus dagegen hat im »Verhältnis der Menschen zu Menschen und zur Natur« seine eigene Materie, eine mit bestem wissenschaftlichem Gewissen. Und wiederum wirkt im historisch-materialistischen Effekt der Feuerbachschen Anthropologisierung Hegel nach. Friedrich Albert Lange bemerkt derart in seiner »Geschichte des Materialismus« (Brandstetter, 1921, II

S. 72): »In dieser einseitigen Hervorhebung des Menschen liegt ein Zug, der aus der Hegelschen Philosophie stammt und Feuerbach von den eigentlichen Materialisten trennt. Es ist eben doch wieder die Philosophie des Geistes, die uns in der Form einer Philosophie der Sinnlichkeit hier begegnet. Der echte Materialist wird stets geneigt sein, seinen Blick auf das große Ganze der äußeren Natur zu richten und den Menschen als eine Welle im Ozean ewiger Stoffbewegung zu betrachten. Die Natur des Menschen ist für den Materialisten nur ein Spezialfall der allgemeinen Physiologie, wie das Denken nur ein Spezialfall in der Kette physischer Lebensprozesse. Er reiht die ganze Physiologie am liebsten ein in die allgemeinen Erscheinungen der Physik und Chemie und gefällt sich eher darin, den Menschen zuviel als zuwenig in die Reihe der übrigen Wesen zurücktreten zu lassen.« Damit ist zwar nicht der »echte Materialist« schlechthin bezeichnet, wohl aber der mechanische. Und ein Stück Unterschied ist bezeichnet, der den dialektischen Materialismus, den die menschliche Tätigkeit begreifenden, die vergesellschaftete Menschheit pointierenden, vom mechanischen trennt. Der dialektische Materialismus sieht, wie ein Bildhauer im Steinblock die Statue sieht, so im Block der ökonomisch-sozialen Bedingungen das jeweils erlangte menschlich-gesellschaftliche Gesicht und besonders das künftige. Der mechanische Materialismus dagegen – ein umgekehrter, ein Anti-Bildhauer – sieht in der Statue nur den Steinblock und haut alles Anthropologische bis zum rein physischen Nivellement wieder herunter. Feuerbachs Abschied von Hegel hat aber ebenso das Anthropologische von Hegel übernommen, auf sinnliche Existenz gebracht, wie Marx das Anthropologische von Feuerbach übernommen hat. Übernommen freilich in dem Sinn, daß Feuerbachs Mensch-Basis sogleich von Marx berichtigt, ja als bloß starre Basis aufgehoben und dem geschichtlichen Verlauf ausgesetzt worden ist. Der Hauptunterschied zu Feuerbachs geschichtslos-, gesellschaftslos-abstraktem Humanismus wird von Marx in der sechsten der »Elf Thesen über Feuerbach« (1845) dahin zusammengefaßt: »Aber das …nschliche Wesen ist kein dem einzelnen Individuum inne… …es Abstraktum. In seiner Wirklichkeit ist es das En… …der gesellschaftlichen Verhältnisse.« Trotzdem bleibt

Feuerbachs anthropologische Kritik der Religion eine der glücklichsten Voraussetzungen zur Überwindung des bloß mechanischen, bloß auf die Atom-Basis gegründeten Materialismus. Obwohl Feuerbach nie historisch, gar ökonomisch-dialektisch gedacht hat, nie über eine Statik mit angefügten Idealen hinausgekommen ist. Feuerbach bekannte sich lediglich zu einem »Materialismus nach rückwärts«, also zu einem verschämten, den er – auf Grund seines geschichtslos-abstrakten Menschbilds – in einen »Idealismus nach vorwärts« übergehen lassen konnte. Doch eben das Element des menschlichen Naturseins, womit Feuerbach das allmechanische Nivellement störte, erleichterte es Marx, auch einen Materialismus nach vorwärts zu gewinnen. Mit einem in geschichtlicher Fortbildung begriffenen und zu ihr fähigen Weltstoff, kurz, mit einer Materie, die für Menschen, Geschichte, Zukunft Zeit hatte, spezifischen Raum hatte, ja die als Subjekt der historischen Bewegungen und als zukunfttragende selber die qualifizierteste Materie war.

Hinweis

»So wenig das Wort die Sache ist, so wenig ist das gesagte oder gedachte Sein das wirkliche Sein. Entgegnet man, bei Hegel sei nicht, wie hier, vom Sein auf dem praktischen, sondern nur theoretischen Standpunkt die Rede, so ist zu erwidern, daß dieser hier ganz am Orte ist. Die Frage vom Sein ist eben nur eine praktische Frage, eine Frage, bei der unser Sein beteiligt ist, eine Frage auf Tod und Leben.«
(Grundsätze der Philosophie der Zukunft, Werke, Jodl, II, S. 287)

»Die neue Philosophie ist die vollständige, die absolute, die widerspruchslose Auflösung der Theologie in der Anthropologie; denn sie ist Auflösung derselben nicht nur, wie die alte Philosophie, in der Vernunft, sondern auch im Herzen, kurz, im ganzen wirklichen Wesen des Menschen.«
(Ebenda, II, S. 315)

»Der bisherige Gang der spekulativen Philosophie vom Abstrakten zum Konkreten, vom Idealen zum Realen ist ein verkehrter. Auf diesem Wege kommt man nie zur wahren, objektiven Realität, sondern immer nur zur Realisation seiner eigenen Abstraktionen und eben deswegen nie zur wahren Freiheit des Geistes; denn nur die Anschauung der Dinge und Wesen in ihrer objektiven Wirklichkeit macht den Menschen frei und ledig aller Vorurteile. Der Übergang vom Idealen zum Realen hat seinen Platz nur in der praktischen Philosophie.«
(Vorläufige Thesen zur Reform der Philosophie, II, S. 231)

»Der Glaube an das Jenseits ist der Glaube an die Freiheit der Subjektivität von den Schranken der Natur – folglich der Glaube des Menschen an sich selbst.«
(Das Wesen des Christentums, VI, S. 222)

19 MARX UND DIE IDEALISTISCHE DIALEKTIK

Als der Student Marx 1836 nach Berlin kam, war Hegel seit fünf Jahren tot. Aber sein Geist beherrschte noch alle, als stünde er hinter ihnen im Rücken, selbst den Feinden diktierte er den Weg. Der junge Marx schreibt an seinen Vater, er habe sich immer fester an Hegel gekettet, trotz dessen »grotesker Felsenmelodie«. Unter dem Einfluß der linken Hegelschule, dann vor allem Feuerbachs kam Marx vom Geist zum Menschen. Er kam weiter von der Idee zum Bedürfnis und seinen gesellschaftlichen Umtrieben, von den Bewegungen des Kopfes zu den wirklichen, die aus dem wirtschaftlichen Interesse entspringen. Aber hat Marx Hegel derart auf die Füße gestellt, so zeigt auch Hegel, daß ihm mindestens der Pferdefuß nicht fremd war; ein unbewachter Satz des großen Idealisten gehört hierher, und nicht nur der junge, auch der entschieden materialistische Marx hätte ihm wohl zugestimmt. Denn 1807 schrieb Hegel aus Bamberg, wo er als Redakteur sich durchschlug, an seinen Jenenser Freund, den Major Knebel: »Ich habe mich durch Erfahrung von der Wahrheit des Spruches in der Bibel überzeugt und ihn zu meinem Leitstern gemacht: trachtet am ersten nach Nahrung und Kleidung, so wird euch das Reich Gottes von selbst zufallen« (XVII, S. 629 f.). Der Spruch lautet in der Bibel (Matth. 6, 33) bekanntlich genau umgekehrt; ein weiterer, auch schon am jungen Marx bewahrheiteter Beitrag zu der fruchtbaren Einsicht, daß die Hegelidee zuweilen nicht einmal so sehr viel umgeschlagen werden mußte, um rotes Futter zu zeigen.

Und eben das Umschlagen, eine Hegelsche Hauptsache, war am allerbesten an seinem Lehrer selbst fällig und vornehmbar. Der Dialektiker Hegel ließ durch die Idee geschehen, was einzig durch Körper und Menschen geschah, doch oft ließ er auch in der Idee nur reflektieren, was sich in konkreten Daseinsverhältnissen zutrug. Diese durchgängige dialektische Gesetzmäßigkeit haben Marx und Engels, wie letzterer im Vorwort zum Anti-Dühring sagt, »in die materialistische Geschichtsauffassung der Natur und Geschichte hinübergerettet«. Konkret gewordene Dialektik leitet bei Marx seine sämtlichen Analysen, sie belegt, als Durchbruch des Neuen durch die Rinde, als bewahrendes Aufheben dessen, wovon noch Aufhebens zu machen ist, seine sämtlichen Hoffnungen. Sie befähigt ihn, zum Unterschied von den abstrakten Utopisten, im Elend nicht nur das Elend zu sehen, sondern ebenso den Wendepunkt. Sie überzeugt ihn, im Proletariat nicht nur die Negation des Menschen zu sehen, sondern eben deshalb, wegen dieser an die Spitze getriebenen Entmenschung, die Bedingung zu einer »Negation der Negation«. Was bei Marx aufhört, ist Hegels Dialektik als bloße Hin- und Widerrede eines Weltgesprächs, gar eines Weltbildners mit sich selbst: das ist das falsche Geistsubjekt bei Hegel, das von Marx völlig aufgegebene. Aber Dialektik als *reller Prozeß* wird nach Wegfall des idealistischen Scheins erst recht sichtbar; sie ist das Bewegungsgesetz der Materie. Und was bei Marx weiter aufhört, ist das Hegelsche Antiquarium, das heißt: jener als Erinnerung doppelt vergeistigte Geist, der am dialektischen Geisterzug zwar leider nicht die Geister, wohl aber den Zug, den Prozeß oder, wie Marx sagt, den Produktionsraum Zeit zuletzt aufgehoben hatte. Jedoch das wirkliche Totum und sein wirklich durchgängiges Substrat wird nun gleichfalls erst recht sichtbar: als dialektische, als *prozessuale, offen gehaltene Materie*.

Diese reduziert das fundierende Wesen nicht auf Ge-wesenheit, auch nicht auf eine von Anfang an und sozusagen rundherum fertig vorliegende Substanz. Dialektische Materie ist darum auch keineswegs die unveränderliche des mechanischen Materialismus, sie bildet keinen Klotz mit dialektisch schmükkendem Beiwort, das dem Klotz kaum die Haut ritzt, geschweige daß es ihn veränderte. Dialektische Materie hat ihr Totum nicht im Horizont der Vergangenheit liegen, wie der Erinnerungs-Geist Hegels, aber auch wie die mechanische Materie seit Demokrit, sondern im Horizont der Zukunft. Zu ihr hin, auf die die Vergangenheit selber bezogen ist, sieht nun der dialektische Materialismus die Materie tätig, dieses nicht nur Bedingende aller Erscheinungen, sondern selbst noch nicht in volle Erscheinung getretene Wesen, dieses nicht nur nach Möglichkeit Seinlassende, sondern auch in Möglichkeit Seiende. Marx macht Hegel zum Vorwurf: »In Hegels Geschichtsphilosophie wie in seiner Naturphilosophie gebiert der Sohn die Mutter, der Geist die Natur, die christliche Religion das Heidentum, das Resultat den Anfang«; aber im mechanischen Materialismus gebiert der Anfang nicht einmal ein Resultat. Seine Materie bleibt unfruchtbar, wogegen die dialektische Materie das gesamte Leben des von Hegel angezeigten Prozesses für sich hat. Dialektisch-materialistische Erkenntnis also hat den Hegelschen Logos, mit all seiner gebannten Unruhe, seiner unruhigen Starre, vom Thron gestoßen, doch sein historisches Reich hat sie an sich genommen. So entsteht bewußte Herstellung der Geschichte, aktive Bezogenheit auf ein wirklich ganzes und als solches noch ausstehendes Totum. Das ist der Umschlag von Hegel zu Marx, eine Berichtigung des Geisterzuges zum irdischen Prozeß, des fixen Erinnerungsinhalts zum unerschöpften Fundus dialektischer Materie. Die Logik der Sache ist derart der Grund, weshalb auch so vieles aus der damaligen Philosophensprache (wie »Entfremdung«, »Entäußerung«, »Umschlag der Quantität in die Qualität« und so fort) im Marxismus auf der Tagesordnung fortbesteht. Am lebendigsten, wegen der Dialektik, sind im Marxismus die Hegelsche Phänomenologie und Logik geblieben. Damit jedoch ist ihm das Erbe nicht erschöpft; gerade die realphilosophisch-systematischen Werke enthalten Dialektik in immer neuer, inhaltlich variierter Fülle. Engels hat eine Naturdialektik auf Hegels Spuren geschrieben, Marx hat aus Hegels Rechtsphilosophie die grundlegende Unterscheidung »bürgerliche Gesellschaft – Staat« übernommen und so vieles Inhaltliche, nicht nur »Methodische« mehr. Hegels Ästhetik ist überwiegend auf gesellschaftliche Verhältnisse gebaut und ihnen auf ebenso konkret gemeinte wie das »Ideal« bedeutende Weise zugeordnet; Marx nimmt überall dort, wo das Ideologische in Kultur reicht, auf Hegels Kunstbegriffe Bezug. Lenin hat alle diese Bezüge im Auge, wenn er die Lehre von Marx »als direkte und unmittelbare *Fortsetzung* der Lehre der größten Vertreter der Philosophie, der politischen Ökonomie und des Sozialismus« bezeichnet (Drei Quellen und drei Bestandteile des Marxismus, Werke XVI, S. 349). Sehr weite Partien Hegels – die Religionsphilosophie (Hegelsche Linke, Feuerbach) am wenigsten zu vergessen – gehören darum zur Vermittlungsgeschichte des Marxismus, des bekanntlich unabgeschlossenen. Marxismus ist und bleibt dabei, auch als »Fortsetzung«, ein Novum – nicht nur gegenüber Hegel, sondern der gesamten Philosophie bis dahin; ein Novum, weil hier nicht, wie bisher, die Philosophie einer Klassengesellschaft, sondern einer Aufhebung der Klassengesellschaft erscheint. Doch genau dieses Novum ist nicht durch ein abruptes *Wunder* entstanden, konträr: ohne die klassische deutsche Philosophie, ohne diese Vermittlung wäre es nicht da.

Der Mensch, sagt Marx, unterscheidet sich vom Biber dadurch, daß er seinen Bau plant. Um erfolgreich tätig sein zu können, muß er seine Sache allerdings erst im Kopf, in Gedanken erwogen haben. Aber so, daß er nicht, wie oft bei Hegel, einen Begriff oder eine schematische Bewegung von Begriffen von außen an die Dinge heranträgt. Erkenntnis geschieht nicht aus den Tiefen des eigenen Gemüts oder als Zuschauer ihrer selbst, sie geschieht einzig als Abbildung wirklicher Vorgänge und ihrer relativ dauernden Daseinsweise (Kategorien). So wenig aber wie Hegel anerkennt Marx Tatsachen als solche, sie sind ihm nur Momente von Prozessen. Und dies Prozeßhafte macht, daß jede Erkenntnis ihre Zeit hat, daß Philosophie, wie Hegel sagt, wirklich »ihre Zeit ist« (und die darin umgehende nächstfolgende), »in Gedanken gefaßt«. Hier nimmt Marx völlig

Hegel auf, charakteristisch verschärft, aus der bloßen Betrachtung entfernt: »Es genügt nicht, daß der Gedanke zur Wirklichkeit drängt, die Wirklichkeit muß sich auch zum Gedanken drängen.« Das begreifende Subjekt ist, in dialektischer Wechselwirkung, auf die geschichtliche Fälligkeit oder Reife des zu begreifenden Objekts angewiesen. Hierbei werden das Subjekt als Träger bloßer denkender Betrachtung und das Subjekt realer Geschichte völlig unterschieden. Bei Hegel fielen beide ebenso völlig zusammen, das gedankenerzeugende Subjekt war auch das geschichtserzeugende, es sei denn, das betrachtende Subjekt, das der Philosophie, kommt zu spät. Aber auch dies nachträgliche Bewußtsein des Philosophen, auf das Hegel das Subjekt des Begreifens reduziert, ist doch au fond das geschichtserzeugende Subjekt, nur post festum, nur auf seinen Lorbeeren ruhend. Denken und Sein, Kopf und Adler fallen auf Hegels Weltmünze zusammen, auch wenn der Kopf im Pensionszustand den Weltgang, der er angeblich ist, nur registriert. Marx dagegen erblickt im denkerzeugenden Subjekt entweder gar nichts, außer dem Träger von Sparren, von falschem Bewußtsein, von Betrachtung außerhalb des wirklichen, des Produktionsprozesses. Oder aber, er wertet den Gedanken, sofern er ein mit der geschehenden Wirklichkeit vermittelter ist, selber als Faktor der Umwälzungsprozesse: nur dann, dann aber unbedingt, wird er geschichtserzeugend. Wird als Klassenbewußtsein, als revolutionäre Wissenschaft eine besonders mächtige, auf Produktion und Basis zurückwirkende Kraft, gehört zum Subjekt der Geschichtserzeugung, der mit *Bewußtsein* gemachten Geschichte. Das grundlegende Subjekt ist bei Marx aber niemals der Geist, sondern der wirtschaftende gesellschaftliche Mensch. Und es ist nicht derselbe abstrakte Mensch, der Mensch als bloßes Gattungswesen, wie bei Feuerbach, sondern der Mensch als Ensemble gesellschaftlicher Verhältnisse, sich geschichtlich ändernd, ein letzthin noch ungefundenes, unemanzipiertes Wesen. So geschieht die dialektische Beziehung zwischen Subjekt und Objekt, worin immer eines das andere berichtigt und verändert, primär im und am ökonomisch-sozialen Unterbau der Geschichte, der bislang dasselbe wie der Hauptbau ist, sie geschieht im Sozialreich der Interessen, nicht im Himmelreich der Ideen. Marx deutete gerade die Hegelsche Phänomenologie dahin aus, als hätte Hegel, wider seinen eigenen Idealismus, solche materielle Dialektik bezeugt. Das Große an der Phänomenologie ist danach einmal, »daß Hegel die Selbsterzeugung des Menschen als einen Prozeß faßt«, sodann aber, vor allem, »daß er das Wesen der *Arbeit* faßt und den gegenständlichen Menschen, wahren, weil wirklichen Menschen, als Resultat seiner *eigenen Arbeit* begreift«. Aus der Selbsterzeugung des absoluten Wissens wird derart Selbsterzeugung des Menschen durch Arbeit; aus dem Fürsichwerden des Geistes (einem auch bei Hegel sauren Geschäft, man weiß nicht, warum) wird reale Geschichte. Sie ist einzig als materiell-dialektische vorhanden, als eine von Klassenkämpfen durchtobte, mit der »Emanzipation des Menschen« erst am ungekommenen Ende. Hegel hatte seine Geschichte der Philosophie mit einem leicht umgewandelten Vergil-Zitat aus der Äneis geschlossen: »Tantae molis erat, se ipsam cognoscere mentem«, solche Mühe kostete es, bis der Geist sich selbst erkennt. Marx hatte diese Mühe allemal als eine nicht nur geistige begriffen, und nahm er mit Hegel die alte Inschrift auf dem Tempel in Delphi: »Erkenne dich selbst« als Thema der menschlichen Geschichte an, so war er entscheidend davon entfernt, Selbsterkenntnis mit der linken Hegelschule als bloße »Philosophie des Selbstbewußtseins« zu definieren. Selbsterkenntnis wurde zu einer nichtbetrachtenden, und sie wurde zu der des arbeitenden Menschen, der sich darin sowohl als Ware begreift, zu der er entäußert ist, wie als werterzeugendes Subjekt, das seinen aufgezwungenen Warencharakter revolutionär aufhebt. Das ist die Praxis der delphischen Inschrift bei Marx, ist wirkliche, zur Praxis gelangende Aufhebung der Entäußerung. Eine, die den Produktionsprozeß und das Wissen um die von ihm gesetzten menschlichen Beziehungen so weit wie möglich in die scheinbare Schickung, in das verdinglicht undurchschaute Schicksal hineintreibt.

Die Dialektik also muß es sich gefallen lassen, kein an die Dinge herangetragenes Verfahren mehr zu bleiben. Sie war das der Absicht nach ja auch bei Hegel nicht, auch dieser liebte keine vom Stoff abgetrennte Methodologie, auch nicht, wie zu sehen war, die außen herumgehende Erkenntnistheorie. Hegel hat seine Dialektik trotzdem als rein idealistische entwickelt, die, soviel sie auch von Land und Leuten mitteilt, dies doch stets nach Maßgabe eines logischen Apriori mitteilt. Für Marx dagegen ist die Dialektik nirgends eine Methode, nach der er die Geschichte bearbeitet, sondern sie ist dasselbe wie die Geschichte selbst. Das Bürgertum innerhalb der feudalen Gesellschaft, das Proletariat innerhalb der bürgerlichen, die Krisen, welche aus dem Mißverhältnis zwischen einer großindustriellen, also bereits kollektiven Produktionsweise und den privatkapitalistischen Produktionsverhältnissen entstehen: alle diese im Schoß der jeweiligen Gesellschaft erzeugten Widersprüche sind keine an die Sache methoden-theoretisch herangetragenen, auch keine bloßen Oberflächenerscheinungen, die flickbar sind, sondern sie gehören, wie Marx lehrt, zur Daseinsweise der Sache selbst, zur Dialektik ihres Wesens. Der auf die Spitze getriebene Widerspruch einer Gesellschaft treibt in der *Wirklichkeit* seiner Auflösung entgegen, nicht in einem Buch über die Wirklichkeit, wonach dem Geiste Genüge geschehen und im bereisten Lande alles beim alten bleibt. Daß es nirgends beim alten bleibt, daß es statt dessen durch die Produktivkraft revolutionär dialektischer Erkenntnis zum besseren Neuen kommen kann, dies eben wird durch die Real-Dialektik der Materie selbst ermöglicht. Es wird durch eine materielle Beschaffenheit ermöglicht, in der ohnehin kein Stein auf dem anderen bleibt, in der freilich nur durch den erkennend-tätigen Menschen, als letzter Gestalt der Materie, aus den bewegbaren Steinen ein Haus und eine Heimat gebaut werden kann, dieses also, was die alten Utopisten regnum hominis, Welt für Menschen genannt hatten. Um die Welt, mit dem Menschen als Stück der Welt und in der Welt, dermaßen zu bewegen, muß sie für Marx sein, was sie ist: materieller Prozeß. Alle Kategorien, auch »Sphären« (Recht, Kunst, Wissenschaft) funktionieren einzig in der sich geschichtlich umwälzenden Wirklichkeit; als Daseinsweisen, die sich überdies – weit davon entfernt, ein gleichbleibend-abgeschlossenes System zu bilden – von einer zur anderen Gesellschaft variieren. Und nirgends besitzen die »Sphären« (Recht, Kunst, Wissenschaft) ein – bei Hegel vorhandenes – Sonderleben, gar Autarkie. Auch nach seiten der Natur behauptet Marx ein einheitliches historisches

Medium (Vermittlungswesen): »Wir kennen nur eine einzige Wissenschaft, die Wissenschaft der Geschichte. Die Geschichte kann, von zwei Seiten aus betrachtet, in die Geschichte der Natur und die Geschichte der Menschen abgeteilt werden. Beide Seiten sind indes nicht zu trennen; solange Menschen existieren, bedingen sich Geschichte der Natur und Geschichte der Menschen gegenseitig« (Deutsche Ideologie). Hierbei ist die Hauptsache, immer wieder, bei all dieser auf die Füße gestellten Hegel-Dialektik: sie soll nicht kontemplativ bleiben. Das Subjekt in der Subjekt-Objekt-Beziehung des allhistorischen Materialismus wird als tätiges, als real erzeugendes bestimmt. Und überall richtet sich dieses Anti-Kontemplative bei Marx nicht weniger gegen den Materialismus der alten Art, als es sich gegen Hegel richtet. Schon in seiner Doktordissertation hatte Marx an Demokrit, dem ersten großen Materialisten, das »energetische Prinzip« vermißt; folgerichtig machte er also Feuerbach zum Vorwurf, daß auch sein Materialismus nur ein betrachtender, allzu objektivistischer sei. So daß hier die Wirklichkeit, viel mehr als bei Hegel, »nur unter der Form des Objekts oder der Anschauung gefaßt wird; nicht aber als menschliche sinnliche Tätigkeit, Praxis, nicht subjektiv« (Thesen über Feuerbach). Wogegen es immerhin geschah, bei Hegel geschah, »daß die tätige Seite, im Gegensatz zum Materialismus, vom Idealismus entwickelt wurde, – aber nur abstrakt, da der Idealismus natürlich die wirkliche, sinnliche Tätigkeit als solche nicht kennt«. Marx sieht also letzthin das »Subjektive« oder »Intensive« bei Hegel nicht einmal so ganz ausgelassen, wie dies den Anti-Hegelianern Kierkegaard und Schelling erschienen war, von ihrem »positiven« Idealismus her. Er akzentuiert, am Arbeitsvorgang, die vorhandene *Subjekt*-Objekt-Beziehung in Hegels Dialektik, und er lehrt das Subjekt, das bei Hegel so abstrakt war, jedoch nicht fehlte, als materielle Macht. Er lehrt das menschliche Leben als einzig existent im Ensemble der bedingenden gesellschaftlichen Verhältnisse, aber er lehrt ebenso den Menschen mit seiner Arbeit als Hersteller und Veränderer dieser Verhältnisse. Und statt des mechanischen Weltgewühls, worin außer äußerer Notwendigkeit überhaupt kein Sinn steckt, lebt bei Marx der von Leibniz herkommende, von Hegel ihm überlieferte entwicklungsgeschichtliche Humanismus. Die ganze Welt ist hier ein offenes System dialektisch sich durcharbeitender Aufklärung. Ihre Pointe ist Humanität, sich gegenständlich unentfremdete, unter nicht mehr entfremdeten Gegenständen. Das ist das Leben Hegels bei Marx; eine andere Art Gesellschaft als die nach Hegel geistig niedergehende beansprucht das Erbe der deutschen klassischen Philosophie.

Hinweis

»Die Philosophen haben die Welt nur verschieden interpretiert, es kommt aber darauf an, sie zu verändern.«
(Thesen über Feuerbach, 1845)

»Die Althegelianer hatten alles begriffen, sobald es auf eine Hegelsche logische Kategorie zurückgeführt war. Die Junghegelianer kritisierten alles, indem sie religiöse Vorstellungen unterschoben oder es für theologische erklärten. Die Junghegelianer stimmen mit den Althegelianern überein in dem Glauben an die Herrschaft der Religion, der Begriffe, des Allgemeinen in der bestehenden Welt. Nur bekämpfen die einen die Herrschaft als Usurpation, welche die anderen als legitim feiern.«

»Nachdem einmal die herrschenden Gedanken von den herrschenden Individuen und vor allem von den Verhältnissen, die aus einer gegebenen Stufe der Produktionsverhältnisse hervorgehen, getrennt sind und dadurch das Resultat zustande gekommen ist, daß in der Geschichte stets Gedanken herrschen, ist es sehr leicht, aus diesen verschiedenen Gedanken sich *den* Gedanken, die Idee etc. als das in der Geschichte Herrschende zu abstrahieren und damit alle diese einzelnen Gedanken und Begriffe als ›Selbstbestimmungen‹ *des* sich in der Geschichte entwickelnden Begriffs zu fassen. Dies hat die spekulative Philosophie getan.«
(Deutsche Ideologie, 1845/46, Mega I 5, S. 9, 37 f.)

»Glaubt die kritische Kritik in der Erkenntnis der geschichtlichen Wirklichkeit auch nur zum Anfang gekommen zu sein, solange sie das theoretische und praktische Verhalten des Menschen zur Natur, die Naturwissenschaft und die Industrie, aus der geschichtlichen Bewegung ausschließt? Oder meint sie, irgendeine

Periode in der Tat schon erkannt zu haben, ohne zum Beispiel die Industrie dieser Periode, die unmittelbare Produktionsweise des Lebens selbst, erkannt zu haben? Allerdings die spiritualistische, die theologische, kritische Kritik kennt nur – kennt wenigstens in ihrer Einbildung – die politischen, literarischen und theologischen Haupt- und Staatsaktionen der Geschichte. Wie sie das Denken von den Sinnen, die Seele vom Leibe, sich selbst von der Welt trennt, so trennt sie die Geschichte von der Naturwissenschaft und Industrie, so sieht sie nicht in der grob-materiellen Produktion auf der Erde, sondern in der dunstigen Wolkenbildung am Himmel die Geburtsstätte der Geschichte.«
(Die heilige Familie, 1844/45, Mega I 3, S. 327)

»Hegel macht sich einer doppelten Halbheit schuldig, einmal, indem er die Philosophie für das Dasein des absoluten Geistes erklärt und sich zugleich dagegen verwehrt, das wirkliche philosophische Individuum für den absoluten Geist zu erklären; dann aber, indem er den absoluten Geist als absoluten Geist nur zum Schein die Geschichte machen läßt. Da der absolute Geist nämlich erst post festum im Philosophen als schöpferischer Weltgeist zum Bewußtsein kommt, so existiert seine Fabrikation der Geschichte nur im Bewußtsein, in der Meinung und Vorstellung des Philosophen, nur in der spekulativen Einbildung.«
(Ebenda, Mega I 3, S. 258)

»Das Große an der Hegelschen Phänomenologie und ihrem Endresultat – der Dialektik, der Negativität als dem bewegenden und erzeugenden Prinzip – ist einmal, daß Hegel die Selbsterzeugung des Menschen als einen Prozeß faßt, die Vergegenständlichung als Entgegenständlichung, als Entäußerung und als Aufhebung dieser Entäußerung; daß er also das Wesen der *Arbeit* faßt und den gegenständlichen Menschen, wahren, weil wirklichen Menschen, als Resultat seiner *eigenen Arbeit* begreift.«
(Ökonomisch-philosophische Manuskripte, 1844, Mega I 3, S. 156)

»Ich bekannte mich offen als Schüler jenes großen Denkers und kokettierte sogar hier und da im Kapital über die Wert-

theorie mit der ihm eigentümlichen Ausdrucksweise. Die Mystifikation, welche die Dialektik in Hegels Händen erleidet, verhindert in keiner Weise, daß er ihre allgemeinen Bewegungsformen zuerst in umfassender und bewußter Weise dargestellt hat. Sie steht bei ihm auf dem Kopf. Man muß sie umstülpen, um den rationellen Kern in der mystischen Hülle zu entdecken. – In ihrer mystifizierten Form ward die Dialektik deutsche Methode, weil sie das Bestehende zu verklären schien. In ihrer rationellen Gestalt ist sie dem Bürgertum und seinen doktrinären Wortführern ein Ärgernis und ein Greuel, weil sie dem positiven Verständnis des Bestehenden zugleich auch das Verständnis seiner Negation, seines notwendigen Untergangs einschließt, jede gewordene Form im Flusse der Bewegung, also auch nach ihrer vergänglichen Seite auffaßt, sich durch nichts imponieren läßt, ihrem Wesen nach kritisch und revolutionär ist.«
(Das Kapital, Nachwort zur 2. Aufl., 1873)

»Derselbe Geist baut die philosophischen Systeme in dem Hirn der Philosophen, der die Eisenbahnen mit den Händen der Gewerke baut. Die Philosophie steht nicht außer der Welt, sowenig das Gehirn außer dem Menschen steht, weil es nicht im Magen liegt; aber freilich die Philosophie steht früher mit dem Hirn in der Welt, ehe sie mit den Füßen sich auf den Boden stellt, während manche andere menschliche Sphären längst mit den Füßen in der Erde wurzeln und mit den Händen die Früchte der Welt abpflücken, ehe sie ahnen, daß auch der Kopf von dieser Welt oder diese Welt die Welt des Kopfes sei.«
(Rheinische Zeitung, 14. Juli 1842)

»Wie die Philosophie im Proletariat ihre materiellen, so findet das Proletariat in der Philosophie seine geistigen Waffen, und sobald der Blitz des Gedankens gründlich in diesen naiven Volksboden eingeschlagen hat, wird sich die Emanzipation der Deutschen zu Menschen vollziehen. Die Philosophie kann sich nicht verwirklichen ohne die Aufhebung des Proletariats, das Proletariat kann sich nicht aufheben ohne die Verwirklichung der Philosophie.«
(Einleitung zur Kritik der Hegelschen Rechtsphilosophie, 1844)

1. Es ist üblich, Täter und Denker zu unterscheiden. Besonders der deutsche Bürger hat diese Trennung unterstrichen. Erst unfreiwillig, wegen der Schwäche seiner Klasse, dann freiwillig, wegen des Vorteils, sich weltfremde Gelehrte zu halten. Diese hätten ihrer Klasse zwar auch dann nicht den Rücken gekehrt, wenn ihnen nicht jedes politische Lied garstig geklungen hätte. Es gab unter den Gelehrten genug vereidigte Leibgarde des Kapitals, besonders des junkerlich aggressiven. Doch hätte schließlich bei den nicht so Vereidigten die Gewohnheit des Untersuchens Schuppen von den Augen fallen lassen können. Statt dessen empfahl sich auf alle Fälle der elfenbeinerne Turm, er garantierte ziemlich, daß sein Bewohner rechts über den Parteien stand. Von großer Höhe sieht das Gehudel unter ihr ausgeglichen, jedenfalls recht klein aus.

Beliebt war und ist es, auch die früheren Denker als besonders stille darzustellen. Je größere sie sind, desto stillere: vom alten Erdmann bis Windelband und darüber hinaus ist das ein philosophie-geschichtliches Übereinkommen. Der zerstreute, das ist, der Welt abhanden gekommene Professor aus dem Witzblatt reicht hier bis in die höchsten Höhen. Er gehört von diesem Blickwinkel her einem sehr geistigen Adel zu, als Unlust zur äußeren Aufmerksamkeit, als Unlust zur Entscheidung. Daher gewohntermaßen der ungünstige akademische Blick auf Bacon, der besorgte auf die »Vielgeschäftigkeit« des großen Leibniz. Daher umgekehrt die Darstellung Hegels als des allzu »erhabenen Stuttgarters«, wie F. Th. Vischer einmal spottete. Und kein Zweifel: *Hegel vor allem* ist überliefert als besonders abstraktes Denkerleben. Daß dergleichen im Werk, wenn man vom beabsichtigt kahlen, immerhin »diamantenen« Netz der Logik absieht, nicht zutrifft, hat sich herausgestellt. Hegels Kraft der gedanklichen Zusammenziehung steht eine ebenbürtige der Anschauung beiseite und der treffendsten Pointen aus ihr. Nicht so eindeutig allerdings – und das gibt den Freunden des unbefleckten Geistes zweifellos einen Anschein von Unterstützung – stellt sich das Verhältnis: *Hegel und die Praxis* dar. Seine Eule der Minerva wirkt nicht eben als Frühaufsteher, mit Handel und

Wandel im Sinn; sie macht sich vielmehr vornehm dagegen. Zum Unterschied von der Schwäche des natürlichen Greisenalters feiert Hegel das Greisenalter des Geistes, weil der Geist nicht mehr nach außen gerissen ist, als vollkommene Reife. Wie denn auch Hegel, je älter, je lieber, die Aristotelische Bekundung rühmt: die Theorie sei das Seligste und unter dem Guten das Beste. Dem entspricht, was er über die bekannte Forderung Platons sagt: »Es kann als eine große Anmaßung erscheinen, daß die Regenten Philosophen sein oder daß den Philosophen die Regierung der Staaten in die Hände gegeben werden soll« (XIV, S. 193).

Und trotzdem, so sehr das alles nach Wahrheit um ihrer selbst willen klingt, muß festgestellt werden: Hegel gelingt die dem Tun abholde Weisheit nicht. Vielmehr geht bei ihm vom Beginn an ein eingreifender Wille um. Er steckt persönlich bereits in der noch reinen Denklust: »Wer das denkt, was die anderen nur sind, ist ihre Macht.« Er steckt realistisch in der nicht so ganz gedanklichen Zutat, die auch das als recht Erkannte, gerade dieses, der stumpfen Welt aufzwingt: »Begriff und Einsicht führen etwas so Mißtrauisches gegen sich mit, daß sie durch die Gewalt gerechtfertigt werden müssen; nur dann erst unterwirft sich ihnen der Mensch« (aus der »macchiavellistischen« Frühschrift »Die Verfassung Deutschlands«, 1798). Praktischer Wille macht sich noch in solch vertracktem Primat des Theoretischen geltend, wie in dem, das Hegel hinsichtlich Napoleons formuliert hat: »Die theoretische Arbeit, überzeuge ich mich täglich mehr, bringt mehr zustande in der Welt als die praktische; ist das Reich der Vorstellung revolutioniert, so hält die Wirklichkeit nicht aus« (Brief an Niethammer, 28. XI. 1808). Auch die theoretische Arbeit wird hier folglich als eine gedacht, die in der Welt etwas zustande bringt. In der Welt, nicht neben der Welt, trotz der leidenschaftslosen Stille der Erkenntnis, in die sich Hegel nicht ungern zurückzuziehen liebt (übrigens meist vor den Angriffen orthodoxer Theologen). Das reine Leben des Begriffs zeigt, wo immer es Hegel darauf ankommt, einen praktischen Ausgang. Der Ausgang zeigte sich von der »Verfassung Deutschlands«, 1798 (einer Schrift, von der eben behauptet wurde, ihr Verfasser habe mit ihr der »deutsche Machiavelli« werden wollen), bis zum Aufsatz über die englische Reformbill, 1831. Der Exodus aus der Studierstube führte gewiß nicht in revolutionäre Praxis, mehr ins Gegenteil, und der Philosoph, der überliefertermaßen den Katheder gerne mit einem preußischen Ministersessel vertauscht hätte, läutete die politische Weisheit nicht eben als Sturmglocke. Aber das Geschäft der stillen Theorie war, wie so oft bei Denkern größten Stils (Platon, Spinoza, Leibniz), für Hegel nicht das einzige, nicht das einzig sich erzeugende und bewährende; auch seine Minerva ist bewaffnet. Dagegen also kommt zu guter Letzt das festgestellte Kontemplations- und Antiquariatswesen Hegels nicht auf. Nicht seine Betonung der Gewordenheit und Geschlossenheit im Werden, des Kreises aus Kreisen, worin gar kein Platz erscheint für Tätig-Offenes. Nicht sein Begriff einer Welt, worin »der Endzweck der Welt ebenso vollbracht ist, als er sich ewig vollbringt« (VI, S. 407). Nicht der Abschluß dieser Philosophie mit der Tautologie ihrer selbst, ohne bekundetes Problem einer *intensivierten* Wahrheit, das ist, einer letzthinnigen Aufhebung der Philosophie durch Verwirklichung ihrer. All das verwischt aber, so sehr es gehindert, ja vereitelt hat, Züge einer Krypto-Praxis in Hegel keinesfalls. Das beliebte Gleichnis des Dialektikers war immer wieder die Glut, das neue Interesse, der Durchbruch; selbst der Äther der Idee kam, um kein »weißes Blatt« zu sein, ohne Leidenschaft und Interesse nicht aus.

Sachlich enthält bereits das denkende Erzeugen, anders als die Hinnahme, ein Wollendes in sich. Der homo faber ist in Hegels Gedanke eingezahlt, ein Verzehren dazu, das geistiges und praktisches Bewältigen verbindet. »Die praktische Tätigkeit vernichtet das Objekt und ist ganz subjektiv« (Nohl, Theol. Jugendschriften, S. 376); Subjektives hier eben als Tätiges verstanden. Hegel bedurfte gar nicht erst des Einflusses, den Fichtes Wissenschaftslehre, in ihrer so viel prononcierteren Fassung der Praxis, ausgeübt haben mag. Im Gegenteil, die Konsequenzen, die beide auch aus der Willensseite der transzendentalen Erzeugung ziehen (aus Streben, Bedürfnis, Arbeit), sind völlig verschiedene. Fichte hatte zwar die gesamte theoretische Vernunft der praktischen, nämlich dem Tun zugeordnet und unterworfen. Das Ich der Tathandlung beschränkt sich theoretisch durch das Nicht-Ich oder den Gegenstand, damit es praktisch an diesem sich wieder, auf unbeschränkte, nämlich beherrschende Weise, bewähren kann. Die theoretisch rätselhafte Beschränkung des Subjekts durch das Objekt wird so praktisch erklärt und deduziert: der ganze Apparat der Welt setzenden Intelligenz ist nur von daher und dazu hin da, daß der Wille in den äußeren Objekten das »versinnlichte Material der Pflicht« finde. So ist Fichtes praktische Philosophie in der Tat die Krönung seiner Lehre; er hat sein System als das große Mittel zur liberalen Erziehung Deutschlands angesehen, er hat die Wissenschaftslehre sogar, in phantastischem Idealismus reiner Moralität, als die eigentliche Gegenmacht zu Napoleon hingestellt. Aber freilich: die so erhöhte Praxis verläßt, aus lauter Superiorität, ihr »Material«, statt in es hineinzugehen. Praxis wird hier überwiegend individuelle Moralität, und zwar eine so formale, eher noch formalere als bei Kant. Die Welt fällt als mitwirkendes Korrelat der Praxis bei Fichte aus; besonders die physische Welt wird ein rein passives Betätigungsfeld für den Menschen, und die vorhandene soziale Welt gibt lediglich den Boden ab, auf dem »die Menschheit ihre Verhältnisse mit Freiheit nach der Vernunft einzurichten hat«. Solch freischwebende, von der Welt sich *abstoßende* Praxis konnte leicht in Welt-Valet überhaupt enden; und der späte Fichte hat es, sogar unter Aufgabe der transzendentalen Tathandlung, ja auch religiös-mystisch vollzogen. Von alldem eben ist Hegels weit bescheidenere, sich auf diesem Globus haltende Definition praktischer Tätigkeit weit entfernt; auch ist sie einheitlich, nicht wie bei Fichte dualistisch der Vernunft verbunden. Hegel sah richtig ein: die Praxis selber droht in der *abgehobenen* Autarkie der Praxis zu erlöschen, das heißt, zur Abstraktion überzugehen, worin Wille und Tun, abgetrennt von Inhalt und Wirklichkeit, schlechthin Leerlauf sind. Hierbei hat zwar Hegel, wie erkannt, in der Ablehnung jedes Postulierens überhaupt das Maß zweifellos überschritten. Und wenn er, in der »Differenz des Fichteschen und Schellingschen Systems«, gegen die Weise des Postulierens schreibt: »Das Wesen der Vernunft erhält in dieser Ansicht eine schiefe Stellung; denn sie erscheint hier als ein nicht sich selbst Genügendes, sondern als ein Bedürftiges« (I, S. 198): so ist die Vernunft der Welt ja in der

Tat wohl noch ein Bedürftiges, und die Mangelhaftigkeit der Welt fällt gewiß nicht nur, wie Hegel an dieser Stelle weiter angibt, mit der Mangelhaftigkeit einer bloßen Kant-Fichteschen Reflexionsphilosophie zusammen. Dennoch ist kein Zweifel: der so unpathetisch gehaltene Praxisbegriff Hegels ist selbst *postulativ* wichtiger als der Fichtes, und zwar gerade wegen seiner *Welt-Immanenz.*

Denn durch letztere wurde das Wollen erst von Fall zu Fall belehrbar und bestimmt. Das Überfliegen hörte auf, das Schwärmen in bloßer guter oder auch tatlustiger Gesinnung, wobei einer den anderen ermuntert, und kein Pfennig wird dabei ausgegeben. Die so wenig ausgeführten Praxisangaben Hegels beziehen sich allemal auf die jeweils zu bewältigenden, konkreten Aufgaben; das auch dort, wo sie, als auf Vergangenes gerichtet, eine Handlung als rechte nur begreifen. Der mittelalterliche Bauer arbeitete bei Hegel nicht im versinnlichten Material der Pflicht schlechthin, sondern in einem ganz besonderen, und wiederum in einem anderen arbeitete der Handwerker, und beide arbeiteten mit einer nicht so kantisch-fichtisch erhabenen Art und Herkunft von Pflicht. Die Praxis verschiebt sich wiederum, technisch wie moralisch, in der bürgerlichen Gesellschaft: »und der Mensch ergeht sich in Tätigkeiten, die auf diesem Standpunkte nicht mehr fehlen können« (IX, S. 413). Grundlegend wichtig aber bleibt bei Hegel: er versteht die scheinbar so theoretische Subjekt-Objekt-Beziehung insgesamt als verändernd-praktische, das ist, als *Arbeits-Beziehung*. Der Fortgang der Phänomenologie geschieht ja einzig nur als solch wechselseitiges Umbilden des Subjekts durchs Objekt, des Objekts durchs Subjekt. Anders gesagt: die in der Phänomenologie rein theoretisch angegebene dialektische Bewegung geschieht doch ebenso als echte Arbeitsbewegung zwischen Mensch und Gegenstand und als Rückwirkung des bearbeiteten Gegenstands auf den Menschen. Und zwar dergestalt, daß das Theoretische selber in den Formen der Arbeitsveränderung geschieht und geschehen muß: Veränderung des Wissens ruft eine des Daseins hervor, Veränderung des Daseins wiederum eine des wissenden Bewußtseins. Man vergleiche damit die dritte These von Marx über Feuerbach: »Die materialistische Lehre, daß die Menschen Produkte der Umstände und der Erziehung, veränderte Menschen also Produkte anderer Umstände und geänderter Erziehung sind, vergißt, daß die Umstände eben von den Menschen verändert werden, und daß der Erzieher selbst erzogen werden muß.« Der Bezug des »subjektiven Faktors« zu Hegels Subjekt-Objekt-Wechselwirkung könnte nicht deutlicher sein, ebenso wie seine dialektische Betonung. Und ist das wechselwirkende Arbeitsverhältnis auch wesentlich erst durch Marx in der Phänomenologie entdeckt und sichtbar gemacht worden, so steht doch Hegels ganze Philosophie auf dem Sprung, aus dem idealistischen Produktionsprozeß in den Begriff des wirklichen vorzubrechen. Hierher gehört in der Phänomenologie die Dialektik der Begierde und ihrer Befriedigung auf dem Umweg des arbeitenden Knechts, es gehört dazu vor allem die Einsicht, daß der Entwicklungsweg der Menschheit über die Arbeit des Knechts geht. Es gehört dazu die neue Fassung der Zweckkategorie in der Logik, das heißt, die relative Erhöhung des Mittels (Werkzeugs) über den unmittelbaren Genußwert des Zwecks. Wie die vermittelnde Arbeit des Knechts den bloß unmittelbaren Fruchtgenuß des Herrn übersteigert, so ist – wenigstens was den nichtabsoluten Zweck angeht – für Hegel »das Mittel ein höheres als die endlichen Zwecke der äußeren Zweckmäßigkeit« (V, S. 226); kurz, der in seinem Mittel, seiner Vermittlung tätige Zweck ist letzthin genau dasselbe wie der Arbeits- und Werkzeugs-Begriff, der menschliche Geschichte heißt. Auffallend nahe ist derart Hegels »Idee« des Praktischen mit Arbeit im ökonomisch-technischen Realsinn verknüpft und nicht mit Tathandlung reiner Moralität. Ja am Ende der Logik findet sich sogar eine verklausulierte Überordnung der »Idee» des Praktischen über das willenlose Erkennen, zwar immer noch als »Idee«, aber als ziemlich eingreifende, entscheidungstüchtige. »In der theoretischen Idee steht der subjektive Begriff, als das Allgemeine, ... der objektiven Welt entgegen, aus der er sich den bestimmten Inhalt und die Erfüllung nimmt. In der praktischen Idee aber steht er als Wirkliches dem Wirklichen gegenüber... diese Idee ist höher als die Idee des betrachteten Erkennens, denn sie hat nicht nur die Würde des Allgemeinen, sondern auch des schlechthin Wirklichen« (V, S. 320f.). Und nun erst kommt wieder die Umkehrung, nämlich die erneute Überordnung des Theoretischen, aber wesentlich hier zum Zweck, daß Welt-Erkenntnis da sei, daß kein realitätsfremder Moralismus oder auch Praktizismus Platz greife. »Was der praktischen Idee noch mangelt, ist das Moment des eigentlichen Bewußtseins selbst... Dieser Mangel kann auch so betrachtet werden, daß der praktischen Idee noch das Moment der theoretischen fehlt... Der Wille steht daher der Erreichung seines Zieles nur selbst im Wege dadurch, daß er sich von dem Erkennen trennt und die äußerliche Wirklichkeit für ihn nicht die Form des wahrhaft-Seienden erhält; die Idee des Guten kann daher ihre Ergänzung allein in der Idee des Wahren finden« (V, S. 323 f.). Lenin hat diese Stelle als eine materialistische wie des Näheren als eine dem marxistischen Theorie-Praxis-Begriff nahekommende exzerpiert und kommentiert: »Der Wille des Menschen, seine Praxis steht selbst der Erreichung ihres Ziels im Wege... dadurch, daß sie sich von dem Erkennen trennt und die äußere Wirklichkeit nicht als das wahrhaft-Seiende (als die objektive Wahrheit) anerkennt. Notwendig ist die Vereinigung der Erkenntnis mit der Praxis« (Aus dem philosophischen Nachlaß, 1949, S. 138). Und in der Tat hat das Theorie-Praxis-Verhältnis, wie Marx es faßt, sogar den Wechsel zwischen praktischer, dann wieder theoretischer Überordnung in sich, von der Art, wie Hegel den Mangel beider wechselseitig ergänzen will. Die Theorie führt zu konkreter Praxis, die Praxis, mit den in ihr neu hervortretenden Widersprüchen, verlangt wieder Theorie: eine Verhältnis-Bestimmung beider, die gerade an Hegels Logik sich anschließt. Auch darüber läßt Lenin keinen Zweifel; er notiert: »Alles das im Kapitel ›Die Idee des Erkennens‹ – beim Übergang zur ›absoluten Idee‹ –, was unzweifelhaft bedeutet, daß bei Hegel die Praxis als Kettenglied in der Analyse des Prozesses der Erkenntnis steht, und zwar als Übergang zur objektiven (bei Hegel: ›absoluten‹) Wahrheit. Marx knüpft folglich unmittelbar an Hegel an, wenn er das Kriterium der Praxis in die Erkenntnistheorie einführt; siehe die Thesen über Feuerbach« (l. c., S. 133). Lenin meint hier besonders die zweite These von Marx über Feuerbach: »Die Frage, ob dem menschlichen Denken gegenständliche Wahrheit zukomme, ist keine Frage der Theorie, sondern eine praktische Frage.« Und er meint die berühmte elfte These: «Die Philosophen haben die Welt nur verschieden interpretiert, es kommt aber darauf an, sie zu verändern.« Diese Thesen haben freilich mit jenem Hegel nichts gemein, der ins bloße Wissen des Wissens kontemplativ einkehrte und es genoß, der selbst seinen absoluten Geist nur zum Schein die Geschichte machen ließ. Auch der Verächter des Sollens schlechthin, der Abschließer des Zukunftsraums, der Kreislauf-Statiker: all diese antiquarischen Gesichter Hegels stimmen unmöglich mit verändernder Praxis, mit der Praxis der Veränderung zusammen. Insofern sind die angegebenen Eingriffs-Elemente, so unlöslich sie auch zu Hegels Methode gehören, an Hegels System, als geschlossenem, eine Anomalie. Desto weniger sind sie jedoch an dem ungeschlossenen dialektischen Unterwegs dieser Philosophie eine Anomalie, gar an ihrem konkreten Arbeitsbegriff. Und so hat Hegels ständig vermittelte Bildungs-, Umbildungslehre mit der Marxschen Konzeption der Theorie-Praxis notwendige Berührung; trotz Hegels Panlogismus, trotz der Abgeschlossenheit seines Systems.

2. Ein Zweites tritt hinzu, das sich nicht nur auf Denken und Tun bezieht. Üblich ist auch die Frage, ob *Denken* und das sogenannte *Grobstoffliche* vereinbar sind. So absurd diese Frage gestellt, auch entstellt wird, sie ist bürgerlich zur Zeit doch weit verbreitet. Und nur zu häufig wird sie vom spätbürgerlichen Feinsinn negativ entschieden: philosophischer Duft und Erdenrest sind ihm unvereinbar. Die immer vornehmer werdenden Innendenker nennen den theoretischen Übergang zum materialistischen Lager (um vom praktischen zu schweigen) Verrat am Geist. Wobei das Materielle so hanebüchen wie möglich gefaßt wird, auf polemisch bequeme Weise; Materie ist klobig, sonst nichts. Hier strengt sich das idealistische Denken durchaus nicht mehr an, sein Vorurteil, seine antimarxistische Unwissenheit erscheinen ihm nicht als Verrat am Geist. Konträr, Epigonen dritter Hand nennen materialistische Geschichtsauffassung »tiefstes neunzehntes Jahrhundert«; der Nazi brachte diesen Ausdruck auf, die Hinterbliebenen sprechen ihn nach. Es ist wahr, einige sprechen auch materialistische Geschichtsauffassung seit längerem nach, nämlich dort, wo bürgerliches Wissen

sich soziologisch gibt. Da gibt es die Anleihe Mannheims bei Marxisten und Marxismus, Anleihe, die zuweilen einem Diebstahl gleichkommt. Aber der Diebstahl läßt umsichtigerweise die Hauptsache aus, er entwendet aus der materialistischen Erkenntnis lediglich einige Flicken. Zum Zweck, die eigene Blöße zu verdecken, vor allem die eigene Lüge, nämlich die Verteidigung des Kapitals. Das in einem Fach, wo man auch pseudowissenschaftlich ohne einigen Materialismus nicht ganz auskommt. Doch werden dessen Begriffe nicht nur entstellt, politisch zu ihrem Gegenteil entspannt und verfälscht, sie werden eben auch versteckt. So daß das Materielle doch unbedankt, unbedacht bleibt, dem Geist nicht ebenbürtig. Wie wenig erst dort, wo dieser ganz nach innen oder in die Tiefe fährt und seelische Werte an sich zu besorgen vorgibt.

Seltsam nur, daß reines Denken nicht immer so in Form bleiben will. Der idealistische Begriff ist nicht unter allen Umständen auf den Geist versessen. Sondern spätbürgerliches Denken ist jedem anderen tausend Schritt voraus, sobald es zum *Irrationalen* geht. Materielles Sein darf zwar auf keinen Fall das Bebewußtsein bedingen, gar es umfassen. Doch wenn das Sein zum Dunkel wird, worin sich über Blut und Boden, auch Ganzheit gut munkeln läßt, dann zieht ein der Analyse enthobener, ein verstehender Geist verständnisinnig den kürzeren. Dann läßt die Wahrheit, die vorgibt, um ihrer selbst willen da zu sein, sofort nach, und das Ganz Andere als Geist und Höhenglanz triumphiert. Dann gibt es keinen Verrat am Geist, im Gegenteil, er verachtet Vernunft und Wissenschaft, er geht scheiternd in Nacht. Ja, spätbürgerlicher Logos erträgt sogar Materie durchaus, sobald sie von mater abgeleitet wird; gegen den Muttergrund Bachofens ist der reine Gedanke freundlich gesinnt. Denn der Muttergrund Demeter, hier als Bauchmaterie, sieht nach Boden aus, so wie der Liebesgrund Aphrodites, hier als Saftmaterie, nach Mänadennächten des Bluts. Und nachdem der Faschist Bäumler Bachofen (woran dieser freilich schuldlos ist) jubelnd ediert hat, ist es nur ein glücklicher Zufall, daß mit Gäa und Moloch nicht auch noch die Spottgeburt eines – faschistischen Materialismus kreiert worden ist. Nur eben wirkliche Materie macht dem Logos, der so leicht vor dem Dschungel kapitulierte, Schwierigkeiten. Dergestalt, daß der würdigste der heutigen Geisteshirten: Jaspers, ein Reaktionär, der weich vor allem Irrationalen steht und es als Transzendenz bejaht, über Materie Folgendes zu bekunden weiß: »Ein entseeltes Weltbild tritt an die Stelle der früheren mythischen Welt; ein reiches, erfülltes, gehaltvolles Ganzes wird ersetzt durch ein unendlich armes... Wenn eine Dogmatisierung unvermeidlich wäre, dann würde eine echte mythische Welt voller Wunder und Zauber als Bildungsfaktor jeder anderen vorzuziehen sein« (Die Idee der Universität, 1946, S. 36f.). Jaspers kennt also Materie nur als mechanische; ein Materialismus, der nicht so ist und doch nicht mythisch ist, bleibt solchen Geisteshütern unbekannt. Das bürgerliche Bildungsmonopol, so interessiert an allen Sophistereien und Tiefstapeleien des imperialistischen Zeitalters, ist auf die geistige Beherrschung des dialektischen Materialismus durchaus nicht neugierig. Da kein »Materialismus« des Irrationalen kam, verhält sich der so erprobt reine Geist zur Philosophie von Marx und Engels unwissender, als er sich zu den belanglosen Meinungen irgendeines antiken Winkelphilosophen und gar zu den Heullauten der Mithras-Liturgie verhält. Und auch diese Unwissenheit vermehrt dem Logos seine Schwierigkeiten vor dem Materialismus, als einem lediglich entseelten, das heißt so böswillig wie total unbekannten. Die wirkliche Materie verträgt sich zwar mit wirklichem Geist, wenn anders man diesen den Demokrit, Epikur und Lukrez, den Hobbes, Helvetius und Diderot nicht abstreitet, aber sie verschwindet im Idealismus der gerissenen Ignoranz. Das Fremdwörterbuch gibt das Wort Materialist in der dreifachen Bedeutung an: egoistischer Mensch; Anhänger der Weltanschauung, daß alles mechanisch erklärbar sei; Farbwarenhändler. Zusammen mit dem Fremdwörterbuch haben auch die Edelidealisten von heutzutage die ganze Welt des neuen, das heißt, jetzt schon hundert Jahre alten dialektischen Materialismus nicht wahrgenommen. Sie wissen nicht im Abgrund ihrer schuldhaften Unwissenheit (Hegel nannte das auch »die reine und ekle Höhe der Moralität«, was fast aufs Gleiche herauskommt), daß Marx und Engels, wie sie keine »egoistischen Menschen« sind, so auch allem anderen huldigen als einer »mechanischen Welterklärung«. Ja daß, falls das Fremdwörterbuch als Wissensquell der bürgerlichen Intelligenz, Materialismus betreffend, beibehalten werden soll, ihr am besten noch die »Farbwarenhandlung« ein Licht über den roten Materialismus aufstecken könnte. Indem dieser nämlich durchwegs Qualitäten lehrt und Umschlag der Quantität in Qualität. Es ist freilich eine Qualität, die nicht in die Idee verschießt, und die auch die Materie keineswegs, wie der Schein-Ontologe N. Hartmann tut, als sogenannte niederste Seinsstufe oder als das Niederträchtige hinter sich läßt. Sondern die zur Materie gehört, zur gleichen, die nur den Geisthütern oder auch Seinshirten von heutzutage als Farbwarenhandlung angepriesen werden muß.

Wo Denken nicht zum Stoff will, gibt es vor, als wäre dieser auch nie zum Denken gekommen. Als wären die großen Lehren alle solche, die sich gleichsam für zu gut gehalten haben für die Erde. So werden, um der ellenhohen Socken, der Millionen Lokken des Geistes willen, die Idealismen idealistischer Philosophen nochmals veridealisiert. Platon sieht dann lediglich den Himmel offen, und Hegels Thema war, wenn man N. Hartmann glauben soll, einzig der liebe Gott. Alle materialistischen Elemente werden dadurch in der Philosophiegeschichte ausgekreist, als würde man eines Unzüchtigen gewahr, die kryptomaterialistischen werden nochmals versteckt. So bei Aristoteles und in der Stoa, so bei Descartes, Spinoza und Leibniz, so bei Kant als dem Autor der Naturgeschichte des Himmels und Vernichter der Gottesbeweise. Ein besonderes Exempel der Über-Idealisierung ist aber Hegel geworden, und an ihm die Frage: *Hegel und die Materie*. Nun, es überrascht nicht, daß der größte Idealist unter den Philosophen und der größte Philosoph unter den Idealisten – idealistisch ist; die nicht so großen Philosophen des heutigen Idealismus sagen damit nichts Besonderes. Diese Feststellung muß neidlos anerkannt werden und ist in Ordnung, ja noch ein anderer als der neuere Idealismus ist bei Hegel bemerkbar: er behandelt die Materie wie ein gotischer Baumeister. Er sieht die Natur nicht als Antikensammlung wie Goethe, sondern dieses Falls als gotische Kathedrale, mit Fenstern, die die Mauern durchschlagen, und emporschießenden Pfeilern. An solchem unmechanischen, unstatischen Idealismus ist also bei Hegel kein Zweifel, er braucht gar keine Übertreibung, im Gegenteil, die Gelegenheit ist günstig, Exempel dieser gotischen Art sogar erneut kenntlich zu machen: »Die Steine schreien und heben sich zum Geiste auf« (VII^1, S. 24); »Die Natur ist an sich, in der Idee, göttlich, aber wie sie ist, entspricht ihr Sein ihrem Begriffe nicht; sie ist vielmehr der unaufgelöste Widerspruch. Ihre Eigentümlichkeit ist das Gesetztsein, das Negative, wie die Alten die Materie überhaupt als das non-ens gefaßt haben« (VII^1, S. 28); »Die Schwere ist eine Weise der Innerlichkeit der Materie, nicht ihre tote Äußerlichkeit; diese Innerlichkeit hat indessen hier noch nicht ihre Stelle, sondern jetzt ist die Materie noch das Innerlichkeitslose, der Begriff des Begriffslosen« (VII^1, S. 70f.). Anders bereits bei der gegliederten Pflanze, bei dem durchformten Tierkörper, gar bei der den ganzen Leib durchscheinenden Seele: »Indem so alles Materielle durch den in der Natur wirkenden ansichseienden Geist aufgehoben wird, und diese Aufhebung in der Substanz der Seele sich vollendet, tritt die Seele als Substanz *alles* Materiellen, als *alle* Immaterialität hervor, so daß alles, was Materie heißt – so sehr es der Vorstellung Selbständigkeit vorspiegelt –, als ein gegen Geist Unselbständiges erkannt wird« (VII^2, S. 52). Daher insgesamt sozusagen, als Quintessenz des Hegel, der aus lauterem Idealismus an der Materie kaum ein Apartes, geschweige ein Substantielles zu sehen scheint: »Der Geist ist die existierende Wahrheit der Materie, daß die Materie selbst keine Wahrheit hat« (VII^2, S. 47). Das also sind die unverblümten Idealismen Hegels in Ansehung der Materie, und sie sollen nicht sekretiert werden, im bloßen Gegenzug gegen jene Philosophiehistoriker, die die kryptomaterialistischen Züge in Hegels Philosophie ausstreichen. Aber, und das ist entscheidend: die antimaterialistischen Sätze Hegels wurden hier auch noch aus einem anderen Grund zitiert als dem der Feststellung und Nicht-Unterschlagung, die unter Idealisten so selten geworden. Sie wurden zitiert gerade *um des – Materialismus willen*, nämlich des rechten, historisch-dialektischen, den Hegel nicht kannte, den seine Invektiven nicht treffen, und den er selber vorbereitet hat. Das Paradox besteht und muß zur Kenntnis genommen werden: er hat ihn nicht zuletzt durch seine Invektiven gegen die mit dem Menschen nicht vermittelte Materie vorbereitet, gegen die als mechanische Gesetztheit (Positivität) statuierte. Der dialektische Idealist Hegel ist nicht bloß der Lehrer von Feuerbach und Marx, es war auch der Weg zu beiden von Hegels gotischem Materiebegriff der kürzeste. Und zwar nicht als sogenannter Absturz von Hegel, sondern eben als Akzeptierung des Fortschritts, den Hegels dialektisch-objektiver Idealismus selber über das alte Materiebild hinaus, ja gegen dies veraltete Bild darstellt. Erst Hegel hat sich gänzlich von dem statischen Stoffbegriff losgerissen und auch nachher dem Marxismus gegen den aufgewärmten mechanischen Materialismus schönen Hohn vermittelt. Gegen die Büchner und Moleschott der zweiten Hälfte des neunzehnten Jahrhunderts, gegen den, nach Engels, »plattesten Abspülicht des deutschen Aufklärichts«. Und wie oft, wie fröhlich geradezu merkt Lenin in seinen Randglossen zu Hegel dessen historisch-materialistische »Ansätze« an. Das trotz eines grimmig-scharfen Blicks für »Pfaffentum«, »Verrat an der Entwicklung«, auch »Ausflucht vor dem Materialismus« und so fort. Desto akzentuierter betont Lenin sogar am Übergang von der Idee zur Natur: »Der Materialismus ist fast mit Händen zu greifen« (Aus dem philosophischen Nachlaß, 1949, S. 159); er sieht in Hegels Begriff der organischen Natur den »Vorabend des Umschlagens des objektiven Idealismus in den Materialismus (l. c., S. 87); er resümiert über solche »Ansätze« Hegels: »Der objektive (und noch mehr der absolute) Idealismus ist im Zickzack (und durch einen Purzelbaum) *ganz dicht* an den Materialismus herangekommen, hat sich teilweise sogar *in ihn verwandelt«* (l. c., S. 215). Ja Lenin gibt noch den Invektiven Hegels gegen die nur mechanistisch gefaßte Materie nicht ganz unrecht, wenn er das berühmte Diktum setzt: »Der kluge Idealismus steht dem klugen Materialismus näher als der dumme Materialismus« (l. c., S. 212). Denn nicht alles in dem klugen Idealismus ist Idee, was sich so nennt, und was behauptet, daß die – mechanistisch festgemachte – Materie keine Wahrheit habe. Vielmehr steckt in der Hülle, sogar Maske der Hegelschen Idee manch entwicklungsgeschichtlich richtige Bestimmung, die erst der wahren Materie zukommt, dem Subjekt aller Veränderungen, und ihren dialektischen Veränderungs-Zusammenhang erstmalig bezeichnet.

Die Frage ist sehr alt und sehr schief, ob der Stoff denken

könne. Welcher Stoff? bleibt dagegen zu fragen, denn die Auswahl ist ja groß. Das Wasser denkt zuverlässig nicht, aber im Meer bildeten sich die einzelligen Lebewesen, die ebenso zuverlässig kein Wasser und von den Gehirnzellen nicht mehr so weit entfernt sind. So gibt es nicht nur verschiedene materielle Bedingungen, die bei der Frage, ob der Stoff denken könne, erst berücksichtigt werden müssen, sondern auch verschiedene Daseinsweisen der Materie, von denen die Fähigkeit abhängt, ob sie tot oder lebendig oder geistreich sei. Engels lehnt es überhaupt ab, von Materie generell zu sprechen oder nur quantitativ-generell. Er bestimmt darüber, in den Noten zum Anti-Dühring, unmißverständlich (auch nur für Vulgärmaterialisten und ihr idealistisches Pendant überraschend): »Die Materie als solche ist eine reine Gedankenschöpfung und Abstraktion... Wenn die Naturwissenschaft darauf ausgeht, die einheitliche Materie als solche aufzusuchen, die qualitativen Unterschiede auf bloß quantitative Verschiedenheiten der Zusammensetzung identischer kleinster Teilchen zu reduzieren, so tut sie dasselbe, wie wenn sie statt Kirschen, Birnen, Äpfel das Obst als solches ... zu sehen verlangt, das Gas als solches, den Stein als solchen, die chemische Zusammensetzung als solche, die Bewegung als solche... Wie schon Hegel nachgewiesen, ist diese Anschauung daher ›einseitig mathematischer Standpunkt‹, auf dem die Materie als nur quantitativ bestimmbar, aber qualitativ ursprünglich gleich angesehen wird, kein anderer Standpunkt als der des französischen Materialismus« (Anti-Dühring, Mega, Sonderausgabe, 1935, S. 473). So erkennt die dialektisch-materialistische Auffassung also durchaus qualifizierte Materien an (wie gäbe es sonst einen »Umschlag von Quantität in Qualität«?). Eben deshalb kann die schlecht gestellte, nämlich nur auf quantitativ-mechanische Materie zielende Frage: ob der Stoff denken könne, weder generell verneint werden noch generell bejaht. Die materielle Daseinsweise eines Schreibtischs kann nicht denken, es ist auch nicht ihre Aufgabe; die materielle – und so ganz anders materielle – Daseinsweise einer Person am Schreibtisch, das ist, eines Menschen und keines Gespenstes, kann unter anderem denken, indem sie nicht, gleich dem Tisch, von Holz ist. Desungeachtet lebt sie mit dem Tisch in der gleichen Welt, ist wie der Tisch einzig aus den Zusammenhängen der Welt verstehbar, erklärbar, nur: sie ist nicht auf dieselbe Weise, eben ausschließlich quantitativ-mechanisch erklärbar. Engels variiert also Hegels Satz dahin, daß »Materie als solche« keine Wahrheit habe; er stimmt dem freilich nur auf Grund der näheren Bestimmung zu, daß damit nicht alle Materie betroffen sei, sondern die abstrakte des französischen Materialismus und besonders die seines mechanistischen Abgesangs im neunzehnten Jahrhundert, bei Büchner, Vogt, Moleschott. Und die Hauptsache in diesem Zusammenhang: Engels konnte Hegel zustimmen, weil diesem der Materialismus – außerhalb seiner mechanistisch-radikalen Borniertheit – keineswegs fremd war. Sonst wäre eben der Weg von Hegel über Feuerbach zu Marx-Engels nicht als so kurzer möglich gewesen; sonst hätte die Dialektik nicht so bald die kryptomaterialistischen Züge ihrer »Idee«, ihres objektiven Idealismus offenbart.

Es ist überflüssig, hier mit Stellen aufzuwarten, worin Hegel auch den Stoff wahr findet. Solche Stellen finden sich, ganz Unwahres kennt Hegel ohnehin nicht, er nennt es lediglich einseitig. So kommt es nicht auf Gegenzitate zu Zitaten an, sondern auf den Zusammenhang, worin die einen mit den anderen stehen. Und dabei ergibt sich allerdings letzthin: Hegel selber hat den Materialismus nicht ausschließlich quantitativ reduziert. Er hat ihn mit der quantitativ-mechanistischen Einebnung aller Qualitäten – als einer entwicklungsgeschichtlichen Unwahrheit – nicht ausschließlich zusammenfallen lassen. Er anerkennt den Materialismus darüber hinaus als stärkste Lehre des Diesseits. Er sieht durchaus das jeweils Befreiende am Erklären der Welt aus sich selbst, er zeichnet bereits an Thales aus, daß er keinen Schöpfer gebraucht habe, »der alles gebildet aus dem Wasser«. Hegel befreundet sich nicht mit der Atomistik, die er von Leukipp herstammen läßt, aber er rühmt an ihr, sie stelle sich »überhaupt der Vorstellung von einer Schöpfung und Erhaltung der Welt entgegen« (XIII, S. 371). Und an Epikur, dessen generelle Zufallserklärung der Welt ihm, mit Recht, gedankenlos erscheint, wird desto lebhafter die Wirkung betont, die sich trotz dieser Anarchie, ja im Widerspruch zu ihr, von Epikur, qua Materialismus, durchsetzte. Hegel denkt hier an Lukrez, an das

Aufklärungspoem De natura rerum: »Dieselbe Wirkung, die das Entstehen der Kenntnis von Naturgesetzen in der modernen Welt gehabt hat, hatte auch die Epikureische Philosophie in ihrem Kreise, insofern sie nämlich gegen die willkürliche Erdichtung von Ursachen gerichtet ist« (XIV, S. 497). Wieder ruft an dieser Stelle nicht der bloße Atomismus diese Anerkennung hervor, sondern der diesseitige, weltnahe Materialismus, diese »Wahrheit..., sich an das dem Geist Präsente, ihm nicht Fremdartige zu halten«. Ähnlich beim Übergang zur Neuzeit: »Diese Umkehrung hat der Geist der Zeiten genommen; er verläßt die Intellektualwelt und sieht sich jetzt auch seine gegenwärtige Welt, sein Diesseits an. Mit diesem Umschwung sinkt und verliert sich die scholastische Philosophie, – sie, deren Gedanken jenseits der Wirklichkeit sind« (XV, S. 210). Scharf sieht Hegel, über die Kirchenjahrhunderte hinweg, das Lukrezische bei Bacon wieder, wenn auch ohne Zustimmung zu dessen schlechthin anti-teleologischer Tendenz. Doch pointiert Hegel Bacons Verdienst im Kampf gegen den Aberglauben: »der irgendein vorgestelltes Wesen zur Ursache macht (ein Jenseits, das selbst auf eine sinnliche Weise sein und als Ursache wirken will) oder auch zwei sinnliche Dinge aufeinander wirken läßt, die gar keine Beziehung haben« (XV, S. 293). Ja, geht Hegel nun dezidiert zur Darstellung des mechanischen Materialismus selber über, nämlich in der französischen Aufklärung, so entdeckt er, indem es sich um Aufklärung handelt, doch auch in dem ihm so fremden quantitativen Bornement noch ein Anderes, man kann sagen: er sieht eine Hochebene, nicht ein Flachland, und das Fehlen der Berge sieht dann anders drein. Hegel setzt nämlich den französischen Materialismus, frappanterweise, als eine sonderliche Art von Subjekt-Objekt-Beziehung: dem abstrakten Ich des reinen Bewußtseins entspricht das tote Objekt reiner (quantitativer) Materie. Beide aber sind Abstraktionen, so bereits in der Darstellung der Phänomenologie: »Es ist hierbei wesentlich, dies zu betrachten, daß die reine Materie nur das ist, was übrigbleibt, wenn wir vom Sehen, Fühlen, Schmecken und so fort abstrahieren, ... sie ist die reine Abstraktion; und dadurch ist das reine Wesen des Denkens oder das reine Denken selbst vorhanden, als das nicht in sich unterschiedene, nicht bestimmte prädikatlose

Absolute« (II, S. 435). Und ganz formelhaft, den kalkulatorisch-quantitativen Materialismus als ein toto coelo umkehrbares Urteil fassend: »das Denken ist Dingheit, oder Dingheit ist Denken« (II, S. 437). Item, der reine Gedanke hier, das ebenso prädikatlose Absolute, die reine Materie dort, sind dasselbe, und ebendeshalb kennen beide das Leben, die qualifizierende Entwicklung, den prädikativ angereicherten Inhalt nur als Fremdes: »Das Abstrakte der Materie ist eben dies, an welchem die Form zwar vorhanden ist, jedoch nur als eine gleichgültige und äußere Bestimmung« (VI, S. 199). Nicht abstraktes, sondern erst tätiges, dem Prozeß vermitteltes Bewußtsein eröffnet aber, nach Hegel, auch unverweilt den Bezug zum Objekt als einem nicht-toten, zu einem konkreter Gestalten, »worin der Geist in seine Materiatur versenkt ist« (V, S. 27). Sehr interessant ist hier die Interpretation des reinen Denkens, also der reinen Substantialität im französischen Materialismus vermittelst *Spinozas:* »Als Materie also, als leere Gegenständlichkeit ist das absolute Wesen bestimmt durch den Begriff, der allen Inhalt und Bestimmung zerstört und nur dies Allgemeine zu seinem Gegenstande hat ... Es vollbringt sich hier eigentlich in diesem Gegenstande die Spinozistische Substanz« (XV, S. 509). Nun aber ist das, was sich derart vollbringt, wenn auch mit einer für Hegel ungeheuren und ungeheuerlichen Konsequenz, dasselbe, was am Ort Spinoza so bezeichnet wird: »Im allgemeinen ist darüber zu bemerken, daß das Denken sich auf den Standpunkt des Spinozismus gestellt haben muß; das ist der wesentliche Anfang alles Philosophierens. Wenn man anfängt zu philosophieren, so muß man zuerst Spinozist sein. Die Seele muß sich baden in diesem Äther der einen Substanz, in der alles, was man für wahr gehalten hat, untergegangen ist« (XV, S. 376). Das ist nicht Ende des Philosophierens, gewiß, aber für Hegel doch der gehaltvollste Anfang; und das Ende, obwohl es andere Seiten der Welt aufgenommen hat, wird doch dem Anfang nicht untreu. Derart fährt Hegel bald nach dem Bekenntnis zum Anfang fort: »Die absolute Substanz ist das Wahre, aber sie ist noch nicht das *ganze* Wahre, sie muß auch *in sich tätig, lebendig* gedacht werden und eben dadurch sich als Geist bestimmen« (XV, S. 377). Und nun, läßt man letztere Bestimmung aus, so geht wieder ein Anschluß des dialektischen Materialismus an den Materie-Denker Hegel auf, ein Anschluß, der, wie wiederholt sei, bei Marx in der ersten Feuerbach-These gerade das Tätig-Lebendige aufgreift: »Der Hauptmangel alles bisherigen Materialismus … ist, daß der Gegenstand, die Wirklichkeit, die Sinnlichkeit nur unter der Form des Objekts oder der Anschauung gefaßt wird; nicht aber als menschliche, sinnliche Tätigkeit, Praxis, nicht subjektiv. Daher geschah es, daß die tätige Seite, im Gegensatz zum Materialismus, vom Idealismus entwickelt wurde, – aber nur abstrakt, da der Idealismus natürlich die wirkliche, sinnliche Tätigkeit als solche nicht kennt.« Immerhin kennt Hegels Idealismus, wie Marx so klar dokumentiert hat, auch seinerseits schon Tätigkeit und ihre Bewegung: »In dieser Bewegung sehen wir den Prozeß wiederholen, der sich als Spiel der Kräfte darstellt, aber im Bewußtsein« (II, S. 141). Hegel kennt ohnehin nur bewegte Materie überall: »Wie es keine Bewegung ohne Materie gibt, so auch keine Materie ohne Bewegung. Die Bewegung ist der Prozeß, das Übergehen von Zeit in Raum und umgekehrt; die Materie dagegen die Beziehung von Raum und Zeit« (VII^1, S. 67). Im gleichen Paragraphen bestimmt er gar die Bewegung und was ohne sie nicht vorkommt, folgendermaßen: »Dies Werden ist aber selbst ebensosehr das in sich Zusammenfallen seines Widerspruchs, die unmittelbar identische daseiende Einheit beider, die Materie« (VII^1, S. 62). Und nun vergegenwärtige man sich, welche Definition Hegels Logik an der höchsten, von Materie noch ganz unberührten, ja gewissermaßen unberührbaren Stelle der *Idee* gibt: »Die Identität der Idee mit sich selbst ist eins mit dem Prozesse; der Gedanke, der die Wirklichkeit von dem Scheine der zwecklosen Veränderlichkeit befreit und zur Idee verklärt, muß diese Wahrheit der Wirklichkeit nicht als die tote Ruhe, als ein bloßes Bild, matt, ohne Trieb und Bewegung, als einen Genius oder Zahl oder abstrakten Gedanken vorstellen; die Idee hat, um der Freiheit willen, die der Begriff in ihr erreicht, auch den härtesten Gegensatz in sich; ihre Ruhe besteht in der Sicherheit und Gewißheit, womit sie ihn ewig erzeugt und ewig überwindet und in ihm mit sich selbst zusammengeht« (V, S. 242). Hat man erkannt, daß diese Idee-Stelle zwar keine bloße Sequenz, wohl aber eine hoch bereicherte Variation des oben angeschlagenen Materie-Themas (der Materie-Definition) darstellt, dann wird sich bestätigt finden, was vorher nur Behauptung war: daß nämlich bei Hegel nicht alles Idee ist, was sich so nennt, dagegen vieles kryptomaterialistisch ist, was unter der Hülle der Idee behauptet, daß die mechanisch festgemachte Materie keine Wahrheit habe. Und jedenfalls gibt Hegel dem Materialismus überall Ehre, wo immer er die Gleichsetzung seiner mit mechanistischem Nivellement als nicht zutreffend ahnt. »Es gibt«, sagt Hegel, die unvermittelten physiologischen Angleichungen oder simplen Kausalbeziehungen dieser Art kritisierend, »es gibt nichts Ungenügenderes als die in den materialistischen Schriften gemachten Auseinandersetzungen der mancherlei Verhältnisse und Verbindungen, durch welche ein solches Resultat wie das Denken hervorgebracht werden soll. Dennoch muß man in dem Materialismus das begeisterungsvolle Streben anerkennen, über den, zweierlei Welten als gleich substantiell und wahr annehmenden, Dualismus hinauszugehen, diese Zerreißung des ursprünglich Einen aufzuheben« (VII^2, S. 54). Die Hegelsche Philosophie, in ihrer Aufhebung festgewordener Gegensätze, in ihrem einheitlich intendierten Totalitätswesen, bezeichnete mit diesem Lob des Materialismus kaum ganz ungewußt auch einen Zug ihrer eigenen Intention, das ist, cum grano salis: ihren Spinozismus der Lebendigkeit.

Der hat mit einem angeblich stofflosen Innen, das ohne Leib webt, nichts gemein. Freilich auch nichts mit einem Stoff, der nur von außen stößt, die Menschen nur als ein fremder bedingt. Der mechanistische Materialismus erklärt lediglich von außen nach innen, und er läßt einzig die Umstände auf die Menschen wirken, nicht auch die Menschen auf die Umstände. Hegels wechselseitige Subjekt-Objekt-Beziehung riß jedoch diese starre Schranke ein, mit ihr zugleich das mechanistische Scheinbild eines Außen ohne Gegenseite eines Innen, einer Reflexion-in-anderes ohne Reflexion-in-sich. Er wies beide als gegenseitige Reflexionsbegriffe nach, dergestalt daß beide nur aneinander einen Sinn enthalten, nicht aber als isoliert verfestigte. Der dialektische Materialismus hat gerade auch hieran Hegels Erbe angetreten, er setzt Mensch und Gegenstand, Innenwelt und Außenwelt,

Bewußtsein und Sein nicht mehr hart auseinander. Und wenn er Materialismus bleibt, indem er zwar nicht ausschließlich, wohl aber prävalierend von außen nach innen erklärt, das ist, das Bewußtsein vom Sein bedingt sein läßt, nicht umgekehrt: so in der Weise, daß danach auch das Bewußtsein ein mehr oder minder rückbedingendes und veränderndes Moment des gesellschaftlichen Seins darstellt. Wonach die »tätige Seite« des Menschen ebenfalls zur Materie gehört, nämlich zu ihrer entwickeltsten Daseinsweise, der historisch-sozialen. Die »tätige Seite« hat zwar in der lediglich mechanisch aufgefaßten Materie keinen Platz, doch eben nur auf Grund der verabsolutierten Beschränktheit, der nicht einmal halben Wirklichkeit dieser Materie. Nach wie vor besteht auch im historischen Materialismus die Außenwelt als *unabhängig* vom Bewußtsein, doch sie besteht nicht mehr als *unvermittelt* mit dem Bewußtsein, das ist, als unabhängig vom *Arbeitsprozeß* der historisch-dialektischen Subjekt-Objekt-Beziehung. Und diesen Arbeitsprozeß – ein Alpha und Omega des historischen Materialismus – hat Hegel in idealistischer Hülle aufgezeigt; er hat zum erstenmal das philosophische Niveau geschaffen, auf dem das Arbeitsphänomen ökonomisch, doch nicht ökonomistisch begriffen werden kann: als aktiv-dialektischer Wechselbezug zwischen Subjekt und Objekt, zwischen Mensch und Natur. Die Materie stellt hierbei die Substanz dar, die in der »Arbeitsteilung« Subjekt-Objekt gemeinsam enthaltene, welche in und durch die tätig-gegenständliche Dialektik zwischen Subjekt und Objekt erst zu ihren unabgeschlossenen Möglichkeiten, vielmehr: *möglichen Wirklichkeiten* sich entwickelt. Hegel selber hat, infolge seiner antiquarischen Idolatrie der Gewordenheit, zur Kategorie der Möglichkeit sonst nicht die adäquateste Beziehung. Aber es ist lehrreich zu sehen, mehr: es liegt bei Hegel im Zwang der Sache selbst, daß gerade seine Entwicklungsbestimmungen auf die Aristotelische Basis-Kategorie der Möglichkeit (dynamis) zurückgreifen. Und *diese Möglichkeit* ist bei Aristoteles wiederum mit nichts anderem synonym als *mit der Materie;* seine Materie ist das Dynamei on, das In-Möglichkeit-Sein. So bezieht sich auch auf diesem Umweg – als einem, der bei Licht besehen eher der kürzeste Weg ist – Hegels Geist oder Idee (die Idee des entwicklungsgeschichtlich-objektiven

Idealismus) auf dialektische Materie. Der Nicht-Umweg wird so formuliert: »Hier ist nur anzudeuten, daß der Geist von seiner unendlichen Möglichkeit, aber nur Möglichkeit anfängt ... Ebenso weit wenigstens reflektiert die Möglichkeit auf ein solches hin, das wirklich werden soll, und näher ist die Aristotelische dynamis auch potentia, Kraft und Macht« (IX, S. 55). In-Möglichkeit-Sein, das allerdings war bei Aristoteles keine Realdefinition der Materie als eines Klotzes, sondern als eines Schoßes, und so ist auch in der historisch-materialistischen Dialektik, indem sie ihre Hegelsche Herkunft nicht vergißt, das Dialektische nicht das Epitheton ornans eines Klotzes (wodurch sie sinnlos würde), sondern das Bewegungsgesetz einer natura naturans. Die von den Idealisten ausgebildete dialektische Methode kommt so an der Materie erst nach Hause, an dem Sauerteig oder positiver: an den Lebensfluten, dem Tatensturm unserer historischen Materie. Dialektik und Materialismus, das ist so keine fremdartige, gar erzwungene Hochzeit, worin die bewegliche Dialektik einem Partner gegeben wird, der in anorganischer Starre verharrt, also überhaupt nichts Menschliches an sich trägt. Dialektischer Materialismus, das ist vielmehr die endlich begriffene, in der Sache selbst fundierte Vereinigung eines realiter Zusammengehörenden.

Dabei soll und darf aber auch das vernachlässigte Kleid, in dem der Stoff bisher auftrat, nirgends übersehen werden. Oben wurde erinnert, bei Gelegenheit der Ignoranz, die Geist und Materie bereits methodisch als unverträglich erklärte, – oben wurde daran erinnert, daß von Demokrit bis Diderot sich Sophia wie Esprit durchaus mit Materie zusammenfanden. Offenbar muß aber an diesem Ende, um der Erschwerung wie um der schließlichen Bestätigung willen, auch an viele große Philosophen, neben Hegel, erinnert werden, die auf keine Weise Materialisten waren. Sondern eben Idealisten; so Platon, so Plotin, so fast auch Leibniz, so mit Maßen Kant und fast ohne Maß Fichte. Indes auch dadurch sieht sich die Materie zu guter Letzt nicht um die Erziehung des Begriffs von ihr, des endlich adäquateren menschlichen Abbilds von ihr betrogen, oder wie Engels in einem schönen Satz betont, den *neuen Materialismus*, gerade ihn betreffend: »Dieser ... ist nicht die bloße Wiedereinsetzung des alten, sondern fügt zu den bleibenden Grundlagen desselben noch den ganzen Gedankeninhalt einer zweitausendjährigen Entwicklung der Philosophie und Naturwissenschaft sowie dieser zweitausendjährigen Geschichte selbst« (Anti-Dühring, Mega, Sonderausgabe, 1935, S. 142). Ja selbst das – hier nicht zu diskutierende – Phänomen, daß die großen Philosophen in der Mehrzahl Idealisten waren, wenn auch keine subjektiven, so doch objektive Idealisten: auch dieses kommt dem neuen Materialismus schließlich zugute. Denn während den Materialisten die Materie eine Selbstverständlichkeit zu sein pflegt, ist sie den Idealisten eine Verlegenheit; also wird sie, wenn anders der Idealist kein Pfaffe ist, zum Problem. Dieser Vorgang ist formal ganz dem Verhältnis der Materialisten zur Idee reziprok: denn diese war den Idealisten eine Selbstverständlichkeit, während sie den Materialisten eine Verlegenheit abgibt, also ein Problem. Sogar eines, dem in der Ideologieforschung (Problem der Kulturerzeugung, des ökonomisch-sozialen Reflexes und so fort) ein ganz neues, nun erst konkretes Untersuchungsgebiet eröffnet worden ist. Die Idealisten, gewiß, sie haben in Ansehung der Materie keineswegs ein Untersuchungsgebiet geschaffen, doch immerhin: wie viele und wie sehr nachdenkliche Bestimmungsversuche sind in der Geschichte des idealistischen Gedankens an seine Verlegenheit: Materie gewandt worden. Der angegebene Aristotelische Bestimmungsversuch des In-Möglichkeit-Seins ist nur der wichtigste unter ihnen; es gibt in seiner Nachfolge außerdem den Thomistischen (Materie als »Prinzip der Individuation«); es gibt den fast schon immanent-schöpferischen des Averroës (Materie als natura naturans); es gibt den phantastischen Franz von Baaders (Materie als Schutzdecke gegen das unterirdisch wühlende Chaos) und so vieles, uns Näheres mehr. Nicht zuletzt gehört sogar Hegels unmittelbare Definition der mechanischen Materie hierher: sie sei »Rinde der Äußerlichkeit«, aus deren Schwere sich Licht und Leben losringen; steht doch dergleichen, trotz heilloser Phantasterei in viel Einzelausführung, auf einem anderen Feld als dem der qualitätslosen Finsternis oder des Materialismus aus Grabstein. An diesem allerdings wäre die Dialektik nicht nur ein bloßes Epitheton ornans, sondern rein anthropomorph; so ungefähr wie wenn ein Felsmassiv als Flamme oder auch als Widderhorn erscheint. Erst die Erkenntnis einer Materie, worin Leben und menschliche Zielsetzungen nichts Auswärtiges sind, sondern eigenste Funktionen, weiter qualifizierte Daseinsweisen, wird der realen Dialektik gerecht. Und dieser Erkenntnis eben liefert Hegelscher Kryptomaterialismus eine besondere Handhabe; über Idealismus, Panlogismus, retrospektive Geschlossenheit hinweg. Nicht die Materie, sondern der sogenannte Weltgeist hat als einzige Wahrheit die, daß er keine hat, – außer der, daß er indirekt zum Bewußtsein der dialektischen Prozeßmaterie verhelfen konnte. Das freilich ist viel und läßt dem Hegelschen Weltgeist danken: seine Dialektik wie seine Dynamis rissen den Materialismus endlich vom Klotz los. Dadurch wurde es ermöglicht, daß auch der Mensch (der subjektive Faktor) als gegenständlich-materielles Wesen begriffen werden konnte. Nämlich in einer Welt, die nicht nur Platz, sondern höchsten Platz für ein wahres und eingreifendes Bewußtsein hat, genau so, wie dieses Bewußtsein, um ein wahres zu sein, das Auge und das Theorie-Praxis-Organ der Materie selber ist. Wobei die Materie viele Kammern in ihrem Hause hat, darunter einige, potentialiter sogar besonders wohnliche, die überhaupt noch nicht zubereitet sind.

SOLLEN, SEIN, ERREICHBARER INHALT 21

1. Daß ein Mensch alles Seine gesagt zu haben glaubt, kommt vor. Entweder war das Seine nicht umfangreich oder aber, er hatte Glück, Zähigkeit, schöne lange Zeit, um es fertigzumachen. Hegel jedoch schloß nicht nur mit dem Seinen, sondern er sah, in seinen Büchern, jede Sache als abgefertigt. Dieses muß nochmals verstanden sein, damit es mit all seinem Schaden abgeschafft werde. Geschehendes Denken darf kein geschichtliches werden, wie Hegel es gelehrt hat. Als wäre für alles seine Zeit um, sein Lohn dahin.

2. Das ohne weiteres Übertriebene dieses Anspruchs überrascht gerade hier immer wieder. Denn es ist ein Närrisches daran, und nichts war dem umsichtigen Genius sonst fremder.

Daß Hegel, wie jetzt nochmals begriffen werden muß, die Geschichte der Philosophie, des geistigen Lebens überhaupt mit seiner eigenen Lehre beendet sah, ist beispiellos. Es wirkt wie der Wahn eines Solipsisten, der ernsthaft-praktisch, nicht nur in Worten, daran glaubt, er sei allein auf der Welt, und alles versinke mit ihm, sobald er einschläft oder stirbt. Aber Hegel abstrahiert doch gerade von seinem Ich, er beschrieb, der Absicht nach, den Gang seiner Kategorien so objektiv wie ein Forscher, der die Wanderungen der Wale aufzeichnet. Vor allem überrascht der Stillstand am Denker des Geschehens, so sehr sich dieses auch in der Vergangenheit bewegte. In der Vergangenheit jedenfalls wurde dauernd umgezogen, die Füße derer, die hinaustragen, standen ständig vor der Tür, es war dauernder Abgang von der Szene. Auch der antiquarische Hegel macht nicht überall, durchaus nicht überall, aus der Welt einen versteinerten Prinzen, so am wenigsten, wie erinnerlich, in seinem Satz, daß das Vernünftige wirklich ist. Dieser Satz enthält gegen dasjenige im Wirklichen, das nicht vernünftig ist, vielmehr ein forttreibendes Sollen. Und in den Ruf: das Ganze halt! tönt bei Hegel dauernd, nämlich dialektisch, das Kommando zu avancieren. Dieser Ruf und dieses Kommando sind zwei entfernte Tonarten, zwei entfernte Melodien, aber sie mischen sich ineinander, ja die prozedierend-offene Melodie hat sich genau in der Nachreife Hegels als die stärkere, um nicht zu sagen: als seine eigenste erwiesen. Sie liegt auf der »tätigen Seite« und hält das dialektische Wesen, wie geschehen, dem verändernden nicht fremd. Aber das Abnorme bleibt, und wir knüpfen daran nochmals an: am Ende des Systems ist für Hegel das Resultat des Weltprozesses heraus, das Ganze der Wahrheit ist auch als entwickeltes Resultat heraus, nicht nur als Perspektive; es kann sich als Fürsich pensionieren lassen. Hallt doch in der Kugel dieses Hen kai Pan heiliges Immerwieder, und mystisches Antiquarium macht der Weisheit letzten Schluß. Steht doch für Hegel, kraft seiner Philosophie, der zukünftigen Welt der Verstand still.

3. Und das eben geschieht, nachdem vorher nichts als Zug und Umzug war. Ein Zug, an dem, solange er sich unterwegs befindet, *kein* Glied nicht trunken war. Von hier aus hat kaum

ein Philosoph je so mächtig die *Schranke* in den Dingen erfahren, zugleich aber so unermüdlich festgestellt, daß sie bereits überschritten sein muß, um als eine zu erscheinen. Sonst wäre sie, wie aus den Hinweisen der Hegelschen Logik hervorgeht, bloße Grenze oder das selber stillstehende Zeichen, daß das Etwas endlich ist. So aber, mit der Bewegung dahinter, wird die Grenze negiert, ja an ihr als Schranke erwacht gerade, was dem antiquarischen Denker hernach so lästig wird: das *Sollen.* Unübertreffliches Vorwärts daher noch in der ersten Definition, die dazu Hegels Logik gibt: »Daß die Grenze, die am Etwas überhaupt ist, Schranke sei, dazu muß es zugleich in sich selbst über sie hinausgehen, sich an ihm selbst auf sie als auf ein Nichtseiendes beziehen. Das Dasein des Etwas liegt ruhig gleichgültig, gleichsam über seiner Grenze. Etwas geht aber über seine Grenze nur hinaus, insofern es deren Aufgehobensein, das gegen sie negative Ansichsein ist. Das Endliche hat sich so als die Beziehung seiner Bestimmung auf seine Grenze bestimmt; jene (die Bestimmung) ist in dieser Beziehung Sollen, diese (die Grenze) ist Schranke« (III, S. 141). Und die Schranken mehren sich genau mit der Subjekt-Intensität des Etwas: »Für den Menschen ist es eine Schranke, auf einer Stelle festgehalten zu werden, für die Pflanze aber nicht.« So wenig scheint hier, für den Menschen, jenes Ende bereits parat, worin die Schranke (der eigenen Zeit) philosophisch verabsolutiert wird, und das Sollen, als abstrakt, nichts mehr zu melden hat. Dann tritt die große Klimaverschlechterung des Sollens ein, während eben das Abschluß-Sein, der Friede der Versöhnung mit ihm, in neue, neu zu verstehende Sonne rückt.

Die Schranke, die auch den Menschen auf seiner jeweils geprägten Stelle festhält, wird so, trotz des Endlichen an ihr, bejaht. Denn sie wird nun eine gegen das verhaßte Sollen selber, und zwar derart, daß sich jenseits dieser Schranke angeblich überhaupt nichts Nennenswertes vorfindet. Dadurch schafft Hegel die Verführung des Plus ultra weg, hinter der Schranke, im übersteigend und fortlaufend Gesollten, findet sich kein Interesse, sondern im Gegenteil nur Öde und Langeweile. An diesen ungestalten Aspekten auf geforderte Zukunft ist nun freilich auch etwas, das Hegels Abbruch zwar weiter als Groteske, doch nicht mehr so als Absurdum ansehen läßt. Mehrere philosophische Motive für diese erstaunliche Prozeßbremsung liegen auf der Hand, außer dem allgemein-menschlichen, sozusagen, wonach ein abschließender Denker dem après nous mit einiger *Ungunst* gegenüberstehen mag. Angemessener ist das zweite Motiv: Hegels Bewußtsein, das so stolze wie resignierte, Ernte zu sein, *Abschluß* einer von Descartes anhebenden Epoche zu sein, letzte umfassende Äußerung des bürgerlichen Gedankens. Diesem Motiv verbindet sich drittens das reaktionäre, dessen methodische Form eben in der Gleichsetzung des *Wissens*-Inhalts mit *Gewesenheits*-Inhalt vorliegt. Zukunftswelt mag also, in den Augen ihrer Schwärmer, zwar von höherem Glanz strahlen, doch wegen ihrer Nicht-Objektiviertheit kann sie kein Objekt der Wissenschaft sein, als einer kontemplativen: – nur Vergangenheit ist der Kontemplation wißbar. Und so tritt für Hegels Prozeßbremsung das vierte Motiv hinzu, ein so solid erscheinendes, als je eines über das Pflaster des Realismus schritt: das Pathos der *Konkretion*. Der Sinn für diese unterstützte erst recht das Anhalten beim historisch Gewordenen, die Abneigung gegen ein Sollen übers geworden Ausgeprägte hinaus. Er beförderte auf entschiedenste Weise die Unlust an abstrakter Utopie, doch er beförderte freilich auch, auf halbierende Weise, die Blindheit gegen Zukunft, gegen den Modus realer Möglichkeit in ihr. Bereits in der Phänomenologie, wie erinnerlich, im Kapitel »Der seiner selbst gewisse Geist, die Moralität« (vgl. S. 93 f.), gab es derart eine seltsam ausgesparte, undeutlich beleuchtete Leerstelle. Und sie riß lediglich deshalb ein solches Loch in die sonstige Fülle, weil sie sich auf konkret Unvorhandenes bezog, nämlich auf eine Deutschlandutopie, auf ein erwünscht-mögliches Deutschland der französischen Freiheit, ohne Schrecken. Die Konkretionstugend Hegels verbot ihm hier jede Ausmalung, gar Deklamation; freilich war es eben die Exagerierung, also Halbierung dieser Tugend, die Hegel dort nur Deklamation hätte geben lassen, wo außer den abstrakt-utopischen Theoretikern auch Goethe (Kampagne in Frankreich, Wanderjahre, Schluß des Faust) Antizipation vollführte. Und endlich, im Zentralpunkt, lieferte fünftens eine an sich große Kritik Hegels: die am endlosen *Progreß*, die letzte Handhabe zur Diskreditierung des Strebens und Sollens. Hegel versuchte den Nachweis, daß deren Weg nicht nur ein unwissenschaftlicher ist, sondern eben einer der Öde und Langeweile, voll Spreu und Wind, der nicht weiß, woher er kommt, wohin er geht. Ist doch der endlose Progreß, wie er besonders durch Kant dem Sollen verbunden wurde, gleich dem der Zahlenreihe einer ins Uferlose, in die von Hegel so genannte »schlechte Unendlichkeit«. Ein Unersättliches ist im Plus ultra, eine Lust, es nicht zu beenden, ein Problematisches dazu, das, wie Goethe sagt, keiner Situation Genüge tut, und dem keine Situation Genüge tut; das gibt sich trotzdem als besonders erhaben aus. Doch in Wahrheit, sagt Hegel, wirkt darin nur »perennierend gesetzter Widerspruch« (Enz. § 60), also kraftloser, nach Auflösung unbegieriger. Von daher mithin Hegels Gleichsetzung des Sollens mit Uferlosigkeit schlechthin: »Etwas wird ein Anderes, aber das Andere ist selbst ein Etwas, also wird es gleichfalls ein Anderes – und so fort ins Unendliche. Diese Unendlichkeit ist die schlechte oder negative Unendlichkeit, indem sie nichts ist als die Negation des Endlichen, welches aber ebenso wieder entsteht, somit ebensosehr nicht aufgehoben ist, – oder diese Unendlichkeit drückt nur das Sollen des Aufhebens des Endlichen aus. Der Progreß ins Unendliche bleibt bei dem Aussprechen des Widerspruchs stehen, den das Endliche enthält, daß es sowohl Etwas ist als ein Anderes, und ist das perennierende Fortsetzen des Wechsels dieser einander herbeiführenden Bestimmungen« (Enz. §§ 93, 94). Kurz: »Das Sollen ist dasjenige, was sich in weiterer Entwicklung, nach jener Unmöglichkeit, als der Prozeß ins Unendliche darstellt« (III, S. 143). Anders dagegen, nicht damit verwechselbar ist die »wahre oder affirmative Unendlichkeit«, als die »mit sich vermittelte, bestimmt gewordene Realität«. So auch ihr Kreissymbol, das vom Hegelschen System so wohlbekannte: »Das Bild des Progresses ins Unendliche ist die gerade Linie, an deren beiden Grenzen nur das Unendliche ist und immer nur ist, wo sie nicht ist, und die zu diesem ihrem Nichtdasein, das ist ins Unbestimmte hinausgeht; als wahrhafte Unendlichkeit, in sich zurückgebogen, wird deren Bild der Kreis, die sich erreicht habende Linie, die geschlossen und ganz gegenwärtig ist, ohne Anfangspunkt und Ende« (III,

S. 163). Diese »wahrhafte Unendlichkeit« verneint zwar, als Kreis, ein Ende zu haben, doch dafür wird sie, »die sich erreicht habende Linie«, die ganz gegenwärtig-abgeschlossene, an der kein Überschreitendes, kein Unerfülltes mehr übrigbleibt. Die Geschlossenheit des Kreises steht hier für die Zusammengeschlossenheit der *Identität* oder der wirklichen Versöhnung der Welt; als welche freilich auf einem weiten Feld liegt, auf einem so weiten, daß kein bisher vorhandener Kreis sie erreicht, gar umschließt. Das Sollen jedenfalls wird von Hegel nicht auf diese Identität bezogen als eine ferne, doch nicht schlechthin unerreichbare, sondern einzig auf die »schlechte Unendlichkeit« eines absoluten, jede Erreichung abwinkenden Ideals. In dieser Form erschien das Sollen und sein Gesolltes in Kants Moral; Hegel also bezog vor allem auf sie seine Abneigung gegen alles Entfernte eines Ideals. Bei Kant allerdings hat in der Tat das Sollen selber einen Teil seines Sollens darin, daß es unerreichbar, ewig ungegenwärtig sein soll; es hat seine melancholische Ehre darin. »Die völlige Angemessenheit des Willens zum moralischen Gesetz«, sagt die Kritik der praktischen Vernunft, »ist eine Vollkommenheit, deren kein vernünftiges Wesen der Sinnenwelt, in keinem Zeitpunkte seines Daseins, fähig ist. Da sie indessen gleichwohl als praktisch notwendig gefordert wird, so kann sie nur in einem ins Unendliche gehenden Progressus zu jener völligen Angemessenheit angetroffen werden« (Werke, Hartenstein, V, S. 128). Hegel geht mit großem Recht gegen dies perennierende Sollen vor, doch mit dem Effekt, überhaupt kein Unverwirklichtes mehr zu behalten, also keine Zukunft. Das Kampfmotiv gegen den endlosen Progreß gab derart als Gegensatz zur unendlichen Idealstrecke gar keine mehr. Nicht nur jedes Postulat, wenn es die Wirklichkeit überfordert, ist dann Abstraktion, die die wahre Forderung verkennt: am Gewordensein sich beglückt zu halten, sondern die ganze Hoffnung will, statt der Hungerleiderei nach dem Unendlichen, schon Fleisch geworden sein.

4. Was immer Hegel tut, ist zweischneidig bedeutend, so auch im Kampf hier. Seine Einwände gegen das unendliche Streben haben Kraft, besonders gegen eines, das gar nicht aus dem Sollen herauskommen will. Der echte Hunger ist keinesfalls unendlich

an sich, er verlangt nach einer tüchtigen Mahlzeit und wird durch sie gedämpft. Dagegen die Hungerleiderei nach dem Unendlichen in ihrer bald sentimentalen, bald skrupulösen Ausgabe ist an sich *ziellos*. Als sentimentale, wie sie Hegel um sich sah, und wie sie in manchen weichen, zu nichts verpflichtenden religiösen Wallungen von heutzutage nicht ausgestorben ist, vergleicht er sie mit der »warmen Nebelerfüllung« einer Andacht, die nur so an etwas hindenkt. Als skrupulöse ist die Hungerleiderei jene Art Protestantismus, die absolute Forderungen stellt, in denen jeder bankrott wird. Aus der Abneigung gegen solch abstrakte Absolutheit stammen eben Hegels Einwände gegen das *Kantische Sollen* und die unendliche Sicht. Sie sind nicht unberechtigt, und sie wären mehr als das, wenn sie nicht das Sollen überhaupt, den Überschuß des Geltend-Unerreichten eliminierten. Hegel bekämpft den bloßen Gesinnungsformalismus der Kantischen Moral, der sich durch jeden Inhalt beschmutzt fühlt. Er bekämpft den unvermittelten, als ewig festgehaltenen Dualismus zwischen Sein und Sollen, der dem unendlichen Progreß eignet; Hegel nennt ihn, mit Hinweis auf Kant, auch Fichte, den »Dualismus des Daseins und des Fürsichseins« (III, S. 181). Es ist wichtig, daß statt dessen der konkrete Philosoph Weltvermittlung in sein Ideales schafft, auch Bestimmtheiten in dem sonst unendlich leeren moralischen Azur sich wölben läßt. Und es ist schließlich wichtig, ein Positives durchaus, wie Hegel nicht nur aus dem moralisch Erhabenen, auch aus dem älteren *kosmisch Erhabenen* das Pathos des schlechten Unendlichen austreibt. Wie er die andere Art des menschlichen Bankrotts hindern will: die durch *quantitative Unermeßlichkeit*, sei es der Ewigkeit, sei es der unendlichen Grenzen-Addition, die Unermeßlichkeit des Weltalls heißt. Hegel reagiert auch gegen diese letztere Art Erhabenheit und ihr Ideal, und er reagiert antikisch, das heißt: mit Verachtung des Grenzenlosen; der Konkrete bewährt sich auch hier als Lokalpatriot der Kultur, der feinen Polis-Form. Besonders junge Menschen können durch die Vorstellung des kolossalen, alles überbietenden Weltalls ihre sämtlichen menschlichen Angelegenheiten entwertet sehen, als klein, als nichtig; es ist das eine kosmische Krankheit, die ebenso häufig, wo nicht häufiger ist als der kosmische Jubel. Hegel ruft dagegen die Kraft an, sich durch dergleichen, durch die aufgedonnerte Hohlheit einer niemals endenden und doch stets nur endlichen Unendlichkeit nicht imponieren zu lassen. Er akzentuiert das menschliche Schiff, lieber noch das Haus, gegenüber der Uferlosigkeit all dieser Dinge, gegenüber einem Ozean, der bei aller Unendlichkeit doch immer nur Wasser, also ein sehr langweiliges Endliches enthält. Wie gegen den qualitativen, so gegen den quantitativen Progreß ins Unendliche bestimmt Hegel mit Recht, die Unerreichbarkeit sei an ihm nicht seine Hoheit, sondern sein Mangel: »Das Unwahre ist das Unerreichbare; und es ist einzusehen, daß solches Unendliche das Unwahre ist« (III, S. 163). Diese Einheit des Wahren, gerade auch des letzten Wahren, mit Vermittelbarkeit und Inhalt bezeichnet also das *Positive* an Hegels Kampf gegen das Sollen, *soweit dieses mit bloßer ewiger Annäherung verknüpft* ist. Wenn die Intention kein Ziel und die Hoffnung keinen Anker finden kann, wird es sinnlos, moralische Intention, bodenlos, humane Hoffnung zu haben. In diesem Punkt wendet sich Hegel nicht nur von Kant ab, auch von Lessing, der in einer bekannten Sentenz das Streben nach Wahrheit höher geschätzt hatte als die Wahrheit selbst, vielmehr: der Gott gebeten hatte, die Wahrheit für sich zu behalten; denn sie sei nur für ihn allein. Es ist das jenes Stück Protestantismus, jenes Stück unendlicher Arbeitsmoral, das Hegel in wahrer Größe von sich abtut. Hier hört auch die Verbindung mit Faust auf, soweit dessen Streben so schlechthin unaufhörlich ist, daß es nicht einmal im Himmel Ruhe gibt. Die Fähigkeit zur Ankunft, wie sie das Himmelsbild Dantes darstellt, zwar mit Heiligenscharen, doch jede aufgestiegen zu ihrem angemessenen Ort: diese Kapazität eines Endes steht Hegel bedeutend näher. Gerade weil er den Prozeß als produktiven faßt und das Absolute als Resultat, muß dann ein Schlußstrich ziehbar sein. Dieser Schlußstrich verneint die schlechte Unendlichkeit des Protestantismus noch entschiedener, als der Katholizismus den Prozeß verneint. Eine sehr zugespitzte Art protestantischer Mystik hat das Ankunfts-Feindliche sogar dahin ausgedrückt: das wahre Paradies des Christen sei die – Hölle. Dieses sowohl, weil Leid das christlichste Teil, als vor allem, weil unendliche Sehnsucht, unendliche Ferne vom Heil in der Hölle gewiß am begründetsten sind. Wobei freilich nur mehr kraftlose Sehnsucht übrigbleibt, nicht Streben, Wille, Feuer der Hoffnung; all das erlahmt in der schlechten Unendlichkeit. Hegel intendiert statt ihrer erreichbares Ziel; was nicht Tantalus werden will, wird ihm darin recht geben.

Das ist die eine Seite, aber sie hat selber nur das halbe Leben an sich gebracht. Denn der Wille erlahmt auch dann, wenn das Sollen, als scheinbar einzig und ewig endloses, völlig ausfällt. Diesen allzu hohen Preis hat Hegel entrichtet, und er ist nicht notwendig, die Zukunft muß nicht abgesperrt werden, um aufzuhören, eine unendliche zu sein. Und die Bewegung, die Hegel vorher so kräftig aufzeigte, kam gewiß nicht in einem Hörsaal der Berliner Universität zu ihrem letzten Inhalt während der zwanziger Jahre des vorigen Jahrhunderts. Als abgeschlossene *Lehre* von dieser Bewegung, als Kreis von Kreisen, wie gesehen, wohin kein Novum mehr Zutritt hat, worin der Welt nicht nur der Verstand, auch der Widerspruch stillsteht. Mit der Mündung in dem bekannten Meer von Philosophie, mit Buch- und Wissens-Harmonie ohnegleichen. Auch damals, als Ödipus das Rätsel der Sphinx gelöst hat, soll diese sich in den Abgrund gestürzt haben; doch fast gleich nachher, wie die Pest über Theben kam und niemand die Ursache kannte, am wenigsten Ödipus selbst, war die Sphinx wieder da. So ging es auch mit der Glorie der Erreichtheit in der Hegelschen Philosophie aller möglichen Philosophien; es war eine rein idealistische Glorie, keine reelle. An sich wäre diese Ankunft im Gegenwärtigen, dies »Verweile doch, du bist so schön«, das Höchste, das Seltenste, das Schwierigste, was gelingen kann, ja es wäre die Gelungenheit schlechthin. Indes Hegels Gelungenheit oder der Dies septimus setzt gegen die *falsche Unendlichkeit* eine *falsche Absolutheit*, eine noch härtere als die des katholischen Himmels; denn sie verleugnet das Prozessuale, das Herausprozessierende, das der Katholizismus an seiner Himmelsvollendung gar nicht verleugnen kann, weil er es von vornherein nicht anerkennt. Hegel erkennt ein endliches Sollen nur in den vorhandenen rechtlichen und ethischen Normen an, aber auch hier, gerade hier ist es mehr das Endliche, nämlich der Kreuzrahmen der Gegenwart mit der Vernunftrose inmitten, als das Sollen, welches er anerkennt. Damit gibt er zwar der Erreichtheit eine idealistische Glorie, wie erwähnt, doch so, daß gerade das *Beste am Idealismus*, dieses, was nicht nur Betrachtung und Buchwesen ist, sein Hegelsches nicht zu Ende spricht. Dieses Beste am Idealismus hat Hegel selber vortrefflicher als je ein Idealist vorher formuliert: »Etwas mit einer immanenten Grenze gesetzt als der Widerspruch seiner selbst, durch den es über sich hinausgewiesen und getrieben wird, ist das Endliche ... Der Idealismus der Philosophie besteht in nichts Anderem als darin, das Endliche nicht als ein wahrhaft Seiendes anzuerkennen« (III, S. 137, 171). Dem Endlichen als dem noch mit Widerspruch Behafteten und untotalen Totum wird hier in keinerlei Gestalt, also auch nicht in der der vorhandenen Erreichtheit, die Ehre der ganzen Wahrheit gegeben. Die Ehre der dialektisch heranzuprozessierenden Wahrheit und Wirklichkeit des Fürsichseins, das ist, der Unendlichkeit nicht im Kreis, sondern in der Identität. Hegel jedoch, indem er das Prozeßwesen in einer absoluten, bereits absoluten Philosophie absteigen läßt, überwindet den Idealismus genau dort, wo er am wenigsten überwindbar, wo sein dialektisch-materialistisches Erbe erscheint. Dies Erbe ist: betreibbare Nicht-Statik der Welt oder: Herstellung der Bedingungen, in denen angefangen werden kann, dasjenige reell zu beginnen, was Hegel als einen schon erreichten Zustand in seine bloße Idee einschrieb. Es ist das der Zustand, worin Sehnsucht, Wille, Sollen, Hoffnung – nicht aufhören, wohl aber Land sehen. Worin der Abstand zwischen Erscheinung und Wesen abnimmt, kurz, worin dieses, was Hegel Selbstentfremdung nennt, realiter nachläßt und nicht nur in einem Buch ausgestrichen oder eingeklammert wird.

5. Dieser Zustand ist in der Zeit, als Hegel dachte, bekanntermaßen noch nicht dagewesen. Nur von seinem Werk her und über die darin glatt aufgehende Rechnung konnte daher Hegel sagen: »Es ist eine neue Epoche in der Welt entsprungen. Es scheint, daß es dem Weltgeist jetzt gelungen ist, alles fremde gegenständliche Wesen sich abzutun und endlich sich als absoluten Geist zu erfassen, und was ihm gegenständlich wird, aus sich zu erzeugen und es, mit Ruhe dagegen, in seiner Gewalt zu behalten« (XV, S. 689). Das ist, in größter Durchdrungenheit, in höchster subjektiver Überzeugtheit, der alte Anspruch bisheriger Philosophen, den Weltknoten in diesem ihrem Werk völlig

aufgelöst zu haben. Wäre dem so, kein Leser stünde mehr vor der Lektüre solcher Bücher auf, wie es doch geschieht und geschehen muß. Sei es, um, in der weitergehenden Welt, nach der Post zu sehen oder um einen Krankenbesuch zu machen oder um ins Büro zu fahren oder selbst, um eine Vorlesung über philosophische Probleme zu halten, die mit Werken Hegels zusammenhängen oder nicht zusammenhängen. Statt daß er weiter so in den Relationen der Geschäfte triebe, befände sich der Leser, nachdem der Weltknoten zerschnitten ist, sogleich im Absoluten. Er befände sich in jenem Losgelösten, Aufgelösten, wo alles Bedingende verschwunden ist, mitsamt dem übermächtigen Daseinsgeheimnis und seiner als Buch bestehenden Antwort selbst. Das und noch viel mehr wäre die *Realität* des Zustands, den Hegel dem Studierenden absoluter Philosophie 1818 so entronnen ansetzte: »Der Weltgeist, in der Wirklichkeit so sehr beschäftigt, nach außen gerissen, war abgehalten, sich nach innen und auf sich selbst zu kehren und in seiner eigentümlichen Heimat sich zu ergehen und zu genießen.«

Der wirkliche Mensch ist weit davon entfernt, sich dermaßen bereits zu ergehen und zu genießen. Ja auch hinter jedem abgeschlossenen philosophischen Werk steht unsichtbar, was hinter Zeitungsromanen sichtbar steht: Fortsetzung folgt. Die Fortsetzung des Lebens folgt, das im argen liegt, das selber noch nicht so fertig ist, wie es der glücklich beendende Philosoph großmütig betrachtet. Daß diese objektive Noch-Nicht-Entschiedenheit der Welt, dieser ihr Frontcharakter, bisher so wenig durchdacht wurde, das wirkt desto überraschender, als der Weltprozeß selbst so völlig nur erst *geschieht* und nicht etwas Fertiges *expliziert*. Er ist sichtbar offene Front an seiner jeweiligen Spitze und zeigt daran ein zwar vermitteltes, jedoch noch gärendes Novum. Nicht nur für uns, sondern auch an und für sich selbst ist das Wesen der Welt noch nicht zu Ende expliziert, befindet sich die Materie selber im Zustand des Problems, als eines *Real-Problems,* nicht bloß Erkenntnisproblems. So ist also absolute Fixierung, rebus sic stantibus, genau nur das Mittel, um der wahrhaft absoluten Fixierung (Identifizierung), der realiter noch ausstehenden, den Weg zu verlegen. Diese Fixierung ist einzig in Zukunft befindlich, also nur der *dialektischen Methode des Novum* zugänglich, die Hegel so jäh unterbrochen, so großartig angebahnt hat. Hegel wurde durch diese Unterbrechung, in Widerspruch mit seiner Prozeßlehre, was Spinoza in Übereinstimmung mit seiner Welt-Statik war: der entschiedenste Liebende eines bereits zufallslos gesehenen Schicksals. Einer Notwendigkeit, die bereits so gut wie aus dem Wesen selber fließt, die zu den Menschen in derselben Beziehung geneigt ist, in der diese sie bejahen. Beide Philosophen lehren kein Sollen, das die fertige Explikation der Substanz durchbricht, bei beiden hängt die Substanz bereits gänzlich immanent in ihre adäquaten Ideen, in ihre ausprägenden Erscheinungen und Modi herein. Um diesen Preis hat Hegel die »schlechte Unendlichkeit« besiegt, der Preis war übertrieben, doch allerdings: die Übertriebenheit einer endlosen Annäherung wurde gerade dadurch, allopathisch, erledigt. Es gibt nicht nur das gestaltlose Sausen ewiger Strebung, also hoffnungsloser; es gibt ein Element des Endzustands im gefährlichen Prozeß. Dieses Element kann auch der Untergang als Ende sein; denn zum Prozeß gehört wesentlich die Kategorie der Gefahr. Aber es kann auch, wenn konkretes Bewußtsein die Weichen der Geschichte richtig stellt, Sieg sein, der Sieg dessen, was Hegel, in seinem allzusehr als seiend gesetzten Panlogismus, das Fürsichsein nennt, das Sein ohne Entäußerung und Entfremdung. Das ist der radikale Hoffnungsgrund, derjenige, worin, als einer Entelechie des Überhaupt, der Grund mit dem Wesen wirklich zusammenfällt. Jenes letzthin Positivste ist damit bezeichnet, das die so wenig vorhandene Entäußerung von der so sehr vorhandenen Entäußerung selber bringt. Dergleichen liegt gewiß nicht in einer bereits präsenten Gegenwart, aber es liegt auch nicht, wie bei der schlechten Unendlichkeit, in gar keiner. Das mögliche Erfüllungskorrelat, worin der Idealismus völlig aufhört, einer zu sein, liegt auch nicht im Opus eines absoluten Begriffs, wohl aber in dem der begreifenden Tat, der der Begriff nie zu spät, sondern zur rechten Zeit kommt. Der Effekt ist dann die erreichbare – folglich weder unendliche noch aber auch beendete – Annäherung an das wirkliche Präsens, das in der Zukunft liegt, und das bei Hegel bereits Präsenz heißen möchte. Präsens als Präsenz aber ist in der Vorgeschichte, worin die ganze Welt noch steht, einleuchtenderweise nur als utopisch, wenn auch als fundiert-utopisch, vorhanden. Denn Präsenz (des Fürsich) ist solch vollkommene Vermittlung zwischen Subjekt und Objekt, zwischen Sollen und Sein, daß sich beide nicht mehr gegeneinander im Widerspruch verhalten. Es ist das ein sehr herrlicher, strahlenwerfender Akkord, genannt: das höchste Gut; doch er steht bestenfalls in nicht unmöglicher realer Möglichkeit, also in Ferne. Desto näher freilich muß, dem uns aufgegebenen Hoffnungsinhalt dieses Besten gemäß, das jeweils Gute und nächste Bessere getan werden. Denn das Beste kann ebensowenig sich annähern, wenn das nächste Beste übersprungen wird, wie das nächste Beste eines sein kann, wenn das Beste nicht darin konkretes Postulat ist. Und dies Postulat würde erst dadurch überflüssig, daß sein Gegenstand als gelungener, als Sein wie bestes Hoffnungs-Postulat halbwegs gediehen wäre. Wozu noch gute Weile, nämlich eben die des Arbeitsprozesses, des nie entsagenden Traumes nach vorwärts ist.

MENSCH, PAN IM SYSTEM, OFFENHEIT 22

1. Wenn Selbst und Ding zusammenrücken, so hören beide auf. Das Innere des Selbst ist dann, wie Hegel sagt, »die in der Tat höhere Form« (II, S. 611). Aber andererseits ist bei dieser Verwandlung des Gegenstands in den des Selbstbewußtseins, das heißt, in den ebensosehr aufgehobenen Gegenstand, dieser doch immer höher als das bloße leere, nicht entäußerte, also auch nicht geäußerte Innere. Hegel ist also bei aller Selbsterkenntnis von Welt erfüllt, er zieht sich »verzehrend« über sie hin, doch eben dadurch geht er nach auswärts. Daher wieder die Abneigung gegen alles subjektive Sollen, der überwiegende Ausgang vom Objekt her, das Wesen als »Einheit des Denkens und der Ausdehnung« (II, S. 607). Es sind das Bruchstellen, obzwar solche, die dauernd sehr eng aneinandergehalten, ja gepreßt sind.

2. Das geistige Verhalten läßt sich ohnehin nicht auf ein in sich tönendes oder nach auswärts blickendes beschränken. Diese Einteilung wäre simpel, ihre Glieder kommen auch so wenig rein vor, daß sie ganz abstrakt sind. Wohl aber gibt es entschlossene,

geprägte Denkhaltungen, die *überwiegend* als ethische oder aber als kosmische gezielt sind. Sokrates und Kierkegaard, cum grano salis auch Kant gehören zur ersten, Demokrit und Spinoza zur zweiten. Hegels Denkhaltung nun – nicht als ob sie irgend nur eine Mischform wäre – kann in Hinsicht auf das dauernde und überlegte Oszillieren zwischen Subjekt und Objekt eine ethikokosmische genannt werden. *Mensch* und *Freiheit* hier, *großer Pan* und seine *auswendige Ordnung* dort geraten ins Gemenge. Die Phänomenologie wie das gesamte Hegelsche System wollen Selbsterkenntnis und nichts anderes, aber sie vertauschen diese ebenso an jedem Punkt mit Welterkenntnis, mit dieser äußeren Macht, ohne die das Subjekt ein bloßes leeres Ansich, wo nicht Einbildung bleibt. Daher: »Dieses Subjektive ist nicht das Letzte, Absolute; das Wahre ist das, was nicht bloß ein Subjektives ist« (XV, S. 584). Die Substanz wird als Subjekt aufgefaßt, doch ebenso das Subjekt als Substanz, auch noch in der Mystik des absoluten Wissens, wo das Gegenständliche angeblich überwunden ist. Daher die Ehrung und der Sieg der Spinozistischen Auswendigkeit über die Kantische Subjektivität; die Substanz ist die Grundlage: »Wenn man anfängt zu philosophieren, so muß man zuerst Spinozist sein; die Seele muß sich baden in diesem Äther der einen Substanz« (XV, S. 376). Und Spinoza war so sehr Objektivität, so sehr außersubjektiv-kosmisch Perspektive, daß er lehren konnte: »Das Sein der Substanz gehört nicht zum Wesen des Menschen, oder die Substanz macht nicht die Form des Menschen aus« (Ethik II, Lehrsatz 10). Doch da das ganze End- und Zielpathos Hegels einzig wieder auf Selbsterkenntnis geht, als die kosmische Frucht, so denkt Hegel gar nicht daran, den Inhalt des Subjekts in den Abgrund einer unentwickelten Substanz zu werfen, der für Hegel genau so leer ist wie die Flachheit des unentwickelten Subjekts. Daher muß der Quellgeist des Subjekts hinzutreten: »Die absolute Substanz ist das Wahre, aber sie ist noch nicht das ganze Wahre; sie muß auch in sich tätig, lebendig gedacht werden und eben dadurch sich als Geist bestimmen« (XV, S. 377). Man sieht also: Hegel will aus der Schmalheit des bloß an sich seienden, in sich tönenden Selbst heraus, um so viel objektiv-kosmisches Feld wie möglich zu gewinnen. Und er geht auf dies objektiv-kosmische Feld, um es mit dem Quell und den Angelegenheiten des Subjekts als durchströmt zu zeigen und als Acker, Kampfplatz, Schauplatz schließlicher Selbsterkenntnis. Dazu wird in den Spinozismus das ihm ebenso Entgegengesetzteste hineingetrieben, nämlich Zeit, Vielheit, Geschichte, Zweck, – alles Kategorien, die Spinoza als anthropomorphe ablehnt, als »inadäquate Ideen« im Verhältnis zu seiner Substanz. Die Bruchstellen sind riesig, sie machen eben den Ort der eng aneinandergepreßten Subjekt-Objekt-Dialektik aus. Es ergibt das eine eigene Art von Entgegengesetztem, von einem Verhältnis also, in dem die Dialektik mehr als zuständig ist, und das zu meistern ihr Geschäft ist. So sehr, daß die Subjekt-Objekt-Spannung, zuletzt die darin totaliter umgehende Subjekt-Substanz-Spannung das Eigentümlichste der objektiven Dialektik ausmacht.

Trotzdem sind bei Hegel das in sich gehaltene Sokrates-Wesen (das die delphische Inschrift des Erkenne dich selbst zuerst philosophisch machte) und das extravertierte Spinoza-Wesen nie ganz in dialektische Einheitsform gebracht. Auf der einen Seite brennt das Selbst das ihm Zugezogene, als ein ihm äußerliches, durch. Auf der anderen Seite legt dieser sein Prozeß, als ein in der Welt geschehender, immer wieder Auswendigkeit, Gewölbtheit, kurz Kosmos-Ruhe über sich. Und Hegel, obzwar nicht naturfreundlich, liebt doch am Auswendigen der Naturdinge, besonders der großen, planetarischen, vorzüglich die Gebautheit. Pan als Raumpathos der Ordnung steht hier durchaus wider die gebärende Zeit, wider den – der Systematik so fremden – Maulwurf des Subjekts. So wie das Subjekt dann wieder gegen Pan steht, gegen die Auswendigkeit Kosmos, die nur zugelassen wird als »die Bewegung, die das Subjekt herstellt« (II, S. 610) und ebensooft als »Rinde der Äußerlichkeit« durchbrochen werden soll. Selbsterkenntnis hat also auch in dieser ethikokosmischen Philosophie den Primat, aber doch nur, wenn Welteroberung, wenn Macht in und durch den Kosmos das Subjekt in diesen Primat ebenso einsetzen. Wobei Goethes Satz droht: »Dem Herrlichsten, was auch der Geist empfangen, / Drängt immer fremd und fremder Stoff sich an.« Und wobei Hegel, dessen ethikokosmische Perspektive die Goethische so vielfach aufgenommen und vollendet hat, die Drohung durchaus kennt, welche in diesem Doppelsinn der Auswendigkeit liegt. In der Äquivokation einmal von Auswendigkeit als Entäußerung, Entfremdung, dann von Auswendigkeit als Äußerung, Manifestation, Ausbreitung des Gehalts. Die Scheu vor der Entäußerung hat Hegel ja gerade – am Schluß seiner Welt-Philosophie – bis hin zur völligen Spiritualisierung getrieben, bis zum völligen Insich des gewußten Wissens. Das sind einige Aporien in der ethikokosmischen Subjekt-Ausbreitung, Natur-Humanisierung; sie sind nicht gering, auch nicht auf ihre Hegelsche Erscheinung beschränkt. Hier überall wirkt der verschiedene Ausdehnungskoeffizient der Metalle Sokratismus und Spinozismus, das ist eben: der methodisch nicht ohne weiteres vereinbare Topos der Subjekt-Begründung und des gebreiteten Kosmos-Systems.

3. Mit dem nur in sich wühlenden, sich in sich suchenden Selbst kann zweifellos nicht geordnet gedacht werden. Es bleibt privat und von Fall zu Fall, auch wenn es andere Private auffordert, sich auf das ihnen Gemeinsame zu besinnen. Wer in Zungen redet, wurde gesagt, bessert sich selbst, wer aber weissagt, der bessert die Gemeinde; und pur existentielle Selbstton-Sprache nähert sich schließlich allemal, auch wenn sie es nicht so weit bringt, einem Zungenreden. Die welthafte Ausbreitung nähert sich zwar nicht einem Weissagen, bei Hegel ganz im Gegenteil, doch sie hat das Ordnende und Reihende, das jedes Ding an seinen systematisch vorgesehenen Platz bringt. Sie läßt außerhalb der Privatheit mit einem objektiven Weltgang kommunizieren, mit einem breit gefügten, hoch gebauten. Die gesicherte, oft allzu gesicherte Platzangabe innerhalb eines Prozeßraums hat Hegel zweifellos am meisten durchgeführt; alles Erkannte steht auf seiner jeweiligen ethikokosmischen Stufe. Es ist aber keineswegs so, als ob diese Ortsangabe die Erkenntnis mitbegründete (statt ihr nachzufolgen) oder sie gar, wie man in der Zeit der völligen Hegel-Unwissenheit sagte, ersetzte. Als bestünde für Hegel das Wesentliche jeder Erscheinung darin, daß sie als das n^{te} oder n^{+1te} Beispiel in der Gesamtreihe die dialektische Grundreihe wiederholte. Als wäre folglich die dialektische Systematisierung bei Hegel so äußerlich, folglich auch so ermüdend und langweilig wie bei einem wirklich äußerlichen, wirklich abstrakten Systematiker, nämlich Christian Wolff, die geometrische Me-

thode. Man hat statt dessen den Reichtum gesehen, womit die dialektischen Weltgestalten bei Hegel sich gerade inhaltlich ausgestattet zeigen. Auch die vorhandene »Entsprechung« zwischen den einzelnen Gliedern der dialektischen Systemgruppen stammt keineswegs aus wiederholendem Formalismus, sondern umgekehrt, wie erkannt wurde (vgl. oben S. 37 und S. 142 ff.), aus durchgehaltener Totalität der gemeinten Sache. Sie stammt aus jener allerstärksten Inhalts-Intention, die auch Cusanus und Leibniz geleitet hat, vermöge des: omnia ubique, des: in omnibus partibus relucet totum. Ebenso hat Hegels Pathos der Platzangabe, wenn sich so sagen läßt, seiner Absicht nach nicht das Mindeste mit äußerlicher »Anwendung« der Methode gemein, mit Wolffschem (dogmatischem) Schematismus von draußen her. Die angestrebte innerdialektische Entwicklung mag in sehr vielen Fällen nicht gelungen sein, die durchgehaltene Trias der Hegelschen Dialektik mag selber das Sterblichste an ihr sein: aber wie ahnungsvoll wendet sich Hegel selber gegen die Äußerlichkeit (»Anwendung«, »Wiederholung«) systematischer Art, wo sie ihm in der Schellingschen Schule ausgebreitet zu sein scheint. »Näher diese Ausbreitung betrachtet, so zeigt sie sich nicht dadurch zustande gekommen, daß ein und dasselbe sich verschieden gestaltet hätte, sondern sie ist die gestaltlose Wiederholung des einen und desselben, das nur an das verschiedene Material äußerlich angewendet ist und einen langweiligen Schein der Verschiedenheit erhält« (II, S. 13). Statt dieses »einfärbigen Formalismus«, wie er lediglich »die eine unbewegte Form an dem Vorhandenen herumgeführt«, sieht Hegels Systemabsicht ihr Leben, ihre unäußerliche Notwendigkeit gerade darin, »sich dem Leben des Gegenstands zu übergeben oder, was dasselbe ist, die innere Notwendigkeit desselben vor sich zu haben und auszusprechen« (II, S. 42 f.). Und mit anderer, höhnischer Wendung, mit einer, die alle Gefahren schematischer Platzangabe bereits sieht und für sich selbst vermieden haben möchte: »Was diese Methode, allem Himmlischen und Irdischen, allen natürlichen und geistigen Gestalten die paar Bestimmungen des allgemeinen Schemas aufzukleben und auf diese Weise alles einzurangieren, hervorbringt, ist nichts Geringeres als ein sonnenklarer Bericht über den Organismus des Universums, nämlich eine

Tabelle, die einem Skelett mit angeklebten Zettelchen oder den Reihen verschlossener Büchsen mit ihren aufgehefteten Etiketten in einer Gewürzkrämerbude gleicht, die so deutlich als das eine und das andere ist, und die, wie dort von den Knochen Fleisch und Blut weggenommen, hier aber die eben auch nicht lebendige Sache in den Büchsen verborgen ist, auch das lebendige Wesen der Sache weggelassen oder verborgen hat« (II, S. 41). Erkenntnisform durch numerierte Etiketten, dieser Schematismus ist also Hegel der Absicht nach völlig fremd. Kommt er in der Ausführung zuweilen trotzdem vor (eben im Bann der dialektischen Triade, auch an unselbständiger behandeltem Stoff, wie dem der Natur), so hebt der Genius der Lebendigkeit doch diese Art von Schäden (das Oberlehrertum an der Systematik) machtvoll auf; Hegel ist kein Hegelianer.

Fraglich allerdings wirkt die *Gesichertheit* dieser Platzangabe, die *idealistische Wohlgeordnetheit* im »Kosmos« des Systems. Zwar sorgt sich jeder Bildende darum, das, was er zu sagen hat, innerhalb des Werks an der rechten Stelle zu sagen. Und besonders macht es das Kennzeichen des echten Philosophen aus, seine Gedanken überhaupt nicht anders als im systematischen Zusammenhang zu denken, ja sie lediglich als Anweisungen auf diesen Zusammenhang konzipieren zu können. Ein anderes aber, ein von systemhafter Zuordnung Verschiedenes ist die idealistische Cadrebildung von vornherein. Wie sie verräterisch bei den Hegelianern grassierte (man nannte damals das Bett des Prokrustes das Wappenschild der epigonalen Hegelschule). Wie sie aber auch, ganz zweifellos, qua lückenlosem Idealismus, beim Meister selbst nicht überall fehlt; trotz des störenden Moments des Werdens, trotz des unbuchmäßigen Bezugs auf konkretes Material. Es gibt hier eine gesicherte Systemzeit: die des Fortschritts, obzwar keines unbedingt geradlinigen oder gleichmäßig, ausnahmslos vorhandenen. Es gibt einen gesicherten, oft geradezu militärisch geklärten Systemraum: er ist, wie immer wieder, auch unter diesem Aspekt, erscheint, der Kreis und der Kreis aus Kreisen, – ein epizyklisches, mindestens ein konzentrisches Rund. Die Systemzeit macht, daß das später Erscheinende, systematisch später Gestellte auch das Wahrere, das dialektisch Berichtigte ist; der Systemraum, als konzentrischer, ist ein riesiges

Amphitheater seiner selbst. Schematismus (wie bei den von Hegel verspotteten Skelettzetteln, der Gewürzkrämerbude, gar dem Prokrustesbett) ist dem Reichtum Hegels fern, genau so wie der von ihm so oft verspottete »tabellarische Verstand«, wohl aber führt sein eigenes Werk, wider alle dialektische Abrede, homogenisierende Harmonie im Schilde. Eben als eine kosmischer Gesichertheit und Wohlgeordnetheit, als eine der vollkommenen Harmoniae mundi. Das – und nicht der Schematismus – ist die dem Rang Hegels, dem Rang der Systematisierung überhaupt würdige Problematik der Sache. Es ist die Problematik des logischen Idealismus selbst und von daher erst, sekundär, die seines liebsten Kinds: des klassisch (oder auch gotisch) geschlossenen Baus. Und dieser Schaden: der des systematisch reflektierten Hen kai Pan, mit seiner idealistischen, ja mythischen Rundung und Abgeschlossenheit, muß aus der Systematisation entfernt werden, aus dem dauernden Sachprimat einer *konkret philosophischen Architektur*.

4. Jeder Bildende, sagten wir, hat die Sorge, das Seine werkhaft an der rechten Stelle auszulegen. Freilich ist es das Häufigste, daß ihm dieses nicht recht gelingt und so dilettantisches Durcheinander hervorkommt, bald aus Faulheit, bald aus Unvermögen. Und wiederum gibt es auch ein eigenes Kunstwollen (wenngleich mit Unvermögen oft schwer unterscheidbar gemischt), das gar keine strenge Form will. Lawrence Sterne, Jean Paul vor allem sind literarisch dafür Beispiele, da ist sehr gewolltes, ganz bewußt vertretenes Gleiten und Verwirren, eine weiche Zerrissenheit, die bei aller Weiche entschieden wirkt. Wenn die Menschen Sternes als eine Wolke von Stimmungen wandeln, die Ereignisse als lauter Episoden, gar Zufälle sich bewegen und verschieben, so kann dies formlose Wesen kritisch verurteilt werden, aber es hat doch selber eine durchgehaltene Form eigener Art, die arabeskenhafte. Das Wetterhafte als eine Form ist nicht selber wetterhaft, vielmehr, es steht in einem überlegten Gegensatz zu den streng geformten Werken, zu den Texten, die wirklich Textum, Gewebtes sind. Zu den Dichtungen, deren Menschen Statuen sind, wie im Drama die Alfieris, und deren Handlungen überhaupt keinen Zufall enthalten, wie im Drama ohnehin selbstverständlich, wie im Roman an den »Wahlverwandtschaften«

sichtbar oder, um ein weniger hohes, doch großes und gelungenes Beispiel zu nehmen, an Pontoppidans Roman »Hans im Glück«. Wichtig in unserem Zusammenhang ist nun, daß dieser ganze Gegensatz, in der schönen Literatur so lebhaft, in der philosophischen Literatur mit einiger Entschiedenheit kaum vorkommt; das heißt: es gibt *philosophisch* gar keine andere Möglichkeit als die systematische. Trotz der Probleme, wie oben gesehen, die mit dieser Form, als der des ungestört in sich schwingenden Idealismus, verknüpft sind, und trotz des unsystematischen Anscheins, den so viele bedeutende Denker bieten, zuweilen (wegen der Probleme) sogar gewollt haben. Wir sagten oben weiter, daß jeder echte Philosoph seine Gedanken überhaupt nicht anders als bereits topographisch bestimmt konzipieren kann; hinzuzufügen ist, daß ein geborener Denker sogar schon den Raum mit auf seine Welt bringt, worin seine Gedanken stehen, hängen, gehen, sich überschneiden, sich perspektivisch ordnen. Eine Anarchie, wie sie Sterne einmal ausdrückt, mit einer Art von ruhmrediger Verzweiflung: »I have torn my whole frame into pieces«, hat in gar keiner Philosophie Platz, auch in der scheinbar systemlosen nicht; denn diese hält stets den – Rahmen. Zweifellos, es gibt Aphoristiker, das heißt sehr gescheite, sogar wirklich blitzende Männer, jedoch sie heißen Larochefoucauld, Chamfort, Lichtenberg, sie heißen nicht einmal Nietzsche, das heißt, sie rangieren nicht geprägt-philosophisch in der Geschichte der Philosophie. Denn die Aphoristiker wissen im Grund gar nicht, was sie wollen, und nimmt man ihre zahlreich glänzenden, an Ort und Stelle so treffenden Aperçus zusammen, so läßt sich daraus kein Vers machen, keine erkenntnismäßig verbindende Figur. Wogegen selbst Nietzsche, wenn er die aphoristische Form wählt, einen weitergehenden Zusammenhang darstellt, höchst bedenklichen, auch viel zuviel facettierenden, doch einen mit dominierender Richtung. Dawider half dem besagten Nietzsche sein Satz durchaus nichts: »Ich mißtraue allen Systematikern und gehe ihnen aus dem Wege. Der Wille zum System ist ein Mangel an Rechtschaffenheit«; denn selbst Nietzsche steht als intendierter Zusammenhang (mit einem unausgeführten System notwendig im Schlußblick) dem Konnex Lehrgebäude bedeutend näher als dem Esprit Chamfort.

Rousseau, Giordano Bruno und in der Reihe der sogenannten Dichterphilosophen hinauf bis Platon, von dessen Dialogen allen Ernstes gerühmt worden ist, sie seien »kein zusammenhängender dogmatischer Lehrvortrag«, sondern was sonst?, sie seien ein »dramatisch bewegtes geistiges Ringen«: alle diese tragen und verkünden einen Konnex, der gar nicht erlaubt, anders als ein systematischer genannt zu werden. Wobei unter Systematik eben nicht an die Schulmeister-Disposition eines Christian Wolff oder gar an die verschollenen Gewürzkrämerbuden gedacht werden darf, die Dutzende von impotenten Hegelianern nach des Meisters Tod, trotz seiner Warnung, eingerichtet haben, sondern an die majestätische Harmonie-Ordnung, worin das Weltwesen seine Schätze entronnen versammelt. Das erst ist das Niveau, auf dem auch die Problematik des Systemwesens gedacht werden kann, die höchst unleugbare, die der *Gesichertheit* und *idealistischen Wohlgeordnetheit*, wie bemerkt. Die der *Abgeschlossenheit* dazu, als der bei Hegel besonders hervortretenden, dieses Kreises aus Kreisen und Amphitheaters seiner selbst. Das sind nicht mehr Karikaturen des Systems, wie das Schema, sondern Erscheinungen seiner in der würdigsten Konsequenz. Der impressionistische Nietzsche, der rhapsodische Bruno zeigen sie nicht, aber nur deshalb, weil diese in ihrem »Willen zur Macht«, in ihrer »Ursache, dem Prinzip und dem Einen« nicht zum Ableitenden oder Entwickelnden zu Ende gedacht haben. Jedoch selbst deren Philosophien haben das System im Tornister, qua einheitlichem Zusammenhang; und jede bisherige – vielleicht mit Ausnahme der Kantischen (wegen der merkwürdigen Zeithaftigkeit ihres Spontaneitätsprinzips) – begegnete oder unterlag, als systematische, den Gefahren des Hen kai Pan, auf Grund der kosmischen Komponente. Auf Grund des Idealismus, der zu lückenlosem Zusammenhang, zuhöchst in der Kreisform, prädestiniert, dergestalt, daß weder *Unterbrechung noch* vor allem *Offenheit zum Neuen* mit dem System sich recht vertragen. Und doch die angeborene Notwendigkeit jedes Philosophierens, sich in wohlgeordnetem Zusammenhang zu gestalten, zu bewähren? Die Abneigung gegen Episodismus, der philosophisch genuine Fanatismus systematischer Baukunst? Und doch wieder der Satz des geschlossenen Erzsystematikers

Hegel, »daß das Wahre nur als System wirklich oder daß die Substanz wesentlich Subjekt ist« (II, S. 19), die großartige Paradoxie dieses Oder? Und doch der andere Satz, unvereinbar mit Abgeschlossenheit, »daß die Wahrheit nicht eine ausgeprägte Münze ist, die fertig gegeben und so eingestrichen werden kann« (II, S. 30), das Pathos des Prozesses? Hegels Substanz als Subjekt unterlag schließlich der Tautologie, wie gesehen, und Hegels Prozeß unterlag, trotz der riesig notierten Durchbruchstendenzen zum Neuen, den Abmessungen der Gewordenheit, des Antiquariats. Und dennoch ist Philosophie ohne Systematik purer Dilettantismus, also nicht vorhanden; formüberlegen ist nur die Tat, nicht die Erkenntnis, und auch die Tat, als konkrete, setzt Erkenntnis in strenger Form voraus. Diese strenge Form freilich müßte auch möglich sein ohne idealistische Geschlossenheit, ohne ausschließliche Ausbreitung in kosmischer Breite. Sie müßte möglich sein in der wesentlichen Tiefenausbreitung vom fordernden Subjekt und seinen nicht nur geworden-kosmischen Gegenständen her, das ist: vom Eingedenken einer human-gelingenden Welt und ihrer Entelechie her. Diese Entelechie ist notwendig die des Alles statt des All; so legitimiert sie durchaus die Totalität eines Systems, doch eben keine bereits ausgebreitete, sondern einzig eine geschehend-utopische Totalität. Das erst wäre Systematik (geordnete Ausbreitung, einheitlich zusammenhängend) auch ohne Idealismus (Gesichertheit, idealistische Wohlgeordnetheit, Ununterbrochenheit, Geschlossenheit des Pan). *Geschehend-utopische Totalität:* diese erst könnte unformalistischen, unidealistischen Systembau garantieren, philosophische Architektur in concreto, ohne Statik eines als geworden, als bereits gelungen angesetzten Hen kai Pan.

5. Also kommt es darauf an, das so verschieden Bauende in diesem Feld kenntlich zu machen. Mitsamt dem Fremden, dem Fremdkörper, den das abschließende systematische Denken in den Aufriß hineinbringt. Ins Werk hineinbringt, als welches doch wieder, gerade als gedankliches, keines ist, wenn es kein *Bauwerk* ist, kein gegliedert-geordnetes. Alles philosophische Denken ist systematisch, doch ebenso war es bisher ein idealistisch, auch noch in seinem idealistisch-panhaften Inhalt abgeschlossenes. Wonach also ein inhaltlich nicht abschließendes, ein der noch

offenen Front bewußtes Denken gar nicht imstande ist, dem überlieferten Sinn nach systematisch zu sein. Obwohl es doch, als einzig wahres, erst recht nicht anders als im Zusammenhang vorkommt, im gärenden Zusammenhang der wirklichen Welt, den es abbildet und befördert. Um rein technisch bereits aus dieser Aporie herauszukommen, ist es ratsam, auch nicht ohne heilsamen Reiz, sich nochmals die bisherigen, zum Teil in Hegels Ordnung hineinreichenden Formen der *bisherigen Systematisierung* zur Erinnerung zu bringen. Es sind die Formen der Anordnung (Neben-, Ein-, Unterordnung), der Ableitung, der Entwicklung; und einzig in der letzteren ist Licht, – unter dem (zu entfernenden) Scheffel. Die *erste Form,* die der bloßen *Anordnung,* ist noch eine äußere, disponierende, bildet aber die beiden anderen vor. Einteilungen sind hier erstrebt, deren Glieder einander ausschließen, so daß alles, was in die eine Gruppe nicht hineinpaßt, in die andere gehört. Solche Anordnung ist bei historischen Gegenständen überwiegend bloße *Nebenordnung,* also locker, oft nur am pragmatischen Leitfaden verlaufend. Dagegen wird die Anordnung zur *Einordnung* im typischen Dispositionssinn, sobald Beschreibung logisiert wird nach Gattung und Arten, moderner: nach Typen oder Grundgestalten und ihren Variierungen. Erstrebt ist dann tunlichst-vollständige Klassifikation; sie reicht von Linnés System der Pflanzen bis zu Spenglers »lebendig« gewordener »Morphologie«. Die Anordnung wird volle *Unterordnung* (mit dem Anspruch voller Notwendigkeit) in den axiomatisch ableitenden Wissenschaften, also in der Mathematik und den nach ihrem Muster gebildeten Deduzierungen (ehemaliges Naturrecht, Systeme more geometrico). Letztere Form der Anordnung führt über zu den eigentlichen, nämlich umfassend ausgebreiteten Formen der Systematisierung; an diesen wird das Pro und Contra »geschlossener Wissenschaftlichkeit« erst ganz augenscheinlich. Denn nun sollen nicht mehr einzelne Wissenschaften abgeleitet werden, und diese aus einem rein methodisch, das heißt hier: ohne ontologischen Anspruch gesetzten Prinzip. Sondern die *zweite, buchstäblich systematische Form,* die der *umfassenden Ableitung,* will sowohl universal sein wie hinsichtlich ihres Prinzips einheitlich-ontologisch. Die Geometrie kann ihre axiomatischen Voraussetzungen scheinbar willkürlich setzen, so gibt es theoretisch unendlich viele Geometrien, alle mit gleicher Strenge der Konsequenz; solches Spiel mit dem Anfang aber kommt bei philosophischen Welt-Ableitungen nicht vor. Die Axiome der Geometrie wurden von Hilbert in die fünf Gruppen der Verknüpfung, Anordnung (Zwischenbeziehung), Kongruenz, Parallelität und Stetigkeit geordnet; in den philosophischen Weltableitungen dagegen (soweit sie nicht etwa alogisch-logisch gemischte und so dualistische sind) ist das Ursprungsprinzip allemal vollkommen einheitlich. Und das Prinzip gibt sich ontologisch, ist also nicht durch irgendwelche methodische Willkür angesetzt und so auswechselbar; daher von vornherein bei Spinoza: »Unter Ursache seiner selbst verstehe ich das, dessen Wesen das Dasein in sich schließt.« Die universale Ableitung ist ebenso eine aus vollkommenster, sich in die Welt ergießender Fülle; ihre Weltanschauung ist daher die der allerrealst gemeinten Ableitung: der *Emanation*. Also der Ausstrahlung vom Vollkommensten und absolut Einen ins Unvollkommene und Viele herab; Plotin und Proklos haben auf solche herabfahrende Weise die Kategorien und Weltformen deduziert. Spinoza – der Prototyp des universalen Ableitungs-Systems – denkt daher nicht nur more geometrico, im Zusammenhang mit seinem mathematischen Zeitalter, sondern er denkt primär emanatistisch; so steht er Plotin und dem von daher stammenden Emanationswesen der Kabbala ebenso nahe und näher als der ars demonstrandi nach Euklid. Ja selbst Hegel, obwohl er nicht zum Systemtypus der Ableitung aus einem Anfangsprinzip gehört, mischt den dialektischen Fortgang von der Antithesis zur Synthesis doch unleugbar mit Emanation. Das Überfließen wird zur Entfaltung, zu einer den Anfang, das Prinzip, näher: die jeweilige Thesis ausladenden. Das ist ein anderes als die emanatistische Bewegung nach abwärts, trotzdem entfaltet sich auch hier ein unmittelbar alles Enthaltendes: »Die Welt ist eine Blume, die aus Einem Samenkorn ewig hervorgeht« (XV, S. 615). Hegels Synthesis, so sehr sie vollkommeneres, nicht unvollkommeneres Licht der Thesis ist, verdankt dieser doch den Keim und schließlich das gesamte, in der Thesis präexistente Inventar des Inhalts. Dergestalt freilich, daß die aufsteigende Bewegung oder das Wahre, als ebenso negatives wie positives Verhältnis zum unmittelbaren Anfang, das Emanatistische dauernd stört. Folgt also die *dritte, gleichfalls wesentlich systematische Form*, die der *umfassenden Entwicklung*. Ihr antikes Exempel gibt Aristoteles, ihr modernes Leibniz und eben der, seiner Hauptsache nach, progreßhafte Hegel. Diese Formung ist nicht minder universal, nicht minder einheitlich-ontologisch von einem Prinzip determiniert, doch das Prinzip herrscht nicht vom Anfang, sondern vom Ende her. Hegel differenziert derart nicht von oben her hinunter, sondern er differenziert hinauf, mit der volleren Wahrheit im Schlußsatz, nicht im Obersatz. So versteht sich letzthin die nicht genug zu beherzigende Anti-Ableitung: »Beweisen heißt in der Philosophie soviel als Aufzeigen, wie der Gegenstand durch und aus sich selbst sich zu dem macht, was er ist« (Enz. § 83 Zusatz, VI, S. 161). So versteht sich die bekundete Gegenstellung zur Emanation: »Der Fortgang ist daher nicht eine Art Überfluß; er wäre dies, wenn das Anfangende in Wahrheit schon das Absolute wäre; das Fortgehen besteht vielmehr darin, daß das Allgemeine sich selbst bestimmt« (V, S. 334). Folgerichtig: wenn die Systematik der Ableitung sich wesentlich an die formale Unterordnung angeschlossen hatte, so schließt sich die Systematik der Entwicklung wesentlich an die formale Nebenordnung und Einordnung an, mithin an die historische und morphologische Art der Anordnung. Von daher die größere inhaltliche Fülle und die geringere deduktive Schlüssigkeit; von daher bei Hegel die Verschlingung des bloß pragmatischen Leitfadens mit dem vernünftig-dialektischen in der Geschichtsphilosophie. So versteht sich also letzthin auch der Satz, der jedes Ableitungs-System ruiniert hätte, nicht aber ein Entwicklungs-System: »Was die Erfahrung und die Geschichte lehren, ist dieses, daß Völker und Regierungen niemals etwas aus der Geschichte gelernt und nach Lehren, die aus derselben zu ziehen wären, gehandelt haben. Jede Zeit hat so eigentümliche Umstände, ist ein so individueller Zustand, daß in ihm aus ihm selbst entschieden werden muß und allein entschieden werden kann. Im Gedränge der Weltbegebenheiten hilft nicht ein allgemeiner Grundsatz, nicht das Erinnern an ähnliche Verhältnisse, denn so etwas wie eine fahle Erinnerung hat keine Kraft gegen die

Lebendigkeit und Freiheit der Gegenwart« (IX, S. 9). Andererseits nimmt die Entwicklungsform Morphologisches auf, eher als generelle Naturgesetze: der Prozeß faßt sich in qualitativen Gattungen (Entelechien) bei Aristoteles, in ebenso eigenlebigen, quantitativ unreduzierbaren Weltgestalten bei Hegel. Die Hegelsche Ästhetik besonders, mit ihren Grundformen Symbolisch, Klassisch, Romantisch und dem danach gegliederten System der Künste, ist wesentlich morphologisch. Ebenso die Darstellung der Religionsphilosophie: in den Bestimmungen des ägyptischen Rätsels, der jüdischen Erhabenheit, der griechischen Schönheit, der römischen Zweckmäßigkeit rekapituliert sich logische Kategorie zugleich als Morphe. Aber – und das ist fürs philosophische Entwicklungs-System entscheidend, zum Unterschied von Morphologien regionaler Art, wie zum Teil bei Goethe – aber alle diese Gestalten sind selber nur dialektische Gestalt-Beziehungen, verschlungen in einem universalen Prozeß. Und dieser Prozeß ist determiniert durch die universale Ausrichtung auf ein Unum, Verum, Bonum des Ziels. So stehen die Gestalten als Rangstufen oder auf Rangstufen da; ihre Platzangabe ist Hierarchie der entwickelten, das heißt, der der Wahrheit des Ziels nähergekommenen Erscheinungs-Wahrheit. Sein bei Aristoteles ist Bewegung von der Potentialität zur Aktualität; Lebendigkeit bei Hegel ist Bewegung aus dem Ansichsein durchs Außersichsein zum Fürsichsein. Dementsprechend ist die Hauptkategorie hier wie dort der Zweck, substantiiert durchs Ziel als dem End-Prinzip. Dem widerstreitet nicht, daß das Mittel, das heißt, die Ausführung des Wegs, bei Aristoteles wie erst recht bei Hegel, eine den jeweiligen Zweck überragende Ehre haben kann (zum Beispiel der Pflug, das Haus im Verhältnis zum unmittelbaren Essen, Wohnen): das Endziel (summum bonum) ist doch das stärkste. Dieses ist bei Aristoteles Gott als der unbewegte Beweger, der durch seine Vollkommenheit den Liebes-Appetitus aller Dinge zu ihm erregt; bei Hegel ist es, in einer nicht unverwandt fluterregenden Weise, die Totalität der an und für sich seienden Idee. So stellt das Entwicklungs-System, infolge seiner geschichtlich-qualitativen, prozessual-finalen Weite und Inhaltlichkeit, die höchste Form systematischer Ausbreitung dar. Und doch eben verschließt auch sie sich dem Fortquellen des geschichtlichen Lebens, den Unterbrechungen des zu lückenlos gesetzten Zusammenhangs unterwegs, der Offenheit zum Neuen. Denn auch die Entwicklungs-Systematik bewegt sich im Idealismus wie in einem lediglich umzublätternden, kontemplativ zu Ende leitenden Buch; und auch sie hat ihr End-Prinzip als bereits geworden und gelungen, nämlich als real angesetzt. Durch diese ontologische Hypostase werden die Offenheit wie ebenso die konkrete Praxis des Neuen allerletzt überdeckt; – Fluch und Segen, Fremdkörper und höchste Gesundheit des ausgebreiteten, des gediehenen Werks sind so bis jetzt in jeder Systematik zugleich, auch in der des Feuers, indem sie es überdeckt.

6. Fasse man das Fremde zusammen, das den sich ausweitenden Begriff zuletzt preßt. Alle einzelnen, unter sich so verschiedenen systemhaften Bauweisen sind in einem höheren Stil bisher geeint. Als dessen Zeichen wurden oben hauptsächlich angegeben: die Gesichertheit, die idealistische Wohlgeordnetheit, die Abgeschlossenheit durch ein als real gesetztes Prinzip. Das sind die Zeichen der vielseitigen Systematik, und zwar in allen ihren Formen, in der der Anordnung, besonders der Ableitung, aber auch in der – zu einem festen Ziel hin geschehenden – Entwicklung. Das Zeichen der Gesichertheit verengt den systematischen Bau zu einem Gehäuse, das der Wohlgeordnetheit gibt ihm den der Wirklichkeit nicht entsprechenden Charakter ausgewogener Harmonie. Am stärksten aber hat das Zeichen der *Abgeschlossenheit* die bisherige Systematik gebannt, sie zur Darstellung einer unfertigen Wirklichkeit untauglich gemacht. Das durch das Pathos der Vergangenheit, als eines, im kontemplativen Sinn, allein wißbaren, wie vor allem durch die Autarkie des Idealismus, als eines von materieller Unterbrechung, von wogender Front, offenem Novum ungestörten Geisteszusammenhangs. Idealismus (Begriffsrealismus) selber ist lückenloser Zusammenhang, unabgesetzter Gedankenlauf, Schwung eines ununterbrochenen, sozusagen klassischen Zugs. Das, obwohl bei Hegel die noch idealistische dialektische Methode durch lauter Sprünge, Widersprüche, Negationen kritisch-krisenhaft fortschreitet. Sie schreitet aber auch bei ihm allzu kontinuierlich fort, ein auskonstruiertes, zu-Ende-konstruiertes Gespräch des

Weltgeistes mit sich selbst, kurz, ein in sich beschlossen durchgebildeter Monolog. Und hinzu tritt, wenigstens was den objektiven Idealismus angeht, diesen zur weltweiten Systematik besonders disponierten, die angegebene Nachwirkung des Hen kai Pan. Ja die Abgeschlossenheit nähert sich diesfalls nicht nur aus einem statischen Kosmosbegriff, sondern mittelbar, so entlegen das klingt, aus dem, was historisch hinter Hen kai Pan einst stand und nun sphärenhaft darin noch nachklingt, mithin aus den Resten des – *Astralmythos* selber. Dessen Nachwirkung ist in der geschlossenen Systematik unübersehbar; sie macht die Totalität, diese konstituierende Bestimmung auch der nicht-geschlossenen Systematik, zu einer des vorhandenen Universums; sie erst hypostasiert die Einheit, das alte Unum, Verum, Bonum des Ziels, aus einer intentionierten ganz zur ontologisch-realen. Die Abgeschlossenheit des Systems bekommt auf diese Weise erst recht ihren Verschluß, ihre Decke, so wie die ptolemäische Welt am Himmel ihre Decke hatte. Hegel spottete über den Kosmos in seiner Naturphilosophie, aber dieser rächt sich, auf Grund der panischen Geschlossenheit, im Kosmoswesen des ganzen Systems. Er rächt sich ausdrücklich in der so lehrreichen Vorrede zur Rechtsphilosophie, indem hier nicht mehr der Kosmos in der Natur verspottet wird, sondern umgekehrt die Annahme, daß irgendwo keine kosmisch-überkosmisch erfüllte Wahrheit sei, daß irgendwo die Wahrheit – Grenzfrage sei. Der Spott wird zur Verfolgung und geht genau gegen die Wahrheit als ungeschlossene, unbeendete: »Das geistige Universum (!) soll vielmehr dem Zufall und der Willkür preisgegeben, es soll gottverlassen sein, so daß nach diesem Atheismus der sittlichen Welt das Wahre sich außer ihr befinde und zugleich, weil doch auch Vernunft darin sein soll, *das Wahre nur ein Problema sei«* (VIII, S. 8 f.). Was es in der Tat ja ist, noch ist, seinen letzten Stationen, gar Identifizierungen nach, und nur im kosmisch-geschlossenen System nicht ist. Nur in der Kreisführung des Gedankens nicht ist, in jener Kreis-Einheit, drehend wie das Sterngewölbe, die selber so deutlich auf die Weltzyklen des Astralmythos zurückweist. Großer Pan also: ihm ist letzthin jede nicht materialistisch-intermittierende, jede frontlose, novumfremde Systematik verschworen, ob sie es weiß oder nicht. Nachklang des dicksten Astralmythos kann sich hier unerkannt mit größter Aufklärung mischen, ja auch noch, gegebenenfalls, mit dialektisch-materialistischer. Soll heißen, mit jener selber idealistischen Fertigkonstruktion von dialektischem Materialismus, die ihre Totalität aus ausgemachtem, sogar zum Schema erstarrtem Prozeß bestreitet. Das also sind die verschiedenen Zeichen geschlossener Systematik; und sie stehen hier als die Kriterien des *Fremdkörpers in der Systematisierung*, sie sind nur zu diesem Ende notiert. Der Fremdkörper verhindert zugunsten der *Gesichertheit* den Mut der *Grenzfragen*, zugunsten der idealistischen *Wohlgeordnetheit* die materialistische *Unterbrechung*, zugunsten der *Abgeschlossenheit* durch ein ontologisch hypothesiertes Prinzip die Abbildung, schließlich Praxis der geschichtlich-prozessualen *Offenheit, der Front und des Novum*. Er verhindert das Wahre, das in allen seinen wichtigen Rändern in der Tat noch ein »Problema« ist; er verhindert das Wirkliche selbst, das vom Wahren abgebildet wird und ganz leibhaftig, also nicht nur für seinen Erforscher, noch ein »Problema« darstellt, nämlich als Objektsbestimmtheit, als Realproblem. Wobei aber nicht oft, nicht nachdrücklich genug wiederholt werden kann und darauf zu bestehen ist: es gibt weiter keine andere Philosophie als systematische. Die Starrheiten des Fremdkörpers können und müssen aus dem systematischen Gefüge entfernt werden, vorab die idealistisch-geschlossenen, panhaft-mythologisch abgeschlossenen. Aber was dann zutage tritt, ist alles andere als tumultuarisches Philosophieren, es ist vielmehr zusammenhaltende Richtung durchaus. Die legitime Ordnung des Systems lebt gerade als Marschordnung oder, raumhafter formuliert, als Aufbau-Ordnung der noch keineswegs zu Ende qualifizierten, gar identifizierten Mensch-Natur-Materie. Marx hat als erster die Hegelsche Dialektik so auf Nicht-Idealismus wie auf Zukunft bezogen; beide Bezüge hängen zusammen. Beide bewähren sich in einer nicht kontemplativen, besser nicht kontemplativ bleibenden Verhaltensweise, in einer auf Praxis bezogenen. Aber auch die immer wieder zu Praxis oszillierende Theorie hat Baukunst in sich eingeschrieben: sie ist die in den Prozeß und in die Strategie der Prozesse gebrachte Architektur des zu betreibenden, des wesenhaft erst als *Tendenz sich mittei-*

lenden Totum. Es gibt letzthin keinen anderen real-systematischen Zusammenhang als den so fundierten: System ist *utopisch-konkretes Totum.* Invariable der Richtung macht seine Strenge aus, Welt ohne Entfremdung sein bestimmendes Principium = Ultimum, Darstellung der Tendenz und Latenz dieser Welt seinen Bauplan. Das derart mögliche, ja einzig mögliche offene System ist zielhaft zusammengehalten von der utopischen Totalität der Substanz als Subjekt, des Subjekts als Substanz in Einem. Das erst ist das Ganze der Materie, und es ist ein zwar unablässig dem Prozeß sich mitteilendes, doch ebenso ein noch utopisches, konkret-utopisches Ganzes, Alles, Totum.

7. Gewiß, wenn Selbst und Ding zusammenrücken, so hören beide auf. Aber es ist noch ein langer Weg bis dahin, der Mensch ist arm, die Welt mindestens rauh. Wird sie gedanklich glatt, methodisch rein gemacht, so kommt nur ein schönes Buch heraus, das ist von ihr oft eine Lüge oder bestenfalls ein Voreiliges. Und es zeigt sich besonders heute, wo die Geschehnisse nicht einmal mehr im Buch zu glätten oder selbst in ausgemachte Form zu bringen sind, daß das Rauhe, daß sogar das Durcheinander wahrer sein kann als das allzu schön, selbst gereift Disponierte. Als jene Art Überblick, von dem mit fälliger Umänderung gesagt werden kann: Rasch fertig ist das Alter mit dem Wort. Denn gerade der Einsturz der bürgerlich-rationalen Welt eröffnet philosophisch Wichtiges in Geringem, Gebrochenem, ja in bloßem Nebenbei, das zur Hegelzeit noch kaum zu bemerken war. Das damals, in einem noch unzersprungen-großflächig bürgerlichen Kulturbild, als bloß störend und episodisch abgetan wurde. Aber der Einsturz dieses Kulturbilds hat den Blick auf manches darin Ausgekreiste eröffnet, auf ein Nebenbei, das ganz zuletzt noch vom Schein bürgerlicher Wohlgeordnetheit verdeckt war. Um dieses Nebenbei zu finden, ist es nicht nötig, die Ecken auszufegen oder sich auf Scherbenberge und nichts sonst zu spezialisieren, das wäre zuviel des Schlecht-Guten. Doch ein Mikrologe der Erzählung wie Proust oder, in anderen Relationen, Joyce kann, indirekt verwertet, auch einen Philosophen lehren, was alles ins Bett des Prokrustes nicht gepaßt hat. Der eine vermag das durch überströmend genaues Nachleben eines Abseitig-Gewesenen, groß wie Erinnerung und als diese; der andere, fast

umgekehrt, durch die Aufnahme zerfallen-aneinanderhängender »prälogischer» Erlebniswirklichkeit. Beide geben dadurch oft Instanzen, merkwürdige, implikationenreiche, unabhängig von der unmittelbaren Art der Darbietung verfolgbare. Der bürgerliche Zerfall hebt hierbei bei denen, die nicht, wie die Proust, gar Joyce, zu ihm gehören, die philosophische Überlegenheit des Großen und Strengen nirgends auf, wie sich von selbst versteht, doch ein neues Organon inveniendi ist am gebrauchten Zerfall konstitutiv geworden: die Art, wie man auch ein Nebenbei im Vorhandenen gegebenenfalls subtil nimmt. Wichtiges Erkennen kommt derart zuweilen aus abseitigstem Detail (nicht mit dem des Empirismus zu verwechseln), kommt aus einem Pluralismus aus zersprungenem Oberflächenzusammenhang (nicht mit Relativismus und vollständiger Richtungslosigkeit zu verwechseln). Es gibt Ungleichzeitiges in der gleichen Zeit, das sich nicht mehr auf einen – hier notwendig schematischen – Generalnenner bringen läßt; es gibt viele Kammern im Welthaus selber, für den vielsträhnig, vielräumig konkreten Begriff, ohne daß die Welt dadurch, wie für den Relativismus, gar Irrationalismus, ein Labyrinth würde. Im Problem der – aus allgemeinen Begriffen unableitbaren – »Spezifikation der Natur« meldete sich dergleichen lange vorher schon bei Kant an; auf freilich methodisch noch beruhigte Weise. Und es meldete sich bei Hegel an; nicht nur in einer andersartigen, beschimpften Spezifikation der Natur, wie gesehen ward, auch in einem »Durcheinander der heterogenen Elemente«, deren sich eine Geschichtsphilosophie nicht zu erwehren vermochte als eben wieder durch Indignation. Es ist so im Großen, Ganzen wieder das Große, Ganze *idealistisch-panischen Sinns*, das auch bei Hegel diese möglichen, absonderlich möglich gewordenen Instanzen des Nebenbei überblendet hat und um ihre Nutzung brachte. Wäre der Prozeß schon entschieden, so brauchte auf die vielen Indizien in ihm nicht geachtet zu werden; er ist aber nur für die idealistische Wohlgeordnetheit entschieden. Wäre das Haus schon gebaut, so brauchte auf den Eckstein, den die Bauleute verworfen haben, und auf seine vielen geringen Brüder, im Tresor der kleinen Dinge, kein Instanzenblick verwandt zu werden; das Haus ist aber nur für die kosmisch-ontologische

Hypostase fertig gebaut. Hegel, der Prozeßdenker par excellence, durchbricht diese Hypostase häufig, und seine Dialektik, auch als idealistisch-zusammenhängende, ist mit ihren Sprüngen, mit den seltsamen Hohlräumen zwischen ihren Kategorien den angegebenen Instanzen nicht fremd. Indes die Eintönigkeit wie die triadisch-repetierende Abgemachtheit der Methode bei Hegel ließ für wirkliche Unterbrechungen (Dishomogenitäten) keinen Platz. Und sie sparte ihn nicht aus, weil sie sich eben in der Buch-Geschlossenheit, in der letzthinnigen Mythos-Geschlossenheit des idealistischen Systems bewegte. Idealismus ist und bleibt a priori lückenloser Zusammenhang, am fixen Anfang oder auch fixen Ende aufgehängt. Umgekehrt ist Materialismus nicht nur, wie Engels sagt, Erklärung der Welt aus sich selbst, sondern, infolge der Experiment-Beschaffenheit der Welt, System der dialektisch vermittelten Unterbrechung, der Unschematik, der Neubildung. So wurde die Dialektik bei Marx wahr, als sie nicht mehr im Flug der leicht beieinander wohnenden Gedanken, wohlgeordnet, über der schwierigen Erde schwebte. Und so wird die systematische Form konkret, wenn sie die mehrsträhnige Unabgeschlossenheit des geschichtlichen Lebens und die daraus neu entspringenden Sachverhalte selber als systematische Materialbestimmtheiten erfaßt, – folglich in *systemhafter Offenheit*.

Das freilich klingt wie contradictio in adjecto, aber nur solange außer dem Begriff auch die gute Ordnung seiner Sache als notwendig statisch gefaßt wird. Gibt es aber Zucht nur in der Kaserne, nicht auch auf dem Marsch? Hatte die Fahrt des Kolumbus, weil sie in einem unbefahrenen Meer nach nie betretenem Land vor sich ging, tumultuarische oder auch nur rhapsodische Form? Statt dessen ist es die Richtung, welche im riesigen Versuch des Weltprozesses ordnet, wenn auch als vielfältig herauszuexperimentierende, und die Richtung selber wird geordnet vom nicht ausgefertigten, sondern antizipierten Einheitspunkt des Ziels her. Die Flüssigkeit des Begriffs trägt bei Hegel selber offene Systematik herbei, auch wenn das geschlossen-statisch gehaltene Ende sie an den Kreis aus Kreisen ausgeliefert hat. Item: statt der Gesichertheit, Wohlgeordnetheit, Abgeschlossenheit, dieser drei Bildkriterien des geschlossenen Systems, hat das offene nur ein einziges: *Expedition.* Es ist erstaunlich, daß sie philosophisch noch nicht durchgedacht ist, obwohl sie seit alters zur Philosophie gehört. Obwohl sie innerhalb des philosophischen Eros gewiß keine contradictio in adjecto darstellt, es sei denn die des – dialektischen Grundwiderspruchs selbst. Ist die so gesetzte, auch in Hegel arbeitende Ausweitung nicht die zum großen Pan, so ist sie die ebenso strenge, ja unnachlaßlichere zu jenem Totum, das das ausstehend Eigentliche oder das Überhaupt genannt werden kann. Und genannt werden muß, sofern mit der systematischen Richtung darauf die Substanz wirklich aufs Subjekt bezogen wird, auf dessen herauszuprozessierenden, zu unentfremdeten Gegenständen geratenen Inhalt. Worin das Inwendige auswendig ist und das Auswendige – nicht verschwindet, sondern wie das Inwendige werden kann, das ist, des gleichen, sich Raum schlagenden Wesens.

HEGEL UND DIE ANAMNESIS; CONTRA BANN DER ANAMNESIS 23

1. Jedes Jetzt läuft ins Nachher, bevor es versinkt. Auch der sogenannte seelische Strom fließt als solcher nach vorwärts, nicht zurück. Das Erinnern kommt erst später, dann, wenn im doppelten Sinn etwas zurückgelegt wurde. Im Sinn, etwas hinter sich gebracht, und dem, ein nicht mehr so Flüchtiges angesammelt zu haben. Jugend hat ohnehin weniger Vergangenheit hinter sich gebracht, angesammelt, ist normalerweise besonders primär mit Kommendem und seinem Antritt beschäftigt. Ebenso halten es gesellschaftlich frische Zeiten, im Fortschritt ihrer aufsteigenden Klasse. Wobei die Kraft des Erinnerns, gar die Lust, lernend hinter den Vorhang des Gewesenen zu blicken, durchaus zunehmen kann, dem Blick nach vorwärts dienend. Anders aber, wenn zwar nicht Alterndes schlechthin, wohl aber Sinkendes und sogar Beharrendes ungern die Bucht und das Hinterland verlassen. Gewordenes soll dann nochmals vergangen gemacht, stillgelegt werden; hinnehmend wird es betrachtet, nicht verjüngt. Der Gedanke, sagt Hegel, kommt dazu ohnehin allemal

zu spät; sobald er erscheine, sei eine Gestalt des Lebens alt geworden. Vorher und während sie lebe, könne er gar nicht erscheinen, es sei denn in dem weichen Element des bloßen Meinens, wohin sich jedes Beliebige einbilden läßt. Dieser Art legt Hegel, seinen Worten nach, wieder still, was er doch ebenso, immer wieder, in Flüssigkeit versetzen will. Im Leben steht zwar die Jugend am Anfang, in der Geschichte aber soll das Alte dort stehen, nämlich als das Lange-Her; und das desto sicherer, je länger es her ist mit seinem Lange-Her. So wird hier erinnert wie nach einem fertigen Lauf, und als wäre der Läufer ganz aus ihm heraus.

2. Aber wieviel im gleichen Denken widerspricht dem wieder, macht Brüche kenntlich. Der Maibaum, um den Hegel als Student getanzt haben soll, stand sehr neu neben dem ehrwürdigen Stift. Worte wie »Ruck«, »Stoß«, »Kruste«, »Rinde«, Wechselbegriffe wie »Schranke« (aus Anprallen und Überschreiten zugleich) sind bei Hegel stets vorhanden; fast jeder Widerspruch meldet sich als »Vorbote«. Der immanent erwachsende Widerspruch vernichtet das, »worüber der Geist hinaus ist«, einschließlich Hegels Frieden, den er mit dem Vorhandenen macht; wie hätte es sonst eine Hegelsche Linke und ihre Folge gegeben? Die Dialektik versteigt, vielmehr plebejiziert sich aus dem mehr allgemeinen »Puls der Lebendigkeit« sogar zum »Maulwurf sous terre«, Krusten aufwühlend, genau diese. Nicht weit davon zu Herzens »Algebra der Revolution«, wie bekannt, gemäß einer Kritik der Erscheinungen in ihnen selber, die sich von keinem Hergekommenen, anamnetisch, imponieren läßt. Gewiß: »Wenn die Philosophie ihr Grau in Grau malt, ist eine Gestalt des Lebens alt geworden« – aber malt Hegel wirklich Grau in Grau, und sind alle Gestalten, die er der Betrachtung post festum weihen will, wirklich abgestanden? Genau in seiner liebsten Vergangenheit, der griechischen, sieht Hegel am Eingang und Ausgang zwei wenig grau gewordene Jünglingsgestalten: Achilles und Alexander; und das Es-war-einmal ist dann weniger erinnernd als beschwörend. Und die Französische Revolution erschien ihm noch 1828 »Ein herrlicher Sonnenaufgang«, ein gewesener durchaus, doch in der Sprache des Post festum ricochettierte immer noch das Fest. Gleich einem gewor-

fenen Stein, der nicht untertaucht, sondern quer durch die Oberfläche des Wassers springt, unruhig, weil nicht nur Hegel, sondern die Sache selber mit sich nicht fertig wurde, nicht abdankt, untertaucht in der Gewordenheit. Der Hegel jener Vernunft, die laut restaurierendem Auftrag ihren Frieden mit der vorhandenen Wirklichkeit zu machen hatte, sagt zwar nicht in seiner Rechtsphilosophie, wohl aber in seiner Philosophiegeschichte diesen so wenig beruhigenden, so wenig statisch apologetischen Satz: »Eine gute Antwort ist die, welche Diogenes einem Tyrannen gab, der ihn fragte, aus welchem Erz man Statuen gießen müsse; er antwortete: ›Aus dem Erz, woraus die Statuen des Harmodius und Aristogiton gegossen wurden‹« (XIV, S. 168). Diese beiden Tyrannenmörder wurden zuverlässig nicht nur aus der klatsch- und anekdotenfreudigen Kompilation des Laërtius zitiert (worin sie vorkommen), sondern aus einer Erinnerung, der ein Vorgriff, gewissermaßen ein Element parteiischer Ketzergeschichte nicht zu fehlen scheint. Einige Baccalaurei der Hegelschen Linken hatten aber dem Meister zum Vorwurf gemacht, vielmehr ein Zeichen seiner durchgängigen Re-gression daran notiert, daß er in der Philosophiegeschichte so ungebührlich lange brauche, bis er zur Neuzeit komme. Dergestalt, daß die antike Philosophie bis in den dritten Band hineinreicht, die neuere dagegen sich mit der Hälfte dieses dritten zu begnügen hatte; was zweifellos kein Zufall, sondern ebenfalls ein Symptom sei. Es ist freilich eines, doch keines der Regression auch hier, sondern des Zeitmangels gegen Ende des Kollegs und darüber hinaus der Liebe zu den Alten, hier größtenteils als den Jungen. Und trennt sich Hegel ungern von Platon, so auch von Spinoza, so auch von dem ganzen Flußsystem, dessen Ende gerade ihm reicher ist, überall, als was ihm an den Quellen seiner Wiege gesungen wurde. Sagt also diese Art von Hegel nicht unüberhörbar, genau contra Baaders, Schellings Regressionen aufs »Unvordenkliche« und den überlasteten Anfang daraus, den bei ihnen vor Ur-Metaphysik tobenden: »Den Anfang macht das, was an sich ist, das Unmittelbare, Abstrakte, Allgemeine, was noch nicht fortgeschritten ist«? Sagt Hegel nicht still und kalt: »Das Konkretere, Reichere ist das Spätere; das Erste ist das Ärmste an Bestimmungen«? Und weiter mit dem Akzent des Fortgangs, der Mündung nach allem Quellgrund, kurz des Resultats: »Zugleich ergibt sich, daß das, was den Anfang macht, indem es das darin noch Unentwickelte, Inhaltslose ist, im Anfange noch nicht wahrhaft erkannt wird, und daß erst die Wissenschaft, und zwar in ihrer ganzen Entwicklung, seine vollendete, inhaltsvoll und erst wahrhaft begründete Erkenntnis ist« (III, S. 65 f.). Der »Grund« wird also erst durch Fortgang aus ihm zur »Begründung«; an sich selber scheint er gerade der Erinnerung verschlossen und ist hier am wenigsten ihr »Urlicht«. Von da aus gesehen wäre also selbst ein »Vorwärtsgehen als Rückgang in den Grund«, als dessen »Reflexion«, mehr radikal, das heißt Wurzel hebend, als regressiv.

3. So weit, so gut, aber der Zug zum weit Dahinten ist trotzdem stärker. Hegel liebte halbwegs den schwäbischen Bauernsatz: etwas sei schon so lange her, daß es gar nicht mehr wahr sei, doch ebenso, weit mehr warf sich dem hernach die Ehre des Alten entgegen. Nicht nur als die des bloßen Herkommens, sondern als eine des hinzukommenden Erinnerns, Gedenkens seiner, woran schon selber so etwas ist, wie es »im Buche steht«, nämlich Faßliches, Gefaßtes, scheinbar Ausgetragenes. Sein Denker sucht dann den Rang, kein gegenwärtiger Mensch mehr zu sein, sein Gedachtes sucht das Entronnene: vergraben zu sein, aus der prekären Zeit heraus zu sein wie ein Schatz. Als der junge Dozent Hegel seinen Jenenser Studenten bei einem Ausflug und einer Einkehr in ein nahrhaftes Wirtshaus allegorisch zurief: es müsse alles verzehrt werden, war damit nicht nur der breite enzyklopädische Appetit gemeint, sondern eben auch das Hinter-sich-bringen von allem kraft eines einlagernden Gedankens. Dieser übergibt nun alle Geschehnisse ihrem Gedenken und findet sich selber retrospizierend wieder, mit nicht mehr als geschehend fortlaufender, sondern als gewesen ausgeschütteter Geschichte. Derart steht am Ende der »Phänomenologie« sogar das Ziel des Ganzen als dieser Rückblick, ja als die Mnemosyne selber da, die gespeist worden ist. Wonach also das Ziel nichts mehr ist als Wissen des Gewußten: »Das Ziel, das absolute Wissen oder der sich als Geist wissende Geist, hat zu seinem Weg die Er-innerung der Geister, wie sie an ihnen selbst sind und die Organisation ihres Reichs vollbringen« (II, S. 611). Hegel will

zwar bei dieser Erinnerung mit einer Gedächtnisweise, die bloß eine Vorstellung reproduziert, nichts gemein haben. Er bringt vielmehr einen kleinen Trennungsstrich in die Er-innerung, und so wird sie eben, mit aufgehobener Entäußerung, das »absolute Wissen« und sonst nichts. Oder wie Hegel philosophiehistorisch sagt, bei Behandlung der Platonischen *Anamnesis:* »In dem einen Sinne ist Erinnerung ein ungeschickter Ausdruck; und zwar in dem, daß man eine Vorstellung reproduziere, die man zu einer anderen Zeit schon gehabt hat. Aber Erinnerung hat auch einen anderen Sinn, den die Etymologie gibt, – den: Sich-innerlichmachen, Insichgehen; dies ist der tiefe Gedankensinn des Worts... Bei Platon hat jedoch, wie nicht zu leugnen ist, der Ausdruck der Erinnerung häufig den empirischen, ersten Sinn« (XIV, S 204). Indes das Gemeinsame mit dem abgelehnten Erinnern reproduzierter Art ist doch das Reduktive: bei Hegel des Betrachtens, bei Platon des Schauens der Erkenntnisinhalte. Das Hegelsche Erkenntnissubjekt, das sich »jeder Dreinrede in den gediegen fortwaltenden Gang der Sache zu enthalten hat« (des »fortwaltenden« gewiß, doch eines solchen, das seinen Lohn ebenso längst dahin hat, hält derart überwiegend nur Pantheon-Wache über Gewesenem. So berechtigt sich also auch Hegel gegen die bloß reproduktionspsychologische Entspannung seiner Erinnerung wehrt, so wenig ist sie doch als ein Insichgehen aus dem Tieferen einer Platonischen Anamnesis von Gewesenem heraus. Und daß Hegel an dieser Stelle so aufgebracht gegen das Reproduzieren von Gewesenem, als einem in Vorstellungen, vorgeht: dies Aufgebrachte bedeutet gerade, daß der Dialektiker des »Wahren, an dem kein Glied nicht trunken ist«, der Platonischen Anamnesis, als der totalen Reproduktion, trotzdem näher steht, als dem seit Aristoteles und Leibniz herrlichsten System der Entwicklung lieb ist. Im Anschluß an Menon 81 B – 82 A gibt Hegels Philosophiegeschichte den Platonismus der Wiedererinnerung folgendermaßen wieder: »Er behauptet daselbst in Ansehung des Lernens überhaupt, daß eigentlich nichts gelernt werden könne, sondern das Lernen vielmehr die Erinnerung dessen sei, was wir schon besitzen, wissen; – eine Erinnerung, zu welcher nur die Verlegenheit, in welche das Bewußtsein gebracht werde, die Erregung (Ursache) sei« (XIV, S. 203). Im »Phaidros« hatte Platon den mythischen Grund (oder auch nur die mythische Einkleidung) dieser total retrospektiven Erkenntnislehre weiter und glänzender ausgeführt. Danach hat die Seele vor ihrer Geburt, als Reigengenossin der Götter, die vorzeitlichen Ideen geschaut, und die Wahrnehmung ähnlicher körperlicher Erscheinungen (selber an diesen Ideen wie Schatten teilnehmend) ruft die Erinnerung an jene im Erdenleben vergessenen Urbilder zurück. Dies Mythische lehnt Hegel als philosophisches Vehikel ab, wohl aber schließt er folgende, recht zustimmende, ja selbstbetroffene Exegese an die Rückkehrbewegung im »Menon« an: »Es ist dies der Begriff des wahrhaft Allgemeinen in seiner Bewegung; das Allgemeine, die Gattung ist an ihr selbst ihr eigenes Werden. Sie ist dies, zu dem für sich zu werden, was sie an sich selbst ist; das, was sie wird, ist sie schon vorher. Sie ist der Anfang ihrer Bewegung, worin sie nicht aus ihr heraustritt. Der Geist ist die absolute Gattung; es ist nichts für ihn, was er nicht an sich selbst ist. Seine Bewegung ist die beständige Rückkehr in sich selbst... Er (Platon) stellt aber jenes Ansichsein des Geistes in der Zeit vor: das Wahrhafte muß also schon zu einer anderen Zeit für uns gewesen sein« (XIV, S. 203, 205). Hegels Selbstbetroffenheit ist an dieser Stelle klar, mit verwandter Passivität in der Beschauung der »Rückkehr des Geistes in sich selbst«. Mit verwandter Erinnerung oder auch, zuguterletzt, Er-innerung jenes abgeschlossenen Ideenreichs vor der Zeit, das bei Hegel nun komplettes Logikreich vor der Welt heißt. Also bekundet Hegel auch folgende eigene Anamnesis expressis verbis, nach gehabter Logik: »Das Interesse der übrigen Wissenschaften ist dann nur, die logischen Formen in den Gestalten der Natur und des Geistes zu erkennen, Gestalten, die nur eine besondere Ausdrucksweise der Formen des reinen Denkens sind« (Enz. § 24, Zusatz 2). Ein Hauptunterschied zu Platon ist allerdings dieser, daß bei allem Rückgang ins Ansich »vor Erschaffung der Welt«, samt dem logisch Urhaften des »Grundes«, des »Wesens«, bei Hegel keine Suprematie des Ansichseins stattfindet. Platon ließ das Werden wie die Erscheinung Schein sein, und das Besondere gibt bestenfalls »Beispiele« für jenes selbstgegenwärtig Allgemeine, an dem das

Besondere der Erscheinung lediglich teilnimmt. Hegel dagegen pointiert gerade Werden und Erscheinung, weil ohne diese das Absolute – mit nichts als Anamnesis seiner bloßen Vorwelt – »das leblose Einsame« wäre; er sieht das Allgemeine nur als eines des Besonderen, er perhorreszierte bereits das Wort »Beispiel« und setzte statt dessen den Begriff der Konkretion, Manifestation. Das selbst in Außersichsein der Natur, wie sehr erst in Fürsichwerden des menschlichen Geistes: »Die Wahrheit ist konkret.« Demgemäß ist die Wahrheit bei Hegel nicht nur, wie bei Platon, unwerdend, unvergänglich vor der Zeit, sondern die Wahrheit, obzwar nur das Ansichsein zum Anundfürsichsein manifestierend, konkretisierend, ist Resultat. Das Wesen kommt hier, statt die Erscheinung mit ihrem leeren Raum nur als Schatten zu haben, eben einzig in der Erscheinung zur Erscheinung, auch für sich selbst. Das also gibt der Hegelschen Art Anamnesis des Ansich ante rem einen Weltgang (reificatio) in ungeheurer Bereicherung hinzu. Indes: Auch wenn der Anfang, wie bemerkt, bei Hegel nicht das Reichste, sondern das Ärmste sein soll, ja der »Himmel«, der topos uranios der Platonischen Ideen bei Hegel zum vorweltlichen »Hades« der logischen Begriffe ergraut, so fehlt doch auch hier ein Platonismus der Anamnesis nirgends; er setzte sich nur, lange vor Hegel, doch ebenso bei ihm selber, als *kosmische* Anamnesis fort, durch den Neuplatonismus der *Emanation.*

Damit also wird das sich Entwickelnde des Unterwegs ganz an sein Vorher zurückverwiesen. Dergestelt, daß nicht nur die Erkenntnis, sondern die fleischwerdenden Gestalten selber sich des Anfangs erinnern. Neuplatonisch kamen die »Ausflüsse« von der Gottheit in die Welt; dies Ausströmen, Herabsteigen vom Urlicht und die Rückbewegung der Menschen, auch Dinge zu ihm, es hängt sowohl mit der von oben her mitgegebenen Anamnesis zusammen wie mit dem, was Hegel am Ende seiner Logik, gleichfalls recht von oben herab, das »Sichentlassen der Idee in die Natur« nennt. Das Prinzip der Emanation kulminiert bei Plotin, bei ihm findet sich auch die von Hegels Logik wörtlich übernommene Funktionalisierung der Platonischen Ideen zu den »Gedanken Gottes«, als »Wahrheit, wie sie ohne Hülle ist«. Aber vor allem findet sich auch die Rückwendung vom Gefallenen zum Urlicht, und Proklos, der letzte große Neuplatoniker, gab sogar als erster die *Zyklus*-Triade der Hegelschen Dialektik, eben die Anamnesis als kosmisch. Monē, Proodos, Epistrophē, Beharrung, Herausweg, Rückkehr heißt die emanatistisch-resultierende Trias bei Proklos; ein Modell zu Thesis-Antithesis-Synthesis, auf das Hegel selber philosophiehistorisch hinweist. Also ist zuguterletzt auch die angegebene Differenz bei Hegel: mit dem Kriterium eines erscheinend-prozeßhaften *Resultats* statt vorweltlicher Vollendung bei Platon – nur relativ haltbar. Ja, der Unterschied zwischen Emanation abwärts und Evolution hinauf konnte wenige Jahre nach Platon sogar eine Streitsache innerhalb der Platonischen Schule selber sein; so wenig sprengt dieses Resultat das Ritornell. Hat doch, wie nicht ohne Avancierfreude Aristoteles berichtet (Metaph., cap. XII, XIV), bereits der Neffe Platons, Speusippos, die Auffassung vertreten, daß das Gute nur das Endprodukt, nicht die Anfangshöhe der Entwicklung sei. Das zum Unterschied von dem späteren Akademiehaupt Xenokrates, der genuiner platonisch die Perfektion des Anfangs festhielt und das daraus erinnernd oder emanierend Abgeleitete stets matter oder schlechter nach unten laufen ließ, um nur aus der bedürftigen Schwäche dieses Unten und nicht, wie bei Speusippos und Hegel, aus dem Omega eines reichen Resultats zum Anfang zurückfließen. Ein Platonischer Familienstreit, läßt sich hier wohl sagen, in Ansehung von Urlicht oder Resultat; beide jedoch sind sich bis zu Hegel durch den Kreisbogen der Anamnesis verbunden. Gesteigert sogar in Hegels »Kreis von Kreisen«, als den er den dialektischen Fortgang mit einem letzthinnigen Schlangenbogen beschreibt. Mit einem der Rekapitulation, ob auch auf höherer Stufe, mit einem der Ewigkeit des Immerwieder und nicht der Neuschöpfung, nicht des Chronos, der seine eignen Kinder frißt, weil sie der noch nie gewesenen Grundgestalt, an der er zur Ruhe kommen könnte, nicht genügen. Also steckt weiterhin auch der Hegelsche Prozeß des *Resultats* im Ring der Anamnesis wie in einem Bann. Alles ist hier voll des Neuen, doch an jedem Ende, vor allem am Zyklusende überhaupt soll das Neueste in Hegels riesiger Durchbruchsphilosophie, trotz ihrer, immer wieder wie das Älteste gewesen sein, von vorgewaltet, vorgeordnet fertigem Anfang. Das hindert auch das Entwicklungssystem, ein offenes der Entwicklung zu bleiben, es ist gebeugt unter das Erste, wenn auch Unentwickelte, Unausgegossene, nach dem es angetreten. *Die Restitutio in integrum holt die Expeditio in novum mit dem Seil der Epistrophé zurück.*

4. Und doch ist das alles aus Neuem, aus Immer-wieder stets gemischt. Bei Hegel steht nichts bloß nebeneinander, mit starrem Sinn, hier ein Sprung, dort ein Palast der Wiederholungen. Daß sehr oft weniger Fortschritt als Absage an die Zukunft geschieht, liegt auf der Hand. Daß die Zeit bei Hegel nicht nur das »angeschaute Werden« ist, sondern ebenso ein Leitfaden in der Anschauung eines anundfürsich Erledigten, liegt gleichfalls auf der Hand, sozusagen im Frieden von Hegels Hand. Das Werden ist danach nichts als die pädagogische Entwicklung eines fertigen Lehrsatzes an der Tafel vor dem lernenden Subjekt. Ja, alle Zeitmodi: Jetzt, sogar Vergangenheit und wie sehr erst Zukunft sind demgemäß »nur in der subjektiven Vorstellung, in der Erinnerung und in der Furcht oder Hoffnung« (Enz. § 259). Doch mit voller aufeinander reflektierter Kraft des Gegenteils (Hegel übt ja gerade Kritik an Kant, weil er Zeit und Raum zu nur »subjektiven Formen« der Anschauung machen wollte) ist die Zeit ebenso objektiv »die Form der Unruhe, des in sich selbst Negativen, des Nacheinanderseins, des Entstehens und Verschwindens, so daß das Zeitliche ist, indem es nicht ist, und nicht ist, indem es ist« (VII², S. 322); so indes, daß letzthin doch nichts Neues unter der Sonne geschieht, unter der selber stillstehenden Sonne des in Urwort und Archē ewig wiederholten Weltgeists. Die Dialektik rebelliert, ja randaliert wie nichts sonst auf der Welt, doch ihr Kreis aus Kreisläufen schafft alles Vermehrende der Weltgestaltung wieder in die vorgezeigten Arsenale jenes alten, uralten Ansich, das zwar das Ärmste an Bestimmungen, aber das Entschiedenste, Vor-Entschiedenste an Gehalt sein mag. So durchdringen sich eben die Gegensinne des Vermehrenden und der einbannenden Anamnesis ewiger Ruhe. Durchdringen sich in stets rebellisch apologetischer Mischung und freilich unaufgelöst, unauflösbar, mit gespaltener Zunge des Weltgeists, verführend hier, beschwichtigend dort. »Nichts Großes ist ohne Leidenschaft vollbracht worden«,

doch gleich dahinter – und darin soll die absolute Windstille der erinnerten Substanz sein, die so vor- wie außerhistorische: »Erkennt man die Substanz, so muß man durch die Oberfläche hindurchsehen... An der Oberfläche balgen sich die Leidenschaften herum; das ist nicht die Wirklichkeit der Substanz« (XIV, S. 275). Daß diese *Durchdringung* nicht zum *üblichen Einheits*-Schema der Gegensätze in Hegelscher Dialektik gehört, ist ersichtlich. Die Durchdringung mischt nur den Grund-Widerspruch selber, sofern sie einen offenbaren Hiatus zwischen Drängen, Ringen und ewig in sich kreisender Ruhe ebenso als Ineinander sich darbieten läßt. Die Durchdringung entfernt sich von Dialektik, indem aus der ewigen Ruhe des Unberuhigten, der eines *Novum ihrer weder fähigen noch bedürftigen* Ruhe, ein Prozeß überhaupt nicht mehr gesehen werden kann. Es hat dann seinen Lohn (das »Resultat«) nicht nur in ewiger Gewesenheit, Ge-Wesenheit dahin, sondern setzt auch seine Bewegung und Bewegungsgestalten lediglich als solche im ohnehin Urvorhandenen. Wonach der Prozeß letzthin aus der Erscheinung (dem »vervollständigten Schein«, dem »Wesen in seiner Existenz«) wieder in lauter Schein (ins »Unwesentliche des Wesens«) zurücksinkt. Die Mischung aus Prozeß und aus Anamnesis ewiger Ruhe reproduzierte so allerletzt – aus lauter Ge-wesenheit, Ge-Wesenheit – gar noch einen Platonismus der *Anti-Erscheinung*, des *Anti-Prozesses* selber; das wider Hegels eigentliche Abrede.

Dabei ist gewiß, daß ein Vorwärts und immer nur Vorwärts hier nicht minder bedenklich wäre. Der auch rückschlagen könnende Lauf macht nicht nur das Bisher des Herkommens kenntlich, sondern die erinnerten Schultern, die gerade tragen, was höher steigt. Weiter: ein immer nur in Zukünftiges stürzender Fluß genau auch die relativ entschlossene Gestalt steige. Und ten auch ein Anhalten, damit aus dem immer nur schäumenden Fluß genau auch die relativ entschlossene Gestalt steige. Und allerletzt gar, umfunktioniert: selbst die rückschlagende Anamnesis hatte zu Zeiten, wenn sie nicht nur eine statische, vorzeitlich-zeitlose Urstatue sein wollte oder mußte, ein Gedenken und Anhalten im möglichen Sinn, das hinter das nur fortstürzende Fließen des Flusses gerade in dessen *lebendig* Erfließendes, Gestaltendes selber einkehrte. Dies Gedenken ist bei Hegel doch auch dasjenige des »Grundes«, der alles begonnen, und läßt ihn nicht aus dem in seine Tiefe zurückkehrenden Blick. Als einem jenes »Entsinnens«, das man in eigener Art ein transzendentales nennen könnte, wenn es bei Hegel nicht so sehr am Kantischen Apriori als an jenem uranfänglichen Grund-Entsinnen-Wollen orientiert wäre, das ihn auch noch für Jakob Böhme, und genau für ihn, empfindlich machte. »Vorwärts gehen als Rückgang in den Grund«, dies Retournierende, wenn es ein ebenso *gegenwärtiges* ist, wenn es also in seinem schlagenden Erinnern von der unablässig währenden *Aktualität* dieses »Grundes« nicht dispensiert, sieht demgemäß auch anders als nur regredierend aus. Nämlich, es sieht unaufhörlich und unauläßlich drein; weshalb dann Hegels »Logik« mit einer Rückführung ohne Wiedererinnerung, auch beileibe keinem kontemplativen und entronnenen Ton, geradezu sagen konnte: »Der Fortgang von dem, was den Anfang macht, ist nur als eine weitere Bestimmung zu betrachten, *so daß das Anfangende allem Folgenden zu Grunde liegen bleibt und nicht daraus verschwindet.* So ist der Anfang der Philosophie die in allen folgenden Entwicklungen gegenwärtige und sich erhaltende Grundlage, *das seinen weiteren Bestimmungen durchaus immanent Bleibende«* (III, S. 65). Ein Satz ist das, so wenig aus dem bebenden Aktual-Boden des Prozesses sich zurück- und herausprozessierend, als wolle er bereits sagen: *Die Archē selber ist am wenigsten archaisch,* sie ist allemal noch jetzt und hier, unerledigt, X und Weltknoten gerade in immanentester Immanenz. Indes nun wieder, genau an diesem Punkt, meldet sich doch ebenso wieder das ganz Andere, die bedeckende und bannende Fülle der nicht umfunktionierten, der alten statuarischen Anamnesis. Sehr zum Unterschied von der kostbaren Armut des Nah-Bedenkens, Kern-Bedenkens: als jenes Ursprung-Gedenkens, das gerade betroffen ist, weil es noch nichts Substantielles in diesem Subsistierenden trifft, antrifft. Kurz, der echte Anfang steht eher dem Nicht nahe, das es nicht bei sich aushält, als dem Inhalt seiner, den es noch gar nicht gibt, und um dessen Fehlen willen ja gerade der Prozeß des Suchens angeht, des Rollens der Begebenheiten, des Experiments der Gestalten.

Hegels Anfang jedoch heißt eben nicht nur »das Ärmste an Bestimmungen«, sondern erfüllt bereits sein Ansich selber, wenn auch Hades oder Schattenreich genannt, mit einer ganzen Prozession keineswegs unentwickelter Kategorien; und da diese gar noch die »Gedanken Gottes vor der Erschaffung der Welt« heißen, so ist nun doch wieder das Bild des kreisenden Götterwagen-Korsos nicht ferne, den Platons »Phaidros« als das Leben des göttlichen Wesens ante rem, extra mundum für seine Anamnesis entwickelt hat. Dergestalt können ja auch die Kategorien der Hegelschen Logik in der Religionsphilosophie, dann in der Philosophiegeschichte wiederkehren, wenigstens dem Programm nach. So voll bereits weist ihr Formalismus *Inhalt* auf, so wenig involviert hier doch das Gedenken des Anfangs jenes Ungelöste des Ursprungs, das Hegel an der letztangegebenen Stelle actualiter, in jedem Moment, quer unter dem Erscheinenden weiter »zu Grunde« liegen ließ. Sobald Spuren eines Omega in das noch wahrhaft Unentwickelte und Unmanifestierte dieses Alpha einschlagen, dann wird zwar auch solcher Blitz rückkehrend sein, doch nur im Sinn einer wachsenden Bewegungsumkehr zum Nächsten, das alles begonnen. Eines Rückgangs ins *Problem* des Agens, des noch durchaus unherausgebrachten, und nicht ins fertige Ge-Wesen eines Weltgeists, das von Ewigkeit zu Ewigkeit, auch noch im Amphitheater seiner Erscheinungen, sich zyklisiert.

5. Noch wo ein Meister irrt, ist er lehrreich. Hat dann Wichtigeres zu melden als die meisten Mittelmäßigen, wenn sie recht haben. Ist aber das Irrende durchgehört, durchverstanden, dann muß es als Warnung dienen. Auch diese kann von angemessener Höhe ausgehen, so gut wie das musterhafte Licht. Jedes Übergewicht des Rückblicks mahnt: es läßt sich auf nichts Vergangenes lehrreich zurückgreifen, das nicht selber, als an Ort und Stelle unerledigt, auf ein noch zur Rede Stehendes vorgreift. Vor allem auch ist ein »konkretes Verhalten zum Jetzt«, wie es der zeitgenössisch höchst interessierte Hegel doch ansetzt, mit der Eule der Minerva, als einer angeblich bloß betrachtenden, schwer möglich. Die Betrachtungsruhe kam zwar dem restaurativen Stillegungswillen ihrer Zeit sehr gut entgegen; insofern erfüllte das einen damals gerade sehr gegenwärtigen Auftrag,

als den des Metternich-Regimes. Sonst aber fand die Front des Weltprozesses, die eben doch Gegenwart heißt, ganz vorn am Prozeß, mit history in action, keinen Platz mehr im System. Betrachtung allzu großer Anamnesis setzt das *Jetzt*, genau dieses, lehrreicherweise als eine Erhebung, die im Vergleich zur Rundung des ganzen Betrachtungsglobus nicht größer sein kann als ein Sandkorn. Und wie zum Jetzt, so verhält sich das Nichts-als-Anamnesis erst recht unkonkret zur *Zukunft;* nicht zuletzt auch zu den verdeckten Antizipationen in Hegels Wertbegriffen selber. Vollkommenheit, dann Totum und Wesen überhaupt, ja selbst Wirklichkeit, als »Einheit des Wesens und der Existenz oder des Inneren und des Äußeren«: auch alle diese hochübersteigenden Füllebegriffe kommen per se ipsum in der so apriorischen wie pantheistischen Theodizee einer fertig vorliegenden Weltkugel nicht unter. So entziehen sie sich mehr als alles andere der Anamnesis eines Gegebenseins oder tiefer: des kategorialen Vor-Gegebenseins; Welt wie Vorwelt liefern von Vollkommenheit nichts, noch nichts Erinnerbares. Hier bleibt vielmehr ein Rest letzthinniger »Unangemessenheit an die Idee«, an die »Wahrheit« selber, ein Rest, den Hegel nur durch dauernde Hinkonstruktionen der »Phänomene« auf ihren »Begriff«, ihre »Idee« zu keinem macht. So kommt der Satz: »Der in seiner Realität gegenwärtig und mit derselben in Einheit gesetzte Begriff ist Idee«, ja sie selber in der Welt ist »die Kongruenz des Begriffs und der Realität« (V, S. 238). Jedoch gerade die wertgemäß höchstgeladenen »Ideen« haben am wenigsten bereits solch eingedeckte Mnemosyne ihrer, solch »in Einheit gesetzte« Inkarnation. Sie stehen empirisch bestenfalls im Schwange, sind bestenfalls im Noch-Nicht-Sein objektiv-realer Möglichkeit fundiert, kurz, stehen noch in einem *Gedenken, Eingedenken nach vorwärts*. Derart ist Vollkommenheit, ist selbst das Totum, in seinem nicht nur jeweils ensemblehaft versammelten Sinn, ein Utopikum, und ganz eines ist das »Wesen überhaupt«. Dies aber ist der *Bann* der Anamnesis allerletzt, *im Überhaupt selber:* daß bei Hegel, ja von Thales bis Hegel, *Wesenheit* eben nur als *Ge-Wesenheit* gedacht worden ist. Mit der kontemplativen Maßgabe zumeist, daß nicht nur die Wißbarkeit, sondern auch die Würde eines Gegenstandes mit der historischen Patina steige. Durch zeitliches Zurückliegen, durch Entfernung vom Jetzt und Hier wird der Gegenstand leichter kontemplierbar: von daher also die echt anamnetische Kurzsichtigkeit des überwiegenden Ge-Wesenheits-Wissens für die Gegenwart, von daher die Schwierigkeit, sich zu ihr konkret zu verhalten. Wonach weiterhin nur Vergangenheit, als stillgelegte, nicht Zukunft als Zeitmodus des Noch-Nicht-Seins, an Ewigkeit angrenzen soll. Das dialektisch prozessuale Licht, dessen Duktus und Vernunft bei Hegel gerade »das Hinausgehen über die Schranke ist«, findet dergestalt den Scheffel der Anamnesis so dicht über sich, daß die Zukunft nun wirklich bloß »subjektive Vorstellung« zu bleiben hat und nichts Nennenswertes enthalten soll, das in der Phänomenologie nicht schon ihre »Galerie von Bildern«, in der Logik nicht den Logos ante mundum fertig hinter sich hat. Ebenso hat das »absolute Wissen«, der »sich als Geist wissende Geist«, am Ende ja nichts weiter mehr zu sagen als das ewig repetierbare Wissen dessen, was ewig im Weltgeist zum Austrag kommt, indem es zum Austrag gekommen ist. Immer wieder mit jener Anamnesis, die gemäß ihrer fertig erinnerten Wahrheits-Archäologie vor Eintritt in die Welt auch noch den Weltprozeß selber auf Statik des Ganzen umadressiert. Was eben den Grundwiderspruch in Hegels System als nicht offenem, als seit je geschlossenem ausmacht und nur keiner wäre, wenn der Weltprozeß wirklich bereits – gewonnen wäre; quod autem non est demonstrandum.

Und doch gehört noch ein sehr Wichtiges hierher, damit die Ruhe des Laufs mit einer anderen nicht verwechselt werde. Oben wurde gesagt, daß ohne ein relativ rückschlagendes Anhalten aus dem Fluß keine Gestalten kämen. Und wie mit diesem Unterwegs ist es mit einem Mündenkönnen überhaupt: Hegels Abschließen in Ge-wesenheit ist verschieden von seiner *guten* Abneigung gegen dauerndes Prozessieren um seiner selbst willen. Gegen die »schlechte Unendlichkeit« (in der Zeit, statt im Raum), der auch eine Ankunft im wirklich *Erfüllenden* als Hochverrat am Plus ultra erschiene. So ist eine Formel der Vollkommenheit wie die Hegelsche: daß die Substanz ebenso das Subjekt sei, nur dann abkappend und statisch, wenn ihr Gehalt als vorhanden-seiend, als geworden-gelungen und parat dargestellt wird, statt als Utopikum. Dergleichen Ziel-Bestimmungen lassen aber keinesfalls »Geschichte aufhören«, »Prozeß zum Stillstand bringen«, wenn sie gerade den Prozeß brauchen, ja ihn als gerichteten, schließlich richtbaren erst recht aktivieren, damit Zielsachen nicht mehr nur Utopikum bleiben. Solche Art Ziel-Tonika ist also nicht wie die ab initio statisch machende Anamnesis ein Deckel über dem Prozeßlicht, sondern gehört zum Prozeßlicht selber, als das so vorleuchtende wie zusammenhaltende Ultimum in ihm. Gewiß wird der subjektiven Intuition, der objektiven Tendenz durch den Ankunftsbegriff ein Ende dieser Intention und Tendenz impliziert, doch eben als ihre Erfüllung, nicht als ihre Abdankung. Der Prozeß ist das Leben von allem Unterwegs, die Dialektik, sagt Hegel, ist »die immanente Seele des Inhalts selbst« (III. S. 7), doch diese Unruhe lebt hier mit Recht nicht um ihrer selbst willen, gleichsam als l'art pour l'art eines ewig nur approximativen Strebens, Sollens, Postulierens. Genau der herauszuprozessierende *Inhalt* fundiert vielmehr, daß auch dem Prozeß keine schlechte Unendlichkeit seiner Unruhe eingeschrieben ist – *nach Wegfall des Banns der Anamnesis.* Ja indem genau das Noch-Nicht-Sein des Vollkommenen das Ungenügen, die Unruhe im Sein erst konstituiert, dergestalt daß jedes bisherige Arkadien, als bestenfalls nur partiales, weiter nach Utopien tendieren läßt, hat genau ein – so völlig ausstehendes – Ontos on der Vollkommenheit dem Prozeß seine wahre Zurückführung zu implizieren, eben die in den Kern des Prozesses einschlagende und derart Ruhe gebende. Nicht als seine Abdankung, wie in allen Reduktionen auf Gewesenheit, sondern als seine Mündung, nicht als Ende der Utopie, sondern – mit immerhin vor-scheinendem Grenzideal – als Sein wie Utopie. Die Sorge ist die geringste, daß dieses Schlußwesen, dies ohnehin nur in Utopien der Eschatologie ausgelegte, den Prozeß erledigte; so andringend und nahe herbeigekommen ist das unter Sein wie Utopie Gedachte mitnichten. Die Sorge ist umgekehrt größer, ob, wenn alles Sein wie Utopie stets nur auf historische Ebene aufzutragen ist und diese in endloser Perspektive des Prozesses verläuft, nicht jede Gegenwart leer ausgeht, auch nicht einmal den Trost eines ausschüttenden Endes der Zeiten hat, eines immerhin antizipierend erlebbaren. Das ist die Sorge der schlechten Unendlichkeit des Prozesses, und sie ist – nach Wegfall der Anamnesis-Religion, der Rückverbindung mit Ausgemachtem ante rem – bedeutend ernster als jede Überaktivitäts-Angst um den gestoppten Prozeß. Selbst ein erreichbares, doch so weit entferntes Endziel, daß es für das jeweils lebende Individuum praktisch unendlich weit entfernt ist, zwänge ausschließlich, nur mit Erwartung und ohne alle Erinnerung zu leben. Weil es indes unmöglich ist, in bloßer, absolut perennierender, also schließlich sinnloser Erwartung zu leben, deshalb ist auch Heil, nicht nur Gestaltungslogik des Prozeßhaften darin, daß dessen Lauf eben unterwegs bereits Gestalten eines relativen Anhaltens sehen läßt, mithin von einem Omega des gewinnbaren Sinns gleichsam Proben aufs Exempel »inkarniert«. Auch das freilich hat mit Abbruch des Prozesses nichts gemein und dankt den Prozeß, der doch dazu erst führte, nicht ab; konträr, gerade Gestalten sind ja als solche des Unterwegs einzig Tendenzfiguren, bestenfalls Lösungsfragmente. Genau das aber ohne Anamnesis archaischer oder historisch-stationierender Art; denn auch die Werk-Gestalten des Prozesses grenzen ihrem Wesen nach nicht an Rückkehr, sondern an Noch-Nicht, an noch nie so Gewesenes der Utopie. Auch *Konkordanzen* dieser Gestalten untereinander, in ihren variabel-identischen Proben aufs ausstehende Exempel, gehören dann nicht zu einem bloßen fahrbaren Palast der Wiederholungen, sondern zu dem noch experimentellen Wechselgruß der bloßen Vor-Scheine, obzwar immerhin Vor-Scheine einer möglichen *Ankunft*. Stets aber: Ruhe der Gelingbarkeit ist so wenig Gewesenheit der Anamnesis, daß auch Hegels geheimes Utopikum: Substanz sei ebenso Subjekt – weder in der Chronik noch der Urchronik seiner passierten Welt bereits hängt. Eingedenken dieser Art war vielmehr nur notierbar, weil es gar kein Wiedererinnern braucht, um seine noch ungekommene Wahrheit und Wirklichkeit nicht zu vergessen.

ZUORDNUNG DER VERMITTELTEN SELBST-IDENTITÄT ZUR TIEFE 24

1. Das Selbst wirkt über das ihm Gewordene hinaus. Hier ist die Stelle, um erneut von Hegel Abschied zu nehmen. Von dem ungeheuren Meister, ohne den es kein Philosophieren gibt. Während andere Aufklärer gelebt haben, mechanisch verständlichere, mit denen es keines mehr gibt. Aber das Hegelreich, so groß es ist, es deckt mehrere kleinere trotzdem nicht zu. Und desto weniger, je mehr diese kleineren gar nicht den Ehrgeiz haben, sonderlich ausgedehnt zu sein; fast im Gegenteil. Gerade das Selbst hat es an sich, länger, nämlich tiefer zu fragen, als die Weite ihm antworten kann.

2. Derart bleibt ein Rest, der auch bei größter Weite noch zu denken gibt. Er ist nicht das Innerliche, das vom Äußerlichen nur der hohle Abdruck ist. Darüber spottet Hegel mit Recht: der vermeintlich Einzelne, der nur in Beziehung zu sich selbst zu stehen glaubt, ist nicht reicher als der allzu Allgemeine und nach außen Gewendete, der nur noch aus zwischenmenschlichen Beziehungen besteht. Der bloß Introvertierte ist dort nur hohl, wo der bloß Extravertierte flach ist, und der subjektlos Tüchtige, Weltläufige ist wenigstens kein Verweser seiner selbst. So hat Hegel das bloß Innerliche nur als so tief angesehen wie ein Grab; er hat es, aus bestem Weltsinn heraus, für genau so abstrakt erklärt wie eine isolierte Extravertiertheit, nur für verstockt dazu. Indem das bloß inwendige Menschsein sich auf sein Gefühl beruft und auf sonst nichts, indem es sich derart der Mitteilung an Menschen verweigert, ist es in der Tat, nach Hegels paradox-schlagender Formulierung, gerade inhuman, genau dieses, und nicht der Hort menschlichen Existierens. So liegt in dieser Art Innerlichkeit also gewiß nicht der Rest, der auch bei größter Weite noch zu denken gibt. Jedoch ebensowenig, wie hier so oft betont, liegt der Rest in der Er-innerung post festum, in diesem seltsamen Amalgam aus Erinnerung und Innen, worin Hegels Phänomenologie schließt und im Wissen des Wissens sich ungegenständlich auflöst. Ja, an diesem Punkt tritt eher eine Rache des Restes hervor als ein methodisch-konkretes Bewußtsein

seiner. Denn indem Hegel zwar konsequent alles Subjekt ohne Objekt ablehnte und alles Innen korrelativ-dialektisch auf ein Außen bezog, wie auch umgekehrt alles Außen auf ein Innen, wurde doch am subjektiven Faktor, sobald er fordernd auftrat, allzu antiquarisch sein Raum verkürzt. Das rächt sich nun am Ende, die Kupierung des Forderns wie der gesamten Sollens-Region rächt sich in der schließlichen Exagerierung eines absoluten Insichgehens. Wobei dies Hegelsche Insichgehen des Geistes nun doch wieder und sogar erst recht als eins ins Gewordene gerät, das ist, als bloße Erinnerung des Gewesenen in der Er-innerung. Die Rückwendung ins Subjekt, nach so reich erfahrenem Weltgang, wäre gewiß gut, und Hegel nennt sie, wie oben, im Kommentar zum Schluß der Phänomenologie (vgl. S. 104) ausgezeichnet, mit selber tiefem Grund eine in die Tiefe. Aber bezeichnenderweise fehlt nun, wegen der vorhergehenden Auslassung des Forderns, jede Aktivität in der erinnerten Erinnerung, und es fehlt, mit der Sollens-Region, jedes neue, der Erinnerung endlich adäquate Objekt. Wie so oft hier pointiert, erscheint statt des nicht-entfremdeten Gegenstands keiner, außer dem erinnerten des kontempliert-kontemplierenden Geistes. Es erscheint ein »verschwundenes Dasein«, und nur »dies aufgehobene Dasein – das vorige (!), aber aus dem Wissen neugeborene – ist das neue Dasein, eine neue Welt und Geistesgestalt« (II, S. 611). Darin jedoch ist eben keine Aktivität, kein Postulat und keine wirkliche Neuheit; aus dem vorher zuviel Ausgelassenen an postulierendem Subjekt resultiert nachher ein zuviel Ausgelassenes an neuem, möglicherweise uns adäquatem Objekt. Die Welt hat ihren Lohn dahin, der Lohn hat seine Welt dahin, – nämlich die durch und für Menschen weiter werdende, im Postulat dieser Weiterung erst offenbarend tiefe.

Und nun, vom Fordern her meldet sich Kant an. Derjenige, der mit seinem üblich gewordenen Bild nicht ganz zusammenfällt, weder mit seinem bejahten noch mit seinem verneinten. Der originale Kant ist kein Neukantianer, sondern auf seine Art Parteigänger der keimenden Französischen Revolution. Er ist gewiß auch ein Ideologe des preußischen Untertans, der agnostischen Winkelzüge, aber was den bejahten Citoyen angeht, so ist Kant vor allem ein Ideologe der Aufklärung. Wenn Goethe und Hegel gefeiert werden, weil sie den Zusammenhang mit der Aufklärung nicht aufgegeben haben, so ist Kant diese immerhin an Ort und Stelle. Und vor allem: er hält jenes Sokratische an ihr, dessen eigentliches Studium der Mensch ist und die abfragende Begründung seiner Freiheit, seines möglichen In-Freiheit-Seins. Sofort sei bemerkt, um außer den Neukantianern auch moderne unerwünschte Gesellschaft auszuschließen, etwa existentialistische: es gibt keine »Begründung« außerhalb einer der jeweiligen gesellschaftlichen Verhältnisse. Und es gibt keine überhaupt noch gültige Erinnerung an Kantischen Formalismus oder an den mit seinem Namen verbundenen Agnostizismus. Der Formalismus, der überhaupt nicht weiß, was er will, außer dem, daß ein der Form nach guter Wille Gutes will, ist gänzlich abgestanden. Ebenso die daraus entspringende unendliche Annäherung an ein unerreichbares, folglich überhaupt nicht verpflichtendes Abstrakt-Ideal; diese rigorose Leere ist das negative Pendant zur Himmelsfülle der ontologisierenden Mythologie und um nichts besser. »Offenheit« ist mit diesem Preis nicht etwa zu teuer bezahlt, denn sie könnte gar nicht zu teuer sein, aber sie ist mittels solcher Methode, formal-approximativ, überhaupt nicht erhältlich. Dieser Kant steht folglich außer Diskussion; desgleichen – in einem nicht unverwandten Zusammenhang – der des ewigen Agnostizismus hinsichtlich des sogenannten Dings an sich. Hier hat Hegel sowohl gegen die Inhaltslosigkeit wie gegen die Verabsolutierung des erkenntnismäßigen, dann des praktischen Abstands das Urteil gesprochen. Neukantianer wie Rickert, die solch leere, schlechte Unendlichkeit mißbräuchlicherweise als Offenheit, gar als offenes System, mit unentwegt formalen Werten, herunterskizzierten, hatten das Urteil nur noch nicht vernommen. Aber Neukantianismus ist nicht Kant, und der wirkliche Kant ist weder mit Formalismus noch gar mit Agnostizismus zu Ende. Oben wurde bemerkt, bei Gelegenheit der Hegelschen Kantkritik (vgl. S. 372), daß der sonst so universale Philosoph für die Tiefen Kants die Augen geschlossen hielt. Er tat dies aber, wie jetzt erhellt, nicht bloß wegen der libertinistischen Nachwirkungen der Willens-Autonomie und wegen des obskurantenhaften Gefühls-Agnostizismus. Und nicht bloß wegen der schlechten Unendlichkeit, in der Kant die

Endangelegenheiten der praktischen Vernunft gehalten hat. Sondern Abwendung ist auch deshalb, weil der weise Hegel die ihm unangenehmen Nachrichten rascher und besser verstand als seinerzeit der weise Ödipus. Unangenehm für Hegel war die eigentümliche empirische Ungedecktheit, die bei Kant dem Primat der praktischen Vernunft zukommt.

3. Deren Bestes kam bei Kant in der vorhandenen Welt nicht unter. Das Beste ist dasjenige, worin der menschliche Wille durch nichts ihm Fremdes mehr bewegt wird. Sofern das Fremde oder äußerlich Bleibende zur Weite gehört, das heißt zur allemal relativen, vom Einen zum Andern weiterschickenden Welt, tritt eben an dieser Stelle, in Kantischer Form, die eigentümliche Kategorie der *Tiefe* hervor. Tiefe ist das Gegenteil von Oberfläche, so ist sie die kernhafte und zentrale Ortsbestimmung des Wesentlichen schlechthin. Als solche eignet ihr, zum Unterschied von der sinnlichen Gewißheit der Oberfläche, notwendig ein noch nicht so Sichtbares, Eingrenzbares, inhaltlich Definierbares; subjektiv wie gegebenenfalls objektiv ist ein starkes Stück Nicht-Erscheinung in der Tiefe. Als philosophische Kategorie ist sie daher von ihrer populärsten, noch innerhalb der Oberfläche vorhandenen Form: von der dritten Dimension des Anschauungsraums verschieden. Denn die Tiefe des Anschauungsraums bedingt, wenn sie nicht in große Fernen fortstürzt, gerade das Greifbare. Sie enthält primär Körper und erst in weiterer Perspektive, mit deutlichem Umschlag, den mit dem Unerscheinenden, Unerschienenen implizierten Körper. Dies am Erscheinenden nicht Erschöpfte ist im Anschauungsraum lediglich der ferne Hintergrund, gleichsam der horizontal verlegte, an den Horizont verlegte Abgrund des Sichtbaren. Erst in diesem übertragenen, sich ins nicht ganz Auslotbare übertragenden Sinn kommt die Tiefe des Anschauungsraums der philosophischen nahe. Ja diese hat dem Ansich ihres Ursprungs nach, so am sichtbarsten in Kants unvermittelter Weltlosigkeit, überhaupt nichts Horizontales; sie ist vielmehr ein Senkrechtes nach dem Abgrund wie nach der Höhe zu. Solange Tiefe mit der Weltbreite unvermittelt ist, bewegt sie sich ausschließlich in dieser Vertikale und insistiert auf ihr; sei es als Versenkung in den Selbstabgrund, sei es als Erhebung (die hier gleichfalls Versenkung ist) in den Abgrund

eines entronnenen Azur. Das Erste meinte Kant mit dem Zentrum: moralisches Gesetz in mir, das Zweite mit dem Zenit: bestirnter Himmel über mir; dergestalt daß beide mit unserer Existenz verknüpft sind. Zenit und Zentrum begegnen sich in ihrer beider Abgrund: der bestirnte Himmel führt uns aus der eigenen Nichtigkeit heraus, das moralische Gesetz führt uns in die eigene Wichtigkeit hinein. Aber die philosophische Tiefe hat von der des Anschauungsraums allerdings auch eine *Horizontale* übernommen, nämlich die der Perspektive; so freilich, daß die Tiefe sich nicht mit dem Horizontalen des Raums, sondern mit der der Zeit vermählt. Die Zeit scheint genau jenem Ende zuzufließen, in das sich die horizontale Breite verliert; sie trägt historisch zum Abgrund des in der bisherigen Erscheinung nicht Erschöpften. Dies auch bei Kant, trotz der Ausschließung der Zeit vom Ding an sich und trotz der formalen Weltlosigkeit seiner moralischen Mystik. Denn so formal auch die Tiefe der Selbstautonomie bei ihm bleibt, so sind hier doch die Linien eines Progresses zu ihr gezogen, allerdings eines unendlichen, der den unausgeloteten Abgrund des Inhalts mit der schlechten Unendlichkeit des Wegs vernichtet. Der radikale Sprung zwischen Unterwegs und Überhaupt, zwischen Geschichte und radikalem Tiefen-Inhalt ist bei Kant nicht, wie bei Hegel, in lückenloser Weltzeitvermittlung verdeckt, aber er ist mittels der schlechten Unendlichkeit des Unterwegs, mittels der ewig nur approximativen Bewegung zum Überhaupt verhindert. Der Weltprozeß wird so doch wieder von der Tiefe ausgeschlossen, und zwar paradoxerweise durch zuviel Weltprozeß, durch unendliche Exagerierung der Zeit. Hegel umgekehrt hat die schlechte Unendlichkeit aufgehoben, indem er die »Offenbarung der Tiefe« durchaus im Weltprozeß und durchaus nur in dessen historischer Ausbreitung vermittelt sein ließ; aber dadurch wurde eben wieder der Sprung außer acht gelassen, der allemal der philosophischen Tiefe, gar der absoluten, im Verhältnis zur historisch vermittelten Breite eignet. Dieser Sprung war in der religiösen Mythologie als vertikaler Blitz gedacht, mithin im Verhältnis zum Vermittlungsprozeß (»Heilsökonomie«) als »Wunder«. Auch als die Zeit erfüllt war und das Himmelreich nahe herangekommen (Mark. I, 15), trat die Offenbarung der Tiefe, in diesem ihrem absoluten, also alles durchbrechenden Ernstfall, letzthin aus dem Abgrund ihrer selbst, nicht aus der sprunglosen Konsequenz einer Weltzeit-Horizontale. Kant gibt zwar der Weltzeit nicht einmal die Möglichkeit, eine erfüllte zu sein; als unendliche Annäherung ist sie vielmehr grundsätzlich unerfüllbar. Ebenso hat er mit seinem Formalismus der währenden Unerschienenheit des eigentlichen Selbst-Inhalts einen zu großen Tribut gezahlt, ja einen gar nicht verlangten und der Tiefe gerade abträglichen. Ist doch die Tiefe nur in Ansehung des Gewordenen und seiner Oberfläche, also von einem ihr schließlich selber äußeren Gesichtspunkt her, Unauslotbarkeit. Von sich aus, dem Wesen ihrer Wesentlichkeit nach, impliziert die Tiefe vielmehr aufgehobene Unauslotbarkeit, nämlich Ankunft des Selbst-Willens in seinem manifestierten Inhalt oder erreichte *Identität*. Indem jedoch Kant die Intention auf diese Identität an keinen der bisher erschienenen Willens- und Wertinhalte hingab, hat er allerdings einen wesentlichen Charakter der Tiefe, als des Eigentlichen und Überhaupt, lebendig erhalten: die Offenheit. Er hat die Offenheit im utopischen Sinn offen gehalten, im Sinn noch unabgeschlossener Erscheinungsinhalte der Tiefe. Und mit so scharf gezielter Richtung der Intention daraufhin (Gemeinschaft freier sittlicher Wesen), daß gerade die Offenheit nicht ihre Karikatur finden konnte: nämlich uferlose Deutungs-Manie in der Breite selbst, uferlos-allegorisch-analogisierende Tiefen-Manie nach allen Seiten (wie später in der romantischen Schule und dann noch oft). Hier hat Hegel von Kant gelernt, die Eindeutigkeit der Tiefe hat er von ihm gelernt, die sich durch Bedeutungsfülle der Dinge unterwegs nicht ablocken läßt. Kant hat sich zum Überhaupt in unnachlaßlicher Richtung verhalten, in jener Einseitigkeit also, die scharf macht zum Zweck und verwandt macht mit wirklicher Tiefe als dem Überhaupt des Gewollten.

Um den Preis, wie bemerkt, daß das überhaupt Gemeinte welthaft unvermittelt blieb. Durch den Wegfall aller empirischen Bedingungen entsteht bei Kant erhabene Leere, sie lenkt freilich auch nicht ab. Kant hält einen hohlen und falschen Dualismus zwischen Empirie und Postulat, doch es wird zwischen beiden auch kein Kompromiß geschlossen. Zu den Objekten der praktischen Vernunft reicht keine Erkenntnis, aber diese werden auch nicht von den Kategorien eines gewordenen Kosmos umriegelt. Der gewordene Kosmos ist bei Kant zwar wesentlich nur der mechanische der Newtonschen Naturwissenschaft, so daß es Kants Dualismus besonders bequem hat, mit dieser Art von Notwendigkeit, als rein mechanischer, sich nicht zu vereinen. Aber infolge solcher Begrenzung des Fatums aufs rein Mechanische fehlt auch jener Amor fati, der erlaubt – wie die Hegelsche Linke ihrem Meister vorwarf –, die Menschheit lebendigen Leibs ans Kreuz der Geschichte zu nageln. Hinzukommt, daß die sogenannten Ideen der praktischen Vernunft (Gott, Freiheit, Unsterblichkeit) für ihr unvermitteltes Herumgeistern über der Empirie zugleich entschädigen. Denn bleibt die wichtigste dieser Ideen: die Freiheit, auch empirisch heimatlos oder bloßer »transzendentaler Schein«, so wird den andern Ideen, besonders derjenigen Gottes, doch auch die transzendente, überkosmische Realität entzogen, zu der der Mythos sie hypostasiert hatte. Kants praktische Vernunft empfängt ihr Gesetz nicht vom Willen Gottes, vollzieht es nicht in Befolgung seiner »Absichten«, sondern will human-immanent aus ihrer eigenen Tiefe schöpfen. Hegel erkennt zwar gleichfalls überkosmische Realität nicht an, doch die Geschichte ist ihm wesentlich »das Werk Gottes selber«, und sein Absolutes ist durchaus auch als Realität perfekt. Ein durchaus ontischer Schlußstein ist hier über die Zwecke gelegt, nach denen allein, wie Kant sagt, »die Vernunft dem Willen das höchste Ziel aller seiner Bestrebungen ausstecken kann«. Das nicht erreichte Ziel ist bei Kant ein bloßes Postulat, und die Angabe, das Ziel erreicht zu haben, eine Täuschung. Bei Hegel, der hierin weit mythologischer, nämlich geschlossen-systematischer wirkt, ist umgekehrt das Nicht-Erreichthaben eine Täuschung: »Im Endlichen können wir es nicht erleben oder sehen, daß der Zweck wahrhaft erreicht wird. Die Vollführung des unendlichen Zwecks ist so nur, die Täuschung aufzuheben, als ob er noch nicht vollführt sei. Das Gute, das absolut Gute vollbringt sich ewig in der Welt, und das Resultat ist, daß es schon an und für sich vollbracht ist und nicht erst auf uns zu warten braucht« (Enz. § 213 Zusatz, VI, S. 384). Kant hätte betreffs seiner Ideen des Unbedingten solche Sätze nicht schreiben können; die Kategorien, welche

Erscheinungen zu Erfahrung verknüpfen, finden an den Ideen keine Erscheinung, welche mehr anzugeben erlaubte als die Denkbarkeit, daß diese Ideen ein »reales Objekt« haben. Sie haben aber keine »objektive Realität«, sie sind »nicht Bedingungen des moralischen Gesetzes, sondern nur Bedingungen des notwendigen Objekts eines durch dieses Gesetz bestimmten Willens« (Werke, Hartenstein, V, S. 4). Dieses Objekt nennt Kant ein übersinnliches, das heißt hier, eines, dessen Kategorien und vor allem Ideen nicht mit sinnlichen Anschauungen füllbar sind, so daß Erfahrung möglich würde. Dieses Übersinnlichen kann man gewiß sein, doch es ermangelt der »objektiven Realität«; daher eben wird nichts an ihm mythisch-ontologisch hypostasiert. Kant spottet über die Denker, »die so eifrig ihre metaphysischen Gläser nach jenen entfernten Weltgegenden richten«; ganz nahe vielmehr, intensiv, nicht extensiv, durchs moralische Vernunftgesetz selbst wird für Kant sein Ding an sich offenbar. Sogar Würdigkeit auf schließliche Erkenntnis dieses »Übersinnlichen« folgt dann erst nach, folgt der Moralität nach und aus ihr selbst: »Allererst nachdem die moralischen Gesetze das Übersinnliche im Menschen, die Freiheit, deren Möglichkeit keine Vernunft erkennen kann, entschleiert haben, so hat die Vernunft *gerechten Anspruch* auf die Erkenntnis des Übersinnlichen« (Werke, Hartenstein, VIII, S. 572). Dieser letzthinnige Bezug von Freiheit auf ungehemmte Wesenserkenntnis ist Kant, mutatis mutandis, mit Hegel gemeinsam, doch so, daß bei Hegel der Anspruch bereits erfüllt ist (»absolute« Religion, »absolute« Philosophie). Hegel hat gebaut und kann deshalb auf Zinnen stehen, er hat, im Vergleich mit Kant, alles Wichtige für sich: die Vermittlung, die Dialektik, den Prozeß, die volle Inhaltlichkeit, die Staffeln der Ziel-Konkretion; aber das Sollen kommt nicht mehr vor. Hegel ist der größte Philosoph der bürgerlichen Neuzeit, ihr Erbe und Beschließer, er leitet über Feuerbach zu Marx, seine Dialektik lebt, auf die Füße gestellt, im Marxismus fort, während Kant nur zum – Neukantianismus geleitet hat und zu einigen ganz faulen Revisionisten oder »Verbesserern« der Marxschen Lehre. Jedoch Kant hat die Welt nicht geschlossen, er kennt nur in seiner Mechanik einen Ring, doch nicht einmal in den – so tiefsinnig angegebenen – Zeitschemen der mechanischen Kategorien, erst recht nicht in den Selbstzwecken, die dem menschlichen Willen ausgesteckt sind. Die Welt ist hier zwar kein Instrumentarium dieser Zwecke und – wegen des endlos gestreckten Sollens – auch nicht ihr, wie immer verwandter, Erfüllungsort; aber es leuchtet in dieser, zweifellos falschen, zu Abstraktionen zwingenden Weltlosigkeit eben auch eine Offenheit. Es leuchtet darin ein Postulats-Eingedenken des Eigentlichen und Überhaupt, ein notwendig vorgreifendes. Dergleichen ist bei Kant eigentümlich aufs System aufgesetzt, das einzig als das Ganze der theoretisch-mechanischen Erfahrung bei Kant ein geschlossenes ist. Was nachher kommt, ist dagegen lediglich Hoffnung einer ungewordenen, einer unendlich offenen Zukunft, es gehört grundsätzlich zu keinem Ring der Vorhandenheit. Der »Lehrer im Ideal«, wie Kant sagt, sieht das Unsere weder in der geschlossenen Form der Empirie noch irgendeiner als objektive Realität setzbaren Transzendenz, er sieht es in einem Dritten, das sich erst bildet: in einer »künftigen Menschengemeinschaft unter moralischen Gesetzen«, als »Volk Gottes unter ethischen Gesetzen«. Das ist Hegels Fürsichsein, aus der ethikokosmischen Perspektive und aus der des absoluten Wissens auf eine der willenshaften Subjektivität und auf ein noch Unentschiedenes bezogen. Es bleibt bei Kant allerdings stets nur Zuordnung einer *unvermittelten* (formalen) Identität des wahren Selbst zu der Tiefe. Daher kann Kant mit dieser Offenheit nichts Reales anfangen, Geschichte kommt kaum vor, Entspringung eines inhaltlichen Novum überhaupt nicht, die Kosmos- und Überkosmoslosigkeit des zielhaften Überhaupt macht dieses selber formal. Die Freiheit, diese zentralste Idee des Unbedingten, welche, wie Kant sagt, nur »als Unabhängigkeit von allem Empirischen und also von der Natur überhaupt gedacht werden muß«, diese rein transzendentale Freiheit bleibt vom schlecht Empirischen gerade hoffnungslos abhängig, indem sie von allem und jedem Empirischen unabhängig sich halten will. Es bleibt dann nichts als das ewig intelligible Ideal der »unsichtbaren Kirche«. Hegel machte mit diesem zuviel verpflichtenden, also realiter zu nichts verpflichtenden Idealwesen Schluß; das *vermittelte* Tiefenwesen oder die Phänomenologie des menschlichen Gesichts geht aber weiter. Der Grenzinhalt des Überhaupt sprengt die Geschichte, aber er sprengt sie nur, indem er sie voraussetzt. Sowohl als Vergangenheit wie vor allem als Zukunft, um derart weder ein angeblich bereits erfülltes noch aber auch ein formal-unendliches Ideal zu bleiben. Aber die Mahnung, die vom empirisch noch unvollzogenen Postulat ausgeht, diese herbe Hoffnung der Zukunft bleibt, so sehr auch Hegels Weltfülle, Weltgeschichtsfülle den Ort aufzeigte, worin Postulate einzig ihren tätig-konkreten Umgang haben können, und zwar keinen abstrakt-dualistischen, unerreichbar-absoluten.

4. Ist der Weg begonnen, so muß die Reise vollendet werden. Das kann sie nur vermittelt, in und mit den gesellschaftlich-welthaften Bedingungen. Daß Kant auf sie sich nicht einließ, und daß er deshalb nicht enden, ja nicht einmal beginnen konnte, das macht ihn nicht groß. Groß macht ihn nur die Unnachlaßlichkeit, mit der er in der gewordenen Empirie kein Ende sah. Dieses Gewissen des unerledigten Überhaupt bewirkt allerdings, daß Kant immer wieder erinnert bleibt – nicht gegen Hegel oder gar statt seiner, gewiß nicht, wohl aber in der durch Hegel bezeichenbaren und prozeßhaft pointierten Sache: in der Zuordnung der *vermittelten Selbst-Identität zur Tiefe des Eigentlichen, des Überhaupt.* Die Tiefe ist unser herausprozessiertes Selbst mit seinem aus der Welt gewonnenem Raum, mit seinen unentfremdeten Gegenständen. Dergleichen ist zweifellos sowohl ein Grenzbegriff wie ein geradezu eschatologisches Postulat, aber es ist ebenso, auf konkret-utopische Weise, die im Weltprozeß anhängige Sache selbst.

Die Entscheidung ist noch nicht gefallen, und die Sache selbst ist selber noch nicht heraus. Sonst gäbe es nicht das schlecht Viele in der Welt, dieses dem Durcheinander eines Nichts zugehörende. Sonst gäbe es kein zeitliches *Vergehen* und kein räumliches Außereinander und *Erstarren*, beides dem Tod zugehörig. Sonst gäbe es aber auch keinen Prozeß, und er liefe nicht weiter; sonst befände sich nicht, mit allen Bestimmungen der Gefahr, dieses Weltwerk in dialektischem, noch unabgeschlossenem Guß. Sonst wäre aber auch für den Versuch des universalen, das heißt, unter Totalität stehenden Begreifens die – wie immer problemhaft-vorgreifende – Zielorientierung unmöglich, nach der gerade die Vielheiten sich ausgerichtet zeigen. Trotz der Ungleichzeitigkeit, trotz der mehreren Kammern im Welthaus: die Vielheiten sind, *bei nicht zu kurz gegriffener, nicht zu abgeschlossen-inhaltlicher Orientierung der Totalität*, zu dieser weder disparat noch sonstwie schlecht-pluralistisch auseinanderlaufend. Die Vielheiten zeigen sich vielmehr als negativ oder positiv geordnet im Prozeßverhältnis zum dämmernden Überhaupt hin, sind je nach dem weiteren oder ferneren, dem gleichgültigeren oder heftigeren, dem hemmenden oder produktiven Bezug zur Tiefe geordnet – verum est index sui et falsi, das gilt auch fürs utopisch-offene System. Die »Alteritas« des Unterwegs ist so keine Rumpelkammer, sondern eine Experiment-Fülle von Instanzen; *jedes, aber auch jedes Detail* gibt derart – theoretice – eine auftauchende Instanz der herauszuschaffenden vermittelten Identität. Beginnend mit flüchtigen Fingerzeigen bis herauf zu den objekthaften Gestalt-Allegorien und Gestalt-Symbolen des gärend-dämmernden An- und Fürsichseins (Zentral-Prädikats). Es liegt nur an der begrenzten Individualität eines Philosophen und an der Kürze der Lebensdauer dieser Individualität, daß hier diese, dort jene Details als Instanzen und Chiffren im Prozeß zur Identität hin pointiert werden. Denn für eine Theorie, die ebenso der materiellen Tendenz sich konform hält wie der Unabgeschlossenheit dieser Tendenz, gibt es keine unzugängliche »Spezifikation der Natur«. In dem Sinn, wie es diese für den von Kant reflektierten Kalkül und auch noch für die so weit konkretere Inhalts-Genesis Hegels gegeben hat. Die vorläufige Grenze der Aussagbarkeit, als einer fix-definitiven, liegt wo ganz anders, sie liegt in der *währenden Latenz*, in der sich selber, realiter, noch verhüllten Beschaffenheit des Zielinhalts der Tendenz selbst. Er ist dasselbe wie der Antrieb der Tendenz selbst, wie dasjenige also, weshalb überhaupt Tendenz und Prozeß sind; und dieses eben, als die außerordentliche, noch nicht aus sich herausgekommene Nähe des Zielinhalts, macht ihn so dunkel. Die noch immanenteste Immanenz macht ihn schwierig, nicht die Spezifikationen, die ihm doch Instanzen der Erhellung sind, und erst recht nicht irgendeine Transzendenz. Was der Zielinhalt (das Fürsichsein, die absolut vermittelte Identität) sein könnte, dieses freilich liegt deshalb noch hinter der Grenze der Aussagbarkeit, weil es noch gar nicht – vorhanden ist. Außer in der Tendenz darauf hin und in dem zweifellos schwierig definierbaren und topisierbaren Realitätsgrad des Noch-Nicht in der Latenz. Dennoch gibt es diesen Realitätsgrad, er unterscheidet ja abstrakte Utopie von konkreter, er unterscheidet innerhalb letzterer bevorstehende, sich bereits sinnfällig abzeichnende Aktualisierungen des real Möglichen von ferner, gar in einem Ultimum liegenden. Vorerst ist das letzthinnige Noch-Nicht nur durch Negationen dessen aussagbar, was es in dem dem Subjekt Gewordenen zuverlässig nicht ist: es ist nicht Entfremdung, nicht Entäußerung, nicht Verdinglichung, kurz, nicht Nicht-Identität des Menschen mit sich selbst. Intention, Tendenz, Instanzen und Chiffren des Fürsichseins gibt es genug, doch die Sache selbst heißt ersichtlich weder Substanz noch Idee noch auch Materie im mechanischen Sinn noch auch Humanum im bisher ausgemachten. Um von den mythologischen Bezeichnungen hypostasierter Art völlig zu schweigen und von verwandten Himmelsblicken ontologischer Schwärmerei. Indes genügt die völlig entschieden mögliche Angabe der Nicht-Entfremdung durchaus für die Arbeit im Prozeß. Sie ist ausreichend zur Durchschauung des als real ausgegebenen Scheins, sie ist Wissen genug, um dem Subjekt durch Blendwerk nicht den gründlichen Appetit sowie die Aussicht verlegen zu lassen. Die utopische Präsenz des Alles im radikalen Intendieren und der abgelehnten Entfremdung hält der Geschichte ihr Begriffs- und Arbeitsfeld offen, bis zum wirklichen Resultat. Ja sie läßt noch das scheinbar Fertige und das Modell aller Geschlossenheit (eherne, ewige Gesetze) als unentschieden, wo nicht als das noch Unentschiedenste erkennen, nämlich die Natur, den – Kosmos selbst. Das ist die wirkliche Offenheit der Welt, folglich jeder Systematik, die sie ohne Scheffel auf ihrem Licht denkt. Die Inhaltsbeschaffenheit der prozessual umgehenden Totalität bleibt eben wegen des noch währenden, experimentell-produktiven Prozesses in Latenz; die Freiheit zum Überhaupt ist wirklich nur erst im Status realer Möglichkeit. Aber diese Latenz wiederum verhindert die Ordnung der Freiheit auf dem Marsch nicht, und sie verhindert das *offene System der Freiheit* nicht. Freiheit selber in ihrer letzten Wozu-Bestimmung ist Offenheit zum Werden und Eintritt des Überhaupt; sie ist nach Hegels wahrer Definition dasselbe wie die Offenbarung der Tiefe, ja die Tiefe als die des Selbst selber, das »mit Gegenständlichem nicht mehr behaftet ist als mit einem Fremden«. Auch hier, in diesem ganz offenen Bezug und im Bezug zu einer Offenheit, die die Eröffnung der Tiefe und die Tiefe der Eröffnung in Einem ist, – auch hier geht deshalb das große Systemmotiv der Omnia ubique helfend um. Gewiß nicht mehr in jenem Sinn, der Cusanus, Leibniz und Hegel, den geschlossenen Systematikern, gemeinsam ist, als leuchte ein *fertiges Totum* in allen Teilen der Welt abgewandelt-einheitlich zurück. Das ist heillos, Hegel selber muß über diese Hypostase spotten, wo sie ihn bei andern als ihm selbst begegnet. So bei Leibniz, wenn sie in der Form der prästabilierten Harmonie aller Dinge auftritt; »Gott«, sagt hierzu Hegel gegen seine fixe Unitas selbst, »ist also gleichsam die Gosse, worin alle die Widersprüche zusammenlaufen« (XV, S. 472). Das sei ferne, weder so noch in irgendeiner anderen Weise von ausgemachtem, realem Resultat teilt sich das Omnia des Totum den Vielheiten mit. Wohl aber dergestalt, daß es lebendige Utopie darstellt, das ist: jederzeit und überall umgehende Intention auf das ungekommene Überhaupt, wie sie durch den Prozeß geht und seine Welt verbindet. Das sind die Grenzbegriffe der prozessual-dialektischen Wegordnung und zugleich ihr systematisch-determinierender Halt. Ein abgeschlossener Prozeß wäre keiner, außer in den aufeinanderfolgenden Blättern des Buchs. Ein unabgeschlossener Prozeß ohne Zielrichtung wäre nicht einmal im Buch einer, denn er wäre bloßes Taumeln. Aber ein unabgeschlossener Prozeß mit der in ihm umgehenden Realintention auf das An- und Fürsichsein, das heißt: auf die herauszuschaffende Präzisierung seines dämmernden Erzeuger-Inhalts (Subjekt-Inhalts), ist genau dasjenige, was in der Wirklichkeit vor sich geht. Erkennen bedeutet demgegenüber nicht, ein ohnehin Abgeschlossenes zu versiegeln, sondern Erkenntnis ist Vollendungsarbeit im Licht. Dazu hat gerade Hegel mehr beigetragen, als den bloßen Eulen der Minerva (bekanntlich keiner Nachtgöttin) lieb, und der Abschied von Hegel aus dem Gewissen des Postulats wird ein neues Wiedersehen mit ihm aus dem Wissen um die unmittelbare Identität des Selbst. Es ist ein Wiedersehen vor allem in den

Morgengegenden des Prozesses und so freilich entscheidend an seiner Front.

5. Eine Einsicht ist an diesem Ende fällig, die dem Selbst und dem ihm nicht Gewordenen selber zugehört. Jedes Ding wirkt über sich hinaus, denn es befindet sich in Bewegung, es ist ein Moment ihrer. Infolgedessen wurde vorhin gesagt, daß jedes, aber auch jedes Detail zur Wahrheit beitrage und auf ihren Weg gehöre. Daß jedes – theoretice – eine auftauchende Instanz und Chiffre der herauszuschaffenden vermittelten Identität darstelle. Freilich wäre es *praktisch* Narretei, jeder, aber auch jeder Instanz nachgehen zu wollen; das wäre dämonische Irre. Das Kind, das mit einer Muschel den Ozean ausschöpfen will, wäre noch besonnen gegen den Mann, der alle Details aufsagen oder auch nur abhören möchte. Das Kind im Märchen, dem die Hexe aufgibt, in einer einzigen Nacht einen ganzen Berg von Wolle aufzuspinnen, hätte noch eher Aussicht fertig zu werden als der Denker der ganzen Vielheit und als ein Wahnsinnstraktat de omnibus rebus et quibusdam aliis. Trotzdem ist Achtung auf Instanzen in dem Sinn, daß kein Detail a priori als unwesentlich bezeichnet werden kann, für konkretes Philosophieren unumgänglich. Dieses ist von Haus aus eines mit offenen Augen, ohne Schema a priori, folglich die Bereitschaft, in jedem Detail gegebenenfalls eine Implikation zu finden, deren Verfolgung konkret belehrt. So freilich, daß in diesem polyhistorischen Gewissen, damit es ein philosophisches sei und eben nicht zu dämonischer Narretei werde, wichtige Beschränkungen und Besinnungen eintreten. *Erstens* begrenzen das individuelle Sosein eines Denkers und die Kürze seiner Lebensdauer ohnehin das Blickfeld. Jeder Mensch, jeder Beruf, jede Zeit hat ihre besondere Merkwelt; aus dieser Not muß eine Tugend, nämlich die der besonders verantwortlichen, besonders zeitbewußten Auswahl der Stoffe gemacht werden. *Zweitens* geht eine höchst kräftige Mahnung gerade vom unkräftigen Instanzenlesen aus, nämlich vom uferlosen, das eine Beute, nicht ein Herr der Bedeutungen ist. Eine Welt wie die Kafkas beispielsweise stellt diese Art Ausgeliefertsein monomanisch-schreckhaft dar. Der Aura nach völlig verschieden, gespannt-vertrauensvoll, doch gleichwohl überall Anspielungen witternd, zeigte sich uferloses Instanzenlesen in

der romantischen Schule, besonders bei Novalis. Oben wurde dergleichen bereits als Deutungs-Manie, richtungslose Tiefen-Manie bezeichnet und als unphilosophisch ausgeschieden. Ist ihr Feinsinn wesentlich schreckhaft, so läßt er sich primär bei Verfolgten erkennen und ganz gesteigert im Verfolgungswahn: jedes Begebnis ist hier mit Bedeutungen überlastet, überall riecht das Subjekt Lunte. Ist der Feinsinn neutral, also betroffen, aber nicht so beunruhigt und aufs eigene Subjekt bezogen wie bei Verfolgten, so findet er sich primär bei bedeutenden Naturen, die nicht wissen, was sie wollen. Indem sie selber keinen einsinnigen Bezugsinhalt haben, sehen sie sich auch objektiv von lauter Vieldeutigkeit umgeben, von schlechter Unendlichkeit der Bedeutungsrichtungen. Wobei selbst noch das einzelne Bedeutungs-Detail innerhalb der unübersehbaren Fülle Mehrdeutigkeit aufweisen kann; jene nämlich, die nicht, wie in den ebenfalls mehrdeutigen Allegorien, die experimentelle Chiffre des Objekts, sondern lediglich die Unentschiedenheit seines Betrachters wiedergibt. Gemeinsam aber ist den primär Verfolgten wie den primär Vieldeutigen die Ratlosigkeit; ihr Produkt ist Überfülle aus lauter Sackgassen. Die sozial-ideologische Funktion der Tiefen-Deutung nach allen Seiten ist die geworden, Unentschlossenheit zu verklären; der philosophische Effekt ist Verwandlung unpolarisierter Überfülle zum – Nichts. Alles wird hier voll zentraler Bedeutung, des Sinns, daß keine einzige Bedeutung zentral ist, keine einzige auf die Identität echter Tiefe bezogen. Dieses also ist die Warnung, die von bloßer Tiefen-Manie (lucus a non lucendo) ausgeht; ihr Agens ist Unentschiedenheit. Wogegen das Agens der *echten* Instanzen-Methodik eben die Einseitigkeit ist, die scharf macht zum Zweck; diese spart sich die hochgezogenen Augenbrauen für jene Details auf, in denen die Implikation wirklich brennt und nicht bloß – bei noch undeutlichem Luftzug – glimmt. *Drittens* aber gibt es selbst beim besonnenen und gezielten Detailwesen, sofern es, bei aller Auswahl, enzyklopädisch sein will, ein *philosophisches* Bedenken. Enzyklopädie (hier zu unterscheiden von Systematik) ist Vollständigkeit; das Streben nach dieser steht aber in Gefahr, gerade nicht großzügig, gerade kleinlich werden zu können. Das Bedenken dieser Art war bereits oben begegnet, am Übergang von Hegels Logik zur Enzyklopädie (vgl. S. 181); betont wurde, daß die Typen Aristoteles, Hegel zum Unterschied von den ebenso gewaltigen Platon, Kant auch noch die ausgeführte Breite zur Tiefe schlagen konnten. Aber an sich selbst gehalten ist Streben nach Vollständigkeit leicht schäbig oder kann es sein, besonders wenn es mit dem Grundsatz konfrontiert wird: Minima non curat praetor. Deshalb fühlte auch eine gewisse vornehme Gegnerschaft Hegels, nämlich Karoline, sich immerhin bemüht, darauf hinzuweisen, daß große Geister wie Platon, Leibniz, Kant, Schelling sich wesentlich auf die Ausarbeitung leitender Gesichtspunkte beschränkt hätten. Statt sich mit dem Schweiß der Vollständigkeit zu bedecken, hätten sie sich zur Angabe von Hauptpunkten entschlossen; wonach spezielle Durchführung an detailliertem Material nur sporadisch bei ihnen zu finden sei. Andererseits freilich gab es gerade den universal gebildeten Weltmann der Renaissance; bei ihm war Vollständigkeit gewiß nicht schäbig. Erst recht bewährten die entschiedenen Größen Aristoteles, Thomas, Hegel stärkste enzyklopädische Durchführung; sie sind die Könige der Enzyklopädie und nicht deren Kärrner. Hegel bleibt Herr seines fast unermeßlich durchdrungenen Materials; vor allem gegen Überdetaillierungen (auch in Besonderheiten der Geschichte, nicht nur der Natur) hat er stets die Abneigung eines Prätors gezeigt. Trotzdem drang er auf möglichst lückenlose Füllung durch ein seinem Logosbegriff vermittelbares Material, und es entstand Enzyklopädie. Trotzdem geht aber auch an diesem dritten Punkt: als dem gesprenkelten Pathos der Vollständigkeit, die Warnung an, Enzyklopädie vor bloßer Überschwemmung mit instanzenarmen oder auf Instanzen nicht abgehörten Details zu bewahren. Oder Enzyklopädie, sobald sie im System erscheint, aus Kontinenten von notierter Aussparung bestehen zu lassen, gerade neben und in der Fülle kleinster wie größter Licht-Instanzen. Dieses mittels des Vertrauens, daß unter der unbewältigbaren Fülle der Instanzen die jeweils wichtigsten, die zur jeweiligen Optik des Überhaupt signifikantesten gefunden worden sind. Gefüllte Enzyklopädie selber ist unvollziehbar, trotz des Grenz-Ideals, das sie darstellt, unabhängig von der dämonischen Narretei des unendlich notierten unendlichen

Instanzen-Pluralismus. Sie ist allerletzt auch noch aus einem Grund unphilosophisch, der dem Leser dieser Blätter wohlbekannt ist: aus *dem Grund der Front und des Novum in der Welt.* Gefüllte Enzyklopädie wäre daher auch dann eine Unwahrheit, wenn sie in einer völlig abenteuerlichen Bibliothek gelänge; denn die Voraussetzung zu solcher Enumeration der Wahrheit ist selber eben Unwahrheit katexochen: nämlich Geschlossenheit der Welt. Gefüllte Enzyklopädie, in der Art, wie sie bei Hegel intendiert ist, setzt das Gewordensein als Gelungensein voraus. So will sie nicht nur die ganze, ihr in den Kreis passende Welt niederschreiben, in Reinschrift sozusagen, panlogisch-kalligraphisch; sie proklamiert notwendig auch die Realität des Einen und Überhaupt als total fertige. Auf dem beendeten Weg dieser beendeten Unitas, sowie um sie her, stehen dann die explizierenden, selber fertig explizierten Weltgebilde, ein Kelch des Geisterreichs, woraus bereits das Absolute schäumt. Diese Schwäche Hegels – eine Schwäche aus riesiger, jedoch real-hypostasierter Vollkommenheits-Antizipation – warnt zwar nicht vor Enzyklopädie schlechthin, diesem einzigartig umfassenden Wesen, aber sie warnt vor dem Ruhen und Besitzen, das der Enzyklopädie als einer Geschlossenheit gefährlich eignet. Also muß eine andere Form der Umfassendheit entdeckt werden, und dieses gerade zu dem Zweck, die noch prozessual-latenten, die selber nur erst in Andeutungen erscheinenden Detail-Instanzen in die philosophische Umfassung zu bringen. Der nicht-enzyklopädische Denktypus (mit Angabe leitender Gesichtspunkte) leuchtet hervor durch sein unstarres Pionierhaftes, durch die Kultur der Grenzprobleme, auch durch die Kraft, gegebenenfalls Ziele wie Sternbilder zu sehen, das ist so, daß der Zwischenraum zwischen ihnen nicht erhellt wird. Der enzyklopädische Denktypus leuchtet hervor durch ein nirgends unbewährt gelassenes Zusammenhangsmaterial. Aber über beiden Typen gibt es ein Drittes, es gehört zu der ebenso unstarren wie umfassend gezielten Marschordnung des offenen Systems. Es verbindet das Pionierhafte eines nicht-enzyklopädischen Instanzenlesens mit der geordneten Instanzenfülle des enzyklopädisch-reichen Zusammenhangs. Dadurch entsteht keine Enzyklopädie des Besitzes, wohl aber eine *der Dialektik und ihres im Prozeß befindlichen, einem Prozeßziel zugeordneten Zusammenhang-Inhalts.* Die so intendierbare Enzyklopädie ist derart nichts anderes als das Darstellungs- und Ausführungsproblem in dem des offenen Systems. Sie hat mit der nicht-enzyklopädischen Darstellung das beliebig aufgegriffene Nebenbei, scheinbare Nebenbei des Materials gemein, von dem her sich an den unerwartetsten Punkten in die Tiefe gehen läßt, aber sie verfällt nicht in die Schwäche, nur Nebenbei zu haben und macht keinen Sport daraus. Die geöffnete Darstellung hat mit der nicht-enzyklopädischen weiterhin die Gewalt der Direktiven und leitenden Gesichtspunkte gemein, von denen her sich die zentrale Ansicht zeigt, aber sie kennt keine abstrakt bleibenden, gar nur auf »Beispiele« angewandten »Prinzipien«. Andererseits hat die unabgeschlossene Systematisierung mit der gefüllt enzyklopädischen gerade den Willen zum umfassenden Material gemein, diese Vorbedingung aller Konkretheit und der polyphonen Totalität, aber sie hebt diese Art Enzyklopädie ebenso nach Seite seiner besonders deutlichen Geschlossenheit auf, nach Seite seiner übersehbaren, doch völlig unwirklichen Kreisförmigkeit.

6. Was statt dessen zur Frage steht, ist folglich offen erfahrend, bereit, ungeschlossen, scharf gerichtet zugleich. Es ist die auf gehende Füße gestellte Dialektik, es ist die nicht, wie bei Hegel, angehaltene und auf kategorisierte Gewordenheiten beschränkte. Offene Enzyklopädie, offenes System sind materialistische Dialektik, also sowohl eine auf die intensiv-materielle, nicht logische Wurzel alles Geschehens bezogene wie eine, die sich eben wegen dieser nicht-panlogischen Realistik auf Vielheit, Unterbrechung, Unabgeschlossenheit versteht. Vielheit bedeutet hier nicht Unabsehbarkeit gleich jener, vor der die Enzyklopädie des Materials, wenn man sie beim Wort nähme, kapitulieren müßte. Vielheit muß auch im offenen System ausgewählt werden, aber nicht nach der Notposition der angeblich unterlogischen »Spezifikation der Natur« oder der »Ohnmacht der Natur«, die fixierten Kategorien einer idealistischen Philosophie zu konkretisieren. Sondern die Auswahl – die zur Gestalt einer Philosophie per definitionem unumgängliche – wird der informierenden Erkenntnis durchaus unbeliebig durch die jeweils erkennbare Stärke oder Schwäche der Realrelation angegeben, in

der die »Pluralismen« oder die Realchiffren der »Alteritas«, soweit sie in den Gesichtskreis treten, zu dem überall bedeutenden Tendenz-, Latenz-Inhalt des Prozesses stehen. »Herstellung der Bedingungen zum Sieg der Arbeiterklasse«, dies ist beispielsweise eine solche Realrelation in den vielheitlichen, vielsträhnigen Prozeßmomenten. Sie wird nicht uferlos sein, derart daß sie aufzählt und beschreibt, wieviel Wolken täglich übers blaue Himmelszelt gehen, aber sie wird auch nicht borniert sein, derart daß sie den Küchenstreit übers fehlende Fleisch, gar Unerwünschtes wie das häufige Gelingen verschiedener Reichstagsbrände ausläßt. Wichtiges findet sich in den geringsten Nachrichten, es kommt nur darauf an, ihren dialektischen Instanzenwert zu erkennen. Wichtiges kann im Nebenbei stecken, also gerade in jenem Material, das durchs Sieb des Schemas hindurchfällt, das in den Generalbegriffen der Konvention gar nicht gesehen wird. Die unabgestempelte Welt ist ebenso reich an Bedeutungen wie die gestempelte, gar wie die in Gewürzkrämerbuden und auf Skelettzettel eingegangene, und sie ist reicher an unausgemachten Bedeutungen. Nicht überraschend daher, daß materiale Philosophen wie Hegel am meisten Implikation zeigen, wo sie den Idealismus des Kontinuums und der Ausgemachtheit kurze Zeit unterbrechen. Sei es durch einen Seitenblick außerhalb des Stundenplans, sei es durch Zitierung eines nicht vergangenen Moments in der Vergangenheit, eines nicht untergebrachten Elements im Universum. Der Seitenblick macht plötzlich Kleinigkeiten transparent, so den Schmelz der Miniatur, und Hegel kommt ganz außerhalb der Reihe, er bringt mit einem einzigen Querschlag durch Klassifikationen weit Entlegenes durch instanzenreich Kleines, Feines zusammen. So an dieser Stelle, stellvertretend für manch andere, Indien betreffend: »Seine Schönheit ist mit jener zarten einer Frau zu vergleichen, deren Wangen mit einer feinen Röte, gleichsam einem geistigen Anhauch von innen heraus überzogen sind, und deren Gesichtszüge wie die Haltung des Munds weich und angespannt bleiben. Diese eigentümliche Schönheit, welche sich bei Frauen einen Tag nach ihrer Niederkunft zeigt oder im Somnambulismus, dieser schöne Ausdruck, welchen Schoreel seinem berühmten Gemälde, der sterbenden Maria, verliehen hat, deren Geist sich schon zu den seligen Räumen emporhebt, und noch einmal ihr sterbendes Antlitz gleichsam zum Abschiedskusse belebt, ist der eigentümliche Typus, den wir in Indien erblicken« (IX, S. 145). Dergleichen ist ganz offenbarer Pluralismus, und zwar einer mit besonders weiten Zwischenräumen; deren Verbindung ist zwar an der Oberfläche nur einer der Analogie, aber in dieser arbeitet unverkennbar zugleich die Richtung auf ein Wesentliches, die die jeweiligen Klassifikationen (Niederkunft, Somnambulismus, frommes Gemälde, Land der Träume) durchschlägt, mitsamt den jeweils zuständigen Generalsphären des Systems (Anthropologie, Ästhetik, Geographie). Das ist geladener Seitenblick; noch deutlicheres Instanzenlesen zeigt sich, wo Momente in der Geschichte, Elemente im Universum aus dem idealistischen Kontinuum herausgesprengt werden. Bereits kommen dann in den – recht wider die Abrede geöffneten – Pluralismus Beziehungen aufs Überhaupt des Wesentlichen, und zwar derart, daß sie fast die allzu lückenlose Vermittlung verschmähen. So bei Hegel in der isolierend-symptomatischen Pointierung der Französischen Revolution (als eines herrlichen Sonnenaufgangs, den kein Tag mehr abschwächt), so in der isolierend-allegorischen des Lichts (als Archetyp des Selbst in der Natur). Dergleichen wird allerdings im Kontinuum des geschlossenen Systems immer wieder mediatisiert, mit einem Omnia ubique, dessen Alles bereits das All ist und kein Alles als Überhaupt offen läßt. Bei alldem ist der Unterschied zur instanzenarmen Sammlung im Sinn unphilosophischer Enzyklopädie klar: das *Vielfältige, Ungeschlossene*, jedoch scharf auf eine *Intentions-Einheit* Visierte und sich Visierende, macht den Unterschied aus. Die Wirklichkeit ist *Nominalismus, nicht Begriffsrealismus*, jedoch Nominalismus, dessen sämtliche Momente und Details durch die *Einheit der objektiven Realintention*, fundiert durch die *utopische Einheit des Ziels*, zusammengehalten sind. Es gibt keine Einheit der Voraussetzung (logische Ableitbarkeit), keine einer ersten Ursache (Urhaken der Kausalkette), keine des Grundstoffs (Abstraktum des Geistes oder auch einer ein für allemal homogenen Materie), keine des Universums (als welches vielmehr ein gezielter Pluralismus, folglich ein Multiversum ist). Sondern die einzige ist die Intentions-Einheit, und deren Inhalt ist, als Prozeß-Inhalt, der noch nicht konkreszierte, der bislang nur in der Richtung auf ihn hin vorhandene. Diesem Fürsichsein eignet es gerade, noch nirgends präsent, doch überall, in allen Bewegungen und Gestaltungen der Welt, repräsentiert zu sein. Es ist bezeichenbar als der realiter aufgedeckte Grund, der realiter aufgelöste Widerspruch, die realiter manifestierte Beantwortung der währenden *Realfrage:* Welt.

7. Vom bloß Gewordenen aus ist dieses Ziel freilich postum, also kraftlos. Aber vom begriffenen Werden her erfaßt, ist es ungeboren, also der Kraftgehalt selbst, zu dessen Hervorbringung die gesamte energisch-materielle Dialektik kreist. Hegel wußte darum, als er den Satz schrieb: »Das Ziel ist dem Wissen ebenso notwendig als die Reihe des Fortgangs gesteckt; es ist da, wo es nicht mehr über sich selbst hinauszugehen nötig hat« (II, S. 65). Der enzyklopädisch-geschlossene Systematiker hat diese Einsicht jedoch der Erinnerung übergeben, jener Erinnerung, die als ihre Schutzpatronin letzthin die Vergessenheit hat. Wissen als Erinnerung ist dasselbe wie Vergessenheit, weil das Vergangene durch ein Wissen, das sich als sichere Kontemplation und Gewußtsein ausschließlich und notwendig auf Abgeschlossenes bezieht, zur vollständigen Gewesenheit potenziert wird. Dagegen Wissen des in der Vergangenheit noch Zukünftigen, nicht zum Ende Gebrachten, ist ebenso notwendig *Eingedenken*, nämlich des Einen, was aussteht und nottut. Hegel lehrt von diesem Einen durchdringend, diese Stimme ist an so vielen Punkten seines Werks vernehmlich, doch mit der Stimme bloßer Gewordenheit gemischt; es ist dann wie ein Gespräch zwischen den beiden Gesichtern des Janus. Nur aufs Eine, das nottut, nicht auf einen kreishaften Orbis scriptus, ist das Eingedenken orientiert; es hört in der Polyphonie der Instanzen den latenten Cantus firmus. Da die Welt nicht bloß im argen, sondern im Prozeß liegt, kommt die Adäquatheit des intendierten Fürsichseins, die im Eingedenken der Philosophie, in der Realintention der Objektivität gleichartig bedeutet ist, eben nirgends als selber firm und abgeschlossen vor. Das unter dieser Vollendung Gedachte gibt es nicht, weder mythologisch im Himmel noch philosophisch – mit säkularisierter Gott-Hypostase – in der absoluten Idee. So trughaft-unmittelbar, so erhaben-ideell wird der Knoten des

Prozesses, seiner Widersprüche wie seiner Adäquationsferne, nicht durchhauen. Das in der eigentlichsten (und hierin sich selber noch unbekannten) Intention Gemeinte, dies Ende, woran jede Intention aufhörte, kommt weder als negativ abgeschlossen vor (Bestimmung der Verzweiflung) noch gar als positiv abgeschlossen (Bestimmung der Zuversicht). Wohl aber lebt es noch in realer Möglichkeit (Bestimmung der Hoffnung): das Totum des Überhaupt geht um und steht aus. Alles auf Instanz Abhörbare im Erscheinenden weist auf das einheitliche Überhaupt des Bewegungs- und Willens-Inhalts. Und seine Tiefe – das im Erscheinenden noch nicht Erschöpfte, im Manifestierten vermittelte, aber nicht selber ganz Manifestierte – ist Identität. Sie ist die des zu sich und seinen adäquaten Gegenständen angelangten Humanum, mithin das Ende des Objekts am befreiten Subjekt, das Ende des Subjekts am unentfremdeten Objekt. Und ihre Tiefe, dieses Überhaupt des Gewollten, ist Identität als künftige intensive Freiheit, doch ebenso als das gegenständlich extensive *Reich* dieser Freiheit.

25 DIALEKTIK UND HOFFNUNG

1. Man hat den Menschen, wie er ist, eine verfrühte Geburt genannt. Er kommt hilfloser und unfertiger als irgendein Tier zur Welt, braucht weit länger zur Reife und ist auch von sich dabei bedroht. Schwankt und macht Fehler, auf die ein junges Tier, in seiner ihm angestammten Umwelt, gar nicht kommt. Sitzt oft im Dunkeln, weiß nicht aus noch ein, hat an seinem Leib nur selten oder undeutlich den untrüglichen Wegweiser, der das Pferd zum Wasser, gar die rückkehrende Schwalbe zum Nest vom letzten Sommer führt. Kommt in unvorhergesehene Umstände, wie das Tier sie kaum erfährt, muß sich in Lagen zurechtfinden, die nie so waren, und die er schon deshalb nicht kennt. Dafür wird aber dem heranwachsenden Tier auch sehr bald Halt geblasen. Früh hängt ihm der fertige Panzer seiner Gattung um, das Gesicht, beim jungen Tier noch häufig an ein menschliches Kindergesicht erinnernd, verknöchert. Form von vielen hundert-

tausend Jahren siegt, der Vorhang fällt übers Werdenkönnen rasch und entschieden. Tiere wiederholen das erprobte Fabrikmuster ihres Leibs und Lebens notwendig, daher sind sie so seiend, aber auch so eingebunden. Menschen können an diesem Eingebundenen nur sehr ungefähr teilnehmen, sie tun es als die übliche Dutzendware; sie taten es anders, auf fruchtbare, kräftig geprägte Art, im bisherigen Stand der Bauern. Aber die Dutzendware selber ist geschichtlich, und was gestern in den Durchschnitt paßte, paßt heute nicht mehr, denn das Uniforme hat mindestens Moden. Es ist groß, daß wir Menschen als Art, nicht nur als Kinder nicht fertig geboren sind. Aber es ist auch hart, in einem Werden begriffen zu sein, das so langsam vor sich geht, weil es immer wieder Betrügern auf den Leim kriecht. Seit mindestens hundert Jahren ist sozialistische Gesellschaft praktisch möglich: und wie viele unter den Gebildeten, die nicht alle werden, verstehen noch heute nicht einmal ihr Abc. Der Mensch ist wirklich das Umwege machende Tier, doch auch auf verstockte und schuldhaft törichte Weise, nicht nur auf listreiche. Sonst liefe das ganze äußere Leben so leicht und friedlich, wie es jetzt bestenfalls unter Freunden vor sich geht.

2. Alles Seiende ist noch um das Nicht gebaut, das hungern läßt. Es ist noch keine Speise da, die den Mangel ganz dämpft und füllt, oder die Wohltat, die man sich zugezogen, wird wieder Plage. Und die ganze bisherige Geschichte ist noch menschliche Vorgeschichte, das heißt, keine bewußt hergestellte. Sie zeigt menschliche Selbstentfremdung, in verschiedenen, auch verschieden heftigen Formen. Sie zeigt großenteils noch »Natur« im Hegelschen Sinn, im Sinn eines Außersichseins, worin sich die von Menschen produzierten, aber nicht als produziert begriffenen Mächte abgehoben und verdinglicht haben. Weshalb sie als unkontrollierbares Schicksal erscheinen, und das in der bisherigen Geschichte ja auch sind. Die sogenannte eherne Logik der Ereignisse geht hinter dem Rücken der handelnden Individuen und ihres Bewußtseins vor sich, also ganz ohne Licht der Logik. Ganz als äußere, blinde Notwendigkeit und folglich Zufälligkeit, ganz noch ohne Vermittlung mit dem menschlichen Subjekt, wie ein Erdrutsch oder eine Feuersbrunst in der vom Menschen unabhängigen Natur. Man nannte alles menschliche Tun

– an einem völlig Befriedigenden, gar Erfüllenden gemessen – Stückwerk, und die mögliche Erfüllung liegt wesensmäßig nicht innerhalb der Geschichte, sondern beendet sie; das ist die religiöse Auffassung. Aber die bisherige Geschichte zeigt das Stückwerk in einem auch irdisch unnötigen Ausmaß, im Elend der weitaus größten Mehrzahl, in Produktionsverhältnissen, deren Vorläufigkeit, gleichsam Endlichkeit sich darin erwies, daß sie immer wieder eine Zwangsjacke wurden. Wonach sowohl die menschlichen Subjekte wie die aus ihnen gebildeten oder von ihnen entfesselten Produktivkräfte in immer neue Spannung zu den vorliegenden Objektivitäten des Daseins gerieten. Dialektik selber, in der von Menschen gemachten Welt, ist Subjekt-Objekt-Beziehung, nichts anderes; ist erarbeitende Subjektivität, die die ihr gewordene Objektivierung und Objektivität immer wieder überholt und zu sprengen strebt. Letzthin ist stets das bedürftige Subjekt, indem es sich und seine Arbeit unangemessen objektiviert findet, der *Treiber* der geschichtlich auftretenden Widersprüche. Ist der intensive Motor, der infolge der Unangemessenheit der jeweils erreichten Daseinsform an ihr zum Gang kommt und widersprechend den Widerspruch in der *Sache selbst,* den von der Unangemessenheit zum *Totum* des Subjekt-Inhalts herstammenden, revolutionär aktiviert. Denn, wie festgestellt (vgl. S. 144): wenn das unerfüllte Bedürfnis der *Antrieb* und *Motor* der dialektisch-materiellen Bewegung, so ist – auf Grund des gleichen noch unpräsenten Inhalts – die Totalität des unvorhandenen Alles ihr *zusammenhaltendes Ziel.* Weiter: omnia sub luna caduca, alles unter dem Mond ist hinfällig (über dem Mond gleichfalls): jedoch diese Hinfälligkeit, diese Schranke und Endlichkeit setzt ebenso das nicht entsagende Begehren eines Subjekts wie eine noch nicht erstarrte reale Möglichkeit in der Welt voraus, um überhaupt nur als Schranke, gar als überwindbare erscheinen zu können. Und noch ist kein Punkt erreicht, wo die Gesellschaft nicht weiter kann, wo der Geschichte ein Umsonst verbrieft wäre. Erst recht ist noch kein Punkt sichtbar, außer in bloßen Antizipationen der Richtung, wo das Alles des Eigentlichen und Überhaupt auch nur flüchtig sein Haupt hinlegen könnte. Es wäre dasselbe wie die Wahrheit des erscheinenden Wesens; diese ist nicht die unechte oder bloße sogenannte

Tatsachenwahrheit als eine statische des Gewordenseins; sie ist aber auch nicht die panlogisch ausgegebene Wahrheit, die ihren Frieden mit der Welt damit macht und darin findet, daß sie das Gewordensein als Gelungensein darstellt. Dialektische Wahrheit kann am wenigsten die solcher Apologetik sein, trotz Hegel und nicht zuletzt gerade wegen Hegel. Wahrheit in dem hier gemeinten Sinn des Eigentlichen und Überhaupt hat erst recht nichts mit irgendeinem Himmelslicht gemein, mit einem angeblich bereits zu Hause befindlichen; solch mythologische Hypostase gibt ebenfalls Gelungenheit als bereits Gewordenes, Vorhandenes aus, nur an einem imaginären Ort. Die Wahrheitsfrage, die die Philosophie stellt, kann von der Mythologie nicht einmal verstanden, geschweige beantwortet werden. Dieses besonderen Sinns sagt Hegel mit großem Recht: »Die Philosophie muß sich hüten, erbaulich sein zu wollen« (II, S. 9); denn noch mehr als der Unglaube des irdisch-statischen Empirismus war der Aberglaube eines sozusagen überirdisch-statischen für Philosophie die Sperre vorm Ungewordenen. Ein ganz anderer Sinn liegt jedoch vor, wenn statt des diversen Götzendiensts oder der Anbetung eines vorhandenen Absoluten (heiße es Tatsache oder mechanische Materie oder Gotthypostase) die *Hoffnung* der Geschichte ihre Wahrheit sucht: als ihr mächtigstes Erkenne dich selbst oder aufgedecktes Gesicht. Als die noch unvorhandene, im Prozeß zu ihrem Vorhandensein außerordentlich bedrohte Wahrheit des Eigentlichen und Überhaupt, mithin als das noch utopische Totum des Ziels. *Diese Wahrheit* hat sich keineswegs davor zu hüten, erbaulich sein zu wollen, konträr: das intensiv Einleuchtende, intensiv Erfüllende ist der Wahrheit in diesem zweiten Sinn ihre Bestimmung. Hegel hat, wie angegeben (vgl. S. 198), der Wahrheit nicht nur die alte unveränderliche Bestimmung erneuert, daß sie Übereinstimmung der Erkenntnis mit ihrem Gegenstand sei, sondern er wendete dieses sogleich in das Objektiv-Identifizierende, daß Wahrheit Übereinstimmung des Gegenstands mit sich selbst sei, derart, daß Realität ihrem Begriffe, Wirklichkeit der Vernunft angemessen sei. Und in letzterer Bestimmung, so sehr sie auf der jeweils ausgeprägten Daseinsgestalt oder Entelechie sitzenbleibt, wirkt doch bereits jener willenshafte, also wertprädikative Charakter der Wahrheit des erfüllenden Sinns. Die praktische *Idee des Guten* wirkt darin: »Unwahr heißt dann soviel wie schlecht, unangemessen. In diesem Sinne ist ein schlechter Staat ein unwahrer Staat, und das Schlechte und Unwahre überhaupt besteht in dem Widerspruch, der zwischen der Bestimmung und dem Begriff und der Existenz eines Gegenstands stattfindet.« Und weiter, mit dem vertrautesten Pathos jenes Überhaupt und seiner Wahrheit, dem die Dialektik ihr Vehikel ist: »Alle endlichen Dinge haben eine Unwahrheit an sich, sie haben einen Begriff und eine Existenz, die aber ihrem Begriff unangemessen ist. Deshalb müssen sie zugrunde gehen, wodurch die Unangemessenheit ihres Begriffs und ihrer Existenz manifestiert wird« (Enz. § 24 Zusatz 2. VI, S. 52). Es bedarf keiner großen Anstrengung zu jenem Pessimismus, der ebenso militanter Optimismus ist, daß Wahrheit im zweiten Sinn, im Sinn positiver »Begriffs«-Erfüllung, noch außerordentlich viel Geschichte braucht, um auch nur mit ersten Silberblikken der Existenz möglicherweise als manifestiert zu erscheinen. Wurde doch Vernünftiges bisher immer wieder, als zu eng, unvernünftig, ging doch relativ getroffenes Wesen, als kein mit dem Grund wirklich vermitteltes, immer wieder zu Unwesen über. Zu einem, dem gesteuert werden muß, ja das, um der Selbstverwirklichung des Menschen und totalen Grundes willen, immer stärker Negation seiner Negation verlangt. Die Wahrheit-Wirklichkeit der vollen Totalität wurde oben Entelechie des Alles genannt! Instanzen dafür gibt es viele, Erreichtheit – bei währendem Prozeß – noch keine.

3. Darum also ist alles Seiende noch um das Nicht gebaut, das es freilich nicht bei sich aushält. Weil unsere Sache selbst noch ungelungen ist, deshalb geht sie in dem ihr Gewordenen immer wieder widersprechend um. Die Menschen sind nicht Sklaven, aber auch nicht die Herren, nicht Leibeigene, aber auch nicht Feudale, nicht Proletarier, aber gewiß nicht Kapitalisten. Was sie sind, ist in der Arbeitsteilung der bisherigen Klassengesellschaften nicht deutlich geworden. Auch die wechselnden Leittypen des rechten Lebens, auch die großen Kulturwerke sind über die Hälfte mit der Ideologie der jeweiligen Klassengesellschaft vermengt. Und wie unter Menschen, so ist in der ganzen uns umgebenden Welt, mit der wir im Austausch stehen, die

Sache der Totalität noch nicht heraus; es gäbe sonst keinen Prozeß, auch nicht in der Natur, und keine Dialektik dieses Prozesses. Unzufriedenheit und Hoffnung sind der ständig treibende Bezug auf diese Sache der Totalität, als eine des Seins ohne Entfremdung von sich. In der Unzufriedenheit, der unruhig-treibenden, ist der Zielinhalt des Totum negativ als sein eigenes Entbehren, als das Nichthaben seiner, in der Hoffnung, der unruhig-beleuchtenden, ist er positiv als seine eigene Anziehung, als die Möglichkeit des Habens seiner repräsentiert. Und diesem aktiv Widersprechenden entspricht, damit es ein konkretes sein könne, auf der objektiven Seite eben der sich entwickelnde Widerspruch in der Sache selbst, doch immer wieder als einer, der selber aus dem Noch-Nicht-Haben des Wesens in der Erscheinung resultiert, mithin aus der noch währenden Unwahrheit, Ungelungenheit, Unwirklichkeit im Wirklichen. Freilich ist – was die Unbequemlichkeit der Dialektik überhaupt ausmacht (vgl. S. 147) – freilich ist auf der objektiven Seite auch noch mehr darin als dieser bloß harmlose Abstand zwischen Erscheinung und Totalfülle des Wesens. Es wäre sonst keine solche Mühe mit der Urbarmachung der Welt und kein solcher Widerstand des Materials dagegen, neben der helfenden Tendenz. Im Negativum der objektiven Dialektik (Krankheit, Krise, drohender Untergang in die Barbarei) ist auch zweifellos ein Umgang von Vernichtung, also nicht nur von Nicht, als dem aktiven Treiber, sondern auch von Nichts, als der nur auslöschenden Negation, die an sich, automatisch, noch keineswegs die Negation ihrer Negation in sich hat. Es ist das mithin ein Umgang, der an sich, ohne Eingriff des subjektiv-aktiven Widerspruchs, eher zur Herausentwicklung eines Umsonst führt als eines Alles. Ja, ein subjektiv-aktiver Gegenzug gegen die Vernichtung kann nötig sein, damit sie zur Vernichtung des Vernichtenswerten selber gebraucht werden kann und dadurch erst zur dialektischen Freilegung neuen Lebens. Ein Automatismus der objektiven Dialektik, hin zum Guten, mit dem bequemen Motto: Durch Nacht zum Licht, besteht derart keinesfalls. Sondern erst ein Mitzug und – in Zeiten der Katastrophe – ein Gegenzug des subjektiven Faktors macht die Negativität in der objektiven Dialektik vollends zur Dienerin des möglichen Gelingens.

Während Negativität an sich – wie im Peloponnesischen Krieg, im Dreißigjährigen Krieg, in allen schlechthinnigen Untergängen überhaupt – gerade historisch keine Frucht trägt, das heißt, die Negation der Negation keineswegs aus der eigenen Objektivität allein zu entwickeln imstande ist.

Das eben ruft, je näher die menschliche Vorgeschichte zu enden scheint, die rechtzeitig geschehende Tat auf. Nicht als Putsch, abstrakte Spontaneität und dergleichen mehr, aber als Befreiung des Fälligen. Das Fällige liegt, da ja auch in der objektiven Dialektik nicht nur das Nichts, sondern wesentlich das Realproblem des Alles umgeht, – das Fällige liegt, sofern die Menschen die Schiffe besteigen und die Drift der Tendenz innehalten, auf dem Weg der Heimkehr. Aber diese Heimkehr ist letzthin gerade, als Befreiung vom Ungemäßen, als Überwindung des Nichts in der Welt und ihren Widerständen, die Unvereiteltheit des Alles. Das ist wiederum Utopie in der Utopie, doch sie wirkt in der Unzufriedenheit (abgelehnten Knechtschaft) ebenso wie in der Hoffnung (antizipierten Freiheit zum Fürsichsein). Hegel, der jeder Unzufriedenheit, selbst jeder ungedeckten Hoffnung so fern stehen wollte, gab dennoch, auf seine idealistische Weise, die Hoffnungswahrheit zugleich als die der *Freiheit* an. Sie bezeichnet das Fürsich, worin »das Subjekt in dem, was demselben gegenübersteht, nichts Fremdes, keine Grenze und Schranke hat, sondern sich selbst darin findet« (X, S. 126). Wo Hegels Dialektik sagt: »Sein hat die Bedeutung der Wahrheit erreicht«, dergestalt, daß das Absolute nicht mehr mit entfremdeter Objektivität, aber auch nicht mehr mit bloßer Subjektivität oder Idealen behaftet ist: dort steht der Hoffnungs-Inhalt. Jedoch materialistische Dialektik mußte kommen, um diesen Inhalt im wirklichen Prozeß zu erkennen und zu betreiben, statt in dem idealistischen Hegels, der an sich bereits Vorhandenes in Raum und Zeit nur auseinanderlegt. Das ist die Grenze der idealistischen Dialektik: es ist die Grenze der bloßen Betrachtung, als welche per se ipsum auf Vergangenes und seinen Horizont bezogen ist, auf ein in den gewordenen Erscheinungen bereits offenbar gewordenes Wesen. Erst in einer Dialektik, die nicht mehr im Kopfe geschieht und über ein objektiv Statisches ihre rein idealistischen Bewegungen hinzieht, haben Unzufriedenheit-Hoffnung-Totum des Zielinhalts Funktion. Erst in dieser Dialektik, als einer des nicht betrachteten, zur betrachteten Geschichte geschlossenen Geschehens, ist Wissen selber verändernd. Ist nicht bloß auf wißbare Vergangenheit bezogen, sondern auf wirkliches Werden, auf geschehend unabgeschlossenes, auf wißbar-betreibbaren Zukunftsinhalt. S ist noch nicht P, das Proletariat ist noch nicht aufgehoben, die Natur ist noch nicht Heimat, das Eigentliche ist noch nicht prädizierte Wirklichkeit: dieses im Prozeß, ja streckenweise in Erreichung oder in erster Gewinnung seines Bauhorizonts befindliche Nondum zeitigt zugleich den Sinnglauben der wahren menschlichen Mühe und ihren militanten Optimismus. Eben deshalb ist das dialektische Agens des Nicht, das durch alle Stockungen und Verdinglichung hindurch zur Prädizierung und Manifestierung seines eigenen Rätselinhalts, Zielinhalts hintreibt, seinem Alles nach nicht mehr, aber gewiß auch nicht weniger als Hoffnung. Und als geprüfte Hoffnung, als docta spes ist sie das kritisch-vorgreifende dialektisch-materialistische Wissen, das mit dem objektiven Prozeß vermittelt und verbündet ist. S ist noch nicht P: dieser dialektische Grundsatz bedeutet derart in Ansehung des inadäquat Bestimmten (hemmend Gewordenen): Ceterum censeo Carthaginem esse delendam. An Ansehung der bevorstehend adäquaten Bestimmbarkeit (des inhaltlichen Novum) bedeutet er: Quidquid latet apparebit.

4. Die Menschen sind nicht fertig, also auch ihre Vergangenheit nicht. Sie arbeitet unter anderen Zeichen mit uns weiter, im Trieb ihrer Fragen, im Experiment ihrer Antworten; wir sitzen alle im gleichen Boot. Die Toten kehren verwandelt wieder: die, deren Tat zu kühn war, um zu Ende gekommen zu sein (wie Thomas Münzer); die, deren Werk zu umfassend war, um mit dem Lokal ihrer Zeit zusammenzufallen (wie Aischylos, Dante, Shakespeare, Bach, Goethe). Die Entdeckung der Zukunft im Vergangenen, das ist Philosophie der Geschichte, also auch der Philosophiegeschichte. Der Abschied von Hegel ist daher keiner, so wenig wie die erste Begegnung mit ihm, wenn sie geflammt hat, als eine erste wirkt. Was Macht und Nachreife dieses Werkes angeht, so schafft Hegel ein beständiges, ein beglückt-fruchtbares, ein verehrungsvoll-dankbares Wiedersehen. Zeiten des

Übergangs, wie die vorliegende, machen vor allem für den Genius der Dialektik empfindlich, den großen Lehrer. Gerade weil nicht die Eule der Minerva in der Abenddämmerung fliegt, unter Ruinen der Betrachtung, im grundfalschen Kreis aus Kreisen, sondern weil ein Denken der Morgendämmerung aufgeht, jener offenen Tageszeit, die der Minerva, der Göttin des Lichts, am wenigsten fremd ist. Zeiten des Übergangs: es sind heute solche sehr starker Art, im Sinn des gärenden und bedrohten Fortgangs zu menschenähnlicherer Daseinsform. Ein Evolutionswort des Meisters der Dialektik kommt hier zurecht, in ihm ist sogar die Eule zu dem geworden, was sie bei Minerva wirklich ist: Allegorie der Wachsamkeit. Hegel schrieb 1816 an seinen Freund Niethammer: »Ich halte mich daran, daß der Weltgeist der Zeit das Kommandowort, zu avancieren, gegeben; solchem Kommando wird pariert; dies Wesen schreitet wie eine gepanzerte, festgeschlossene Phalanx unwiderstehlich und mit so unmerklicher Bewegung, als die Sonne schreitet, vorwärts, durch dick und dünn; unzählbare leichte Truppen gegen und für dasselbe flankieren darum herum, die meisten wissen von gar nicht, um was es sich handelt, und kriegen nur Stöße durch den Kopf, wie von einer unsichtbaren Hand. Alles verweilerische Geflunkere und weismacherische Luftstreicherei hilft nichts dagegen; es kann diesem Kolossus etwa bis an die Schuhriemen reichen und bißchen Schuhwichse oder Kot daran schmieren, aber vermag dieselben nicht zu lösen, viel weniger die Götterschuhe mit den elastischen Schwungsohlen oder gar die Siebenmeilenstiefel, wenn er diese anlegt, auszuziehen. Die sicherste Partie (nämlich innerlich und äußerlich) ist wohl, den Avanceriesen fest im Auge zu behalten.« Das Exerzierreglement aus dem achtzehnten Jahrhundert, woraus die Bewegungen dieses Gleichnisses stammen, ist verschollen, doch das Bild vom Avanceriesen wirkt, mutatis mutandis, heute noch nicht ganz unverständlich. Das Vernünftige kann wirklich, das Wirkliche vernünftig werden; es kommt auf die Phänomenologie oder Erscheinungsgeschichte der wahren *Handlung* an. Diese ist Handlung des Wahren oder Beendigung seiner immer noch währenden Vorgeschichte, ist Veränderung der Welt gemäß ihrer begriffenen dialektisch-materiellen Tendenz, ist Übereinstimmung der menschlichen

Theorie-Praxis mit einer in sich selbst übereinstimmenden Wirklichkeit. Passive Beschaulichkeit hat hier nirgends Platz, konträr, das Wissen, für das es theoretisch keine Schranke gibt, muß sich ebenso praktisch, in der sozialistischen Befreiung von der Schranke bewähren, in der Sprengung der Knechtschaft und der Beherrschung der Notwendigkeit. Hier vor allem unterscheidet sich der Marxismus qualitativ von jeder vorangegangenen Philosophie, also auch der Hegelschen, der er am nächsten steht. Denn mit einem Sprung zum Neuen, wie ihn die bisherige Geschichte noch nie erfahren hat, beginnt durch Marx – unter Fortsetzung wie Aufhebung Hegels – die Veränderung der Philosophie zur Philosophie der Weltveränderung. Philosophie ist keine mehr, *wenn sie nicht dialektisch-materialistisch ist,* ebenso aber wie jetzt und in alle Zukunft festgehalten werden muß: *dialektischer Materialismus ist keiner, wenn er nicht philosophisch ist,* das heißt, einschreitend in große offene Horizonte. Dieses Einschreiten ist theoretisch-praktische Arbeit gegen die Entfremdung, also für die Entäußerung der Entäußerung, also für die Äußerung des Heimatlichen, worin der Kern oder das Wesenhafte von Mensch und Welt endlich zu beginnen vermag, sich zu manifestieren. Und zwar in dieser Zeit, auf dieser Erde, im Reich unseres endlich hervorbringbaren Freiheits-Inhalts. Dazu leitet, ohne Bewußtsein der Sache, auch die bisherige Vorgeschichte hin, aber die bewußt hergestellte Geschichte besitzt an dem ständig bedachten, vermittelt antizipierten Totum-Inhalt des Reichs der Freiheit ihr bestimmendes Thema. Bereits machen partiale Planerfüllungen, realistisch-symbolische Figurbildungen dieses wirkliche Wohin und Wozu bis jetzt kenntlich. Es ist das Einfache, das schwer zu tun ist, das Fürsichsein, dessen Wege erkämpft werden müssen, dessen Vortrefflichkeiten Tapferkeit verlangen. Desto dringender ist die Handhabung der Mittel, die diesem Ziel entgegenbringen, desto einleuchtender es selber: als Objektivwerdung der Subjekte, Subjektvermittlung der Objekte. Dies Ziel des vermenschlichten Daseins lag seinem Wunschtraum nach stets nahe, seiner Vorhandenheit nach stets utopisch fern. Die wirkliche Bewegung zu seiner Wirklichkeit ist nun endlich bewußt begonnen, gegen die Entäußerung aller Menschen und Dinge, für das Zusichkommen des Selberseins. Indem der Sozialismus von allen Existenzbedingungen befreit, die das Merkmal der entfremdeten Arbeit an sich tragen, wird er die ganze Gesellschaft von der Entfremdung befreien und damit die Grundlage schaffen für eine ganze Erde als Inland der Humanisierung. Das ist die uralte Glücks-Intention, daß das Inwendige auswendig, das Auswendige wie das Inwendige werde, – eine Intention, die nicht wie Hegel die vorhandene Welt verschönt und schließt, wohl aber mit der noch unvorhandenen verbündet ist, mit den zukunfttragenden Eigenschaften der Wirklichkeit.

NAMENREGISTER

Zeittafel

1885	am 8. Juli in Ludwigshafen geboren
1908	Promotion in Philosophie
1915	Übersiedlung nach Bern. Pazifistisches Engagement
1918	Übersiedlung nach Berlin. Mitarbeit bei der *Frankfurter Zeitung* und der *Vossischen Zeitung*
	Geist der Utopie
1921	*Thomas Münzer als Theologe der Revolution*
1923	*Durch die Wüste*. Kritische Essays.
1930	*Spuren*
1933	Emigration über Zürich, Paris, Wien nach Prag.
	Mitarbeit bei der exilierten *Weltbühne*
1935	*Erbschaft dieser Zeit*
1938	Emigration in die USA. Mitgründung des Aurora Verlags
	Mitarbeit an der Zeitschrift *Freies Deutschland*
1946	*Freiheit und Ordnung*. Abriß der Sozialutopien
1949–1957	Ordinarius für Geschichte der Philosophie und Leiter des Philosophischen Instituts der Universität Leipzig
1951	*Subjekt–Objekt*. Erläuterungen zu Hegel
1952	*Avicenna und die Aristotelische Linke*
1953	*Christian Thomasius*. Ein deutscher Gelehrter ohne Misere
1954	*Das Prinzip Hoffnung*. Band I
1955	*Das Prinzip Hoffnung*. Band II
	Nationalpreis der DDR
1955	*Differenzierungen im Begriff Fortschritt*
	Dispensierung von allen akademischen Ämtern
1959	*Das Prinzip Hoffnung*. Band III
1961	Ordinariat für Philosophie an der Universität Tübingen
	Naturrecht und menschliche Würde
	Philosophische Grundfragen. Zur Ontologie des Noch-Nicht-Seins
1962	Beginn der 16bändigen Gesamtausgabe
	Verfremdungen I
1963	*Tübinger Einleitung in die Philosophie 1*
1964	*Tübinger Einleitung in die Philosophie 2*
	Verfremdungen II. Geographica
	Kulturpreis des DGB. Mitglied des PEN-Zentrums der BRD
1965	*Literarische Aufsätze*
1967	Friedenspreis des Deutschen Buchhandels
1968	*Atheismus im Christentum*
1969	*Philosophische Aufsätze zur objektiven Phantasie*
1970	*Politische Messungen, Pestzeit, Vormärz*
1972	*Einleitung in die Philosophie der Renaissance* (in Vorbereitung)

Ernst Bloch
im Suhrkamp Verlag

Gesamtausgabe in 16 Bänden, bisher erschienen:

Band 1 Spuren. 1969. 228 S. Ln.
Band 2 Thomas Münzer als Theologe der Revolution. 1969. 232 S. Ln.
Band 3 Geist der Utopie. Bearbeitete Neuauflage der zweiten Fassung von 1923. 1964. 354 S. Ln. u. Kt.
Band 4 Erbschaft dieser Zeit. Erweiterte Ausgabe. 1962. 416 S. Ln.
Band 5 Das Prinzip Hoffnung. In fünf Teilen. 2 Bände. 1959. 1658 S. Ln.
Band 6 Naturrecht und menschliche Würde. 1961. 368 S. Ln. u. Kt.
Band 7 Das Materialismusproblem, seine Geschichte und Substanz. 1972. 553 S. Ln. u. Kt.
Band 8 Subjekt–Objekt. Erläuterungen zu Hegel. 1962. 526 S. Ln. u. Kt.
Band 9 Literarische Aufsätze. 1965. 582 S. Ln. u. Kt.
Band 10 Philosophische Aufsätze zur objektiven Phantasie. 1969. 634 S. Ln. u. Kt.
Band 11 Politische Messungen, Pestzeit, Vormärz. 1970. 492 S. Ln. u. Kt.
Band 13 Tübinger Einleitung in die Philosophie. 1970. 384 S. Ln.
Band 14 Atheismus im Christentum. Zur Religion des Exodus und des Reichs. 1968. 362 S. Ln. u. Kt.
Band 16 Geist der Utopie. Erste Fassung (1918). Faksimileausgabe. 1971. 452 S. Ln.

Das Morgen im Heute. Eine Auswahl zum 75. Geburtstag. Herausgegeben von Siegfried Unseld. 1960. 88 S. Pp.

Das Prinzip Hoffnung. Wissenschaftliche Sonderausgabe in 3 Bänden. 1967. 1658 S. Lnkasch.

Ernst Bloch zu ehren. Beiträge zu seinem Werk. 1965. 418 S. Ln.

Es spricht Ernst Bloch. Zum 85. Geburtstag. Herausgegeben von Gert Kalow. Kassette mit 2 Schallplatten und Textheft. 1970.

Philosophische Grundfragen I. 1961. 96 S. Ln.

Ernst Bloch
in der Bibliothek Suhrkamp

Die Kunst, Schiller zu sprechen und andere literarische Aufsätze. 1969. Band 234. 161 S.

Spuren. Erweiterte Ausgabe. 1970. Band 54. 224 S.

Thomas Münzer als Theologe der Revolution. 1962. Band 77. 243 S.

Verfremdungen I. 1962. Band 85. 234 S.

Verfremdungen II. Geographica. 1964. Band 120. 208 S.

Ernst Bloch
in den suhrkamp taschenbüchern

Subjekt–Objekt. Erläuterungen zu Hegel. 1971. Band 12. 544 Seiten.

Naturrecht und menschliche Würde. 1972. Band 49. 372 Seiten.

Philosophie der Renaissance. 1972. Band 75. ca. 300 Seiten.

Ernst Bloch
in der edition suhrkamp

Avicenna und die Aristotelische Linke. 1963. Band 22. 116 S.

Christian Thomasius, ein deutscher Gelehrter ohne Misere. 1967. Band 193. 72 S.

Durch die Wüste. Kritische Essays. 1964. Band 74. 148 S.

Pädagogica. 1971. Band 455. 254 S.

Tübinger Einleitung in die Philosophie 1. 1963. Band 11. 204 S.

Tübinger Einleitung in die Philosophie 2. 1964. Band 58. 280 S.

Über Karl Marx. 1968. Band 291. 178 S.

Über Methode und System bei Hegel. 1970. Band 413. 142 S.

Widerstand und Friede. 1968. Aufsätze zur Politik. Band 257. 112 S.

Vom Hasard zur Katastrophe. Politische Aufsätze aus den Jahren 1934 bis 1939. 1972. Band 534. 450 S.

Das antizipierende Bewußtsein. 1972. Band 585. 349 S.

Über Ernst Bloch. Beiträge von Martin Walser, Ivo Frenzel, Jürgen Moltmann, Jürgen Habermas, Fritz Vilmar, Iring Fetscher, Werner Maihofer. 1968. Band 251. 150 S.

suhrkamp taschenbücher

st 40 Gunnar Myrdal,
Politisches Manifest über die Armut in der Welt
(gekürzte Ausgabe)
288 Seiten
Das Buch ist die Kurzfassung von Gunnar Myrdals grundlegender dreibändiger Studie »Asian Drama«, die die ökonomische Basis der asiatischen Länder untersuchte. Myrdal (Friedenspreisträger des Deutschen Buchhandels 1970) macht reichlich unkonventionelle Vorschläge, wie die reichen Nationen ihre Beziehungen zu den armen Ländern gestalten müssen, wenn sie überleben wollen.

st 41 Peter Weiss,
Das Duell
Mit Zeichnungen des Autors.
144 Seiten
Der Autor beschreibt in einer Folge von inneren Projektionen die gestörte Beziehung Gregors zur Umwelt, zu Lea und zu sich selbst. Die Doppelgängerfigur Robert verstärkt diese Grenzsituation. Aber der ästhetische Protest gegen diese Verhältnisse, gegen diese Kulturtradition läßt ihm die Kunst zu einem Totem, zur illusionären Selbsthilfe werden.

st 42 Der andere Hölderlin,
Materialien zum »Hölderlin«-Stück von Peter Weiss
Herausgegeben von Thomas Beckermann
und Volker Canaris
ca. 200 Seiten
In diesem Band soll die von Peter Weiss mit neuen Thesen vorangetriebene Kontroverse um Hölderlin dokumen-

tiert werden: in Texten, die bei der Entstehung des »Hölderlin« eine wichtige Rolle spielten; in Aufzeichnungen, die Peter Weiss während der Arbeit am Stück niederschrieb; aber auch in Beiträgen, die eigens für diesen Band geschrieben wurden und den »Fall« Hölderlin am Stück von Peter Weiss erörtern.

st 43 Peter Handke,
Stücke I
224 Seiten
Peter Handke hebt mit seinen Sprechstücken, »Publikumsbeschimpfung«, »Weissagung«, »Selbstbezichtigung« und »Hilferufe« und mit seinem »Kaspar« den Illusionscharakter der Bühne auf. Er entwirft nicht Bilder von Handlungen, die andere Handlungen imitieren, sondern er macht die Sprache selbst zum Inhalt.

st 44 Gustav J. V. Nossal,
Antikörper und Immunität
Aus dem Englischen von P. G. Munder
320 Seiten, mit vielen Abbildungen
Dieses Buch ist eine Einführung in das menschliche Immunsystem und seine Mechanismen. Es behandelt die Antikörper und jene Zellen, die sie produzieren, und es beschreibt die Funktionsweise unseres Immunsystems.

st 45 C. L. Duddington,
Baupläne der Pflanzen
Aus dem Englischen von Elke Kranz
352 Seiten, mit vielen Abbildungen
Duddington hat ein Buch geschrieben, das all jene anspricht, die über ihre Freude an Pflanzen und Bewunderung für Pflanzen hinaus einen tiefen Einblick in die von der Natur vorgegebenen Entwicklungspläne von Pflanzen gewinnen möchten.

st 46 Samuel Beckett,
Watt
Aus dem Französischen von Elmar Tophoven
288 Seiten
»Watt« ist Becketts komischstes Buch, vielleicht eines der komischsten Bücher schwarzen Humors. Die Figuren

dieses Romans, die bereits an »Warten auf Godot« denken lassen, sind eigentlich alle Clowns und ihre Reden Clownsreden.

st 47 Thomas Bernhard,
Frost
Roman
320 Seiten
»Frost« ist Thomas Bernhards erster Roman; er erschien 1963. Schon in diesem Prosatext kommt er zu seinem Thema: die ausweglose, weil exzentrische Situation; findet er seine Sprache und Form: das unablässig bohrende Ausschreiten einer erstarrten Sprach- und Gedankenwelt.

st 48 Unterbrochene Schulstunde
Eine Anthologie mit Texten von
Bertolt Brecht, Alfred Döblin, Hermann Hesse, Ödön von Horváth, James Joyce, Erich Kästner, Thomas Mann, Robert Musil, Rainer Maria Rilke, Bernard Shaw, Kurt Tucholsky, Robert Walser, Franz Werfel, Paul Nizan, Stefan Zweig
Zusammengestellt von Volker Michels
256 Seiten
15 Autoren des zwanzigsten Jahrhunderts reproduzieren das Erlebnis der Schulzeit. Das Resultat ist eine engagierte, kritische Auseinandersetzung mit dem, was Schule ist: erste Konfrontation mit Autorität und Gesellschaft.

st 49 Ernst Bloch,
Naturrecht und menschliche Würde
384 Seiten
»Naturrecht und menschliche Würde« erörtert die abendländische Naturrechtsdiskussion von Epikur und der Stoa über Thomas von Aquin, Althus, Hobbes, Grotius, Rousseau, Kant, Fichte, die Französische Revolution und Marx bis zum Bürgerlichen Gesetzbuch und faschistischen Theorien.

st 50 Hans Erich Nossack,
Spirale
Roman einer schlaflosen Nacht
304 Seiten
»Ein Mann erzählt, was ihn schlaflos machte. Er müht sich, sein Leben zurück und zu Ende zu denken. Traum

und Bewußtsein, Romantik und Psychoanalyse, Parodie und Märchen bestehen hier nebeneinander.« *Willi Fehse*

st 51 Tschingis Aitmatow
Der weiße Dampfer. Roman
Aus dem Russischen von Hans-Joachim Lambrecht
176 Seiten
In der Zeit einer neuen aufgeklärten Gesellschaft hat sich irgendwo in kirgisischer Bergeinsamkeit der Märchenglaube erhalten. Mit poetischer Eindringlichkeit erzählt Aitmatow die Geschichte des Jungen, der zwei Märchen besaß und von denen kein einziges blieb. Aitmatow – 1928 in Kirgisien geboren – ist als ein Meister des Erzählens bekanntgeworden. Aragon nennt »Dshamilja«: Die schönste Liebesgeschichte der Welt (Bibliothek Suhrkamp)

st 52 Hermann Hesse
Unterm Rad
Erzählung
176 Seiten
Kein anderes Buch Hermann Hesses hat unmittelbar nach Erscheinen (1906) eine vergleichbare Welle der Entrüstung ausgelöst. Neben Musils »Die Verwirrungen des Zöglings Törleß« war »Unterm Rad« die nachhaltigste Anklage gegen das Erziehungsritual jener Jahre. Auch heute noch gilt die Empfehlung von Theodor Heuss: »Ein Tendenzwerk? Ja, dort, wo es mit warmen Worten das Recht der Jugend auf eine Jugend verlangt!«

st 53 Materialien zu Hermann Hesses Steppenwolf
Herausgegeben von Volker Michels
432 Seiten
Eine Dokumentation der Entstehungs- und Wirkungsgeschichte des Werkes, das Hermann Hesse zum meistgelesenen europäischen Autor in den USA und Japan gemacht hat. Der Band enthält eine Fülle von unver-

öffentlichtem Material, das erstmals die zeit- und gesellschaftskritischen Motivationen Hermann Hesses in das Bewußtsein rückt.

st 54 Claude Hudelot
Der Lange Marsch
416 Seiten
Aus dem Französischen von Gundl Steinmetz
Durch den legendären *Langen Marsch* (1934 bis 1935) wurde die chinesische Rote Armee vor der Niederlage gerettet und konnte im Norden eine neue Basis aufbauen, von der aus sie den Kampf gegen die japanischen Okkupanten und damit ihren endgültigen Siegeszug antrat. Der Sinologe und Chinahistoriker Claude Hudelot hat aus allen ihm zugänglichen Texten eine fesselnde Reportage des Langen Marsches rekonstruiert, die zugleich Realität und Mythos dieses Geburtsereignisses der Chinesischen Revolution deutlich macht.

st 55 Lucien Malson
Die wilden Kinder
Aus dem Französischen von Eva Moldenhauer
256 Seiten
Lucien Malson stellt alle bisher bekanntgewordenen Fälle von Kindern dar, die außerhalb jeder menschlichen Gesellschaft quasi wie Tiere aufgewachsen sind. Der Band enthält außerdem die Beschreibung der Sozialisierungsversuche des »Wolfsjungen von Aveyron«, die sein Erzieher Jean Itard Anfang des 19. Jahrhunderts veröffentlicht hatte. Diese Beschreibung diente dem französischen Regisseur François Truffaut als Vorlage für seinen erfolgreichen Film »Der Wolfsjunge«.

st 56 Peter Handke
Ich bin ein Bewohner des Elfenbeinturms. Aufsätze
240 Seiten
Die gesammelten Aufsätze, die allgemein theoretischen und die Filmkritiken, die Buchbesprechungen und die sich auf die Tagespolitik beziehenden, enthalten programmatische Äußerungen über die gegenwärtige kulturelle und gesellschaftliche Situation. Und sie sind Ausdruck eines weitgespannten Temperaments.

st 57 Marie Luise Kaschnitz
Steht noch dahin
96 Seiten
Prosaskizzen, gewichtiger als manches umfangreiche Buch. Marie Luise Kaschnitz hat darin Einsichten ihrer Weltschau gesammelt. Sie reflektiert die menschliche Vergeßlichkeit, die Unfähigkeit, aus Erfahrungen zu lernen. Zugleich aber klingt die Hoffnung an, der Mensch könne zu der Einsicht gelangen, daß er veränderbar sei. *Hermann Kesten:* »Man findet einen poetischen Reichtum auf engstem Raum, eine Fülle von lakonischen Einfällen. Es ist eine Weltkritik in Blitzlichtern.«

st 58 Hans Mayer
Georg Büchner und seine Zeit
480 Seiten
Dieses Buch ist eine der lebendigsten Darstellungen des großen Dichters und Revolutionärs Georg Büchner und der Nachwirkungen seines Werkes. Die kenntnisreiche Schilderung der Zeit, in der Büchner wirkte, macht es zugleich zu einer Studie über Geschichte und Geistesgeschichte der Periode der Metternichschen Restauration.

st 59 Pietro Hammel
Unsere Zukunft: die Stadt
240 Seiten, mit vielen Abbildungen
Der vorliegende Band des in Rotterdam lebenden Schweizer Architekten und Städteplaners ist eine präzise Analyse des Phänomens Stadt und ihrer derzeitigen Probleme und der Versuch, ein neues Bewußtsein für die noch ausstehende Therapie unserer großen Städte zu schaffen.

st 60
Wie, warum und zu welchem Ende wurde ich Literaturhistoriker?
240 Seiten
Der Band erscheint zum 70. Geburtstag Robert Minders. Seine Themenstellung geht auf eine Anregung Minders

zurück. Die Beiträger bereiten dem großen Kollegen keine der üblichen Festschriften, sondern stellen sich am Beispiel des eigenen Werdegangs zugleich auch den aktuellen Problemen ihrer Disziplin. – Namhafte Gelehrte nehmen an diesem Unterfangen teil, und so kann der Band auch angesehen werden als Lageskizze einer Wissenschaft heute, ausgeführt von ihren ausgewiesenen Vertretern.

st 61 Herbert Achternbusch
Die Alexanderschlacht
240 Seiten
Über *Die Alexanderschlacht* schrieb Reinhard Baumgart: »Sieht neben Achternbusch der Blechtrommler Oskar nicht aus wie ein Gottfried-Keller-Zwerg in Bleyle-Hosen? Denn das ist sicherlich zweierlei: den Anarchismus nur vorzuführen als ein Thema oder ihn loszulassen als eine Methode. Genau das tut Achternbusch.«

st 62 Claude Lévi-Strauss
Rasse und Geschichte
Aus dem Französischen von Traugott König
112 Seiten
1952 veröffentlichte die UNESCO eine Schriftenreihe, in der von wissenschaftlicher Seite in allgemeinverständlicher Form die Unsinnigkeit jeder Art von Rassismus dargelegt werden sollte. Unter den Autoren befand sich der damals nur in Fachkreisen bekannte Ethnologe Lévi-Strauss, dessen Beitrag das Thema jedoch weit überschritt und sich heute als leichtfaßliche Einführung in den Problemkreis des Strukturalismus anbietet.

st 63 Wolf Lepenies
Melancholie und Gesellschaft
352 Seiten
Melancholie und Gesellschaft ist die bislang material- und erkenntnisreichste Untersuchung der verschiedenen Spielarten bürgerlicher Melancholie als eines historischen soziologischen Phänomens der bürgerlichen Gesellschaft. Ziel dieser Studie ist es, den ideologieverwandten Charakter dieser Affekthaltung und ihre Abhängigkeit von gesellschaftlichen Verhältnissen nachzuweisen.

st 64 F. Cl. Werner
Wortelemente lateinisch-griechischer Fachausdrücke in den biologischen Wissenschaften
480 Seiten
Lateinisch-griechische Fachbegriffe spielen vor allem in den biologischen Wissenschaften, einschließlich der medizinischen Anatomie und Physiologie, eine nicht zu eliminierende Rolle. Dieses Fachwörterbuch wird für all jene zum unerläßlichen Hilfsmittel, die sich mit den biologisch orientierten Naturwissenschaften beschäftigen: Wissenschaftler wie Naturfreunde.

st 65 Hans Bahlow
Deutsches Namenlexikon
592 Seiten
Die grundlegenden Fragen der Namenentstehung, Namenfestigung und Namenverbreitung beantwortet das Deutsche Namenlexikon. Insgesamt 15 000 Familiennamen mit ihren Ableitungen und viele Vornamen finden hier eine durch gesicherte Kenntnisse fundierte, ausführliche Deutung nach Ursprung und Sinn.

st 66 Eric J. Hobsbawm
Die Banditen
Aus dem Englischen von Rudolf Weys. Mit Abbildungen
224 Seiten
Die Banditen ist eine vergleichende Geschichte und Soziologie berühmter Banditenführer, die einerseits als wirkliche historische Figuren, andrerseits als Helden von Balladen, Geschichten und Mythen ganze Länder immer wieder in Schrecken versetzt haben, zugleich aber von unterdrückten Schichten oft als Wohltäter begrüßt wurden, auf jeden Fall die Menschen stets fasziniert und ihre Phantasie angeregt haben.

st 69 Walter Benjamin
Ursprung des deutschen Trauerspiels
288 Seiten
Von der Analyse der deutschen Trauerspiele des 17. Jahrhunderts ausgehend, liefert Benjamin einerseits die Geschichtsphilosophie der Barockepoche, auf der anderen Seite eine stringente Abgrenzung der klassischen Tragödie vom Trauerspiel als literarischer Form sui generis.

Die Rettung der Allegorie – das Zentrum des Trauerspielbuches – eröffnete erstmals den Blick für lange verkannte Bereiche der poetischen wie der theologischen Sprache.

st 70 Max Frisch
Stücke I
368 Seiten
Bereits Max Frischs erste Stücke sind Versuche, die Frage zu beantworten, die sein ganzes Werk bestimmt und ihm seine Einheit gibt: die Frage nach der Identität. Der Band enthält die Stücke *Santa Cruz, Nun singen sie wieder, Die Chinesische Mauer, Als der Krieg zu Ende war, Graf Öderland.*

st 72 Theodor W. Adorno
Versuch, das »Endspiel« zu verstehen.
Aufsätze zur Literatur des 20. Jahrhunderts I
224 Seiten
Der Band *Versuch, das ›Endspiel‹ zu verstehen* dokumentiert die Auseinandersetzung Adornos mit dem sogenannten Absurdismus. Von Valéry, Proust und Joyce, den Klassikern der Moderne, führen die Arbeiten über den Surrealismus zu Kafka und Beckett; in allen wird das Paradoxon thematisch, daß angesichts der Katastrophe immer noch Kunst existiert. Wenn alle Kunst zum Endspiel im buchstäblichen Sinn wurde, dann kann man Adornos Aufsätze zur Literatur insgesamt so überschrieben, wie ihr Autor seine Beckett-Interpretation überschrieb: ein Versuch, das Endspiel zu verstehen.

st 73 Georg W. Alsheimer
Vietnamesische Lehrjahre
Bericht eines Arztes aus Vietnam 1961–1967
2. verbesserte Auflage mit einem Nachbericht von 1972
Vorwort von Wolfgang Fritz Haug
480 Seiten
1961 kommt der deutsche Arzt Georg W. Alsheimer als Dozent für Neurologie und Psychiatrie nach Vietnam. Er kommt ohne besondere Kenntnisse über das Land, ohne ausgeprägte politische Ansichten. Sechs

Jahre später gilt er als vorzüglicher Vietnam-Experte und trägt durch seine Aussagen vor dem Russell-Tribunal dazu bei, daß die amerikanische Vietnampolitik und die Hilfsdienste der Bundesrepublik vor der Weltöffentlichkeit angeprangert werden. Für diese Neuausgabe schrieb der Verfasser eine Ergänzung, in der er darlegt, daß seine damaligen Prognosen durch die »Pentagon-Papiere« bestätigt wurden.

st 74 Martin Broszat
200 Jahre deutsche Polenpolitik
Erweiterte Ausgabe
336 Seiten
In diesem Buch gibt der Historiker Martin Broszat eine detaillierte und materialreiche Darstellung der deutschen Polenpolitik von der 1. polnischen Teilung 1772 bis zur Gegenwart, die von Kolonisierung und Annexion bis zur Vernichtung reichte. Angesichts der Braunschweiger Konferenz polnischer und deutscher Historiker über gemeinsame Empfehlungen zur Schulbuchrevision, vor allem aber als Beitrag zur Diskussion über die neue Ostpolitik der Bundesregierung gewinnt dieser Band besondere Aktualität und Bedeutung.

st 97/98 Knut Ewald
Innere Medizin
ist das auf dem aktuellsten Stand befindliche, derzeit erhältliche Kompendium der Inneren Medizin. Als übersichtliches – den ganzen Stoff der Inneren Medizin stichwortartig resümierendes – Nachschlagwerk ist es das ideale Handbuch für alle Studierenden, Ärzte und interessierte Laien. Ein umfangreiches Sachwortverzeichnis ermöglicht eine rasche Orientierung.

st 103 Noam Chomsky
Kambodscha, Laos, Nordvietnam
Im Krieg mit Asien II
Aus dem Amerikanischen übersetzt von Jürgen Behrens
256 Seiten
Noam Chomsky, der Begründer der Generativen Grammatik, erregte weltweites Aufsehen durch sein kom-

promißloses Engagement gegen den Krieg der Vereinigten Staaten in Indochina. In seinem neuesten Buch *Im Krieg mit Asien,* dessen erster Teil als st 32 unter dem Titel *Indochina und die amerikanische Krise* erschien, legt Chomsky seine totale Verurteilung der amerikanischen Indochinapolitik dar. Dieser zweite Band enthält am Ende eine vollständige Literaturliste der zitierten Arbeiten und damit zugleich eine der wahrscheinlich umfassendsten amerikanischen Bibliographien zum Vietnamkrieg.

st 127 Hans Fallada
Tankred Dorst
Kleiner Mann – was nun?
Eine Revue von Tankred Dorst und Peter Zadek
208 Seiten
Tankred Dorst hat Hans Falladas 1932 erschienenen Roman »Kleiner Mann – was nun?« dramatisiert, der zu einem der größten Bucherfolge seiner Zeit wurde. In der Geschichte des kleinen Angestellten Pinneberg und der Arbeitertochter Lämmchen in den Jahren der großen Arbeitslosigkeit erkannten Hunderttausende ihre eigene Geschichte, ihren Alltag, ihre Welt. Die Dramatisierung von Tankred Dorst wurde für die Neueröffnung der Städtischen Bühnen Bochum unter der Leitung von Peter Zadek vorgenommen.

st 150 Zur Aktualität Walter Benjamins
Aus Anlaß des 80. Geburtstags von Walter Benjamin herausgegeben von Siegfried Unseld
288 Seiten
Der vorliegende Band »Zur Aktualität Walter Benjamins« nimmt wichtige, hier erstmals publizierte Abhandlungen auf, die aus diesem Anlaß geschrieben worden sind, und Texte von Walter Benjamin, seine »Lehre vom Ähnlichen«, eine umfangreiche Variante der Arbeit »Über das mimetische Vermögen«, den autobiographisch bedeutenden Text »Agesilaus Santander«, den Briefwechsel mit Bertolt Brecht und drei Lebensläufe, deren letzter kurz vor seinem Tod geschrieben wurde.